Marre de la vie ?

Lucia Canovi

Marre de la vie ?

Tuez la dépression
Avant qu'elle ne vous tue !

Essalam

Photographie de couverture : Dez Pain
ISBN 979-10-90383-19-7

À tous ceux qui pleurent seuls la nuit.

Notice

Veuillez lire attentivement l'intégralité de cette notice avant de prendre ce médicament.
Ce médicament vous a été personnellement prescrit par vous-même. Ne le donnez, prêtez ou conseillez à personne d'autre... sauf si vous le trouvez efficace. En recommandant ce médicament à quelqu'un d'autre vous avez de grandes chances de lui faire du bien, surtout si cette personne présente les mêmes symptômes que vous.

1. Identification du médicament

Dénomination
Antidépresseur naturel de la famille des antidépresseurs non chimiques.

Composition qualitative

Informations, témoignages, conseils.
Excipients : eau salée, air marin, bruit du ressac et cris de mouettes.
Excipient à effet notoire : poils de chat.

Forme pharmaceutique

Livre.

2. Dans quels cas utiliser ce médicament

(Indications thérapeutiques)
Ce médicament est indiqué dans le traitement de la dépression et des idéations suicidaires.

3. Attention ! Dans quels cas ne pas utiliser ce médicament

(Contre-indications)
Ce médicament ne doit pas être utilisé en cas de personnalité psychorigide présentant une allergie mortelle aux changements de perspective.

4. Comment utiliser ce médicament

(Posologie)
Ne pas avaler les yeux fermés : mâcher d'abord. Faire confiance à son bon sens. Prendre ce qui convient et jeter le reste.

5. Effets non souhaités et gênants

Perte définitive de quelques illusions.

Préface

J'ai passé ces années sans phare,
échouant sur mille récifs.
Mano Solo

Comme les couleurs translucides de l'arc-en-ciel, mais bien sûr en beaucoup moins gai, les raisons d'en avoir marre de la vie sont diverses et variées. Par exemple :

□ On souffre constamment sans savoir pourquoi.

□ On ne voit pas l'intérêt de se lever tous les matins, puisqu'on devra se recoucher le soir. Et de même, on ne voit pas l'intérêt de vivre, puisqu'il faudra mourir.

□ On se sent faible et incapable. Pas à la hauteur. Indigne.

□ On se croit secrètement homosexuel (ou pédophile, ou autre chose) tout en étant révulsé par cette idée.

□ On se sent affreusement coupable - comme si on avait commis un crime atroce qu'on aurait oublié.

□ On tourne en rond dans le brouillard : tant d'efforts pour arriver nulle part.

□ On a l'impression que rien n'est réel... Même pas soi.

☐ On se sent radicalement différent(e) des autres. Anormal, presque monstrueux. Et terriblement seul.

☐ On ne s'aime pas. On ne se respecte pas. On se déteste cordialement, on ne se supporte pas. On voudrait ne plus jamais avoir affaire à soi.

☐ On manque cruellement d'amour. On est persuadé qu'on ne trouvera jamais l'homme ou la femme de sa vie, ou qu'il ou elle nous a quitté(e) pour de bon.

☐ On manque d'argent : pour tout avenir un mur de dettes.

☐ On n'a jamais connu que le malheur et la souffrance et on ne voit pas pourquoi ça devrait changer un jour.

☐ On est constamment angoissé, effrayé, paniqué. On a l'impression de devenir fou/folle…

☐ On a été diagnostiqué *dépressif*, ou *bipolaire*, ou *schizophrène*, etc.

☐ On n'arrive pas à arrêter l'alcool, la drogue ou les « médicaments ».

☐ On a subi quelque chose d'horrible et on n'arrive pas à tourner la page.

☐ Personne ne nous comprend ; nous ne nous comprenons pas nous-mêmes.

☐ On a trop de questions, pas assez de réponses.

☐ On a un problème vraiment terrible qui n'est pas inclus dans cette liste.

N'étant pas concerné par toutes ces causes de dépression, vous n'avez pas coché toutes les cases ?

Alors vous avez malgré tout de la chance : il y a des gens très bien qui souffrent de tous ces problèmes à la fois.

Cette idée ne vous apporte aucun réconfort, le malheur des autres ne vous consolant en rien du vôtre ? Une boule dans la gorge et les larmes au bord des yeux, vous pensez qu'aujourd'hui tout va mal, et que demain sera pire ? Bref, vous êtes vraiment à plaindre ?

Hélas, je ne peux pas vous prendre dans mes bras et vous tapoter le dos en vous disant « ça va aller » d'une voix rassurante...

Enfin si : « ça va aller », je peux vous le dire.

Et d'ailleurs, je vous le dis.

Ça va aller.

Tout problème a une solution... Les choses vont s'arranger. Vous allez vous en sortir ; vous allez trouver ce qui vous manque et ouvrir la bonne porte, celle qui conduit vers ce que votre cœur désire. Vous allez trouver cette belle lumière vers laquelle vous marchez déjà. Vous avez plus de force, plus de ressources intérieures, que vous ne l'imaginez actuellement. Et la vie est beaucoup plus bienveillante et soucieuse de votre bien-être que vous ne l'imaginez.

Mais si je peux vous rassurer, je ne peux pas vous serrer dans mes bras.

Même si je le désire, je ne peux pas vous préparer le bon chocolat chaud qui manque tant lorsqu'on se sent abandonné ; je ne peux pas vous apporter l'amitié et la tendresse dont tout être humain normalement constitué a besoin.

La bonne nouvelle (enfin, bonne, ça se discute), c'est que toute la tendresse du monde n'est qu'un réconfort passager, qu'un placebo sans effet durable, qu'un massage sur une jambe de bois, lorsqu'elle n'est pas accompagnée d'un renouvellement de son être, et c'est à ce renouvellement que je vous invite dans ce livre.

Car rien n'est impossible.

Et pas seulement en général, pour les autres ; rien n'est impossible *pour vous*. Vous allez redresser la tête, respirer à fond, vivifier votre âme, vous allez prendre le pouvoir qui vous revient de droit et devenir ou redevenir le capitaine de votre navire. Pas une galère, mais une frégate ou un catamaran. Un voilier élégant et cher, un de ces magnifiques jouets qui enthousiasment les milliardaires. Se sentir libre et maître de sa vie est un plaisir haut de gamme ; ce plaisir de première classe, il est temps pour vous d'y (re)goûter.

Mais, au fait, quelles raisons avez-vous de me croire ?

Quelles sont mes références, où est mon C.V. ?

Si vous êtes un tant soit peu méfiant, vous vous posez probablement la question... Si j'étais à votre place, je me la poserais aussi.

Mes diplômes, les voici : je suis une ex-dépressive, ex-très angoissée, ex-jamais tranquille, ex-extrêmement perturbée.

Ma vie a été un cauchemar pendant des années. À tel point qu'aujourd'hui, je ne la considère pas comme une vie. C'était plutôt la pathétique non-vie d'une morte-vivante enterrée six pieds sous terre et grattant le couvercle de son cercueil en espérant que quelqu'un la sortira de là.

Mon mal-être était latent depuis longtemps, depuis toujours je crois, mais c'est lorsque j'ai eu vingt-sept ans qu'il a surgi au grand jour. J'ai alors passé trois semaines en hôpital psychiatrique en raison de ce que le psychiatre du lieu a appelé un « épisode dépressif majeur ».

Dans les années suivantes, mon état d'esprit et ma vie se sont encore dégradés. Lentement, puis de plus en plus vite, j'ai dévalé la pente. J'ai même eu quelques accès de délire. Dans ces moments-là, ma tête bouillonnait d'idées incohérentes, ma raison vacillait, je perdais les pédales.

Mais la plupart du temps, je n'étais pas folle.

J'étais dépressive.

L'angoisse, la tristesse, le manque et l'envie d'en finir : j'ai passé et repassé par les couloirs obscurs de ce labyrinthe-là ; j'y ai bivouaqué pendant ce qui m'a semblé des siècles. J'ai erré dans la poussière d'impasses moisies, tourné en rond devant des murs sans jamais trouver d'issue.

Le mal-être, la culpabilité, les larmes... La sensation d'être grosse, laide et répugnante... L'impression d'être une chose insignifiante, sale, inutile et méprisable... Les questions sans réponse, la faiblesse, les rêves impossibles... L'humiliation, le cœur qui fait si mal qu'on dirait qu'il se brise...

Tout ça, je connais très bien.

Et si j'étais encore dans cet état-là, vous n'auriez vraiment aucune raison de m'écouter — sauf, bien sûr, si votre ambition était de devenir dépressif, vous aussi...

Mais depuis quelques années, ma vie a radicalement changé de visage et aujourd'hui, à l'âge de trente-sept ans, je suis presque quelqu'un d'autre.

Au niveau sentimental, j'étais incapable d'établir une relation durable, ou même seulement agréable, avec un homme ; j'enchaînais dans l'humiliation et les larmes aventures lamentables sur mésaventures grotesques. Maintenant je suis l'épouse comblée du meilleur mari de l'univers : le plus beau, le plus gentil et le plus intelligent.

En disant cela, je ne pense pas manquer d'objectivité.

Au niveau professionnel, je souffrais d'être un — mauvais — professeur. Non seulement je n'étais pas crédible, mais je m'en rendais compte, je détestais les programmes, les copies me faisaient l'effet de neuroleptiques, et les élèves me terrorisaient : ils étaient plus coriaces que moi.

En tout cas ils en avaient l'air.

Dans ce rôle d'enseignante, et malgré mes diplômes, je me sentais un imposteur parce que j'en étais un... Je n'avais jamais eu la vocation, j'étais prof parce que je n'avais pas le choix. En salle de classe je vivais ce que vivrait un poisson dont on aurait oublié le bocal au soleil : l'eau où il tourne en rond se change progressivement en court-bouillon, son malaise est le signe qu'il est en train de cuire.

Et maintenant ?

Maintenant je me consacre à ma vocation, l'écriture. Bye bye l'Éducation Nationale. Plongée dans un bouquin ou pianotant sur le clavier de mon ordinateur à la recherche d'une idée lumineuse ou du mot juste, je me sens libre et folâtre comme un dauphin pilote batifolant dans la fraîcheur de l'océan. Je fais ce que j'aime faire, ce que j'étais depuis toujours destinée à faire — car il était écrit que j'écrive et que vous liriez, en cet instant, ces lignes.

Mais c'est au niveau intérieur que j'ai le plus changé.

Avant j'étais déboussolée. J'errais dans la vie sans savoir qui j'étais ni où j'allais, un point d'interrogation planté entre les deux yeux, en pleine confusion, alors que maintenant je sais qui je suis, je sais ce que je fais et je sais ce que je veux.

Mes émotions dominantes étaient la peur, la souffrance, le manque et la culpabilité. J'aspirais à l'impossible et j'étais affreusement frustrée de ne pas l'obtenir. Le présent m'angoissait ; je n'y mettais jamais les pieds. Je préférais me réfugier dans un passé idéalisé, un futur utopique, ou des rêveries déconnectées du réel.

Au fond, j'aurais voulu habiter dans un dessin animé... par exemple *La Belle et la Bête*. Je ne m'identifiais pas à la Belle mais à la moitié asociale, déprimée et poilue du binôme ; je me sentais aussi maudite et inadaptée qu'elle.

En plus de tout ça, je ressentais un vide intérieur si douloureux, si immense, que je le jugeais précieux : c'était bien la seule chose qui me séparait de la médiocrité...

Et maintenant ?

Maintenant je jouis d'une sérénité que je n'aurais jamais pu imaginer, même en rêve.

Je ne savais même pas qu'on pouvait se sentir comme ça.

Chaque jour j'ai le bonheur de me savoir aimée, aimante et utile. Je me sens à ma place – à ma place dans mon identité, à ma place dans mon corps et dans mon existence. Moi qui trouvais la vie répugnante, j'ai découvert qu'elle est une opportunité unique.

Une chance à ne surtout pas rater.

Aujourd'hui, pour rien au monde je n'échangerais mon sort contre celui de quelqu'un d'autre, que ce « quelqu'un d'autre » soit une femme, un homme, ou même un chat se dorant au soleil.

Ne vous imaginez cependant pas que je vis dans une euphorie perpétuelle...

Comme tout être humain, je reste sujette à l'instabilité et à l'insatisfaction. J'ai mes mauvaises heures et mes mauvais jours. Je suis parfois grognonne, tristounette ou en colère. Je regrette parfois mes paroles ou mes actes.Mais dans l'ensemble, et c'est l'ensemble qui compte puisque les détails ne sont que des détails, je suis extrêmement satisfaite de mon existence, de mes choix et de leurs conséquences. J'aime ma vie, j'aime la direction que j'ai choisie.

Comme vous voyez, j'ai le C.V. qu'il faut pour vous aider.

En écrivant ce livre, je partage avec vous un savoir chèrement acquis. Ainsi vous ne perdrez pas des années à tourner en rond au fond de la dépression comme je l'ai fait ; votre route sera bien plus courte et facile que ne l'a été la mienne. Mes errances et mes prises de conscience, mes bons et mes mauvais choix, vous feront économiser du temps et des larmes.

Mais j'entends d'ici un lecteur (pas vous, vous êtes trop intelligent) dire que j'ai eu de la chance, et rien de plus... que c'est purement et simplement l'amour qui explique ma métamorphose.

Il y a une part de vérité là-dedans.

Une petite part.

J'ai eu de la chance, c'est vrai.

Mais j'ai aussi eu la chance d'apprendre à tirer parti de cette chance. Car en réalité le plus difficile à trouver, ce n'est pas la chance, mais bien la bonne manière de s'en servir.

L'amour a joué un grand rôle dans ma métamorphose, ça aussi c'est vrai.

Mais ce n'est pas seulement l'amour que j'ai reçu passivement, sans rien faire pour ça... c'est aussi et surtout celui que j'ai appris à recevoir et à donner.

Ni la chance, ni l'amour ne peuvent croître, fleurir et fructifier en terrain hostile. Pour qu'ils s'épanouissent, il faut une terre féconde. Et ce sont des prises de conscience et des apprentissages qui la fertilisent. Autrement dit, tant qu'on n'a pas compris, appris et mis en pratique un certain savoir, la victoire et la joie restent inaccessibles.

La part de l'aléatoire dans le bonheur, dans tout bonheur, est bien moindre que ce que l'on suppose généralement… La chance et la malchance, le bonheur et le malheur, obéissent à des lois. Des lois que j'ai subies à une époque, quand je ne les connaissais pas ; des lois que j'ai étudiées et utilisées à une autre. Aujourd'hui, je vous propose de les découvrir et de vous en servir à votre tour.

En tant que lectrice, j'ai souvent imaginé les auteurs que j'aimais comme des êtres appartenant à une espèce différente et plus noble que la mienne, alors, au cas où, je tiens à mettre les points sur les i : moi aussi, j'ai de la salade qui se coince entre les dents de temps en temps.

Nous avons d'ailleurs bien d'autres points communs. Vous et moi, nous partageons la même nature humaine.

Libre arbitre : vous avez le choix et moi aussi.

Intelligence : vous êtes logique et je m'efforce de l'être.

Capacités : vous êtes capable et moi, hum. Disons que je me débrouille avec ce que j'ai.

Car pour tout vous avouer, je n'ai rien, mais alors vraiment rien, d'une superwoman.

Je n'ai pas une énergie débordante – ni même une énergie à moitié pleine. Étant d'une nature plus méditative qu'active, il suffit que j'aie trois choses à faire pour me sentir surmenée. Pas trois choses à faire en même temps ; trois choses à faire dans la même journée.

Je n'ai pas non plus une volonté de fer, ni d'ailleurs un menton volontaire. (Le mien est plutôt à ranger dans la catégorie « mentons mollassons et velléitaires ».)

Pendant les trois quarts de ma vie, et malheureusement ce n'est pas fini, j'ai été du genre à me décourager très facilement. Du genre à penser « Ça y est, l'ordinateur est fichu, tout est foutu !... » au moindre bug.

Je ne suis pas très bien organisée non plus, et un coup d'œil sur mon bureau suffit pour comprendre que c'est un euphémisme. Quand je planifie un voyage, je me trompe souvent de jour, d'horaire, et parfois même de ville. Quand il s'agit d'un petit trajet, le résultat n'est pas toujours moins piteux.

Bref, je n'ai pas des capacités exceptionnelles, loin de là.

Et au fond, c'est une excellente nouvelle pour vous... Car du coup, tout ce dont j'ai été capable, vous en êtes capable aussi.

Puisque j'ai été capable de changer et d'apprendre, capable d'identifier et supprimer mes mauvais programmes mentaux, vous en êtes capable aussi. Puisque j'ai remplacé mes pires habitudes par de meilleures, vous le pouvez aussi. Puisque je suis passée des sinistres abysses de la dépression aux verts pâturages de la sérénité, vous le pouvez aussi.

Si vous êtes prêt à faire ce qu'il faut pour ça, vous arriverez vous aussi à cet état si désirable, si précieux, de satisfaction et de paix intérieure. Le premier pas, vous l'avez déjà fait en ouvrant ce livre.

Vous verrez : c'est un voyage mouvementé, mais passionnant. Une odyssée intérieure d'où l'on sort transformé et rajeuni. Une aventure initiatique au bout de laquelle on découvre la vie, et soi, sous un tout nouveau jour, dans une glorieuse lumière.

À propos de bonheur, et du moyen de le rejoindre, Il faut que je vous confie un petit secret.

À l'époque où je me sentais misérable, j'étais fascinée par la personnalité et les écrits de deux grands maîtres spirituels : Katie Byron et Eckart Tolle. Je lisais et relisais voracement leurs principaux ouvrages : *Aimer ce qui est* et *Le pouvoir du moment présent.*

Katie Byron et Eckart Tolle ont trouvé la quiétude suite à une illumination soudaine. Ils sont passés brusquement de la dépression la plus noire à l'extase la plus paisible : un beau matin, ils se sont réveillés bienheureux, alors que la veille encore ils souffraient atrocement.

J'étudiais leurs paroles dans l'espoir de découvrir leur secret et de l'appliquer à ma propre vie : moi aussi, je voulais l'illumination. Moi aussi, je voulais être heureuse d'un coup, sauter à pieds joints de la case « Enfer » à la case « Paradis », comme à l'époque où je jouais à la marelle...

Mais en fin de compte, leur sagesse ne m'a pas aidée, ou si peu.

J'ai trouvé le bonheur par un chemin différent, et je comprends maintenant tout ce que mon espoir avait d'illusoire. Comment avais-je pu m'imaginer que leurs écrits me montreraient la route ?

Quelqu'un qui se réveille un beau matin au sommet de l'Himalaya sans savoir comment il est arrivé là, alors que la veille encore il était au fond du gouffre, n'est pas à même de donner des cours d'alpinisme. Il ne peut pas révéler la méthode pour atteindre le sommet de l'Himalaya. Les personnes qui ont reçu l'illumination du jour au lendemain ne savent pas elles-mêmes ce qui les a sorties d'un coup de leur état de souffrance pour les plonger sans transition dans une euphorie perpétuelle.

Le bonheur leur est arrivé d'une manière miraculeuse et inexplicable ; elles l'ont reçu et non trouvé ou gagné. La quiétude leur est arrivée, exactement comme un accident arrive à quelqu'un : elles ne connaissent pas plus la recette du bonheur que quelqu'un ne connaît celle du couscous royal pour en avoir reçu une pleine marmite sur la tête.

De la même façon que Paris Hilton ne peut pas donner le secret pour devenir riche et jolie, quoiqu'elle le soit, je pense maintenant que Katie Byron et Eckart Tolle ne peuvent pas donner le secret pour passer d'un état d'angoisse à la sérénité.

Pour tout vous dire, et sans fausse modestie, je crois être mieux placée qu'eux pour vous révéler la recette du bonheur.

Car moi, je n'ai pas été parachutée au sommet par un miracle. La pente, je l'ai gravie jour après jour, un pas après l'autre, petit à petit. Certains jours, je tournais en rond. Certaines semaines, je redescendais de plusieurs mètres. Certains mois, je campais à mi-pente. Mais dans l'ensemble, je montais.

Ma métamorphose a été un processus progressif, composé d'étapes. Rien de magique là-dedans. Rien d'inexplicable. Et c'est bien parce que je peux expliquer pourquoi et comment j'ai quitté le lieu affreux où je végétais pour arriver à l'endroit très agréable où je vis actuellement, que je suis sûre que vous aussi, vous pouvez trouver la paix et la joie.

Mais j'ai peut-être tort de comparer le bonheur d'Eckart Tolle ou de Katie Byron au mien, car le but auquel je vous convie est beaucoup plus terre-à-terre...

Ou beaucoup plus réaliste ? Je ne sais pas. Un peu des deux sans doute.

Leur extase est absolue et mystique ; c'est un état de grâce ineffable qui frise le surnaturel. Mon bonheur n'est pas aussi grandiose. C'est un contentement relatif comportant des hauts et des bas, un bonheur à taille humaine. Le genre de satisfaction qu'on trouve quand on offre l'hospitalité à son véritable Moi et à la vie, celui qu'on découvre quand on va jusqu'au bout de ses choix et que ceux-ci sont bons.

Je ne vous propose pas de devenir une espèce de dieu n'ayant besoin de rien ni de personne ; je vous propose seulement de devenir à un degré plus élevé, plus noble et plus symphonique ce que vous êtes déjà : un être humain.

Mais il est temps d'entrer dans le vif du sujet. Que faut-il faire pour sortir de dépression ?

Il ne suffit pas d'avaler un cachet. Ni, d'ailleurs, mille.

Prendre conscience qu'on est un beau et joyeux papillon quand on s'est senti pendant si longtemps une vilaine chenille n'est ni instantané, ni facile.

Du moins, ça ne l'a pas été pour moi, et ça ne le sera probablement pas pour vous si, comme moi, vous vous êtes senti plus ou moins angoissé et chagriné toute votre vie... Quand on a toujours éprouvé une certaine fragilité, qu'on s'est heurté très tôt à ses propres limites, ce genre de métamorphose n'est pas de la tarte. Se changer soi-même à ce point-là n'est pas un pique-nique.

Et pourtant, au bout du changement c'est bien à ça qu'on arrive : un bonheur paisible, savoureux et champêtre qui présente une certaine ressemblance avec un agréable repas en plein air. En dessert, de la tarte aux fraises. Après l'effort, le réconfort – mais il faut commencer par l'effort...

Inéluctable dans le règne animal (toutes les chenilles se changent en papillons si elles ne se font pas boulotter avant), la métamorphose reste toujours possible chez l'Homme. Y compris celle qui mène de la dépression à la joie. Même si vous êtes né déprimé, ou plutôt, même si vous croyez être né déprimé, vous pouvez accéder à une existence heureuse.

Mais peut-être que vous ne vous sentez mélancolique que depuis un certain temps... Votre dépression ne date pas du déluge ? Mieux : elle est née de la dernière pluie (il y a quelques semaines, au pire quelques mois) ?

Alors vous avez de la chance, car vous lui réglerez son compte beaucoup plus vite. Peut-être même que vous n'aurez besoin que d'un peu de patience pour que votre mal-être s'estompe tout seul - et de ce livre-ci pour ne pas commettre les erreurs qui prolongeraient indéfiniment sa durée... Il est si facile de s'enfoncer dans le marécage en se débattant pour en sortir, et tant de mains tendues ne sont que des leurres. Vous comprendrez bientôt à quoi et à qui je fais allusion.

Mais peut-être que votre cas est tout différent...

Votre dépression date vraiment du déluge, vous broyez du noir depuis que vous avez l'âge de broyer quelque chose, et à l'idée que sortir de dépression — autrement dit changer — n'est pas facile, l'angoisse vous étreint ?...

Rassurez-vous.

Pas facile, ça ne veut pas dire « impossible », ni « très compliqué ».

Et pour rendre la différence entre ces trois notions parfaitement claire, comparons si vous le voulez bien trois activités très différentes : le vol d'oiseau, la méditation zen et l'escalade.

Voler comme un oiseau en utilisant seulement son corps est une entreprise vouée à l'échec. Tous ceux qui l'ont tentée en sont morts. C'est tout bonnement impossible.

La méditation zen consiste à rester immobile sans sombrer dans le sommeil, à être pleinement conscient sans être conscient de quoi que ce soit en particulier et sans rêvasser... On ne peut jamais être tout à fait sûr d'avoir compris ce qu'il faut faire, ni d'avoir réussi : la méditation zen est compliquée.

Quant à faire l'ascension d'une montagne, ça demande de la préparation. On devra peut-être s'y reprendre à plusieurs fois avant d'atteindre le sommet. Il faudra peut-être des mois d'entraînement. Mais quand on grimpe, on sait qu'on se rapproche du sommet, et quand on a atteint le sommet, on sait qu'on a atteint son objectif : tout est clair, simple et logique. Tout est limpide.

Sortir de dépression n'est pas facile de la même manière qu'escalader une montagne n'est pas facile.

Le rapprochement est d'ailleurs justifié par le sens premier de *dépression* : une dépression est un creux, une cuvette, un bas-fond. Pour en sortir, il faut donc prendre un chemin qui monte.

Ce qui demande un certain effort.

On ne monte jamais par hasard : il faut le vouloir.

Ah mais de nos jours, me direz-vous peut-être, on peut se faire déposer au sommet de la montagne sans l'avoir gravie soi-même...

C'est vrai, mais les progrès techniques n'ont, au fond, pas changé grand-chose à la manière dont on sort de dépression. Ni les antidépresseurs, ni les autres thérapies connues ne sont l'équivalent d'un téléphérique ou d'un hélicoptère.

Il y a, certes, des chemins de traverse qui permettent d'atteindre le sommet plus vite et plus facilement. (Je vous les indiquerai.) Mais il n'en reste pas moins que l'on sort de la dépression par ses efforts personnels, en mettant un pied devant l'autre. On en sort parce qu'on a fait ce qu'il fallait pour cela.

Ce n'est ni compliqué, comme de faire de la méditation zen, ni impossible, comme de voler comme un oiseau. La route n'est pas toujours facile mais elle est simple. De plus en plus simple. Et elle mène vers un air plus pur, un panorama plus majestueux, une lumière plus resplendissante.

Mais peut-être que, étant sujet au vertige, l'idée de grimper si haut ne vous dit rien qui vaille ?...

Vous pouvez vous détendre. Le bonheur que l'on trouve lorsqu'on monte hors de la dépression n'est pas un pic émotionnel. Ce n'est pas une exaltation euphorique et précaire, ni un sommet émotionnel vertigineux.

La dépression est une fosse, un trou. Quand on sort de ce trou, on se retrouve sur le plancher des vaches, à hauteur d'Homme. Le bonheur correspond à un retour à ce qui est le plus simple et le plus authentique en soi et hors de soi, un retour à la maison.

Quand on n'a jamais été vraiment heureux au cours de son existence, ou quand on a oublié qu'on l'a été, on peut avoir du mal à saisir ce concept. Il n'empêche que le bonheur est notre état naturel.

Le docteur Maxwell Maltz (1899-1975), génial inventeur de la psycho-cybernétique et à ce titre, père ou du moins parrain du développement personnel contemporain, déclare :

> « Le bonheur est inné dans l'esprit et le corps de l'homme. Lorsque nous sommes heureux, nous pensons mieux, nous sommes plus actifs, nous nous sentons mieux et nous sommes en meilleure santé. Même nos organes des sens fonctionnent mieux… »

De nos jours, la thérapeute et poétesse A. B. Curtiss, qui est aussi une ex-dépressive, le dit à son tour :

> « Le bonheur est notre état naturel… C'est notre état originel de bien-être. »

Dire que le bonheur est notre état naturel n'implique pas que le malheur soit un état anormal — d'ailleurs vous savez bien que rien n'est plus banal que la souffrance. Cela signifie juste que lorsque vous serez heureux, vous n'aurez pas l'impression de vivre une expérience déstabilisante et extraordinaire, mais plutôt quelque chose de naturel, quelque chose qui va de soi.

Mais, me direz-vous peut-être et à juste raison, si le bonheur est mon état naturel, comment se fait-il que je ne sois pas déjà heureux ?...

Parce que votre véritable nature a été ensevelie. Des couches d'illusions et d'erreurs se sont déposées sur elle comme des alluvions sur une statue antique. Votre véritable personnalité est cachée sous toutes ces croyances erronées et ces mauvaises habitudes.

La question qui se pose est : qui va la déterrer ?

Qui sera le prince de cette belle au bois dormant ?

Qui va ressusciter d'un baiser et d'une étreinte votre nature originelle, votre personnalité native ?...

Autant que vous le sachiez dès maintenant : ce n'est pas le bisou d'un spécialiste de la santé mentale qui peut vous sauver. Ni ses potions magiques.

Le prince charmant de votre belle, c'est vous.

Vous seul avez le pouvoir de vivifier votre Moi.

Bien sûr, comme tout le monde vous avez besoin d'aide — mais vous n'en restez pas moins le personnage principal, celui qui agit. Le héros ou l'héroïne qui, par ses décisions énergiques et ses actes, transforme radicalement la situation.

Votre personnalité authentique est actuellement plongée dans un sommeil paradoxal : pour qu'elle émerge de l'inconscience qui l'a engloutie, vous (oui, vous) allez peler et éplucher les couches de faux-semblants qui la dissimulent et la déguisent, y compris et surtout à vos propres yeux.

Ou pour prendre une autre image, votre vérité est encore cachée au centre de la roche.

Comme ces géodes qui ressemblent à première vue à des cailloux sans intérêt, et dont le cœur étincelle de magnifiques cristaux violets, votre véritable nature est un trésor caché. La pierre précieuse est encore dans sa gangue, le diamant est toujours prisonnier : pour le révéler au grand jour, vous (oui, vous) allez briser cette pierre grise, faire sauter les obstacles qui vous empêchent d'accéder à vous-même.

Monter ou creuser, grimper la pente ou tailler la roche : comme vous pouvez le constater on n'échappe pas à l'idée d'effort. Pour passer de la dépression au bien-être, il faut se retrousser les manches et se mettre au boulot.

Perspective qu'on peut trouver vaguement angoissante.

Avant de commencer mon ascension hors de la dépression elle me faisait très peur. Je ne me sentais pas capable de faire un effort.

Même un tout petit.

Le plus riquiqui m'impressionnait déjà énormément.

Cette notion « d'effort » ne suscitait en moi qu'une envie : celle de me blottir dans mon lit en position fœtale et d'oublier que j'avais eu l'improbable malheur de naître...

Il y a tant de civilisations qui disparaissent sans laisser de traces, tant de lignées qui s'éteignent, tant de couples stériles, tant de spermatozoïdes qui n'atteignent jamais l'ovule, tant de fausses couches, alors pourquoi moi ?

À la grande loterie du destin, pourquoi avait-il fallu que je tire le mauvais numéro ?

Et d'ailleurs, pourquoi un singe un peu moins poilu que les autres avait-il eu l'idée saugrenue de se redresser ?... S'il avait gardé les pattes sur terre, j'aurais échappé à la condition humaine.

Questions sans réponses qui me laissaient plus recroquevillée que jamais.

Si vous aussi, vous sentez trop bien votre faiblesse et pas du tout votre force, ne désespérez pas car :

1/ La première étape, celle où vous êtes actuellement, consiste seulement à lire ce livre, de préférence en vous relaxant dans un fauteuil confortable. Si vous pouvez vous munir d'une boisson (chaude ou rafraîchissante selon la saison) en écarquillant les orteils, faites-le.

2/ Vous ne devrez faire un effort qu'à partir du moment où vous vous en sentirez la force, et pas une minute avant. Vous êtes dispensé de tout travail jusqu'à ce que vous vous en sentiez capable.

J'irai même plus loin : vous êtes dispensé de faire un effort jusqu'à ce que vous ayez envie d'en faire un. Oui, envie. Vous verrez : on peut désirer très fort se mettre au boulot, et piaffer d'impatience parce qu'on ne peut pas commencer tout de suite.

3/ Vous ne serez pas seul : c'est ensemble que nous allons consulter la carte et la boussole, désamorcer les nombreux pièges, identifier les impasses, repérer la route, et d'une manière générale mener à bien cette mission.

Vous avez de la chance, car autant j'ai du mal à me repérer dans le monde physique, autant j'ai un excellent sens de l'orientation dans cet autre monde, qu'on pourrait dire métaphysique, qui nous intéresse ici. De plus, pour y avoir erré longtemps, pour m'être cassé la figure dans ses précipices, égarée dans ses culs-de-sac et tordu la cheville dans ses nids-de-poule, je connais très bien le terrain.

4/ Chaque effort rend l'effort suivant plus facile : plus on monte, plus il est facile de monter. Le second pas est plus facile que le premier, et le troisième plus facile que le deuxième. Le tout est de s'y mettre, et quand on s'y est mis, de continuer.

5/ C'est un phénomène étrange et apparemment inexplicable mais qu'on a constaté depuis longtemps et qui ne manque pas d'avoir lieu : les problèmes se présentent dans l'ordre où l'on est capable de les résoudre, et pas dans un autre.

Ceux que vous rencontrerez ne failliront pas à cette règle. Vous ne serez pas submergé par les difficultés : elles viendront dans l'ordre qu'il faut pour que vous les ratatiniez l'une après l'autre, comme des chenilles processionnaires.

Soyez confiant : vous êtes capable de les écraser toutes sous votre talon.

Pour lire ce livre, permettez-moi de vous suggérer une méthode – la mienne. Quand je lis un livre, j'essaie d'avoir toujours un crayon avec moi. Comme ça je souligne au fur et à mesure les passages qui me paraissent les plus importants et s'il le faut, je marque en marge les réflexions que m'inspire ma lecture.

Si vous suivez cette manière de procéder, vous :

- vous concentrerez plus profondément sur ce que vous lisez ;
- retrouverez facilement les passages qui vous auront marqué ;
- garderez une trace de pensées qui sinon s'envoleraient pour toujours.

En lisant *Marre de la vie* avec un crayon, dans quelques semaines, mois et années, chaque fois que vous le relirez, vous retrouverez votre état d'esprit actuel, et vous pourrez mesurer, avec un sourire, tout le chemin parcouru. Vous réaliserez à quel point vous avez changé, à quel point ça va mieux, à quel point vous êtes plus heureux que vous ne l'étiez.

À retenir

- Vous heureux, c'est vraiment vous ; vraiment vous, c'est vous heureux.
- Personne ne vous sauvera : vous vous sauverez vous-même.
- On sort de la dépression en prenant un chemin qui monte.

Conseils

► Lisez ce livre tranquillement, à votre rythme, avec un crayon.

► Ensuite, appliquez les recommandations qu'il contient, en commençant par celles qui vous semblent les plus importantes pour vous actuellement. Laissez de côté celles qui ne vous disent rien jusqu'au jour où elles vous parleront.

Rendez-vous dans le Phare

C'est dans notre oisiveté, dans nos rêves
que la vérité immergée fait quelquefois surface.
Virginia Woolf

Cher lecteur, je vous invite dans le phare.

Le vôtre, même si vous l'avez oublié.

C'est un lieu sans lieu, isolé du monde, paisible, avec des couvertures en laine et des coussins couleur thé et café, cerné par l'infini bleuâtre d'un océan tranquille. Un chat à rayures ronronne près du radiateur, qui ronronne aussi.

Ce lieu est hors du temps, dont l'éternel et inoffensif ressac gronde au bas.

Qu'il est loin le *struggle for life* et sa foire d'empoigne. Puisqu'ici il n'y a rien à défendre et rien à prouver, vous pouvez vous détendre. Ou vous relaxer, comme vous voulez. Devenir un peu moins triste ou beaucoup plus heureux : le choix vous appartient.

D'ailleurs le choix vous a toujours appartenu, même si ça n'a pas toujours été aussi évident que ça le devient.

Le silence est bercé par le flot de l'océan, picoré par quelques mouettes aux cris âpres, purs et lointains. La vue est dégagée ; une lumière subtile baigne l'atmosphère d'un charme indéfinissable. Et tandis que vous désaltérez vos yeux à l'océan et au ciel, je m'interroge...

Comment se fait-il que vous soyez prêt à remettre en cause tout ce qu'on a voulu vous faire croire, tout ce que vous avez cru jusque-là, prêt à piquer une tête dans la fraîcheur de perspectives inédites, prêt à découvrir le monde et vous-même sous un nouveau jour ?

Est-ce simplement de la curiosité ?

Est-ce parce que vous pensez que c'est le moment ou jamais ?

Est-ce parce que vous sentez que ça ne peut pas durer comme ça ?

Est-ce parce que vous êtes arrivé à un tournant de votre existence ?

Est-ce parce que vous avez compris que c'est le seul moyen de faire entrer le bonheur dans votre vie ?

Ou est-ce pour une raison encore plus viscérale et profonde que je ne connais pas, mais vous, oui ?

Ce qui est sûr, c'est qu'une telle exploration est passionnante, surprenante, et même exaltante. Et au bout du compte, elle est apaisante.

Tout comme le chat est au bout de ses moustaches, certaines prises de conscience conduisent à la quiétude. Un état d'équilibre et d'harmonie qui s'arque élégamment comme une mélodie de Bach.

PARTIE I

FOIRE AUX QUESTIONS

Quand l'orage gronde dans le ciel obscurci, quand on a perdu ses clefs et sa joie de vivre, quand le sort joue aux fléchettes et qu'on lui sert de cible, quand un gros cafard kafkaïen a fait son nid dans le salon, on se pose toutes sortes de questions.

Par exemple :

« Qu'est-ce que la dépression ? »

« Combien de temps ça va durer ? »

« Ce que je ressens est-il normal ? »

Dans ce chapitre, vous allez trouver des réponses à ces questions et à quelques autres. Des réponses qui vous donneront de bonnes raisons d'espérer et de respirer. (De préférence à fond, en accueillant l'oxygène jusqu'au fin fond de vos poumons.)

Gardez le sourire en attendant le retour du soleil : il repointera bientôt le bout de ses rayons dans votre vie. Ce que je vous dis là, le liséré argenté des nuages vous l'a dit avant moi, et d'une manière suffisamment claire pour que vous en ayez la certitude rassurante, la conviction intime et réconfortante.

« Peut-on sortir définitivement de dépression ? »

À cette question, beaucoup de spécialistes (médecins, psychiatres) répondent d'une manière évasive et un tantinet inquiétante.

Ils disent que la dépression est souvent un trouble chronique ; que si on prend le problème à temps il se soigne bien, mais que soigner n'est pas guérir ; qu'un épisode dépressif prédispose à d'autres ; qu'on peut stabiliser et atténuer un état dépressif, mais que la dépression est souvent une maladie récidivante...

Et puis il y a les attentes négatives qu'on se mitonne soi-même, sans les spécialistes. Quand on se sent déprimé, on a tendance à oublier le commencement de sa misère morale, qui se perd dans les brumes d'un passé qui semble lointain même quand il ne l'est pas, et on a aussi du mal à concevoir sa fin.

Alors, peut-on dire non seulement *bye-bye*, mais *adieu*, à la dépression ?

Peut-on s'extraire une bonne fois pour toutes de ce trou sinistre, de ce lugubre nid à cafards ?

La preuve par les autres

Oui, bien sûr que oui. Sinon je n'aurais pas pu écrire ce livre.

Vous êtes sceptique ?

Alors permettez-moi de vous poser une question.

À votre avis, comment sait-on que le pic du Midi est accessible ? (Notez que j'ai choisi un sommet raisonnable qui ne dépasse pas les 3000 mètres. C'est important pour la suite de la démonstration.)

Nous sommes d'accord : on sait qu'il est possible d'atteindre le sommet du pic du Midi parce que des gens l'ont fait.

Un observatoire astronomique a même été construit là-haut, d'où l'on peut contempler les étoiles et les gypaètes barbus.

Il en va de même avec la dépression : on sait qu'il est possible d'en sortir pour ne plus y revenir parce que des gens l'ont fait.

Certains se sont même installés en hauteur. Pas au septième ciel – à mon humble avis ceux qui prétendent avoir les deux pieds solidement plantés dans l'azur affabulent – mais bien au-dessus du niveau de l'amer.

Heureusement, ces individus n'ont pas considéré que leur expérience relevait de l'indicible. Leurs témoignages sont éparpillés sur la toile ; j'en ai recueilli quelques-uns pour vous. Ce bouquet devrait vous encourager à grimper vers votre propre floraison d'aigles et d'étoiles :

« Je suis heureuse, je suis bien, je suis contente d'être ce que je suis, et ça, je vous assure, je ne pensais pas que ça pouvait m'arriver. »

« Pour la première fois depuis dix ans, j'ai la liberté d'être à nouveau moi-même. Je ne pourrais pas être plus heureuse que je ne le suis. »

« Je ne prends plus de médicaments et je me sens en bonne santé, calme, satisfait, armé pour faire face à la vie et à ses défis. Je sais maintenant que mon bonheur dépend complètement de moi. »

« Auparavant, j'étais très vulnérable à la dépression ; aujourd'hui ce n'est plus du tout le cas. Si quelque chose de négatif m'arrive, je me mets tout de suite au travail pour surmonter le problème ou le résoudre. »

« Quand les gens découvrent l'histoire de ma vie - la violence, les viols, les deuils - ils n'arrivent pas à croire que j'ai vécu toutes ces choses horribles. J'ai l'air tellement heureuse… J'ai fait le choix de ne pas laisser ces événements me tirer vers le bas. »

« Se guérir soi-même de la dépression, c'est comme se sortir d'un puits. Au début, il y a beaucoup de résistance, c'est très difficile. Petit à petit, vous gagnez du terrain. Et au fur et à mesure que vous montez, ça devient de plus en plus facile et rapide… »

« J'ai réalisé que je faisais des choix qui m'enfonçaient dans la dépression et que je pouvais faire d'autres choix qui me conduiraient au bonheur. J'ai commencé à faire ces choix, et depuis cette époque je n'ai plus jamais souffert d'un épisode dépressif majeur. »

« De temps en temps, je me réveille un peu déprimée, mais c'est rare, et je chasse ce sentiment facilement. J'ai aussi appris à supporter des états d'âme qui peuvent être douloureux (états d'âme causés par les circonstances) sans y succomber pour autant. Je ne suis pas ma dépression. Ma dépression n'est qu'une émotion ; elle ne peut plus m'arrêter. »

« Je me sens bien. Je suis heureux les trois quarts du temps, et c'est comme ça depuis un bon moment. J'ai ma propre entreprise maintenant, et elle marche bien. Je suis extrêmement motivé pour réussir et améliorer ma vie. Je suis définitivement guéri de la dépression et je sais que je ne serai plus jamais déprimé, parce que je sais comment empêcher toute rechute. »

« Quand l'obscurité commençait à m'envahir, je me recroquevillais sur moi-même et la laissais m'engloutir pendant des jours, des semaines, des mois. Maintenant, quand l'obscurité arrive, je lui tourne le dos, et je marche, ou je lis, ou je fais le ménage… au lieu d'être triste ou angoissée. C'est comme si j'entendais *toc, toc* à la porte de mon esprit. Je l'ouvre, et la dépression est là, avec sa valise, prête à entrer et à s'installer. Maintenant, je ne prends plus la peine de discuter ou d'avoir peur. Je lui dis seulement : « Tu ne peux pas entrer ici. J'ai mieux à faire. » Et je claque la porte. Et ça marche !... J'ai choisi de ne plus être déprimée. »

Vous vous sentez une exception ?

Les hommes et les femmes dont vous venez de lire les témoignages se sentaient eux aussi différents des autres.

Vous avez l'impression d'être maudit ?

Eux aussi avaient l'impression d'être sous le coup d'une malédiction tenace.

Vous pensez que vous êtes fichu ?

Eux aussi manquaient de courage.

Et pourtant, maintenant, leur vie est belle et leur moral au beau fixe – dans les limites de ce que permet la condition humaine. Ils s'en sont sortis, je m'en suis sortie : vous aussi vous pouvez vous en sortir.

La prochaine fois que le découragement tentera de vous mettre le grappin dessus, relisez ces témoignages débordants de bon sens et d'espoir – deux compagnons inséparables, quoique le premier, souvent dédaigné comme archaïque ou naïf, soit de nos jours moins apprécié que le second. À ces témoignages radieux, il n'appartient qu'à vous d'ajouter un jour, bientôt, le vôtre.

Souriants souvenirs

La deuxième preuve que la dépression est réversible, autrement dit que vous pouvez être heureux, c'est que vous l'avez déjà été. Même si ça n'a été que pendant de brefs instants, vous avez déjà connu cet état de contentement et de paix, cette joie pure.

En voyage, vous savouriez un calme inhabituel, une félicité inexplicable, comme si le dépaysement et l'anonymat vous offraient une trêve, et que tous vos problèmes psychologiques et vos soucis étaient restés dans le lieu que vous veniez de quitter.

À un autre moment, vous contempliez avec une gratitude émerveillée un jardin verdoyant ou une plage léchée par l'océan, paysages émouvants comme une réminiscence du paradis terrestre ou la très belle promesse d'un paradis futur.

Ou, les yeux clos, vous écoutiez les cris des hirondelles, tandis que le soleil effleurait vos paupières, savourant une paix tout intérieure puisée à la conscience de l'été qui vous enveloppait comme une caresse.

Ou, les yeux ouverts, vous regardiez passer un nuage dans l'encadrement d'une fenêtre, et la douceur lente et silencieuse de son passage ouvrait en vous une route lumineuse vers le calme. Le temps s'écoulait comme un fleuve paisible, et vous étiez en harmonie avec son flux.

Ou en tête-à-tête avec un être cher, vous lui ouvriez votre cœur, lui confiant vos aspirations et vos soucis. Non seulement il vous comprenait, mais il vivait la même chose que vous. Ce moment d'intimité et de partage vous consolait et vous réconfortait. Vous n'étiez plus seul, enfin...

Ou vous attendiez l'arrivée d'un ami, un délicieux repas, le début d'un film dont vous guettiez depuis longtemps la sortie sur les écrans, les grandes vacances... bientôt, très bientôt, vous alliez saisir l'objet de votre désir. Dans l'intervalle, votre cœur imaginait l'instant espéré en battant la mesure d'une délicieuse anticipation, et cette attente c'était déjà du bonheur, d'autant plus doux et pur que rien de concret ne s'y mêlait encore.

Ou bien vous aviez eu de la chance : vous aviez gagné ou reçu quelque chose. Un tour de manège supplémentaire, un vélo magnifique, un voyage en Corse, un sourire éblouissant, une seconde chance... Du coup, vous vous sentiez riche et chanceux, presque béni.

Ou peut-être que ce n'était pas de la chance, mais vos efforts. Le problème de mathématiques sur lequel vous cogitiez depuis trois jours vous livrait enfin ses secrets ; l'appareil fonctionnait à nouveau parce que vous l'aviez réparé ; quelqu'un admirait votre travail et vous en faisait part ; vous découvriez votre nom sur la liste des reçus... Quelle qu'en fût la cause, une bouffée de fierté redressait votre colonne vertébrale. Vous savouriez votre réussite.

Quiétude et sérénité ou joie triomphante, moment de partage et d'amour ou promesse d'un proche délice, légèreté insouciante ou victoire enivrante : quelle que soit la forme qu'ait prise votre bonheur, vous l'avez vécu.

Ce qui signifie que vous pouvez être heureux à nouveau, être heureux encore une fois – mais cette fois-ci d'une manière moins fragmentaire et plus durable.

Vous dites que ce bonheur n'a aucune raison d'être plus résistant que, celui, éphémère et fugace, que vous avez connu avant ?

Je respecte votre scepticisme. Mais il n'est pas justifié. Votre bonheur à venir sera plus solide que votre bonheur passé pour une bonne, pour une excellente raison : vous allez le construire sur des bases plus solides.

Vous connaissez l'histoire des trois petits cochons ?

Les deux premiers construisirent leurs maisons à la va-vite dans des matériaux peu résistants (paille et branchages). Le loup n'eut aucun mal à détruire ces abris fragiles et à les croquer tout cru. Mais le troisième réfléchit, planifia, retroussa son groin à défaut de ses manches, et finalement bâtit un abri antiloup et antiatomique indestructible...

L'idée, c'est de changer de stratégie pour adopter celle de ce survivant admirable quoique porcin, et de planifier et construire votre bonheur à venir.

Une autre comparaison.

Un géologue trouve plus de pierres semi-précieuses qu'un simple touriste se baladant en montagne. Pourquoi donc ? Parce que ce géologue ne se promène pas au hasard. Il sait très bien ce qu'il cherche, et il sait très bien où et comment le chercher.

De même, le savoir que vous allez acquérir en lisant ce livre (et d'autres que je vous conseillerai) va affûter votre regard et vos choix. Vous saurez mieux ce que vous cherchez, et vous saurez mieux comment et où le chercher.

Quand on avance au hasard, sans point de repère, on évite difficilement les chiens méchants et les décharges publiques, mais quand on dispose d'une carte, d'une boussole et qu'on sait où l'on est et où l'on va, il est relativement facile d'échapper aux impasses pleines de ronces et aux marécages sinistres pour rejoindre les coins les plus verts, les plus lumineux...

Là, des vaches normandes trônent dans un champ émaillé de pâquerettes comme des reines bénévoles et rustiques, images vivantes et broutantes de la sérénité.

Un miracle banal

Vous dites que vous n’avez jamais été satisfait une seule seconde au cours de votre vie ? Je pense plutôt que vous avez oublié le versant éclairé de votre passé à force de vous obnubiler sur son côté sombre, mais soit. Admettons que vous n'ayez jamais été heureux.

Est-ce que dans ce cas, tout est fichu ?

Pas du tout.

Même dans ce cas, vous n'êtes pas condamné au malheur.

Même dans ce cas, vous pouvez sortir de la dépression et trouver ce que vous cherchez, ce que vous désirez.

Vous voulez savoir ce qui me permet d'en être sûre ?

La marche du monde.

Chaque matin, la lumière de l'aube triomphe des ténèbres de la nuit ; chaque jour, dans quelque partie du globe, la terre morte renaît pour se couvrir d'une végétation luxuriante ; chaque jour, des bébés ouvrent les yeux sur le monde pour la première fois et leur maman est là pour eux, ravie de les voir et impatiente de les dorloter ; chaque jour, les chenilles ternes, boudinées et poilues auxquelles j'ai déjà fait référence se métamorphosent en papillons gracieux, multicolores et resplendissants ; chaque jour, la nourriture dont nous avons besoin pour continuer à vivre arrive dans notre bouche par un enchaînement complexe de causes et d'effets que nous ne maîtrisons pas, comme si elle nous était mystérieusement et souverainement destinée par le sort.

Autant d'événements invraisemblables qui ne paraissent banals que parce qu'ils se répètent.

Les miracles ne sont pas l'exception, ils sont la règle.

Si la terre était un tout petit peu plus proche ou plus éloignée du soleil, elle serait invivable au sens propre ; si un champ magnétique ne la protégeait pas, d'énormes météorites nous tomberaient sur la tête ; si les océans n'étaient pas salés, les poissons y pourriraient avec d'effroyables conséquences ; si l'eau ne se dilatait pas quand elle gèle, rien n'y survivrait ; si des montagnes ne stabilisaient pas la croûte terrestre, les tremblements de terre seraient la norme ; si les tyrannosaures étaient encore là, ils ne feraient de nous qu'une bouchée ; si nous ne pouvions nous nourrir que de caviar, d'edelweiss ou de diamants, nous mourrions de faim ; si nos ongles étaient plus mous, nous ne pourrions pas faire grand-chose de nos dix doigts ; s'ils étaient plus durs, nous ne pourrions pas nous gratter sans nous griffer jusqu'au sang, etc.

Parmi tant d'heureux et incroyables hasards, la transformation d'une personne qui se sent terriblement déprimée en optimiste radieux n'est qu'un miracle banal parmi d'autres.

Chaque jour, des âmes esseulées trouvent leur âme sœur ; chaque jour, des pauvres deviennent riches ; chaque jour, des couples se réconcilient ;

chaque jour, des personnes qui ont un urgent besoin d'aide en trouvent ; chaque jour, des problèmes apparemment insolubles sont résolus...

Si vous regardez les informations tous les jours (ce que je vous déconseille de faire) vous avez probablement l'impression inverse, l'impression que les catastrophes succèdent aux catastrophes sans le moindre intervalle... Et c'est vrai.

Mais dans ce vaste monde, il y a de la place pour tout comme il y a de la place pour tous : les noirs comme les blancs, les petits comme les grands, les gros comme les maigres, les gentils comme les méchants, mais aussi la joie comme la souffrance, le bonheur comme la tragédie, la perte comme le gain.

La vie est une échelle, dit un proverbe bulgare : *les uns montent, les autres descendent.* Tandis que des rois du monde dégringolent et que des Bernard Madoff échouent en prison pour cent cinquante ans, des solitaires, des canards boiteux et des Susan Boyle prennent anonymement ou non leur revanche sur la vie et sur leurs échecs et humiliations passés.

Vous aussi, vous pouvez prendre votre revanche.

Depuis que le monde existe, des hommes et des femmes surmontent des obstacles apparemment insurmontables, obstacles intérieurs ou extérieurs, et passent du désarroi et de la souffrance au bonheur et à la paix. Vous n'avez peut-être jamais assisté à une telle transformation (la plupart du temps elle est trop discrète pour faire la une des journaux), mais elle n'en a pas moins lieu tous les jours partout dans le monde.

Choix et destinée

La quatrième raison, et la principale, pour laquelle la dépression est réversible et le bonheur, accessible, c'est que...

Mais avant de poursuivre, je dois vous prévenir.

Ce que je vais vous dire va probablement vous sembler extrêmement discutable, voire absurde. Ne le refusez pourtant pas en bloc ; prenez-le comme une hypothèse de travail. À mesure que vous avancerez dans la lecture de ce livre, cela vous paraîtra de plus en plus plausible — jusqu'à ce que vous compreniez que c'est une vérité aussi indiscutable que 1 + 1 = 2.

Je disais donc que la quatrième raison, et la principale, pour laquelle la dépression est réversible et le bonheur, accessible, c'est que... mais attendez encore un peu. Je dois d'abord vous dire autre chose.

Beaucoup de gens, et pas mal de spécialistes, croient que nos états d'âme et nos émotions sont déterminés par des paramètres sur lesquels nous n'avons aucun pouvoir.

Mais nos émotions sont des réalités trop subtiles et complexes pour être la conséquence directe d'événements que nous ne contrôlons pas, même si c'est ce qu'on a tendance à croire. Les circonstances sur lesquelles notre volonté ne peut strictement rien ne jouent pas le rôle principal dans notre évolution intérieure. Quand il s'agit du coefficient de satisfaction dont on jouit et dont on jouira, l'incontrôlable sous toutes ses formes joue un rôle bien moindre qu'on ne l'imagine a priori.

La preuve ?

Il y en a mille.

Par exemple les personnes qui, suite à un accident, perdent l'usage de leurs jambes retrouvent après quelques années le niveau de bonheur qui était le leur avant l'accident.

D'une manière comparable, la plupart des gagnants du loto se retrouvent rapidement aussi pauvres, et aussi déprimés, qu'ils l'étaient avant d'avoir « de la veine » — qui, donc, finalement n'en était pas.

Inversement, lorsque les millionnaires qui se sont faits eux-mêmes perdent toute leur fortune, ils gardent une attitude combative et redeviennent rapidement aussi riches, ou plus riches, qu'ils l'étaient auparavant.

Ne vous laissez donc pas impressionner par ces grands événements terrifiants auxquels nous ne pouvons rien, comme les catastrophes climatiques, les deuils ou les chagrins d'amour. À long terme, ce ne sont pas eux qui décident de notre avenir intime ; à long terme, ce ne sont pas eux qui fixent notre degré intérieur de contentement ou de mécontentement, d'anxiété ou de quiétude.

Et maintenant, entrons dans le vif du sujet.

La quatrième raison, et la principale, pour laquelle la dépression est réversible et le bonheur, accessible, c'est que *nos choix déterminent notre avenir.*

Ils sont autant de coups de ciseau avec lesquels nous sculptons le marbre de nos vies.

Chacun est l'artisan de son bonheur et de sa fortune ou infortune ; chacun est l'auteur de sa destinée ; chacun est le maître de son futur — qu'il en ait conscience ou non. Ce sont nos choix qui comptent, nos choix qui importent. La seule personne que vous êtes destiné à être est celle que vous devenez en prenant les décisions que vous prenez.

Ce point est tout à fait crucial ; si de ce livre, vous ne reteniez que celui-là, ce serait déjà quelque chose.

- Mais, dites-vous, je n'ai pas choisi ma désastreuse enfance ! Je n'ai même pas choisi de *naître* !

Vous avez raison de le souligner car l'idée que nous sommes maîtres et auteurs de notre destinée est, de nos jours, élargie outre mesure.

Ainsi d'après les adeptes du Nouvel-Âge nous créerions de A à Z notre propre réalité, contrôlant toutes les circonstances de notre vie à un niveau surnaturel et métaphysique. C'est nous qui, avant de naître, aurions décidé d'avoir le nez en trompette ou les pieds plats. C'est nous qui aurions choisi de débarquer dans telle ou telle famille parce que nous savions qu'avec des parents pareils nous apprendrions la compassion, le système D, ou à jouer du youkoulélé.

La seule chose qui nous empêcherait de prendre conscience qu'absolument toutes les circonstances de notre vie, nous les avons choisies, serait l'oubli.

Nous serions non seulement des aigles se prenant pour des dindons — jusque-là d'accord — mais des êtres tout-puissants jouissant d'une liberté absolue dont ils n'auraient pas conscience... autrement dit, des dieux souffrant d'un complexe d'infériorité.

Mouais.

Un dieu qui fut d'abord une goutte de sperme, qui va aux toilettes plusieurs fois par jour, qui lutte avec du savon pour ne pas sentir mauvais, qui devient gâteux quand il devient vieux, qui a peur des araignées, de l'orage, du fisc ou d'autre chose, et en tous les cas de quelque chose, qui ne peut pas se passer de nourriture et qui n'est même pas capable d'éviter la mort, est-il encore un dieu ?

Moi aussi j'ai un doute.

Vous avez raison de le dire : notre libre arbitre est limité. Dire le contraire, c'est quitter le monde rationnel pour rejoindre celui du père Noël.

Mais cela annule-t-il notre pouvoir personnel ?

Non.

Par nos choix d'adultes nous n'en façonnons pas moins l'essentiel : notre malheur ou bonheur d'aujourd'hui et de demain. Voici un témoignage (tiré d'Internet, comme la plupart de ceux que vous lirez dans ce livre) qui illustre ce point :

> « D'où vient le bonheur ? Il ne nous est pas donné par une bonne fée, il vient comme le résultat de certaines décisions que n'importe qui peut prendre. J'avais vingt et un ans, j'étais misérable et désespéré, mais j'ai appris quelles sont les choses qui me rendraient heureux et j'ai pris la responsabilité de faire ces choses. Ce n'est pas de l'égoïsme. Seuls les gens vraiment heureux peuvent être vraiment généreux. Ce n'est pas faire preuve de superficialité ou d'égocentrisme que de vouloir être heureux, c'est plutôt le premier pas qui conduit à une vie digne d'être vécue. Maintenant, je suis une personne heureuse vivant une vie que j'aime. Vous pouvez faire ce choix vous aussi. C'est du travail, mais ça vaut le coup ! »

Nos actions et nos inactions sont des pas qui nous mènent inévitablement dans une direction ou une autre. Même quand on a l'impression de faire du surplace, on se déplace.

Vers où ?

Tout est là.

Ce peut être vers plus de faiblesse, de souffrance et d'angoisse comme ce peut être vers plus de force, de calme, de joie et d'amour.

On peut avoir l'impression de ramer à fond de cale — et quand on l'a, on ne respire pas vraiment la joie de vivre — mais en réalité nous tenons toujours la barre. C'est nous qui donnons le cap, dirigeant notre navire vers des récifs, le triangle des Bermudes ou (mieux) vers la rade verdoyante d'une île paradisiaque.

Et nous ne faisons pas que naviguer ; dès que nous mettons pied à terre, nous nous mettons à semer.

Nous semons... qu'est-ce que nous semons ?

Tout dépend de ce qui prédomine en nous.

Quand l'inconscience et l'ignorance nous dominent, c'est l'angoisse, la tristesse, la confusion, le négativisme et la solitude que nous semons. Avec le temps, ces graines se développent et donnent naissance à des orties, des amanites phalloïdes et des nains de jardin présentant un air de famille avec Ronchon.

Mais un beau jour, au cours d'une lecture éclairante, nous commençons à prendre conscience de nos erreurs. Retroussant nos manches, nous nous mettons alors sérieusement au travail.

C'est ce que vous faites aujourd'hui.

Aujourd'hui, en cet instant précis, vous commencez à planter dans votre existence des graines de force, de calme, de joie et d'amour.

Demain ou après-demain, si vous les arrosez, ces graines deviendront des arbrisseaux qui deviendront de magnifiques arbres fruitiers ployant sous leur fardeau parfumé. Quant à l'oiseau multicolore qui, attiré par ces fruits luisants ou veloutés, se posera dans leurs feuillages, ce sera celui du bonheur.

Savoir que nous sommes le Michel-Ange — plus ou moins doué, certes, mais c'est en sculptant qu'on devient sculpteur, de même que c'est en forgeant qu'on devient forgeron — de notre existence a de quoi mettre du baume au cœur et du cœur à l'ouvrage.

Même nos petits choix, ceux qui ont l'air dérisoires, ont un enjeu. Même eux sculptent notre vie. Ou pour mieux dire : surtout eux.

Un dicton espagnol dit *pour un clou se perd un fer, pour un fer le cheval, et pour un cheval le cavalier...* Par chance, ça marche aussi dans l'autre sens : vous ferez peut-être demain un petit geste apparemment anodin, comme de donner de l'argent à un sans-logis ou de sourire à une vieille dame, qui attirera, par un enchaînement de causes et d'effets impossible à prévoir et peut-être impossible à saisir, une chance extraordinaire dans votre vie.

Tous nos choix comptent.

Même les plus infimes.

Il en est des milliers que nous faisons sans réfléchir, de manière automatique, et qui ont des répercussions majeures sur notre destinée.

Pas que sur la nôtre, d'ailleurs. Notre existence est reliée à celle de nos semblables par mille fils invisibles, mille fibres sensibles, et chacune de nos décisions retentit au-delà de notre seule existence.

À terme, ce qui compte pour votre avenir émotionnel comme pour votre avenir tout court, c'est ce vous faites et dites (ainsi que ce que vous ne faites pas et ne dites pas), autrement dit ce que vous décidez, ce que vous choisissez.

Le plus petit de nos choix est souvent plus déterminant pour la suite de notre existence émotionnelle que la plus grande chance ou malchance qui nous arrive sans que nous y soyons pour quelque chose.

Bref, le facteur le plus déterminant dans votre destinée, c'est vous.

À retenir

- D'autres s'en sont sortis.
- Vous avez déjà été heureux, donc vous pouvez l'être à nouveau.
- Chaque jour, le jour chasse la nuit et des chenilles se changent en papillons : miracles et transformations sont la règle.
- Les limites de notre liberté ne l'annulent pas.
- À terme, ce ne sont pas les circonstances ni le destin, mais vos décisions, qui façonnent votre existence : votre bonheur dépend de vous.
- Même les choix les plus infimes ont un impact important et des conséquences à long terme.

« Qu'est-ce que la dépression ? »

En voilà une bonne question.

Hélas, personne ne semble vraiment savoir ce qu'est la dépression. Les spécialistes l'envisagent de toutes sortes de manières et croyez-moi, mieux vaut éviter de pénétrer trop avant dans le labyrinthe de leurs concepts : on sait quand on y entre, on ne sait pas toujours quand et dans quel état on en sort.

Si vous le permettez, nous en resterons donc pour l'instant à une définition très simple, voire trop simple : la *dépression* est un « état de malheur qui dure ».

Causes et effets

Malheur causé par quoi ?

Certains considèrent que pour parler de dépression, il faut que les causes de ce malheur restent énigmatiques ; d'après d'autres, même la souffrance émotionnelle faisant inévitablement suite à la perte d'un être cher doit être considérée comme une dépression...

L'essentiel est de garder à l'esprit que tout malheur durable, ou *dépression*, a des causes, que ces causes soient flagrantes ou problématiques, apparentes ou cachées.

En effet la loi de causalité qui régit l'univers ne connaît pas d'exception. Aucun lapin ne sort miraculeusement d'un chapeau vide : il y a toujours un truc. Il n'y a pas de ronce sans racine ; il n'y a pas d'orage sans nuages.

On ne souffre jamais pour rien, sans aucune raison. Même quand on ne l'a pas encore trouvée, même quand on n'a pas la moindre idée de ce qu'elle peut être, il y a toujours une explication rationnelle qui se terre quelque part, tel un hérisson dans son terrier. Une souffrance peut être inexpliquée, elle n'est jamais irrémédiablement inexplicable... Même les dépressions « sans cause » en ont une.

Si j'insiste sur ce point, c'est qu'en proie à la souffrance morale, on a tendance à culpabiliser sur le thème « je ne devrais pas me sentir comme ça »... réaction parfaitement inappropriée.

Dramatiser ou minimiser ?

Quoiqu'elle soit aussi neutre que possible, la définition de la dépression comme « malheur durable » ne l'est pas complètement. En effet dès qu'on parle de la dépression on s'engage dans un sens ou dans un autre : on dramatise ou on minimise.

En lisant ce livre, vous aurez parfois l'impression que je parle de la dépression avec trop de légèreté – comme si je prenais une montagne pour une taupinière, ou plutôt, un gouffre pour un nid-de-poule.

Ou peut-être (on ne sait jamais) que vous aurez l'impression inverse, l'impression que j'exagère, faisant passer un verre d'eau pour un océan sans fond...

Alors la dépression : baïne ou abysse ?

Il n'y a pas de réponse simple à cette question.

On peut mesurer objectivement un éléphant (environ 3 mètres) comme on peut mesurer objectivement un sphinx tête-de-mort (6 cm d'envergure). Mais pas la dépression. Étant une réalité émotionnelle, la dépression n'a pas de forme fixe, et sa taille fluctue en fonction de nombreux paramètres.

Or parmi ces paramètres se trouve le langage : la taille de la dépression change en fonction des mots qu'on emploie pour parler d'elle. En la dramatisant, on la dilate ; en la minimisant, on la resserre et on la rapetisse.

Je ne veux pas dire par là que la dépression *a l'air* plus anodin quand on emploie des euphémismes pour parler d'elle, ni qu'elle *a l'air* plus grave quand on la désigne par des termes forts, même si bien sûr c'est le cas, mais bien qu'elle est plus ou moins facile à gérer selon les noms dont on la baptise.

Envisager la dépression comme une « pathologie récidivante et invalidante », une « maladie mentale grave » l'aggrave ; l'envisager comme un « cafard », un « coup de blues », un « passage à vide », une « phase de transition », un « temps mort », un « temps de réflexion », voire « une période de remise en question très nécessaire », la soulage.

Ce point est très important. Nous y reviendrons.

Un problème ou des problèmes ?

Je pense que vous ne me contredirez pas : colossale ou dérisoire, la dépression constitue un problème pour la personne qui est dedans.

Mais est-ce vraiment *un* problème ?

Ou plutôt la somme de problèmes plus petits ?

Certains spécialistes parlent de la dépression comme le philosophe grec Démocrite (qui vécut au quatrième siècle avant notre ère) parlait de l'atome, c'est-à-dire comme d'un élément indivisible. Ce point de vue n'est pas seulement décourageant ; il est aussi trompeur.

Car la dépression n'est pas un monolithe.

Elle est constituée de peur, de tristesse, d'une manière de se tenir voûté, de tics de langage — par exemple « ça me dégoûte » —, d'une mauvaise hygiène alimentaire, etc. La dépression n'est, au fond, rien de plus que le nom dont on chapeaute une somme de problèmes moins importants. On peut toujours la scinder en éléments plus petits.

C'est d'ailleurs une bonne idée.

D'après un antique proverbe, on règne d'autant mieux qu'on divise (*divide et impera*). Pour triompher de la dépression, envisager séparément ses différentes parties est une stratégie intéressante. C'est le moyen de ne pas se sentir submergé par le tout qu'elles composent.

À l'époque où, très malheureuse, je partageais mon appartement avec Ophélie, une amie tout aussi déprimée que moi, je la découvrais souvent en pleurs sur le canapé du salon, un girafon en peluche dans les bras. Et chaque fois, nous avions ce dialogue :

Moi : Mais qu'est-ce qui te fait pleurer, exactement ? À quoi tu penses ?

Elle : Non… Rien… C'est pas la peine.

Moi : Mais si, dis-moi ! Peut-être qu'il y a une solution…

Elle : De toute façon ça ne sert à rien… (sanglots mouillés) C'est un TOUT !

C'est vrai : la dépression est un tout. Et c'est précisément parce que c'est un tout qu'il vaut mieux la découper en tranches : on ne mange pas un éléphant comme on mange une cacahuète... Pour l'éléphant, il faut plusieurs bouchées.

Des émotions aux résultats

Mais revenons à cette notion de problème. Pourquoi la dépression constitue-t-elle un problème, ou des problèmes ?

Ce n'est pas seulement parce que les émotions qui la constituent sont si atroces (dans la perspective « abysse »), ou du moins si fâcheuses et enquiquinantes (dans la perspective « baïne »).

C'est aussi parce que, lorsqu'on est sous l'emprise de ces émotions importunes, on n'agit pas de la même manière, et donc on n'obtient pas les mêmes résultats, que lorsqu'on ressent des émotions telles que la joie, la curiosité, l'enthousiasme ou l'espoir.

Dans *émotion*, il y a *motion (*« action de mouvoir, de mettre en mouvement ») : nos émotions nous poussent, nous tirent, nous électrisent et parfois nous paralysent.

Dans un certain état émotionnel, on saute de son lit en sifflotant, on abat vite fait bien fait une grande quantité de travail avec la même facilité que s'il s'agissait de prendre une douche, on tisse des relations affectueuses avec ses semblables, et on trouve un billet de vingt euros sur le trottoir.

Dans un autre état émotionnel, on se traîne hors de son lit en soupirant, on ne prend pas de douche parce que c'est trop de travail, on ne communique avec les autres que pour râler ou pour geindre, et on ne voit pas le billet de vingt euros qui est sur le trottoir parce qu'on garde les yeux rivés sur les crottes de chien.

Ce qu'on appelle « la dépression », c'est ce que vit quelqu'un qui s'est enlisé dans un état émotionnel de ce genre – un état qu'il perpétue involontairement jour après jour par ses mauvaises habitudes. Du coup, cette personne n'arrive pas à se comporter comme elle voudrait, ni à faire ce qu'elle veut faire, ni à obtenir ce qu'elle désire.

La dépression est l'état émotionnel le plus stérile : celui à partir duquel on est incapable de réaliser ses rêves. Déprimé, les résultats qu'on obtient sont toujours maigres et décevants.

Pour obtenir de la vie sa part de gâteau aux cerises, on doit impérativement sortir de cet état et entrer dans un autre – un état émotionnel plus fécond et plus épanouissant.

Lorsque votre motivation pour améliorer votre vie faiblit, lorsque vous êtes tenté de vous complaire dans les idées noires, souvenez-vous donc de ceci : la dépression est un obstacle qui vous sépare de vos rêves. Pour les rejoindre vous devez la contourner ou la détruire, et en tous les cas, la franchir.

Une saison hivernale

On assimile souvent la dépression à une maladie ; une autre métaphore encore plus appropriée l'assimile à une saison.

De même que dans l'année, il y a l'été et l'hiver, dans la vie, il y a des hauts et des bas. Aux collines arrondies par la joie correspondent les saisons douces et chaleureuses ; aux vallons creusés par la tristesse et le manque, le morne hiver.

En hiver, la nature se repose.

Son sommeil est si profond qu'on dirait qu'il ne finira jamais. Le climat est rude, inhospitalier. Tout semble mort, quoiqu'en sous-sol, les fleurs du printemps préparent déjà leur germination.

Et de même que l'hiver est inévitable, mais ne dure jamais plus de quelques mois, la dépression (ou quelque chose qui y ressemble, peu importe ici le nom qu'on lui donne) est inévitable aussi, et sa durée est limitée aussi.

Vous ne vous sentirez pas toujours déprimé. Quand vous aurez fini de vous faire du mouron, vous passerez à autre chose.

C'est pour cela que je vous disais dans l'introduction que pour que votre dépression passe, vous n'aurez peut-être besoin que d'un peu de patience... L'hiver ne dure pas éternellement.

Bien sûr, comme pour toute métaphore, le rapprochement a ses limites. Il y a une différence fondamentale entre la dépression et l'hiver... nous verrons laquelle tout à l'heure.

Voilà ce que, pour l'instant, je peux répondre à la question « Qu'est-ce que la dépression ? »

Pas de salade

Vous n'êtes pas pleinement satisfait ?

Vous espériez quelque chose de plus consistant ?

Une définition plus rigoureuse, plus scientifique de la dépression ?

Des listes de symptômes, des pourcentages, des statistiques, des références, et peut-être des scanners en couleur de cerveaux déprimés ?

Je comprends votre frustration, mais en poursuivant votre lecture, vous prendrez petit à petit conscience qu'en vous privant de la salade habituelle, je ne vous prive de rien.

Certains lecteurs (je compte sur vous pour n'être pas de ce nombre) vont trouver ça difficile à croire, mais pour comprendre nos émotions et apprendre à les dominer, à les diriger, vous n'avons pas besoin de savoir quel est le pourcentage exact de déprimés dans le monde, ni quelle zone précise de notre cerveau s'éteint et se met en berne, ou au contraire s'illumine et se dilate, selon que l'on rumine des idées noires ou que l'on grignote des idées roses.

Et puis tous ces listes, pourcentages et statistiques sont trompeurs, même lorsqu'ils sont exacts.

Ils donnent l'illusion que la dépression n'a plus de mystère pour la Science alors que celle-ci n'y voit goutte, et n'y entend pas davantage... La science de la matière n'entrave que dalle aux subtilités de l'âme.

Ceci dit, des informations, je vous en donnerai.

Mais ce ne seront pas celles auxquelles, peut-être, vous vous attendez.

À retenir

- Personne ne souffre sans raison.
- Les mots que nous employons modèlent nos expériences émotionnelles.
- La dépression n'est pas le fond du problème. Quand on l'a identifiée, il y a encore à creuser.
- L'hiver, qui n'a qu'un temps, laisse fatalement place au printemps. Pour la dépression il en va de même.
- À chaque état émotionnel correspond un éventail plus ou moins large de comportements et d'actes. Dans l'état émotionnel qu'on nomme « dépression », il est difficile voire impossible d'agir efficacement.
- Pour expliquer nos états d'âme, la science matérialiste est mal placée.

Conseils

► Ne prenez pas la dépression pour l'atome de Démocrite. Ce n'est pas le terminus de la réflexion : au-delà de cette limite votre intelligence est toujours valable.

► Lorsque vous parlez de vos émotions, évitez le jargon médical : il dramatise et attise.
► Scindez vos problèmes ; vous les résoudrez plus facilement
► Soyez patient. (Nous reparlerons de la patience.)

« Combien de temps vais-je rester déprimé ? »

Beaucoup de personnes qui se sentent malheureuses s'interrogent et interrogent les autres, y compris leurs médecins ou leurs psys, de cette manière :

> « Combien de temps vais-je rester déprimé(e) ? »
>
> « Dans combien de temps pourrai-je aller mieux ? »
>
> « Je suis en dépression depuis un moment... Combien de temps met-on pour se remettre d'une dépression ? »
>
> « Je fais une dépression depuis six mois. Chaque jour est une souffrance et j'ai hâte de m'en sortir. Combien de temps faut-il pour reprendre le dessus ? »

Question naturelle, légitime... De même, les hôtes de Fleury-Mérogis aiment savoir combien de mois ou d'années ils doivent y rester. Vous aussi, vous vous posez la question ?

Je comprends votre désir de savoir et j'aimerais beaucoup y répondre, mais c'est impossible.

Une saison pas comme les autres

En effet cette question présuppose que la dépression est tout à fait comme l'hiver.

Or, je vous l'ai dit, le rapprochement a ses limites.

Que nous nous emmitouflions dans une doudoune ou que nous bravions le froid en tee-shirt, que nous rouspétions contre le mauvais temps ou que nous nous blottissions avec volupté devant un bon feu de cheminée, l'hiver n'en sera ni plus long, ni plus court. Sa durée ne dépend pas de nous.

Mais la dépression n'est pas une saison comme les autres : sa durée dépend de nos choix.

Lorsqu'on se pelotonne dans des idées optimistes et réconfortantes, on la raccourcit. Lorsqu'on ronchonne contre ses intempéries en maudissant le sort, lorsqu'on maudit Dieu ou les dieux, on la prolonge.

Je pense que vous l'avez déjà compris, mais c'est un point tellement important que je voudrais insister un peu : déprimé, on n'est pas la victime impuissante d'une puissance maléfique sur laquelle on ne peut rien ; on est plutôt la victime de ce qu'on a cru, pensé, choisi et agi jusque-là. (Sauf bien sûr quand « dépression » est le nom donné à un chagrin naturel et inévitable, tel que celui qui fait suite à un deuil, une séparation, une trahison, etc.)

Les mauvais choix — qui sont pour la plupart des choix inconscients ou mal informés — enfoncent dans la dépression, tandis que les bons choix — qui sont presque toujours conscients et informés — permettent de s'en extraire.

L'individu déprimé s'est rarement mis tout seul dans ce bourbier mais c'est lui qui y reste.

Et c'est aussi lui qui s'en sort.

Demander aux autres – y compris aux spécialistes – « Combien de temps vais-je rester déprimé ? » a donc autant de sens que si Georges demandait à son voisin combien de temps lui, Georges, va rester obèse ou endetté. Non seulement le voisin n'en sait rien, mais la seule personne qui puisse avoir des lumières à ce sujet, c'est Georges, c'est le principal intéressé.

Bref, la durée d'une dépression dépend étroitement de la manière dont on y réagit.

Choix désastreux à ne pas faire

Pour que l'hiver dépressif laisse place au printemps souriant il faut avant tout s'abstenir de faire les choix désastreux qui prolongeraient artificiellement sa durée.

— C'est-à-dire ? Quels « choix désastreux » ?

Vous avez raison de poser la question.

Les pires choix sont ceux que l'on fait par conformisme. Et si vous voulez savoir ce qu'est le conformisme, je vous dirai que c'est le refus de soi. Un refus entretenu par l'ignorance et la crainte.

Lorsqu'on renonce à vivre sa vie et ses rêves par peur de déplaire, de se distinguer, de sortir de l'anonymat, de la foule, on prend la pire des décisions... celle qui rend malheureux à coup sûr, et pour longtemps. Le conformisme est l'ennemi naturel de la confiance en soi : qui sacrifie au premier ne trouve pas la seconde.

Un autre choix désastreux consiste à se tourner vers des charlatans pour leur demander de l'aide.

Ils nous tendent une main secourable et avec l'autre main nous enfoncent la tête sous l'eau, tout en nous racontant qu'ils nous sauvent... Manière de fidéliser notre clientèle et de perpétuer le besoin qui les fait vivre.

Mais comment reconnaître ces dangereux imposteurs ?

Car peu de charlatans portent le titre de « charlatan » gravé sur leur plaque, juste après leur nom. Pas si bêtes. Un charlatan qui aurait la réputation d'en être un devrait bientôt fermer boutique. Les charlatans se présentent comme le contraire de ce qu'ils sont : comment les identifier en tant que tels ?

Malheureusement, à ma connaissance il n'y a pas de moyen sûr.

C'est pourquoi j'ai pris la peine, dans ce livre, de démasquer quelques charlatans très respectés que leur réputation de compétence et leur crédibilité (fondées sur des titres authentiques et de véritables diplômes) rendent particulièrement dangereux.

Venons-en maintenant au choix le plus catastrophique de tous.

Très logiquement, c'est celui qui consiste à se tourner vers des charlatans *par conformisme*.

À prendre une autoroute qui se termine en impasse sordide parce que « tout le monde » nous la conseille et que nous croyons que « tout le monde » sait mieux que nous ce qui est bon pour nous.

À demander de l'aide à des loups parce qu'on bêle dans un troupeau qui les prend pour des bergers.

Bref, à se perdre avec les autres par peur de s'égarer tout seul.

Si, donc, vous devez faire de mauvais choix, faites au moins des mauvais choix personnels. Allez chercher de l'aide là où vous avez *envie* d'en chercher. Que vos erreurs vous ressemblent ; qu'elles reflètent très exactement vos désirs et vos aspirations profondes. De cette manière vous ne prolongerez pas votre dépression au-delà de ses limites naturelles.

Attentes

La durée de la dépression dépend aussi de nos propres convictions et croyances : s'attendre à ce qu'elle dure, c'est différer sa fin.

Alors si une voyante, ou un praticien de la santé mentale, vous annonce que votre dépression va persister encore cinq jours, puis s'effacer comme la brume matinale au soleil qui la dissipe, croyez-la, croyez-le.

Mais si un psy ou Madame Irma vous prédit que votre dépression va durer encore cinq ans, ou pire va se prolonger autant que votre vie, faites fi de sa prédiction déprimante. Quoique payante, elle est gratuite : en réalité il ou elle n'en sait rien.

Et dans tous les cas, souvenez-vous que votre vie est *votre* vie.

À retenir

• La seule personne qui pourrait éventuellement savoir quand votre mal-être cessera, c'est vous.

• Les mauvais choix enfoncent dans la dépression et l'éternisent ; les bons choix l'abrègent.

• Le conformisme est un manque d'information et de courage.

Conseils

► Ne prenez pas une route uniquement parce que beaucoup de monde s'y engouffre. Le conformisme n'est pas une solution à la dépression.

► N'écoutez pas les oiseaux de mauvais augure qui veulent à tout prix vous faire croire que vous êtes condamné par une maladie chronique incurable ou un transit plutonien : ce sont des vautours. Croyez plutôt les zozios de bon augure qui vous disent que vous serez bientôt d'attaque. Ils ne lisent peut-être pas l'avenir, mais dans la mesure où ils croient à votre chance, ils vous aident à l'écrire.

« J'ai tout pour être heureux, alors pourquoi est-ce que je déprime ? »

C'est une impression troublante. Étrange. Vraiment bizarre.
Vous l'avez peut-être déjà ressentie.
L'impression que tout va mal alors que tout va bien... Les tourterelles roucoulent, le soleil brille, on n'a apparemment aucun problème d'aucune sorte, et pourtant on souffre :

> « J'ai tout pour être heureux. Mais il y a toujours cette espèce d'inquiétude... »

> « J'ai tout pour être heureux, mais par moments, je me sens mal à en mourir. »

> « J'ai tout pour être heureux, alors pourquoi est-ce que j'ai des envies de suicide ? »

> « Je suis déprimé sans raison. Tout va bien dans ma vie, j'ai tout pour être heureux, et pourtant je dors mal, j'ai des angoisses... »

À une époque, je pensais de cette manière, moi aussi. J'étais jeune, jolie, en bonne santé, et je réussissais dans mes études. Je n'avais aucune raison de souffrir. C'est d'ailleurs ce que disait ma mère quand je lui faisais part de mon mal-être : elle disait : « Ce n'est pas logique ! »
Mais comme nous l'avons vu, la loi de causalité ne connaît pas d'exception, et ce qui semble absurde en surface est toujours cohérent à un autre niveau.

Ce qui manque

Pourquoi ceux qui ont « tout pour être heureux » ne le sont-ils pas ?
En fin de compte, qu'est-ce qui leur manque ?
Excellente question.
Parfois, rien de plus que la tournure d'esprit nécessaire pour être heureux.
Ce qui n'est pas rien.

Et parfois, quelque chose de plus – quelque chose d'essentiel, de cardinal et de précieux dont l'absence les fait souffrir sans qu'ils s'en doutent.

Toutes sortes de besoins

On peut trouver ça regrettable, mais nous avons de nombreux besoins à satisfaire.

Les besoins physiologiques, d'abord — besoins d'air, d'eau, de nourriture, d'un abri, de sommeil, de sexe.

Ces besoins-là sont si évidents que tout le monde connaît leur existence.

Mais il en est aussi d'autres, plus subtils et métaphysiques.

On peut manquer d'autre chose que de pain ; il est des choses (en réalité le mot *chose* ne leur convient pas) invisibles et immatérielles qui sont tout aussi vitales que la nourriture. Quand on en est privé, on ressent de la tristesse, une douleur latente, une insatisfaction diffuse, un déséquilibre intérieur, parfois de l'angoisse et du désespoir.

Le monde matériel n'est pas le seul monde, et l'essentiel se voit rarement à l'œil nu. Ni d'ailleurs à l'œil vêtu de lunettes.

À sa manière laconique et poétique, Emily Dickinson (1830-1886) l'a fort bien dit :

> « Ce monde n'est pas Conclusion – Un ordre existe au-delà – Invisible, comme la Musique – Mais réel, comme le son »

Une existence qui ne se ressource jamais à cet ordre invisible, qui ne se renouvelle jamais aux principes, valeurs et souffle d'un monde plus vaste, s'asphyxie lentement mais sûrement ; vivre préoccupé seulement de ce qui se voit, se touche et se goûte, ce n'est pas tout à fait vivre.

Dans bien des cas, la *dépression* est le nom donné au mal-être d'un être humain privé d'un certain repos métaphysique, affamé d'une pitance invisible et immatérielle dont il ne peut se passer sans dommage, assoiffé d'une boisson désaltérante qui ne se mesure pas en litres.

Illusion matérialiste et conséquence

Les besoins métaphysiques étant difficiles à cerner, on peut facilement en rester inconscient. À ce propos, le philosophe et théologien Saint Augustin (353-430) disait :

« Les riches : vous voyez bien ce qu'ils ont, vous ne voyez pas ce qui leur manque. »

Dans la société superficielle et matérialiste qui est la nôtre, la remarque de Saint Augustin résonne avec une profondeur particulière.

Les médias focalisent nos désirs vers les possessions matérielles. Ils les axent vers ce qui se touche, se voit, se tient au creux de la main. L'accent est mis sur les choses, et très secondairement sur les personnes. Si vous avez une maison, de l'argent, un travail, une famille, deux ou trois amis et que vous n'êtes pas dans un fauteuil roulant... alors tout va bien.

Nos besoins métaphysiques sont si bien passés sous silence que souvent, nous ignorons jusqu'à leur existence. Ce qui fait que lorsqu'on ne manque ni d'euros ni d'entourage, on est tout étonné de souffrir, tout ébahi d'avoir mal.

On ne se rend pas compte qu'on peut très bien être à la fois riche et pauvre.

Avoir tout à un certain niveau, et être cruellement démuni à un autre.

En résumé la question classique : « Pourquoi suis-je malheureux alors que j'ai tout pour être heureux ? » repose sur une définition trop restrictive de « tout », et on peut souffrir d'un besoin insatisfait sans même être au courant qu'on en souffre... Ignorés, les besoins métaphysiques restent insatisfaits et consument à petit feu ceux qui les éprouvent. Triste destin.

Reste à savoir quels sont ces besoins métaphysiques et comment les satisfaire.

Mais le sujet est trop vaste, et trop miné, pour que je l'aborde ici. Pardonnez-moi de vous avoir mis seulement sur sa piste, mais c'est déjà ça... Au moins, maintenant vous savez qu'on n'a pas tout quand on « a tout ».

À retenir

- Si vous avez « tout pour être heureux » mais ne l'êtes pas, c'est qu'il vous manque une chose qui n'est pas une chose.
- L'être humain a de nombreux besoins ; certains sont évidents, d'autres beaucoup moins.
- Notre société matérialiste met l'accent sur les besoins objectifs et quantifiables et se désintéresse des autres.
- On peut éprouver un manque métaphysique sans le savoir.

Conseil

► Demandez-vous s'il vous manque quelque chose d'invisible qui ne s'achète pas. Si la réponse est « oui », cherchez cette chose là où vous avez l'idée de la chercher.

« Comment redevenir la personne que j'étais avant ? »

Autre question récurrente :

> « Puis-je redevenir comme avant ? »
>
> « Comment retrouver la personne que j'étais avant de tomber en dépression ? »
>
> « J'ai l'impression que je ne vais jamais arriver à redevenir comme avant... Que faire pour redevenir la fille que j'étais ? »

À cette question, il y a deux réponses. Elles ne sont pas compatibles quoiqu'elles soient vraies toutes les deux, car tout dépend du contexte, de la taille de la dépression, etc. Je vous laisse déterminer celle qui vous convient le mieux.

Réponse numéro un

Bien sûr que vous pouvez redevenir comme avant. Vous traversez une mauvaise passe, mais comme le mot l'indique (le mot *passe*), ça va passer. Si actuellement, vous n'êtes pas vraiment vous-même, dans quelques jours ou quelques semaines, au pire quelques mois, vous allez vous retrouver. Vous allez renouer avec votre personnalité réelle. C'est juste une question de temps. Souvenez-vous que la dépression est une saison, et soyez patient en attendant le retour du printemps.

Réponse numéro deux

En généralisant à tort ou à raison mon expérience, voilà ce que je peux répondre : il y a bien une porte de sortie à la dépression, mais cette porte de sortie n'a rien de commun avec la porte d'entrée.

Inutile donc, de chercher partout une issue qui nous ramènerait avant, cette issue n'existe pas. La porte de sortie est à chercher là où on n'a jamais cherché, et lorsqu'on la trouve — lorsqu'on sort de l'oppressant labyrinthe des tourments et de l'angoisse — on se retrouve là où l'on n'avait encore jamais mis les pieds.

Territoire neuf, inconnu, inexploré.

Et n'est-ce pas logique ?

Il n'y a aucune marche arrière ; aucun retour possible ; aucune touche *Rewind* pour rembobiner nos vies. Dire : « Je veux que tout soit comme avant », c'est comme dire : « je veux que les carrés soient ronds et que la nuit soit le jour. » La porte du passé est fermée, définitivement. De même qu'on ne sera plus jamais l'enfant qu'on a été, on ne sera plus jamais ce qu'on était il y a six mois, deux ans, ou même trois jours.

L'après-dépression est par la force des choses différente de l'avant-dépression, mais il n'y a là rien à déplorer. L'avenir n'est pas le passé ; ça ne veut pas dire qu'il sera pire... ça veut seulement dire qu'il sera autre.

Peut-être meilleur.

Peut-être infiniment meilleur.

Ça dépend entièrement de vous.

Un choix crucial

Mais j'ai probablement tort de généraliser mon expérience... Il doit bien y a avoir, après tout, moyen de redevenir *plus ou moins* ce qu'on était avant.

Sauf que ce serait dommage.

D'une façon ou d'une autre, le bonheur d'avant était fragile. Sinon, il ne se serait pas cassé. Alors bien sûr, on peut toujours tenter de recoller les morceaux — mais à quoi bon ?

Quand on construit sa maison sur un terrain instable, sujet aux tremblements de terre, ou tout au bord d'une falaise, un jour ou l'autre on la perd.

On profite d'une existence apparemment sans problème pendant un moment, et puis, boum, soudain tout s'effondre sans que l'on comprenne comment ni pourquoi.

Dans ces conditions, que faut-il faire ?

Rebâtir la maison exactement au même endroit, sur la même faille, au bord de la même falaise, en priant pour que cette fois-ci, tout se passe bien ?

Ou chercher un terrain sûr, un roc, pour y bâtir une maison solide, si solide que non seulement vous, mais vos enfants et vos petits enfants y vivront heureux ?

Bien sûr, ce n'est qu'une image. Mais la question demeure : vaut-il mieux rccoller les morceaux d'un bonheur qui n'a jamais été solide, un peu comme on retape une baraque branlante, ou bâtir un bonheur tout neuf sur un terrain plus sûr, même si ça demande plus de travaux ?

À retenir

• Ce qui est passé est passé, ce qui est cassé est cassé. Il n'y a pas de touche *Rewind.*

Conseils

► Ne paniquez pas. Ne désespérez pas. Soyez patient.

► Ne vous cramponnez pas à votre identité d'hier. Celle de demain sera plus belle, si seulement vous osez aller vers elle.

► Ne cherchez pas à ressusciter ce qui est mort, ni à recoller les morceaux d'un bonheur fragile. Construisez-en plutôt un tout neuf sur des bases plus solides.

« Peut-on se passer d'antidépresseurs ? »

Encore une bonne question.

Les seuls antidépresseurs (ou peut-être neuroleptiques) que j'aie jamais pris sont ceux qu'on m'a fait avaler de force lors de mon séjour à l'hôpital psychiatrique et ils n'ont joué strictement aucun rôle dans ma remontée de pente ultérieure. Je ne suis pas un cas à part : d'innombrables personnes ont trouvé ou retrouvé leur équilibre émotionnel sans l'aide de ces petits cachets.

D'ailleurs, si les antidépresseurs étaient aussi indispensables que leurs promoteurs le prétendent, comment expliquer que pendant des siècles, et même des millénaires, on s'en soit passé ?

Nos ancêtres se faisaient du souci aussi... et ils s'extrayaient de leur humeur morose sans avoir recours à des gélules bleues, jaunes ou vertes.

La réponse est donc « oui ».

Oui, on peut se passer des antidépresseurs et sortir de dépression sans leur aide.

Au passage, j'attire votre attention sur le présupposé de cette question. En se demandant « Peut-on se passer d'antidépresseurs ? » on admet implicitement que les antidépresseurs sont utiles, qu'ils aident à sortir de la dépression.

Or ce n'est pas aussi évident que ça en a l'air.

Nous reviendrons sur le sujet des antidépresseurs dans un chapitre ultérieur, où je partagerai avec vous toutes les informations confidentielles que j'ai découvertes, secrets qu'il est bon de connaître avant d'en avaler

À retenir

• Comme les générations précédentes, nous avons la capacité de nous extraire de nos émotions négatives sans l'aide de substances chimiques.

Conseils

► Ne prenez pas d'antidépresseurs avant de connaître leur composition. En attendant, mangez de la soupe verte et du saumon à la vapeur – ces mets sont excellents pour les papilles et le moral.

► Pour découvrir ce que vous avez besoin de savoir et que l'industrie pharmaceutique vous cache, poursuivez votre lecture.

« Peut-on s'en sortir tout seul ? »

Peut-on sortir de dépression tout seul ?

Tout dépend de ce qu'on met sous le mot *seul*.

Si pour vous, « s'en sortir tout seul » signifie « s'en sortir sans docteur et sans psy », alors oui, on peut se sortir de dépression tout seul.

Là encore, les générations précédentes en apportent la preuve. Et aujourd'hui comme hier, de nombreux individus s'extirpent du marécage dépressif sans l'aide des spécialistes.

Mais si pour vous, « s'en sortir tout seul » signifie « s'en sortir sans l'aide de personne, vraiment personne », alors n'y comptez pas.

On a tous besoin les uns des autres. Besoin du boulanger pour son pain, de la voisine pour garder le chat.

Pour envoyer ne serait-ce qu'une carte postale à notre grand-mère, nous avons besoin de l'aide d'un grand nombre de nos semblables (le photographe, l'éditeur, le vendeur de cartes postales, le facteur qui distribue le courrier, mais aussi l'employé qui le ramasse, celui qui le trie, celui qui le transporte, etc.) alors comment pourrait-on mener à bien sans le moindre soutien extérieur un projet autrement ambitieux : changer radicalement et durablement son humeur ?

C'est de l'utopie.

Pour sortir de dépression comme pour manger un pain aux raisins, changer une ampoule, planter des choux ou apprendre le portugais, nous avons besoin des autres.

Mais pas forcément des médecins ou des psys.

Et pas forcément des autres en chair et en os non plus.

Une conférence, un livre, un film, une musique – ceux qui nous aident n'ont pas toujours une forme humaine. Mais derrière cette conférence, ce livre, ce film ou cette musique, ce sont toujours nos semblables qui nous apportent leur aide.

Alors si vous êtes trop fauché pour vous payer une psychothérapie... ou trop introverti pour pousser la porte d'un cabinet... ou trop fier pour avouer à quelqu'un que vous ne vous en sortez plus... ou que vous avez déjà essayé trop de thérapeutes avec de trop mauvais résultats et que vous n'avez plus le courage de chercher de ce côté là... ne vous inquiétez pas : il y a d'autres routes que la grand' route pour sortir de dépression.

Je vous en dirai plus à ce sujet tout à l'heure. Pour l'instant, l'essentiel est que vous fassiez la différence entre : « sans un spécialiste de la santé mentale » et « tout seul ».

Car en dehors des psys et des médecins, il y a une myriade d'êtres humains qui peuvent vous aider. Cela va d'amis intimes à des internautes inconnus en passant par des auteurs vivants et d'autres qui sont morts depuis longtemps, mais dont la voix continue à murmurer un message lumineux et rafraîchissant... Malgré la nuit vaste et mystérieuse qui nous sépare d'eux, leurs mots nous désaltèrent et nous éclairent.

Suffit.

Dans les pages suivantes, nous allons disséquer une question qu'on s'est tous posée un jour ou l'autre. C'est une question pénible et irritante qui devient obsédante quand on ne va pas bien. Mais faites-moi confiance : la question en question ne survivra pas à sa dissection... et bon débarras.

À retenir

- On ne peut rien faire tout seul : même pour une carte postale on a besoin d'aide.
- Pour se séparer à l'amiable de la dépression, on peut se dispenser d'avoir recours à un professionnel.
- Les meilleurs thérapeutes ne sont pas tous en chair et en os ; certains sont en papier imprimé relié et en couverture cartonnée.

« Est-ce que c'est normal ? »

Partout dans le monde, les gens qui souffrent s'interrogent :

« Je pleure tous les jours... est-ce que c'est normal ? »

« J'ai envie de me suicider... est-ce que c'est normal ? »

« Je trouve que la vie n'a aucun sens... est-ce que c'est normal ? »

« Je n'ai pas envie de sortir de chez moi... est-ce que c'est normal ? »

« J'ai des rêves impossibles plein la tête... est-ce que c'est normal ? »

« J'ai l'impression que je serai toujours déprimé, que je ne m'en sortirai jamais... est-ce que c'est normal ? »

Sur ce thème, on trouve d'innombrables variantes :

« Je me tape la tête contre les murs... est-ce que c'est normal ? »

« Mon psy a essayé de m'embrasser... est-ce que c'est normal ? »

« Je me fais humilier par mes collègues de bureau... est-ce que c'est normal ? »

Et vous, ce que vous vivez et ressentez, est-ce que c'est normal ?

Polysémie

Cette question a plusieurs réponses, parce qu'elle a plusieurs sens.

Elle peut signifier :

1/ Ce qui m'arrive est-il logique, compréhensible ? Y a-t-il une cohérence derrière l'apparent chaos de mes émotions ?

2/ Est-ce que ce que je ressens est un état de fait que je dois accepter comme faisant partie de l'ordre des choses, pénible mais inévitable, comme la vieillesse et les impôts, ou est-ce un problème à résoudre, quelque chose que je dois combattre et changer ?

3/ Est-ce que mon vécu est considéré par les autres comme normal ?

4/ Suis-je le seul ou la seule à endurer ce que j'endure ?

5/ Suis-je un être humain normal, ou un monstre ?

Réponses

Répondons à ces questions dans l'ordre.

1/ On l'a vu : rien n'arrive sans cause. Quand on broie des idées noires, c'est toujours pour une raison. La pire avalanche de sentiments négatifs et contradictoires cache toujours un ordre, une cohérence. Même si pour l'instant, la logique de vos émotions ne vous saute pas aux yeux, elle n'en est pas moins là.

2/ Parce qu'elle obéit à une logique, la dépression est un état de fait qu'on peut changer – il suffit d'agir sur ses causes. Certes, il y a certains chagrins naturels qui ont une durée minimale incompressible, mais même dans ces cas-là, il y a toujours moyen de vivre mieux, ou moins mal, la période d'inévitable souffrance et de faire en sorte qu'elle ne se prolonge pas outre mesure.

3/ Quant à savoir si les autres considèrent ce que vous vivez comme normal, tout dépend des autres...

Moi, en tout cas, je peux vous garantir que votre vécu (quel qu'il soit) ne me fait pas l'effet d'être bizarre ou hors-norme ; je me souviens trop bien du mien pour le juger tel.

Je me souviens de m'être prise pour la réincarnation de Cléopâtre. Je me souviens d'être allée au cinéma avec Émile sur l'épaule (Émile, c'était mon ornithorynque en peluche). Je me souviens d'avoir porté un pull à paillettes multicolores, des chaussettes à rayures et des tongs dorées à une soutenance de thèse universitaire. Je me souviens d'avoir hurlé des choses bizarres devant l'hôpital psychiatrique où ma meilleure amie, affolée, me conduisait en urgence. Je me souviens d'avoir rencontré mes élèves pendant un concert de rock, et de ne pas les avoir reconnus — eux par contre m'ont très bien reconnue, malgré ma tenue débraillée, ma bouteille de bière et mon air hébété.

Vous continuez à vous trouver bizarre ?

Je vous garantis qu'il y a quelque part quelqu'un qui, par son excentricité ou sa folie, vous ferait sentir normal et même banal.

4/ Venons-en à la question de la solitude : êtes-vous le seul à endurer ce que vous endurez ?

À une époque, je pensais : « Il n'y a que moi qui souffre… Il n'y a que moi qui n'ai jamais connu l'amour… Il n'y a que moi qui ne sois pas normale… Il n'y a que moi, que moi… »

Je m'imaginais que les autres étaient comme ci (solides, heureux), tandis que moi j'étais comme ça (maudite). Eux jouissaient de la vie, ils la croquaient à pleines dents comme dans une publicité ; moi j'étais exilée loin, très loin de cette belle image. Perdue dans les couloirs labyrinthiques de ma souffrance, je m'y croyais seule.

Si vous aussi, vous vous croyez seul à souffrir, voici venu le moment de briser cette illusion.

Respirez profondément.

Relaxez-vous complètement.

Vous y êtes ?

Maintenant, regardez au-dessous de vous.

Regardez tous ces gens que vous ne regardez pas d'habitude, parce que leur main tendue, leur gilet jaune, leur pauvreté sale, leur décrépitude ou leur handicap vous mettent mal à l'aise. Aimeriez-vous vraiment être à leur place ?

Et maintenant, regardez au-dessus de vous.

Regardez tous ces gens qui ont l'air heureux. Ils sont jeunes, ils sont beaux, ils sont riches, ils sont animés, ils rient… Vous croyez qu'ils ont de la chance, n'est-ce pas ?

Ne vous fiez pas à ce que vous voyez. Parmi eux, il y en a qui font semblant. Des simulateurs. Derrière leur sourire, ils sont plus désespérés encore que vous ne le serez jamais. Ce soir, loin des regards, ils renonceront à leur rôle, ils déposeront leur masque et leur miroir reflétera un tout autre visage – un visage d'une tragique fragilité.

Bref… D'autres êtres humains souffrent sur cette planète.

Vous n'êtes pas la seule, vous n'êtes pas le seul.

Les étoiles scintillent dans un ciel infiniment vaste où notre planète n'est qu'un grain de poussière bleu. La terre tourne dans l'espace tandis que les générations se succèdent comme des vagues sur un rivage. Tout change, tout bouge et se transforme ; le monde se fait tout neuf pour les bébés tout neufs, vieux et usé pour les vieillards. Tandis que Barnabé pleure, Sylvère et François rient – et le jour où vous rirez, d'autres pleureront non loin. Un concert symphonique nous entraîne tous ; nous pouvons jouer notre rôle sans savoir que d'autres chantent joyeusement ou sanglotent à nos côtés, ou nous pouvons lever les yeux de la partition et prendre conscience que nous ne sommes pas seuls et que nous ne l'avons jamais été.

Et maintenant, voulez-vous savoir si d'autres souffrent de la même manière que vous ?

C'est le cas. D'autres ont exactement les mêmes difficultés que vous.

Cette prise de conscience est devenue facile de nos jours, grâce aux forums d'Internet. On s'aperçoit en les consultant qu'il y a toujours plus d'une personne à être concernée par n'importe quel problème. La peur des poupées, la conviction d'être un vampire ou un extraterrestre, les fantasmes de meurtre... des centaines, des milliers d'individus sont concernés.

5/ Et maintenant, répondons à la question la plus angoissante de toutes : « Suis-je un être humain normal, conforme au modèle originel, ou un monstre ? »

Cette question, beaucoup de gens se la posent, même s'ils ne la formulent pas à haute voix. La réponse est toujours la même : vous êtes normal.

En effet l'invisible répond dans une certaine mesure au visible : Il y a toujours une certaine correspondance entre le corps et l'esprit. Ainsi un ours ne se comporte pas comme un requin et un poulet ne raisonne pas comme un Einstein.

Donc si les miroirs devant lesquels vous passez reflètent la silhouette et le visage d'un homme ou d'une femme, alors votre esprit est en rapport avec ce que vous voyez : votre personnalité est celle d'un homme ou d'une femme, de même que votre corps est celui d'un homme ou d'une femme.

Bref, vous êtes normal.

En fait, vous ne pouvez pas plus sortir de votre normalité que vous ne pouvez sortir de votre peau d'être humain. À ce niveau-là, vous n'avez pas le choix.

Et au cas où vous auriez encore un petit doute sur votre normalité, je vous propose de répondre au petit questionnaire suivant :

- Aimeriez-vous être heureux ?

□ Non □ Oui

- Vous sentez-vous abattu lorsqu'un malheur vous atteint ?

□ Non □ Oui

- Espérez-vous certaines choses, et en craignez-vous d'autres ?

□ Non □ Oui

- Appréciez-vous que les personnes que vous appréciez vous apprécient ?

□ Non □ Oui

- Devez vous faire tous les jours des choix, même s'il s'agit de choix infimes ?

□ Non □ Oui

- Vous faites-vous une certaine idée, même très vague, de ce qui est bien et de ce qui est mal ?

□ Non □ Oui

Si vous avez 100 % de « oui », vous êtes un être humain normal. Si vous n'avez pas 100 % de « oui », refaites le test : vous n'étiez pas suffisamment concentré.

Mais au fait, pourquoi doutiez-vous de votre normalité ?

Pour le comprendre, supposons que ma définition de « chat » soit « félin domestique à poil noir faisant *miaou et* pourchassant les souris. »

Avec une définition pareille, de quel œil vais-je considérer les chats blancs ou rayés, ceux qui méprisent les souris, qui sont introvertis ou aphones ? Dans ma définition de « chat », il n'y a pas de place pour les chats de ce genre. À mes yeux, ces chats-là ne sont pas normaux.

De même, on se croit anormal lorsqu'on définit la nature humaine de telle sorte qu'on n'y entre pas. On a vu en soi quelque chose que l'on considère comme un défaut, défaut invisible qui ne se voit pas comme le nez au milieu de la figure, et on s'imagine être le seul à l'avoir parce qu'on ne l'a pas encore identifié chez quelqu'un d'autre.

Mais même si vous essayiez très fort, vous ne pourriez pas avoir de tare strictement personnelle qui vous soit réservée.

Nous partageons tous la même nature humaine, ce qui signifie que nous sommes tous et toutes sujets aux mêmes fragilités, aux mêmes complexes. Les personnes qui vous entourent ont aussi des failles, même si vous ne le discernez pas, et elles aussi se demandent si leurs états d'âme sont légitimes, corrects.

Mise en garde

J'ai répondu à la question : « Est-ce que c'est normal ? », mais ma conscience ne me laisserait pas tranquille si j'en restais là...

Je dois en effet vous mettre en garde contre cette question.

Je ne plaisante pas : « Ce que je vis est-il normal ? » est réellement une question piège – une question sournoise, perverse et vicieuse.

La poser est très risqué.

L'idéal serait qu'après avoir lu ce livre, vous y renonciez définitivement. Moi je ne me la pose plus depuis longtemps, et je ne m'en porte que mieux.

Voyons tout de suite comment cette question nuit...

Supposons par exemple que Baptiste, suicidaire, confie ses idées noires à un ami Fernand et que celui-ci lui dise : « Ne t'en fais pas. C'est tout à fait normal, d'avoir envie de se tuer. Moi aussi, j'ai envie de me tuer. Tout le monde a envie de se tuer... »

Ou supposons que Violette, que son psy a embrassé par surprise, se confie à un autre psy, et que celui-ci lui dise : « C'est tout à fait normal. Les psys ont le droit de bécoter leurs patientes ; ça fait partie des prérogatives du métier. Moi aussi, quand une patiente me plaît, je ne me gêne pas – mais vous n'êtes pas mon type. »

Qui sait ? Peut-être qu'après ça, Baptiste passerait à l'acte et que Violette se laisserait violer sans rien dire par son psy.

Mais comme vous pourriez m'objecter que cet ami et ce psy ne savent pas ce qu'ils disent, permettez-moi de vous raconter une petite histoire – une histoire triste mais banale.

Il était une fois un homme qui avait mal aux dents.

Il alla se faire soigner chez un dentiste, qui lui trouva une carie et lui fit un plombage. (Je vous avais prévenu : c'est une histoire banale.) Au moment de se relever du fauteuil fatidique, l'homme fut pris d'un étourdissement bizarre.

« J'ai la tête qui tourne, je me sens tout drôle... *Est-ce que c'est normal ?* » demanda-t-il, inquiet, au praticien.

Le dentiste le rassura : ce vertige était tout à fait normal ; de nombreux patients l'avaient ressenti comme lui juste après un plombage. Il n'y avait pas de quoi s'inquiéter.

Rasséréné, l'homme rentra chez lui sans faire d'histoire.

Puis, petit à petit, sa santé se dégrada.

D'abord, ce fut des ennuis mineurs : des maux de tête, des fourmis dans les membres. Puis, une fatigue inexplicable. Puis, une maladie grave. Puis, un enterrement de première classe avec fleurs et couronnes.

L'arracheur de dents n'avait pourtant pas menti.

Il avait effectivement constaté à mainte reprise qu'après un plombage, ses patients étaient sujets à des étourdissements. Et d'autres dentistes avaient fait le même constat. En effet tous les plombages sont à base de mercure et le mercure a toujours les mêmes effets pernicieux.

Moralité ?

Vivre ce que tout le monde vit n'est une garantie contre rien : quand on est *normalement* empoisonné on n'est pas moins empoisonné que d'une autre manière.

Vous allez peut-être me dire que votre père a la bouche pleine de plombages et qu'il se porte comme un charme... Alors cette histoire de plombage mortel, vous avez du mal à y croire. J'avoue que j'ai un peu forcé le trait. Le mercure dentaire fait des ravages, certes, mais peut-être pas à ce point.

Mais du moins, comme ça, le message est clair : peu importe si ce que vous vivez est « normal » ou non, et peu importe ce que les autres en pensent.

L'essentiel est ailleurs.

Baptiste ne devrait pas demander à son ami s'il est normal d'être tenté par le suicide, mais se demander à lui-même s'il veut vivre ainsi au bord d'un gouffre.

Violette ne devrait pas demander à quelqu'un d'autre si son psy a le droit de l'embrasser, mais se demander à elle-même si ça la dérange ou si ça lui plaît.

L'homme au plombage ne devrait pas demander à son dentiste si son vertige est normal, mais lui demander quelle est la cause de ce vertige, et s'il n'obtient pas de réponse satisfaisante, chercher une meilleure explication ailleurs.

Les deux sens de « normal »

La question « Est-ce que c'est normal ? » est traîtresse parce que le mot « normal » est ambigu.

D'une part, *normal* signifie « conforme à la nature, naturel, sain, logique, équilibré, raisonnable, bien ». D'autre part, *normal* signifie « qui est conforme à la majorité, à la norme statistique, sans signe distinctif particulier, ordinaire, banal, courant » Mais quand on parle, on ne distingue pas ces deux sens.

Sous son apparente simplicité, *normal* véhicule donc un message subliminal : « Ce que fait la majorité est toujours juste et sage. Ce que tout le monde pense, dit ou fait est naturel, raisonnable... Se différencier des autres, penser, parler ou agir autrement qu'ils ne le font, c'est dévier, c'est sortir de la saine nature pour tomber dans le déraisonnable et le malsain. »

Mais lorsqu'une majorité d'Européens croyaient que la terre était plate, elle était ronde. Et lorsqu'une majorité d'Allemands adhéraient au nazisme, celui-ci n'en était pas moins une idéologie extrêmement malsaine. Quant à Staline, il n'a jamais été le bienfaiteur de l'humanité, même à l'époque où la plupart des Russes le voyait sous ce visage.

Penser et faire comme tout le monde, être jugé « normal » par les autres, n'est pas un refuge contre l'erreur ou le malheur.

C'est plutôt un leurre, un miroir aux alouettes.

Hypnotisé par le troupeau, on se précipite dans l'illusion, la tragédie et les désagréments ; parce qu'on croit que le plus grand nombre ne se trompe jamais, on fait les choix inintelligents qu'on voit d'autres faire, on singe des gens qui eux-mêmes singent d'autres gens qui eux-mêmes, etc.

En fin de compte il est inutile et nuisible de se poser la question : « Est-ce que c'est normal ? » car :

1/ savoir si ce qu'on vit est normal est nettement moins important que de connaître les causes de son vécu, et connaître les causes de son vécu est nettement moins important que de connaître et utiliser les moyens de vivre mieux.

2/ Certains problèmes sont tellement répandus, tellement banals, qu'ils passent pour des états de fait auxquels on ne peut rien changer.

En demandant « est-ce que c'est normal ? », vous courez le risque d'être à la fois rassuré et démobilisé, découragé. (Exemple : « Oui, se sentir perdu et avoir l'impression de dériver dans l'existence est normal. Il n'y a rien à y faire... ça fait partie de la condition humaine. »)

3/ Une situation que tout le monde juge normale peut vous être néfaste et inversement, une situation que tout le monde considérerait comme inadmissible peut vous convenir parfaitement.

Il n'y a que vous pour savoir où le bât vous blesse, et s'il vous blesse. Il n'y a que vous pour savoir si vos chaussures sont trop serrées. Ce qui vous dérange est un problème qu'il vous incombe de résoudre ; ce qui ne vous dérange pas, ce qui vous convient à merveille, n'est pas un problème.

À retenir

• Quelque bizarres que soient votre personnalité et/ou votre comportement, il y aura toujours un individu encore plus étrange pour vous donner la sensation que vous êtes banal.

• Vous n'êtes pas seul à souffrir ; vous n'êtes pas seul à souffrir de cette manière-là non plus.

• Vous êtes parfaitement normal.

• Tout ce qui est « normal » au sens statistique n'est pas sain ou désirable.

Conseil

► Remplacez la question « est-ce que c'est normal ? » par : « est-ce que ça me convient ? »

Partie II

Neuf clichés sur la dépression

Si vous n'habitez pas sur une île coupée du monde ou au fin fond de la toundra, sans connexion internet, vous avez déjà entendu dire que :

> « La dépression est une vraie maladie ! »
>
> « La dépression frappe au hasard... »
>
> « La volonté ne peut rien contre la dépression. »
>
> « La dépression n'a rien à voir avec la déprime. »

Et tutti quanti.

Qu'on feuillette un magazine féminin, qu'on aille voir son médecin, qu'on ouvre un livre avec « dépression » dans le titre, ou qu'on discute sur un forum consacré à la dépression, on finit immanquablement par tomber sur ces idées tôt ou tard, et plutôt tôt que tard. La répétition étant la meilleure des figures de rhétorique, ces affirmations ont un petit air d'évidence. Mais que valent-elles ?

Est-il prudent d'y croire ?

Et quand sagement ou follement on y croit, avec quelles conséquences ?

C'est ce que nous allons découvrir.

UNE VRAIE MALADIE ?

Commençons par l'idée la plus répandue de toutes : *la dépression est une vraie maladie biologique*. Voici quelques variations sur ce thème, que vous reconnaîtrez pour les avoir lues ici ou là :

> « La dépression est une maladie dont on peut guérir ! »
>
> « La dépression n'est pas une malédiction, mais une maladie. »
>
> « La dépression est une maladie qu'il importe de traiter énergiquement ! »
>
> « La dépression n'est pas un état d'âme, mais une maladie qu'il faut soigner. »
>
> « La dépression n'est pas seulement de la tristesse, c'est une vraie maladie ! »
>
> « La dépression est une maladie que seuls les médecins peuvent diagnostiquer... »
>
> « La dépression est un état de santé qui, comme toutes les autres maladies, peut être traité. »
>
> « La dépression est une authentique maladie reconnue comme telle par les médecins... »

Si vous voulez d'autres échantillons, tapez *dépression* plus *maladie* sur n'importe quel moteur de recherche et vous en trouverez des milliers. Mais qu'est-ce que ça prouve ?

Certainement pas que la dépression est une vraie maladie biologique.

Alors, la dépression en est elle une ?

Pas un détail

Vous pensez peut-être que cette question est un détail sans importance...

Après tout, pourriez-vous dire, peu importe si la dépression est une maladie, un vice, une épreuve ou un phénomène atmosphérique : l'essentiel, c'est d'en sortir !

Mais en fait si, savoir si la dépression est une maladie biologique importe.

Ça importe même énormément.

La croyance à la dépression-maladie influence et modèle toutes les pensées que l'on consacre à son mal-être. Et pas seulement les pensées : les décisions et les actes aussi.

Lorsqu'on croit à la dépression-maladie, on imagine que c'est à un *médecin* de *dépister* cette *maladie*, de la *diagnostiquer* et de nous dire quoi faire. Et puisque c'est une maladie, on se *soignera* avec les *médicaments* qu'il nous *prescrira*. Si ça ne marche pas, alors on se rendra à *l'hôpital* pour subir un *traitement* plus musclé.

Au bout du compte, soit on *guérira* complètement et tout rentrera dans l'ordre – soit on guérira mais on gardera quelques *séquelles* (par exemple on pleurera une fois par semaine) – soit on *guérira* mais on connaîtra ensuite des *rechutes* plus ou moins graves – soit, c'est la dernière possibilité, on mourra à cause de cette *maladie mortelle*, par un suicide.

Mais dans tous les cas, on aura pris la bonne décision : celle de se faire *soigner* par des *médecins*, des *spécialistes*.

Médecin, dépister, soigner, médicaments, hôpital, guérir, séquelles... Croire que la dépression est une « vraie maladie » met un prisme médical devant les yeux. C'est à travers ce prisme que l'on regarde, pense et choisit ; tout ce qu'on voit est coloré par lui. Le vocabulaire de la maladie ne s'ajoute pas aux pensées comme un élément extérieur ; c'est de l'intérieur qu'il les irradie. Incommensurable, son influence ne saurait être surestimée.

C'est pourquoi il est tellement important, et même sans exagérer, vital, de savoir si la dépression est une « vraie maladie biologique », oui ou non.

Ne pas confondre

Commençons par distinguer la thèse de la dépression-maladie de deux autres idées qui lui ressemblent comme des sœurs et avec lesquelles on risque de les confondre.

Parce que le corps agit toujours d'une manière ou d'une autre sur l'esprit, d'innombrables maladies ont souvent pour effet ou symptôme un état dépressif plus ou moins marqué. Par exemple, une intoxication au plomb peut induire un état apathique, des idées noires et même des pensées suicidaires. Autrement dit, la dépression peut-être la *conséquence* d'une vraie maladie biologique.

La thèse omniprésente de la dépression-maladie ne se confond pas avec ce constat de pur bon sens.

D'après cette thèse, la dépression est une maladie biologique *en soi*. Elle serait en elle-même et par elle-même un « dysfonctionnement de l'organisme », une « altération de la santé physique causée par des facteurs internes ou externes »... Être déprimé ou dépressif, ce serait de ce fait même être malade, indépendamment de toute autre maladie dont on pourrait souffrir.

Il importe aussi de distinguer la thèse de la dépression-maladie d'une affirmation à caractère purement métaphorique.

En effet une phrase telle que « la dépression est une maladie » peut aussi bien être prise au sens figuré qu'au sens littéral.

Au sens figuré, *maladie* signifie seulement « ce qui désorganise, affaiblit » ou encore « grave problème ». En ce sens figuré, la dépression, mais aussi la pauvreté, l'égoïsme et la médisance sont des maladies.

Dire, au sens figuré, que la dépression est une maladie permet de mettre en évidence sa gravité et de souligner que ce n'est ni un caprice, ni de la paresse.

En lisant ou entendant pour la première fois que la « dépression est une maladie », vous n'avez peut-être pas fait attention à l'ambiguïté de cette phrase, ni fait la différence entre ses deux sens possibles (littéral ou figuré), mais ceux-ci n'en sont pas moins radicalement distincts.

En effet le sens figuré ne se confond jamais avec le sens littéral, et il n'y a aucun moyen de passer de l'un à l'autre. Par exemple quand on bâtit des châteaux en Espagne, on n'y paye pas la taxe foncière, quand on monte sur ses grands chevaux, on n'a pas besoin de selle, et une chimiothérapie ne peut rien contre un cancer de l'âme.

La thèse de la dépression-maladie n'est pas l'idée parfaitement juste que celle-ci est un gros problème (une maladie au sens figuré), c'est l'idée beaucoup plus discutable selon laquelle la dépression est une authentique maladie, un trouble médical au même titre que le diabète, l'hypertension artérielle, les durillons ou la diarrhée.

Le pour

Et maintenant, voyons les arguments avancés en faveur de la thèse de la dépression-maladie.

Vous supposez qu'ils sont nombreux ?

Pas tant que ça. En fait, je n'en ai trouvé que quatre. Les voici résumés :

◆ La dépression est une maladie puisque les médecins sont d'accord pour dire que c'est une maladie et qu'ils la soignent sous le nom de maladie.
◆ Dans la mesure où la dépression tue plus de gens que les accidents sur les routes, c'est une maladie grave, parfois mortelle.
◆ Puisque la souffrance des déprimés est bien réelle, la dépression est donc une vraie maladie.
◆ On n'a pas encore identifié précisément l'origine biologique de la dépression, mais on est sur le point… un peu de patience, ça ne saurait tarder.

Ces arguments sont-ils valables ? Rationnels ?

Examinons-les de près l'un après l'autre pour le savoir.

◆ Premier argument : la dépression est une maladie puisque les médecins sont d'accord pour dire que c'est une maladie et qu'ils la soignent sous le nom de maladie.

Dans les manuels de logique, on appelle ça un argument d'autorité : quelqu'un de crédible l'a dit, donc c'est vrai ; les médecins voient la dépression comme une maladie, donc ça en est une.

Cet argument repose entièrement sur la respectabilité du corps médical. Le problème, c'est que l'histoire de la Médecine est pleine de bévues et de bavures. Si on en entend peu parler, c'est que le silence les recouvre et que les cyprès les ombragent. Rien de plus paisible qu'un cimetière.

◆ Deuxième argument : dans la mesure où la dépression tue plus de gens que les accidents sur les routes, c'est une maladie grave, parfois mortelle.

Mais les tremblements de terre, les sauts en parachute sans parachute et les tueurs en série sont mortels, eux aussi. Cela fait-il d'eux des maladies ?

Si la dépression est une maladie parce qu'elle fait des morts, pourquoi mon chat ne serait-il pas un rhinocéros parce qu'il a quatre pattes et une queue ?

Et si ce qui compte, c'est la quantité, si c'est le nombre de morts qui fait la maladie, alors pourquoi ne vaccine-t-on pas les populations côtières contre les tsunamis ?

Bref, ce deuxième argument ne vaut pas tripette.

◆ Passons au troisième argument : puisque la souffrance des déprimés est bien réelle, la dépression est donc une vraie maladie.

Mais les chagrins d'amour, les uppercuts, les compressions de personnel et les trahisons font très mal, eux aussi... Les souffrances qu'ils induisent sont bien réelles. Et aux dernières nouvelles, ce ne sont pas (pas encore ?) des maladies.

Comme le deuxième, ce troisième raisonnement ne vaut pas un pet de lapin.

◆ Quatrième argument : on n'a pas encore identifié précisément l'origine biologique de la dépression, mais on est sur le point… un peu de patience, ça ne saurait tarder.

Mais comment en être sûr ?

Cela fait des dizaines d'années que d'innombrables chercheurs s'ingénient à découvrir une cause biologique à la dépression avec pour tout résultat rien, nada, macache...

Supposons que, dans un petit coin perdu de l'Alaska, cinq cents chercheurs d'or creusent pendant une trentaine d'années sans trouver la moindre pépite.

Qu'en faudrait-il en déduire ?

Qu'ils doivent juste persévérer encore un peu avant de tomber sur un filon, ou qu'ils ne cherchent pas au bon endroit ?

Le contre

Et maintenant, que peut-on opposer à la thèse de la dépression-maladie ?

Quelques arguments très solides.

◆ Premièrement, les gens ne sont pas diagnostiqués dépressifs à la suite d'un examen médical physique — et quand par exception ils le sont, ce n'est pas positivement, parce que la maladie « dépression » a été identifiée, mais négativement, parce qu'*aucune* maladie biologique n'a été décelée.

Ce n'est pas la présence d'un problème physiologique précis qui indique à un docteur qu'il a affaire à une dépression, mais au contraire *l'absence* de tout problème physiologique qui le lui donne à penser. Autrement dit, tout se passe comme si la dépression était la maladie de ceux qui n'en ont pas...

◆ Par ailleurs, aucun médecin ne ressent le besoin de répéter sur tous les tons « la rougeole est une vraie maladie qui se soigne », « la lèpre est une maladie reconnue comme telle par les médecins », ou « le cancer est une maladie biologique »... Pourquoi ? Peut-être parce que les vraies maladies biologiques ne sont contestées par personne. Leur nature de maladie est trop évidente pour qu'on s'y attarde.

Si la dépression était vraiment une maladie, aurait-on besoin de l'affirmer avec emphase, et d'écrire des articles et des livres dans le seul but d'en convaincre la population sceptique ?

La manière lancinante dont le discours officiel martèle « la dépression est une vraie maladie » suggère précisément le contraire : qu'elle n'en est pas une.

◆ Il faut aussi prendre en compte l'expérience émotionnelle de chacun.

La vôtre, la mienne.

Quand un bateau s'en va, qu'un chapitre se clôt, qu'on a soif de ce qui est plus grand et plus pur...

Quand les plaisirs de la vie (pistaches trop salées) ne masquent plus cette soif de vérité mais l'attisent...

Serait-il temps de se considérer comme souffrant d'une « maladie dépressive clinique, chronique et invalidante » ?

L'idée a quelque chose de choquant, vous ne trouvez pas ?

Comme serait choquante l'irruption des forces de l'ordre dans un concert de musique classique. Le chef d'orchestre donne la parole aux violons et aux contrebasses, qui font vibrer dans l'air une présence immatérielle et sublime, l'écho d'un rêve ou d'un souvenir, d'un pressentiment ou d'une révélation, et voici que la police débarque pour embarquer tous les contrevenants, c'est-à-dire tout l'orchestre...

– Ah non, tiens, ce n'est pas la police, ce sont des infirmiers psychiatriques.

On peut s'y tromper : ils sont tout aussi baraqués, et n'ont pas l'air beaucoup plus doux.

◆ Quant aux poètes qui, effleurant l'ineffable, frôlent du bout de leurs vers des vérités douloureuses, souffrent-ils d'une « maladie comparable au diabète », ou sont-ils juste intuitifs, sensibles, et ouverts à une dimension non négligeable de l'existence ?

> « La Mer de la Foi
> était haute jadis, et entourait le rivage de la terre
> comme les plis d'une ceinture étincelante ;
> Mais à présent je n'entends

> Que la longue, plaintive et grondeuse rumeur
> Qu'en se retirant elle exhale, au souffle
> du vent nocturne, dévalant les vastes et mornes franges
> et les galets nus du monde.
>
> Ah mon amour, soyons fidèles
> L'un à l'autre ! Car le monde, qui semble
> S'étendre devant nous comme un pays de rêve,
> si varié, si beau, si neuf,
> n'a en réalité ni amour, ni joie, ni lumière,
> ni paix, ni certitude, ni secours contre la peine.
> Et nous sommes ici sur une plaine obscure,
> Balayée par des clameurs confuses de luttes et de débâcles,
> où d'ignorantes armées se heurtent dans la nuit. »

Matthew Arnold (1822-1888), l'auteur de ces vers mélancoliques et profonds qui résonnent si avant dans le cœur, mérite-t-il l'étiquette de « paranoïaque » ?

Faut-il, avec le docteur italien Cesare Lombroso (1835-1909), considérer l'inspiration artistique comme un équivalent de l'épilepsie ?

Vous allez dire que je mélange tout : la dépression et la musique, la tristesse, l'art et la poésie. Mais tout est lié, justement. Quand les spécialistes prétendent séparer, ils tranchent dans le vif.

Une large part de l'existence humaine transcende les catégories médicales ; lui plaquer des étiquettes de ce genre c'est commettre un contresens et même, j'irai jusque-là, une espèce d'agression... sans même parler de compassion, il me semble que nos émotions les plus véridiques méritent davantage de respect.

Du vent !

Où sont donc les preuves que la dépression est une « vraie maladie biologique » ?

Vous avez pu le constater aussi bien que moi : il n'y en a pas.

Pas le moindre virus. Pas la moindre preuve. Pas même le moindre indice !

Le discours sur la dépression-maladie n'est que du vent, du bla-bla.

– Médical, certes, mais bla-bla quand même.

Conclusion, la thèse de la dépression-maladie est fausse. La dépression n'est *pas* une vraie maladie, ce n'est *pas* une maladie biologique, ce n'est *pas* une pathologie.

Cinéma ?

Mais alors, si la dépression n'est pas une maladie, qu'est-ce que c'est ?

Sautant d'un extrême à l'autre, certains s'imaginent que puisque la dépression n'est pas une maladie biologique, elle n'est que du cinéma.

Comme si, entre la vraie maladie biologique à soigner avec des médicaments et le mélo où tout est fiction, y compris la douleur de l'acteur principal, il n'y avait rien...

Pourtant les maladies du corps ne sont pas les seuls problèmes réels, graves et sérieux. Partir du principe que les seules souffrances dignes de ce nom sont celles qui ont une origine biologique, c'est faire preuve d'un matérialisme vraiment trop radical.

Qu'y a-t-il de si invraisemblable, de si inconcevable, dans une douleur *morale* ? Un manque *spirituel* ? Un problème *psychologique* ? Une souffrance *mentale* ? Un mal-être *psychique* ?

Il y a plus de mille ans, un proverbe latin soulignait déjà que *les douleurs de l'âme pèsent plus que la souffrance du corps*. Mais notre époque matérialiste, amnésique et frivole semble l'avoir oublié... Serions-nous devenus si brutes que nous ne savons plus que nous avons une âme ? Nous prendrions-nous pour nos propres cadavres ?

La dépression n'est ni une maladie, ni du cinéma. Ce n'est ni de la comédie ni un état pathologique mais du malheur, une très grande tristesse, de l'angoisse, du désespoir, de la faiblesse – bref : un état d'âme.

Tout simplement.

Les effets de la croyance

Quand, se sentant déprimé, on « découvre » que la dépression en général, et donc la sienne en particulier, est une « vraie maladie », il arrive qu'on éprouve un certain soulagement.

Dans notre société obsédée par tout ce qui se voit, se mesure et fait l'objet d'études scientifiques (qu'elles soient concluantes ou pas), souffrir d'un problème difficile à définir c'est s'exposer aux soupçons. Une « vraie maladie biologique » est tellement plus respectable.

Mais ce soulagement a une coûteuse, une très coûteuse contrepartie.

Définir la dépression de manière erronée, c'est se condamner à ne rien y comprendre et à errer dans le brouillard à son sujet.

Mais ce n'est pas encore le principal inconvénient...

Le mot juste

Trouver le mot juste et définir correctement les choses est plus qu'un souci de linguiste, c'est une précaution vitale.

Étant les « mains mentales » qui nous permettent de comprendre le monde, c'est-à-dire de nous en saisir pour le manipuler à notre guise dans notre conscience, les noms sont la matière première de nos décisions.

Ainsi selon que vous déciderez que tel animal jaune est *un canari* ou *une girafe*, que tel individu souriant est un *ami sincère* ou *un ennemi perfide*, vous ne lui ferez pas la même place dans votre maison et votre vie.

Du coup, faire une erreur d'appréciation, adopter une définition erronée de quelque chose en lui donnant un faux nom, conduit à toutes sortes de petites contrariétés ou de grosses catastrophes. Lorsqu'on colle une étiquette qui n'est pas la bonne on court au-devant d'ennuis qui peuvent être graves.

À ce sujet, l'histoire du chien des Galápagos est exemplaire. Permettez-moi de vous la raconter, même si elle finit mal.

En visite touristique sur une île des Galápagos, un jeune couple trouva un petit chien très affectueux à l'allure étonnante. Il avait un pelage d'une drôle de couleur jaune, des petits yeux vifs et luisants et un museau très pointu.

Quoiqu'il soit interdit d'emporter un animal sauvage hors de ces îles, les jeunes gens ramenèrent le petit chien avec eux, et firent de cet adorable toutou leur animal de compagnie. Quelque temps plus tard, la jeune femme donna naissance à un beau bébé.

Un après-midi, les parents laissèrent leur nourrisson seul pour quelques minutes avec le chien pour faire une petite course. Mais les *rats* n'ont aucun préjugé contre la chair humaine et quand les parents rentrèrent, il ne restait plus grand-chose du bébé…

Quand un très gros rat d'une espèce rare est défini comme « chien », il y a des conséquences. Et quand un état d'âme est défini comme « vraie maladie », il y a des conséquences aussi.

Peu importe que la définition erronée soit plus engageante (dans le cas où un rat passe pour un chien) ou plus inquiétante (dans le cas où un état d'âme passe pour une maladie) que la réalité : à partir du moment où il y a erreur, les conséquences ne sauraient être de nature à susciter la joie.

Mauvaise direction

La capacité des médecins à régler le problème de la dépression dépend entièrement de sa nature : si la dépression n'est pas une maladie, les médecins n'ont pas le C.V requis et sont, par définition, aussi impuissants à lui trouver une solution qu'un masseur-kinésithérapeute à refaire une toiture abîmée par la grêle.

Quant aux médicaments que les médecins prescrivent, si la dépression n'est pas une maladie ils ne peuvent pas plus la soigner qu'une psychanalyse ne peut soulager une rage de dents.

Or que fait l'honnête homme quand il est convaincu de souffrir d'une dépression-maladie ?

Il se rue plein d'espoir chez des gens qui ne peuvent rien pour lui, à part lui prescrire des cachets qui l'assomment, mais qu'il avale quand même, convaincu que c'est son devoir de malade. Pourtant il garde espoir, il imagine qu'ils finiront bien par trouver le traitement qui le sauvera — un peu comme d'autres s'imaginent qu'on va bien finir par découvrir de la vie sur Mars.

Espoir continuellement déçu.

Et c'est ainsi qu'il dépense son énergie, son temps et son argent en vain, qu'il se précipite tête baissée dans la mauvaise direction, en toute confiance, alors que c'est une impasse.

Et avec le temps, les choses ne s'améliorent pas.

Un peu comme ces shampoings et après-shampoings « deux en un », le vrai nom d'un problème et sa solution forment un tout.

Le principe énoncé par le physicien génial Albert Einstein (1879-1955) : « Tout problème insoluble est un problème mal posé » est aussi vrai dans l'autre sens : tout problème mal posé est un problème insoluble. Ce qui fait que lorsque le problème est mal nommé, c'est-à-dire mal posé, il se métamorphose en casse-tête insoluble.

Travestie en « trouble biologique » la dépression devient aussi impossible à comprendre et solutionner que le serait un problème de toiture déguisé en problème psychologique. La thérapie la plus efficace du monde ne peut changer la moindre tuile, et symétriquement, les médicaments les plus percutants ne peuvent rien contre un problème qui n'est pas médical, et ne l'a jamais été.

À retenir

- Quoi qu’on en dise, la dépression n'est pas une maladie au sens littéral.
- La dépression n'est pas du cinéma ; c'est un état d'âme.

Conseils

► Ne vous laissez pas convaincre que votre dépression est une « vraie maladie » tant qu’on ne vous en a pas apporté la preuve médicale décisive et incontestable. (Vous risquez de l'attendre longtemps.)

L'opposition déprime/dépression

Passons maintenant à une autre idée très répandue à laquelle vous avez peut-être déjà été confronté : « La dépression n'a rien de commun avec la déprime. »

Et ses variantes :

> « Il ne faut pas confondre déprime et dépression. »
>
> « Entre déprime et dépression, la différence est grande… »
>
> « Entre les déprimes et la vraie dépression, il y a un gouffre. »
>
> « Trop souvent, la personne dépressive confond déprime et dépression. »
>
> « Alors que la déprime est une baisse de moral passagère, la dépression constitue une pathologie psychiatrique à part entière, chronique et récidivante. »
>
> « Alors que la déprime est une réaction normale à certains événements de la vie et qu'elle a une durée limitée dans le temps, la dépression est une véritable maladie, qui nécessite des traitements appropriés. »

Je m'arrête là, mais dans les articles et les livres consacrés à la dépression, les exemples foisonnent.

Est-ce vrai ?

Y a-t-il vraiment un gouffre entre la dépression et la déprime ?

Une différence purement quantitative

Comme Philippe Pignarre, chargé de cours sur les psychotropes à l'université de Paris-VIII, l'a très justement noté, l'opposition théorique entre déprime et dépression disparaît dans les faits.

Les « symptômes » de la dépression se confondent avec les « signes » de la déprime. Les dictionnaires le confirment : *déprime* et *dépression* sont des synonymes.

Il n'y a aucune différence qualitative entre la déprime et la dépression. La différence est purement quantitative : la déprime est censée durer moins de deux semaines, et la dépression, davantage.

L'opposition entre déprime et dépression n'a donc aucune espèce de pertinence. Le « gouffre » qui sépare déprime et dépression n'est qu'un hiatus.

La déprime de Gaston est une petite dépression.

La dépression d'Aurore est une grosse déprime.

Il n'y a pas des grenouilles d'un côté, et des bœufs de l'autre ; il n'y a que des grenouilles plus ou moins dilatées.

Un artifice rhétorique

Mais alors, comment se fait-il que l'écart paraisse plus grand qu'il ne l'est en réalité ?

Tout simplement parce qu'il nous est présenté ainsi.

Les auteurs qui sacrifient au lieu commun de l'opposition déprime/dépression exagèrent la légère différence qui les sépare. Ils la dramatisent en associant des termes angoissants à la dépression (*pathologie, lourd, grave, invalidant*, etc.), et des termes rassurants à la déprime (*normal, banal*, etc.) Le contraste qui en résulte est purement verbal. C'est une opposition de mots, pas une opposition de faits. Un artifice tout rhétorique, un effet d'optique.

De la même manière, on pourrait opposer — pour chipoter ou pour le plaisir de jouer sur les mots — la *bagnole* à l'*automobile*, ou la *mort* au *grand départ*.

Ainsi la bagnole est un objet laid, banal et polluant, tandis que l'automobile est un moyen de transport moderne et efficace qui permet de parcourir de grandes distances en peu de temps : il ne faut surtout pas confondre bagnole et automobile... Quant à la mort, c'est un point final, l'arrêt de toutes les fonctions biologiques. Le Grand Départ est, lui, un aller simple pour un autre monde...

Les effets du lieu commun

Dès qu'on adhère à l'idée que « la dépression n'a rien à voir avec la déprime », on est amené à se poser l'angoissante question suivante : « Ce dont je souffre, moi, est-ce une déprime normale ou une dépression pathologique ? Un coup de blues inoffensif, ou une pathologie psychiatrique à part entière, chronique et récidivante ? Bref, suis-je bénignement déprimé, ou maudit ? »

Question cruciale qui s'impose avec la même urgence que cette autre question, qu'on ne se pose pas à moins d'avoir de sérieux problèmes de vue : gros chat, ou petit tigre ?

Car si c'est un gros chat on peut lui gratter la tête pour qu'il ronronne, alors que si c'est un petit tigre il faut décamper au plus vite !

S'interroger pour savoir si l'on n'est pas atteint d'un trouble psychiatrique est inévitablement angoissant. La peur de faire une dépression approfondit et aggrave la déprime, jusqu'à ce que celle-ci dépasse la limite théorique entre déprime et dépression, jusqu'à aussi qu'elle se radicalise, les idées sombres virant au noir corbeau et le malaise diffus se coagulant en lourdes nuées d'angoisse. C'est ainsi que le petit coup de blues qui, autrement, n'aurait duré que quelques jours devient quelque chose de beaucoup plus menaçant…

Ainsi, dans la réalité des faits, croire qu'il y a un véritable gouffre entre la déprime et la dépression projette du pire côté, du côté dépression : la croyance apparemment anodine en l'opposition déprime/dépression a le pouvoir de changer une déprime passagère en dépression durable.

Et inversement, lorsqu'on ne croit pas à l'opposition entre déprime et dépression, lorsqu'on pense que la dépression est à la déprime ce qu'est la grosse patate à la petite pomme de terre, ou le surendettement à la dette de consommation, en cas de déprime on ne se fait pas de souci supplémentaire, on reste plus ou moins zen face à ses états d'âme.

À retenir

• *Déprime* est un synonyme rassurant de *dépression* ; *dépression*, un synonyme angoissant de *déprime.*

• On peut désigner la même réalité par des noms aux connotations opposées : une différence de mot n'est pas une différence de fait.

• Mieux vaut la plus colossale des déprimes que la dépression la plus riquiqui : la première est à vous, la seconde aux psychiatres.

Conseils

► Déprime ou dépression ? L'essentiel : ne faites pas d'elle tout un fromage. (Même un petit cabécou.)

► Prenez vos états d'âme au sérieux. Pas au tragique.

► Ne broyez pas du noir pour une question de sémantique.

Le célèbre déséquilibre chimique

Ah, le célèbre, le fameux déséquilibre chimique !... Ce serait lui le grand coupable, lui qui causerait la dépression :

> « Des déséquilibres chimiques du cerveau contribuent à certains types de dépression. »

> « De nombreuses substances fabriquées par le cerveau jouent un rôle important sur l'humeur… »

> « La dépression semble causée par un déséquilibre de certaines substances chimiques au niveau du cerveau. »

> « La maniaco-dépression est un déséquilibre chimique du cerveau indépendant de la volonté de la personne. »

> « Si les taux de sérotonine et/ou de noradrénaline sont trop bas dans les synapses, le sujet aura tendance à être déprimé… »

> « Les gens souffrant de dépression sont connus pour avoir des déséquilibres chimiques dans le cerveau au niveau de leurs neurotransmetteurs. »

> « La dépression a de multiples causes, mais on s'est récemment rendu compte qu'elle découle toujours d'un déséquilibre chimique dans les régions du cerveau qui commandent l'humeur et les émotions. »

Nous allons voir ce qu'il y a de vrai, et de faux, dans ce lieu commun.

Info ou intox ?

Il est vrai qu'un grand nombre de substances circulant dans le corps, et particulièrement dans le cerveau, jouent un rôle dans l'humeur.

Par exemple des taux bas de sérotonine, de bêta-endorphine et de glucose induisent ou du moins favorisent fatigue, découragement, crises de larmes, confusion, incapacité à se concentrer, sentiment d'isolement, frustration, désespoir, crises de colère, et même pensées suicidaires. Bien d'autres substances ont un lien avec l'humeur, probablement plus que les scientifiques n'en ont aujourd'hui conscience.

Le lieu commun du déséquilibre chimique repose donc en partie sur des faits réels.

Mais ce qu'on oublie de dire, c'est que ça marche aussi dans l'autre sens : le désespoir et les idées noires induisent des taux bas de sérotonine, de bêta-endorphine et de glucose (etc.)

En d'autres termes, il est tout aussi justifié de dire que la dépression cause un déséquilibre chimique, que de dire qu'un déséquilibre chimique cause la dépression : les deux sont vrais.

Ce qu'on oublie aussi, c'est que les variations chimiques du cerveau sont normales. Parler de « déséquilibre » est donc un abus de langage.

Mais oublions ces deux points qui sont pourtant loin d'être des détails, et faisons comme si ce (pseudo-) déséquilibre chimique était seulement une cause.

Parce qu'il est fondé sur des données partielles, le lieu commun du déséquilibre débouche sur trois idées fausses ou du moins trompeuses :

- L'idée que le « déséquilibre chimique » est la cause *ultime* de la dépression ;
- L'idée que ce « déséquilibre » est indépendant de la volonté de la personne ;
- Et enfin l'idée que des antidépresseurs peuvent corriger ce « déséquilibre ».

Nous parlerons de l'effet des antidépresseurs dans la partie qui leur est dévolue ; pour l'instant, concentrons-nous sur les deux premières idées.

La cause a des causes

Il est vrai que les substances circulant dans le corps jouent un rôle important dans l'humeur. Cela fait-il d'un taux bas ou élevé de ceci ou de cela l'une des causes (au sens fort) de la dépression ?

Avant de répondre à cette question, il est nécessaire de parler un peu des causes, en général.

Les causes se présentent souvent en séries. Par exemple A est la cause de B, qui est à son tour la cause de C. Autrement dit :

$$A \longrightarrow B \longrightarrow C$$

L'enchaînement causal commence avec A, qui est l'origine de C. Dire que B est la cause de C est donc littéralement vrai, mais très incomplet.

Prenons un exemple.

Un passant se fait agresser ; son agresseur lui plante un couteau dans le ventre. On amène la victime aux urgences. Quatre jours plus tard, son cœur cesse de battre. L'enchaînement des causes est donc le suivant :

Coup de couteau ⟶ arrêt cardiaque ⟶ décès

La cause immédiate du décès est un arrêt cardiaque, mais sa cause ultime est le coup de couteau reçu.

Je ne sais pas si vous voyez où je veux en venir...

Le susdit « déséquilibre chimique » (qui est normal et n'a rien de pathologique, je le répète) est à la dépression ce que l'arrêt cardiaque est à ce décès. Ce n'est qu'une des causes immédiates ; ce qu'il importe de connaître, ce sont les causes ultimes. D'où vient le « déséquilibre » chimique ?

Qu'est-ce qui le déclenche ?

Quelles sont les causes de cette cause ?

Tout simplement celles de la dépression, dont nous parlerons dans la partie qui leur est réservée. En d'autres termes, le lieu commun du déséquilibre focalise l'attention sur la cause intermédiaire B, alors que ce qui compte, c'est la cause A qui est à l'origine de la cause B :

Causes de la dépression ⟶ « déséquilibre chimique » (en réalité, variations chimiques normales) ⟶ dépression

Peu importe le déséquilibre chimique, ou plutôt les variations chimiques : l'essentiel est ce qui les explique.

Indépendant de la volonté ?

D'après le lieu commun, le « déséquilibre chimique » qui serait à l'origine de la dépression est « indépendant de la volonté de la personne ».

Mais en réalité, si, nous avons la capacité à agir sur les taux de sérotonine, de bêta-endorphine, etc., de notre cerveau.

Il suffit de fermer les yeux et de se concentrer sur un souvenir agréable. Faites-le : souvenez-vous de ces vacances merveilleuses, de ce séjour paradisiaque, de ce fou rire, de ce repas si chaleureux... Souvenez-vous d'un moment où vous vous sentiez profondément détendu, calme, serein, heureux. En phase avec l'écoulement voluptueux des minutes et des heures, en harmonie avec leur flux étincelant, caressé et bercé par le fleuve lumineux du temps.

Et voilà : vous venez d'agir (dans le bon sens) sur les taux de sérotonine, de bêta-endorphine, etc., de votre cerveau. Vous voyez : ce n'est pas sorcier...

Effets néfastes

Comme pour les autres clichés dont nous avons parlé, le lieu commun du déséquilibre chimique a des effets néfastes sur ceux qui y croient. Ce cliché envoie l'esprit sur une fausse piste, de la même manière qu'on se ferait une idée erronée des faits si on nous expliquait que la victime dont nous avons parlé tout à l'heure était morte d'un « arrêt cardiaque », sans même parler du coup de couteau que lui a infligé son agresseur. Le leitmotiv du déséquilibre chimique agit comme un leurre. Il focalise l'attention sur une cause intermédiaire, alors que l'essentiel se situe plus haut, en amont.

À retenir

- Il est vrai que les substances qui circulent dans notre cerveau agissent sur notre humeur, mais l'inverse n'est pas moins vrai : notre humeur agit sur les substances qui circulent dans notre cerveau.
- Au lieu de parler de « déséquilibre chimique », il serait plus juste de parler de « variations chimiques inévitables et normales ».
- L'essentiel n'est pas à chercher dans les variations chimiques du cerveau, mais dans ce qui cause ces variations.
- Le lieu commun du « déséquilibre chimique » occulte les véritables causes de la dépression en focalisation l'attention sur ce qui n'est qu'une cause intermédiaire et à ce titre, négligeable.

Conseils

▶ Si un docteur ou un psychiatre vous explique que votre mal-être est dû à un déséquilibre chimique, répondez-lui : « Quel examen dois-je faire pour en être sûr ? » S'il est de bonne foi, il reconnaîtra qu'il n'y a aucun examen pour évaluer, vous vivant, l'état chimique de votre cerveau.

▶ Si ledit docteur insiste, demandez-lui : « D'accord, mon mal-être est dû à un déséquilibre chimique ; dites-moi donc à quoi est dû ce déséquilibre chimique, que je prenne le problème à la racine ? » S'il reste muet et embarrassé, ou s'il évoque une vague « prédisposition génétique » (autre cliché), vous saurez qu'il manque de rigueur intellectuelle.

La fameuse prédisposition génétique

L'hérédité n'est pas un obstacle ;
la route de la grandeur n'est pas barrée.
Peu importe ce qu'ont été vos parents, vos ancêtres :
le chemin qui monte vous est ouvert.
Wallace D. Wattles

Avez-vous déjà été envahi par l'horrible soupçon selon lequel votre dépression serait due à un facteur sur lequel vous n'avez, aux dernières nouvelles, aucun pouvoir : votre héritage génétique ?

Cette idée circule un peu partout, sous une forme tantôt catégorique, tantôt assaisonnée de prudents conditionnels et de « peut-être » :

« La déprime est dans le gène ! »

« La dépression est un trait en partie génétique. »

« Un gène défectueux rendrait plus vulnérable à la dépression. »

« Des gènes de prédisposition ont bien été identifiés chez l'homme. »

« Il n'existe pas un gène de la dépression, mais le terrain génétique a une influence. »

« Certaines dépressions semblent liées à des perturbations génétiques encore inconnues. »

« La cause exacte de la dépression est encore inconnue, mais on suppose que des facteurs génétiques y contribuent. »

« La dépression est causée par l'interaction entre des facteurs environnementaux comme le stress et une prédisposition génétique. »

« Dans les troubles maniaco-dépressifs la part génétique semble indiscutable, car le sujet s'installe dans la dépression sans cause apparente… »

« Il existe une prédisposition héréditaire à la psychose maniaco-dépressive mais le mode de transmission génétique demeure encore controversé. »

« Depuis une soixantaine d'années, plusieurs études montrent que certaines personnes présentent une vulnérabilité génétique à la dépression… »

Si, après avoir lu ces lignes, vous n'êtes pas inquiet, bravo : vous avez un moral d'acier.

Mais la dépression a-t-elle réellement une dimension génétique, ou s'agit-il, encore une fois, d'un mythe passé à l'état d'évidence à force de répétitions ?

Les théories délirantes sur l'hérédité

Depuis toujours, l'hérédité inspire des théories saugrenues n'ayant de scientifique que le nom.

Au dix-neuvième siècle, le docteur italien Cesare Lombroso (1835-1909) affirmait que l'on naît criminel comme on naît avec de grands pieds et des oreilles décollées. Il croyait aussi que les prostituées étaient destinées à cet ersatz de métier par leur hérédité.

Ce qui semblait confirmer sa théorie, c'est qu'il y avait une proportion anormalement élevée de rousses parmi ces dames. Mais un petit détail, qui avait échappé à sa vigilance, mettait sa théorie par terre : elles se teignaient les cheveux.

À la même époque, en France, on prétendait que les classes populaires étaient condamnées à l'alcoolisme, l'ignorance et la violence par leur hérédité. Ainsi le romancier naturaliste Émile Zola (1840-1902) croyait à la « fatalité héréditaire » et à la « soif héréditaire de meurtre ».

Une explication par l'hérédité a aussi été avancée pour le nomadisme, l'homosexualité, la pauvreté, etc. Elle est longue, la liste des comportements déviants, ou considérés comme tels, qu'on a voulu expliquer par des tendances héréditaires innées.

C'est aussi par l'hérédité génétique que les scientifiques nazis ont cherché à expliquer et justifier la supériorité de la race aryenne, évidente à leurs yeux.

L'idée que « la dépression a une dimension génétique » s'inscrit dans la lignée de ces théories qui, à distance, paraissent vaguement grotesques.

Qui sait si, dans trente ans, la thèse de la prédisposition génétique à la dépression ne paraîtra pas aussi délirante que celle de la prostitution héréditaire ou de la suprématie aryenne ?

Trois arguments en faveur de la dépression-génétique

Mais il ne suffit pas de constater que la thèse de la dépression-génétique est un peu ridicule pour la jeter à la poubelle : après tout, elle pourrait être vraie quand même. Voyons donc si les arguments avancés par ceux qui la soutiennent sont crédibles.

- Le premier argument en faveur de la dépression-génétique, c'est l'argument d'autorité : les experts (qui ne se trompent jamais, puisque ce sont des experts) y croient, donc la prédisposition génétique à la dépression est une réalité.

Inutile de nous attarder sur cet argument, on sait déjà ce qu'il vaut.

- Deuxième argument : les personnes dont les parents proches souffrent ou ont souffert d'une dépression sont plus susceptibles d'en vivre une.

Effectivement, les enfants de dépressifs se sentent plus souvent déprimés que les autres, mais est-ce réellement, comme le prétendent les partisans de la prédisposition génétique à la dépression, un argument en faveur de leur thèse ?

Car pourquoi se compliquer la vie en courant après des causes génétiques insaisissables, alors que l'explication la plus simple et la plus naturelle est là, tout près, sous la main ?

Autrement dit, pourquoi expliquer par les gènes ce qui est déjà parfaitement expliqué par le conditionnement familial ?

Le mimétisme inné du jeune âge fait de chaque petit enfant un élève surdoué assimilant sans discrimination tous les comportements de son entourage immédiat. De même qu'un gamin éduqué dans une ferme a mille fois plus de chances d'apprendre à traire les chèvres que s'il vit dans un HLM et qu'un bébé élevé par ses parents chinois a 100% de probabilités d'apprendre à parler chinois, un enfant élevé par des parents dépressifs risque bien plus de le devenir à l'âge adulte (ou avant) que si ses parents sont épanouis, équilibrés, heureux.

Avoir des parents déprimés, c'est commencer l'apprentissage de la dépression dès le berceau en s'imprégnant de voix, de visages, de postures, de gestes, etc., qui trahissent angoisse, tristesse et découragement. Ce genre de conditionnement précoce laisse forcément des traces.

- Troisième argument : dans la mesure où la cause exacte de la dépression est encore inconnue, disent les tenants de la dépression-génétique, il n'est pas interdit de penser que des facteurs génétiques y contribuent. Certes, on n'a pas encore trouvé le gène, ni la combinaison de gènes, mais puisqu'on cherche, on va bien finir par trouver...

C'est le même pseudo-argument que pour le déséquilibre chimique. Sauf que ce n'est pas parce qu'on n'a pas *encore* trouvé de crocodiles dans la Seine qu'on en trouvera un jour. Il n'y a pas plus de raison de croire que l'absence de cause apparente cache automatiquement une cause génétique que de croire que tout objet volant non identifié est une soucoupe extraterrestre en provenance de Vénus, que toute équation mathématique a pour solution « x = 4,5 » ou que tout anonyme s'appelle Lothaire. Une cause inconnue n'est pas plus une cause génétique qu'un volatile inconnu n'est un ptérodactyle.

Il en va de la prédisposition génétique à la dépression comme du déséquilibre chimique : la seule preuve que les chercheurs ont trouvé de son existence, c'est qu'ils la cherchent encore.

Tout changer

Dans l'intérêt supérieur de la Vérité comme dans celui de l'Humanité souffrante, il est temps de dissiper le mirage de la « prédisposition génétique à la dépression ». Il est temps surtout que vous vous défassiez de cette illusion.

Le malheur n'est pas génétique.

Nos gènes ne limitent pas notre capacité à réussir et à jouir de la vie. Nous pouvons être mille fois plus heureux que nos parents, que nos ancêtres.

Certes, la dépression est parfois héritée, mais au même titre que le métier de plombier ou celui de médecin, que notre langue maternelle, ou qu'une recette de tourte aux petits pois transmise de mère en fille depuis quatre générations.

À la différence de l'héritage génétique, qui ne peut être modifié — on ne change pas la couleur de sa peau ni de ses yeux — l'héritage culturel est modelable, transformable, révocable.

Un Chinois peut apprendre le suédois, un Norvégien peut devenir expansif, un Parisien peut apprendre à sourire, un cannibale peut devenir végétarien, et un individu qui se sent morose et découragé peut se transformer aussi radicalement que le fait une chenille dans sa chrysalide.

Le penseur et métaphysicien Wallace D. Wattles (1860-1911) l'a très bien dit :

> « L'hérédité n'est pas un obstacle ; la route de la grandeur n'est pas barrée. Peu importe ce qu'ont été vos parents, vos ancêtres : le chemin qui monte vous est ouvert. Personne n'hérite d'une disposition mentale fixe ; aucun être humain ne naît incapable de progrès. »

Nous pouvons tout changer :

> « Un trait de personnalité hérité est une manière habituelle de penser de votre père ou de votre mère qui s'est imprimée dans votre subconscient ; vous pouvez remplacer cette empreinte par une autre en adoptant une manière de penser opposée. Vous pouvez remplacer une tendance à la tristesse par une tendance à la gaieté ; vous pouvez triompher de la lâcheté ou de l'irascibilité. »

Nous sommes libres de modeler un nouveau visage à notre tournure d'esprit, seconde nature tramée par nos habitudes. L'être humain est, ou plutôt peut être, en constante progression : il suffit qu'il le veuille et qu'il se donne les moyens de faire ou refaire son éducation sur de nouveaux principes. Et le plus beau, c'est que c'est possible à n'importe quel âge, car nous ne perdons jamais notre capacité d'apprentissage, qui est au cœur de notre nature éminemment perfectible.

L'exemple de A.B. Curtiss

Le caractère non génétique de la dépression est confirmé par les faits : beaucoup de déprimés dont la dépression semblait héréditaire s'en sont tirés en se (ré)éduquant eux-mêmes.

Prenons seulement un exemple, celui de la thérapeute américaine A.B. Curtiss.

A.B. Curtiss vient d'une famille de bipolaires (on appelle *trouble bipolaire* une alternance de bas abyssaux et de hauts vertigineux). Son père et son frère étaient ou sont bipolaires ; elle-même a souffert d'un trouble bipolaire pendant des dizaines d'années.

Or, maintenant, elle est équilibrée, bien dans sa peau, émotionnellement stable. Sa bipolarité n'est plus qu'un mauvais souvenir.

Que s'est-il donc passé ?

Dans la perspective officielle, il faudrait imaginer qu'elle s'est portée volontaire comme cobaye pour une toute nouvelle thérapie génique.

Rien de tel.

Elle a, dit-elle, pris conscience que la dépression est un choix - et elle en fait un autre. C'est ce qu'elle explique dans son livre *Depression is a choice.*

Son état maniaco-dépressif était le résultat de certaines mauvaises habitudes mentales et comportementales, et donc elle en a changé.

Quel bon sens.

Qu'il soit homme ou femme, le sage change ce qui doit être changé pour obtenir ce qu'il désire, tandis que, lorsqu'ils sont au fond du trou, l'ignorant, l'imbécile et le fou continuent à creuser en répétant comme un mantra : « Chez nous, c'est de famille ! »

Une découverte renversante sur les gènes

Jusqu'ici, j'ai opposé inné et acquis, génétique et éducation. Mais récemment, des découvertes scientifiques étonnantes sont venues remettre en cause cette traditionnelle opposition.

En effet, on s'est aperçu que nos gènes sont *activés* ou *désactivés* par nos apprentissages. Autrement dit, nous sommes virtuellement (génétiquement) tout un tas de choses que nous ne deviendrons que si nous nous donnons la peine d'étudier, de piocher, d'apprendre.

Parler de « prédisposition génétique à la dépression » ou de « prédisposition génétique au bonheur » n'a donc pas plus de sens que de parler de « prédisposition génétique au piano ». Dans les deux cas, ce qui est déterminant c'est l'apprentissage, l'entraînement.

Même quelqu'un qui n'est, a priori, pas très doué pour cet instrument peut faire des merveilles et devenir un virtuose, s'il s'entraîne avec persévérance et ténacité. Il en va de même pour la dépression et le bonheur : qui s'y entraîne inlassablement finit par y exceller un jour ou l'autre.

Le tout est donc de s'entraîner consciemment à pratiquer ce qu'on désire et espère, plutôt que de s'entraîner inconsciemment à pratiquer ce que l'on déteste.

Nos gènes ne sont pas une prison mais plutôt un (vaste) territoire, où nous pouvons nous installer où nous voulons.

Découragement

Examinons maintenant les répercussions du lieu commun de la dépression-génétique sur ceux qui y croient : quel genre d'effet a ce préjugé ?

Le genre indésirable même en smoking.

Ceux qui se laissent persuader que la dépression de leur oncle Lucien ou de leur grand-mère Adélaïde les condamne ressassent l'idée déprimante que « c'est de famille » jusqu'à ce que la dépression les terrasse.

Même si la dépression en question est une lutteuse maigrichonne, une catcheuse rachitique, c'est elle qui gagne le match : ils sont tellement persuadés que tous leurs efforts pour lui faire lâcher prise seraient inutiles, qu'ils ne se débattent même pas.

« Jamais elle ne me lâchera, se disent-ils. Je suis condamné par mes gènes... Malheureux d'origine... Dépressif né... Perdant congénital. Quand les chercheurs mettront-ils au point la thérapie génique qui me sauvera ? Quand sauront-ils réparer les brins abîmés de mon ADN ? La Science, au secours !...»

Paralysés, génétifiés, les croyants à la « prédisposition génétique à la dépression » se laissent submerger par le découragement et le fatalisme ; leur monologue intérieur les plonge dans les abysses.

Adopter la thèse de la dépression-génétique, c'est se jeter un mauvais sort à soi-même.

À retenir

- La prédisposition génétique à la dépression n'est qu'un mythe.
- Qu'il tire parti de cette possibilité ou non, tout être humain est capable de progrès.
- On peut toujours sortir de dépression, même quand celle-ci est « héréditaire ». Tendance à la tristesse, à la colère, à l'angoisse... nous pouvons supprimer les traits de caractère que nous avons hérités de nos parents.
- Croire à la dimension génétique de la dépression, c'est dire « Après vous, je vous en prie » à la sienne.

Conseil

► Faites la liste des membres de votre famille proche ou éloignée qui sont bien dans leur peau, et pensez à haute voix : « Le bonheur, chez nous, c'est héréditaire ! »

Lectures recommandées

□ ***La science de la Grandeur*** **de Wallace D. Wattles**. Un livre qui est à la hauteur de ce que promet son titre.

□ ***Biologie des croyances* de Bruce H-Lipton**. Pour découvrir la vérité sur l'ADN et sortir du mythe oppressant du « tout génétique ».

□ ***Depression is a choice*, de A.B. Curtiss**. Une lecture un peu difficile (ne vous y lancez que si vous avez toute confiance dans votre anglais), mais passionnante et fortifiante.

Un malheureux hasard

Autre idée reçue que vous avez sûrement déjà lue ou entendue quelque part : « la dépression frappe au hasard ». Elle serait l'équivalent de la peste ou de la grêle, un problème venu d'ailleurs qui tombe brutalement sur n'importe qui, au pif :

> « Ça ne prévient pas, ça arrive… »
>
> « Ce trouble imprévisible peut frapper n'importe qui. »
>
> « Cela peut survenir chez n'importe qui, n'importe quand… »
>
> « La dépression peut s'abattre sur n'importe lequel d'entre nous. »
>
> « La dépression frappe au hasard : elle touche les hommes, les femmes, les jeunes, les vieux… bref, n'importe qui. »
>
> « Pas besoin de vivre un événement triste ou un traumatisme déclencheur, la dépression peut frapper au hasard… »

En résumé personne n'est à l'abri.

Un individu peut se relaxer délicieusement avec un verre d'orangeade dans son transat favori par une belle après-midi estivale, quand soudain la dépression surgit de nulle part et l'agresse sauvagement. Elle poignarde sa joie de vivre et repart aussi mystérieusement qu'elle est venue, le laissant agoniser dans d'horribles souffrances mentales pendant des années.

Voyons si ce scénario, qui rappelle vaguement celui d'un film d'horreur, est crédible.

Vrai ou faux ?

Au rebours du discours officiel, de nombreux médecins, thérapeutes et psychologues considèrent la dépression comme le résultat de certaines circonstances, attitudes et choix, ce qui présuppose qu'elle ne survient pas chez n'importe qui, n'importe quand. Pour ne citer que lui, le docteur Pierre Solignac affirme avec force que la dépression ne frappe *pas* au hasard.

Mais au fond, on n'a pas besoin de se référer à qui que ce soit pour réfuter la thèse officielle de la dépression aléatoire, car il n'y a pas le moindre argument en faveur de cette théorie hétéroclite.

Nous vivons dans un univers de causalité : rien n'arrive jamais sans raison, les dépressions pas plus les potirons. Ce qu'on appelle « le hasard » n'est jamais que le nom que l'on donne à un faisceau de causes et de circonstances non identifiés.

« Partout où le hasard semble jouer à la surface, dit très justement le philosophe allemand Friedrich Engels (1820-1895), il est toujours sous l'empire de lois internes cachées, et il ne s'agit que de les découvrir. »

Je l'ai déjà dit : aucun lapin ne sort par magie d'un chapeau vide.

Le fait que nous ne comprenions pas tel ou tel phénomène ne signifie pas qu'il est absurde et aléatoire – cela signifie seulement que nous avons encore beaucoup à apprendre. Ce qui est d'ailleurs une bonne nouvelle, car il n'y a rien de plus excitant, de plus passionnant que de poser le pied en territoire inconnu.

Si la dépression frappait vraiment au hasard, ce serait une entité irrémédiablement mystérieuse défiant les lois de la nature et de la logique, un mystère destiné à le rester, un peu comme la Trinité du christianisme...

Mais la dépression n'a rien d'aléatoire.

Elle ne présente aucun point commun avec une loterie, quoiqu'on puisse en avoir l'impression quand on ne distingue pas ses causes, ses racines.

D'ailleurs — je le dis au passage — même une loterie n'est pas aussi aléatoire qu'elle en a l'air, puisque des facteurs physiques précis ont déterminé la sélection de tel ou tel numéro et que 100% des gagnants et 100% des perdants ont joué. Même dans les jeux de hasard il n'y a pas vraiment de hasard.

Bêtement

L'individu qui se laisse embobiner par le cliché de la dépression-loterie se sent victime d'une fatalité absurde, d'une persécution sans cause. Il se croit frappé par un mal mystérieux et aléatoire, chu sur sa tête comme un météorite sur les dinosaures. Alors pourquoi se casserait-il la tête à lui chercher un sens qu'elle n'a pas ?

Quand un cerveau croit que la dépression « frappe au hasard », il se met en position off en ce qui la concerne. Puisque la dépression frappe au hasard, inutile de cogiter sur elle. Les neurones en éventail au bord d'une piscine de vide mental, on peut alors se bercer de l'idée sédative et lénifiante selon laquelle il n'y a rien à comprendre.

Mais ce confort a aussi quelque chose d'angoissant : devant une malédiction aléatoire et absurde, on ne peut se sentir qu'impuissant.

De plus, cette croyance à la dépression-loterie est dangereuse.

En effet, qui croit à la dépression aléatoire ne cherche pas les causes de sa dépression, et qui ne les cherche pas ne les trouve pas. Ce qui fait qu'au lieu de découvrir le sens caché de sa souffrance et d'apprendre à s'en préserver, on reste debout sous l'orage en attendant la foudre...

Lorsqu'on imagine que la dépression frappe au hasard, on n'a aucun moyen de se protéger contre elle, aucun moyen de s'y soustraire : croire que la dépression frappe au hasard conduit à la subir bêtement.

Avons-nous fait le tour des lieux communs sur la dépression ?

Non.

Tournez la page, et vous découvrirez un cliché encore plus énorme que tous ceux que nous avons analysés jusque-là.

À retenir

- Ce qu'on appelle « le hasard » n'est que le nom que nous donnons à des lois et principes dont nous ignorons l'existence ou les effets.
- L'apparition d'une dépression n'est pas plus aléatoire que celle d'un potiron.

Conseils

► Partez du principe que ce qui vous arrive, et ce que vous ressentez, ne peut pas être le fruit du hasard. Cherchez des causes, examinez votre vie, faites chauffer vos neurones, creusez-vous la tête.

► Si un spécialiste essaie de vous convaincre que la dépression vous est tombée dessus uniquement parce que vous aviez la malchance d'être sur la trajectoire de sa chute, retirez-lui votre confiance, il ne la mérite pas.

Le dogme de la volonté impuissante

La Volonté humaine, cette force invisible,
fille d'une Âme immortelle,
peut s'ouvrir un chemin vers n'importe quel but,
même à travers des murs de granit.
James Allen

D'après le discours officiel, dépression et volonté sont comme les sirènes à belles chevelures et les vélos d'appartement : deux ensembles sans la moindre intersection. Écoutez donc :

« Pour faire face à la dépression, la volonté ne suffit pas. »

« La dépression est une maladie qui n'a rien à voir avec la volonté. »

« La dépression n'est pas un état provoqué par un manque de volonté… »

« Il est imprudent de faire directement appel à la volonté chez un dépressif… »

« La dépression n'est pas une faiblesse, ni une tare, ni une faillite de la volonté. »

« Dans la mesure où la dépression est une maladie, ce n'est pas un manque de volonté. »

« Votre volonté, aussi grande soit-elle, ne peut vous permettre de surmonter votre douleur morale. »

« La dépression n'est ni un simple passage à vide, ni un manque de volonté, mais une maladie qui se soigne. »

« Le problème de la dépression ne concerne pas la volonté, mais des couches plus profondes du cerveau. »

« La maniaco-dépression est un déséquilibre chimique du cerveau indépendant de la volonté de la personne. »

« Les dépressifs ne peuvent pas agir sur leur maladie. Il est donc inutile de faire appel à leur volonté pour s'en sortir. »

> « Une dépression peut guérir spontanément si les circonstances qui l'ont déclenchée se corrigent mais sa guérison n'est jamais liée à la volonté. »

En résumé, la volonté n'a rien à voir ni avec le début, ni avec le milieu, ni avec la fin de la dépression ; on y entre sans que la volonté intervienne d'une façon ou d'une autre, on en sort sans que la volonté s'en mêle.

Voyons ce que vaut cette idée.

Cinq arguments en faveur du lieu commun

Pour commencer, sur quels arguments s'appuie-t-elle ? Comment prouve-t-on, ou du moins, comment essaye-t-on de prouver que la dépression n'a rien à voir avec la volonté ?

Voici les trois principaux arguments avancés en faveur de l'inutilité de la volonté :

- La volonté ne peut modifier, seule, le fonctionnement d'un organe aussi complexe que le cerveau ;

- Les personnes dépressives souffrent d'une incapacité à vouloir (sorte d'endormissement de la volonté) qui rend inutile tout appel à leur volonté ;

- Enfin, personne ne choisit de tomber en dépression, pas plus que de se casser la jambe.

À ces trois arguments, on peut en ajouter deux autres :

- Il est de notoriété publique que les « bons » conseils du genre « bouge-toi ! » n'aident pas ceux qui souffrent. Quand on est au fin fond de la dépression, les « Reprends-toi ! » et les « Sois fort ! » de ceux qui n'y connaissent rien n'ont aucun effet positif ; tout ce qu'ils suscitent, c'est des grincements de dents.

Le fait que ces appels à la volonté aient si peu de succès semble indiquer que le déprimé ne peut plus faire usage de la sienne.

- Cinquième et dernier argument : la dépression se caractérise bien souvent par une incertitude pénible. (À moins que l'incertitude ne soit une cause de dépression... cette éventualité n'est pas à exclure.) Au trente-sixième sous-sol, on hésite pour tout. Pour choisir sa place de parking, car au fond, on est persuadé de n'avoir de place nulle part, mais aussi pour choisir sa tenue, son emploi du temps, ou même son dessert : pomme, ou tarte aux myrtilles ?

La moindre décision à prendre se change en dilemme cornélien, comme s'il fallait choisir entre sacrifier sa jambe gauche et son bras droit.

Cette difficulté à choisir n'est-elle pas l'indiscutable symptôme d'une volonté défaillante, voire inopérante ?

On dirait, en tout cas.

De plus près

Mais toutes ces raisons de croire que la dépression n'a rien de commun avec la volonté sont fragiles ou réversibles. Réexaminons-les d'un œil critique.

- On prétend que la volonté a du mal à modifier, seule, le fonctionnement d'un organe aussi complexe que le cerveau. Pourtant, n'importe quelle ville témoigne des effets considérables que la volonté peut avoir sur le monde extérieur : ces fermes, ces routes, ces jardins, ces rues… sont le fruit de la volonté. Ce n'est pas le hasard qui a édifié, façonné, agrandi Sidney ou Versailles ; c'est la volonté.

Or si la volonté était impuissante à agir sur ce qui est le plus proche (le cerveau) comment arriverait-elle à transformer ce qui est le plus lointain ?

Si notre volonté ne pouvait rien sur notre cerveau, comment aurait-elle pu envoyer un homme sur la lune ?

Par ailleurs, l'idée que la volonté ne peut modifier le fonctionnement du cerveau est en contradiction avec tous les principes pédagogiques en vigueur depuis que le monde est monde. Lorsqu'on demande à un enfant de se concentrer sur un exercice, on lui demande d'utiliser sa volonté pour diriger et donc modifier le fonctionnement de son cerveau. Autant ou plus qu'un enfant, un adulte est capable de cet effort-là.

L'imagerie cérébrale moderne a révélé que lorsqu'on demande à une personne de penser à telle ou telle chose, son cerveau réagit immédiatement : il est modifié en conséquence.

Dans leur livre *The mind and the brain : Neuroplasticity and the Power of Mental Force*, Jeffrey M. Schwartz et Sharon Begley ont illustré l'incroyable plasticité du cerveau. Études à l'appui, ils ont montré que le cerveau se « réorganise » pour faire plus de place à telle ou telle tâche à accomplir :

> « L'activité volontaire sculpte le cerveau, et ceci, non seulement pendant l'enfance, lors des premières étapes du développement du cerveau, mais sans cesse et tout au long de la vie... Le cerveau adulte peut changer. Il peut développer de nouvelles cellules. Il peut modifier la fonction de cellules anciennes. Il peut réorganiser une zone qui était dévolue à une activité pour la consacrer à une autre. »

Le préjugé selon lequel le cerveau d'un adulte serait incapable de changer est faux ; à n'importe quel âge, on modifie son cerveau en l'enrichissant de nouvelles connexions neuronales et de nouveaux neurones dès qu'on apprend quelque chose.

Notre cerveau n'est pas coulé dans du béton. Il ne végète pas non plus comme un légume sous une serre. Toutes nos décisions et tous nos choix — autrement dit, notre volonté — ont sur lui un impact, une influence à court et à long terme.

Bref, non seulement la volonté n'a aucun mal à modifier et à enrichir le fonctionnement de notre cerveau, organe plastique et adaptable s'il en est, mais c'est ce qu'elle fait sans arrêt.

- On affirme que les personnes dépressives souffrent d'une incapacité à vouloir, d'une sorte d'endormissement de la volonté, et que par conséquent, il est inutile de faire appel à leur volonté. Mais la logique de ce raisonnement laisse à désirer.

Supposons que les personnes dépressives souffrent d'une incapacité irrémédiable à vouloir.

C'est notre liberté, autrement dit notre volonté, autrement dit encore notre capacité à faire des choix, qui fait de nous des personnes humaines. Un être qui n'a, au sens littéral, aucune volonté, aucun libre arbitre, est un zombie. Ou un robot. Ou un gastéropode. Pas un homo sapiens.

Si les gens qui dépriment n'ont vraiment plus aucune volonté, ce ne sont plus des gens...

Comme cette hypothèse est absurde, tournons-nous vers une autre.

Admettons que la volonté est seulement endormie lors de la dépression. Elle roupille, et son sommeil est plein de cauchemars : c'est pour ça qu'on se sent si mal. Se sentir dénué de volonté n'a jamais rendu personne heureux...

Dans ces conditions, que faut-il faire : marcher sur la pointe des pieds pour ne pas réveiller cette volonté endormie, ou au contraire la secouer par l'épaule ?

Je vous laisse le soin de répondre.

- On dit aussi que personne ne choisit de tomber en dépression, pas plus que de se casser la jambe.

Cette comparaison mérite qu'on la creuse un peu.

Personne ne choisit de se casser la jambe, certes, mais des imprudents choisissent de dévaler des pistes noires alors qu'ils n'ont pas le niveau nécessaire. S'ils ne font pas le choix délibéré de se casser la jambe, ils s'engagent du moins volontairement sur une piste qui mène aux fractures.

Et s'il en allait un peu de même avec la dépression ?

Et si on allait vers la dépression par sa propre volonté, mais sans savoir qu'on y va ?

Car on peut très bien prendre une route sans savoir où elle mène... c'est ce qui arrive à tous ceux qui se perdent .

- Venons-en au quatrième argument.

L'indécision est indiscutablement une caractéristique propre aux gens qui dépriment. On peut l'interpréter comme une annihilation de la volonté, mais ce n'est pas la seule interprétation possible.

Et si l'indécision dépressive était le signe que, dans ces moments-là, on a égaré le mode d'emploi de son libre arbitre ?

Ou que ce mode d'emploi, on ne l'a jamais eu entre les mains, et que pour une raison ou pour une autre, on en ressent le manque d'une manière particulièrement aiguë à ce moment-là ?

- Quant à l'exaspération que suscite, chez les personnes déprimées qui y ont droit, les conseils lourdauds du style « Reprends-toi ! », « Secoue-toi ! » et « Fais un effort ! » elle se prête à plusieurs interprétations, elle aussi.

Si de tels conseils ne servent à rien, ce n'est pas forcément parce qu'ils sont ineptes.

Qui sait ?

Peut-être qu'ils appuient trop brutalement à un endroit trop sensible. Recevoir un coup de poing précisément à l'endroit où l'on aurait besoin d'être chatouillé par une aiguille d'acupuncture ne fait pas précisément le même effet.

Les arguments avancés pour soutenir que « la volonté ne sert à rien » sont donc assez faibles.

Rôle de la volonté

Inversement, de nombreuses recherches scientifiques montrent que la volonté joue un rôle crucial dans le passage de la dépression au bien-être.

On a découvert par exemple qu'il suffit d'accomplir un acte de gentillesse ou une bonne action pour renforcer son système immunitaire et élever sa production de sérotonine, que pratiquer une activité physique réduit le niveau de dépression et de stress, et qu'un simple sourire – même quand il est donné sans émotion – améliore l'humeur.

Toutes ces bonnes habitudes sont directement sous le contrôle de la volonté : pour se montrer gentil, faire du sport, sourire, il faut faire un effort. Et pour faire un effort, il faut le vouloir.

Hormis ceux qui sacrifient au lieu commun de la volonté inutile, la plupart des thérapeutes sont du même avis que les scientifiques : ils pensent que pour sortir de la dépression, on doit faire usage d'un minimum de volonté.

On peut citer David D. Burns, Albert Ellis, Christine Padesky, Dennis Greenberger. Tous ces thérapeutes partent du principe qu'on peut agir sur sa dépression par divers exercices mentaux, exercices qui, par définition, requièrent l'usage de la volonté. Je dis « par définition », car tout entraînement, quel qu'il soit, demande de la volonté.

Bref, le cliché ment : la volonté a bien quelque chose à voir avec la dépression.

Les ingrédients complémentaires

Après tout ça, vous croyez peut-être que pour sortir de la dépression, il suffit de le vouloir. Qu'il suffit de prendre sur soi et de serrer les dents.

Ou peut-être que vous ne le croyez pas, mais que vous croyez que je le crois...

C'est plus compliqué.

Il ne suffit pas de vouloir sortir de dépression pour en sortir... de même que pour écrire un beau poème, apprendre à nager, obtenir le bac ou remplir sa déclaration d'impôt, il ne suffit pas de le vouloir non plus.

Pour atteindre de tels objectifs, il faut de la volonté, certes, mais d'autres ingrédients sont aussi nécessaires — je n'en ferai pas la liste ici.

Ces ingrédients complémentaires, comment se les procure-t-on ?

En les cherchant, bien sûr.

Recherche qui commence quand ?

Dès qu'on le souhaite.

Autrement dit, dès qu'on veut.

Vous avez entendu ?

Dès qu'on *veut.*

On n'y échappe pas : pour trouver ce qui est nécessaire pour faire ceci ou cela, y compris passer de la dépression au bien-être, il faut le chercher, il faut le vouloir. La volonté n'est pas seule en cause, mais elle est toujours première en cause : même pour ce qui n'est pas elle, on commence par elle.

On lit un peu partout que « pour faire face à la dépression, la volonté ne suffit pas »... Pour devenir vrai, ce cliché doit être mis cul par-dessus tête : sans volonté, rien ne suffit.

Vous êtes dubitatif ?

Vous continuez à penser que la volonté est impuissante face à la dépression, ou qu'on peut en « guérir » sans faire aucun usage de sa volonté ?

Vous croyez que pour sortir de dépression, il y a une route qui ne demande aucun effort d'aucune sorte, autrement dit une route qui descend ?

Visualisez un affaissement, un creux, une fosse - autrement dit, une dépression. Et maintenant imaginez un joli toboggan, comme il y en a dans les jardins pour enfants. Est-il possible de sortir du premier en descendant le second ?

Vous voyez bien que c'est impossible... On ne s'extrait pas d'un trou en dévalant une pente.

Mais de nos jours, cette évidence a perdu son caractère d'évidence.

Alors peut-être est-ce le moment de battre le rappel de quelques antiques aphorismes qui remettent les pendules à l'heure.

Ces dictons, que vous connaissez peut-être, soulignent sans ménagement le rôle essentiel joué par la volonté dans l'existence humaine : *Qui a la volonté a la force ; tes pieds te conduiront où tu veux aller ; plus fait celui qui veut que celui qui peut ; la bonne volonté trouve le moyen et l'opportunité ; la bonne volonté raccourcit le chemin ; les volontés sont libres ; qui veut cherche un moyen, qui ne veut pas cherche une excuse.*

Des excuses, les idées reçues sur la dépression en offrent à foison. Des moyens, c'est ce qu'on trouve quand on est décidé à prendre sa vie en main et qu'on a compris que c'est possible, et c'est que vous découvrirez en poursuivant la lecture de ce livre.

Une idée néfaste

Le lieu commun de la volonté inutile et impuissante est probablement le plus néfaste de tous ceux que nous avons examinés ; la croyance que « la volonté ne peut rien contre la dépression » est un énorme rocher sur la route qui mène au bonheur.

Rocher virtuel, certes, puisque cette croyance est une illusion, mais rocher qui n'en est pas moins un obstacle très dissuasif. Cette illusion est paralysante ; elle empêche de progresser dans la bonne direction.

Quand il y a lutte entre l'imagination et la volonté, c'est généralement l'imagination qui l'emporte, disait très justement le génial Émile Coué (1857-1926) dont je vous reparlerai : notre volonté est tributaire de notre manière de voir.

Le grand industriel Henry Ford (1863-1947) a dit quelque chose de similaire : « Si vous croyez que vous êtes capable, vous avez raison. Et si vous croyez que vous n'en êtes pas capable, vous avez raison aussi. » Notre volonté s'effrite dès que nous cessons de croire à son pouvoir.

Avec lucidité, un ex-dépressif témoigne du péril très réel que lui a fait courir le lieu commun de la volonté inutile :

> « J'ai été leurré par des phrases du type *La dépression n'est pas une question de volonté*. Maintenant, je me rends compte du temps que j'ai perdu avec les affirmations de ce style, ainsi que du mal qu'elles m'ont fait. Mon adhésion à des idées de ce genre m'a littéralement fait couler. »

Il a raison. « La dépression n'est pas une question de volonté » est une formule magique qui fait tourner les aiguilles du cadran dans le vide ; elle condamne à ne rien faire du temps qui passe ; elle fait couler les malheureux qui s'y accrochent.

Un haltérophile hypnotisé peut, si l'hypnotiseur lui dit que c'est impossible, se révéler incapable de soulever un crayon posé sur une table. De même, un homme (ou une femme) doté d'une forte volonté peut en sembler complètement privé simplement parce qu'il croit en manquer, ou parce qu'il s'imagine que sa volonté ne lui est d'aucun secours.

Inversement, croire à la force de sa volonté permet d'en faire un usage de plus en plus conséquent... La volonté est un muscle qui se développe d'autant plus qu'on l'exerce, et qu'on exerce d'autant plus qu'on croit à sa puissance.

Ce que vous déciderez de croire

Je ne sais pas si je vous ai convaincu, mais au fond, tout ce que je pourrais dire aura moins d'influence sur votre destinée que ce que vous déciderez de croire.

En fin de compte, que préférez-vous penser ?

Que votre volonté est hors service et que vous êtes impuissant, ou que vous pouvez faire quelque chose pour vous-même et que vous avez la capacité de vous venir en aide ?

Soit vous choisissez, par votre volonté, de croire que vous n'avez *pas* de volonté, ou qu'elle ne vous sert à rien, et vous suivez ainsi l'autoroute d'un lieu commun qui se termine en impasse, soit vous reprenez le gouvernail de votre existence en décidant, toujours par votre volonté, que vous *avez* une volonté et qu'elle peut vous servir à quelque chose.

Le choix vous appartient.

Il vous a toujours appartenu et il vous appartiendra toujours.

Nous, êtres humains, sommes ainsi faits que nous ne pouvons échapper à la nécessité de faire des choix : nous pouvons choisir de nous prendre pour des pantins sans volonté mais nous n'en gardons pas moins notre libre-arbitre.

Qu'on se sache libre ou qu'on suppose ne pas l'être, notre volonté reste libre, autodéterminée et souveraine.

À retenir

- On sort de dépression en fournissant des efforts conscients.
- La volonté seule ne suffit pas, mais sans volonté, rien ne suffit. La thérapie la plus géniale ne peut pas aider quelqu'un qui ne veut pas s'aider lui-même.
- Croire à la puissance de sa volonté, c'est la muscler.
- Croire à l'impuissance de sa volonté, c'est la châtrer.

Conseils

► Étudiez les différents sens et les différents synonymes du mot *volonté*.

Pas responsable...

La faiblesse et la force d'un homme,
sa pureté et son impureté sont à lui.
Elles ne sont pas celles de quelqu'un d'autre.
C'est lui qui en est l'auteur, et pas quelqu'un d'autre,
Et elles ne peuvent être modifiées que par lui,
jamais par quelqu'un d'autre.
James Allen

Le cliché que nous allons examiner maintenant s'inscrit dans la continuité du précédent. Étant donné que nous ne sommes responsables que de nos choix, quand on croit que « la volonté n'a rien à voir avec la dépression », on croit aussi par la force des choses que nous ne sommes pas responsables de nos états d'âme. Ce lieu commun de l'irresponsabilité, on le trouve décliné sous diverses formes :

« La dépression n'est la faute de personne. »

« Votre dépression, vous n'en êtes pas responsable. »

« Ne vous sentez pas responsable de votre maladie… »

« Comprenez bien que la dépression n'est pas de votre faute ! »

« Dites-vous bien que vous n'êtes pas responsable de votre état dépressif. »

« On ne choisit pas la dépression ; c'est elle qui vous choisit ; vous n'y pouvez rien ; vous n'avez rien fait de mal… »

« La dépression n'est pas du laisser-aller, un mal de vivre que vous auriez laissé se développer ; vous ne l'avez pas voulue et vous n'en êtes absolument pas responsable. »

« Ce n'est pas votre faute si vous souffrez de dépression, tout comme ce ne serait pas votre faute si vous souffriez du diabète… »

Cette dernière comparaison est mal choisie : personne ne choisit de devenir diabétique, mais beaucoup de diabétiques le sont devenus suite à des excès volontaires de sucreries...

Mais l'essentiel est que si on se fie à ces affirmations répétées à l'infini dans une multitude de brochures, de livres et d'articles, on considérera l'individu déprimé comme une victime 100 % pur jus.

Que faut-il penser de cette thèse ?

À l'origine des émotions

Pour commencer, un fait : nous n'avons pas une prise immédiate, facile et directe sur nos émotions. Très souvent, celles-ci surviennent en nous d'une manière inattendue.

Mais cela signifie-t-il que nous n'avons aucune prise sur elles ?

Non, cela ne signifie pas cela.

Les émotions ne sont bien souvent qu'un résultat : à leur origine se trouvent très souvent nos croyances, nos pensées, nos actes et nos non-actes. Parce que nous avons du pouvoir sur ce que nous croyons, pensons et faisons, nous avons du pouvoir sur ce que nous ressentons.

« Mais, me direz-vous peut-être, moi je n'ai vraiment aucun pouvoir sur mes émotions, ni même sur mes pensées. Elles arrivent sans que je les aie sonnées ; elles m'obsèdent sans mon accord. »

Peut-être que vous n'en avez pas actuellement, mais vous pouvez en avoir.

Vous pouvez apprendre à maîtriser et diriger vos émotions en prenant le contrôle sur votre activité mentale ainsi que sur vos gestes. C'est ce que j'ai fait et c'est ce que vous pouvez faire vous aussi. Vous n'arriverez peut-être pas au contrôle absolu (je ne pense pas que personne y arrive), mais vous parviendrez à dédramatiser, relativiser et minimiser vos émotions négatives. Vous parviendrez aussi à réorienter vos pensées quand celles-ci commencent à s'égarer dans des idées noires. Bref, vous prendrez le contrôle.

La dépression, un choix ?

Certains thérapeutes prennent le contre-pied de la thèse de l'irresponsabilité en insistant sur notre rôle dans la formation de nos états d'âme.

Ainsi d'après la thérapeute Dorothy Rowe, « La dépression est quelque chose que nous nous fabriquons nous-mêmes ».

« La dépression est un choix, dit la thérapeute A.B. Curtiss, alors faites un autre choix. »

Les ex-dépressifs confirment :

> « Rester déprimé est un choix. C'est la vérité. J'en suis témoin. »

Nombre de déprimés (ceux qui ont décidé de le rester ?) n'apprécient pas cette manière de voir. Ils s'énervent :

« La dépression, mon choix ? Mais quel choix ?! Je ne choisis pas d'être déprimé ! ça m'arrive ! Je n'ai pas choisi l'anxiété, le chaos, la solitude, les hospitalisations… ça ne m'amuse pas ! Je n'aime pas ça ! On ne choisit pas de devenir dépressif et suicidaire ! »

Certes, on ne choisit pas délibérément et consciemment de devenir dépressif et suicidaire. Mais, par contre, on peut très bien prendre les décisions malheureuses qui conduisent petit à petit jusqu'à l'anxiété, le chaos, la solitude et les hospitalisations. Pour cela, il suffit :

1/ De ne pas savoir que la route où l'on chemine y mène ;

2/ D'ignorer qu'il y a une autre route que celle où l'on marche, que l'on a le choix ;

3/ De se croire incapable de prendre cette autre route ;

4/ Ou de se décourager quand on constate que l'autre route (la bonne) est un chemin qui monte.

Je vous l'ai déjà dit : nos décisions et nos choix, nos « Je prends à droite » et nos « Tiens, et si je prenais ce petit sentier sur la gauche ? » ont plus d'importance que nous ne l'imaginons généralement. *Tes pieds te conduiront où tu veux aller*, dit le proverbe.

Bien sûr, on peut *se sentir* irresponsable de ses états d'âme... C'est naturel et ça arrive à tout le monde. En tout cas moi, ça m'arrive. Je geins parfois de cette manière :

« Ce n'est pas ma faute... »

« Je ne suis pas responsable... »

« Je n'ai pas le choix... »

« C'est plus fort que moi... »

« Je n'y suis pour rien... »

Mais l'impuissance que j'affiche dans ces moments-là est beaucoup moins une réalité qu'un paravent et une excuse. Quand bien même je n'en conviendrais jamais en public, je sais bien qu'il entre une bonne part de mauvaise foi et de laisser-aller dans mes protestations d'innocence. Celles-ci sont moins l'expression authentique d'une vérité profonde que les répliques d'un rôle – le rôle de la victime.

Et si vous regardiez attentivement en vous-même, qui sait si vous n'arriveriez pas à une prise de conscience du même genre ?...

En tout cas, j'espère que vous serez d'accord avec moi : le lieu commun de l'irresponsabilité du déprimé est de l'intox, pas de l'info.

Court terme et long terme

L'idée que nous ne sommes pas responsables de nos états d'âme est réconfortante à très court terme, extrêmement dangereuse à long terme.

Dans un premier temps, cette idée permet de se sentir innocent comme une pâquerette, ou comme l'agneau qui la broute : « Tout va mal mêêêê je ne suis pour rien... Ce n'est pas ma faute ! » Prendre sa part de responsabilité, c'est la dernière chose que l'on a envie de faire, lorsque les conséquences ne sont pas telles qu'on les souhaite...

Telle une bergerie, l'irresponsabilité offre un abri où se blottir douillettement. Quand vient l'hiver, et qu'une tempête de reproches glacés sifflent au dehors, on reste lové dans la tiède quiétude du bercail, à l'abri des accusations.

Mais se croire irresponsable de ses états d'âme, c'est se condamner à les supporter à perpétuité. Perspective qui, lorsque lesdits états d'âme sont insupportables, n'a vraiment rien d'enthousiasmant, vous en conviendrez.

En effet nous ne pouvons améliorer que ce dont nous assumons la responsabilité. Un être libre qui agit comme s'il ne l'était pas récolte tous les inconvénients de la liberté en même temps que tous ceux de l'esclavage. Qui se prend pour une girouette est à la merci des vents ; qui se voit en feuille morte malmenée par le destin se condamne au malheur, à l'impuissance et aux désagréments.

S'accrocher au leurre de son irresponsabilité, c'est faire comme le fumeur de cannabis, qui se cramponne à la brindille fragile de son joint comme si c'était une planche de salut. Son pseudo-soutien ne le soutient pas, il le paralyse et l'hébète, le rendant trop stupide ou trop mou pour agir à bon escient.

Pour que ce soit encore plus clair, reprenons le déprimé là où le lieu commun le laisse.

Celui-ci n'est, dit-on, responsable de rien. C'est une victime et rien qu'une victime. Admettons.

Et maintenant, qu'est-ce qu'il fait ?

À part avaler les cachets que son docteur ne manquera pas de lui prescrire ?

La seule réponse logique est : rien.

Pourquoi agirait-il ? Comment agirait-il ? Il n'a rien fait, il n'y est pour rien, il n'a rien vu, rien entendu, et d'ailleurs ce soir-là, il était ailleurs.

Très bien (enfin, manière de parler).

Donnons-lui rendez-vous dans trois ans...

Trois ans ont passé, et nous avons rendez-vous avec le déprimé irresponsable, celui qui n'y est pour rien.

— Alors, cette dépression, vous en êtes où ? Ça va mieux ?

Il n'a même pas besoin de répondre : sa mine de déterré parle pour lui.

Rien d'étonnant à cela.

Même si la théorie de Darwin donne l'impression féerique qu'il suffit de laisser mijoter des créatures unicellulaires assez longtemps dans l'eau pour qu'en surgissent des cœlacanthes aux poumons embryonnaires, puis des mammifères dotés des options les plus perfectionnées, de nos jours et à l'échelle d'une vie humaine, le temps seul n'améliore pas grand-chose.

Deux semaines après, la voiture qu'on a laissée dehors n'a pas développé un autoradio ou une vitre teintée à l'arrière : elle a seulement accumulé de la poussière, des fientes de pigeon et des amendes pour stationnement interdit.

On l'a déjà dit ; ceux qui laissent leurs problèmes psychologiques en l'état, en espérant que le temps les résoudra sans eux, sont déçus.

Les déprimés qui restent focalisés sur leur prétendue irresponsabilité ne bougent pas – car gober des cachets, ce n'est pas bouger. Ne bougeant pas, ils coulent doucement mais sûrement dans les sables mouvants de leur statut de victime.

Si la vie est un match...

Supposons que la vie soit un match.

Dans le cadre de cette analogie, faire une dépression, est-ce le signe qu'on est en train de gagner le set et qu'on doit continuer sur sa lancée — on ne change pas une équipe qui gagne ?

Si vous en doutez autant que moi, nous en doutons.

Une dépression s'apparente plutôt à un set perdu. Or que dit le coach au tennisman qui vient de perdre un set ? En général, il lui dit : « Reprends-toi mon loulou ! Tu peux faire mieux que ça, beaucoup mieux que ça ! » Ou quelque chose du même genre.

Pourquoi donc le coach parle-t-il à son élève de cette manière ? Pourquoi le culpabilise-t-il ainsi ? Pourquoi ne le caresse-t-il pas dans le sens du poil en accusant le terrain, le temps, les circonstances, l'adversaire, l'arbitre, la génétique ?

Il s'abstient de chercher des excuses à son poulain parce que ça ne serait pas lui rendre service.

Ce serait plutôt le moyen de lui faire perdre tous les sets suivants et de bousiller sa carrière de sportif.

Et maintenant, revenons à la dépression et à ses spécialistes.

Ceux qui vous répètent « vous n'y pouvez rien, vous n'êtes pas responsable », quelle est leur intention, à votre avis ?

S'ils veulent vraiment vous voir gagner le match, ils s'y prennent d'une drôle de manière.

Précieuse responsabilité

Dans notre monde frileux et frivole, la responsabilité n'a pas bonne presse. Il est vrai qu'elle a un nom qui n'est pas franchement rassurant...

Responsabilité, ça rime de très près avec *culpabilité*.

Mais cette responsabilité si peu attractive quand on la voit à distance devient séduisante dès qu'on l'examine de près et qu'on la gratte un peu. C'est une pépite d'or recouverte de terre : elle manque d'éclat mais elle est précieuse.

Pourquoi ?

Primo, parce que *responsabilité* est un synonyme de *liberté* : être responsable, c'est être libre ; être libre, c'est être responsable. Comme dit George Bernard Shaw (1856-1950), prix Nobel de littérature : « Liberté implique responsabilité, c'est pourquoi tant d'hommes la redoutent. »

Secundo, parce que la responsabilité est le contraire de l'impuissance. Antoine de Saint Exupéry (1900-1944), poète, aviateur et auteur du *Petit Prince,* a noté avec sagesse : « Nul ne peut se sentir, à la fois, responsable et désespéré. » Et c'est vrai : quand on se sent responsable, on ne se sent jamais complètement impuissant.

Tertio, parce qu'une responsabilité est une mission, et que pour être heureux, nous avons besoin d'en avoir au moins une à accomplir. Ceux qui n'ont aucune responsabilité (ou plutôt, qui croient qu'ils n'en ont aucune) se sentent légers, mais aussi vides. Ils flottent à la surface de l'existence. On a besoin de porter quelque chose pour se sentir exister. Un conjoint que vous devez épauler, des enfants qui ont besoin de vous, des parents vieillissants pour qui vous comptez plus que tout... certains fardeaux sont d'autant plus précieux qu'ils sont lourds.

Pour toutes ces raisons, dès qu'on revendique la responsabilité de sa vie on sort comme par magie du désespoir pour accéder à une sérénité relative. À ce propos, voici le témoignage très éclairant d'un ex-dépressif :

> « Depuis que j'ai commencé à revendiquer la responsabilité de mes pensées et de mes actions, je me sens tellement mieux !... On m'avait dit que j'avais une prédisposition génétique à la dépression. Dans ma famille, plusieurs personnes ont fait des dépressions sévères. J'ai eu moi-même de longs épisodes dépressifs dès l'adolescence. J'ai été sous antidépresseurs. Mais maintenant je n'en prends plus et je me sens en bonne santé, calme, heureux, capable de faire face à la vie et à ses défis. »

La force, le calme et le bonheur dont jouit cet ex-dépressif sont la conséquence directe du choix avisé qu'il a fait – le choix de revendiquer la responsabilité de ses pensées et de ses actions.

Dès qu'on se souvient qu'on a le choix et qu'on est là où on est en train de faire ce qu'on fait parce qu'on l'a choisi, on se sent tout de suite beaucoup mieux.

Votre décision

En fin de compte, la décision vous appartient : voulez-vous être une victime, ou voulez-vous être le maître de votre destinée ?

Ne répondez pas « ni l'un ni l'autre » : il n'y a pas d'option intermédiaire.

Si vous pensez que l'essentiel est d'être innocent de ce que vous vivez (une victime), vous n'aurez aucun mal à trouver des spécialistes pour vous forger des alibis en béton et vous rédiger des certificats d'inaptitude.

Mais si pour vous, l'essentiel est d'accéder à la force, à la lumière, au bonheur et à l'amour ; de devenir tout ce que vous pouvez être ; de vivre sereinement, utilement et noblement ; de construire votre plus bel avenir avec la même persévérance que les castors mettent à bâtir leur barrage, la même ferveur que les artisans du Moyen Âge mettaient à bâtir les cathédrales ; alors cherchez votre part de responsabilité : elle constitue votre marge de manœuvre.

Bien souvent, on s'imagine qu'on n'a pas le choix, simplement parce qu'on n'a pas réfléchi suffisamment aux différentes possibilités qui s'offrent à nous. Parce qu'on ne voit pas de choix à faire, on pense qu'il n'y en a pas...

Mais si, il y en a.

Il y en a toujours.

Le romancier irlandais Joseph O. Connor, frère de la chanteuse Sinead O. Connor, a raison : « On a toujours le choix. On est même la somme de ses choix. »

À retenir

- Tomber dans la dépression n'est pas un choix ; y rester en est un.
- Nos émotions sont en grande partie le résultat direct ou indirect de nos croyances, pensées, actes, non-actes et habitudes, sur lesquels nous pouvons agir.
- Ceux qui veulent vous convaincre que face à la dépression nous sommes irresponsables et impuissants ne veulent pas votre succès.

▶ Refuser sa part de responsabilité, c'est refuser sa part de liberté et de pouvoir.

Conseils

▶ Partez du principe que vous êtes libre, plus libre que vous n'imaginez actuellement, et vous découvrirez ensuite petit à petit qu'effectivement, vous l'êtes : de fil en aiguille, vous prendrez conscience que de nouveaux choix s'offrent à vous — ou que vous aviez toujours eu le choix, sans vous en rendre compte.

▶ Demandez-vous régulièrement : « Pourquoi ai-je le choix ? Dans quelle mesure ai-je choisi ma vie, mes circonstances, mon environnement ? Dans quelle mesure suis-je ici en train de faire ce que je fais parce que je l'ai voulu ? »

Les idées-symptômes

Nous en arrivons maintenant à un cliché si banal qu'on peut facilement le prendre pour un fait.

Ce cliché, vous l'avez certainement déjà lu ou entendu quelque part. Il se présente de cette manière :

> « La rumination et les idées négatives sont l'un des signes de la dépression. »
>
> « Les idées noires sont fabriquées par la dépression et disparaissent à la guérison de la maladie. »
>
> « Parmi les symptômes de la dépression, on trouve les idées noires répétées de mort et de suicide. »
>
> « Les troubles somatiques, l'anxiété, la lassitude et les idées d'échec sont des symptômes de dépression. »

D'après ce lieu commun, les idées noires seraient l'un des signes ou symptômes de la dépression.

Un symptôme révèle la présence d'une maladie, il en est la conséquence. Quand on affirme que les ruminations cafardeuses sont l'un des symptômes de la dépression, on affirme que la dépression est une usine à idées noires : elle les fabriquerait à la chaîne.

De toutes les idées que nous avons examinées jusqu'ici, celle-ci est certainement la plus crédible. On peut même dire qu'à première vue, on ne voit pas comment ne pas être d'accord.

Lorsqu'on se sent déprimé, on a incontestablement des idées noires ; est-ce que ça ne revient pas au même que d'affirmer que les idées noires sont l'un des signes, ou symptômes, de la dépression ?

Et bien, justement, non...

Ça ne revient pas au même.

Par du tout.

Et la différence n'a rien d'anecdotique – elle a même une importance capitale, nous allons le voir.

Le pouvoir des idées

Avez-vous remarqué comme une situation objectivement facile peut devenir insupportable lorsqu'on l'empoisonne avec certaines pensées ?

Lorsqu'une personne se sent triste ou anxieuse et que des émotions négatives l'envahissent, c'est presque toujours parce qu'elle est (consciemment ou à son insu) sous l'emprise de pensées noirâtres. Les idées sombres assombrissent le monde partout où l'on regarde, le rendant à la fois incompréhensible et sinistre.

Et l'inverse est aussi vrai : une situation objectivement difficile peut être traversée avec grâce et aisance, quand on sait l'envisager sous son bon profil. Même dans les cas où la cause de la tristesse est objective et évidente, notre manière de penser peut jouer un rôle aggravant ou atténuant : la mauvaise attitude mentale transforme la piqûre de guêpe en coup de poignard, tandis que la bonne attitude mentale transforme le coup de poignard en épreuve, en test, en occasion de grandir.

Je ne suis pas la seule à dire qu'une attitude mentale négative est l'une des causes de la dépression. Selon le conseiller conjugal américain Bob Phillips, l'anxiété et la dépression sont des manières de penser. Le psychiatre James S. Gordon affirme lui aussi que la dépression est le résultat de certaines attitudes et visions du monde. A. B. Curtiss partage ce point de vue :

> « Le problème de la dépression est localisé dans les rouages les plus intimes de notre manière de penser. »

Selon tous ces thérapeutes, et beaucoup d'autres, la dépression est la conséquence de certaines idées, pensées et croyances.

Paroles de sages

D'ailleurs depuis que le monde est monde, le rôle des idées, pensées et croyances dans la destinée de l'Homme a été souligné par toutes sortes de sages.

Plus de 2500 ans avant notre ère, Bouddha affirmait déjà :

> « Nous sommes ce que nous pensons. Tout ce que nous sommes résulte de nos pensées. Avec nos pensées, nous bâtissons notre monde. »

Bien des siècles après, en Grèce, Epictète (50-130), figure phare du stoïcisme antique, soutient que ce sont nos pensées qui façonnent notre humeur :

> « Lorsque nous sommes contrariés, troublés ou tristes, n'en accusons que nous-mêmes, c'est-à-dire nos opinions. »

De même Marc-Aurèle (121–180) le philosophe qui régnait il y a dix-neuf siècles sur l'Empire romain, affirme que ce ne sont pas les circonstances extérieures qui nous perturbent, mais bien notre manière de les interpréter :

> « Si un élément externe vous fait souffrir, votre douleur n'est pas causée par cet élément en tant que tel mais par votre propre jugement de cet élément ».

En France, on peut citer Michel Eyquem de Montaigne (1533-1592). D'après ce penseur que l'originalité et l'indépendance de sa pensée ont rendu célèbre dans le monde entier, ce qui nous fait souffrir, ce n'est pas la réalité, mais notre manière d'y penser :

> « Les hommes sont tourmentés par les opinions qu'ils ont des choses, non par les choses mêmes. »

Depuis, de nombreux penseurs ont insisté sur le rôle primordial joué par nos pensées dans nos existences. Par exemple James Allen (1864-1912) :

« Les bonnes pensées donnent de bons fruits ; les mauvaises pensées, de mauvais fruits »

Et Dale Carnegie (1888-1955), le génial auteur de *Comment se faire des amis et influencer les gens* :

« Souvenez-vous que le bonheur dépend non pas de ce que vous êtes ou de ce que vous possédez, mais uniquement de votre façon de penser. »

Ces grands sages ont raison.

Des pensées d'amour génèrent de l'amour, des pensées enthousiastes génèrent de l'enthousiasme, et des pensées amères, de l'amertume : de la même manière que les cerisiers donnent des cerises et les bolets Satan des gastro-entérites, les pensées positives produisent des émotions positives et les pensées négatives des émotions négatives. C'est une loi universelle, valable pour tous, y compris pour ceux qui ignorent son existence.

De la dépression comme symptôme

Que ressort-il de tout cela ?

Que les spécialistes qui prétendent que les idées noires sont « fabriquées » par la dépression ne savent pas ce qu'ils disent. Ils n'ont d'ailleurs pas le moindre argument à l'appui de leur thèse. Les idées noires ne sont pas une conséquence mais une cause de dépression.

L'une des principales.

Aussi déconcertant que cela puisse paraître quand on se fie aux médias, ce ne sont pas les idées noires qui sont un symptôme de dépression, mais tout au contraire la dépression qui est un symptôme d'idées noires.

Parenthèse arc-en-ciel

J'ouvre une parenthèse. On parle toujours des « idées noires » comme si c'était le seul coloris disponible ; par chance il y en a bien d'autres.

Il y a des idées jaunes, bleues, etc.

Dans l'intensité des idées rouges on s'énerve, on s'ulcère, on se révolte, on crie et on manifeste. Dans la fraîcheur des idées vertes, on se rassemble, on se redresse, on pousse des racines ; sachant mieux qui l'on est, on devient plus calme et plus sage. Dans la douceur veloutée des idées roses, on devient sensible au partage, au sourire, à l'étreinte, à la force de la tendresse, et on découvre que l'on a un cœur.

Et les idées blanches, lumineuses et candides ?

Dans leur clarté on apprend à faire la différence entre le vrai et le faux, le bien et le mal – car sur un fond clair on cerne mieux ce qui est sombre.

Inversement, lorsqu'on barbote dans les idées noires, on ne connaît ni l'obscurité, pour y être englué, ni la lumière, pour en être trop loin.

De même les poissons des grands fonds ne savent pas ce qu'est l'eau, pour n'avoir jamais rien connu d'autre, et ne savent pas non plus ce qu'est l'air, pour n'avoir jamais fait surface.

Pour « soigner sa dépression », il est nécessaire de remplacer ses vieilles idées noirâtres par des idées lumineuses et colorées – des idées vert rainette, bleu azur, tourterelle, coquille d'œuf, aigue-marine, lavande, rose pêche, jaune paille et saphir irisé. Fin de la parenthèse.

Les effets d'une idée fausse

Considérer les idées noires comme un symptôme de dépression parmi d'autres, c'est faire une erreur qui n'est pas sans conséquence.

Prenons le cas d'Arsène.

Un matin, suite à diverses contrariétés et à des croyances erronées qui remontent à son enfance, Arsène pense : « Je suis nul, ma vie est nulle, je vais perdre mon emploi et me retrouver à la rue ». Ensuite (très vite, si vite qu'il a une impression de simultanéité), il se sent envahi par le découragement.

Parce qu'Arsène croit que les idées noires ne sont qu'un symptôme de dépression, dans ce genre de situation il n'a pas le réflexe salutaire de se dire : « Stop ! ça suffit ! Halte aux pensées négatives ! Je ne suis pas nul : j'ai eu mon permis de conduire du premier coup et j'ai une femme et des enfants qui m'aiment. La vie ne vaut rien mais rien ne vaut la vie, et pour ce qui est du travail… j'y penserai demain. »

Non.

Pas du tout.

Ce qu'il se dit, c'est : « Non seulement je suis un minable qui finira par dormir sous un carton et manger dans les poubelles, mais vu les pensées qui m'obsèdent, je fais une dépression, je suis dépressif, c'est grave et je n'y peux rien !... À l'aide ! »

Vous voyez le problème ?

Quand on sait que les idées noires sont l'une des *causes* de la dépression, on peut se remonter le moral et reprendre du poil de la bête en rectifiant le cours de ses cogitations, en chassant ses soucis, en s'attardant délibérément sur des pensées optimistes, en lisant des livres positifs.

Par contre, lorsqu'on croit que les idées noires sont l'une des *conséquences* de la dépression, elles apparaissent comme l'indice de quelque chose de beaucoup plus grave, la partie apparente de l'iceberg, et cette vision suscite un stress supplémentaire tout en privant du moyen d'y réagir d'une manière constructive.

Autrement dit, la croyance que les idées négatives sont l'un des symptômes de la dépression met à leur merci pieds et poings liés...

Face aux pensées pessimistes qui nous traversent tous la tête un jour ou l'autre, on se retrouve dans la même situation qu'un boxeur qu'un prêtre aurait convaincu de tendre chrétiennement l'autre joue à son adversaire.

Dans le chapitre suivant, nous allons analyser l'idée reçue la plus tyrannique de toutes. Quand on croit à ce lieu commun, on n'a plus le choix : on doit pousser une porte qui donne sur des tas d'ennuis. Tournez la page pour découvrir ce cliché coercitif.

À retenir

● Les idées noires ne sont pas un symptôme de dépression.
● La dépression est un symptôme d'idées noires.
● Bonnes pensées ? Bons fruits. Mauvaises pensées ? Fruits pourris.

Conseils

► N'accusez pas votre dépression d'être responsable de vos idées noires, elle n'y est pour rien... C'est votre manière de penser qui joue un double jeu – c'est elle que vous devez changer.

Lectures recommandées

□ ***Le Petit Livre Blanc pour chasser les idées noires*** **de Bradley Trevor Greive.** Texte sympathique et réconfortant ; photos amusantes. Si vous aimez ce livre, lisez aussi les autres du même auteur (petit livre bleu, petit livre jaune, etc.)

Confiance et médecins

Comme des fleuves se jetant dans la mer, tous les lieux communs que nous avons examinés jusqu'ici convergent vers la même conclusion : « faites confiance à votre médecin ».

La dépression est une vraie maladie... Donc, vous devez faire confiance à votre médecin. La dépression n'a rien à voir avec la déprime... Donc, vous devez faire confiance à votre médecin. La dépression est due à un déséquilibre chimique... Donc, vous devez faire confiance à votre médecin. La dépression n'a rien à voir avec la volonté... Donc, vous devez faire confiance à votre médecin.

Cette idée prend parfois la forme d'un conseil, parfois celle d'un ordre. Il en émane un sentiment d'urgence. Le message explicite ou implicite est toujours : « Vite, vite, courez vite chez votre médecin ! »

> « N'attendez pas, consultez… »
>
> « Il vaut mieux consulter trop tôt que trop tard. »
>
> « Il ne faut surtout pas attendre pour consulter. »
>
> « Faites confiance au médecin, et laissez-le vous soigner ! »
>
> « Le médecin sait ce qui est nécessaire au patient déprimé… »
>
> « Quand on est déprimé, on doit en premier lieu consulter son médecin. »
>
> « Si vous pensez vivre une dépression, consultez un médecin rapidement… »
>
> « Dans cette lutte contre la dépression il est essentiel de consulter un médecin. »
>
> « Il est impératif de prendre le taureau par les cornes et de consulter un médecin. »
>
> « N'attendez pas d'être devenu incapable de faire vos activités habituelles pour consulter. »
>
> « Faites confiance à votre médecin, il est là pour vous soigner, vous soutenir et vous conseiller… »
>
> « Si vous croyez que vous avez une dépression, vous devez consulter un médecin le plus tôt possible. »

> « Le mieux est de consulter rapidement votre médecin traitant et de lui expliquer votre mal-être et vos symptômes… »
>
> « Consultez : sans traitement, une dépression modérée à sévère risque de ne pas guérir, ou de récidiver rapidement. »
>
> « Si vous vous sentez touché, ne vous voilez pas la face. Le mieux est de consulter rapidement votre médecin. Il saura vous écouter et vous orienter. »
>
> « Si vous présentez des symptômes de dépression, n'hésitez pas à en faire part à votre médecin : c'est la seule façon de recevoir l'aide dont vous avez besoin pour vous en sortir… »

Si après avoir lu ce déluge d'avertissements, de conseils, d'ordres et d'intimidations, vous ne courez pas ventre à terre chez votre généraliste, félicitations : vous êtes solide, beaucoup plus solide que vous ne l'imaginez.

Alors, quand il s'agit de dépression, devons-nous faire confiance aux médecins ?

Involontaire

Primo, il faut savoir que ni la méfiance, ni la confiance ne dépendent directement de la volonté.

George Sand (1804-1876), qui comme son pseudonyme ne l'indique pas était une femme, ne fut pas seulement l'amante de Musset, l'amie de Flaubert, Liszt et Chopin. Cette romancière à la plume inspirée, cette intellectuelle engagée, cette femme de génie a influencé plusieurs générations de lecteurs et joué un rôle majeur dans son siècle.

Si je vous parle d'elle ici, c'est parce qu'elle a dit : « Eût-on mille fois tort de se méfier, la méfiance est légitime parce qu'elle est involontaire. »

À la différence d'un objet, qu'on peut lâcher ou saisir par un acte de volonté pure, la confiance se donne ou se reprend sans qu'on choisisse consciemment de la donner ou de la reprendre. Ce qui lui fait un point commun avec l'amour, qu'on ne contrôle pas davantage.

Certes, on peut chercher des *raisons* de faire confiance ou des *raisons* de se méfier. On peut aussi se forcer à agir *comme si* on faisait confiance alors qu'au fond, tout au fond, on se méfie. Mais la confiance elle-même est un élan beaucoup plus instinctif.

L'obligation de faire confiance est aussi absurde et contradictoire que l'obligation d'être naturel : lorsqu'on se force à être naturel, on ne l'est pas, et lorsqu'on se force à faire confiance, on ne fait pas confiance — on trahit son instinct.

L'instinct salvateur

Quand on pense avoir de bonnes raisons de faire confiance, et que malgré tout on se méfie, faut-il mimer la confiance, faire comme si ?

Ce n'est pas sûr.

Notre instinct est lié à une perception globale qui excède ce que notre cerveau rationnel peut traiter : il nous communique des informations vitales qui ne nous parviennent par aucun autre canal. Il est inutile et dangereux de chercher à le museler.

Beaucoup de personnes ont échappé à la mort parce qu'elles se sont fiées à ce qu'elles ressentaient spontanément, qu'elles ont écouté leur intuition. Et inversement, beaucoup d'autres personnes sont mortes parce qu'elles ont ouvert leur porte ou qu'elles sont montées dans une voiture avec une personne dont elles n'avaient aucune raison logique de se méfier, mais qui pourtant ne leur inspirait pas confiance.

Déconnectées de leur sensibilité, prisonnières de leur raison raisonnante, elles se sont refusées à prendre en compte le signal d'alarme que leur envoyait leur intuition.

Raisons de faire confiance et de se méfier

Venons-en maintenant aux raisons que nous avons de faire confiance aux médecins.

La principale raison, c'est que les médecins sont des spécialistes ; ils sont censés savoir.

De plus, il est agréable et reposant de faire confiance. En particulier, de faire confiance aux figures d'autorité. Quand nous étions encore des poupons aux joues roses, nous faisions totalement confiance aux grandes personnes qui se penchaient sur notre berceau. La foi inconditionnelle est le propre de l'enfance et chaque fois que nous faisons complètement confiance à quelqu'un qui semble détenir pouvoir et savoir, nous y retournons un peu.

Inversement, se méfier des figures d'autorité est inconfortable et fatigant.

Mais faire confiance au capitaine du Titanic n'a pas porté chance à ses passagers.

Non, je ne suis pas en train de comparer les médecins qui soignent la dépression à cet infortuné capitaine...

Enfin si, c'est bien ce que je suis en train de faire.

On dit que les cordonniers sont les plus mal chaussés... Des études révèlent que dépression et suicide sont particulièrement fréquents chez les médecins. C'est vrai aux États-Unis, mais aussi au Canada et en Norvège. Probablement en France aussi.

Le risque plus élevé de suicide commence pendant les études de médecine et s'accroît significativement par la suite. Les chiffres sont étonnants : le taux de suicide des médecins hommes est supérieur de 40% à celui de la moyenne des hommes, tandis que le taux de suicide des femmes médecins est supérieur de 130% à celui de la population féminine générale.

Les médecins sont aussi plus nombreux à être victimes du stress, de l'épuisement professionnel, des drogues, de l'alcool et des médicaments.

Autrement dit, les médecins sont, dans l'ensemble, plutôt mal placés pour soigner les dépressions de leurs patients : s'ils ne sont pas capables de se protéger eux-mêmes contre la dépression, par quel miracle pourraient-ils en guérir les autres ?

Et quand bien même votre médecin respirerait la joie de vivre, il a été conditionné – on verra plus loin par qui – pour prescrire des antidépresseurs à tous ses patients déprimés. Chez lui, c'est un réflexe. Or ça aussi, c'est un problème.

Persuadées qu'elles doivent faire confiance aux médecins, beaucoup de personnes qui se sentent démoralisées se rendent chez leur médecin généraliste, ou chez un psychiatre, pour faire « soigner » leur dépression (qu'ils prennent pour une « vraie maladie »).

Démarche logique ?

Apparemment, oui – elle n'en est pas moins dangereuse.

À retenir

- Statistiquement, les médecins sont plus dépressifs et suicidaires que l'ensemble de la population.
- Ils sont conditionnés pour prescrire des antidépresseurs à leurs patients déprimés.

Conseils

▶ Ne vous laissez pas intimider par des titres, des diplômes ; ne vous forcez pas à faire comme si vous aviez confiance, quand en réalité vous vous méfiez.

► Fiez-vous à votre intuition : faites confiance aux personnes qui vous inspirent confiance, et méfiez-vous de celles qui ne vous inspirent pas. Si vous vous méfiez, c'est probablement pour une bonne raison, même si pour l'instant vous ne savez pas laquelle.
► N'obéissez aveuglément à personne et vérifiez autant que vous pouvez la valeur des conseils et des prescriptions que l'on vous donne avant de les suivre.

Partie III
La souffrance

Qu'on ait un abcès dentaire, qu'on se soit cassé le bras ou qu'on soit hanté par des idées à ailes noires, petites sœurs de Dracula, on a mal...

La dépression est une souffrance parmi d'autres.

Or la manière dont on envisage la souffrance a d'importantes conséquences sur la manière dont on la supporte – ou dont on ne la supporte pas – ainsi que sur les solutions qu'on lui cherche – ou qu'on ne lui cherche pas.

Cette partie est essentielle ; lisez-la sans vous départir de la bonne humeur qui fait le fond de votre caractère, car si vous vous sentez actuellement déprimé, cette émotion-là est superficielle. La joie de vivre qui se cache en dessous est plus profonde et plus réelle. (En tout cas, c'est ce que j'imagine, et pourquoi ne l'imagineriez-vous pas, vous aussi ? C'est peut-être vrai et ça ne coûte rien.)

La souffrance, inacceptable ?

Qu'est-ce que la souffrance ?

D'après un point de vue très répandu, un scandale et rien d'autre.

Que faut-il entendre par « scandale » ?

« Ce qui paraît incompréhensible et qui, par conséquent, pose problème à la conscience et déroute la raison. » Un scandale est ce qui arrive, alors que ça ne devrait pas arriver.

Nous ne serions pas censés souffrir. Jamais. Toute douleur serait un fait absurde, une déviation pathologique par rapport à la norme. Toute souffrance serait inutile.

Voyez comment le psychiatre Jean Thuillier s'insurge contre :

> « Pour moi la douleur […] abaisse, humilie, porte à blasphémer ; la tolérer, c'est presque accepter qu'on la donne aux autres par l'attentat, le crime ou la guerre. »

C'est parce qu'ils voient les choses de cette manière que beaucoup de docteurs prescrivent des antidépresseurs à tour de bras.

Une souffrance supplémentaire

Il faut bien le dire : cette manière d'envisager les choses n'apporte aucun réconfort quand on souffre.

Au contraire, elle aggrave le mal-être en lui ajoutant une touche amère qui est comme le goût de l'absurde. Souffrir en s'imaginant que sa souffrance n'a aucune utilité et aucun sens est bien pire que souffrir tout court.

La définition de la souffrance comme scandale pousse même au suicide : si la souffrance est inacceptable, et qu'on ne parvient à la faire cesser par aucun moyen, le meurtre de soi-même apparaît soudain comme légitime.

Mais ce n'est pas seulement à cause de ses effets que cette définition de la souffrance comme scandale pose problème... d'un point de vue philosophique et logique, elle laisse aussi sérieusement à désirer.

Impasse

La définition de la souffrance comme inacceptable a pour premier corollaire une définition de la vie comme expérience uniformément douce, plaisante et agréable : c'est parce que la vie est censée être ainsi que la souffrance est choquante, comme serait choquante la silencieuse présence d'un défunt dans son cercueil près de la pièce montée, lors d'une fête de mariage.

Mais peut-on sérieusement croire que la vie ne réserve que des bonnes surprises ?

Cette croyance est sans cesse contredite par les faits. Il suffit d'observer deux secondes l'état du monde : beaucoup de gens, et même beaucoup de peuples, souffrent pour d'excellentes raisons (famine, guerres, tyrannie, etc.) Une souffrance qui ne date pas d'hier et qui n'est pas, semble-t-il, prête à cesser.

Même les Eckart Tolle, Katie Byron et autres Bouddhas ne sont pas à l'abri : d'une manière ou d'une autre, à un moment ou à un autre, tout le monde souffre, ne serait-ce que parce que la vieillesse et la mort, la nôtre et celle des gens que nous aimons, sont inévitables.

Prétendre que la souffrance est un scandale, c'est donc prendre le parti de nier la réalité.

Et la définition de la souffrance comme scandale inacceptable, fait absurde, a un autre corollaire gênant. Puisque la souffrance fait partie intégrante de la vie, si la souffrance est absurde, la vie est absurde aussi : prétendre que la souffrance est un scandale, c'est adopter en fin de compte une attitude nihiliste.

Bref, de quelque manière qu'on tourne l'idée, elle aboutit à une impasse.

Rupture de contrat ?

Mais en réalité ce qu'on croit, ce qu'on s'imagine confusément quand on affirme que la souffrance est un scandale, ce n'est pas tant que la vie est un séjour au club Med, mais plutôt qu'elle a en quelque sorte *l'obligation morale* d'en être un pour un certain nombre de privilégiés…

Dont par le plus grand des hasards nous faisons partie.

En d'autres termes, on suppose que les catastrophes ont signé un contrat (avec on ne sait trop qui) les engageant à nous épargner. Tout le monde n'est pas à l'abri, mais nous, nous *devrions* l'être... C'est, pensons-nous, la moindre des choses.

C'est pour cela que face à un événement douloureux, tant de braves gens réagissent par la révolte et l'exaspération : ils considèrent leur souffrance comme une injustifiable rupture du contrat, une anomalie qu'ils n'ont pas à supporter.

C'est un peu l'attitude de quelqu'un qui a commandé un fondant de quenelles de brochet soufflées au coulis de crustacés dans un restaurant chic et à qui l'on sert à la place un sandwich miteux au jambon verdâtre. Il est furieux, il proteste, il réclame : ça ne peut pas se passer comme ça ! Ce n'est pas *censé* se passer comme ça !...

Des hauts et des bas

Mais la vie n'est pas un restaurant de luxe où nous passons nos commandes... même si on peut toujours essayer. Ou du moins ce n'est pas que ça. Et ce n'est pas non plus un séjour au club Med, même si pour certains, ça en comporte.

Alors, qu'est-ce que c'est ?

Pour reprendre les mots de George Sand, la vie est un « ragoût mélangé de tristesse et de joie ».

Ni le malheur, ni les catastrophes n'ont promis ni signé quoi que ce soit à qui que ce soit et il n'y a aucune raison pour que les coups durs de la vie nous épargnent plus que d'autres, qui valent autant ou mieux que nous.

Alors autant accepter à l'avance, avec un calme philosophique, leur inévitable venue.

La souffrance immorale

Vous avez remarqué comme il est inconfortable de déprimer à Noël ?

Plus pénible qu'à toute autre période de l'année...

C'est qu'à ce moment-là la bonne humeur prend un caractère quasi obligatoire. De juger la souffrance inacceptable à la juger immorale, il n'y a qu'un pas... franchi en fin d'année.

Notre société est hédoniste. Elle fait du plaisir le but ultime de l'existence. Sous le régime hédoniste, on s'imagine facilement que ne pas jouir de la vie est une espèce de faute – un péché contre le plaisir érigé en idole. C'est pourquoi dans notre monde les peine-à-jouir qui ne savent pas

« profiter de la vie » sont jugés très inférieurs aux bons vivants, fêtards et autres Roger-Bontemps.

Résultat ?

Les malheureux culpabilisent de leur malheur. Ils se sentent infériorisés par leur souffrance. Pourtant, il n'y a vraiment pas de quoi. Le célèbre gangster Al Capone (1899-1947) était un joyeux drille... le plaisir n'est pas un bon indicateur de valeur humaine.

À retenir

- Souffrir en jugeant sa souffrance inutile et absurde est bien pire que souffrir.
- Nous supposons à tort que le malheur doit nous épargner.
- La vie est faite de hauts et de bas.
- Être malheureux et hédoniste, c'est être malheureux deux fois : de l'être, et de désobéir au sacro-saint plaisir.

Conseils

► Ne soyez ni exaspéré, ni indigné par votre souffrance. Passée, présente ou future, acceptez-la comme faisant partie intégrante de l'existence sur cette terre.

► Que votre malheur ne vous fasse pas sentir inférieur.

À L'ÉCOLE DE LA DOULEUR

Selon l'illustre auteur tragique Eschyle (526-456 avant J.-C) dont les pièces éduquèrent le public grec, « Il est bon d'apprendre à être sage à l'école de la douleur ».

Bien des siècles plus tard, l'éminent écrivain et théologien Fénelon (1651-1715), brillant pédagogue qui dirigea un internat de filles et fut le précepteur de deux marmots royaux, affirmait avec la même conviction : « Ceux qui n'ont jamais souffert ne savent rien. »

Quand deux personnalités de ce calibre sont d'accord, il est grand temps de s'interroger... Et si, au lieu d'être une aberration et un scandale, la souffrance était une école ? Une école peut-être pas laïque, mais à coup sûr gratuite et obligatoire ?

Voyons où une telle idée mène.

Matières enseignées

Dans une école, on étudie : quelles matières sont enseignées à l'école de la souffrance ?

La sagesse, dit Eschyle.

Mais encore ? Car « la sagesse », c'est un peu vague.

Pour commencer, l'humilité.

Je ne sais pas si vous l'avez remarqué, mais ceux qui n'ont jamais reçu de la vie ni coup, ni baffe sont souvent d'une arrogance extrême.

Ils regardent de haut le commun des mortels (ceux qui ont des problèmes). Ils ne « comprennent pas que... » Ils jugent, ils pontifient. Prenant leur chance pour un don, une supériorité innée, ils croient que l'humanité souffrante est inférieure à leur humanité préservée à eux.

Mais un beau matin, la vie les rattrape.

Elle les met par terre. Elle les dépouille de leurs petits succès illusoires les uns après les autres. Elle effrite leur gros tas d'orgueil à force d'échecs. Jusqu'au jour où ils comprennent qu'il n'y a qu'une humanité, et qu'ils en font partie.

Et la souffrance n'enseigne pas que l'humilité. Elle ouvre aussi, ou du moins elle peut ouvrir, à cette si belle et si noble vertu : la compassion. En reliant la souffrance que l'on éprouve soi-même à celle qu'on épargne à ses semblables, George Sand met en plein dans le mille :

> « Dieu qui voit nos larmes à notre insu, et qui, dans son immuable sérénité, nous semble n'en pas tenir compte, a mis lui-même en nous cette faculté de souffrir pour nous enseigner à ne pas vouloir faire souffrir les autres. »

J'éprouve pitié et sympathie pour tous ceux qui souffrent de rage de dents, parce que je sais ce que c'est... Être passé par là, tel est le secret de la compassion.

Mais la souffrance nous ouvre aussi les yeux au prix des choses.

Un proverbe oriental dit très justement : *la valeur de la jeunesse, c'est un vieux qui te la donnera ; la valeur de la richesse, c'est un pauvre qui te la donnera ; la valeur de la vie, c'est un mort qui te la donnera.*

On ne connaît la valeur de l'eau, dit un autre proverbe, *que lorsque le puits est à sec.*

La soif renouvelle et ajuste notre point de vue sur l'eau fraîche, l'isolement nous apprend le prix de la compagnie, et la foule des enquiquineurs celui de la solitude. Il faut avoir été malade pour connaître la valeur de la santé, avoir été privé d'abri pour apprécier pleinement son chez-soi. Le manque nous rend lucides.

Enfin, quand on est prêt pour cet enseignement de très haut niveau, la souffrance nous enseigne la patience, qualité sans laquelle toutes les autres sont à peu près inutiles.

L'erreur romantique

Si nous en restions là, nous pourrions avoir l'impression que la souffrance est intrinsèquement bénéfique... C'est l'erreur romantique, qui a conduit tant de jeunes gens à se rendre malheureux dans l'espoir que ça les rendrait intéressants. J'espère que vous n'êtes pas vous-même victime de cette illusion, dont nous reparlerons tout à l'heure.

Cancres et bons élèves

Il est important de noter que si la souffrance est une école, on n'en sort pas automatiquement diplômé.

Loin de là.

Comme partout, il y a des cancres qui usent leurs fonds de culotte en pure perte sur les bancs de l'école, des je-m'en-foutistes sur lesquels les leçons glissent comme la pluie sur un canard.

Ceux-là souffrent vraiment pour rien.

Ils sont orgueilleux... et ils le restent. Ils sont égocentriques et égoïstes... et ils continuent. Ils n'apprécient pas leur chance... et ne l'apprécient pas davantage. Ils sont impatients et colériques... et ils continuent à bouillir en vain.

Bref, ils souffrent en rond, sans avancer d'une coudée, sans progresser d'un pouce.

Pire encore : ils deviennent de plus en plus ronchons et acariâtres.

Et c'est précisément leur entêtement à ne rien apprendre (ou à apprendre le contraire de ce qu'ils devraient) qui les condamne à souffrir encore et encore, comme des élèves qui redoublent encore et encore.

Inversement, un bon élève peut sauter une ou deux classes, et ainsi quitter l'école plus tôt que les autres : on souffre d'autant moins longtemps qu'on sait tirer de ses souffrances les leçons qu'il y a à en tirer.

À retenir

• À l'école de la souffrance, les élèves attentifs apprennent la sagesse, les autres perdent leur temps... et pourrissent l'ambiance des cours par leur mauvaise attitude.

Conseils

► Pour souffrir le moins longtemps possible, apprenez au plus vite les matières que la souffrance enseigne : l'humilité, la compassion, l'appréciation et la patience.

Un test

Et si la souffrance était un test ?

C'est une troisième possibilité.

Cette manière d'envisager la souffrance permet de comprendre que l'essentiel, ce n'est pas la souffrance en elle-même, mais la manière dont nous y réagissons. En effet un test peut aussi bien être réussi que raté : tout dépend de la façon dont on s'y comporte.

Trois hommes qui ont souffert

Victor Hugo, Hermann Hesse, Viktor E. Frankl : trois hommes, trois époques, trois nationalités. Beaucoup de choses les séparent, une les rapproche. Voyons laquelle.

Victor Hugo

Victor Hugo (1802-1885) est si célèbre que j'hésite à vous le présenter. Ce n'est pas seulement un grand romancier, l'auteur des Misérables ; c'est également un poète, un dramaturge, une personnalité politique qui a marqué son siècle.

Il a connu des luttes politiques orageuses et l'exil. Mais le pire, ce fut la mort de Léopoldine, sa fille bien-aimée, alors qu'elle n'avait que dix-neuf ans. Le 4 septembre 1843, Léopoldine et son jeune mari se noyèrent accidentellement dans la Seine. Ils s'aimaient depuis six ans et étaient mariés depuis sept mois à peine.

Hugo ne s'est jamais complètement remis de cette tragédie.

Cette mini-biographie était nécessaire pour que vous accordiez toute l'attention qu'elle mérite à la pensée suivante. En faisant référence au temps qui passe, aux épreuves qu'il apporte, et à la manière dont nous y réagissons, Victor Hugo a dit : « Les bons mûrissent, les mauvais pourrissent ».

Cette pensée, voilà comment on peut la comprendre : la vie en général, et la souffrance en particulier, est un test que les bons gagnent en devenant meilleurs et que les méchants perdent en devenant pires.

On peut aussi la comprendre ainsi : dans l'adversité, chacun montre sa vraie nature. L'Homme n'est pas déterminé par les circonstances. Les épreuves ne le ravalent pas : elles le révèlent.

Hermann Hesse

Et maintenant parlons un peu d'Hermann Hesse (1877-1962). Ce romancier, poète, peintre et penseur allemand a obtenu divers prix littéraires, dont le prix Nobel de littérature en 1946.

Hermann Hesse n'a pas eu une enfance facile ; de violents conflits l'opposaient à ses parents. À l'âge de quinze ans, il a fait une tentative de suicide. Sa vie d'adulte n'a pas été beaucoup plus rose que ses premières années : névralgie, problèmes conjugaux, mort de son père, grave maladie de son fils, psychose de sa femme, attaques de la presse allemande... il a été éprouvé au physique comme au moral.

Sachant tout cela, à votre avis que pensait Hesse de la souffrance ?

La définissait-il comme un scandale, une aberration, un non-sens ?

Pas du tout.

D'après Hermann Hesse « la douleur, les déceptions et les idées noires n'ont pas pour but de nous aigrir, mais de nous mûrir et de nous purifier. »

Il y a un test. Nous devons le passer ; nous pouvons le gagner. Ceux qui tournent au vinaigre sous la pression le ratent, ceux qui comme vous s'amendent et se bonifient l'ont réussi.

Viktor Emil Frankl

Au tour de Viktor Emil Frankl (1905-1997). Professeur autrichien de neurologie et de psychiatrie, Viktor Emil Frankl est le fondateur de la logothérapie. Ses livres ont été traduits en trente-huit langues.

De 1933 à 1936, Frankl dirigea le pavillon réservé aux femmes suicidaires de l'hôpital psychiatrique de Vienne. Quand les nazis prirent le pouvoir en Autriche, il fut l'un des rares psychiatres (ou peut-être le seul, il faudrait vérifier) à refuser d'euthanasier ses patients, c'est-à-dire à refuser de les assassiner.

Cette information situe le personnage : à l'époque, Frankl était déjà bien plus courageux et humain que la plupart de ses collègues.

En 1942, Frankl est déporté avec sa famille dans un camp de concentration. Il passe à Theresienstadt et Dachau. En 1944 il est envoyé à Auschwitz, où il reste jusqu'à 1945. Ses parents n'ont pas survécu à l'horreur des camps. Sa femme aussi en est morte. Frankl a vécu doublement le pire : parce qu'il y a été confronté personnellement, et parce que les êtres qu'il aimait ont disparu tragiquement, broyé par l'implacable machine nazie.

Après avoir enduré tant de douleur et d'horreur, comment Victor Frankl parle-t-il de la souffrance ?

Comme de la cause inéluctable d'une déchéance morale aussi bien que physique ?

Comme de l'annihilation de tout ce qui fait de nous des Hommes ?

Pas du tout.

Viktor Frankl pense que chacun est responsable de sa vie quelle que soient les conditions dans lesquelles il vit. D'après lui « toute personne, même dans des circonstances particulièrement pénibles, peut choisir ce qu'elle deviendra moralement et spirituellement. »

Les circonstances ne peuvent pas nous changer en ce que nous refusons d'être. Ce sont nos actions et nos réactions, autrement dit nos choix, qui nous définissent.

Pas le monde extérieur.

Comme Victor Hugo et Hermann Hesse, Viktor Frankl croit donc que face à la souffrance nous restons libres. Libres de mûrir ou de pourrir, de nous aigrir ou de nous purifier, de descendre ou de monter. La difficulté du test ne préjuge pas de son issue : nous pouvons le perdre, nous pouvons le gagner.

Souffrance et liberté

Car au fond, la souffrance ne prend aucune décision à notre place : elle n'impose rien. C'est un point très important qu'on perd souvent de vue lorsqu'on souffre. On s'imagine alors que nos émotions ne nous laissent pas le choix, qu'elles nous forcent à nous comporter de telle ou telle manière...

Il est vrai que dans certains états émotionnels, certaines actions deviennent impossibles. Philémon peut être trop déprimé pour se lancer dans un marathon, Joséphine trop angoissée pour parler avec assurance. Mais même au fond du gouffre, on a toujours des choix à faire.

À faire entre quoi et quoi ?

Entre ceci (la route qui descend) et cela (la route qui monte).

Ce n'est pas parce qu'on souffre physiquement ou moralement qu'on doit succomber aux sirènes anthropophages du désespoir et de l'apitoiement sur soi, ou chercher un bouc émissaire. Ce n'est parce qu'on est tenté de le faire qu'on est obligé de le faire.

On peut souffrir avec intensité, ou être vigoureusement contrarié, sans faire n'importe quoi ou se laisser couler dans l'inertie pour autant. Ce qu'on appelle « la dépression » n'a pas de pouvoir sur nos actes. La souffrance ne fait que proposer ; en fin de compte c'est nous qui disposons.

La sagesse d'une mère

À ce propos, une petite histoire pleine d'enseignements circule sur Internet.

Une jeune femme se rend chez sa mère et s'effondre : « J'en ai marre. Vraiment marre. J'ai l'impression d'être prisonnière d'une vie que je n'ai pas choisie. Je suis fatiguée de me battre. Fatiguée de faire des efforts qui ne servent à rien, ou presque. J'ai envie de tout laisser tomber. Envie de partir... envie de mourir. »

Sans lui répondre sa mère l'entraîne dans la cuisine, remplit trois casseroles d'eau et les place sur la cuisinière.

La jeune femme, perplexe, l'interroge ; sa mère lui demande de patienter.

L'eau commence à bouillir.

Dans la première casserole, la mère place des carottes ; dans le deuxième, elle met des œufs ; et dans le troisième, du café moulu. La jeune femme est de plus en plus perplexe, mais sa mère ne dit mot.

Au bout de vingt minutes, elle sort les carottes qu'elle met dans un bol, les œufs qu'elle met dans un autre bol, et verse le café dans une tasse. Puis, se tournant vers sa fille, elle lui dit enfin :

« Regarde bien. Que vois-tu ? »

« Ce que je vois ? Je vois des carottes, des œufs et du café », répond ingénument la jeune femme.

Sa mère l'amène plus près et lui demande de toucher les carottes. Elles sont devenues molles, et des petites larmes de vapeur perlent sur leur chair moite et fragile. Elle lui demande ensuite de prendre un œuf et de le briser. La jeune femme enlève la coquille et constate que l'œuf a durci. Finalement, sa mère lui demande de goûter au café, dont le délicieux arôme s'est répandu dans toute la cuisine.

Réconfortée par la sérénité souriante de sa mère et le café chaud, la jeune femme se sent déjà mieux.

« Excellent café, dit-elle. Mais où veux-tu en venir ? »

« Chaque aliment a fait face à la même eau bouillante mais chacun y a réagi différemment, lui explique alors sa mère. La carotte était dure et solide ; après être passée dans l'eau bouillante, elle s'est ramollie. L'œuf était fragile ; après être passé dans l'eau bouillante, son intérieur est devenu dur. Quant au café, il a réagi d'une manière unique : plongé dans l'eau bouillante, il y a diffusé son parfum et sa saveur. »

Après un silence, la mère demande doucement à sa fille : « Auquel des trois ressembles-tu ? Lorsque l'adversité frappe à ta porte et que le découragement te convie, comment réponds-tu ? Comme la carotte, l'œuf ou le café moulu ? »

Décision

Et vous, face au malheur, comment réagissez-vous d'habitude ?

Par l'impatience, la colère, la mauvaise humeur, le désespoir, l'alcool, les cachets, et tout le toutim, ou par la patience, l'espoir, le courage, l'humilité ?

Est-ce que vous vous affaissez comme une carotte trop cuite, est-ce que vous vous sclérosez comme un œuf dur, ou est-ce que vous vous élevez au-dessus des circonstances en apportant un précieux réconfort à ceux qui vous entourent, à l'image du meilleur arabica ?

Mais au fond, peu importe ce qui est derrière vous. La page est tournée. Ce qui compte, c'est cette nouvelle vie qui commence aujourd'hui. À partir de maintenant, que voulez-vous que la brûlure de la souffrance fasse de vous ?

Voulez-vous qu'elle vous avilisse, ou qu'elle vous ennoblisse ?

À retenir

- La souffrance est un test que l'on peut perdre ou gagner.
- Les circonstances ne font pas l'homme (ni la femme), elles le révèlent à lui-même et aux autres.
- Le feu de la souffrance peut nous craqueler comme la boue, ou nous épurer comme l'or : c'est à nous de choisir l'effet qu'il aura sur nous.
- Même en proie à des émotions intenses et désagréables, nous avons le choix.

Conseils

▶ Quand vous souffrez, souvenez-vous que l'essentiel, c'est la manière dont vous réagissez à cette souffrance.

▶ Dans ces moments-là visualisez, et s'il le faut, dessinez sur une feuille, une route arrivant à un embranchement. À gauche, la route descend vers la réaction inappropriée ; à droite, elle monte vers la réaction appropriée. Puis choisissez la bonne route.

▶ Fixez-vous une ligne de conduite lorsque vous avez les idées claires et la tête froide, et tenez-vous-y sans tenir compte de vos hauts et de vos bas, de votre découragement ou de votre enthousiasme, de votre envie de ne rien faire ou de votre envie d'en faire trop. Pour cela, prenez des vraies décisions – des décisions qui ne soient pas révoquées par la prochaine émotion qui passe.

Lecture recommandée

▶***Découvrir un sens à sa vie avec la logothérapie* de Victor Emil Frankl.** Un livre magnifique quoiqu'assez dur (Frankl y raconte la vie dans les camps) qui renouvellera votre point de vue sur la vie en général, et la vôtre en particulier.

Un signal

On l'a vu à propos des antidépresseurs : la souffrance peut aussi être envisagée comme un signal.

C'est facile à comprendre en ce qui concerne la souffrance physique.

Théophile a fait une chute de cheval ; son bras droit lui fait extrêmement mal. Cette douleur est le signal que quelque chose ne va pas... son bras est cassé.

Dans cette perspective la souffrance n'est pas le problème, elle en est juste la conséquence, ainsi que ce qui permet de comprendre qu'il y en a un, de problème.

En tant que signal, la souffrance est utile. Elle constitue une information irremplaçable.

C'est pour cela que les antidouleurs ne sont pas toujours une bonne chose... Avaler un cachet dès qu'on a mal au ventre, sans savoir *pourquoi* on a mal au ventre, c'est éteindre l'alarme à incendie sans éteindre l'incendie lui-même.

Avec cette définition de la souffrance, la douleur morale qu'on appelle « dépression » apparaît moins comme un ennemi que comme un précieux auxiliaire. Ce signal nous indique qu'il y a un problème à résoudre... à nous de découvrir lequel.

À retenir

• Il arrive bien souvent que la souffrance ne soit pas le problème... juste ce qui permet de comprendre qu'il y en a un.

Conseil

► Si vous ressentez un mal-être, que celui-ci vous mette la puce à l'oreille : il y a quelque chose qui cloche dans votre vie. Cherchez quoi.

Une raison d'agir

La souffrance est aussi une puissante raison de passer à l'action ; c'est un motif déterminant, une cause suffisante.

Il y a en effet deux types de motivation : la carotte et le bâton. La carotte est alléchante, mais le bâton est encore plus motivant. Quand on souffre suffisamment, on est prêt à se démener, à faire des pieds et des mains, pour que ça cesse. Et quand on souffre encore plus, on est prêt à tout faire pour que ça cesse.

À ce propos, écoutez cette histoire. Ou plutôt ces deux histoires...

Deux locataires

Il était une fois un sympathique jeune homme prénommé Timoclès.

Timoclès payait un loyer raisonnable pour un appartement agréable où il se sentait assez bien, malgré quelques bisbilles avec le gardien de l'immeuble.

Un beau jour de printemps, Timoclès eut la possibilité d'acheter un somptueux château de conte de fées. (C'était celui de la Marraine de Peau d'Âne, partie s'installer au bout du monde dans l'un des derniers paradis fiscaux.) Le château, dit l'agent, devait être acheté cash et habité sur-le-champ, sinon il se métamorphoserait en citrouille insalubre : il s'agissait de faire un choix très rapidement... dans les trois jours.

Choix épineux ; changer de vie n'est jamais facile, même lorsqu'il s'agit de changer pour le mieux... Ne dit-on pas : « on sait ce que l'on perd, on ne sait pas ce que l'on gagne » ?

Timoclès hésita, temporisa et tergiversa tant et si bien que le palace qui lui tendait les bras se ratatina en citrouille d'Halloween.

Le quatrième jour, alors que Timoclès marchait déçu et distrait, une peau de banane exceptionnellement glissante fut l'instrument du destin : fracture simple au bras gauche, double fracture au bras droit. Réprouvant le long congé-maladie qui s'ensuivit, peu de temps après le patron de Timoclès le remercia pour des raisons économiques.

Timoclès ne retrouva pas de travail et réintégra piteusement le domicile parental, où il végéta jusqu'à ce qu'une rupture d'anévrisme mît prématurément fin à ses jours. « Ci-gît Timoclès ; il a raté sa chance. »

Passons à Alphonse.

Alphonse était, comme Timoclès, un jeune homme chaleureux et amical, charmant sous tous rapports.

Et, toujours comme Timoclès, Alphonse était locataire. Mais la ressemblance s'arrêtait là, car Alphonse payait un loyer exorbitant pour une chambre sordide et vétuste dont la robinetterie fuyait, chambre qu'il partageait avec des rongeurs qu'il n'avait pas invités. La nuit, son voisin de palier infligeait à Alphonse les stridulations discordantes de sa guitare électrique ; le jour, c'étaient les crises conjugales de ses voisins du dessus qui lui affligeaient les tympans.

Un beau jour d'été, comme Timoclès avant lui, Alphonse eut la possibilité d'acheter un magnifique château de conte de fées. Ce château-là était tout aussi beau que l'autre : il avait été conçu par le même génial architecte. Et comme pour l'autre, il fallait se décider au plus vite, sous peine de voir la splendide demeure se changer en potiron lugubre.

À votre avis, que fit Alphonse ?

Exactement.

Ne dit-on pas : « qui ne tente rien n'a rien » ?

Le jour de la signature, alors qu'il marchait plein d'allant et d'entrain, Alphonse croisa par un hasard providentiel celle qui lui était prédestinée : ils se marièrent et aménagèrent sans tarder. Au fil du temps, Alphonse s'aperçut que le château enchanté dont il était devenu propriétaire poussait tel un arbre, devenant chaque jour plus douillet et spacieux.

Aujourd'hui encore, Alphonse est heureux dans sa royale demeure, où il vit la vie de château avec sa femme et leurs cinq enfants. « Tout ça parce que tu as fait le bon choix », lui dit souvent sa bien-aimée.

La dépression, une chance ?

Vous l'aviez deviné avant que je ne vous le dise : ces deux histoires ont une dimension allégorique.

Alphonse se sent mal ; cette chambre de bonne sordide où il étouffe, c'est l'intérieur de son propre crâne. Son sort est misérable, assez misérable pour qu'il soit prêt à changer pour mieux dès que l'occasion se présente.

Changer de croyances, d'habitudes, de vie.

Timoclès, lui, n'est pas déprimé : cet appartement plutôt confortable où il habite, c'est son univers mental. Il s'y sent assez bien, malgré quelques soucis.

Apparemment, Timoclès a de la chance… mais seulement à condition qu'on ne lui propose pas un logement infiniment meilleur que le sien.

Lorsque le château enchanté se présente à lui, la chance de Timoclès se retourne en malchance : il ne trouve pas la motivation nécessaire pour grandir ; son bonheur est une stagnation.

Quant à Alphonse, il est plus chanceux qu'il n'en a l'air ; on peut même dire qu'il a beaucoup de chance de ne pas avoir de chance. En effet, grâce à son mal-être il a accumulé un désir profond et sincère de transformer sa vie. Sa souffrance lui ouvre ainsi la porte d'un changement radical vers le mieux : elle le motive.

De façon comparable le petit Anthony, bébé mignon mais banal, ne serait jamais devenu Anthony Robbins, virtuose de la Programmation Neuro-Linguistique, coach génial et auteur à succès, s'il n'avait pas souffert :

> « Il y a huit ans, j'ai vécu une époque où je me sentais constamment déprimé... À cette époque, mes problèmes me paraissaient insurmontables, omniprésents et limités à moi seul. Heureusement que je me suis senti si malheureux que j'ai voulu sortir de cette ornière ! »

À propos de la souffrance et du changement, Anthony Robbins dit aussi :

> « Comment se fait-il que les gens souffrent mais ne font rien pour changer les choses ? C'est qu'ils n'ont pas encore assez souffert. »

Une souffrance mesurée, supportable, comme celle causée à Timoclès par ses désaccords avec le gardien de l'immeuble, présente un vrai risque.

Ce risque, c'est qu'on la supporte indéfiniment sans ne jamais rien changer à sa vie.

Fine pédagogue, la souffrance arrose ses élèves préférés d'eau bouillante pour les aider à prendre conscience qu'ils doivent passer à l'action. Mais c'est à eux de décider s'ils sont prêts à changer de place et à construire quelque chose – en commençant par eux – ou s'ils préfèrent continuer à souffrir au même endroit à l'image des tubercules impotents.

La personne qui souffre moralement a une chance, une chance qu'elle peut saisir ou négliger.

Toutes les conditions requises sont réunies pour qu'elle ait envie de se bouger : à elle de surveiller les opportunités qui se présentent, à elle aussi de chercher un nouveau logement mental, c'est-à-dire une nouvelle philosophie, une nouvelle perspective sur la vie.

À retenir

• Ne pas avoir de chance est une chance, quand on trouve dans sa souffrance la motivation nécessaire pour initier un changement décisif vers le mieux.

Conseil

► Si vous souffrez comme Alphonse, ne réagissez pas comme Timoclès : dites oui à la chance qui se présente. Et si elle ne se présente pas, allez la chercher. Elle est plus près que vous ne l'imaginez.

Un moyen de confirmer ses croyances

On l'a vu dans le chapitre précédent : le bâton motive au moins autant que la carotte.

D'où le raisonnement suivant, que beaucoup de personnes se tiennent et qui peut-être ne vous est pas étranger : « Si je me traite de minable et de crétin chaque fois que je commets une erreur ou que je ne fais pas ce que je dois faire, j'en prendrai de la graine ; je ne recommencerai pas. En me punissant mentalement, je suis sûr de ne pas refaire la même bêtise la prochaine fois. C'est la bonne méthode pour m'améliorer ! »

C'est ainsi qu'à une époque je me sabotais le moral lorsque je ne respectais pas le programme que je m'étais fixé pour la journée. Je m'imaginais que ça m'aiderait à respecter mes engagements à l'avenir : de cette manière je serais plus sérieuse la prochaine fois...

Mais ça n'avait pas cet effet-là.

Pas du tout.

Je retombais encore et toujours dans mes travers.

Il y a donc quelque chose qui cloche dans ce raisonnement apparemment logique. Si, en règle générale, la souffrance constitue un puissant motif de changement, dans certains cas elle joue un rôle inverse en maintenant le statu quo. Vous trouvez ça bizarre ?

C'est vrai, c'est bizarre.

Voyons comment c'est possible.

Des preuves douloureuses

Pour le pire comme pour le meilleur, et d'une manière rarement consciente, nous cherchons des preuves.

Des preuves de quoi ?

Des preuves que nos convictions sont fondées et que nos opinions sont des faits. Nous cherchons tous à confirmer nos croyances. Et comme nous cherchons ces preuves sans relâche, nous les trouvons.

C'est justement là qu'il y a un hic.

Là où gît le lièvre.

Car quel genre de preuve va trouver quelqu'un qui croit de manière plus ou moins consciente qu'il n'a jamais de chance, qu'il est voué aux accidents graves, qu'il ne mérite pas d'être heureux mais que, par contre, il mérite une bonne correction pour ses innombrables fautes ?

Nous sommes bien d'accord : des preuves douloureuses.

Quelqu'un qui voit les choses ainsi souffre pour se prouver qu'il est bien la pauvre petite chose ou le triste sire qu'il croit être.

Quand je me punissais pour mes manquements en me traitant de tous les noms, je remplissais un programme inconscient, et celui-là, à la différence de celui que je me fixais consciemment, je le respectais à la lettre.

L'auto-flagellation à laquelle je me livrais participait au problème qu'elle était censée combattre. En réalité, je ne me disais pas que j'étais nulle pour ne plus recommencer mais l'inverse : je me fixais un programme que je ne respectais pas pour avoir l'occasion de me dire que j'étais nulle...

Et si pour vous, il en allait de même ?

Et si un certain pourcentage, voire un pourcentage certain, des désagréments qui (peut-être) assombrissent votre existence était du non à une fatalité extérieure, mais au besoin que vous ressentez de confirmer votre point de vue sur vous-même ?

D'apporter la preuve qu'il est valable ?

Trois sortes de perdants

Prenons un autre exemple.

Définition préliminaire : j'appelle « perdant » quelqu'un qui a le sentiment (apparemment justifié par les faits) de ne jamais réussir à atteindre les objectifs qui lui tiennent le plus à cœur. L'identité de perdant n'est pas définitive, pas plus que celle de gagnant : on peut très bien passer d'une catégorie à l'autre, ou être un perdant dans un domaine et un gagnant dans un autre.

Il y a trois sortes de perdants, et tous ne sont pas de vrais perdants :

1/Les premiers se découragent et laissent tomber. Ils ont un objectif, et y renoncent avant de l'avoir atteint, car ils le jugent inaccessible.

Si l'objectif est réellement impossible à atteindre (comme dans le cas d'objectif intrinsèquement contradictoire), le fait d'y renoncer ne fait pas de la personne un perdant mais plutôt quelqu'un qui prend enfin conscience de l'inconsistance de ses rêves – et qui donc en change.

Si l'objectif est seulement difficile à atteindre, le fait d'y renoncer fait de la personne un perdant – du moins jusqu'à ce qu'elle se décide à reprendre contact avec ses rêves.

2/ Les seconds ne se découragent pas et persévèrent. Ils ont un objectif et n'y renoncent pas... mais adaptent leur stratégie aux circonstances. Ils sont souples et obstinés ; ils finiront par atteindre leur objectif.

Ce ne sont pas de vrais perdants. Bientôt, tout le monde s'apercevra que ce sont des gagnants.

3/ Les troisièmes se désespèrent et s'aigrissent, mais ne laissent pas tomber. Ils ont un objectif, s'acharnent... et ne l'atteindront jamais. Ce sont de vrais-faux perdants.

Qu'est-ce qui rend cette dernière catégorie spécifique ?

C'est qu'en ne réussissant pas à atteindre leurs objectifs, ces vrais-faux perdants réussissent à atteindre un *autre* objectif, celui-là caché et plus ou moins inconscient... de cette manière, ils confirment l'une de leurs croyances.

Quelle croyance ?

« Je suis un génie méconnu ».

Ce qui est important ici, c'est *méconnu*. Il faut donc que leurs efforts ne soient *pas* récompensés pour qu'ils se prouvent qu'ils sont bien ce qu'ils sont.

C'est pour ça qu'ils insistent encore et encore, au lieu de laisser carrément tomber comme ceux de la première catégorie : leurs échecs répétés et retentissants jouent un rôle dans leur vision d'eux-mêmes et du monde ; ils en ont besoin.

Thermostat

Encore deux exemples.

Hippolyte n'est pas très motivé pour perdre du poids, quoiqu'il pèse 200 kilos. Il est persuadé que s'il parvient à se libérer de sa graisse, il attrapera le cancer.

Vous trouvez cette supposition bizarre ?

Il y a une logique derrière : Hippolyte croit que dans l'existence, il n'a que fort peu de chance. S'il devient mince, son sort deviendra enviable – il faudra donc qu'une malchance majeure (par exemple un cancer) vienne compenser sa nouvelle chance pour rétablir l'équilibre.

À la différence de tant de gens qui croient avoir tout pour être heureux, alors qu'il leur manque l'essentiel, Amandine a réellement tout pour être heureuse. Mais quand elle se sent aussi heureuse qu'elle devrait l'être pendant plus que deux jours, elle trouve ou invente une broutille qui lui permet de plonger pour le même nombre de jours dans la dépression la plus noire.

Là encore, il s'agit de rétablir l'équilibre : son thermostat émotionnel est réglé sur un certain degré ; si son bien-être le dépasse, le thermostat se met en marche. Amandine croit qu'elle n'est pas censée être heureuse tous les jours... elle ne pense pas mériter tant.

Nous cherchons tous à nous conformer à notre image-de-soi. Nous cherchons tous à faire de notre vie un miroir qui reflète le plus exactement possible notre identité secrète, notre définition de nous-mêmes. Et parfois la souffrance n'est qu'un moyen au service de cette cause.

À retenir

- Se traiter de tous les noms parce qu'on a fait une erreur n'est pas le moyen de ne pas la refaire.
- Nous sommes prêts à tout pour rester fidèles à notre définition de nous-mêmes et du monde... même à nous rendre terriblement malheureux.

Conseils

▶ Faites preuve de compassion et d'un peu d'indulgence à votre égard.

▶ Votre image-de-soi vous pousse-t-elle dans le mauvais sens ? Vérifiez si, dans vos croyances, il n'y en aurait pas quelques-unes qui vous inciteraient à souffrir.

L'erreur romantique

Êtes-vous du genre à vous déchirer à des émotions insoutenables et indicibles, à chercher ce qui fait mal ?

Êtes-vous du genre à croire qu'il n'y a que la souffrance qui soit réelle, à surestimer le sang et les larmes, à sous-estimer l'eau et le lait, la citronnade ?

Si c'est le cas, vous vous reconnaîtrez dans les propos suivants, tenus par une jeune fille désorientée quoique cultivée :

> « Je crois que ce qui pèche dans ma vision des choses, c'est que le malheur, la souffrance, le mal-être me semblent supérieurs au bien-être et à la paix intérieure. J'admire ceux qui souffrent bien plus que ceux qui sont heureux. J'y vois une marque de profondeur. Ce qui explique aussi l'espèce de complexe d'infériorité que je fais envers les fous, les malades mentaux, les anorexiques, etc. Évidemment, partie comme ça, je ne vais pas aller loin. »

De nombreux préjugés valorisent le malheur, les émotions déplaisantes et les casse-têtes affectifs comme si ceux-ci étaient la preuve d'une supériorité intellectuelle ou morale, ou le moyen d'atteindre un but sublime.

Toutes ces illusions, qui sont autant d'obstacles sur la route du bien-être, je les rassemble sous le titre d' « erreur romantique », parce que les romantiques les collectionnaient.

En lisant ce chapitre vous aurez peut-être l'impression qu'il contredit les précédents mais il n'en est rien : la souffrance est une école, pas un diplôme ; un test, pas un 20/20 ; un signal d'alarme, pas une bonne nouvelle.

Qui plus est, la souffrance que l'on cherche n'a pas les mêmes propriétés bienfaisantes que celle sur laquelle on trébuche sans l'avoir voulu...

Étant contre nature, le masochisme ne donne jamais rien de bon. La souffrance qu'on accepte a (ou du moins peut avoir) des effets bénéfiques qui manquent à la souffrance que l'on cherche, celle qu'on s'auto-inflige.

Lot de consolation

Commençons par *l'imbécile heureux.*

Cette expression bien connue suggère que le bonheur est réservé aux crétins. Voici ce qu'écrit un penseur contemporain imbu de ce préjugé :

> « Ce qui serait ridicule pour un philosophe, c'est la foi béate de l'imbécile heureux et l'autosuggestion de la pensée positive... La joie du philosophe ? Laissez-moi rire... »

Rire ? Plutôt ricaner sarcastiquement. Mais l'amertume ne saurait tenir lieu de sagesse.

Lorsqu'on croit au mythe de *l'imbécile heureux*, on craint d'être heureux parce qu'on a peur de passer pour un imbécile, ou d'en devenir un : personne n'a envie de se changer en lapin crétin. Et donc, on fait tout ce qu'on peut pour rester à bonne distance de ce dangereux bonheur...

Précaution parfaitement inutile, car l'expression *imbécile heureux* ne correspond à rien. Elle est sans fondement.

Comment accorder le moindre crédit à ce qui est, de toute évidence, un lot de consolation ?

« Au moins, je ne suis pas un imbécile ! », tel est le morne et orgueilleux réconfort que le mythe de l'imbécile heureux apporte à ceux qui y croient, et qui, du coup, s'entêtent à souffrir encore et encore pour prouver au monde, et à eux-mêmes, la profondeur insondable de leur intelligence. Mais ce faisant, c'est autre chose qu'ils prouvent... N'est-il pas trois fois stupide, celui qui creuse sa dépression lui-même ?

Le leurre de l'artiste maudit

Passons au mythe de *l'artiste maudit*.

Beaucoup d'artistes (en herbe ou même confirmés) sont tout heureux d'être malheureux parce qu'ils s'imaginent que c'est le meilleur moyen de créer des chefs-d'œuvre. Bien sûr, cette croyance les enferme dans leur mal-être.

Je reconnais que la souffrance peut être une source d'inspiration.

Mais qu'est-ce que cela prouve ?

On peut aussi être inspiré par son enfance, ses voisins, un pommier dans son jardin, un voyage en Amérique du Sud… Tout peut devenir une source d'inspiration ; la tristesse n'est qu'un sujet parmi tant d'autres. Se raconter qu'on tire sa créativité de son malheur, c'est tout simplement se condamner à perpétuer sa morosité à perpétuité.

Qui plus est, pour transformer sa souffrance en littérature ou en sculpture, en roman ou en peinture, il faut commencer par s'en éloigner. On ne voit bien que ce qui se trouve à une certaine distance. La souffrance ne devient une source d'inspiration valable qu'à partir du moment où elle cesse, de même que la passion amoureuse ne devient un sujet intéressant que lorsqu'elle est terminée : tant qu'on y barbote, on ne peut que radoter « Je souffre ! » ou « Je l'aime ! », et ça n'intéresse personne...

Mais peut-être que vous n'avez jamais été tenté par le genre de « l'artiste maudit » ?

Si c'est le cas, vous êtes sage.

Plus sage que moi.

Car j'ai été une pseudo-artiste de ce genre.

Je puisais mon inspiration glauque dans un puits de souffrances tout aussi glauques. Mes démons tenaient le pinceau et le crayon. Je saignais, littéralement, sur mes dessins : l'automutilation au service de l'Art…

N'importe quoi.

Sans m'en rendre compte, je crois que j'imitais Frida Kahlo (1907-1954). Suite au terrible accident de tramway qui lui brisa la colonne vertébrale, le bassin, les côtes, etc., la vie de l'artiste mexicaine fut une longue souffrance.

La victime était si belle que je voulais lui ressembler ; l'artiste si inspirée que j'aspirais à devenir elle.

Qu'y ai-je gagné ?

L'illusion d'être une Grande Artiste. Des bouffées d'orgueil et de folie. Et des souffrances entretenues par ma fascination pour elles.

(Tant de vies détruites par des mots, par des mythes – images colorées et brillantes auxquelles on croit, auxquelles on s'identifie, auxquelles on sacrifie son temps, son énergie, sa foi.)

Au final, ce n'est pas le génie léger et insaisissable que j'ai attrapé, mais seulement la malédiction, qui elle m'a collé aux doigts comme de la colle à souris. Et le petit bout de fromage qui m'avait conduit jusque-là m'a échappé, tandis que je m'engluais dans une espèce de mort...

Bref, dans l'expression *artiste maudit,* ce n'est pas le nom qui compte, mais bien l'adjectif, de même qu'un *ange déchu* n'est plus un ange.

Artiste maudit est même une espèce d'oxymore, car tout talent est un don, c'est-à-dire une bénédiction.

Conclusion ?

Ce n'est pas en vous rendant malheureux que vous deviendrez un grand artiste, si tel est votre projet.

J'irai même jusqu'à dire que votre art ne produira des fruits appétissants et juteux qu'au sein d'une vie à peu près normale (au sens « saine, naturelle ») et à peu près paisible.

Car si, pour créer de la laideur, on n'a besoin de rien de particulier, pour créer de la beauté il y a quelques conditions à remplir : avoir les idées claires, une relation amicale avec soi-même et quelques autres, ainsi qu'une perspective lucidement optimiste sur l'existence.

Génie vs dépression

Autre leurre : le génie dépressif.

Selon Georges Minois, auteur de l'*Histoire du mal de vivre : De la mélancolie à la dépression* (2003), l'ancienne mélancolie, que l'on nomme aujourd'hui dépression, serait le propre des grands hommes : le mal-être serait « la contrepartie des progrès de la pensée ».

Peut-être croyez-vous, vous aussi, à cette théorie... Mais, comme les autres mythes dont nous venons de parler, elle n'a aucune base solide.

Notre époque, qui poursuit si ardemment le plaisir, n'en est pas moins rongée par l'angoisse et grignotée par les soucis. C'est pour cela qu'elle se focalise sur les génies mélancoliques : elle s'intéresse à ce qui lui ressemble.

Mais des génies de bonne humeur, il y en a eu.

Et même beaucoup.

Molière n'était pas aussi joyeux que ses comédies le donnent à penser mais George Sand, Victor Hugo, La Fontaine, Ronsard, Voltaire étaient des auteurs qui faisaient courageusement face aux difficultés de l'existence. Ils ne se laissaient pas couler dans la morosité. Si l'on cherche du côté des Américains, on trouve une brochette d'optimistes encore plus conséquente : Benjamin Franklin, David Thoreau, Ralph Waldo Emerson, Samuel Smiles, James Allen, Dale Carnegie, Walt Whitman...

Chaque pays a son lot de grands hommes souriants et de gaillards géniaux.

Génie vs folie

D'après un autre préjugé, cousin du précédent, le génie toucherait de près à la folie.

L'idée a été lancée au dix-huitième siècle par le philosophe matérialiste Diderot (1713-1784), et depuis, elle roule. Et en général, qui sort-on triomphalement du haut-de-forme magique pour soutenir cette thèse passablement grotesque ?

Un lapin très moustachu répondant au doux nom de Friedrich Nietzsche (1844-1900).

Mais encore faudrait-il :

1/ Prouver que Nietzsche était bien un génie, étant donné que tout le monde ne le considère pas comme tel ;

2/ Prouver que c'est son génie l'a conduit à sa folie ;

3/ Prouver qu'il s'agit là d'une loi générale, et qu'il y a plus de fous parmi les génies, ou plus de génies parmi les fous, que dans le reste de la population.

Dans l'attente de ces trois démonstrations, qui n'ont pas été faites, je vous propose de considérer génie et folie comme des pôles opposés.

Un fou est incapable de raisonner logiquement, incapable d'améliorer son environnement et incapable de s'y adapter, tandis qu'un génie raisonne avec profondeur et clarté et apporte une contribution significative non seulement à son environnement immédiat, mais à l'humanité tout entière. La perte de tout bon sens conduit à la folie tandis que le génie est un bon sens exacerbé.

Quand je repense à l'état où j'étais lors de mes épisodes délirants, je n'y décèle vraiment rien de génial.

C'est vrai qu'il y a eu, à l'origine de ma première bouffée délirante, une minuscule étincelle – le début d'une prise de conscience sur mon identité et ma place dans ma famille – mais cette petite lumière s'est tout de suite perdue dans un fatras d'idées incohérentes.

Si j'avais eu la tête plus solide, j'aurais encaissé le choc, je ne me serais pas décomposée ainsi.

Les génies ont une tête bien faite, un mental parfaitement organisé, un esprit vigoureux : c'est ce qui leur permet de poursuivre leurs intuitions jusqu'au bout sans en perdre le fil. La folie est un désordre, un désarroi, une faiblesse ; elle est à l'autre extrémité du spectre.

Fascinants sacs de nœuds ?

Parlons enfin de l'illusion selon laquelle la souffrance aurait quelque chose de séduisant, voire d'irrésistible. L'artiste Mano Solo l'a dit à sa manière poétique et déchirante :

> « Les gens m'aiment parce que je suis triste / alors pourquoi ils veulent que je change / et les gens m'aiment parce que je suis seul / et les gens m'aiment parce que j'ai mal… »

Et dans cette autre chanson :

> « Je reste là Saint-Sébastien de l'amour / épouvantail à demoiselles / souffrance pourtant si belle / qu'elles tournent autour… »

Croyez-vous comme lui que vos souffrances sont belles et vous rendent fascinant(e) ?

La souffrance n'est pas un atout dans le jeu de la séduction.

Ni les complications psychologiques.

Dès qu'on s'imagine que celles-ci sont désirables, on tombe dans le grand n'importe quoi : « D'un côté ceci, mais d'un autre côté cela… Consciemment ceci, mais inconsciemment cela… une partie de moi ceci, tandis qu'une partie de moi cela… Au niveau subconscient… Au niveau du ça… Au niveau du surmoi... Tu ne peux pas comprendre ; c'est beaucoup plus *compliqué* que ça. »

Et simultanément, on pense tout bas : « Je suis un être compliqué donc intéressant. Chez moi, rien de simple, rien d'évident. Ma personnalité est un labyrinthe tortueux peuplé de gouffres et de failles. Ce sont mes souffrances étranges et mes états d'âme incompréhensibles qui me rendent spécial… »

Cette manière de penser présente deux inconvénients majeurs.

Primo, quand on aime ainsi ses nœuds, on s'y emmêle au lieu de les dénouer, s'emberlificotant et s'étouffant dans les méandres de son propre cerveau.

Cette mentalité compliquée amène à se faire des crocs-en-jambe à soi-même : on réclame ce qu'on refuse, on demande de l'aide en serbo-croate à des Irlandais, on supplie avec insistance : « Aidez-moi, mais surtout ne m'aidez pas… », on se tatoue des appels à l'aide cryptés au milieu du dos, et on envoie du rivage des SOS à la mer, qui les avale avec l'indifférence rugissante, écumeuse et souveraine qui lui est coutumière.

Secundo, cette mentalité compliquée a les mêmes effets qu'une odeur corporelle un peu trop forte : elle fait fuir.

Les névrosés et les psychopathes ne sont envoûtants que dans les films qui les idéalisent. C'est seulement à grand renfort d'invraisemblances, de maquillage et d'efforts scénaristiques que les cicatrices émotionnelles et les problèmes psychologiques prennent quelque chose de fascinant.

Dans la réalité, personne n'aime les gens compliqués, qui sont beaucoup moins séduisants que fatigants.

Personne n'a envie de supporter états d'âme fluctuants, crises de rage ou de larmes inexpliquées, tics et TOC (troubles obsessionnels compulsifs). Ce que chacun désire, c'est un compagnon ou une compagne stable et fiable, à l'humeur égale et au comportement rationnel... un rocher, un refuge, un soutien.

Quelqu'un vous admire pour vos fascinants sacs de nœuds ?

Sachez que ce n'est pas vraiment vous qu'il aime, et que d'ailleurs, ce n'est pas de l'amour. Juste une admiration lointaine qui s'évanouirait si vous vous rapprochiez. Les imbroglios psychologiques qui fascinent de loin perdent tout attrait dès qu'on les voit de près.

Alors si vous imaginez que vos problèmes font votre charme, si vous prenez « Tu es vraiment quelqu'un de compliqué » pour un compliment... Changez de point de vue.

C'est fait ?

Bravo !

Maintenant que vous voyez enfin les choses telles qu'elles sont, simplifiez-vous.

Prenez le chemin direct.

À l'image d'une plage lavée par l'océan, la simplicité est un vêtement immaculé qui met en valeur la beauté naturelle et met en beauté la valeur native. Revêtez-le et vous ne voudrez plus d'autre parure.

Le malheur des uns...

Venons-en enfin à une idée encore plus romantique et absurde que les précédentes.

Certaines personnes s'imaginent que leurs angoisses, afflictions et sanglots jouent un rôle bénéfique à l'échelle planétaire. Leurs souffrances seraient utiles à d'autres.

C'est peut-être une résurgence du récit christique : un innocent se laisse crucifier et l'humanité est sauvée. Ou le résultat d'une interprétation erronée du proverbe : l*e malheur des uns fait le bonheur des autres.*

Toujours est-il que selon ce point de vue aussi romantique qu'illogique, tout malheureux (de préférence malheureux sans cause évidente) allégerait par ses souffrances la part de souffrance dévolue à ses semblables.

Cette thèse présuppose que malheur et euphorie, angoisse et enthousiasme, tristesse et joie, sont en quantité fixe et déterminée dans l'univers. Ce qui disparaît d'un côté réapparaîtrait donc obligatoirement d'un autre, de même que lorsque l'eau disparaît, c'est seulement qu'elle a changé de forme ou qu'elle est passée ailleurs. Les états d'âme auraient le même genre d'existence et de persistance.

Mais lorsqu'on se libère d'une émotion, tombe-t-elle par terre ?

Et lorsqu'on se débarrasse d'un sentiment, se retrouve-t-il au compost ?

Migre-t-il vers quelqu'un d'autre ?

Pas du tout. Les états d'âme sont, comme elle, immatériels. Ils ne sont pas régis par les mêmes principes que la matière.

Que deviennent donc cette émotion, ce sentiment ?

Ils disparaissent.

Ils s'effacent purement et simplement.

L'idée selon laquelle le malheur d'un individu allégerait les malheurs du genre humain est fausse. Il n'y a pas de système de compensation automatique, pas de principe régulateur qui, lorsque notre ration de bonheur diminue, ajouterait une louche de rabiot aux autres.

En réalité, c'est l'inverse.

Les gens qui vous côtoient et qui vous aiment sont ensoleillés par votre joie, électrisés par votre bonne humeur, vivifiés par votre rire – et ils sont aussi touchés par votre mélancolie, contrariés par votre colère, navrés par votre tristesse. Plus vous vous montrez fort, enthousiaste et joyeux, et plus ceux qui vous sont chers se sentent heureux. Il n'y a que nos ennemis pour se réjouir de nos larmes et s'attrister de nos succès.

Mais alors, que signifie le proverbe : l*e malheur des uns fait le bonheur des autres* ?

Que ce qui est une perte tragique pour une mère ou un ami est un gain pour l'entreprise de pompes funèbres qui s'occupera de l'enterrement. Que ce qui est un coup dur pour la victime d'une compression de personnel est un gain pour l'actionnaire. Et que ce qui est un douloureux orage émotionnel pour celui qui va chez son docteur dans l'espoir qu'il pourra l'aider, est pour un représentant pharmaceutique l'occasion de convaincre ce même docteur de tester un nouvel antidépresseur aux effets secondaires mal connus sur un cobaye qui ne se doute de rien. La perte de l'un est le pain de l'autre.

Rien de christique là-dedans, on le voit.

Conclusion : à se rendre malheureux, on n'a rien à gagner et tout à perdre.

À retenir

• On doit accepter la souffrance qui est là, puisqu'elle est là. Pas la chercher.

• La souffrance n'a rien à voir avec la créativité ni avec le génie.

• La folie est au génie ce que la nuit est au jour, le mensonge à la vérité.

• Beaucoup de films suggèrent que les problèmes psychologiques ont quelque chose de fascinant. En réalité il n'y a rien de plus barbant.

• Quand on souffre, on ne soulage personne.

Conseils

► Dans votre vocabulaire personnel, remplacez « imbécile heureux » par « imbécile malheureux » et « artiste maudit » par « artiste béni ».

► Pour plaire, misez sur la simplicité.

► Vous voulez rendre heureux ceux qui vous aiment ? Affichez votre bonne humeur. Peu importe si elle est factice : elle deviendra de plus en plus vraie à mesure que vous vous y entraînerez.

Lecture recommandée

□ ***La voie de l'artiste*** **de Julia Cameron**. À lire si vous vous êtes laissé leurrer par les paillettes fascinantes qui ornent « l'artiste maudit »

ENTRE ICI ET LÀ

Le ciel a viré au gris, au mauve et à l'orage. Bientôt une pluie diluvienne crépitera sur les vitres et le toit.

Dans le phare, tout est toujours aussi paisible ; le radiateur ronronne juste un peu plus fort. De ce refuge, les perturbations du dehors ne peuvent troubler la quiétude.

Le chat avance sa truffe rose en forme de cœur au-dessus de ses pattes gantées de velours crème et ronronne plus fort, comme le radiateur. Ses oreilles sensibles, pivotantes comme des paraboles, sont curieuses d'entendre la suite.

Partie IV

Alcool, cigarettes, etc.

Alcool, cigarettes, etc., sont des moyens de combattre la dépression tout en s'y enfonçant.

Combattre, car sur le coup on se sent un peu mieux ; en s'y enfonçant, car à moyen et long terme les conséquences sont trop désastreuses pour espérer mieux. C'est aussi un moyen de se suicider lentement.

Vous savez déjà que l'alcool est « à consommer avec modération » et que « fumer peut entraîner une mort lente et douloureuse » et pourtant... vous continuez. – Enfin, je suppose que vous continuez. Si vous avez arrêté ou jamais commencé, toutes mes félicitations !

Si vous voulez arrêter sans y parvenir, ou si vous ne voulez pas arrêter, mais que vous aimeriez vouloir... Si vous cherchez en vain la volonté nécessaire pour adopter un mode de vie plus naturel et vivifiant... en lisant cette partie vous vous rapprocherez significativement de votre objectif.

DES MALADIES ?

De nos jours beaucoup de professionnels de la santé prétendent que l'automutilation, l'anorexie, l'alcoolisme et le tabagisme sont des maladies :

> « L'alcoolisme est un trouble médical. »
>
> « L'automutilation est le symptôme d'une pathologie. »
>
> « Les comportements addictifs sont des maladies tout comme le diabète par exemple. »
>
> « L'anorexie mentale est une maladie bien précise, pas toujours facile à diagnostiquer. »
>
> « L'alcoolisme est une maladie chronique, fatale, mais traitable. Malheureusement, le *malade alcoolique* est souvent la cible de reproches. »

Vous avez remarqué ? Dans cette dernière citation l'*alcoolique* de naguère a été remplacé par le « malade alcoolique ». Dans la phrase suivante, c'est le mot *maladie* qui est répété, certainement pour dissiper les doutes :

> « La *maladie* tabagique est une *maladie* grave responsable d'un décès sur dix en France. »

On peut difficilement être plus clair ! Enfin si, on pourrait dire : « « le malade malade de la maladie tabagique a une maladie grave », mais d'un point de vue stylistique ça manquerait de légèreté.

Si après tout ça, vous n'avez toujours pas compris que l'automutilation est une pathologie, que l'anorexie et l'alcoolisme sont des troubles médicaux, et la cigarette un virus d'un format inhabituel, c'est vraiment que vous ne voulez pas comprendre...

Des dogmes néfastes

À l'image de leur cousine germaine, la thèse de la dépression-maladie, tous ces dogmes sont néfastes. Voici leurs trois pires conséquences :

- Parce qu'ils ne se sentent pas malades, beaucoup de gens se croient à l'abri de l'alcoolisme et du tabagisme, malgré leur litron ou leur paquet de cigarettes quotidien.

◆ Qui dit *maladie* dit *médicament.* C'est ainsi que des alcooliques et des fumeurs remplacent une drogue par une autre et une dépendance par une autre en croyant se soigner. Mais la pharmacodépendance ne vaut pas mieux que la dépendance.

◆ Troisième effet pernicieux : lorsqu'on se croit malade on ne cherche pas à faire usage de sa volonté pour se libérer. En effet, on ne guérit pas d'une maladie parce qu'on le décide. Le « malade alcoolique » et le « malade tabagique » ne se tournent donc pas vers leurs ressources intérieures – leur volonté, leur force morale – pour briser le joug qui les opprime.

Habitudes

En réalité, comme vous l'avez peut-être déjà deviné, ni l'alcoolisme, ni le tabagisme, ni l'anorexie, etc., ne sont des maladies. Et il est très facile de le prouver.

Est-ce que, la première fois qu'une personne boit un verre, fume une cigarette, etc., elle le fait volontairement ?

Est-ce qu'à ce moment-là, c'est un acte volontaire ?

La réponse à cette question est oui.

Alors comment le même acte, le même geste, pourrait-il se changer en maladie *qui lui arrive* ?

À force de les répéter, nos actes s'automatisent, mais nous en gardons toujours la responsabilité et donc le contrôle, même quand nous avons l'impression de l'avoir perdu.

En réalité toutes ces pratiques malsaines (alcoolisme, tabagisme, automutilation, anorexie, boulimie...) ne sont rien de plus que des habitudes, c'est-à-dire « des façons fréquentes et régulières d'agir et de se comporter. »

De très, très mauvaises habitudes.

Vous êtes choqué ?

Qualifier des problèmes aussi graves, aussi dramatiques que l'automutilation, l'anorexie et l'alcoolisme de « mauvaises habitudes » vous paraît une sous-estimation flagrante, un peu comme si on qualifiait une sanglante guerre civile de « rififi, bisbille » ?

Eh bien, moi je pense que c'est plutôt vous qui sous-estimez l'habitude en général, et les mauvaises en particulier.

Vous ne les prenez pas suffisamment au sérieux parce que vous n'avez pas bien mesuré leur impact, leurs conséquences.

L'habitude est à la fois la terre glaise avec laquelle nous pétrissons nos vies, et la forme que nous lui donnons. L'habitude modèle notre passé, notre présent et notre futur. L'habitude est l'un des visages du Destin.

Ce qui fait qu'une mauvaise habitude est beaucoup plus qu'une « mauvaise habitude ».

C'est un boulet que l'on tire et qui devient de plus en plus pesant. C'est la graine d'un désastre que l'on plante et cultive. C'est un enfer qu'on se prépare à soi-même, sans y prendre garde ni vouloir y penser.

Une preuve par l'absurde

Vous avez encore un doute sur la nature de l'alcoolisme, du tabagisme, de l'anorexie, etc. ?

Pour prouver que ce ne sont pas des maladies au sens littéral, on peut passer par une démonstration par l'absurde.

Une maladie est un dysfonctionnement du corps, une perturbation des fonctions biologiques. Cette perturbation peut être la conséquence d'un comportement, certes, mais la maladie en elle-même est distincte du comportement qui dans certains cas l'explique.

Par exemple le diabète est souvent la conséquence d'un certain comportement alimentaire (trop de sucreries), mais pas forcément. En tout état de cause, la définition du diabète ne fait pas intervenir cette cause possible, et on peut être diabétique sans avoir abusé du Nutella.

Autrement dit, une maladie peut être définie sans faire intervenir un comportement particulier, et se manifester sans que ledit comportement en soit la cause.

Donc, si l'alcoolisme, l'anorexie et l'automutilation étaient de vraies maladies, on pourrait être alcoolique sans avoir jamais bu d'alcool ; anorexique avec un bon appétit ; et souffrir d'automutilation sans avoir la moindre cicatrice.

Et d'un autre côté, on pourrait siffler trois litres de vin par jour, grignoter pour tout repas trois petits pois par jour, et se lacérer les bras et les jambes chaque jour, sans souffrir pour autant d'alcoolisme, d'anorexie ou d'automutilation, de même que certaines personnes se gavent de choux à la crème et de tartes aux fraises et ne deviennent pas diabétique pour autant.

Or ce n'est pas le cas : en l'absence du comportement récurrent correspondant, il n'y a ni alcoolisme, ni anorexie, ni automutilation. Ce qui prouve de la manière la plus conclusive que tous ces problèmes sont des mauvaises habitudes, pas des maladies.

Autre preuve par l'absurde

Mais voici une autre démonstration par l'absurde.

Concentrez-vous ; elle est un peu plus subtile.

Le contraire de la maladie, c'est la bonne santé, pas vrai ?

Donc si X est une maladie dont on n'est pas responsable, alors le contraire de X est une bonne santé dont on n'est pas responsable non plus, vous êtes bien d'accord ?

Car il n'y a pas de raison que ça marche dans un sens et pas dans l'autre.

Pourtant lorsqu'un pianiste s'entraîne tous les jours, personne ne dit le jour de son concerto : « C'est un virtuose, mais il n'a aucun mérite… C'est parce qu'il est en bonne santé. » Alors pourquoi les spécialistes affirment-ils : « Si vous vous mutilez/picolez/fumez/faites vomir tous les jours, vous n'y êtes pour rien... C'est votre maladie qu'il faut blâmer » ?

Si un comportement autodestructeur – une mauvaise habitude – est une maladie dont on n'est pas responsable, alors un comportement constructif – une habitude positive et enrichissante, comme celle de jouer du piano tous les jours – est une santé dont on n'est pas responsable non plus.

Conclusion absurde qui prouve l'invalidité du point de départ.

Une incapacité provisoire

Je vous présente Rose.

Pendant des années, elle a voulu mincir. Elle le voulait, mais n'y arrivait pas, parce qu'elle continuait à vivre et à manger de la même manière. Est-ce que ça signifiait qu'elle était victime d'une vraie-maladie-biologique-qui-se-soigne nommée *obésité* et qu'elle aurait dû prendre des « médicaments » ?

Bien sûr que non ! Le fait qu'à un moment donné, on ne parvienne pas à surmonter une mauvaise habitude ne signifie absolument pas qu'il s'agit d'une maladie, ni qu'on en est définitivement incapable.

Alors, qu'est-ce que cette incapacité provisoire signifie ?

Elle signifie que Rose manque d'informations (car ce sont les informations qui permettent d'arrêter), ou qu'elle doit régler d'autres problèmes avant de résoudre celui-là. Elle signifie aussi que l'habitude est une seconde nature dont on ne se débarrasse pas en la jetant par la fenêtre – on doit lui faire descendre l'escalier marche après marche. Elle signifie enfin que Rose n'a pas encore trouvé la motivation nécessaire pour effectuer le changement voulu.

À retenir

- Une mauvaise habitude n'est pas une maladie – même si les spécialistes l'ont baptisée ainsi.
- Volontaire un jour, volontaire toujours.

Conseil

► Même si un spécialiste vous déclare irresponsable, ou vous suggère que vous l'êtes, et même si l'étiquette dont on vous a affublé vous donne cette sensation, assumez l'entière responsabilité de vos actions, de vos inactions, de vos réactions et de vos décisions. C'est seulement de cette manière-là qu'une vie digne de ce nom se construit.

Cigarette

La cigarette empuantit l'haleine du fumeur, suce son argent, pompe ses forces, détruit à petit feu ses organes et sa vie.

Indices

Si vous lui associez malgré tout des connotations positives, je vous conseille de méditer les authentiques définitions suivantes :

Cendre : Symbole d'affliction, de désolation, d'échec d'une vie. Dépouille d'un mort.

Fumée : néant, inutilité, illusion, chimère.

Partir en fumée : disparaître, se dissiper.

Fumeux : obscurci, sali par la fumée. Qui manque de clarté, de netteté.

Mégoter : faire preuve de mesquinerie, compter chichement.

Des clopes (locution) : rien.

Tabac : coup violent, raclée (*se ficher du tabac, se foutre un coup de tabac, passer à tabac*, etc.)

Tabagisme : intoxication aiguë ou chronique de nature physiologique et psychique provoquée par l'abus du tabac.

Vendeur de fumée : celui qui fait de fausses promesses dans l'espoir d'un profit.

Ce sont là autant d'indices de la nature décevante et mortelle de la cigarette.

Illusions

« L'illusion que nous faisons quelque chose alors que nous ne faisons rien est la première illusion suscitée par le tabac », a dit le grand penseur Ralph Waldo Emerson (1803-1882).

C'est tout à fait ce que je m'imaginais à l'époque.

Après tout, me disais-je vaguement, très vaguement, je ne reste pas les bras croisés à ne rien faire, puisque je fume ! Je me sentais d'une certaine manière active tout en ayant une excuse pour ne pas l'être davantage (on ne peut pas faire la vaisselle en fumant, enfin moi je considère que je ne peux pas). La fumée de la cigarette soulageait ma conscience.

Mais en réalité, lorsqu'on fume on ne fait rien.

Rien de rien.

Enfin si : on se pollue et on pollue le monde, qui s'en passerait volontiers : il est déjà bien assez sale comme ça.

Et ce n'est pas la seule illusion née des volutes d'une cigarette. Combien de projets vaseux, ou plutôt fumeux, ont été conçus grâce à elle ! Combien d'ambitions chimériques n'a-t-elle pas suscitées !...

Parce que la fumée brouille les contours, elle favorise un flou qui garantit l'échec, et suscite des songes creux que la réalité ne remplira jamais.

À retenir

- Les sinistres avertissements qu'on peut lire sur les paquets de cigarettes ne disent que la vérité.
- La fumée de cigarette est propice aux illusions et aux chimères, qui y prolifèrent.

Conseil

► Donnez-vous pour objectif d'avoir une haleine toujours fraîche et des vêtements qui sentent bon le sous-bois.

Lecture recommandée

□ ***La méthode simple pour arrêter de fumer*, d'Allen Carr**. Unique en son genre, cet excellent livre vous dégoûtera définitivement de la cigarette si vous le lisez attentivement jusqu'au bout.

Alcool

Voici comment William Styron (1925-2006), célèbre romancier qui a connu l'enfer de la dépression, parle de l'alcool :

> « À l'instar de tant de grands écrivains américains, dont le penchant parfois fatal pour l'alcool est devenu légendaire au point d'engendrer un flot d'études et de livres, j'avais eu recours à l'alcool comme à la voie magique qui mène à l'imaginaire et à l'euphorie, et à l'exaltation de l'imagination. »

Que de notions positives il associe à l'alcool ! Pas étonnant qu'il en abusait.

En boire devait lui donner la sensation qu'il était un grand écrivain, et qu'il ferait plus tard l'objet d'un flot d'études et de livres.

Vous aussi, vous avez une image idéalisée de l'alcool ?

Rassurez-vous, ça va vous passer.

Oiseaux cinglés

L'alcool développe-t-il la créativité, comme le croient Styron et tant d'autres ?

Il altère la plupart des fonctions mentales ; il coupe la communication entre les cellules nerveuses et détruit les cellules cérébrales ; il altère et réduit la concentration et la mémoire. Les écrivains et les artistes qui picolent pour exalter leur imagination sont des oiseaux cinglés qui s'arrachent eux-mêmes leurs plumes afin de voler plus haut.

Douce sobriété

L'alcool est-il du moins une source de bien-être, d'euphorie ?

C'est une illusion – une illusion née de l'alcool. Le véritable bien-être n'arrive qu'avec la sobriété. Voici quelques témoignages éloquents qui devraient vous en convaincre :

> « Super soirée ! Quel plaisir de pouvoir discuter normalement... Quand je savais que j'avais bu et que j'allais avoir du mal à suivre la conversation, j'évitais les gens, je me renfermais sur moi-même... Je ne peux pas faire

autrement que de le constater : la sobriété n'a que des avantages. L'eau glacée, c'est cool ! »

« Les bénéfices de la sobriété sont innombrables. Il y a ceux qui sont évidents, physiques (la tête claire, les réveils frais, la sensation de liberté), mais pas que ceux-là... Je me sens plus cohérente, plus humble, plus à l'écoute de moi et des autres, plus tolérante et plus empathique mais moins éponge. Je découvre que je suis quelqu'un de bien. »

« Avec l'ivresse venaient les âneries, les situations où j'étais ridicule, pathétique, agressive, vulgaire... M'écrouler ivre morte, me réveiller encore habillée avec un gros black out, des traînées de mascara noir sous les yeux… Je ne veux plus de tout ça. J'ai le désir de me lever, de me regarder dans la glace et de m'y voir digne, de ne pas avoir mal à la tête, de sentir bon – sans relents d'alcool. Quand j'avais picolé je ne faisais attention à rien. Ni à ce que je mangeais ou pas, ni à ce que je fumais, ni à qui j'ouvrais mon lit... Même sans parler de la gueule de bois, certains réveils étaient difficiles. »

« Dès le lever, je sens la différence, le fait d'avoir bien dormi, de ne pas avoir ronflé, la sensation que la journée sera bonne. Physiquement, c'est aussi beaucoup mieux. Je perds du poids, mais surtout je suis d'attaque pour faire tout un tas de trucs qui étaient restés en attente. Je commence aussi à retrouver une tête plus correcte : moins bouffie, moins rougeaude. Psychologiquement, je retrouve une joie et une envie de vivre que j'avais depuis longtemps perdues. Nous avions des projets de travaux ou de vacances, et je fais aujourd'hui les premiers pas pour que tout se mette en place. Je me souviens de ma régulière démotivation liée à une fatigue chronique ; l'alcool déprime, c'est évident. Enfin, c'est surtout la mémoire que je retrouve. Les mots si difficiles à trouver viennent d'eux-mêmes. Mes réflexions sont plus rapides, je suis percutant et efficace, ça fait du bien ! Pour ceux qui en douteraient, la vie sans alcool c'est du bonheur ! »

La sobriété rend aux ex-alcooliques leur intelligence, leur joie de vivre, leur efficacité, leur dignité – tout.

Pathétique déchéance

Styron parle de l'alcool comme d'une « voie magique ». À moyen et long terme, cette voie magique conduit, comme les témoignages précédents le montrent, à la déchéance.

À ce propos, je me souviendrai toujours d'une scène à laquelle j'ai assisté dans la rue.

Un clochard enlevait son pantalon sur le trottoir tandis que trois de ses amis, de pauvres épaves alcooliques comme lui, tentaient de protéger sa nudité contre les regards des passants. Mais comme ils n'avaient rien, pas une couverture ni un drap, ils se contentaient de se tenir debout côte à côte, de faire inutilement barrage, solidaires et impuissants, les yeux hagards comme ceux qui ont peur…

Quand j'y repense, j'ai le cœur qui se serre d'une compassion tout égoïste.

Car à cette époque, ma vie ressemblait un peu à cette scène.

Avec Ophélie, l'amie qui partageait mon appartement, nous ne savions rien faire, si ce n'était nous mettre en danger. L'alcool (ainsi que nos autres choix malheureux) nous figeait dans notre angoisse, nos illusions et nos fantasmes, nous rendant incapables de trouver une solution aux problèmes les plus simples de la vie quotidienne. Et notre amitié ne nous était d'aucun secours. Nous étions nous aussi « cul nu », humiliées et traquées par nos mauvaises habitudes.

La véritable cause de l'alcoolisme

Et maintenant que nous avons cerné le problème dans toute sa laideur, voyons ce qui le cause. Parce que l'alcoolisme est considéré comme une maladie, de nos jours on ne sait plus vraiment quelle est son origine :

> « La cause exacte de l'alcoolisme est inconnue. »

> « L'alcoolisme est une maladie dont on ne connaît pas les causes. »

> « Cette maladie, dont on ne connaît pas la cause, débute le plus souvent sournoisement. »

> « On croit que la maladie alcoolique pourrait être d'ordre génétique et impliquer des désordres biochimiques. »

Vous aussi, vous ne savez pas vraiment ce qui cause l'alcoolisme ?

Vous aussi, vous pensez qu'il y a là un mystère, une énigme ?

Alors je vais mettre les pieds dans le plat, ou plutôt dans le verre, et dire une évidence bien triviale que les spécialistes semblent avoir oubliée.

La cause de l'alcoolisme ne se cache pas dans des « désordres biochimiques » encore inconnus, ou d'autres facteurs encore plus mystérieux. Ne la cherchez pas au fin fond de la forêt ou derrière les étoiles, elle est dans la cave à vins. Ou au bistrot du coin. Ou au rayon « alcools » du supermarché le plus proche. La véritable cause de l'alcoolisme, c'est la consommation d'alcool.

La solution au problème alcoolique

Ce qui fait que la seule manière de se mettre vraiment à l'abri de l'alcoolisme, la seule manière de contrôler réellement et définitivement sa consommation d'alcool, c'est de vider ses fonds de bouteille dans l'évier et de redécouvrir les joies simples et pures que prodiguent si généreusement le lait bienfaisant, le jus de pamplemousse, le nectar d'abricot, la grenadine, la citronnade, le thé à la menthe, le milk-shake à la banane, la pastèque, le bouillon de légumes et... l'eau.

L'eau, c'est-à-dire la seule boisson à laquelle on aspire quand on a vraiment, vraiment soif. Dans le désert, quand le soleil assèche la bouche et déshydrate la gorge, que la chaleur consume tout ce qu'il y a de faux, le dédale des désirs artificiels où l'on se perd d'habitude s'efface comme un mirage... Plus de faux-semblants, plus de chichis. C'est alors qu'on renoue avec la simplicité originelle. C'est alors qu'on a soif de l'essentiel. C'est alors qu'on veut de l'eau.

Modération ?

On affirme que « l'abus d'alcool est dangereux pour la santé ».

Cette affirmation est doublement trompeuse.

D'une part parce que le terme *abus* implique qu'un usage raisonnable de l'alcool est possible ; d'autre part parce que le terme *danger* implique une incertitude. Ce n'est pas *l'abus* d'alcool qui est *dangereux* (qui présente un risque), c'est sa consommation qui dégrade la santé à coup sûr. L'alcool n'est pas comme la roulette russe. Avec l'alcool il n'y a aucun suspens, à tous les coups on perd.

Les publicités conseillent aussi de « consommer l'alcool avec modération ». Il y aurait donc une manière sage et responsable de consommer des boissons alcoolisées – celle qu'on nous recommande.

Ça aussi, c'est faux.

La seule manière vraiment astucieuse et intelligente de consommer de l'alcool, c'est de ne pas en consommer. Un poison n'est inoffensif que pour ceux qui n'y touchent pas. Autrement dit, le seul verre d'alcool qui ne vous fera vraiment aucun mal est celui que vous ne vous boirez pas, de même que la seule cigarette qui respectera vos poumons est celle que vous laisserez dans son paquet avec ses méchantes petites copines.

Ni l'arsenic, ni le crack, ni la cocaïne, ni l'alcool, ni le tabac ne doivent être consommés « avec modération ». Si nous vivions dans un monde transparent et honnête, les bouteilles et les canettes d'alcool, les aliments frelatés de la malbouffe et les paquets de cigarettes porteraient tous le même sigle : une tête de mort. Quant à la mention « à consommer avec modération », dans ce monde intègre on la réserverait à ce qui est effectivement « à consommer avec modération » – le chocolat bio par exemple...

À retenir

- L'alcool ne stimule pas l'imagination : il détériore le cerveau.
- La sobriété rend à celui qui la choisit tout ce que l'alcool lui avait volé : facultés mentales, santé, énergie, joie, fierté.
- L'alcool est une « voie magique » qui mène à la déchéance. Le voyage est agréable, mais la destination tragique.
- La véritable cause de l'alcoolisme, c'est la consommation d'alcool.

Conseil

► Buvez de l'eau sans modération. Son abus ne présente aucun danger.

Lecture recommandée

□ ***La méthode simple pour maîtriser sa consommation d'alcool*, d'Allen Carr**. Encore un excellent livre d'Allen Carr. Il vaut vraiment la peine d'être lu et vous délivrera de l'alcool si vous êtes prêt à vous libérer.

La dose qui change tout

Croyez-vous que tout est une question de quantité, qu'il y a une bonne dose pour tout ?

Cette théorie a d'abord été avancée par l'alchimiste, astrologue et médecin Paracelse (1483-1541) :

> « Rien n'est poison, tout est poison. Seule la dose fait le poison. »

Depuis, l'idée a été reprise et popularisée par la médecine allopathique, qui justifie ainsi son recours à des nombreuses substances toxiques... « Des substances considérées comme toxiques peuvent, dit-on, être bénéfiques à petites doses ». D'après cette théorie de la dose-qui-change-tout, à une certaine dose tout poison se changerait en médicament aux précieuses qualités thérapeutiques, comme si la fée des lilas était passée par là, avec son sourire bienveillant et sa baguette magique... Voyons ce qu'il en est vraiment.

Les effets d'un verre

Dans les années 90, plusieurs études scientifiques ont démontré que, si l'alcool est nocif à haute dose, boire un ou deux verres de boisson alcoolisée par jour est, par contre, excellent pour le cœur.

Lorsqu'ils entendent ça, les buveurs se resservent un verre : on dit enfin du bien de leur poison favori, il faut fêter ça... C'est pourquoi, depuis cette époque, on entend dire par-ci par-là, et on peut lire un peu partout, des affirmations de ce genre :

> « Consommé avec modération, l'alcool est protecteur. »

> « L'alcool a des vertus, en tout cas jusqu'à un certain seuil. »

> « La consommation modérée d'alcool est bénéfique pour la santé. Si vous buvez modérément, vous n'avez aucune raison d'arrêter. »

Le *hic* (un hoquet alcoolisé), c'est que depuis les années 90, les études qui prêtaient des vertus à l'alcool ont été contredites par d'autres études beaucoup plus fiables.

De nos jours, les scientifiques savent que l'alcool est nocif à n'importe quelle dose, tandis que l'honnête homme est, lui, resté sur l'idée erronée qu'une consommation modérée d'alcool est bénéfique.

En fait il n'y a pas de consommation d'alcool sans risque de cancer. Boire un seul verre de boisson alcoolisée par jour augmente de 9 % le risque de cancer du côlon, de 10 % celui du sein, de 28 % celui de l'œsophage, et de 168 % le risque de cancer de la bouche, du pharynx et du larynx.

Quantité et qualité

Il semble donc que, dans le cas de l'alcool, le poison ne se change jamais en médicament. Y a-t-il d'autres contre-exemples à la pseudo-loi énoncée par Paracelse ?

À vrai dire, il y en a plein. Quand on examine leurs effets de près, on s'aperçoit que la plupart des poisons et des drogues contredisent Paracelse – ils sont toxiques à n'importe quelle dose.

La plupart... et peut-être même tous.

D'ailleurs à bien y réfléchir, la théorie de la dose-qui-change-tout n'est pas logique... non seulement elle n'est pas vraie, mais elle ne *peut pas* être vraie. Quantité et qualité sont deux caractéristiques bien distinctes : en changeant de quantité une substance ne change jamais de qualité. Ainsi une omelette reste une omelette qu'on mette un œuf ou qu'on en mette mille, un diamant de deux carats est un minéral fait de carbone pur cristallisé au même titre que le Régent, et la formule chimique de l'eau reste H_2O, qu'il y en ait une goutte ou plusieurs océans. Dans ces conditions, comment un poison pourrait-il se métamorphoser en son contraire, c'est-à-dire en médicament, juste parce qu'on a changé sa quantité ?

Un sage proverbe maori l'affirme : *il n'est si petite vipère qui n'ait son venin.* Qu'il y en ait beaucoup ou peu, un poison reste un poison. Ce qui varie avec la dose, ce n'est pas la nature des effets, mais seulement leur ampleur. Une petite quantité de nourriture est bien évidemment moins nourrissante qu'une quantité plus importante ; de même une petite quantité de poison est moins nocive qu'une quantité plus grande. Pas besoin d'être Einstein, ou Paracelse, pour le comprendre.

Affirmer qu'en dessous d'une certaine dose, un poison mortel devient un médicament bénéfique, c'est un peu comme affirmer qu'en dessous d'une certaine taille, les chihuahuas se mettent à miauler... Qu'on le déplore ou qu'on s'en félicite, les chiens ne se changent pas en chats.

D'ailleurs, si vraiment c'est la dose qui fait tout, comment se fait-il qu'une goutte de lait pur ne nous fasse pas tomber raide-mort ?

Pourquoi, en dessous d'une certaine dose, les poisons auraient-ils le privilège de se changer en médicaments, mais les antidotes n'auraient-ils pas celui de se changer en poison ?

Bon sens inné

Vous persistez à croire qu'un poison devient bénéfique, ou du moins inoffensif, à une certaine dose ?

La médecine allopathique, l'industrie pharmaceutique et les alcooliers font une propagande massive pour promouvoir le mythe de la dose-qui-change-tout. Et ils n'ont pas commencé hier. Il est donc normal que votre esprit en soit saturé. Mais écoutez votre bon sens inné, et vous découvrirez qu'il n'a jamais été d'accord avec cette théorie absurde.

Mais peut-être que vous ne voyez pas très bien ce que j'entends par *bon sens inné*... Alors supposons que vous fassiez une promenade en famille et forêt. Soudain, vous tombez sur une belle amanite phalloïde, dite aussi « calice de la mort ». L'amanite phalloïde est impliquée dans 90% des cas d'empoisonnements mortels par champignon. Sachant cela, qu'allez-vous faire ?

Donner un petit bout d'amanite à votre enfant pour soigner son rhume, ou chercher des coprins chevelus ailleurs ?

Votre bon sens inné vous donne tout de suite la réponse correcte. Alors pourquoi raisonneriez-vous autrement quand il s'agit d'amanite phalloïde à boire (d'après la publicité une boisson bien fraîche, bien mousseuse et bien désaltérante), ou, d'ailleurs, d'amanite phalloïde à avaler trois fois par jour après les repas (« l'amanite phalloïde est un médicament ; comme tous les médicaments, elle est susceptible d'avoir des effets indésirables ») ? L'autorité d'un spécialiste doit-elle supplanter votre jugement ? Êtes-vous sûr, absolument sûr, qu'il n'y a pas d'autres moyens de vous soigner ? Et en parlant de soigner, de guérir, avez-vous essayé de *prévenir* ? En d'autres termes, avez-vous une stratégie pour ne pas tomber malade ?

Autant de questions dont vous seul pouvez connaître la réponse.

À retenir

- Un poison reste un poison à n'importe quelle dose.
- Les variations de la quantité ne changent rien à la qualité : qualité et quantité sont deux propriétés tout à fait distinctes.

Conseil

► Dans la mesure du possible, évitez de vous empoisonner.

« Un petit [...], pour une fois ! »

Vous êtes-vous déjà dit : « Pour une fois... », alors même que ce n'était ni la première fois, ni la dixième fois, mais bien la centième ou la millième ?

Pour une fois, on va manger au restaurant. Et c'est la quatrième fois cette semaine. Ou *pour une fois*, on a bien droit à un petit scotch. Et le dernier date d'hier.

On isole ainsi chaque verre en le considérant comme un cas à part, un cas qui n'entre pas dans la catégorie de « tous les verres bus ». Ce verre-*là* ne doit pas être compté avec les autres car il n'est pas situé sur la même ligne spatio-temporelle que ceux qu'on a bus hier.

On ne peut pas additionner des pommes et des fourchettes : alors pourquoi pourrait-on additionner, comme s'ils étaient comparables, un verre-pour-se-donner-du-courage avec un verre-pour-se-détendre, un verre-pour-se-faire-plaisir, un verre-pour-oublier et un verre-pour-fêter-ça ?

> « J'ai passé une bonne journée... ça s'arrose ! »
>
> « J'ai passé une mauvaise journée... je mérite un remontant. »

Comme la cause qu'on invoque pour boire est différente à chaque fois, on considère qu'il n'y a ni répétition, ni accumulation. On ne boit pas dès qu'on en a l'occasion, c'est seulement que compte tenu des circonstances... et juste pour cette fois...

C'est en raisonnant de cette manière qu'on se persuade que l'habituel est exceptionnel.

Avec cette mentalité, on pourrait enfiler deux cents perles sur un fil sans s'apercevoir qu'on fait un collier. Un collier qui, en l'occurrence, fait office de chaîne et de menottes.

Relier les points

Si vous croyez que votre consommation de ceci ou de cela, ou n'importe quel autre comportement qui vous fait du tort, n'est pas une habitude que vous avez... reliez les points.

Le dessin général n'apparaît que lorsqu'on met en relation ce qu'on a fait aujourd'hui avec ce qu'on a fait hier, avant-hier, et tous les jours précédents.

Pour prendre conscience que nous avons une mauvaise habitude, nous avons besoin d'être attentifs aux schémas récurrents de notre existence.

Ce n'est pas agréable, j'en conviens.

Mais la vérité n'est rien de plus que la vérité et une situation ne devient pas pire lorsqu'on la regarde en face. C'est même tout le contraire : elle commence à s'améliorer lorsqu'on accepte les faits – les faits crus et nus, dépouillés de toutes les explications-justifications qu'il est si facile, mais si inutile, de leur trouver.

Ce que nous faisons tous les jours constitue nos habitudes.

Ce que nous ne faisons pas, aussi.

Les circonstances ne sont jamais qu'un alibi ; on les convoque pour dissimuler la nudité embarrassante d'une mauvaise habitude :

> « Je suis en retard à cause de... »
>
> « J'ai failli avoir un accident : il me faut un [...] pour me remettre. »

Si vous fumez depuis des années, chaque cigarette constitue la confirmation d'un système, d'une loi qui est *votre* loi, celle que vous avez écrite en répétant les mêmes gestes des milliers de fois, celle à laquelle vous obéissez.

Nous sommes soumis aux lois que nous avons édictées nous-mêmes par la répétition de nos gestes.

Ceux qui promettent et ne tiennent pas, ceux qui reportent tout à demain ou qui sont systématiquement en retard, ceux qui se droguent, ne sont pas victimes des circonstances. La vraie raison de leurs promesses vides, de leur procrastination, de leur retard, de leur toxicomanie, c'est qu'ils ont pris un mauvais pli. À eux d'en changer.

Petit

On donne parfois à « petit » le sens de « insignifiant ».

Mais un petit bébé de 45 cm n'est pas insignifiant et, dans un genre radicalement autre, un petit verre n'est pas insignifiant non plus.

En ce monde, tout a des conséquences. Le moindre geste en a.

Quand on boit un verre d'alcool, qu'on fume une cigarette ou un joint, on fait un pas. Si on se concentre exclusivement sur ce pas que l'on est en train de faire, en oubliant tous ceux qui l'ont précédé et tous ceux qui le suivront, on peut s'imaginer qu'il est sans conséquence...

Mais tout pas rapproche d'une destination.

Destination qui n'est jamais neutre : on se dirige vers mieux ou vers pire, jamais vers rien de particulier.

Certes, un petit verre n'est pas une bouteille, mais le fait de le boire déblaie la route pour les suivants. Tout comme on ne tombe pas dans le banditisme du jour au lendemain, on arrive à l'alcoolisme par étapes : c'est en buvant petit verre après petit verre qu'on y arrive tout doucettement.

Alcoolisme qui, lui-même, mène à autre chose – chômage, divorce, accident fatal, délinquance, meurtre, etc.

Vous trouvez que je dramatise ? Ce n'est pas moi qui dramatise ; c'est la réalité qui est dramatique. Lisez les faits divers. Fréquentez les forums de discussion.

Vous admettez que oui, l'alcool mène à l'alcoolisme et à diverses catastrophes, mais vous ne vous sentez pas concerné ?

Tant mieux si vous ne l'êtes pas !

Ceci dit, personne ne se sent concerné.

Même ceux qui le sont.

Et puis si je vous dis tout ça, ce n'est pas pour vous faire peur... enfin si, c'est pour vous faire peur : si vous voyez clairement où mène la route, vous n'aurez plus envie d'y marcher. L'alcool est un chemin où l'on titube les yeux fermés ; dès qu'on les ouvre, dès qu'on sort de ce mauvais rêve, on ne comprend plus ce qu'on fait là.

J'ai pris l'alcool comme exemple, mais vous pouvez le remplacer par n'importe quelle autre substance addictive.

Dire « Ce n'est pas un petit [...] qui... », c'est oublier qu'un seul petit pas dans la mauvaise direction rend infiniment plus faciles et probables d'autres pas dans la même direction, et, par contre, rend beaucoup plus difficile ce qui est devenu du coup un changement de cap.

On descend comme on monte : un pas après l'autre, un petit choix après l'autre. Sauf que lorsqu'on monte, on peut toujours faire une pause, tandis que lorsqu'on descend, la pente se fait de plus en plus en glissante.

Chaque petite décision nous rapproche du sommet de la montagne, ou du fond du gouffre.

L'alliance du mal

Mais « petit » compte pour une autre raison encore.

Car le « petit » verre ne se contente pas de déblayer la route pour les verres suivants... il la goudronne aussi pour d'autres mauvaises habitudes.

Regardez autour de vous, et vous remarquerez que les gens qui picolent enchaînent presque tous clope sur clope.

Il y a un lien.

Le petit verre n'appelle pas seulement le petit verre suivant ; il invite aussi le paquet de cigarettes. Puis, les deux compères alcool et tabac battent le rappel des impôts auto-infligés (loto, tiercé, etc.)

Qu'est-ce que cela révèle ?

Que le mal est l'allié du mal, auquel il conduit.

C'est pourquoi un « petit » verre ou un « petit » joint est plus important qu'il n'en a l'air : il ne savonne pas seulement sa propre pente. Il négocie aussi l'admission de tous ses complices.

Autre exemple de mal qui appelle le mal : par peur de la solitude une femme se met en couple avec un homme stupide et violent ; pour le supporter, elle se met au Nutella ; comme elle grossit, il la traite de « gros tas » ; pour perdre du poids, elle se met à fumer.

Je m'arrête là, mais ça ne s'arrête certainement pas là... C'est un peu comme marabout-bout de ficelle : un mauvais choix conduit à un autre, qui conduit à un autre, qui conduit à un autre, etc. Tous les mauvais choix se tiennent par la main.

Ainsi les témoignages des personnes qui ont repris l'alcool ou la cigarette après avoir arrêté révèlent que leur rechute a généralement été précédée par un acte ou un comportement qui allait dans le mauvais sens.

L'ex-buveur a piqué une grosse colère contre sa femme... et il a rebu. L'ex-fumeur a pris un whisky... et il a refumé. L'ex-fumeuse s'est donné un genre pour séduire un inconnu lors d'une soirée... et elle a replongé.

Comme par hasard, ce n'est jamais après avoir donné de l'argent à un pauvre, fait une déclaration d'amour à son conjoint légitime, escaladé une montagne, ou raconté une belle histoire à ses mouflets après les avoir bordés dans leurs lits, que l'on tombe ou retombe dans l'ornière d'une mauvaise habitude.

Deux axiomes fondamentaux

Et de même que le mal est l'auxiliaire du mal, le bien est celui du bien. Un bon choix conduit à un autre, qui conduit à un autre, qui conduit à un autre... tous nos bons choix sont solidaires.

Avez-vous remarqué que la plupart des sportifs s'abstiennent de fumer ?

Un bon choix (faire du sport) les conduit à en faire un autre (dire non à la cigarette).

Au fond, tout se passe comme si, après avoir fait un bon choix, l'éventail se décalait vers le meilleur : de nouvelles options, bien supérieures, apparaissent soudain. Et de même, après un mauvais choix, l'éventail des possibilités se décale vers le pire : pour le choix suivant les meilleures options ne seront plus disponibles.

Le mal appelle le mal ; le bien appelle le bien. Si vous comprenez vraiment ces deux axiomes fondamentaux, beaucoup de phénomènes apparemment aléatoires ne le seront plus à vos yeux.

Examinez le monde et votre vie à la lumière de ce principe et non seulement vous verrez la logique cachée sous les coïncidences, mais vous prendrez plus facilement de bonnes décisions et de bonnes habitudes.

À retenir

- Quand un « pour une fois » se répète souvent, on appelle ça une habitude.
- « Petit » a des conséquences.
- Le mal appelle le mal ; le bien appelle le bien.

Conseil

► Si vous avez une mauvaise habitude, ayez le courage de la regarder en face. C'est une des conditions à remplir pour s'en libérer.

L'ennemi intérieur

Si quelqu'un vous conseillait de vous autodétruire, que penseriez-vous de lui ?

Cette petite voix insidieuse, perverse, qui vous conseille de vous suicider avec de l'alcool – ou toute autre substance – est la voix d'un ami qui vous « veut du bien » à sa manière bien spéciale.

La voix de qui ?

Bien souvent on prend ce faux-ami, ce traître pour nous-mêmes... sa voix nous fait l'effet d'être la nôtre.

Mais cette voix étrange qui veut notre perte, et qui argumente dans notre tête en se faisant habilement passer pour nous, n'est pas nous. Elle n'a rien de commun avec l'enfant que vous étiez ; rien à voir avec ce petit garçon ou cette petite fille naïve qui voulait aimer, apprendre, jouer et rire ; aucun rapport avec celui ou celle qui peignait des nouilles pour en faire un collier (un cadeau pour sa maman) et dont le cœur battait plus fort le soir de Noël.

Cette voix, ce n'est pas non plus celle de votre surmoi. Ni celle de votre intuition ou de votre ça.

À qui appartient-elle donc ?

À l'ennemi intérieur.

Tout le monde en a un

Vous n'êtes pas le seul ou la seule à être doté d'un compagnon de ce genre. Tout être humain sur cette planète en a un, et s'en accommode plus ou moins bien. Qu'il l'admette ou non, chacun héberge une instance qui aime gâcher et détruire : on a tous, en soi, une petite voix maléfique et perfide qui argumente en faveur des mauvais choix.

Réalité

Peu importe, ou du moins peu importe pour nous dans le cadre de ce livre, si l'ennemi intérieur est un être réel, ou juste l'allégorie immatérielle de nos mauvais penchants et de nos tendances destructrices et autodestructrices : dans tous les cas l'ennemi intérieur est là, et s'emploie à nous nuire.

Guerre

Dans la guerre qu'il nous livre, l'ennemi considère que tous les coups sont permis. Peu lui importe sous quel masque il se présente, tant que celui-ci lui permet de nous convaincre de l'écouter et d'agir selon ses suggestions. L'ennemi intérieur ne nous veut que du mal, exactement comme les fournisseurs d'alcool et de drogue ne nous veulent que du mal : notre déchéance est leur gagne-pain.

Pour vous convaincre de le suivre, il se fera tour à tour agressif et sucré, hostile et amical : votre meilleur ami… L'ennemi veut votre perte, toute votre perte, et ne veut rien d'autre que votre perte. Si vous n'êtes pas totalement réfractaire à l'idée du suicide, il cherchera à vous convaincre que c'est une bonne idée, et vous indiquera toutes sortes de moyens d'y parvenir.

Réconciliation ?

Certains thérapeutes et psychologues prétendent que nous devons apprivoiser notre ennemi intérieur, qu'ils appellent parfois « l'ombre ». Nous devrions l'apprivoiser, le recycler, l'intégrer, le réintégrer... bref, nous réconcilier avec lui.

Mais l'ennemi intérieur est un ennemi, et le restera.

La seule manière dont la chèvre de Monsieur Seguin puisse se réconcilier avec le loup, c'est en le laissant la dévorer : le Mal reste le Mal, même quand on l'aime. L'ennemi intérieur ne lâche jamais le morceau. Personne ne peut l'apprivoiser. Les psychologues qui s'imaginent qu'on peut vivre en paix avec l'ennemi intérieur se font des illusions…

Auraient-ils cru à ses beaux discours ?

Les deux loups

Chaque être humain est accompagné par deux voix : l'une conseille le courage, la patience, la curiosité, l'effort, l'optimisme, la gentillesse ; l'autre – celle de l'ennemi – conseille de piquer une colère, d'insulter ceux qu'on aime, de sauter par la fenêtre du troisième étage, etc. Plus on se met à l'écoute de l'une de ces instances, plus elle parle fort ; plus on suit ses conseils, plus elle en donne ; plus on lui obéit, plus elle devient exigeante.

À ce propos, vous connaissez peut-être l'histoire suivante.

Un vieil Indien parlait un soir à son petit-fils du combat qui se livre à l'intérieur de chacun de nous :

— Il y a deux loups en l'homme. Le loup du mal... c'est l'orgueil, l'ingratitude, la haine, la rancœur, la jalousie, la tristesse, le regret, l'avidité, l'arrogance, la folie, le mensonge, la lâcheté... Et le loup du bien... c'est l'amour, le courage, la droiture, la dignité, l'espérance, l'humilité, la bonté, la gratitude, la générosité, la noblesse, la compassion... Dans le cœur de l'homme, ces deux loups se livrent une lutte sans merci.

Après avoir réfléchi un instant, le petit-fils demanda :

— Grand père, lequel des deux loups gagne ?

Le grand-père répondit simplement :

— Celui que tu nourris.

Mise en garde

En ce temps suspendu, en cette minute qui s'épanouit telle une rose entre deux abstractions désertiques (le passé d'un côté, le futur de l'autre), minute fraîche et silencieuse, disponible, à l'écoute, en cet instant bien précis, je vous mets solennellement en garde contre l'ennemi intérieur.

Ne le croyez pas.

Ne l'écoutez pas.

Lorsqu'il vous parle, ignorez-le.

Votre ennemi intérieur a de grandes jambes, de grandes oreilles, de grands yeux, de grandes dents... alors gardez votre galette et votre petit pot de beurre pour votre grand-mère ou votre petit déjeuner.

À retenir

• Cette petite voix diabolique qui vous pousse vers votre perte, ce n'est pas vous.

Conseil

► Mettez votre ennemi intérieur à la diète en traitant ses conseils perfides par le mépris.

L'AUTODESTRUCTION DE A À V

Chacun porte, en son for intérieur, un dictionnaire mental auquel il se réfère pour penser et faire ses choix.

Quand ce dictionnaire personnel comporte des définitions incorrectes celles-ci peuvent pousser à l'autodestruction, surtout quand les mots ainsi (mal) définis suscitent des émotions puissantes, des rêveries exaltantes.

Dans ce chapitre particulièrement important, nous allons corriger quelques-unes de ces notions erronées.

Accident

Saviez-vous que la probabilité de mourir accidentellement est déterminée par des facteurs qui, eux, n'ont rien d'accidentel ?

En d'autres termes, les accidents mortels sont prévisibles. Quand on fait tel et tel choix, quand on vit de telle et telle manière, on multiplie sa probabilité de trépasser accidentellement.

De retour d'une soirée bien arrosée, Philibert ou Salomé trébuche et se noie dans la Seine. Ou décide de grimper une échelle et tombe. Ou offre un cours de conduite gratuit à quelqu'un qui ne sait pas conduire.

Les habitudes autodestructrices ne se contentent pas de nous détruire : elles nous désignent comme cible aux accidents graves et mortels. Sans parler des prédateurs en tous genres : combien de jeunes filles n'ont été violées que parce que l'alcool qu'elles avaient bu les désignait comme des proies faciles ?

Aide

L'alcool, la cigarette, et les autres mauvaises habitudes pernicieuses apportent-ils de *l'aide* dans les moments difficiles ?

Constituent-elles une bouée pour naufragés ?

Lorsqu'on y a recours c'est ce qu'on croit.

À l'époque où j'étais professeur, j'avais horreur de devoir noter les élèves, horreur de leur mentalité, et par-dessus tout, horreur des programmes que j'étais censée leur enseigner. Inculquer à des élèves qui savaient à peine écrire les subtilités du déictique me paraissait une tâche absurde et contre-productive de nature à les dégoûter définitivement du français. Qui plus est, comme vous le savez déjà, je n'avais pas la vocation.

Alors, entre deux heures de cours, je buvais café sur café et je fumais cigarette sur cigarette, en compagnie d'autres professeurs tout aussi dégoûtés que moi avec qui je partageais mon amertume et mes récriminations. Hasard ou pas, ceux qui aimaient leur métier évitaient la salle fumeurs.

Caféine et nicotine m'aidaient à tenir.

Mais jouaient-elles vraiment le rôle de bouée salvatrice ?

Est-ce qu'elles m'empêchaient de couler complètement, *ou est-ce qu'elles m'empêchaient de nager jusqu'à la rive* ?

Si j'avais arrêté de me droguer, j'aurais dû choisir : soit arrêter l'enseignement, soit faire tout mon possible pour améliorer l'ambiance de mes cours. La pénibilité de ma situation m'aurait poussé à agir d'une manière constructive.

Se droguer quand on est dans une situation difficile, c'est un peu comme avaler un analgésique quand l'eau du bain est vraiment trop chaude. Comme on sent moins la chaleur, on la supporte avec stoïcisme. Malheureusement, c'est le même genre de stoïcisme dont fait preuve le homard dans son court-bouillon.

La drogue, et d'une manière générale les mauvaises habitudes, enchaîne à des situations intolérables en les rendant tolérables. Leur bouée est en plomb : elles figent dans le pire.

Alors que notre intelligence naturelle nous permettrait d'y échapper, si nous la gardions intacte.

Car la grande différence entre le homard et nous (mis à part le fait que nous marchons rarement à reculons au fond des océans dans une carapace à grosses pinces), c'est que celui-ci finira cuit de toute façon, alors que nous, les êtres humains, nous avons des ressources cachées : notre cerveau ultra-perfectionné est plein de neurones et d'astuce.

Dès qu'on renonce à la drogue et à son anesthésie, on commence à réfléchir au moyen de sortir du milieu invivable où l'on mijote et donc – après un temps qui peut être relativement bref – on en sort, à notre plus grande joie.

Amie

Vous croyez peut-être que la cigarette, ou la bouteille, ou n'importe quelle autre drogue à laquelle vous vous êtes habitué, est votre *amie* ?

Elle s'emploie à vous tuer aussi vite qu'elle peut, mais discrètement quand même, comme Thérèse Desqueyroux empoisonnant son mari... Vous lui faites confiance, vous vous réfugiez dans ses bras quand vous allez mal, elle vous sourit, elle vous réconforte, et ni vu ni connu, elle glisse un peu d'arsenic dans votre verre.

Vous lui faites confiance, elle vous trahit. Vous l'aimez, elle vous tue.

Avec des amis de ce genre, pas besoin d'ennemi.

Âge adulte

Les industriels du tabac ont longtemps milité pour que la cigarette soit interdite aux mineurs. Leur but n'était pas de protéger les enfants, mais plutôt de leur faire associer la cigarette à l'âge d'homme. L'interdiction de l'alcool aux moins de dix-huit ans part peut-être d'une meilleure intention, mais va dans le même sens.

Ces deux interdictions donnent l'illusion que s'autodétruire par l'alcool ou la cigarette a quelque chose à voir avec le fait d'être adulte. Conséquence : certains grands gaillards de trente ou quarante ans perçoivent le sevrage alcoolique ou tabagique comme une régression à l'âge puéril.

Pour eux, arrêter de fumer ou de boire, c'est redevenir un gamin impuissant qui n'a pas le droit de faire comme les grands. Perspective qui bien sûr ne les réjouit pas – elle ne réjouirait personne.

Mais même si le fumeur-buveur voit la cigarette et l'alcool comme des privilèges réservés aux personnes majeures, lorsqu'il consomme il n'en obéit pas moins à une logique infantile...

La logique du plaisir immédiat.

L'enfance ne calcule rien, ne prévoit rien. L'âge vraiment adulte est une conquête sur l'insouciance, l'égoïsme et la facilité : être adulte, c'est être capable de retarder un plaisir pour accomplir un devoir, donner la priorité à ce qui doit être fait (que ce soit la vaisselle ou un câlin à ses enfants) sur ce qui nous tente (que ce soit un film, une dispute ou du chocolat).

Le fait de s'empoisonner et d'empoisonner ses semblables – par le tabagisme passif, par les verres qu'on leur offre et par le mauvais exemple qu'on leur donne – parce qu'on aime ça et qu'on en a pris l'habitude n'est pas un signe très convaincant de maturité. Pour prouver qu'on est un « grand », il y a des preuves plus probantes. Être adulte au plein sens du terme n'a rien à voir avec la consommation de produits toxiques.

C'est même le contraire.

Le fumeur tire sur sa cigarette comme un bébé sur sa tétine. Quant à celui qui s'alcoolise, il *biberonne.* Il *tète* sa bouteille. Le fait de boire met le buveur dans un état de dépendance infantile ; il se cramponne à sa bouteille comme un morveux à sa mère le jour de la rentrée.

Ses facultés de raisonnement étant sévèrement altérées et sa coordination défaillante, ledit buveur se retrouve aussi très dépendant de son entourage – un peu comme un enfant, qui est incapable de survivre sans ses parents.

À propos d'alcool et d'infantilisation, l'histoire de Franck Daniel (racontée par le journaliste Éric Coder dans *Dealer légal*) est instructive.

Pendant des années, Franck Daniel a vendu de l'alcool pour le groupe Pernod-Ricard en bon petit soldat fidèle et dévoué. Noté et évalué par ses supérieurs comme un gamin par ses profs, il a fait tout ce qu'il devait faire pour leur plaire et vendre leur bibine.

Y compris picoler avec les clients tous les jours, de l'aube à pas d'heure.

Résultat ?

Au bout de dix ans, Franck Daniel commence à ressentir des douleurs d'estomac, puis vomit du sang. Il est ensuite victime d'une hémorragie anale atrocement douloureuse. Il passe sur le billard. On lui ôte dix centimètres de viscères ulcéreux. Pendant les cinq mois qui suivent, ses sphincters ne répondent plus. Il souffre d'incontinence et doit porter des couches.

Triste sort pour un adulte.

C'est à ça que conduisent l'alcool et la confiance placée dans les alcooliers.

Cadeau

Si votre dictionnaire mental a une définition un peu trop superficielle de « cadeau », cela peut aussi vous jouer des tours.

L'asticot qu'offre le pêcheur au poisson qui passe n'est pas donné sans contrepartie. Ce n'est pas un vrai cadeau, puisqu'il n'est là que pour dissimuler l'hameçon fatal. Un appât n'est gratuit qu'en apparence. Mais le poisson ne le sait pas... c'est pour ça qu'il se jette goulûment sur la larve.

Au début, quand on est encore vierge et inexpérimenté, quelqu'un est toujours ravi de nous initier à ceci ou cela : « Tu vas voir, c'est génial… C'est une expérience ; essaie au moins une fois. »

La première cigarette est toujours offerte ; le premier verre, on vous le paye ; la première ligne de coke est gratuite. C'est d'ailleurs l'une des raisons pour lesquelles on commence : parce que ça ne coûte rien et qu'on y est cordialement invité.

Mais, comme l'asticot bien dodu qui frétille au bout de l'hameçon, ces pseudo-cadeaux ont un coût caché.

On paye d'abord par divers malaises (la gueule de bois, la nausée, etc.). Le temps passant on paye aussi littéralement, avec son argent. Car le jour où fumer, boire, etc. est devenu un besoin, bizarrement plus personne ne nous invite.

Et plus le temps passe, plus on doit raquer, non seulement parce qu'on a besoin d'augmenter les doses, mais parce que le prix de la dose augmente sans cesse. Et pendant ce temps, le coût physique augmente aussi : on paye avec son foie, ses poumons, ses neurones... On paye avec son corps, on paye avec sa vie.

Quand il s'agit de drogue, tout *cadeau* se change à court ou moyen terme en impôt de plus en plus écrasant.

Courage

Vous croyez que l'alcool (ou n'importe quelle autre drogue) donne du courage ?

Elle favorise uniquement le passage à l'acte idiot.

Comme montrer ses fesses à des représentants de l'ordre, beugler dans les rues la nuit, faire la course en voiture sur l'autoroute, sauter dans le lit d'un(e) inconnu(e), tout casser dans un bar, se battre pour un regard de travers, etc.

Et le courage de passer à l'acte *intelligent* ?

La drogue nous en prive.

Elle nous rend indécis et tremblants devant la possibilité de reprendre nos études, de nous marier, de dénoncer une injustice, de construire quelque chose, d'avouer nos erreurs, de demander pardon.

La drogue nous rend lâches.

Dépendance

On définit parfois la *dépendance* comme l'incapacité à arrêter ceci ou cela, mais cette définition n'est pas la bonne, car on peut toujours arrêter.

La dépendance, c'est tout simplement la force et l'emprise d'une mauvaise habitude.

C'est pour ça qu'on peut être dépendant au jeu, dépendant aux polémiques stériles, dépendant à n'importe quel comportement malsain et nocif, même en l'absence de substance toxique.

C'est aussi pour cela que la phrase classique : « Je peux arrêter quand je veux » n'a aucun sens. Ou plutôt, elle a le sens d'un aveu. Car ce qui révèle la dépendance la plus grave, c'est précisément le fait de ne pas vouloir arrêter.

Celui qui veut mettre un terme à une habitude pernicieuse, mais qui pour l'instant n'y arrive pas, est moins dépendant que celui qui veut la garder...

La première étape de la liberté, c'est de la désirer.

Égalité

Si votre dictionnaire mental héberge une définition radicale et dépourvue de nuance de l'*égalité*, ça peut aussi être un problème.

Même si à première vue, on ne voit pas le rapport, certaines jeunes femmes (dont j'ai fait partie) boivent et fument par féminisme.

Ce n'est pas toujours très conscient, mais elles veulent prouver qu'elles ne sont pas des gentilles filles... prouver qu'elles sont aussi résistantes et solides que les hommes, qu'elles sont leurs égales.

Mais c'est idiot, car :

1/ Il est évident que n'importe quelle femme peut aussi bien se saouler que n'importe quel représentant du sexe poilu, de même que n'importe quelle femme peut devenir clocharde. Non seulement ce n'est pas une nouvelle particulièrement réjouissante, mais ce n'est pas une nouvelle du tout : on le sait et on le constate depuis longtemps.

2/ D'un point de vue biologique, anatomique, hormonal et neuronal, les hommes et les femmes sont différents. Une féministe qui boit « comme un homme » pour démontrer qu'elle est son « égale » n'a, par conséquent, pas prouvé qu'elle est semblable à un homme. Elle a seulement prouvé qu'elle éprouve le besoin de prouver quelque chose qui ne peut pas l'être.

Bref, l'autodestruction n'a pas de sexe, ni d'ailleurs de cerveau, et toutes les égalités ne sont pas bonnes à prendre. Personnellement, je me passe très bien que les femmes soient sous-représentées parmi les éboueurs.

Fête

Associez-vous l'alcool et la cigarette à la fête ?

Croyez-vous qu'on ne peut s'amuser sans ces deux poisons ?

Ce qui rend les fêtes agréables et mémorables, ce sont les amis qui y participent, la bonne nourriture qu'on y partage, la danse et les conversations.

Pas l'alcool ni le tabac.

La preuve ? Essayez de vous amuser tout seul avec une bouteille de whisky et un paquet de cigarettes, et comparez avec une soirée passée entre amis ou en famille autour de crêpes arrosées de jus d'ananas et de lait fermenté. La différence vous sautera aux yeux.

Gérer

Gérer, maîtriser... vocabulaire complètement décalé quand on parle d'alcool ou de n'importe quelle autre drogue.

Ceux qui boivent tous les week-ends se plaisent à croire qu'ils « maîtrisent leur consommation d'alcool ». En réalité, ce sont des buveurs qui ne sont pas *encore* alcoolisés 7 jours sur 7. Et ceux qui boivent tous les jours mais pas toute la journée ne sont pas des « bons vivants qui gèrent bien », comme ils se l'imaginent, mais des alcooliques qui ne sont pas *encore* sous l'emprise de l'alcool 24h sur 24.

Vous trouvez ce point de vue trop pessimiste ?

Supposons que quelqu'un descende une pente enneigée à skis. Il a appris à descendre, mais n'a jamais appris à monter. Ça fait des semaines, des mois, des années qu'il dévale cette pente. Il a commencé tout doucement, puis petit à petit, très progressivement, il a pris de la vitesse. À votre avis, où va-t-il arriver ?

En haut de la pente, ou en bas ?

Je pense que vous voyez ce que je veux dire.

Intelligence

Si pour vous l'intelligence est quelque chose d'inné et de fixe comme la couleur des yeux, si vous croyez qu'on est intelligent ou qu'on ne l'est pas, quoi qu'on choisisse et quoi qu'on fasse, alors...

Repensez-y.

L'intelligence est un muscle : plus on s'en sert, plus elle se développe. On est d'autant plus intelligent qu'on se *sert* de son intelligence – et on est d'autant plus stupide qu'on la laisse au garage.

Mais il y a pire que laisser son intelligence au garage.

Il y a la jeter contre un platane.

Se droguer, fumer, boire, c'est attaquer sauvagement son intelligence. Et comme celle-ci n'est ni fixe, ni inaltérable, elle en souffre. Elle se ratatine.

Notre intelligence croît ou décroît selon nos choix. Quand on fait le choix idiot de s'autodétruire, c'est son intelligence et sa logique qu'on détruit en premier, en commençant par ses neurones.

Un(e) abruti(e) n'est pas quelqu'un qui est né stupide. Un(e) abruti(e) est quelqu'un qui a pris l'habitude de s'abrutir, démissionnant ainsi de sa dignité d'Homme ou de Femme et trahissant son âme.

Heureusement pour nous, nous gardons toujours l'étincelle précieuse qui nous permet de nous purifier, de nous redresser, d'épousseter notre dignité bafouée... si nous en décidons ainsi. Mais il faut garder à l'esprit qu'il est beaucoup plus difficile de monter que de descendre et que plus on attend, plus la rédemption devient hypothétique.

Illumination

Croyez-vous que la drogue va vous ouvrir les portes d'un monde merveilleux, une réalité parallèle que vous allez pouvoir explorer à votre guise et dont vous allez ramener d'éblouissantes prises de conscience, des *illuminations* transcendantales ?

« Le Poète se fait voyant par un long, immense et raisonné dérèglement de tous les sens », a dit Arthur Rimbaud (1854-1891).

Plusieurs décennies plus tard, le poète belge Jean Dypréau (1917-1991) lui rétorque : « La vérité que l'on trouve dans le vin redevient mensonge dans l'eau claire. »

De ses plongées dans la drogue, Rimbaud n'a pas ramené ses plus beaux poèmes. Plutôt les pires : des phrases qui mises bout à bout n'ont aucun sens décelable, des *Illuminations* qui n'ont de lumineux que le titre, *Une saison en enfer* qui dura plus que prévu…

Et au final, Rimbaud est devenu trafiquant d'armes.

Quel pitoyable dénouement pour un poète.

Arthur a cru que la drogue lui donnerait accès à une autre réalité, ou à la face cachée de cette réalité-ci. Mais ce à quoi la drogue lui a donné accès, c'est à la déchéance, à la médiocrité, et finalement au destin et à la mort prématurée d'un marchand de mort.

À propos d'illumination, vous avez peut-être déjà entendu parler de Carlos Castaneda (1925-1998), romancier malhonnête qui s'est fait passer pour un anthropologue. Ses livres sont des fictions déguisés en autobiographies.

Dans son œuvre, il dresse un portrait très séduisant du Peyolt, drogue mystérieuse et fascinante s'il en fut. Par elle, les sorciers toltèques accéderaient à d'autres mondes, ou à une autre perception fut – plus fine, plus vraie – de notre monde.

Mais en réalité le Peyolt est l'équivalent du gros rouge : les alcooliques qui dorment dans la rue ont eux aussi leur petit monde à eux.

Une drogue peut être exotique, prestigieuse et recouverte de plusieurs couches de mysticisme, de littérature et d'anthropologie, sous les plumes de paon dont elle se pare, elle n'en reste pas moins un sinistre vautour qui ne mérite que des noms d'oiseau.

Liberté

Parlons maintenant d'une notion qui vous tient à cœur j'en suis sûre : la liberté.

Le mot *liberté* est certainement l'un de ceux qui font le plus rêver.

Depuis la Révolution française, ce mot magnifique a pris de plus en plus d'ampleur dans l'imaginaire collectif. Ses connotations positives se sont étoffées, enrichies... jusqu'à ce que la *liberté* miroite comme un idéal grandiose, infiniment désirable. Un but en soi, un but ultime.

Et pourtant, on ne sait toujours pas ce que ça signifie concrètement, « être libre ».

On peut bien sûr illustrer ce concept par la scène de *Titanic* où Rose et son blondinet, perchés à la proue du bateau fatal, semblent prendre leur envol sur une musique enivrante et un ciel splendide, mais ça ne nous dit pas ce qu'il en est de la liberté dans la vie quotidienne.

La liberté comme autodestruction

Dans l'une de ces chansons les plus déchirantes, Mano Solo exprime sa conception de la liberté :

> « La liberté se paye / D'un linceul de regrets / Mais ai-je vraiment eu tort ? / Tous les chemins ne mènent-ils pas à la mort ? / Qui n'échangerait pas cent ans d'ennui contre trente-cinq ans de vie ? »

Pour lui la liberté est la combustion rapide de la vie, la chandelle brûlée par les deux bouts, la dépense effrénée de ses ressources vitales… En d'autres termes, l'autodestruction.

Autodestruction qui conduit aux regrets (« Si je ne m'étais pas drogué... si je n'avais pas eu des relations sexuelles non protégées... si… si... »), mais que l'on justifie tout de même en se disant que de toute façon, tous les chemins mènent à la mort, et qu'au moins, on en a bien profité.

Dans cette vision des choses la liberté c'est la liberté-de-faire-n'importe-quoi-d'autodestructeur. La liberté serait un choix, celui d'une vie intense et courte : on aurait à choisir entre diverses options, et la liberté serait l'une de ses options.

Pour leur plus grand dommage, beaucoup d'individus partagent ce point de vue.

La liberté comme choix

Mais en réalité la liberté n'est pas un choix parmi d'autres possibilités, la liberté *est* le choix. À partir du moment où l'on choisit – et quoi que l'on choisisse – on est libre.

La liberté, ou libre-arbitre, c'est cette caractéristique fondamentale de l'être humain qui fait qu'il a le choix entre ceci et cela… quel que soit le *ceci* et quel que soit le *cela.*

On peut avoir selon les circonstances et selon le choix une impression plus ou moins grisante de liberté – impression toute subjective –, mais il n'en reste pas moins que la liberté se situe à un niveau plus basique, et qu'elle se définit plus ou moins comme suit : être libre, c'est avoir le choix ; être libre, c'est faire des choix.

Et ce n'est pas parce qu'on choisit la cigarette, la drogue, l'alcool, le refus de tout engagement, le sexe avec des partenaires multiples, et de danser nu(e) sur une table qu'on est *plus* libre, *davantage* libre, que si on avait choisi le lait, la vie à la montagne, le jus de pomme fait maison et le mariage le plus archaïquement monogame.

Lorsqu'on se drogue, qu'on se livre aux expériences sexuelles les plus désordonnées ou à l'alcool, on n'est pas plus libre que si on se livrait à des activités plus pépères, telles que la collection de timbres du Brésil, l'arrosage de son jardin ou la préparation d'un repas pour ses mari et enfants (liste non exhaustive bien sûr).

Libre pour combien de temps ?

Lorsqu'on commet l'erreur linguisticologique de confondre la liberté *de se détruire* avec la liberté tout court, on est condamné à ne pas être libre bien longtemps.

En effet pour être libre la première condition c'est d'être en vie. Seuls les vivants ont le choix. Les morts n'ont plus aucun choix. Ils ne peuvent même pas protester contre la garniture déplorablement cucul de leur cercueil, ou contre les vers qui leur grignotent les globes oculaires.

Être libre, c'est être vivant.

Être vivant, c'est être libre.

Lorsque Mano Solo, ou quelqu'un d'autre, se console d'avoir choisi la mort en se disant : « du moins j'ai été libre », il est victime d'une illusion d'optique. Non seulement il n'a pas été plus libre que s'il avait protégé sa santé et épargné pour sa retraite, mais sa liberté aura duré ce que durent les roses : l'espace d'un matin.

Mano Solo est mort le 10 janvier 2010, à l'âge de 46 ans, des conséquences du sida.

Récompense

Passons maintenant à un autre concept délicat : celui de *récompense.*

Méritez-vous une petite récompense ?

Certainement.

Mais ni l'alcool, ni aucune autre drogue ne sont des récompenses. Plutôt des châtiments. Vous le sauriez si on vous en avait fait avaler de force.

Alors imaginez que votre pire ennemi vous ligote sur une chaise, vous fourre brutalement un entonnoir dans la bouche malgré votre résistance, et commence à vous gaver de votre poison favori en riant comme une hyène. Il veut vous transformer en pantin, en loque, en crétin. Il veut vous voir vaciller, trébucher, éructer. Il veut vous abrutir et vous humilier. Il veut votre déchéance complète.

Eh bien, cet ennemi existe.

Mais il n'a pas le pouvoir de vous ligoter sur une chaise...

Il a seulement celui de vous chuchoter perfidement au creux de l'oreille : « Il faut profiter, t'as qu'une vie, éclate-toi ! » Ou : « Vas-y, lâche-toi, c'est les vacances... » Ou : « Allez, fais-toi plaisir, tu as bien droit à une petite *récompense...* »

Révolte

Comme *liberté, révolte* est un mot qui fait rêver.

Il suscite dans l'imagination toute une flopée d'images – le portrait de Che Gevara, la foule déchaînée aux portes de Versailles, un esclave noir brisant ses chaînes, et parfois aussi, bizarrement, un paquet de gitanes et une bouteille de vodka.

Beaucoup de gens ont commencé à fumer par esprit de contradiction, simplement parce qu'on le leur avait interdit.

Moi quand je fumais ou que j'engloutissais des frites au Macdo, j'avais l'agréable sensation de faire un pied de nez à mes parents, qui eux sont fidèles à l'air pur et aux carottes râpées.

Associez-vous les notions de rébellion et de révolte à la consommation d'alcool, de cigarettes, ou de drogues plus dures ?

Si, comme moi avant, vous confondez habitudes autodestructrices et révolte, je vous propose maintenant d'examiner l'autre côté de la question.

La soumission des révoltés

Autant la révolte est attirante, sexy, autant la soumission l'est peu. Et pourtant révolte et soumission forment un couple indissoluble, ce qui fait que toute révolte contre quelque chose est simultanément une soumission à autre chose. On ne peut pas être révolté sans être soumis, et vice-versa.

Ainsi ceux qui se révoltaient contre Hitler se soumettaient à certains principes de vérité et de justice et ceux qui se soumettaient à Hitler désobéissaient à leur conscience – car celle-ci ne perd jamais complètement le sens du bien, du mal, et de la différence entre les deux.

Quand on boit, fume, sniffe, quand on fait n'importe quoi de son corps, on se révolte, oui. Mais on se soumet aussi.

On se révolte contre les conseils du bon sens et de ses parents et on se soumet au plaisir immédiat, et à tout ce qui y incite : les pulsions, la tentation de la facilité, la lâcheté, l'ennui, l'angoisse, le désespoir, le nihilisme, l'égoïsme. Et bien sûr l'ennemi intérieur, qui se réjouit de notre docilité.

Pseudo-révolte

Mais au fond, j'ai tort de parler de révolte à propos du tabagisme et des autres habitudes nocives.

En effet la révolte implique un mouvement de rébellion contre une autorité établie, or passé l'enfance, personne ne nous force à faire de bons choix.

Si, quand vous aviez sept ans, votre mère vous disait de vous brosser les dents, aujourd'hui, plus personne ne vous l'ordonne. En ne vous les brossant pas, vous ne vous rebellez pas. Ce n'est qu'à un ordre fantomatique dans votre tête que vous désobéissez, à un souvenir qui n'a plus aucun pouvoir réel.

La sagesse n'est pas une autorité établie ; juste une petite voix qui murmure tout bas... « Un frisson d'eau sur de la mousse », dit le poète Verlaine. Il est très facile de ne pas tenir compte de ce filet de voix cristalline. Il n'y a rien d'héroïque à faire comme si on ne l'avait pas entendu.

« Oui, monde... »

Quant à la « révolte » qui consiste à fuir la réalité, elle ne mérite pas ce nom.

Frédéric Beigbeder, connu pour ses romans satiriques mais aussi pour sa participation à des événements festifs abrutissants, a dit en toute connaissance de cause :

> « Les fêtes défoncées d'adolescent attardé ne sont qu'obéissance docile à la marche du monde ».

Effectivement, se droguer d'une manière ou d'une autre, ce n'est pas seulement se soumettre à ses pulsions et désobéir à la sagesse... C'est aussi dire « oui » au monde moderne.

À quoi nous incite-t-il, ce monde moderne ?

Il nous incite à nous excentrer. À nous oublier dans des images, des joies et des tristesses d'emprunt, des vies qui ne sont pas les nôtres. À nous griser de sang, de cris, de sexe, de gadgets et de dépenses. À oublier complètement notre existence, nos rêves personnels, nos aspirations profondes, et bien sûr nos responsabilités (les trois étant étroitement liés). À flotter à la surface de tout, et de nous-mêmes, sans rien approfondir et sans rien comprendre, sans même chercher à comprendre. À devenir le pire que nous puissions devenir.

Bref, le monde moderne fait tout pour annihiler la force et la dignité qui, naturellement, sont les nôtres.

Or quand on se drogue, quand on s'autodétruit d'une manière ou d'une autre, on lui dit en substance ceci :

« Oui, Monde, je t'accepte et même je t'aime ; oui Monde, tu es tout ce que je veux ; oui, Monde, je suis prêt à tout pour continuer sur cette autoroute qui est la tienne… Pour continuer avec les autres robots… Et comme mon existence en ton sein, ô Monde, est (je ne sais pas pourquoi et je ne veux pas le savoir) insupportable telle quelle, la drogue m'aidera. Elle m'aidera à la rendre supportable sans rien y changer d'essentiel. La drogue est mon alliée, ma béquille, mon soutien. Sans elle, je ne voudrais plus de toi ; sans elle, je serais obligé de réviser mes croyances et mes choix, et c'est ce que je ne veux pas. De toute façon, je t'ai choisi, ô Monde : tu es ma patrie, ma maison... Il n'y a que toi de réel, ô Monde, ô Big Brother, ô chère matrice ! »

Bref, en se droguant on nage dans le sens du courant.

Or qui nage dans le sens du courant ?

Pas les Jules Vallès.

Pas les Louise Collet.

Ceux qui se laissent glisser, dévalant la pente du plaisir immédiat et de l'oubli, ressemblent beaucoup moins à Che Guevara qu'à des poissons morts.

Séduction

Associez-vous l'alcool et la cigarette à la séduction, la drague ?

Pour moi, un homme qui buvait et fumait était plus désirable qu'un autre.

Le fumeur-buveur incarnait à mes yeux l'insouciance, la liberté, une révolte contre toutes les ennuyeuses responsabilités, un défi à l'ordre établi.

Comme vous l'avez compris c'est l'inverse : le pilier de bar est l'un des piliers (branlants) de la société telle qu'elle divague.

Mais ça, je ne l'ai compris que beaucoup plus tard.

Ce n'est probablement pas un hasard si je suis tombée follement amoureuse d'un homme accro à son Picon bière et à ses Lucky Strike. Les idées que j'avais dans la tête altéraient ma vision. Elles me cachaient son nez rouge, son haleine au goudron et son teint terreux.

Et pour lui faire comprendre qu'on était complémentaires, je me suis mise à la vodka et aux cigarettes roulées. Ce qui n'a rien fait pour ma beauté extérieure...

Ni pour ma beauté intérieure.

Suicide

Légale ou illégale, la drogue est un moyen de se suicider lentement.

Mais la drogue est aussi une route qui mène au suicide rapide et direct.

Sous l'emprise d'une substance toxique, on se persuade beaucoup plus facilement que se tuer est une solution.

Si vous ne voulez pas vous tuer, arrêtez de vous droguer.

Virilité

Certains associent encore le très viril cow-boy de Marlboro aux cigarettes qui l'ont tué. (Deux des acteurs qui ont tenu ce rôle sont morts d'un cancer des poumons, conséquence de leur tabagisme.) D'autres s'imaginent que *tenir l'alcool* est la preuve qu'on est un homme, un vrai.

Cette expression est bizarre. Que tient-on quand on tient l'alcool ? Rien. En réalité, c'est l'alcool qui tient le buveur. Même chose pour la cigarette : quand on en tient une c'est elle qui nous tient.

Alors pour finir, disons quelques mots des rapports contradictoires entre drogue et masculinité...

Boire et fumer rendent les érections beaucoup plus rares et précaires et réduisent la qualité et la quantité des spermatozoïdes dans le sperme. Avec des conséquences désastreuses sur la santé physique et mentale des enfants issus des spermatozoïdes déformés de ce sperme bas de gamme.

Le fait de boire de l'alcool ou de fumer n'augmente pas plus la virilité qu'une vasectomie. Alcool et cigarette sont dévirilisant ; ils rendent de moins en moins homme, de plus en plus eunuque.

À retenir

- La bouée de la drogue coule ceux qui s'y accrochent ; son amitié est la pire des trahisons ; ses cadeaux sont des impôts.
- Les enfants cherchent avant tout le plaisir ; être adulte, c'est être capable de faire passer le devoir avant.
- Les « illuminations » que l'on trouve dans la drogue ne sont que de vains vers luisants. La « vérité » apportée par l'ivresse s'en va avec la gueule de bois.
- La liberté ne se confond pas avec la liberté de faire n'importe quoi. Qu'il soit bon ou mauvais, tout choix témoigne de notre libre arbitre.
- L'autodestruction est une révolte contre la sagesse et le bon sens, mais c'est aussi une soumission au désordre du monde... Le fêtard chronique et le drogué sont des béni-oui-oui.

Conseil

► Si vous souhaitez être adulte, intelligent, libre, révolté et séduisant le plus longtemps possible, prenez le chemin qui monte.

Lecture recommandée

□ ***Carlos Castaneda : la vérité du mensonge*, de Christophe Bourseiller**. À lire si vous avez été séduit par les écrits du simili-anthropologue.

Comment arrêter pour de bon

Comment arrêter pour de bon n'importe quelle mauvaise habitude ?

Si je ne peux pas vous donner une méthode clef en main, je peux du moins vous aider à prendre conscience de ce qu'un tel arrêt demande et implique. Pour mettre un terme à une habitude néfaste, il faut :

◆ Changer de point de vue sur l'habitude en question.

Quand vous la verrez dans toute sa laideur, quand vous aurez clairement conscience de toutes les conséquences catastrophiques et inéluctables qu'elle traîne après elle comme des casseroles accrochées à la queue d'un chien, vous serez beaucoup plus motivé pour vous en débarrasser.

Cette étape nécessite généralement de se renseigner et de réfléchir par écrit. Par exemple si vous êtes toujours en retard, vous devriez mettre par écrit ce que vous coûte une telle habitude. Si vous êtes fumeur, vous devriez vous renseigner sur tous les effets de la cigarette. Et ne me dites pas que vous les connaissez déjà. Savoir que c'est « mauvais pour la santé » ne suffit pas. Il faut des informations détaillées et précises. Des informations le plus gore possible. Pour renoncer à la cigarette, vous devez être si bien renseigné que vous en avez des haut-le-cœur.

◆ Changer de point de vue sur soi-même.

Tant qu'on se voit comme « un fumeur », « quelqu'un de désordonné », etc., on ne peut pas virer l'habitude ainsi logée au cœur de son identité. Il est nécessaire de se désidentifier du défaut dont on veut se libérer pour s'en libérer ; nécessaire de se redéfinir en d'autres termes. Voici ce qu'en dit Anthony Robbins :

> « Le grand problème d'un individu dont l'identité est celle d'un drogué est qu'il ne sait pas comment redéfinir qui il est. Devient-il *un drogué en cure de désintoxication* ? Cela ne change pas son identité, mais décrit uniquement l'état dans lequel il est. Est-il *désintoxiqué* ? Cela ne change pas non plus son identité, car ce terme présuppose pour la plupart des gens un état temporaire ; de plus, la drogue demeure la perspective dans laquelle cet individu se définit lui-même. Il ne peut changer son comportement qu'en développant la conviction qu'il est totalement libéré de la drogue et qu'il est maintenant un chrétien, un musulman, un juif ou un bouddhiste, ou encore qu'il est devenu un leader – ou autre chose, mais non plus *un drogué*. »

Il est à noter que certaines définitions de soi apparemment positives ont, au fond, le même sens que l'identité de « drogué ». Par exemple si vous vous définissez comme « un bon vivant », ou comme « quelqu'un qui aime ce qui est bon », c'est probablement une manière de faire référence à l'habitude bien ancrée de boire autre chose que de l'eau. De telles étiquettes sont des euphémismes valorisants pour « alcoolique ».

◆ Changer de contexte.

Les mauvaises habitudes sont parfois une manière de réagir à des situations stressantes. On fume, boit... pour supporter l'insupportable. Dans ce cas, un changement de contexte serait peut-être utile. Si votre travail est générateur d'une tension trop forte pour vous, il se pourrait qu'un changement professionnel soit à l'ordre du jour. Si vous ne pouvez pas ou ne voulez pas changer de travail, l'arrêt de votre mauvaise habitude sera plus difficile, mais reste possible.

◆ Élargir le cercle de ses relations.

À supposer que tous vos amis aient la mauvaise habitude dont vous souhaitez vous libérer, il sera peut-être nécessaire de vous faire de nouveaux amis qui, eux, soient déjà ce que vous souhaitez devenir. Vous n'avez pas besoin de dire adieu à vos vieux amis, mais vous avez probablement besoin d'élargir le cercle de vos relations.

◆ Prendre une vraie décision.

Une erreur très commune consiste à croire qu'un outil (hypnose, patch, etc.) peut remplacer une décision. Les changements définitifs résultent de choix fermes et irrévocables : pour vous libérer d'une habitude, vous devez *décider* d'arrêter. La méthode la plus efficace ne vous servira à rien tant que vous n'aurez pas pris la décision irréversible de mettre fin à l'habitude qui vous pèse... Comme vous le savez déjà, sans volonté rien ne suffit.

À retenir

• Une mauvaise habitude est plus qu'une mauvaise habitude : c'est une pièce reliée à d'autres pièces dans le puzzle d'une vie. Pour enlever cette pièce sans ressentir un manque, il faut changer d'autres pièces du puzzle, procéder à une réorganisation globale.

• Notre image-de-soi limite nos choix ; la changer permet d'élargir l'éventail.

• Rien ne saurait remplacer une décision.

Conseils

► Élargissez votre vision. Donnez-vous les moyens, tous les moyens, d'arrêter définitivement l'habitude qui vous fait du tort.

► Cherchez les témoignages de ceux qui ont réussi à faire ce que vous voulez faire.

Partie V

Le meurtre de soi démystifié

J'en prendrai tant qu'il le faudra dans la figure,
mais je ne renoncerai pas à mon droit de vivre.
André Bitton

Alcool, cigarette, etc., mènent lentement à la mort ; parlons maintenant de la voie rapide. Vous pensez au suicide ? Ou vous y avez déjà pensé un jour ou l'autre ? Vous n'excluez pas cette possibilité pour le jour où vous serez vieux et fatigué ?

Bienvenue dans le club. Un club où il y a beaucoup de monde...

Beaucoup trop.

La question du suicide renvoie à celle du sens de la vie – celui qu'on lui donne et plus encore celui qu'on lui trouve. Ou plutôt qu'on ne lui trouve pas. Elle est étroitement liée à ce que chacun a de plus personnel : sa ou ses raisons de vivre. Cette partie est l'une de plus importantes de *Marre de la vie*. Elle changera le regard que vous portez sur le suicide, et peut-être sur votre existence. Lisez-la avec la curiosité pénétrante et perspicace qui vous caractérise, même si vous n'êtes pas tenté par cette forme d'autodestruction : .vous vous mettrez ainsi à l'abri pour l'avenir. Qui, d'ailleurs, sera peut-être radieux... Ça dépend surtout de vous.

En cas de tentation

Que faire en cas de tentation suicidaire ? Que faire lorsqu'on souffre tant qu'on ne voit plus qu'une issue : la mort ? Et que l'idée du suicide devient une obsession ?

Première étape

La première chose à faire est : rien.

Rien de rien.

Il est urgent de ne rien faire, de ne prendre aucune décision, et de patienter.

Ou du moins, il est urgent de ne rien faire de dangereux, d'inconsidéré ou d'impulsif, urgent de ne prendre aucune décision *irréversible* – car c'est bien le risque. Même si de l'extérieur, ça ne se voit pas, dans ces moments-là on marche au bord d'une falaise vertigineuse dont aucun parapet ne nous protège. D'où la nécessité de ne pas courir, de ne pas faire de mouvement brusque, et si possible de prendre du recul.

Parfois, la seule chose à faire c'est d'attendre.

Que la souffrance ne vous brouille pas les idées ; qu'elle ne vous conduise pas à prendre une décision hâtive. C'est précisément dans ces moments-là – dans les moments où l'on souffre intensément – qu'on a le plus besoin de sa tête, de toute sa tête. On en a besoin pour prendre une bonne décision... ou du moins, pour s'abstenir de prendre la pire de toutes.

La tentation du suicide est une pulsion ; il faut la gérer comme n'importe quelle pulsion indésirable.

Pour comprendre ce que cela veut dire, comparons-la avec autre pulsion, qui n'a pas grand-chose à voir : celle de manger du chocolat.

Vous êtes choqué par le rapprochement ? Vous le trouvez irrespectueux ?

Mais pourquoi diable voulez-vous respecter une pulsion malsaine qui vous détruirait si vous la laissiez faire ?

Laissez-moi comparer la pulsion de mort à la pulsion de chocolat. Pour être incongrue, la comparaison n'en est pas moins instructive.

Supposons donc que vous vous sentiez envahi par une envie pressante, presque irrésistible, de chocolat aux noisettes. Or, pour des raisons qui vous appartiennent et que je ne me permettrai pas de discuter, vous avez renoncé au chocolat et à ses pompes.

Que faire ?

Vous pouvez essayer de tromper votre envie de chocolat en mangeant de la crème de marrons à la place, mais ce n'est pas la solution : votre envie ne sera pas affaiblie mais renforcée par ce lot de consolation.

Dans sa petite tête de pulsion entêtée, votre pulsion se dira en effet : « Puisque je suis capable de lui faire manger de la crème de marrons, en insistant je vais sûrement atteindre mon objectif initial : du chocolat aux noisettes !... Je vais le harceler jusqu'à ce qu'il craque. »

Non, la seule solution consiste à ne rien faire.

À ne pas céder d'un pouce.

Non seulement vous ne vous permettez pas un seul petit carré (il ouvrirait la porte aux autres), non seulement vous vous abstenez de tout ersatz de chocolat, mais dès que du chocolat entre dans votre champ de vision, vous détournez les yeux, vous regardez ailleurs.

Que se passe-t-il alors ?

Votre pulsion croît petit à petit jusqu'à devenir quasi insoutenable mais vous tenez bon, et soudain... l'envie disparaît.

Elle reviendra un autre jour, mais affaiblie. Ou peut-être que c'est vous qui serez devenu plus robuste : votre héroïque résistance vous aura fortifié.

Face à la pulsion suicidaire, faites de même : ne lui cédez sur aucun point et c'est elle qui finira par céder.

Deuxième étape

La deuxième chose à faire est de prendre une décision.

Une décision ferme et irrévocable.

La décision de ne pas vous tuer.

Jamais. En aucun cas.

Prenez une vraie décision, une décision inconditionnelle qui vous engage à 100 % et qui règle définitivement la question : décidez ici et maintenant que vous ne vous tuerez pas. Décidez de vivre jusqu'au bout. De toute façon vous savez que c'est le bon choix.

Décidez de vivre. Et donc, jetez les instruments de mort que vous comptiez utiliser, ou que vous gardiez « au cas où » : « médicaments », arme, etc. De même, si vous aviez planifié votre suicide en tel ou tel lieu, cessez de vous y rendre.

Décidez que vous ne vous tuerez jamais. Vous savez que c'est le bon choix.

Même si ça implique que vous deviez endurer de terribles tourments, décidez que vous ne vous tuerez jamais, *jamais*. Même si... et même si... je vous laisse compléter ; imaginez le pire.

Mais ne vous inquiétez pas, car ce sinistre avenir n'aura pas lieu.

En prenant la bonne décision, celle de vivre, vous montrez à la vie, au destin, à l'univers, à Dieu (choisissez la mention qui vous convient), que vous êtes de bonne volonté, ce qui fait que la vie, le destin, l'univers ou Dieu en tiendra compte, et ne vous accablera pas d'épreuves trop lourdes pour vous.

D'autre part, en prenant la bonne décision, vous dégagez l'espace mental pour penser à la suite et la préparer. L'ennemi intérieur se nourrit de vos hésitations ; en faisant le choix ferme et irrévocable de ne pas vous tuer, quoi qu'il arrive, vous récupérez tout de suite un peu de calme intérieur et de lucidité.

Mais ce n'est pas tout : en prenant cette saine décision vous enclenchez un mécanisme – comme si vous aviez tourné, sans le savoir, la bonne clef dans la serrure. Vous allez voir que les bouchons se résorbent, que la route se dégage, et que les nuées de souffrance qui obscurcissaient votre avenir se divisent et s'illuminent, laissant voir le soleil qui, depuis le début, brillait derrière... Car pour trouver la paix du cœur et de l'esprit, il faut commencer par opter sincèrement pour la vie.

Comme vous le savez maintenant, le bien appelle le bien. Une bonne décision change beaucoup de choses dans le bon sens – y compris des choses qui n'ont apparemment rien à voir avec elle.

Troisième étape

Et maintenant que la porte du suicide est définitivement condamnée, faites un pas vers la vie. Un pas vers *votre* vie.

Un seul pas, parce qu'un voyage de mille kilomètres commence lorsqu'on met un pied devant l'autre et que de toute façon, on ne peut en faire qu'un à la fois.

Un seul *petit* pas, parce que les grands pas ne sont en réalité que la somme de pas plus petits.

Une des erreurs les plus communes chez ceux qui cherchent à améliorer leur existence est de se concentrer sur le Grand Changement Brutal et de mépriser la petite modification, de s'obnubiler sur l'impossible et d'oublier le possible.

On a tous tendance à sous-estimer la portée des petits actes, des petits choix. Pourtant les seuls actes spectaculaires qui changent tout instantanément changent tout *dans le mauvais sens* : se détruire prend une minute, se construire des années.

Vous voulez rejoindre votre vie, votre force, votre calme, votre bonheur ?

Acceptez le fait que vous n'y irez pas en trois ou quatre bonds olympiques, mais en mille et un pas de tortue persévérante. Vous le savez : la seule manière de manger un éléphant, c'est d'en mâcher une petite bouchée à la fois.

C'est progressivement, c'est petit à petit, que vous vous éloignerez de la mort et que vous vous rapprocherez de votre vie. Il n'y a pas d'autre méthode ; ceux qui veulent tout, tout de suite, n'obtiennent rien, ou pire que rien. Ne cherchez pas à faire quelque chose de grand et de spectaculaire ; posez, pour commencer, un petit acte qui aille dans le bon sens.

Du neuf

Quel genre d'acte ?

Un qui vous écarte un peu de votre chemin habituel.

Si vous êtes un maniaque de l'ordre et de la propreté, ce petit geste ne sera pas, vous l'avez compris, de passer l'aspirateur ou de faire la vaisselle. Mais si vous vivez parmi les toiles d'araignées et les piles d'assiettes sales... pourquoi ?

Enfin c'est à vous de voir.

Pour échapper à une mort annoncée et obtenir un avenir plus lumineux que votre passé, vous devez innover, faire preuve de créativité, en faisant un pas, un geste, qui ne soient pas la réédition des milliers de pas et de gestes que vous avez faits avant.

La plupart des gens préfèrent le connu à l'inconnu, et les problèmes familiers aux solutions inédites, car il est plus facile de continuer sur sa lancée que de changer de direction.

Lorsqu'on se sent gravement déprimé, cette tendance naturelle se révèle très dangereuse : ceux qui continuent sur leur lancée, qui s'enfoncent toujours plus profondément dans l'ornière de leurs habitudes, qui refont éternellement les mêmes choix, suivant le schéma de leur existence sans en dévier d'un iota, prenant encore et encore les mêmes chemins rebattus, n'ont que peu de chances d'échapper à l'autodestruction qui les obsède.

Celles et ceux qui appartiennent à cette catégorie descendent lentement mais inexorablement la pente, prisonniers de l'engrenage qu'ils ont eux-mêmes construit, jusqu'à ce que même l'air frais du matin et le sourire des enfants aient un goût de vieux, jusqu'à ce que leur vie se réduise aux dimensions d'une cellule étouffante, d'un placard infernal, et qu'ils soient totalement dégoûtés d'elle, d'eux-mêmes et du reste de l'humanité – sans autre issue qu'un suicide lent ou rapide, qu'une autodestruction d'un genre ou d'un autre.

En prenant une bonne décision, en agissant d'une manière différente, même si c'est à une échelle que vous croyez insignifiante, vous pouvez, en quelques jours ou quelques semaines, voir votre vie changer subtilement pour le mieux.

Et si vous continuez à poser des actes constructifs, la tâche deviendra de plus en plus facile et la transformation s'accélérera peu à peu, jusqu'à devenir visible aux yeux de tous.

Ce sont des petits pas qui ont changé ma vie, et celle de tant d'autres ex-dépressifs. « Sème un acte, dit le Dalaï-Lama, tu récolteras une habitude ; sème une habitude, tu récolteras un caractère ; sème un caractère, tu récolteras une destinée. »

Osez quelque chose de différent, semez un peu de nouveauté dans votre vie, et vous récolterez une douce et bienfaisante fraîcheur.

Passer à l'action

Comment passer à l'action ?

- Tout d'abord, en lisant ce livre jusqu'au bout. (Oui, il est long, mais pas plus que plusieurs livres plus courts mis bout à bout, et vous avez déjà lu plusieurs livres plus courts.)
- Puis, quand vous aurez terminé votre lecture, commencez à faire :
  a. Ce que vous pouvez ;
  b. Avec ce que vous avez ;
  c. Où vous êtes.

Ces trois mesures toutes simples sont évidentes, mais c'est le genre d'évidence qu'on oublie trop souvent.

Où vous êtes, car ici est le seul lieu où l'on puisse agir, ailleurs n'étant jamais disponible. *Avec ce que vous avez*, car ce que vous n'avez pas ne peut pas vous aider. Et *ce que vous pouvez*, car soyons réaliste : lorsqu'on n'est vraiment pas capable de faire quelque chose, et bien… On ne la fait pas.

Personne n'est censé décrocher la lune. La responsabilité et le devoir de chacun dépendent étroitement des circonstances dans lesquelles il se trouve, de sa situation aussi bien psychologique que physique. On ne peut exiger d'un homme qui a les deux jambes cassées de gagner un marathon d'ici un mois, ni d'une femme qui souffre d'une ophtalmie aiguë de guider une randonnée en haute montagne. Pour poser les fondations de votre bonheur à venir, vous avez seulement besoin de faire ce vous *pouvez* faire actuellement… pas davantage.

À retenir

- Quand on est dans la mauvaise direction, continuer sur sa lancée c'est foncer dans le mur.
- Les choix se changent en habitudes et les habitudes en destin.
- À l'impossible nul n'est tenu.

Conseils

► Vous pensez à la mort ? Alors ne faites rien, ne prenez aucune décision hâtive. En cas de pulsion suicidaire, ne cédez sur rien.

► Renoncez au suicide, choisissez votre vie : cette décision toute simple vous permettra de découvrir des portes qui, pour l'instant, vous restent invisibles.

► Faites un petit pas hors du sentier que vous avez l'habitude d'emprunter : l'air frais de la nouveauté est délicieux à respirer.

► Pour améliorer votre sort faites ce que vous pouvez avec ce que vous avez, où vous êtes. C'est largement suffisant.

La tentation et l'acte

Même si l'un s'inscrit dans le prolongement de l'autre, la tentation du suicide et le suicide lui-même n'appartiennent pas du tout à la même catégorie.

Idée vs acte

La tentation du suicide est une idée ou une pulsion, en tous les cas quelque chose de mental ; le suicide est, lui, un acte. Un acte d'une grande violence – pour être précis, un meurtre d'un genre particulier. D'un côté, nous avons affaire à une réalité immatérielle ; de l'autre, à un assassinat où le meurtrier et la victime forment une seule et même personne.

Involontaire vs volontaire

Seconde différence : la tentation du suicide est la plupart du temps involontaire – c'est une idée qui arrive sans qu'on l'ait invitée –, tandis que le suicide est par définition un acte volontaire.

Vous n'êtes pas complètement d'accord avec cette définition du suicide comme « acte volontaire » ?

En plein désespoir, en pleine souffrance, on peut avoir l'impression que le suicide est la seule issue, qu'il n'y a littéralement aucune autre possibilité, qu'on n'a littéralement pas le choix, que l'on est *obligé* le faire… mais c'est toujours une illusion.

Quoique certains suicides soient considérés comme des accidents du travail, un suicide n'arrive jamais comme un accident arrive. Même quand on a l'impression d'être acculé au suicide (acculé par la maladie, par un harcèlement insupportable, par les autres, d'affreuses conditions de travail, etc.), on ne l'est pas.

Certes, on peut être *incité* au suicide, et à vrai dire, beaucoup de gens le sont, mais rien ni personne ne peut vous suicider. D'ailleurs, la langue même nous l'indique : *se suicider* est un verbe réfléchi, ce qui indique qu'il s'agit une action de soi sur soi.

Dans certaines circonstances, il est difficile de ne pas faire ce choix, mais en toutes circonstances le suicide reste un choix.

En d'autres termes, ceux qui décident de ne pas se tuer ne se tuent pas. Si vous prenez la décision de ne pas vous tuer, de vivre jusqu'au bout, vous ne vous tuerez pas, vous vivrez votre vie en entier.

C'est ce que je vous souhaite.

Innocence vs culpabilité

Parce que la tentation du suicide est involontaire, elle est innocente. Si vous pensez au suicide, vous n'avez aucune raison de culpabiliser à cause de ça.

Lorsqu'on est tenté – tenté malgré soi, tenté sans s'y complaire –, on ne se salit pas les mains. Par définition, on est irresponsable de ce qui nous arrive.

Par contre le suicide met en jeu, comme tout choix, la responsabilité de son auteur. La personne qui se tue est responsable de son acte. Et comme cet acte est un meurtre...

Vous n'êtes pas d'accord ? Pour vous le suicidé est une victime parfaitement innocente de ce qui lui « arrive » ? ou vous pensez que chacun doit disposer de sa vie comme il l'entend ?

Vous avez le droit de le penser.

La responsabilité du suicidé n'en est pas moins en jeu, ne serait-ce que parce que nombre de morts volontaires font des victimes collatérales : telle personne saute – et tombe malencontreusement sur un quidam innocent. Telle autre se suicide au gaz – et entraîne par inadvertance ses sympathiques voisins dans la mort. Un peu comme le tabagisme, le suicide est aussi dangereux pour la santé des autres.

Problème vs échec

Autre différence : la tentation de se tuer est le signe d'un très grand malaise, mais ce n'est pas un échec. Juste un (gros) problème.

Le suicide, lui, constitue le plus pathétique, le plus déplorable, le plus lamentable de tous les échecs. Comme *« pente inclinée »* ou *« requin appartenant à la famille des poissons », suicide raté* est une espèce de pléonasme : tous les suicides dits réussis sont des ratages.

Ceux qui, après une tentative de suicide, se retrouvent six pieds sous terre sont beaucoup plus perdants que ceux qui survivent et se retrouvent, hémiplégiques, dans un fauteuil roulant. Réussir son suicide, c'est rater absolument tout, même ce qu'on avait réussi avant. Inversement, quand on rate son suicide on a encore une chance, et même plusieurs, de réussir sa vie.

Phares et feux follets

Beaucoup d'hommes et de femmes de grande valeur ont pensé au suicide.

Ils n'ont pas cédé à la tentation.

Ces personnalités ont été tentées, parfois même obsédées, par le suicide. Mais elles ont lutté et triomphé de cette pensée, de cette pulsion. Elles ont vécu jusqu'au bout, passant par tous les hauts et les bas que leur réservait l'existence ; elles ont joué leur rôle et rempli leur mission sans se défiler.

Ces grands hommes et ces grandes dames ont vécu pour les autres autant que pour eux-mêmes ; ils ont surmonté l'égoïsme comme ils ont surmonté le désespoir ; ils ont goûté à la coupe amère aussi souvent qu'il l'a fallu, mais ils ont tenu.

Vous m'objectez Hemingway, ou n'importe quel autre génie tourmenté que vous admirez et qui a mis fin à ses jours ?

Je vous répondrai qu'il n'a jamais aidé personne à se construire. Il avait de la profondeur, des aperçus fulgurants sur ceci ou sur cela, mais ne donnait pas de lumière vive et constante. À l'exception peut-être de Virginia Woolf (et encore je ne suis pas sûre), parmi les suicidés célèbres on ne trouve pas de personnalité phare. La clarté que les artistes, écrivains, etc., suicidés projette est comparable à celle, instable et trompeuse, des feux follets.

Les gens qui ont guidé les autres vers plus de force et de bonheur sont morts comme ils ont vécu : en faisant preuve de patience devant les épreuves et d'une conscience aiguë de leurs responsabilités.

C'est vrai aujourd'hui comme c'était vrai hier : les gens qui ont la volonté irrévocable d'apporter une contribution bénéfique au monde n'imitent ni Néron, ni Hitler. Ils vivent jusqu'au bout, sans raccourci ni faux-fuyant.

Pas de queue de poisson, pas de conditions : leurs principes ne sont pas assujettis aux circonstances. Les hommes et les femmes de bonne volonté sont intègres. Leurs vies sont complètes.

À retenir

• On n'est pas responsable de ses pensées (enfin, pas de toutes et pas directement) mais on est responsable à 100% de ses actes.

Conseil

► Prenez exemple sur ceux qui ont apporté une contribution positive à l'humanité : résistez.

Une décision logique ?

Toute tentation suicidaire se situe quelque part entre deux pôles.

À une extrémité se trouve la pulsion suicidaire imprévue et irrationnelle : une envie de se tuer qui semble inexplicable.

Philibert la ressent sans la comprendre : pourquoi, soudain, pense-t-il à se jeter sur les rails – alors qu'il est jeune, beau comme un dieu de calendrier, et plein d'avenir ? Pourquoi est-il dégoûté de la vie, alors qu'il a « tout » ? Pourquoi est-il obsédé par le suicide, alors qu'on ne veut pas mourir ?

À l'autre extrémité du spectre se trouve la tentation suicidaire soi-disant « raisonnable » : on arrive à elle par un raisonnement apparemment rigoureux, comme on arrive bon gré mal gré à une conclusion logique.

Tancrède se dit par exemple : « Mon chien est mort, ma femme s'est remariée, j'ai perdu mon boulot, mes enfants ne me parlent plus, mon meilleur ami s'est tué, mon cancer fait des métastases, j'ai encore vingt ans de zonzon à tirer… *Donc* je n'ai plus rien à faire ici. »

Un raisonnement sous-jacent

Mais malgré le contraste qu'elles présentent, au fond ces deux tentations suicidaires ne sont pas si différentes. L'envie de se tuer est toujours le résultat de propositions qui s'enchaînent, y compris lorsqu'on n'a pas conscience du processus.

Oui, malgré les apparences, la tentation du suicide ne surgit jamais du néant, comme un lapin d'un chapeau vide. Elle est toujours la conséquence d'un raisonnement partant d'un point A, passant éventuellement par une étape B, et arrivant à un point C.

Même en cas de pulsion suicidaire incompréhensible, un raisonnement est sous-jacent ; à un niveau subconscient, on réfléchit, on argumente.

Et ce raisonnement a toujours une certaine cohérence : les raisons de se tuer ne sont jamais aussi bonnes qu'elles le paraissent à celui qui les rumine, mais ce sont des raisons. Autrement dit, quand on pense au suicide, on pense.

Et c'est une excellente nouvelle.

Si la tentation du suicide était radicalement illogique, irrémédiablement absurde, si elle relevait de la folie au sens strict, on ne pourrait rien faire pour s'en débarrasser. Mais dans la mesure où, sous la surface, c'est notre esprit qui argumente en faveur de notre meurtre, nous avons la possibilité de contre-argumenter en faveur de votre vie.

Et c'est ce que nous allons faire dans les chapitres suivants.

Conclusion erronée

Une conclusion (aboutissement d'un raisonnement) peut être erronée pour deux raisons principales :

- Parce que les données de départ, ou prémisses, sont fausses ;
- Parce que le raisonnement lui-même n'est pas rigoureux.

Mais avec des exemples, ce sera plus clair.

Premier cas : tous les chiens s'appellent Rex ; Médor est un chien ; donc, Médor s'appelle Rex.

La manière dont le raisonnement s'enchaîne est irréprochable mais comme le point de départ est faux, la conclusion l'est aussi... Médor ne s'appelle pas Rex, il s'appelle Médor.

Deuxième cas : tous les chiens sont des mammifères ; Félix le chat est un mammifère ; donc Félix le Chat est un chien.

Le point de départ est juste (puisqu'effectivement les chiens et les chats sont des mammifères), mais comme le « donc » ne correspond à aucune déduction logique, la conclusion est fausse... Félix le Chat n'est pas un chien, c'est un chat.

« Je *dois* me tuer » n'est jamais la conclusion logique d'un raisonnement logique fondé sur une connaissance suffisante de la situation. Cette conclusion fatale, mortelle, est toujours erronée.

La carte et la boussole

En général, les pensées suicidaires sont biaisées pour les deux causes que nous venons d'envisager en même temps : parce que les données de départ, ou prémisses, sont fausses, ou du moins incomplètes, et parce que le raisonnement lui-même n'est pas rigoureux, la souffrance psychique obscurcissant l'intelligence et parasitant le sens logique.

Dans cette situation, on est un peu comme un amateur de trekking qui, en pleine nature, n'aurait à sa disposition qu'une carte périmée qui ne rendrait pas compte de la réalité du terrain, ainsi que d'une boussole faussée qui ne lui indiquerait pas le nord. Comment pourrait-il se diriger dans la bonne direction ?

Impossible.

Impossible, tant qu'il ne troque pas sa vieille carte contre une neuve et ne fait pas réparer sa boussole.

Nous disposons tous d'une boussole et d'une carte pour nous repérer dans l'existence et choisir notre direction. La boussole, c'est la raison avec laquelle nous pensons ; la carte, l'ensemble des informations et convictions à partir desquelles nous raisonnons.

Le meurtre de vous-même vous apparaît comme la solution à tous vos problèmes ?

Le moment est venu d'affûter votre intelligence et de fourbir votre logique.

Le moment est venu de vous ouvrir à de nouvelles informations et de nouvelles perspectives.

La tentation du suicide est une Bastille dont la vérité seule peut briser les portes et démanteler les murs : c'est à se confrontant à des informations exactes et à des raisonnements d'une logique irréprochable qu'on en sort.

À retenir

- La tentation du suicide est souvent le résultat d'un raisonnement conscient ou subconscient fondé sur des croyances inexactes, la conclusion illogique de prémisses erronées.
- Souvent, le raisonnement qui pousse au suicide est aussi faussé que les prémisses sur lequel il se fonde : impossible de raisonner sainement quand on patauge au fond du désespoir.
- On se libère du suicide par une réflexion rigoureuse et approfondie et la découverte de nouvelles informations.

Des préjugés sur la suite

Certains préjugés sur l'Au-delà peuvent y conduire plus vite que prévu.

Pour faire le tri entre l'or et le toc, le vrai et le faux, faites passer à vos opinions le test d'un examen approfondi : lisez attentivement ce chapitre en gardant les orteils détendus, les muscles maxillaires souples et l'esprit ouvert.

Le néant, très certainement

Vous vous êtes peut-être déjà dit : « Si je me tue, je partirai enfin vers le néant… Je ne souffrirai plus… Enfin la paix… Quel soulagement !... »

Mais êtes-vous sûr que, si vous passiez à l'acte, le résultat serait celui que vous espérez ? Vous ne croyez pas du tout à l'au-delà, mais avez-vous la preuve écrite, la garantie, qu'effectivement il n'y a rien après ?

Si vous connaissez un suicidé qui, ressuscité, vous a formellement garanti que son suicide lui a apporté la paix, alors oui, vous pouvez être sûr d'avoir choisi le bon moyen. Mais connaissez-vous un tel personnage ?

Si un ami à vous, qui s'est tué, est venu vous rendre visite dans un rêve pour vous assurer de cela, méfiez-vous. Rien ne vous garantit que c'est bien lui.

Peut-être que la mort est un point final, mais c'est un « peut-être » : il n'y a aucune preuve décisive en ce sens.

Si personne ne revient pour raconter ce qu'il y a après, ce n'est pas forcément, ce n'est pas automatiquement parce qu'il n'y a rien…

Ce pourrait tout aussi bien être parce que les défunts n'ont pas la possibilité de revenir pour raconter comment ça se passe pour eux de l'autre côté. Peut-être que les innombrables personnes qui se sont tuées l'ont regretté, le regrettent, et n'ont aucun moyen de nous mettre en garde contre tous ceux qui prétendent que la mort est une fin, contre tous ceux qui repeignent le suicide en joli.

Permettez-moi de faire une hypothèse un peu dérangeante.

Et si, au lieu de mettre un point final à toutes leurs souffrances, les suicidés partaient pour une destination à laquelle ils ne sont nullement préparés – tels d'innocents touristes débarquant avec leurs parasols et leurs tongs dans un pays mis à feu et à sang par une guerre civile, un génocide ?

Une décision irréfléchie, un acte irréversible les conduisent peut-être là où ils regrettent terriblement d'être arrivés. Mais il est trop tard pour faire marche arrière : aucun retour n'est possible. La porte ne s'ouvre que dans un sens.

Ce n'est qu'une hypothèse.

Ce que je veux dire, c'est que vous ne pouvez pas être *sûr*, vous ne pouvez pas être *certain* de trouver dans le suicide la paix que vous cherchez. Cette incertitude-là n'est rien moins qu'un détail, et ce n'est que par une mauvaise hygiène mentale que certains arrivent à se persuader que ça en est un.

Ne devrait-on pas réserver sa confiance aux certitudes ?

Commettre un acte irréversible en se fondant sur une supposition est aussi imprudent que bâtir sa maison sur une falaise en calcaire très érodée, tout près du bord.

Une autre chance ?

La réincarnation est une autre croyance attrayante. Dans les moments de spleen intense, elle ouvre des perspectives riantes : « J'ai déjà vécu tant de vies, et j'en vivrai tant d'autres… Malheureusement celle-ci est complètement nulle… Si je me tue, je me réincarnerai… Je recommencerai sur de nouvelles bases, des bases plus saines... Cette vie n'est qu'une répétition… Une répétition ratée… Dans ma prochaine vie je ne ferai pas les mêmes erreurs… »

Mais si, en réalité, il n'y avait qu'une vie ?

Qu'une chance ?

Que cette existence, votre existence, était une opportunité unique ?

Et que la réincarnation était un mythe forgé et insinué par l'ennemi intérieur pour savonner la pente du suicide sous vos pieds ?

D'accord, vous êtes profondément convaincu que la réincarnation est une réalité. Vous avez lu des témoignages ; vous avez vous-même des souvenirs très nets de vos vies antérieures. Pour vous, c'est une certitude quasi scientifique.

Mais si vous réfléchissez soigneusement à votre passé, vous découvrirez que vos souvenirs de vie antérieure ne sont pas antérieurs à votre croyance à la réincarnation.

Vous n'avez pas commencé par avoir des réminiscences, puis cru à la réincarnation, mais l'inverse : vous avez d'abord cru à la réincarnation, puis les « souvenirs » sont apparus. Les gens qui n'ont jamais entendu parler de la réincarnation n'ont jamais aucun souvenir de leurs vies antérieures.

N'est-ce pas étrange ?

Je ne dis pas que la réincarnation n'existe pas, je dis que, sur ce sujet, vos convictions ne peuvent pas être des certitudes.

Même si vous avez l'impression de *savoir*, vous ne pouvez que *croire*. La réincarnation demande, pour y adhérer, un saut mental qui fait quitter le domaine des faits pour atterrir dans celui du bizarre et du surnaturel : « Grand-mère s'est changée en vache sacrée, pépé est revenu sous la forme de son arrière-petite-fille, dans une vie antérieure j'étais grand inquisiteur, mon amant d'une autre vie est dans cette vie-ci mon père, etc. »

L'enfer avec des œillères

Et maintenant, parlons d'une hypothèse à laquelle, peut-être, vous n'avez jamais accordé le moindre crédit : l'enfer.

Oui, je sais, l'enfer c'est dépassé… archaïque… rétrograde.

Mais le progrès a-t-il changé quelque chose à la condition humaine ?

Les autos et les grille-pains se démodent, le style des vêtements change aussi vite que les saisons, les ordinateurs remplacent les machines à écrire qui remplacent les stylos à bille qui remplacent les stylos à plume qui remplacent les plumes d'oie, mais aujourd'hui comme hier, au vingt-et-unième siècle comme au douzième siècle, 100% des individus présents sur terre à un moment T sont condamnés à mourir.

Du coup, en ce qui concerne la mort et ce qu'il y a après, ce qui était vrai (ou faux) il y a mille ans reste probablement vrai (ou faux) de nos jours.

Il est rare qu'un candidat au suicide pense à l'enfer, mais quand cette possibilité lui effleure l'esprit, une petite voix insinuante le rassure : « Ne t'en fais pas : l'enfer, c'est sur terre… D'ailleurs, un châtiment infini pour des fautes finies, ce serait comme la guillotine pour un excès de vitesse. Dieu, s'il existe, n'est pas du genre à punir comme ça. »

Ou la petite voix lui dit : « L'enfer est réservé à ceux qui y croient : ceux qui ne croient pas à l'enfer n'iront pas en enfer… Tu peux te tuer en toute sécurité, tu ne cours aucun risque. »

Mais aucun de ces arguments ne tient vraiment la route.

Certes, la terre n'a rien d'un paradis. Cependant il n'est pas si difficile d'imaginer un endroit pire : un endroit où la douleur serait mille fois plus intense, et sans répit. Au fond, le caractère pénible de la vie sur terre n'est un argument ni pour, ni contre l'existence de l'enfer.

Et pour ce qui est de la disproportion entre le châtiment et la faute, qui peut vraiment en juger ? Les définitions que nous nous faisons du bien et du mal varient selon notre situation et notre état d'esprit : elles sont trop versatiles pour qu'on puisse s'y fier.

Quant à l'idée qu'il suffit de ne pas croire à une chose pour l'éviter, elle est absurde. Suffit-il de ne pas croire à la loi de la gravitation pour rester suspendu en l'air au-dessus du vide, comme le coyote de Tex Avery ?

D'ailleurs, lui aussi finit par tomber, au bout de quelques fractions de seconde : même dans les dessins animés les lois de l'univers ne sont que très provisoirement abrogées.

Je ne dis pas que l'enfer existe, je dis que vous ne pouvez pas être absolument sûr qu'il n'existe pas.

Quasiment toutes les religions ont parlé de l'enfer un jour ou l'autre : l'hypothèse mérite au moins qu'on la prenne en considération quelques secondes. Tomber dans la poêle à frire en s'extrayant de la casserole, ce serait vraiment trop bête, n'est-ce pas ?

A priori sur le Paradis

Récompense d'un côté, châtiment de l'autre : l'enfer et le paradis formaient à l'origine un diptyque parfaitement équilibré.

Mais la symétrie est rompue. De nos jours l'enfer n'a plus la cote tandis que l'idée de paradis est, elle, toujours aussi prisée.

« De tout temps, a dit l'illustre Molière (1622-1673), il s'est glissé parmi les hommes de belles imaginations que nous venons à croire, parce qu'elles nous flattent et qu'il serait à souhaiter qu'elles fussent véritables. »

Il est très agréable de croire au paradis et beaucoup moins plaisant de croire à l'enfer. C'est probablement la raison pour laquelle beaucoup de gens croient au premier tout en niant farouchement que le second existe.

« On ira... »

S'il fallait exprimer de manière explicite la croyance à la mode, le credo profondément illogique qui de nos jours flotte sous une forme nébuleuse dans tant d'esprits, cela donnerait à peu près ceci :

« L'enfer est un mythe dérisoire, une plaisanterie, un épouvantail pour esprit moyenâgeux et crédule, mais par contre, nous irons tous au Paradis, comme dans la chanson. Paradis fait par qui ? Certainement pas par Dieu, qui n'existe pas. Par le diable peut-être, qui est plus gentil qu'il n'en a l'air, et qui d'ailleurs n'existe pas, lui non plus. La démocratie, c'est le paradis sur la terre ; donc le paradis, c'est la démocratie dans le ciel. Nous sommes tous égaux, tous pareils. Les méchants sont comme les gentils, et d'ailleurs, les méchants, est-ce que ça existe ? Il n'y a que des gens qui souffrent. Il n'y a que des victimes. Oui, on ira tous au Paradis ... Ce n'est pas Dieu qui l'a dit, mais un chanteur qui cache ses yeux et montre ses fesses : on peut donc lui faire confiance. »

Sous l'influence de ce credo fumeux, beaucoup de gens se disent : « Si je me tue, je rejoindrai mon grand-père [ou ma sœur, mon mari, mon enfant, etc.] au Paradis… »

Curieusement, ce sont souvent les mêmes personnes qui :

– s'imaginent que leur suicide leur permettra de rejoindre un être cher dans un endroit merveilleux ;

– complètement athées, sont absolument sûres de l'inexistence de Dieu.

Selon elles Dieu n'existe pas, mais après la mort on retrouve tout de même ses proches décédés dans une espèce de paradis… Paradis créé *pour* elles, d'accord, mais *par* qui ?

Elles ne se posent pas la question.

Made in Hollywood

On aura une autre chance, l'enfer n'existe pas, la mort est une espèce de séance de relaxation, un retour à une grande lumière d'amour inconditionnel, une entrée gratuite pour le paradis…

Toutes ces croyances sont rarement le résultat d'un choix éclairé. C'est rarement après un examen réfléchi et une recherche approfondie de tous les points de vue disponibles que l'on décide de les adopter.

Mais alors, d'où viennent-elles ?

Si on examinait ces espérances de plus près, on lirait, imprimé dans un coin en petits caractères, cette indication : *belief made in Hollywood (*croyance fabriquée à Hollywood).

En effet d'innombrables films et téléfilms font passer le message suivant : quand on meurt, et de quelque manière que l'on ait vécu et décédé, on va directement dans une espèce de paradis très sympathique et lumineux où l'on retrouve tous ses chers disparus.

À force de nourrir son imagination de fictions de ce genre, on finit par y croire – au moins un peu. C'est ainsi que beaucoup de gens finissent par supposer qu'en se tuant ils rejoindront un bien-aimé dans le ciel, idée attrayante qui les incite à passer à l'acte... l'acte idiot.

Mais qui fait les films que tout le monde regarde, avale, absorbe... par lesquels tout le monde se fait influencer peu ou prou sans y prendre garde ?

Qui travaille à Hollywood ?

Ce ne sont pas des grands sages ou de grands savants, ce ne sont pas des prophètes ou des gourous ayant reçu l'illumination, mais des spécialistes de la fiction, des images et de la mise en scène.

Autrement dit, des illusionnistes.

Autrement dit encore, des menteurs professionnels (ceci dit sans connotation péjorative).

Hypnotisés par une magie technologique, séduits par de belles images plus ou moins virtuelles, des acteurs charismatiques, une histoire captivante, une musique enivrante et des effets spécieux et spéciaux, des millions de gens font confiance à ces menteurs professionnels pour savoir ce qu'il y a après la mort.

Et si le paradis-pour-tous, gratuit et sans aucune obligation, n'était qu'un ver de terre aguicheur se tortillant sensuellement au bout d'un hameçon ?

Et que l'ennemi ait mis l'appât ?

Là encore, je ne dis pas que le paradis n'existe pas. Je ne dis pas non plus qu'il se mérite, que pour l'obtenir il faille payer le prix de l'entrée. Je dis juste qu'on ne devrait pas prendre de décision sans avoir soigneusement examiné et pesé toutes les possibilités. Sur un sujet aussi crucial que celui-ci, il ne faudrait exclure aucune éventualité a priori, mais plutôt les mettre toutes à plat et raisonner calmement, froidement et logiquement.

À qui se fier ?

Les gens qui disent, suggèrent, impliquent, etc., qu'il n'y a rien ou quelque chose de merveilleux après la mort, après *n'importe quelle* mort, ne sont pas plus fiables que n'importe qui. Et généralement, eux ne se tuent pas.

Comme c'est bizarre...

Quelqu'un vous a-t-il promis qu'après le suicide on est soulagé, on ne souffre plus ?

Vos parents ?

Non, probablement pas.

Le professeur de philosophie que vous aviez au lycée ?

Le professeur de biologie ?

Cette idée a forcément une origine. Vous l'avez certainement héritée de quelqu'un. Quelle que soit la personne qui vous a convaincu que l'après-suicide est un néant réconfortant, cette personne-là n'a pris aucun risque. Elle est restée bien au sec, sans se mouiller. Personne ne vous offre une garantie « Satisfait ou remboursé ».

Pour connaître la réponse à une question telle que « Qu'y a-t-il après quelle mort ? », il serait peut-être plus raisonnable de se fier à des livres révélés ou de rester dans le doute plutôt que de croire à des fictions hollywoodiennes, ou à ce que chante une pop star. De même que sur un sujet tel que : « Ça fait quoi d'avoir des fans qui portent les mêmes lunettes et la même moumoute que vous ? », il serait plus raisonnable de croire Michel Polnareff que des livres révélés : chacun sa spécialité…

Une hypothèse dérangeante

« Qu'importe ? » souffle la voix diabolique. « Qu'importe l'enfer, le paradis, la réincarnation ou le néant ? De toute façon on va tous mourir un jour… On n'y échappera pas. Alors pourquoi attendre ?!... Mieux vaut mourir tout de suite que vivre malheureux en attendant la mort… »

Effectivement, nous allons tous mourir un jour.

Mais pouvons-nous être sûrs que nos choix n'auront aucune influence, aucun impact sur notre avenir post mortem ?

Après tout, ils en ont un énorme sur notre avenir *ante* mortem.

Toutes nos décisions et tous nos choix ont des conséquences. Des conséquences à court terme et des conséquences à long terme. Nous récoltons ce que nous semons, tout ce que nous semons, rien que ce que nous semons. Peut-être que la manière dont nous vivons et les choix que nous ferons, vivants, auront des conséquences sur nous, morts. Se tuer est un choix : qui sait s'il n'a pas des répercussions sur l'après-suicide ?

Supposons deux minutes, juste deux minutes, qu'après le suicide la personne suicidée se retrouve non pas dans un autre monde merveilleux ou dans un paisible néant, mais en un lieu où elle revit ses derniers instants. Si elle s'est pendue... elle étouffe, asphyxiée, encore et encore. Quel que soit le moyen qu'elle a choisi, elle revit son agonie en détail, encore et encore.

Supposition gratuite, malsaine ?

Dans la mythologie gréco-romaine, les enfers sont un tel lieu : ceux qui y sont revivent éternellement le même supplice. Je ne crois pas à la mythologie gréco-romaine, et vous non plus, mais parfois les vieux mythes comportent la trace à demi effacée d'un très ancien savoir. L'après-vie où vous débarqueriez en cas de suicide serait inaugurée par un acte de violence et de désespoir : est-ce vraiment la meilleure façon de commencer son existence dans l'au-delà ?

Et si, en cas de suicide, ce qu'il y a après était pire que ce qu'il y a avant ?

Peut-être que la seule bonne mort est celle qu'on ne choisit pas.

À retenir

- La vérité ne se démode pas.
- Dans cette vie, tous nos choix ont des conséquences ; qui sait si le choix de se tuer n'a pas des conséquences sur la destination finale du suicidé ?

Conseils

► Ne prenez pas de décision irréversible sur une supposition.

► Ne vous fiez pas aux films hollywoodiens pour savoir ce qu'il y a après la mort.

► Si vous pensez sérieusement au suicide, documentez-vous encore plus sérieusement sur l'au-delà ; examinez de près toutes les possibilités, cherchez les preuves, n'agissez qu'en vous fondant sur des certitudes.

Le prix payé par ceux qu'on aime

Ce que j'ai maintenant à vous dire, les personnes qui ont opté pour le suicide ne veulent surtout pas en entendre parler. Mais la vérité reste la vérité, et en tant que telle, je suis sûre qu'elle vous intéresse.

Des cercles sur l'eau

Un suicide n'a pas que des conséquences pour celui qui se tue.

Il en a aussi pour tous ceux qu'il aime : ses parents, son conjoint, ses enfants, ses amis, ainsi que pour tous ceux qui lui survivent : ses voisins, ses collègues de travail… tous ceux qui l'aimaient, tous ceux qui le connaissaient de près ou de loin, tous ceux qui apprennent sa mort horrible.

Aveuglés par leur souffrance, absorbés par l'égocentrisme qui en est l'ombre, les candidats au suicide minimisent ou nient l'impact que leur autodestruction aurait sur les personnes qui les entourent.

Aux prises avec le désespoir, le monde extérieur s'efface. Il ne reste plus que soi – soi et l'angoisse, la confusion, la misère. On oublie alors toutes les responsabilités que l'on a vis-à-vis de ses semblables. Et dans la bulle de plus en plus étroite qui se referme autour de soi, la notion même de *responsabilité* nous paraît insupportable ou absurde.

On n'y croit plus, ou si on y croit encore, on se sent incapable d'en assumer une seule. On voudrait être délivré de toute responsabilité, ou on se croit *déjà* délivré de toute responsabilité.

Mais ce monde extérieur qu'on ne voit plus qu'au travers d'un brouillard indistinct n'a pas disparu pour autant. Il est toujours là.

Même dans cet état de désarroi avancé, on ne cesse pas d'être responsable. On ne cesse pas d'avoir des devoirs à remplir vis-à-vis de sa famille d'origine, vis-à-vis de la famille que l'on a créée, vis-à-vis de ses amis, vis-à-vis des personnes que l'on connaît.

Et même vis-à-vis des personnes que l'on ne connaît pas.

Lorsque nous traversons la rue en dehors du passage pour piétons il y a peut-être un gamin qui nous prend pour modèles et qui s'inspirera tout à l'heure de notre insouciance pour traverser là où c'est dangereux. Heureux ou malheureux, dépressif ou pas, on ne cesse jamais d'être un exemple.

Un bon exemple…

Ou un mauvais.

On a beau dire « faites ce que je dis, ne faites pas ce je fais », c'est toujours ce que nous faisons, ou ce que nous ne faisons pas, qui sert de modèle. Nos actes, même les plus petits, se répercutent autour de nous en ondes toujours plus vastes, à l'image de vagues concentriques sur le calme miroir d'un lac, quand un enfant s'amuse à y faire des ricochets.

Délivrés d'un poids ?

Vous vous dites peut-être : « En mourant, je ficherai la paix à tout le monde… Je ne sers à rien, je suis un fardeau, je leur gâche la vie… Ils seront beaucoup plus heureux sans moi… Mon suicide les délivrera d'un poids. »

Vous le croyez ?

Vous croyez *vraiment* que votre suicide soulagerait vos proches ?

Cette croyance n'est qu'une illusion ourdie par l'ennemi intérieur. Elle est démentie par tous les témoignages disponibles. Si vous pensez qu'à la différence des autres suicides, le vôtre serait réellement une libération pour les autres, faites un effort d'imagination, visualisez la situation inverse : votre père, votre mère, votre frère ou votre sœur se tue.

Êtes-vous soulagé ?

Vous sentez-vous « beaucoup plus heureux » ?

Si la réponse est « non », alors vous n'avez aucune bonne raison de supposer que votre suicide serait plus libérateur que le leur.

En fait, c'est simple : aucun suicide n'a jamais aidé personne à se sentir mieux, et aucun suicide n'aura jamais cet effet-là. L'ennemi intime vous chuchote peut-être que « vous leur ferez moins de mal mort que vivant », mais ce sophisme est absolument faux. Même quelqu'un qui se montre insupportable fait moins de mal à ses proches en continuant de l'être qu'en se tuant.

Et il ne faut pas oublier que, lorsqu'on fait du mal à ses proches, on a toujours la possibilité de changer pour devenir moins pénible, tolérable et finalement agréable à vivre.

Au début de mon mariage, je n'étais pas exactement un cadeau pour mon mari. Pour un oui, pour un non, et pour un peut-être, je m'effondrais en larmes ou j'explosais en hurlements accusateurs.

Mon mari était pourtant d'une grande douceur et d'une extrême gentillesse à mon égard. Ça ne m'a pas empêchée de lui balancer une chaussure dans la figure (Je crois me souvenir qu'à cet instant-là, je l'assimilais à G. W. Bush). Et je lui faisais aussi du mal d'une manière plus subtile et retorse, par des petites réflexions blessantes.

J'ai changé.

On peut toujours changer.

« Ils prendront enfin conscience... »

Dans d'autres cas, on ne veut pas soulager les autres d'un fardeau, mais au contraire les punir et les éduquer :

« Mon suicide leur ouvrira les yeux… Ils prendront enfin conscience de ma valeur… Ils prendront enfin conscience du mal qu'ils m'ont fait… Ils auront enfin des remords et des regrets… Ils en prendront de la graine ! »

Ils nous ont fait du mal ; ils nous ont niés ; ils ont toujours prétendu que c'était notre faute, pas la leur. Ils ont piétiné notre cœur comme si c'était le paillasson de l'entrée, dont c'est l'usage officiel. Ils se sont servis de nous sans remords, ou nous nous sommes offerts comme un torchon multifonction, et ils en ont profité. Nous sommes persuadés que nous ne valons rien et qu'ils pensent que nous ne valons rien. Nous sommes convaincus que nous sommes incapables de rétablir notre dignité perdue.

Et le suicide, dans sa grandeur et sa noirceur, nous semble un moyen rapide et radical de remettre les pendules à l'heure…

Supposons que tel soit votre ressenti, et que ce ressenti soit partiellement justifié : vos proches ne vous aiment pas, ou vous aiment d'une manière tordue, et dans tous les cas vous manquent de respect.

Ne croyez pas que votre suicide leur apportera une quelconque prise de conscience sur vous ou sur eux-mêmes.

Ils ne vont pas « comprendre enfin que… ». Ça ne leur apportera que de la souffrance, de la culpabilité, du ressentiment, de la colère, de l'incompréhension et de l'horreur. Ils vous condamneront, et s'ils croient que vous ne valez rien, votre suicide les confirmera dans leur opinion : « Au fond, il n'était pas capable de mieux. La preuve… »

La seule manière de changer leur manière de vous voir est (1) de les oublier un peu et (2) de vous aider vous-même, ce qui nécessite patience et persévérance.

Si vous avez déjà vu une fourmi chercher à déplacer une miette plus grosse qu'elle, vous pouvez vous faire une idée de la patience et de la persévérance dont je parle ici… Pour atteindre votre objectif, il n'y a pas de raccourci. Le suicide est rapide et radical, certes, mais il ne conduit pas là où vous voulez aller. Le respect des autres est un bien qui se gagne pas à la roulette russe, ni au tac-o-tac ; il nécessite plutôt de patientes économies.

Quand on croit qu'on peut atteindre un résultat bénéfique par un moyen calamiteux, on se trompe. Quoiqu'ils se l'imaginent, les poseurs de bombes et les auteurs d'attentats-suicides ne construisent pas un monde meilleur, ils abîment seulement celui qui existe.

Qu'il soit privé ou politique, le suicide ne sera jamais au service de la pédagogie, et lorsqu'on veut l'y mettre, le résultat ressemble au moyen brutal et destructeur qu'on a choisi, pas à la fin qu'on avait en vue.

Pas concernés ?

Autre illusion : « Ma mort ne concerne que moi… Les autres n'ont pas à s'en mêler… ça n'a rien à voir avec eux, donc ça n'aura pas d'impact sur eux. C'est mon problème, pas le leur. Ça me regarde. »

Admettons que les autres n'aient pas à s'en mêler.

C'est tout de même eux qui devront découvrir le cadavre, nettoyer le sang, l'urine et les excréments (une personne qui meurt a automatiquement tous ses muscles qui se relâchent), faire face aux soupçons des policiers qui se demandent s'il ne s'agit pas d'un meurtre, annoncer l'horrible nouvelle aux gens qui vous aiment, régler les formalités avec l'administration et les pompes funèbres, payer pour le cercueil et l'enterrement, organiser la cérémonie, etc.

Et tous ces traumatismes et ces corvées angoissantes ne représentent qu'une petite partie de l'iceberg, la partie visible.

Il y a aussi la douleur et l'incompréhension. Les survivants doivent supporter la souffrance d'un deuil, mais aussi toutes les questions sans réponse et la culpabilité qui accompagnent inéluctablement un suicide : « Pourquoi a-t-il fait ça ? Qu'est-ce que j'aurais dû faire et que je n'ai pas fait pour empêcher ça ? Est-ce que d'une certaine façon, c'est ma faute ? »

Mais l'iceberg a une partie encore plus cachée, une partie dont peut-être vous ignorez l'existence. Voulez-vous la connaître ?

Êtes-vous prêt pour toute l'amère vérité ?

Si oui, lisez la suite.

L'effet Werther

Se suicider, ce n'est pas mourir, mais se tuer.

Ce qui n'est pas du tout la même chose.

Nous sommes tous très influençables, et les personnes que nous imitons le plus irrésistiblement sont celles qui nous sont le plus proche : sans le décider consciemment, nous prenons leurs comportements pour modèle.

C'est pour cela qu'il y a des familles où tout le monde est pompier ; des familles où tout le monde est enseignant ; des familles où tout le monde joue aux dominos ; des familles où tout le monde joue au casino, etc.

Archibald admire beaucoup son père, qui est médecin. Il a décidé de suivre sa route ; il s'est inscrit en fac de médecine. Et maintenant, un scénario à peine différent : Anatole admire beaucoup son père, qui s'est suicidé. Quand sa femme l'a quitté, Anatole a décidé... Vous devinez la suite.

Mourir, ce n'est pas se tuer.

Mourir ne pousse pas les autres à mourir, alors que se tuer incite les autres à se tuer.

Les conséquences d'un suicide sur les proches ne sont pas seulement douloureuses. Elles sont mortelles. C'est ce qui explique les familles de suicidés – ces familles dont quatre, cinq ou même neuf ou dix membres se sont tués les uns après les autres.

Lorsque quelqu'un se tue, il trace pour toutes les personnes qui le connaissent une route qui mène au suicide – le leur. Et si la route était déjà tracée il l'élargit, il la transforme en autoroute.

Quoique la personne qui veut mettre fin à ses jours n'en ait pas l'intention, en se suicidant elle pousse, elle incite les gens qui l'aiment le plus à se tuer aussi, tôt ou tard. Cette bombe à retardement se déclenche parfois bien des années après les faits. Ainsi c'est quarante-six ans après sa mère que le fils de la poétesse Silvia Plath (1932-1963) a suivi son exemple.

Ce type d'influence ne se limite pas à la famille. Les suicides de Marilyn Monroe et Kurt Cobain en inspirèrent beaucoup d'autres. Un simple article dans un journal évoquant le suicide d'une célébrité déclenche une recrudescence de suicides dans les jours qui suivent. On appelle ça l'effet Werther.

Vous pensez à vous tuer ?

En passant à l'acte vous faciliteriez le suicide de toutes les personnes que vous connaissez, en particulier celles qui vous aiment le plus, celles qui vous admirent et s'identifient à vous.

Au cours des années à venir, lorsque vos proches auraient une difficulté, ils penseraient tout de suite : « Et si je me tuais, comme mon père (ma mère, ma sœur, mon frère) ? » Cette option leur apparaîtrait infiniment plus raisonnable, pertinente et valable qu'avant votre décès.

Le suicide n'est donc pas seulement le pire des choix, c'est aussi un virus contagieux et mortel : si vous y cédez, ceux qui vous aiment seront contaminés par votre acte. Votre suicide d'abord, leur propre suicide ensuite : est-ce vraiment ce qu'ils méritent ?

Et si vous croyez qu'il n'y a aucun risque parce que personne ne vous aime, méfiez-vous : vous pourriez vous tromper.

Même en cas de maladie dite incurable

Même un suicide qui vient abréger les longues souffrances d'une maladie incurable (ou plutôt réputée telle, car toutes les maladies sont curables, même quand la médecine officielle ignore par quels moyens) a de terribles conséquences pour les survivants.

La vie d'Andrew Solomon en apporte la preuve.

Dans son livre *Le Diable intérieur : anatomie de la dépression* (2001) Andrew Solomon raconte comment sa mère, atteinte d'un cancer considéré comme incurable, a mis fin à ses jours.

Andrew, son père et son frère facilitèrent son suicide en lui procurant du poison. Lors de ses derniers instants, la mère d'Andrew demanda à son fils de continuer à vivre, après sa disparition, une vie pleine et heureuse...

Après la mort de sa mère, Andrew emporta discrètement avec lui les cachets mortels restants. Quelques jours plus tard, son père se mit à chercher partout ces mêmes cachets : il voulait les garder, au cas où… c'est-à-dire au cas où lui aussi voudrait se tuer. Andrew explique :

> « C'était comme si, en projetant de prendre les pilules restantes, nous étions en quelque sorte reliés à ma mère, comme si nous pouvions la rejoindre en mourant de la même mort qu'elle. Je compris alors le sens des épidémies de

> suicides. Notre unique réconfort devant la perte de ma mère était d'envisager pour notre compte personnel une répétition de son départ. »

Comme prélude à « une vie pleine et heureuse », il y a mieux…

L'existence merveilleuse que, dans sa candeur, la mère d'Andrew lui croyait réservée s'est révélée tout autre : après le suicide de sa mère, Andrew a vécu une longue descente aux enfers ponctuée d'épisodes dépressifs et de tentatives de suicide. En se tuant, la maman a semé les graines de l'autodestruction dans l'esprit et la vie de son fils bien-aimé.

C'est ce qu'on fait toujours lorsqu'on se tue.

Même lorsqu'on se tue pour ce qu'on croit être de « bonnes raisons ».

« De toute façon… »

Que pourrait bien se dire quelqu'un qui, décidé à son meurtre, aurait conscience qu'en se tuant il poussera vers le même genre de fin les personnes qui lui sont le plus proches, celles qui l'aiment le plus ?

Que pourrait-il se dire pour se débarrasser du sentiment de culpabilité qui l'empêche de passer à l'acte... l'acte idiot ?

Il se dirait : « De toute façon, on doit tous mourir un jour ou l'autre… On sèmera tous la mort autour de nous un jour ou l'autre. »

Sauf que c'est faux.

Un décès accidentel ou naturel n'a pas du tout les mêmes conséquences qu'un suicide : les gens ne se tuent pas parce qu'une personne qu'ils aiment est morte, ils se tuent parce que quelqu'un qu'ils aiment leur en a donné l'exemple.

Renonçant à contredire ce dernier point, l'entêté suicidaire se dirait peut-être : « De toute façon, on y passera tous un jour ou l'autre… eux comme moi. »

Oui, et alors ?

Avec ce raisonnement, les assassins sont innocents, eux qui tuent des gens qui allaient *de toute façon* mourir un jour ou l'autre.

À bout de sophismes, cette tête de mule se dirait probablement : « De toute façon, je ne serai plus là pour voir ce qui leur arrive… » Autrement dit : « Après moi, le déluge… qu'importe les conséquences de mes actes, je ne serai pas là pour les assumer ; ce sont les autres qui devront se débrouiller avec. »

Je suis sûre que vous ne présentez aucune espèce de point commun avec cet être désespéré, égoïste et borné. Si je vous parle de lui, c'est pour attirer votre attention sur son expression favorite : « de toute façon ».

Les phrases qui commencent par « de toute façon » sont généralement de mauvaise foi ; elles sont l'expression d'une paresse intellectuelle, d'un refus de penser. Il n'y a pas de « toute façon » qui tienne ; les circonstances et le contexte changent tout.

Lorsque quelqu'un commence par « De toute façon… », les trois quarts du temps ce qu'il veut dire par là c'est que sa décision est prise et qu'il ne veut pas la remettre sur le tapis, la réexaminer à neuf. Il s'entêtera obstinément dans la voie qu'il a choisie, sans chercher à approfondir les conséquences de son choix… car s'il les examinait, il prendrait conscience qu'il n'est pas dans la bonne direction, et *de toute façon*, il ne veut pas en changer.

Mais vous, vous êtes prêt à remettre en cause vos convictions et décisions antérieures à la lumière d'un savoir accru et de nouvelles connaissances. C'est d'ailleurs ce qui fait votre force, et qui la fera.

À retenir

- Nous sommes responsables même quand nous oublions que nous le sommes.
- Pour les survivants, un suicide n'a jamais rien de pédagogique.
- Le suicide est contagieux : se tuer, c'est inciter ceux qui nous aiment à faire de même.

Trois mauvaises raisons de se tuer

Les raisons pour lesquelles des gens pensent à mettre fin à leurs jours semblent parfois valables aux observateurs extérieurs, mais même lorsqu'on a affaire à ce qui apparaît comme une « bonne » raison, celle-ci est étayée par de très mauvaises. Examinons trois de ces mauvaises raisons.

« C'est ça, ou je me tue ! »

Pour commencer, penchons-nous sur le raisonnement suivant : « Je tiens à tout prix à obtenir *ça*... donc soit je l'obtiens et tout va bien, soit je ne l'obtiens pas et je n'ai plus aucune raison de vivre. »

Bref : « C'est *ça*, ou je me tue ! »

Ce chantage est souvent adressé à quelqu'un (« Reviens ou je me suicide »), mais pas toujours. Il peut être adressé à l'existence, au destin : « Avis à la vie : « soit j'obtiens ça, soit je me tue ».

Cette manière de penser peut paraître rationnelle, mais elle ne l'est pas tant que ça. Elle peut paraître radicale, mais elle révèle moins de force que de faiblesse, moins de persévérance que de découragement, moins d'obstination que d'abdication.

En effet ce *ça* que l'on considère comme si important, si vital, on est prêt à y renoncer pour se jeter dans la mort sous prétexte qu'on ne l'a pas *encore* obtenu !

Avec une mentalité plus logique et plus volontaire, on penserait : « Soit j'obtiens *ça*, soit je mourrai en essayant de l'obtenir, mais jamais je ne lâcherai le morceau. Je me battrai jusqu'au bout pour obtenir ce que je veux. Je réaliserai mes rêves, ou je mourrai en essayant. »

Les objectifs valables ne sont pas comme les yaourts. Ils n'ont pas de date de péremption. Ce qui n'a pas été obtenu à un moment X le sera à un moment Y... à condition bien sûr de ne pas mourir avant, et donc de ne pas se tuer.

Si par exemple on veut conquérir un homme ou une femme… on peut toujours espérer qu'il ou elle comprendra un jour qu'il ou elle est fait pour nous. Si on veut réussir à devenir ceci ou cela… on peut toujours espérer qu'à force d'essayer, on le deviendra.

La victoire ne s'obtient pas par le chantage – d'autant que la vie se fiche de nos tentatives de manipulation, et que les gens n'y cèdent que très provisoirement quand ils y cèdent – mais par des efforts patients et persévérants.

C'est un principe général ayant valeur de loi : ceux qui ne renoncent jamais finissent toujours par gagner.

« Je n'ai pas de place dans ce monde »

Croire que l'on n'a pas de place dans le monde est une deuxième mauvaise raison de se tuer. Beaucoup de gens sont concernés par ce pénible sentiment, dont vous avez peut-être déjà fait l'expérience :

> « Ai-je encore ma place dans la vie ? »
>
> « Si je n'étais pas là, ça reviendrait au même. »
>
> « Ma place est-elle sur terre ? Je ne sais plus. »
>
> « Je ne peux plus survivre dans ce monde ou je ne trouve plus ma place. »
>
> « J'ai essayé de m'intégrer… mais je suis toujours aussi seul. Je ne trouve pas ma place. »
>
> « Je ne sais pas où est ma place, j'aimerais tellement être parmi les anges s'ils existent… mais j'ai peur que ma place ne soit chez les fous. »

Comme ces personnes, je me sentais inadaptée. Hors-jeu, exclue.

C'était comme si la vraie vie, ou le monde, étaient un lieu déjà bien rempli où je ne pouvais rentrer d'aucune manière. Pièce de puzzle égarée hors de sa boîte, et ne trouvant pas sa place dans l'image, je souffrais d'être en dehors.

Lorsqu'on sent qu'on n'est pas à sa place, est-on réellement décalé, inadapté, ou est-ce juste une sensation illusoire, une espèce d'hallucination – comme si on était une poule parmi les poules se prenant pour un canard ?

À partir de mon expérience, j'aurais tendance à dire que ce sentiment est véridique : on se sent décalé parce qu'on l'est réellement, à l'image d'un canard égaré faisant « coin-coin » à contretemps dans un concert de « cot cot cot ! »

Mais en disant cela, je ne justifie absolument pas le suicide de ceux qui se sentent en exil.

Ne pas être à sa place n'est pas du tout, mais alors pas du tout, une raison de se tuer.

L'enfance d'un cygne

À propos de canard, vous avez certainement déjà entendu parler de celui qui avait la réputation d'être dénué de toute séduction comme de toute grandeur, j'ai nommé « le vilain petit canard ».

Dans la ferme où il avait grandi, lui non plus ne trouvait pas sa place. Sa différence l'isolait de ceux qu'il prenait pour ses père, mère, frérots et sœurettes, et qui étaient de vrais canards. Rejeté partout où il allait, le vilain petit canard se sentait seul.

Ce n'était pas une illusion : effectivement, il était seul de son espèce.

Car le vilain petit canard était, en réalité, un bébé cygne. On ne le trouvait laid que parce qu'on lui appliquait les critères de beauté d'une autre espèce. En réalité, il n'était pas vilain du tout, c'était un bébé cygne tout ce qu'il y a de plus normal. Qui plus est, il allait bientôt devenir tout à fait splendide : un cygne immaculé et royal glissant gracieusement sur l'onde comme un voilier de luxe.

Vous aussi, vous sentez que vous n'êtes pas à votre place ?

Ce n'est pas forcément que vous êtes *moins* (que les autres) ; c'est peut-être que vous êtes *plus* (que vous le croyez) et que vous avez de la chance… ou que vous en aurez, lorsque vous serez devenu le cygne que vous êtes destiné à devenir.

Mais pour cela, vous ne devez pas vous laisser couler au fond de la mare.

Trouver sa place

Si vous n'arrivez pas à vous intégrer, c'est que votre environnement ne vous convient pas. Mais qui sait si c'est à vous de changer, ou *à lui* ? Et si vraiment il ne veut pas changer, pourquoi devriez-vous rester là où vous êtes ? La terre est vaste.

Votre vraie place existe, et lorsque vous l'aurez rejointe, vous vous y sentirez bien, comme on peut se sentir quand on est la bonne personne au bon endroit, faisant la bonne chose qui doit être faite. Comme on peut se sentir lorsqu'on vit complètement et joyeusement sa vocation, la mission qu'on doit remplir sur cette terre.

En attendant, la souffrance du « Je n'ai pas de place » vient comme un rappel, un avertissement et un stimulant :

« Ce n'est pas ça, ta vie… Les chaussures que tu as enfilées ne sont pas à ta pointure… Tu n'es pas encore qui tu dois devenir... Ne t'englue pas dans tes routines… Ne t'endors pas là où tu es… Cherche, cherche sans relâche ce qui te manque… Marche, marche sans repos, tu es encore loin de la maison… »

Vos véritables objectifs (ceux auxquels vous avez renoncé depuis trop longtemps, ceux qui vous tiennent à cœur, ceux que peut-être vous avez oubliés), vous pouvez les atteindre.

Vous pouvez réaliser vos rêves ici, sur cette terre. Vous n'avez pas besoin de la quitter pour trouver une place, votre place. Vous pouvez exister pleinement, vous pouvez devenir vous-même... et vivre. C'est même la seule manière, l'unique moyen.

Au lieu de penser à la mort, réclamez plutôt votre part, et surtout cherchez-la. Si vous restez les bras croisés, personne ne vous donnera ce qui vous est dû ; c'est à vous d'agir pour trouver le bonheur et la place qui vous sont destinés, et qui vous attendent quelque part.

Peut-être tout près, qui sait ?

Il suffit parfois de se frotter les yeux pour trouver là, sous sa main, ce qu'on cherchait en vain depuis des années.

« J'en ai fait le tour… »

« J'en ai fait le tour » : cette illusion d'avoir tout vu et tout vaincu est une troisième très mauvaise raison de se tuer.

Ça vous semblera peut-être difficile à croire, mais certains individus pensent au suicide parce qu'ils ont la sensation que la vie ne leur réserve plus rien de neuf. Ils ont l'impression d'avoir obtenu tout ce qu'ils voulaient obtenir, connu tout ce qu'ils voulaient connaître, et du coup, ne voient plus l'intérêt de continuer.

Le seul avenir qu'ils arrivent à imaginer ressemble à un 33-tours rayé, répétition sans saveur de ce qu'ils ont déjà vécu.

Arrivés (croient-ils) au sommet, et conscients que personne ne peut y rester, ils préfèrent s'éclipser soudainement plutôt que de redescendre petit à petit…

Fin de chapitre

Mais lorsqu'on arrive à la fin d'un cycle, lorsqu'on touche le plafond de son univers, ce n'est pas le moment de se tuer.

Pas du tout.

C'est au contraire le moment de *naître*.

Le moment de se renouveler, le moment de pénétrer dans un monde plus vaste, d'élargir sa vision, d'oser quelque chose de nouveau, et ainsi de renouer avec les émotions du débutant : la peur de ne pas y arriver et la honte d'être maladroit, certes, mais aussi et surtout la joie de s'aventurer en pays inconnu, le cœur qui bat plus fort, l'émerveillement de se découvrir rajeuni et différent dans un nouveau rôle, et la juste fierté de dépasser ses limites.

Le suicide rôde entre le point final et la majuscule qui inaugure la phrase suivante. Comme une *partie* se termine, l'ennemi chuchote que le *tout* s'achève. Lorsqu'il parvient à convaincre quelqu'un d'entériner cette fin de chapitre par un suicide, il est ravi, vraiment…

Avoir « tout ce que l'on désire » signifie qu'on a atteint la fin d'un cycle, qu'on est arrivé au bout de la chambre, jusqu'au mur. Mais la chambre n'est pas la maison, la maison n'est pas la ville, la ville n'est pas le pays, le pays n'est pas le monde, et le monde n'est pas l'univers... Il y a toujours plus à désirer parce qu'il y a toujours plus à explorer.

Recroquevillée dans sa chrysalide, la chenille a, croit-elle, tout ce qu'elle désire... elle a vécu pleinement sa vie de chenille, elle en a *fait le tour*. Et peut-être qu'à ce stade, la chenille pense à la mort, alors qu'en réalité, elle en est à peine à la première étape de sa transformation en papillon.

Pour les chrysalides humaines, la question qui se pose est celle-ci : vais-je rester momifiée dans mon cocon jusqu'à ma mort biologique, mort que j'anticiperai peut-être par un suicide, ou opter pour ma métamorphose ?

Je touche aux limites de mon univers

J'étais étudiante en lettres modernes depuis plusieurs années. J'avais de bonnes notes. Mes professeurs incarnaient à mes yeux le Savoir, la Compétence et la Justice : je les considérais comme mes juges et je voulais leur prouver ma valeur intellectuelle – à l'époque c'était ma principale raison de vivre.

DEUG… Licence… Maîtrise… DEA. Apparemment tout allait pour le mieux, mes études avançaient comme sur des roulettes.

Mais voilà : le ver était dans le fruit depuis le début. En effet mes professeurs étaient (ce ne sera pas une grande surprise pour vous, mais ça en fut une pour moi) des gens comme les autres, des individus ordinaires.

À force d'étudier avec zèle, à force de lire les écrits de ces professeurs que je vénérais de loin, sans jamais oser leur parler, à force de décortiquer attentivement ce que je lisais, je m'aperçus petit à petit que ces demi-dieux écrivaient parfois, et même souvent, des trucs bizarres.

Des trucs pas logiques.

Des trucs qui avaient l'air profond, mais qui en réalité n'étaient que des platitudes – ou de vains paradoxes.

Comme si, au fond, ils n'avaient rien de particulier à dire, qu'ils cherchaient juste à remplir des pages et des pages… à faire de la copie.

Non seulement ça, mais ces juges n'étaient pas toujours justes. Certains donnaient de mauvaises notes à d'excellents devoirs et d'excellentes notes à de très mauvais devoirs. Certains mettaient la même note (10/20) à tous les étudiants. Certains refusaient toute mention à de très bons mémoires, tandis que d'autres donnaient la mention *très bien* à des mémoires qui, de mon point de vue, ne valaient pas tripette.

Certains se permettaient même de coucher avec leurs étudiantes !...

Petit à petit, je réalisais que mes professeurs ne m'étaient supérieurs ni d'un point de vue intellectuel, ni d'un point de vue moral. Je les avais pris pour juges, mais en réalité ils n'avaient pas ce qu'il fallait pour remplir ce rôle. Cette prise de conscience m'emplit d'orgueil et d'angoisse : puisque mes dieux ne valaient pas mieux que moi, à qui donc devais-je plaire ? à qui devais-je prouver ma valeur ?

Pas de réponse.

Ma tête se cognait au plafond de mon petit univers ; je me retrouvais privée d'objectif et désemparée, partagée entre la vanité et le vide. Comme par hasard, c'est à cette période de ma vie que l'ennemi a commencé à me chuchoter : « Pourquoi continues-tu à vivre ? Est-ce que tu as *vraiment* une *bonne* raison ? »

Je ne voulais pas me tuer, mais en même temps, j'avais l'impression dérangeante que je n'avais plus le droit de rester là, sur cette terre, maintenant que je n'avais plus de mission à remplir, plus de but à atteindre.

Je me cognais aux limites de mon univers, et j'imaginais qu'il s'agissait des limites de l'Univers. J'avais épuisé les ressources de mon territoire, et je croyais avoir épuisé les ressources de la terre. Dans une vision plus panoramique, l'Everest était encore vierge de mes pas (il l'est toujours) et le sommet que j'avais atteint n'était qu'une taupinière.

Enfermée dans ma sphère, j'en avais fait le tour et touché ses limites : c'était l'heure de sortir de mon petit bocal universitaire.

À retenir

• Ceux qui se tuent parce qu'ils n'ont pas obtenu ce qu'ils désirent auraient pu l'obtenir s'ils ne s'étaient pas tués.

• Quand on sent qu'on n'a pas de place, c'est simplement qu'on n'a pas encore trouvé la sienne.

• Au sommet, il y a un autre sommet. Au bout du monde, un Nouveau Monde.

Conseils

► Ne mettez pas de condition à votre existence.

► Au lieu de dire « C'est ça, ou je me tue ! » dites : « C'est ça, ou je mourrai à la tâche ! Je ne renoncerai jamais. »

► Votre place sera vacante tant que vous ne l'occuperez pas : cherchez-la.

► Vous avez fait le tour complet de votre bocal ? Sortez-en pour explorer le vaste océan.

Y a-t-il encore un espoir ?

Comme les trois mauvaises raisons que nous venons d'évoquer, l'illusion du désespoir transforme des circonstances problématiques en causes de suicide. Circonstances problématiques, mais pas insurmontables – sauf bien sûr quand on décide que « tout est fichu » et qu'on agit conformément à cette croyance…

Impatience et précipitation

L'impatience est un « manque de patience pour attendre quelqu'un ou quelque chose, une irritation nerveuse, une incapacité à rester en place, à se contenir ».

La précipitation, notion voisine, est une « rapidité excessive, une grande hâte qui donne à ce que l'on fait un caractère irréfléchi et désordonné ».

On n'a pas besoin de consulter les statistiques pour savoir que les piétons patients et réfléchis vivent plus vieux que les piétons impatients qui se précipitent sur la route sans attendre de trouver un passage qui leur soit réservé ou que le feu change de couleur.

Il en va de même pour les automobilistes impatients, les maçons impatients… pour toutes sortes d'impatients. L'impatience et la précipitation sont à l'origine de nombreux décès comme de nombreux divorces. Mais ce n'est pas seulement dans les décès accidentels qu'elles jouent un rôle.

À ce propos, connaissez-vous l'histoire de ce pauvre Darby ?

Elle est courte et pas drôle, mais instructive. Napoleon Hill la raconte dans son livre *Réfléchissez et devenir riche* (1937), grand classique du développement personnel que je vous recommande au passage.

Pauvre Darby

Aux États-Unis, lors de la ruée vers l'or, un homme répondant au nom de Darby partit, plein d'espérances, vers l'Ouest pour faire fortune.

Par chance, il gagna une concession au jeu et entreprit de la sonder à coups de pioche et de pelle. Après plusieurs semaines de labeur incessant et épuisant, ses efforts furent récompensés : il avait trouvé de l'or !... Un premier wagonnet de précieux métal partit à la fonderie.

Mais voilà que tout à coup, plus rien. Le filon avait disparu.

Les machines eurent beau forer : toujours rien.

Rien de rien.

Déçu et découragé, le pauvre Darby revendit son matériel et sa concession pour une bouchée de pain à un aventurier de passage et rentra chez lui, la queue entre les jambes…

Si l'histoire s'arrêtait là, elle serait déjà tristounette – mais elle a une suite encore plus triste, du moins pour Darby. En effet l'aventurier qui était devenu propriétaire de la concession consulta un expert. Surprise : le filon d'or se trouvait à trois pieds à peine de l'endroit où Darby avait arrêté le forage !...

L'aventurier devint millionnaire.

La leçon à tirer

Les personnes qui se tuent font le même genre d'erreur que Darby : elles renoncent non loin du but.

Trop irréfléchies, elles ne prennent pas conseil auprès de ceux qui pourraient les aider ; trop pressées, elles ne laissent pas le temps au temps. Elles veulent ce qu'elles veulent tout de suite, et comme ce qu'elles veulent tarde à venir… elles se tuent.

Hâtivement.

La plupart du temps il aurait suffi d'un peu de patience, d'initiative et de réflexion, parfois d'*un tout petit peu* de patience, d'initiative et de réflexion, pour qu'elles distinguent une porte dans le mur où elles se cognaient la tête, ou pour que la situation insoluble où elles se trouvaient coincées évolue et se débloque.

Certains jeunes ne font pas confiance à leurs aînés ; ils ont besoin de vérifier par eux-mêmes en voyant de leurs yeux, en touchant de leurs mains.

Par exemple ils ont besoin de fracasser leur première voiture contre un trois-tonnes en le doublant par la droite sur l'autoroute pour comprendre que le Code de la route a son utilité, qu'il n'est pas seulement une brimade injuste que la société des adultes veut leur infliger par méchanceté pure.

L'avantage de cette méthode, c'est qu'ainsi, ils arrivent à une conviction intime, à une certitude inébranlable fondée sur le témoignage direct de leurs sens ; l'inconvénient, c'est qu'ils ne survivent pas toujours à leurs vérifications.

L'homme intelligent tire parti de ses erreurs, dit-on. Le Sage, qui est un oiseau encore plus rare, une espèce en voie de disparition, tire parti des erreurs des autres : il n'a pas besoin de se brûler lui-même pour comprendre que le feu brûle, pas besoin de se noyer en personne pour voir l'intérêt d'apprendre à nager.

Soyez sage : tirez profit de l'histoire de Darby.

C'est lorsque tout est apparemment fichu qu'il ne faut surtout pas se décourager. Et si c'était la dernière clef du trousseau qui ouvrait la porte ?

Roméo n'a pas pris le temps

À ce propos, savez-vous pourquoi *Roméo et Juliette* est une tragédie ?

Ce n'est pas la faute des Capulet.

Ni celle des Montaigu.

C'est à cause de Roméo… et de sa précipitation.

Ce personnage shakespearien incarne à merveille l'impatience et la précipitation qui caractérisent la jeunesse, mais pas seulement elle.

Pour échapper au mariage que voulaient lui imposer ses parents, Juliette absorba une potion qui la plongea dans une léthargie profonde. Dans la crypte où elle reposait, Juliette semblait morte. Roméo ne prit pas le temps de vérifier, ce qui aurait impliqué d'attendre un peu, et se tua.

Il ne prit pas la peine d'examiner la situation de près ; son tempérament impétueux, impulsif et impatient le jeta dans le désespoir tête baissée et yeux fermés.

Juliette n'était qu'endormie… et si Roméo avait patienté quelques instants, il s'en serait aperçu. Si Roméo s'était armé d'un tout petit peu de patience, *Roméo et Juliette* ne serait pas une tragédie. L'histoire de ce jeune couple se terminerait par : « Ils vécurent longtemps heureux et eurent beaucoup d'enfants » – comme les contes qui finissent bien.

La clef de la boîte où se trouvent toutes les clefs

L'histoire de Roméo et Juliette a la même moralité que celle de l'infortuné Darby : quand la situation semble désespérée, elle ne l'est pas.

Le sage et lumineux proverbe vietnamien suivant a raison : *il n'y a pas de situation désespérée ; il n'y a que des hommes qui désespèrent de la situation.*

Vous croyez que toutes vos chances sont gaspillées, bousillées, qu'il ne reste aucune corde à votre arc, aucun euro dans votre compte, aucune malice dans votre sac – et que donc, il est temps pour vous de « tirer votre révérence » ?

Primo, « tirer sa révérence » est une expression beaucoup trop élégante et ancien régime pour la réalité sordide et dégoûtante dont il est question.

Secundo, ne vous pressez pas de conclure.

Qui sait si, pour trouver la solution aux problèmes qui vous rongent, vous n'avez pas déjà tout ce qu'il faut *sans le savoir* ?

Ce n'est pas lorsqu'on est en proie au désespoir qu'on peut se rendre lucidement compte de ses options, de ses ressources... Même si ça vous paraît invraisemblable, la seule chose qui vous manque pour résoudre vos problèmes, ce n'est peut-être qu'une idée, qu'une petite idée lumineuse.

Je ne dis pas pour les résoudre tous d'un coup...

Mais pour les résoudre petit à petit, l'un après l'autre.

Vous pouvez vous sentir démuni et impuissant sans l'être. Dans un certain état émotionnel (l'état suicidaire), il est impossible d'être lucide sur soi, impossible de raisonner correctement.

Si vous étiez absolument sûr que la suite de votre existence sera infiniment meilleure que tout ce que vous avez vécu jusqu'à présent, voudriez-vous encore vous tuer ?

Si vous saviez de science certaine que demain – car n'importe quel jour situé dans votre futur, c'est demain –, votre existence actuelle vous apparaîtra comme un premier brouillon, l'esquisse informe de l'existence mille fois plus belle et significative qui sera la vôtre à ce moment-là, voudriez-vous encore vous tuer ?

J'imagine que non.

Or vous pouvez en être absolument sûr.

Vous pouvez en être absolument sûr, car votre avenir est entre vos mains.

Vous avez décidé de faire de bons choix : le résultat (qui viendra à son heure et en son temps) est garanti.

Mais vous ne découvrirez ce que l'avenir vous réserve de bon qu'à condition d'endurer le présent : *qui ne peut supporter le mal ne vivra pas pour voir le bien.* (Proverbe yiddish.)

Vous n'obtiendrez le bonheur qui vous revient de droit qu'à condition de vous armer de patience. Qu'à condition de traverser tous les moments difficiles et fatigants qui vous séparent de ce bonheur futur et parfaitement réel, quoiqu'encore inconnu de vous, qui vous attend.

Patience et persévérance sont les conditions sine qua non de toutes les victoires, les publiques comme les cachées, les discrètes comme les spectaculaires.

Vous supposez que, d'une manière générale, les gens qui se tuent le font parce qu'ils ont tout raté ?

C'est exactement l'inverse : ils ratent tout parce qu'ils se tuent.

On anéantit ses chances de bonheur – et sa vie – parce qu'on a cru qu'elles étaient *déjà* anéanties : on croit réel ce qui n'était encore qu'un risque, et du coup, on le réalise. Persuadé que tout est foutu, on fout tout en l'air ; croyant voir que tout est détruit, on se détruit soi-même – et par là même, on détruit aussi les personnes qu'on aime.

D'une manière générale, ce n'est pas parce que « ça ne sert à rien » qu'on laisse tomber, mais parce qu'on laisse tomber que ça ne sert à rien.

Beaucoup de personnes ont quitté leur conjoint parce qu'elles croyaient, sous l'empire d'idées noires ou d'une jalousie maladive, que leur mariage n'avait plus aucune réalité… alors que c'est leur décision de divorcer, et cette décision seulement, qui a brisé leur couple.

Pour Roméo comme pour tant d'autres, tout était encore possible ; il avait même un carré d'as dans les mains – mais comme il ne savait pas qu'il jouait contre quelqu'un, qu'il ne connaissait pas les règles du jeu, et que son adversaire était resté soigneusement anonyme, silhouette noire sur mur de nuit noire, il a cru que ces petits rectangles de carton ne servaient à rien, que *sa vie* ne servait à rien.

Et c'est l'ennemi qui a gagné, et c'est l'ennemi qui ricane.

Qu'aurait-il fallu pour gagner la partie ?

Apprendre les règles du jeu.

Et avant ça, découvrir les règles du jeu.

Et encore avant ça, chercher les règles du jeu.

Mais pour tout ça, il faut du temps.

Parfois des années.

La clé de la boîte où se trouvent les clés de toutes les portes (y compris de celles que l'on ne reconnaît pas pour telles, croyant seulement qu'il s'agit de trompe-l'œil peints sur le mur), c'est la patience.

Le désespoir

Après l'impatience et la précipitation, parlons du désespoir.

Le désespoir est « l'état de la conscience qui juge une situation sans issue ». Le mot important, dans cette définition, c'est *juge*.

Le désespoir ne naît pas d'une situation, il naît d'un jugement porté sur une situation. Il n'est pas suscité par une absence d'issue, il est suscité par un point de vue, une impression : celle qu'il n'y a pas d'issue.

Au cours d'une expérience de laboratoire cruelle mais instructive, on a mesuré la motivation des rats à vivre dans différentes circonstances. Plongé dans une jarre d'eau et une obscurité totale, un rat se laisse couler au bout de trois minutes. Mais si on laisse pénétrer un rayon de lumière dans la jarre, le rat continue à nager pendant trente-six heures. La lumière est là, que le rat la perçoive ou non, mais s'il la voit, il résiste sept cents fois plus longtemps.

Pour résister dans l'adversité, les Hommes ont eux aussi besoin d'un rayon d'espoir, mais leur ressemblance avec les rats s'arrête là.

Alors que ces rongeurs ont besoin de voir la lumière de leurs yeux, les êtres humains sont capables de croire à l'existence de la lumière même quand elle est invisible, capables de se souvenir que le soleil existe même quand la nuit est noire.

Ils ont suffisamment de mémoire, d'imagination et de foi pour croire sans voir.

Plongé dans l'obscurité complète, un rat de laboratoire n'a pas vraiment le choix... il coule. Plongé dans l'obscurité complète, un être humain garde toute sa liberté : il peut céder au désespoir comme il peut lui résister. Le désespoir est un choix. On est libre d'y succomber comme on est libre de lui préférer le courage et l'espoir.

Lorsqu'on souffre psychologiquement on est comme enfermé entre les murs d'une demeure angoissante, labyrinthique, sans fenêtre. Céder au désespoir, c'est oublier que ce dédale où l'on erre depuis parfois longtemps n'est pas tout l'univers, mais seulement une minuscule parcelle de celui-ci. Céder au désespoir, c'est supposer que l'issue de secours que l'on n'a pas encore trouvée, ou pas encore identifiée comme telle, n'existe pas.

L'obscurité où, peut-être, vous errez vous semble l'ultime réalité parce qu'elle est votre présent et votre prison, mais cette nuit est artificielle.

Dehors, il fait jour ; dehors, le monde est vaste et beau et resplendissant. C'est cet univers lumineux qui est le vrai. Au-delà des murs qui limitent votre existence présente se trouvent un vrai ciel, un vrai soleil, toute une plénitude estivale qui vous attend, de même que l'homme ou la femme de votre vie vous attend avec impatience quelque part, si vous ne l'avez pas encore rencontré(e).

Gardez espoir, ne vous découragez pas.

Croyez, et continuez à croire, et continuez de continuer à croire, à l'univers saturé de lumière qui est de l'autre côté des murs, même si vous ne le voyez pas, même si vous n'avez encore aucune preuve matérielle de son existence, même si de là où vous êtes il semble n'être qu'une utopie, qu'un rêve fou, qu'un mirage.

Gardez espoir.

Croyez à ce monde intense et chatoyant pendant tout le temps nécessaire pour chercher et trouver la sortie du labyrinthe et, ainsi, le rejoindre.

L'effet papillon

On dit qu'il suffit d'un battement d'aile de papillon en Chine pour qu'un cyclone ait lieu aux États-Unis.

C'est ce qu'on appelle « l'effet papillon ».

En réalité, les météorologues sont unanimes : les lépidoptères n'ont aucun impact sur le temps qu'il fait. Le papillon en question peut bien s'exciter tant qu'il peut et battre des ailes comme un forcené, pas de tornade.

Mais dans une vie humaine, par contre, les plus petits actes ont effectivement les plus grandes conséquences. De minuscules gestes ont des répercussions parfois immenses.

Imaginons que vous marchiez avec d'autres personnes en suivant un sentier. Toutes les deux ou trois minutes, des pistes s'ouvrent sur votre droite et sur votre gauche. À l'un de ces embranchements, les autres décident de continuer tout droit, et vous décidez de prendre à gauche. Votre décision de prendre à gauche n'a lieu qu'une fois, mais cela suffit pour que votre destination finale soit différente, voire radicalement différente, de celle des autres.

Ainsi, parfois, il suffit d'une seule petite décision pour que de fil en aiguille, tout change.

S'inscrire à un cours… Parler à un inconnu… Entrer dans un bâtiment où on n'avait encore jamais mis les pieds... Ouvrir un livre… Rendre un petit service à son voisin... Ce genre d'acte peut enclencher un processus, être à l'origine d'une réaction en chaîne, avec la solution au bout : le calme, le bonheur, la joie.

L'imprévisible est fertile en chances.

Un événement que vous ne pouvez pas deviner, ni même pressentir, un événement que l'avenir vous réserve et qui sera la conséquence directe ou indirecte de vos choix, peut illuminer toute votre destinée ultérieure. Après tout, il suffit d'une rencontre heureuse (et les livres aussi sont des rencontres) pour changer une vie.

Bref, le désespoir n'est jamais de mise.

La persévérance récompensée

Après l'histoire du pauvre Darby, qui renonça à quelques mètres d'une mine d'or, voici l'histoire d'un autre chercheur de métal précieux. Pierre Bellemare l'a racontée dans l'un de ses livres.

1951 : ce n'est pas la ruée vers l'or, mais ça y ressemble. Les États-Unis manquent d'uranium. Encouragé par sa femme, Vernon Pick achète un compteur Geiger, appareil qui mesure la radioactivité, et se lance dans l'aventure comme des milliers d'autres prospecteurs.

Pour commencer, Pick potasse des traités de géologie : l'uranium ne se trouve pas n'importe où. Puis, lorsqu'il a localisé le lieu qu'il juge le plus favorable – les gorges montagneuses de l'Utah –, il part là-bas avec son compteur Geiger.

À Hanksville, village perdu dans les montagnes, Pick n'est pas le seul chercheur d'uranium. Tous les autres sont revenus bredouilles de leurs expéditions, qui durent généralement quinze jours.

Pick part à son tour dans la nature inhospitalière, mais lui pour vingt jours : il doit aller plus loin que les autres pour avoir une chance de trouver quelque chose.

Cinq expéditions épuisantes avec pour seule compagnie les scorpions, les serpents et les vautours, et rien.

Mais Vernon Pick ne se décourage pas.

Lors de la sixième expédition, alors qu'il se couche pour la nuit, un scorpion le pique dans le dos. Vernon Pick reste paralysé au sol pendant trois jours, sans pouvoir ni manger ni boire. Le quatrième jour, les effets du poison commencent à se dissiper et Pick, abandonnant son compteur Geiger sur place, prend en chancelant le chemin du retour. Fin de l'histoire ?

Pas du tout.

De retour auprès de sa femme, Vernon Pick lui raconte ses mésaventures. Ils décident d'acheter un scintillomètre, suivant ainsi le conseil du vieux

Billy, le propriétaire de l'hôtel d'Hanksville. Leurs ultimes économies passent dans cet achat.

Pick repart illico à Hanksville avec le scintillomètre.

Pour cette expédition de la dernière chance, Pick a décidé d'aller plus loin que jamais, jusqu'à une gorge abrupte que personne n'a jamais explorée, la rivière de boue. Il part pour plus d'un mois. En chemin, catastrophe : Pick perd la moitié de ses provisions.

Il continue quand même.

Obligé de boire l'eau de la rivière, qui contient de l'arsenic, Pick endure d'atroces douleurs de ventre.

Il continue quand même.

Le 22 mars 1952, le compteur du scintillomètre s'affole : Vernon Pick vient de découvrir un gigantesque gisement d'uranium. En 1954, il la vend contre 10 millions de dollars.

L'histoire de Pick illustre une loi éternelle et universelle : la persévérance vient à bout de tout. Remplacez l'uranium par n'importe quel objectif qui vous tient à cœur, par n'importe quel rêve qui vous hante depuis toujours, et vous connaîtrez la recette pour obtenir ce à quoi votre âme aspire.

À retenir

- Avec des efforts et du temps, une souris coupe un câble : la patience et la persévérance viennent à bout de tout.
- La seule manière de tout rater, c'est de se tuer.
- Le désespoir est une illusion d'optique. Pour y échapper, il suffit de changer de point de vue.

Conseils

► Ne décidez pas qu'il n'y a plus d'espoir. Donnez-vous du temps.

► Pour découvrir ce que l'avenir vous réserve de bon, supportez le présent.

► Souvenez-vous de Darby et de Vernon Pick : faites face aux échecs, aux scorpions et à l'arsenic, et vous finirez par trouver le gisement de bonheur que vous cherchez.

Envie d'être mort ?

Mourir est un processus douloureux et effrayant... personne n'a réellement envie de mourir. Mais on peut avoir envie d'être déjà mort.

Vous connaissez peut-être cette impression.

L'impression que la vie n'a aucun sens. Aucune utilité.

Que la route est trop longue et qu'on est trop fatigué. Qu'on a « assez donné ». Qu'on s'est suffisamment épuisé à tourner et errer dans le noir. Que trop, c'est trop. Que si on ne supporte plus... c'est bien la preuve que c'est insupportable. Que respirer est devenu un effort trop difficile. Et que chaque seconde déchire quelque chose de plus dans les fibres de cette âme meurtrie et oubliée, comateuse, qui prétend être la nôtre.

Je pourrais continuer comme ça longtemps, mais à quoi bon ?

S'attarder sur ce genre d'émotions n'a pas d'autre effet que de les aggraver.

À la place, je voudrais plutôt vous poser une question : et si l'envie d'être mort que (peut-être) vous éprouvez peut-être n'était pas l'ultime vérité de votre vie intérieure ?

Qu'elle ne se situait pas en son cœur ?

Et si ce désir de mort occupait plutôt une couche superficielle de votre conscience ?

Pas la plus extérieure, d'accord…

Mais pas la plus profonde non plus.

Et si la tentation de vous tuer était une espèce d'écorce, la croûte noirâtre qui s'est formée sur une blessure ?

L'ennemi intérieur s'emploie à traduire dans le langage du suicide des aspirations qui sont d'un tout autre ordre, et qui ne peuvent être satisfaites ou apaisées qu'*avant* le dernier soupir. C'est lui, l'ennemi, qui maquille des envies et des besoins de vivant en pulsions de mort.

Ce chapitre est le plus important de tous ; lisez-le avec la plus sereine, la plus placide attention.

Envie d'être mort, ou besoin de comprendre ?

Commençons par un constat tout à fait basique : la vie n'est pas facile.

Ceux qui disent le contraire n'ont fait qu'effleurer sa surface ; dans quelques années on en reparlera. Mais ce n'est pas cette difficulté qui rend, dans certains cas, la vie si difficilement supportable.

Tailler la pierre et grimper la roche

Deux tailleurs de pierre font ce qu'ils sont censés faire.

Tous les deux suent à grosses gouttes sous un soleil écrasant.

Objectivement ils font le même travail, le même labeur épuisant.

Et pourtant, l'un taille la pierre en soupirant d'un air excédé, la bouche tordue par une moue amère, le dos voûté comme s'il portait le monde sur ses épaules, tandis que l'autre manie la massette et le ciseau en chantant comme un pinson, débordant d'enthousiasme et d'ardeur.

Pourquoi une tette différence ?

Celui qui est dégoûté de son travail besogne en esclave, sans savoir pour qui ni pour quoi, comme une machine, parce qu'il n'a « pas le choix », tandis que l'autre taille des pierres pour la maison où il vivra avec sa bien-aimée : elle l'épousera lorsque le nid de leur amour sera prêt. Cet homme-là est au service de ce qu'il aime.

Un autre exemple.

Un homme gravit péniblement une montagne pentue. Un autre homme gravit tout aussi péniblement une montagne tout aussi pentue. L'un est Sisyphe, condamné par des divinités capricieuses et injustes à pousser un rocher jusqu'au sommet pour le voir rouler au bas et recommencer – supplice absurde et désespérant –, tandis que l'autre est en mission de sauvetage, parti pour secourir des alpinistes coincés dans une faille de glacier.

Les émotions de l'un sont-elles comparables aux sentiments de l'autre ?

Non, bien sûr que non.

Ce qui est insupportable, ce n'est pas la pénibilité de l'effort mais son absurdité, son absence de signification.

Marre de l'absurde

Au cours de ma très longue dépression (si longue que je pourrais tout aussi bien dire « au cours de mon existence »), j'ai pensé cent mille fois que j'en avais marre de la vie.

Marre de me lever tous les matins, marre de répéter les mêmes corvées, marre de retrouver toujours les mêmes problèmes non résolus toujours un peu plus rances...

Mais en réalité, ce n'était pas la vie en elle-même qui me posait problème.

C'était son absurdité, sa futilité, son inconséquence qui me dégoûtaient.

Me brosser les dents, payer mes impôts, faire la vaisselle : les mêmes tâches qui me semblaient si pesantes, si compliquées (et que du coup je faisais si peu et si mal), m'auraient semblé relativement faciles si j'avais eu une bonne raison de les accomplir.

La preuve ?

Aujourd'hui, j'aime faire la vaisselle.

D'accord, j'exagère un peu... mais à peine.

Quand les assiettes propres s'empilent, que l'ordre s'installe petit à petit dans la cuisine apaisée, que le robinet en inox brille, j'éprouve une satisfaction d'un ordre très élevé – j'ai envie de dire *spirituel.*

La vie quotidienne a pris une dimension nouvelle, une espèce de grâce, de quiétude.

Je n'en avais pas ras le bol de la vie, de toute la vie ; j'en avais assez de vivre sans bonne raison et sans savoir pourquoi.

J'aurais voulu me lever le matin pour quelque chose. De préférence, pour une *bonne* raison. J'aurais voulu savoir pourquoi j'étais là, pourquoi j'étais née. J'aurais souhaité une explication plus éclairante, plus significative que « parce que c'est comme ça ». Je n'arrivais pas à me satisfaire d'être le résultat aléatoire et dénué d'importance d'une succession d'improbables coïncidences. Il y avait en moi quelque chose qui se rebiffait contre cette destinée absurde et vaguement indigne, dérisoire.

Lorsqu'on se croit dégoûté de la vie, on n'est souvent dégoûté que de son absurdité. Dans ce cas, se tuer équivaut à jeter le bébé avec l'eau du bain.

Trouver le mode d'emploi

Alors, où est la solution ?

Elle consiste à chercher, puis trouver, le sens de cette existence absurde.

Mais (m'objecterez-vous) comment trouver le sens d'une existence absurde ? Par définition, si elle est absurde, c'est qu'elle n'en a pas...

Ce n'est pas tout à fait aussi simple.

Imaginons quelqu'un qui disposerait d'un ordinateur dernier cri et d'un abonnement Internet illimité, mais qui ne saurait pas comment s'en servir. Pire encore : qui ne saurait même pas ce qu'est un ordinateur !

Ne se dirait-il pas que cet objet sans charme l'encombre ?

Ne serait-il pas tenté de le jeter sans attendre aux ordures ?

Quelqu'un qui est en possession d'un trésor, mais qui ne le sait pas, est tout aussi pauvre que quelqu'un de réellement pauvre. L'existence n'est peut-être pas absurde du tout, mais tant qu'on n'est pas au courant de sa signification réelle, qu'on ne connaît pas son mode d'emploi, on est juste *encombré* par elle.

Envie d'être mort, ou soif d'Absolu ?

L'envie d'être mort peut aussi recouvrir une soif d'Absolu.

Une aspiration à la pureté, à l'immense.

D'innombrables adolescents ont été fascinés par *Le Grand Bleu* (1988). Ce très beau film de Luc Besson montre, dans une mer limpide et profonde, un héros au cœur pur qui cherche à dépasser ses limites et à explorer l'Inconnu. Plongeur en apnée, la combinaison de ces deux désirs le pousse à descendre en eau profonde, pour ne plus revenir.

Qu'est-ce qui a fasciné les jeunes spectateurs ?

Le suicide régressif et allusif de la fin, ou la pureté, le dépassement de soi, l'innocence, l'absolu ?

Les deux, peut-être…

Et si cette pureté, cet absolu dont tant d'adolescents, et d'adultes aussi, ressentent l'indistincte nostalgie était accessible, mais pas à ceux qui se tuent ?

Et si le suicide était sale ?

Et s'il était impur ?

L'ennemi intérieur n'aime pas du tout cette idée-là, et il fera tout pour vous convaincre qu'elle est ridicule. Il veut vous persuader que tout ce qui est grand, beau et sans mélange se trouve de l'autre côté de l'autodestruction : « Si tu veux être pur, si tu veux être net, si tu veux entrer dans l'infini, la grandeur et la grâce, plonge… Tu ne le regretteras pas, promis, juré ! »

Pour beaucoup de jeunes et de moins jeunes, le suicide et l'anorexie, sa cousine, sont des moyens pour atteindre un absolu qui se dérobe, une pureté insaisissable. Mais ces moyens, suggérés par l'ennemi, ne sont pas les bons, et les condamnent à ne jamais atteindre leur but.

Rêvez-vous de plage sauvage, jamais foulée, de neige immaculée, de cimes inaccessibles ? Êtes-vous hanté par le vague souvenir, estompé par l'amnésie, d'un absolu océanique, pur et frais, d'une origine perdue, d'un renouvellement indéfinissable ? Suivez-vous avec émotion les pas du jeune Christopher Mccandless, le héros de *Into the Wild* (2007), tandis qu'il brûle ses billets de banque, franchit le fleuve glacé, rejoint la solitude et la vie sauvage à la recherche de la Vérité ?

Dans ce cas, c'est d'Absolu que vous avez soif.

Pas de mort.

Si vous confondez ces deux notions, faites un effort pour les séparer : elles sont réellement distinctes. Ceux qui ont identifié l'Idéal qui répond à leur soif vivent jusqu'au bout. Même quand c'est dur. Ils ne cèdent pas aux sirènes du suicide. Ils ont conscience que le suicide est contingent, aléatoire et sale... et que c'est bien souvent un aller simple pour un fauteuil roulant.

Envie d'être mort, ou besoin de changer ?

Très souvent, l'envie d'être mort recouvre aussi un besoin parfaitement légitime : celui de changer.

Infernale répétition

En effet, dans beaucoup de cas c'est moins la vie qui est insupportable en tant que telle que la continuation de la même vie toujours plus poussiéreuse, étouffante et moisie. Un simple changement de souffrance serait déjà un soulagement ; ce qui est insoutenable, c'est ce « toujours la même chose », cette répétition obstinée, entêtée, de la même douleur.

Un supplice chinois traditionnel consiste à placer un prisonnier sous un récipient rempli d'eau et percé d'un trou : les gouttes d'eau s'égrènent sur son front avec une régularité d'horloge.

Ploc... ploc... ploc... Ce qui serait à peine un désagrément si ça n'avait lieu qu'une fois se transforme petit à petit en supplice atroce, un supplice qui peut conduire à la folie.

Changeons de continent. D'après la mythologie gréco-romaine, en cet instant même Prométhée se fait dévorer le foie et les entrailles par un vautour. Je dis en cet instant même, car son supplice n'a pas de fin : une fois dévorés, le foie et les entrailles se reforment pour que le vautour se régale encore une fois, et encore une fois, et encore une fois…

Quelle que soit la manière dont on l'imagine, l'enfer est répétitif.

Une nouvelle page

Tout ceci pour dire que c'est souvent à un renouvellement qu'on aspire lorsqu'on croit aspirer à la mort : on veut se tuer lorsqu'on imagine que la mort, et elle seule, peut apporter un *vrai* changement.

Mais supposons encore une fois que le suicide ne débouche pas sur un changement radical, mais au contraire sur une répétition lancinante et odieuse du pire qu'on ait vécu sur cette terre : après son suicide, le suicidé revit son agonie encore et encore, sans cesse.

Qui, le sachant, voudrait encore se tuer ?

Le désir de mourir occulte souvent une envie plus profonde et plus authentique : celle d'un très grand changement. D'un renouvellement. L'envie qu'une page se tourne et que le livre s'ouvre sur une belle surface blanche et lisse où rien n'est encore écrit : tout est encore possible.

Le premier jour du reste de votre vie

Et bien justement, c'est vrai : tout est encore possible.

Chaque matin, une page se tourne et le livre s'ouvre sur une belle surface blanche et lisse où rien n'est encore écrit. Cette page blanche, c'est une nouvelle journée. Le premier jour du reste de votre vie.

Vous voulez revivre, renaître ?

Même si vous avez soixante-dix ans, il n'est pas trop tard.

Vous êtes jeune, puisque votre existence à venir commence aujourd'hui même.

Les nouveaux départs sont possibles à n'importe quel âge. À n'importe quel âge on peut se régénérer, se renouveler. À n'importe quel âge on peut redécouvrir le monde avec des yeux neufs et un cœur purifié. À n'importe quel âge on peut retrouver une innocence perdue, retrouver une personnalité fraîche, neuve et curieuse comme celle d'un enfant, plutôt que désespérée, meurtrie et aigrie, et savourer à nouveau (ou pour la première fois) l'émerveillement et la douceur de l'aube.

Il est des gens – j'en ai fait partie – qui se sentaient aussi mal que possible et qui, après des années de souffrance répétitive, toujours la même souffrance écœurante, sauf qu'elle empire, ont goûté à la fraîcheur libératrice d'un changement profond.

Envie d'être mort, ou peur de vivre ?

Dans d'autres cas (ou peut-être qu'il s'agit des mêmes cas pris sous un autre angle) l'envie d'être mort dissimule une terrible peur de vivre.

Appréhensions

Les jeunes sont particulièrement vulnérables à cette angoisse-là.

À la lisière de l'âge adulte, rien ne les lie encore à l'existence qui les attend : ni conjoint, ni métier, ni enfant. Ils regardent autour d'eux, et bien souvent, le monde qu'ils découvrent ne leur dit rien qui vaille… les adultes qu'ils rencontrent ne leur donnent pas envie de devenir adultes.

Qu'est-ce que le futur leur réserve ?

Métro, boulot, dodo.

Ou pire : une compétition féroce, la violence et la haine. C'est du moins ce que certains supposent. Et à force de le supposer, ils se sentent fatigués de vivre avant même d'avoir commencé.

Mais c'est qu'ils s'imaginent suivant le courant, et que le courant ne tire pas dans le bon sens. Il entraînerait plutôt droit vers les chutes du Niagara…

Témoignage d'une jeune fille de quatorze ans :

> « Je n'arrive plus à aller au collège, mais ce n'est pas par phobie scolaire, pas du tout. C'est par peur de sortir de chez moi et d'aller affronter un monde que je ne comprends pas et qui me terrorise. »

Comme je la comprends.

Je me souviens de l'appréhension qui était la mienne, quand j'avais dix-sept ans. La vie m'effrayait. Elle m'effrayait tant, que j'aspirais au couvent : une cellule aux murs blanchis par la chaux, une existence calme, sans passion ni orage, tournée vers l'intérieur.

Mais j'étais athée et je rêvais de rencontrer l'homme de ma vie… Difficile de prendre le voile dans ces conditions.

On s'imagine parfois que la vie est un monolithe qu'on doit accepter ou refuser sans faire le tri. Si on la refuse, on doit la refuser en entier (suicide, couvent) ; si on la prend, on doit aussi la prendre en bloc.

Heureusement ce n'est pas le cas.

Si vous êtes jeune et que la vie vous fait peur, rassurez-vous : vous ne serez pas obligé de vivre comme *on* vit, pas obligé de faire comme tout le monde.

Ainsi, si vous n'avez pas envie de « profiter de votre jeunesse » personne ne peut vous y forcer... Au rebours de ce que suggèrent les magazines féminins et la télé, le nombril à l'air, le sexe insouciant et l'alcool ne sont *pas* obligatoires.

Et symétriquement, si pour l'instant vous ne voulez pas devenir un adulte sérieux et responsable, personne ne peut vous y forcer non plus : il y a toujours moyen de prendre un chemin de traverse en attendant que l'envie vienne. Même si « tout le monde » (c'est-à-dire toutes les personnes de votre entourage) attend d vous que vous entriez dans le moule, ça ne signifie pas que vous deviez y entrer ou que vous n'avez pas le choix.

Vous pouvez par exemple sortir de la cuisine. Vous pouvez aussi emprunter le moule pour confectionner votre propre gâteau, un clafoutis (ou un cake, une charlotte, etc.) tout personnel. Vous avez plus de possibilités qu'on vous le dit, et vous « intégrer » au risque de vous désintégrer n'est pas la seule option.

La vie n'est qu'un concept ; ne vous laissez pas effrayer par ce concept.

Au jour le jour, on n'est pas confronté à elle, mais à des choix.

Et rien ni personne ne peut vous contraindre à choisir ce que vous ne voulez pas choisir. La décision ultime vous appartient, et vous appartiendra toujours. Personne ne peut vous forcer à quoi que ce soit.

Si aucune des routes que vous distinguez actuellement ne vous inspire, cela ne signifie pas que vous n'avez rien à espérer de la vie, mais plutôt que vous n'avez pas encore trouvé le chemin qui vous conviendra. Cherchez-le avec persévérance en gardant toujours espoir, et vous finirez par le trouver.

Envie d'être mort, ou peur de choisir ?

Derrière l'envie d'être mort, se cache aussi bien souvent la peur de choisir ou la mauvaise habitude de la facilité : l'habitude de faire encore et toujours le choix le plus conventionnel et le plus mou.

Crise

La vie est une succession de bifurcations.

C'est toujours ceci ou cela, tourner à gauche ou prendre à droite...

La plupart du temps, la différence n'est pas énorme. Qu'on choisisse d'enfiler une chemise bleue ou une chemise jaune ne fait pas une grande différence. Mais parfois l'écart se creuse, et c'est un véritable gouffre qui sépare les deux routes.

Ce qu'on appelle une crise, c'est le moment où l'une de ces bifurcations cruciales se présente : il ne s'agit plus de choisir entre deux options relativement proches, mais entre deux directions diamétralement opposées.

Dans ces moments-là, on n'est pas dégoûté mais bien terrorisé par la vie, par ses exigences démesurées. Il n'y a aucun moyen de fuir, aucun moyen de faire marche arrière, aucun moyen de ne pas choisir. La stagnation n'est plus une option. Il faut faire un choix.

À gauche, la route qui descend, celle de la facilité ; à droite, la route qui monte.

La route qui monte, c'est celle qui fait peur.

Cette route qui monte se présente sous mille et une formes, mais c'est toujours une gageure : avoir une explication à cœur ouvert avec son père, se lancer dans un nouvel apprentissage, téléphoner à la fille dont on est amoureux, dire « non » à son patron, « oui » à quelqu'un d'autre, démissionner pour se consacrer à sa vocation, défendre sa dignité (ou celle de quelqu'un autre) contre un pervers narcissique, renoncer à un plaisir pour un principe, sacrifier quelque chose qu'on aime pour sauver quelque chose de plus important, persévérer malgré les obstacles, quitter l'autoroute où tout le monde s'engouffre pour prendre le chemin le moins fréquenté, choisir de faire les choses à sa manière, même si ça fait peur, plutôt qu'à la manière « normale »…

Test

Une crise est un test.

Test toujours difficile. Certes, il ne s'agit pas de sauver le monde. Mais franchir les limites de son existence actuelle, faire ce qui est le plus dur, ce qui fait le plus peur, ce n'est pas rien.

En choisissant la route qui monte, on sort de son univers, on accède à plus de dignité et de force, on va au-delà de soi-même… Bref, on fait preuve d'héroïsme, même si personne n'est au courant.

En vous engageant dans cette route, vous choisissez d'agir, de changer, de grandir, de prendre parti, de faire preuve de patience, de courage. En vous engageant dans cette route, vous relevez un défi, vous gagnez un test.

Au carrefour, l'ennemi chuchote

Quel rapport avec le suicide, dites-vous ?

Lorsqu'on recule, qu'on refuse de prendre la route qui monte, qu'on cède à la facilité et aux mauvaises habitudes, l'ennemi met tout de suite notre faiblesse à profit en nous chuchotant insidieusement :

« Mais qu'attends-tu pour te tuer ? Ça ne ferait aucune différence : tu es déjà mort… Complètement mort… Tu n'es même pas né… Ta vie ne sert à *rien*, tu es *inutile*. Barre-toi de cette terre, ça fera de la place pour les autres. »

Et on ne sait pas quoi lui répondre, car on n'a pas eu le courage de faire le bon choix.

Au carrefour d'une crise, l'autodestruction est l'option que l'ennemi veut nous voir prendre, celle qu'il nous présente encore et encore. Il sait que dès que nous aurons fait un pas dans la bonne direction, nous n'entendrons plus ses appels au suicide. Il sait que dès que nous aurons fait deux pas dans la bonne direction, nous recommencerons à vivre et à sourire.

C'est pourquoi il rassemble toute sa rhétorique pour nous convaincre de nous tuer : pour lui, c'est le moment ou jamais.

La décision de déménager

Ce jour-là, j'étais couchée sur mon canapé, les yeux fixés sur le mur, écoutant une chanson de Placebo. La voix du chanteur disait : « It's in your reach ; concentrate… » (C'est à ta portée, concentre-toi.) C'est alors que j'ai décidé de déménager.

Pas de quoi en faire fromage, dites-vous ?

À l'époque, je n'avais encore jamais déménagé. Pour moi, un déménagement, c'était la fin du monde. Rien que d'y penser, j'en avais des palpitations. Déménager, c'était quitter le nid familial pour me jeter dans le vide, troquer ma confortable simili-indépendance (à l'époque, j'habitais un appartement dont mes parents étaient propriétaires), pour…

Autre chose.

Je ne savais pas quoi.

Pour l'Inconnu majuscule, en somme.

Mais ces derniers temps, l'idée incongrue et inacceptable de déménager s'était mise à me travailler. Je l'avais d'abord repoussée, mais elle était revenue, et revenue encore – avec de plus en plus de force. Et chaque fois que j'essayais de regarder ailleurs, je ne voyais rien que du noir. Comme si, en dehors de cette route, il n'y avait rien. Mais vraiment rien : le néant.

La mort.

En écoutant la chanson de Placebo et en regardant le mur – ce mur qui en symbolisait une autre –, j'ai compris que ce déménagement que je voulais éviter à tout prix, ce déménagement difficile et effrayant, c'était ce que je devais faire... ce que j'allais faire.

Que se serait-il passé si je n'avais pas déménagé ?

Je n'en sais rien, bien sûr, mais voilà ce que j'imagine : la tentation du suicide, qui m'avait déjà assaillie, serait revenue en force. Je n'y aurais pas cédé. Je me serais accrochée aux lambeaux de vie fanée qui s'effilochaient inexorablement entre mes doigts. De plus en plus recroquevillée, de plus en plus desséchée, j'aurais poursuivi mon (in)existence jusqu'à qu'une maladie ou un accident me débarrasse prématurément de moi-même.

Le choix d'un nouvel appartement

Ceci dit, pour que vous ne vous fassiez pas d'illusions sur moi, il faut aussi que je vous raconte la suite.

Lorsqu'il fallut choisir mon nouveau logement, j'hésitai entre deux appartements.

Le premier était situé à l'intérieur d'un grand bâtiment prestigieux en plein centre-ville. Avant d'y entrer, on passait par un beau couloir tapissé de miroirs et une jolie cour intérieure où murmurait une fraîche fontaine. Cet appartement était refait à neuf et d'une propreté impeccable, mais il était aussi très petit, très sombre et très froid.

Le second appartement était situé non loin du premier, en plein centre-ville lui aussi, mais dans une rue assez sale aux murs couverts de tags. Par rapport au premier il était beaucoup plus grand, confortable et lumineux. Et il était aussi nettement moins cher.

Devinez lequel j'ai choisi ?

L'appartement le plus petit, le plus sombre, le plus froid et le plus cher.

À première vue, ça a l'air d'un choix idiot, n'est-ce pas ?

Mais en réalité... c'était bien un choix idiot.

C'était aussi le choix de la route de gauche, celle qui descend : dans un appartement aussi inhospitalier, je risquais de faire de l'arthrite, pas de vieux os. Mon départ n'était qu'un faux départ. Et effectivement, après quelques mois dont certains furent horribles et d'autres merveilleux (mois plus riches en péripéties et rencontres que toute ma vie avant le déménagement), je revins à ma case départ, l'appartement de mes parents.

En décidant de déménager, j'avais pris la bonne route. En optant pour l'appartement dont l'extérieur était charmant mais l'intérieur inconfortable, au lieu d'opter pour celui dont l'extérieur était déplaisant mais l'intérieur chaleureux, j'avais pris la mauvaise route. *J'avais préféré l'apparence à la réalité.*

Combien de routes ?

Mais peut-être que vous ne voyez pas le rapport avec votre propre vie.

Actuellement, vous n'êtes confronté à aucun choix crucial. Vous êtes peut-être déprimé, mais ça n'a rien à voir avec une décision à prendre. Si vous vous retrouviez face à une bifurcation, vous prendriez sans hésiter et avec joie la route qui monte, mais devant vous, il n'y a rien de tel.

Rien qu'une longue route monotone…

Une longue route ennuyeuse…

Une longue route barbante sans la moindre bifurcation.

Alors en quoi toutes mes histoires de décision et de choix s'appliquent-elles à vous ?

J'ai une nouvelle pour vous. Ouvrez grand vos oreilles, car c'est une information très, très importante : si, il y a une bifurcation.

Si, il y a deux routes.

Il y a toujours deux routes.

Si pour l'instant, vous n'en voyez qu'une, c'est parce que vous regardez au travers de ce que vous savez et de ce que vous croyez. Or, vous êtes mal informé.

J'espère qu'en disant cela, je ne vous offense pas.

Vous n'êtes pas le seul dans cette situation : ce que nous ne savons pas – et que nous aurions intérêt à savoir – excède toujours largement ce que nous savons...

C'est en accroissant la somme de vos connaissances que la bifurcation qui vous fait face commencera à vous apparaître, et plus vous en saurez, mieux vous la verrez : l'ignorance est une somnolence, le savoir ouvre les yeux.

Envie d'être mort, ou d'un bel enterrement ?

Enfin, beaucoup de gens (et en particulier beaucoup de jeunes filles) confondent l'envie d'être mort avec celle d'un bel enterrement.

Dans sa tête, Félicie se passe et repasse un film très romantique. Le titre : « Enfin au centre ! »

Couchée dans son cercueil, l'héroïne est très belle. Sa robe blanche lui va à merveille. Un fin sourire flotte sur ses lèvres finement ourlées. Tout le monde pleure, tout le monde fait son éloge, tout le monde prend enfin conscience des souffrances qu'elle a endurées. Il y a beaucoup de fleurs et de couronnes et sa musique préférée.

Quelqu'un dit : « Elle est heureuse maintenant... » Un autre fait écho : « Oui, elle est en paix maintenant. » Ils écrasent une larmichette tandis qu'à l'arrière-plan, d'autres sanglotent à gros bouillons. C'est très émouvant.

Mais cette fiction idyllique ne ressemble que de très loin à ce qui passerait réellement si Félicie passait à l'acte... à vrai dire, ce n'est qu'un film de propagande ayant l'ennemi pour scénariste et réalisateur.

À ce film trompeur, il manque les savants efforts du thanatopracteur pour rendre le cadavre de Félicie présentable. Il manque l'amertume plus ou moins contenue de ses parents et amis, la honte qu'ils refoulent, la douleur affolante et sans limites qui les frappe de plein fouet.

Il y manque surtout la suite, car l'enterrement n'est qu'un début.

Quelques mois plus tard, le cadavre solitaire de Félicie se décompose entre des planches humides. Son ventre gonflé crève, sa chair se détache de ses os en lambeaux putrides, son visage s'efface pour devenir une boule de viande anonyme.

Si elle ne s'était pas tuée, à cette date elle serait non seulement vivante, mais plus sage, plus forte et plus avisée, enrichie de savoir et d'expérience par le passage du temps, ses lectures et ses erreurs.

Peut-être qu'elle aurait arrêté l'alcool et le café et rencontré son âme sœur. Peut-être qu'elle se serait mariée. Peut-être qu'elle aurait quitté la ville pour s'installer à la campagne. Peut-être qu'elle aurait créé son entreprise en ligne. Peut-être qu'elle se serait convertie à une religion qui lui aurait apporté la paix. Peut-être qu'elle se serait ralliée à une association de défense des consommateurs ou des sans-logis. Peut-être qu'elle serait partie remplir une mission humanitaire dans un autre pays, ou soutenu la liberté d'expression aux côtés d'*Anonymous*. D'une manière directe ou indirecte, peut-être qu'elle aurait sauvé la vie d'autres personnes.

Au film de l'enterrement, il manque aussi la suite pour les survivants.

Quelques mois plus tard, ceux-ci évitent de parler de Félicie. D'une manière ou d'une autre, la rancune, la douleur et la colère qu'ils éprouvent contre elle se manifestent. Ils jettent toutes les photos du bon vieux temps où elle souriait encore. Ils ne veulent plus les voir, ces photos, car elles portent toutes en grosses lettres invisibles, sales et sanglantes le mot *suicide*. Ils noient peut-être leur désarroi dans l'alcool. Ils se droguent pour oublier. Ils ont l'impression de devenir fous. Et un jour, peut-être, imitant Félicie ils se tuent à leur tour.

Si vous voulez que votre enterrement soit réellement réussi, souvenez-vous que la première condition à remplir pour cela (condition nécessaire mais pas suffisante), c'est de faire preuve de patience.

Nous mourrons tous un jour ou l'autre, et cette inévitable fin arrive généralement plus tôt que prévu. Pour qu'elle soit belle, ne la hâtez pas ; hâtez-vous plutôt de devenir tout ce que vous pouvez devenir en vous perfectionnant à tous les points de vue, y compris le moral.

À retenir

- Tout.

Conseil

► Relisez ce chapitre.

Lecture recommandée

□ ***Tremblez mais osez !* de Susan Jeffers.** À lire pour trouver le courage d'agir constructivement malgré ses peurs.

Un choix sous influence

On l'a dit, le suicide est un acte volontaire. C'est un choix.

Mais ce choix n'est ni éclairé, ni autonome : c'est un choix manipulé.

Un choix sous influence.

Influence de l'ennemi d'abord, qui profite du désarroi de ses victimes déprimées et donc vulnérables pour leur susurrer sa propagande pro-suicide au creux de l'oreille 24 heures sur 24.

Mais il n'y a pas que l'ennemi qui pèse invisiblement dans le mauvais plateau de la balance : sa propagande est relayée par d'innombrables voix, dont certaines sont aussi séduisantes que celles, mélodieuses et perfides, des sirènes mangeuses d'hommes qui s'en prirent à Ulysse.

Des meurtres presque parfaits

Le crime parfait est celui qui est délégué à la victime : elle se charge elle-même de son élimination. Mais cela ne suffit pas. Pour que le meurtre soit réellement parfait, il faut aussi que la victime ne se doute de rien. Qu'elle croie se tuer librement, sans qu'on l'y ait poussée. Qu'elle n'ait pas conscience que son suicide est aux trois quarts un assassinat.

Lori Drew défend sa fille

Lorsque, le 16 octobre 2006, Megan, petite adolescente américaine de treize ans, se tua dans sa chambre, sa mort avait toute l'air d'un suicide classique, ordinaire.

Elle était déprimée depuis longtemps déjà. Et puis il y avait ses démêlés sentimentaux avec Josh, un adolescent à peine plus âgé qu'elle… Adolescence, dépression et chagrin d'amour : à première vue, personne n'est coupable dans cette histoire. Personne n'est responsable.

Sauf que Josh n'existait pas.

Il avait été créé de toutes pièces par la voisine, Lori Drew, une mère de famille de 49 ans. La fille de Lori Drew avait des griefs contre son ex-meilleure amie, Megan. Telle une tigresse prête à tout pour protéger ses petits, maman Drew prit à cœur la querelle, et décida de donner une bonne leçon à la vilaine petite fille qui osait s'en prendre à son ange.

Sous la forme de Josh, jeune homme virtuel, Lori flirta avec Megan, l'inonda de compliments, et finalement la repoussa et l'insulta brutalement. Il est vrai qu'entre temps, Lori avait ouvert le lynchage de Megan à d'autres participants : des adolescents tout contents de se défouler par le biais d'Internet sur une jeune fille de leur âge.

Le suicide de Megan est un meurtre parfait.

Ou plutôt *presque* parfait, car s'il était parfait nous n'aurions jamais entendu parler de Lori Drew.

La fin de Megan ne serait pas sortie de la catégorie « faits divers » : un suicide parmi tant d'autres.

Madame Selena lit l'avenir (et l'écrit aussi)

Pour lire l'avenir sans faire d'erreur, le plus sûr c'est de l'écrire d'abord.

L'histoire suivante, qui illustre ce point, est racontée par Pierre Bellemare dans *26 dossiers qui défient la raison.*

Un jour, une vieille demoiselle américaine fut retrouvée morte dans son luxueux appartement. Elle avait laissé une lettre d'explication : il s'agissait d'un suicide. Personne n'était à blâmer. Son heure était venue, tout simplement.

La fortune de la demoiselle – considérable – revint à une organisation caritative.

Sauf que...

Sauf que la vieille demoiselle consultait régulièrement Madame Selena, belle femme sophistiquée et astrologue réputée.

À mainte reprise, Madame Selena avait prévenu sa cliente : compte tenu de la conjecture astrale, elle allait se suicider à telle date. C'était écrit dans le grand livre du Destin. Et la pauvre (et riche) demoiselle l'avait crue. À la date annoncée, elle avait suivi docilement le script que Madame Selena avait écrit pour elle.

L'organisation caritative n'était qu'un écran ; derrière cet écran se tenait Madame Selena, légataire universelle de sa cliente.

Le policier chargé de l'enquête ne put rien prouver ; madame Selena ne fut pas inquiétée.

Une « pulsion de mort » bien commode

Autre exemple : le célèbre fondateur de la psychanalyse, Sigmund Freud (1856-1939).

Vous ne voyez pas ce qu'il vient faire ici ?

Freud, dont le casier judiciaire est d'une blancheur douteuse, comme vous le découvrirez plus loin, se situe à l'intersection d'un nombre incroyablement élevé de suicides.

Paul Federn, Eugénie Sokolnicka, Wilhelm Stekel, Victor Tausk : autant de fidèles disciples qui se sont tués. Sans parler des patients. Paula Fichtl, qui fut domestique chez les Freud pendant cinquante-trois ans, trouvait étonnant que tant de patients du docteur se soient suicidés. Juste un cas parmi tant d'autres : en avril 1900, Freud analysa Madame Kremzir pendant quatorze jours, puis coupa brutalement court à l'analyse en la traitant de paranoïaque, pardon en la *diagnostiquant* de paranoïaque. À la suite de quoi, Madame Kremzir se pendit dans une chambre d'hôtel à Vienne.

Cette épidémie de suicides autour de Freud, il y a deux manières de l'interpréter :

- On peut considérer que Freud avait une influence pernicieuse sur son entourage ;
- Ou on peut accorder le bénéfice du doute au respectable (ou du moins respecté) père de la psychanalyse, et considérer que Freud attirait les personnalités déséquilibrées et suicidaires : des individus qui se seraient tués de toute façon.

Vous êtes libre de préférer la seconde interprétation, nettement moins dérangeante, à la première... Cependant, avant de trancher, il y a plusieurs éléments à prendre en compte :

- Les membres de la famille de Freud n'ont pas été épargnés. Ainsi sa nièce Caecila s'est empoisonnée au véronal en 1922, tandis que le mari de sa nièce Martha s'est tué en 1929.
- Beaucoup de biographes avertis tiennent Freud pour responsable du suicide de Tausk. D'après le Dr Scagnelli, Freud aurait aussi une large part de responsabilité dans le suicide d'Otto Weininger.
- Freud lui-même est l'auteur de plusieurs déclarations qui n'ont rien de très rassurant. Voici ce que rapporte Jacques Bénesteau dans son livre, *Mensonges freudiens* (2002) :

> « L'anthropologue Abram Kardiner, analysé par Freud, raconte dans ses souvenirs que lors d'une discussion avec Monroe Meyer et avec Sigmund Freud à propos du suicide récent de deux psychanalystes de Vienne, *Herr Professor* les regarda avec malice et dit : « Eh bien, le jour n'est pas loin où l'on considérera la psychanalyse comme une cause légitime de décès. » Le jeune analyste Monroe Meyer, qui avait droit à six séances hebdomadaires avec Sigmund Freud, ne put faire connaître son avis sur un tel cynisme : il se suicida à son tour. »

Bénesteau cite une autre remarque étonnante de Freud :

> « À la suite du suicide de Joann Honegger le 28 mars 1911 par injection de morphine concentrée, Freud écrivit à Jung : *Je suis frappé de ce qu'en nous consommons beaucoup de personnes.*. Effectivement. »

◆ Enfin, il faut noter que Freud a théorisé l'aspiration au suicide : d'après lui cette tentation constitue une constante, un trait inhérent à la nature humaine. Cette « pulsion de mort » prétendument universelle vient opportunément estomper la responsabilité de Freud, dans l'hypothèse où il serait effectivement impliqué dans des suicides. Si on accepte la théorie freudienne, ce n'est plus Freud qu'il faut suspecter, mais la « pulsion de mort » qu'il faut accuser...

Encore une hypothèse dérangeante

J'espère, cher lecteur, qu'actuellement vous regardez le suicide de loin, avec répulsion ; j'espère qu'il ne vous inspire que du dégoût. Mais je vais tout de même supposer encore une fois que vous êtes tenté par lui.

Laissons (provisoirement) Freud en dehors de tout ça. Les histoires de Lori Drew et de Madame Selena prouvent qu'un suicide est parfois un meurtre indirect.

Et si celui que vous envisagez appartenait aussi à cette catégorie ?

Et si vous étiez vous aussi la victime d'un complot ?

Je sais qu'à ce mot de *complot*, certains haussent tout de suite les épaules, comme si l'idée même était ridicule. Pourtant, *complot* signifie seulement : « Projet secret, concerté entre plusieurs personnes, avec l'intention de nuire. »

Que les personnes qui ont l'intention de nuire se concertent en secret, n'est-ce pas logique ?

Si elles clamaient leurs mauvais desseins sur tous les toits, elles ne pourraient pas les mener à bien…

Et puis je ne parle pas d'un complot dirigé personnellement contre vous (je ne voudrais pas être à l'origine d'une paranoïa), mais plutôt d'un complot dirigé contre un groupe. Un groupe qui malheureusement vous englobe.

Vous pensez peut-être : « Non. Personne ne m'influence ; personne ne me manipule. C'est *moi* qui veux me tuer. C'est *moi* qui veux en finir… »

Et l'ennemi ricane.

Mais si *d'autres* s'en étaient mêlés – sans que vous en ayez conscience ?

La vérité est souvent bien cachée.

Elle est souvent invraisemblable.

Peut-être que derrière votre envie de mourir (ou d'être déjà mort) se cachent des gens que vous ne connaissez même pas. Ils n'ont rien contre vous, peut-être.

Mais pour des raisons très égoïstes, ils ne veulent pas que vous ayez accès aux informations qui vous permettraient d'envisager la vie sous un nouveau jour et de reprendre espoir.

Dit comme ça, c'est un peu abstrait.

Mais peut-être que ça ne l'est pas tant que ça.

Peut-être qu'il y a toujours, dans l'ombre qui entoure un geste autodestructeur, des volontés perverses qui incitent à la destruction de soi.

Pousser au suicide…

Ça paraît vraiment diabolique et vraiment compliqué. C'est diabolique, certes, mais peut-être que ce n'est pas si compliqué que ça, quand on sait comment s'y prendre.

On a trop tendance à expliquer par le hasard, la fatalité ou la malchance, ce qui a des causes bien précises. Je ne parle pas des tremblements de terre – je parle de ce que font les gens.

Fumer.

Boire trop.

Conduire à 200 km/heure.

Se droguer.

Se tuer.

Un faisceau convergent de causes a permis, suscité, facilité et félicité ces comportements aberrants. Et il est plus facile de blâmer « pas de chance », ce bouc émissaire fantomatique qui ne saurait protester de son innocence, que de blâmer...

Qui ?

Ceux qui poussent les autres vers la mort tout en restant à l'abri eux-mêmes

Il arrive parfois qu'une personne déprimée en déprime une autre, sans le vouloir. Elle n'arrive pas à protéger son entourage contre l'influence délétère de son mal-être. Mais il y a des gens qui ont un tout autre profil, et qui eux savent très bien ce qu'ils font.

Eux ne sont pas dépressifs, ni angoissés, ni désespérés – au contraire, ils adorent la vie – et c'est de manière tout à fait délibérée et consciente qu'ils poussent les autres vers la mort, parce que c'est leur intérêt.

En d'autres temps, on appelait ces gens-là des *méchants*, sans que le mot paraisse enfantin ou dérisoire. Aujourd'hui, on les appellerait des *salauds*, si une perte générale de repères n'avait pas estompé les notions de bien et de mal. (« Tout est question de point de vue, tout est subjectif, relatif, bla, bla, bla... »)

Pendant la Première Guerre mondiale, les journalistes et propagandistes qui encourageaient vivement les autres à aller tuer et se faire tuer tout en restant tranquillement à l'arrière faisaient partie de cette catégorie-là.

C'est une catégorie où il y a du monde, parce qu'il y a de nombreuses manières de pousser les autres vers la mort et que c'est souvent rentable.

Mais il y a des façons moins évidentes de pousser les gens à se tuer.

On peut penser à Freud, mais il n'y a pas que lui.

Les publicistes qui célèbrent sur des millions d'affiches les vertus rafraîchissantes et désaltérantes d'une boisson alcoolisée en période de canicule savent très bien que leur travail de « créatif » est à l'origine d'accidents mortels sur les routes et de vies bousillées par l'alcool. Ils continuent quand même, parce que ça leur rapporte de l'argent et qu'ils n'ont pas assez de conscience pour que ça les dérange.

Les scénaristes, réalisateurs et metteurs en scène qui font des films et des téléfilms saturés de violence, de sadisme, de désespoir et de sang, films qui inspireront directement ou indirectement des meurtres, des viols et des suicides bien réels, savent très bien ce qu'ils font, eux aussi. Et on leur donne des trophées dorés pour « l'ensemble de leur œuvre ».

Il y a encore bien d'autres façons, encore plus cachées et subtiles, de pousser les gens à se tuer.

On peut par exemple chanter « On ira tous au Paradis... » (si c'est vrai, pourquoi ne pas y aller tout de suite ?) ou développer dans des ouvrages de spiritualité des idées très séduisantes sur l'Inconnu majuscule et la joie de vivre dangereusement.

Le courage : la joie de vivre dangereusement est d'ailleurs le titre d'un livre bien réel, écrit par un gourou exotique. Le simple fait d'associer les mots *joie*, *vivre* et *courage* à l'adverbe *dangereusement* constitue déjà, en soi, une incitation subtile à prendre des risques. Le contenu du livre va dans le même sens : c'est un éloge de l'imprudence mortelle, une célébration du saut à l'élastique sans élastique.

Carlos Castaneda, le pseudo-anthropologue, excellait lui aussi dans ce genre d'incitation intelligente et retorse.

Tous ses livres sont des apologies brillantes du Grand Inconnu, et de son exploration. Se sachant condamné par une maladie mortelle, Castaneda a d'ailleurs su convaincre deux jeunes femmes de se suicider, pour l'accompagner dans la mort... Si elles n'avaient pas adhéré à ses idées et cru à ses beaux discours, elles seraient encore en vie, elles seraient peut-être heureuses aujourd'hui.

On peut dire que tous ces gens, qui sont souvent très célèbres et très bien considérés, plantent de jolies fleurs parfumées au bord d'un gouffre vertigineux, mortel, puis incitent les passants à se pencher vers elles pour en apprécier le parfum. Ceux qui tombent ne risquent pas de leur faire un procès, et ceux qui ne tombent pas les remercient sans voir le gouffre.

Bref, il y a des gens qui vivent de la mort des autres – un peu comme les vautours et autres sympathiques charognards du même genre.

Ils vendent des armes, de la drogue, de l'alcool, du poison, des images et des idées qui sont pareilles à des couteaux sans manche (on ne peut s'en saisir sans se blesser soi-même), tandis qu'eux-mêmes ne se battent pas, ne se droguent pas, ne boivent pas, ne se suicident pas, et ne croient pas à ce qu'ils racontent.

Ils appellent les gens au bord du gouffre, leur expliquent que s'ils y croient très fort et qu'ils sautent, ils vont s'envoler, puis quand tout le monde est mort, ramassent les portefeuilles et rentrent tranquillement chez eux par le chemin le plus sûr pour recommencer le lendemain avec d'autres...

Depuis la nuit des temps, il y a des joueurs de flûte pour entraîner ceux qui les suivent, fascinés, à leur perte. Certains réalisateurs de films, certains chanteurs, certains auteurs, certains « sages » sont des joueurs de flûte tout aussi experts que celui de Hamelin.

Lorsqu'on veut vivre, réussir sa vie, être utile, mieux vaut ne pas les écouter.

Deux camps

Même si ce découpage binaire paraît de nos jours grossier, manichéen, et complètement archaïque, l'Humanité continue à se partager en deux camps : les gentils et les méchants. L'abbé Pierre et le docteur Freud ne jouent pas dans la même équipe.

Or tous ceux qui, tout en appartenant au camp des gentils, ignorent que l'autre camp existe l'ignorent à leurs dépens, car leur ingénuité en fait des proies faciles pour les rapaces en tous genres.

Si vous êtes gentil, souvenez-vous que des raisonnements d'un égoïsme sordide que vous ne pourriez jamais tenir, d'autres se les tiennent.

Souvenez-vous que des actes dont vous ne seriez jamais capable, d'autres en sont capables.

Souvenez-vous que *cruauté* et *méchanceté* ne sont pas que des mots.

Bref, ne faites pas preuve de l'égocentrisme naïf qui caractérise l'enfance : souvenez-vous que tout le monde n'est pas comme vous.

Le mal existe en tant que tel ; il n'est pas réductible à autre chose que lui-même, que cette « autre chose » soit de la folie, de l'ignorance ou un malentendu.

Ne faites donc pas l'erreur de prendre la méchanceté des méchants pour un simple « bug »... Elle est beaucoup plus que cela.

Riche à son insu

Et maintenant, si vous le voulez bien, je voudrais vous raconter une histoire.

Il y est question d'une poule aux œufs d'or. Non, ce n'est pas celle que vous connaissez déjà, c'est une autre poule et une autre histoire. Ouvrez grand vos écoutilles, l'histoire commence...

Il était une fois, dans un pays sans nom et à une époque indéterminée, une petite poule blanche à l'âme candide et au plumage immaculé.

Elle faisait « cot, cot, coooot… », comme toutes les poules, mais ce n'était pas une poule ordinaire.

Car cette poule était plus précieuse que la Padoue dorée, plus fine et exotique que la Bantam de Pékin porcelaine, plus noble et mignonne que la Wyandotte herminée naine.

C'était un animal étonnant, d'une beauté surnaturelle – une petite boule de clarté plumeteuse dont la crête argentée étincelait comme une décoration de

Noël. Son bec était rose et nacré, et elle s'en servait pour picorer avec une délicatesse rare chez les gallinacés.

Qui plus est, son propriétaire trouvait chaque matin dans la paille de son poulailler un bel objet ovoïde et brillant : un œuf en or à 24 carats.

Le propriétaire de la poule aux œufs d'or n'avait, lui, rien d'extraordinaire. Et c'est son histoire que, cher lecteur, je vais vous raconter.

Chaque semaine, le propriétaire allait au marché pour échanger les œufs de sa poule contre d'autres choses : des fruits, des légumes, des habits neufs... Rien de faramineux, juste de quoi survivre.

Vous pensez qu'il n'était pas très malin de céder ses œufs contre si peu de choses ?

C'est ainsi que procédaient son père et son grand-père : le propriétaire avait hérité la poule de ses ancêtres, et faisait comme ils avaient fait, sans se poser de questions. Ce n'était pas un intellectuel. On peut même aller jusqu'à dire qu'il n'était pas futé, futé...

Mauvaise influence

Le propriétaire de la poule aux œufs d'or vivait seul dans une petite maison et parfois, il se sentait envahi par la mélancolie. Un soir, pour la première fois, il décida de faire un tour au bar du village. C'est là qu'il rencontra...

Non, je vais tourner la phrase autrement : c'est là qu'il fit une mauvaise rencontre.

Ce villageois-là n'avait l'air de rien, l'air de n'importe qui, l'air de tout le monde. Aucune lueur diabolique dans son regard ; rien de satanique dans son sourire banal. Son visage ne présentait aucun signe particulier, et lorsqu'il se tenait immobile devant un mur, personne ne le remarquait. C'était vraiment monsieur Tout-le-monde.

Ce villageois (j'ai oublié son nom, mais il s'appelait Durant ou Dupont) devint l'ennemi intime du propriétaire de la poule aux œufs d'or : il fit en sorte de lui inspirer confiance. Assis devant une bonne bière pression, le propriétaire de la poule aux œufs d'or discutait amicalement avec lui… ce fut son erreur, et il la paya très cher – mais n'anticipons pas.

Petit à petit, par petites phrases glissées l'air de rien dans la conversation, le villageois commença à instiller le doute dans l'esprit du propriétaire de la poule : les beaux œufs dorés qu'il récoltait étaient-ils vraiment en or ?

Ou s'agissait-il seulement de contre-plaqué ?

Le propriétaire ne s'était jamais posé cette question auparavant ; dès qu'il se la posa, le villageois en profita pour lui greffer de nouveaux doutes sur le premier…

De semaine en semaine, de bière en bière, le propriétaire de la poule aux œufs d'or en vint à croire tout ce que lui suggérait le villageois.

Il faut dire que lorsque le propriétaire avait atteint un certain degré d'alcoolémie, le villageois sortait de sa poche un pendule et l'hypnotisait en lui susurrant des phrases soigneusement choisies d'une voix douce… (Comme le bar était sombre et qu'ils étaient assis dans un coin, personne ne prêtait attention à son manège.)

Dans l'esprit suggestionné du propriétaire, un nouveau point de vue prenait petit à petit forme ; une nouvelle vision de la vie, de lui-même et de sa poule émergeait progressivement des vapeurs de l'alcool.

Poule au pot

Un beau jour, le propriétaire se réveilla avant l'aube, à cinq heures, avec une horrible gueule de bois : sa poule grattait au bas de la porte en gloussant avec insistance. Elle réclamait son grain.

Cette petite contrariété, dont il tint sa poule pour responsable, fut la goutte d'eau qui fit déborder le vase.

Mais le vase lui-même n'avait pas été rempli par la pauvre poulette, qui n'en pouvait mais ; c'était le villageois qui l'avait rempli patiemment, petite phrase après sous-entendu, insinuation après insinuation.

Le propriétaire de la poule aux œufs d'or se tint alors à haute voix le discours suivant, car il avait pris l'habitude de parler tout seul :

« Mais pourquoi est-ce que je me complique la vie avec cette stupide volaille qui ne sait que caqueter et faire caca partout ?!... Depuis le temps que je me fatigue à la nourrir… Et ses œufs ne valent rien, d'ailleurs ça fait des mois que je n'ose même plus les porter au marché. Et la dernière fois que je l'ai fait, je n'ai obtenu qu'un sac de haricots verts. D'ailleurs, c'est normal : qu'est-ce que je peux espérer en échange d'œufs de laiton doré ? Ça n'intéresse personne, ça n'a aucune valeur. Toute cette histoire a suffisamment duré ; aujourd'hui est le jour de la libération ; aujourd'hui cette insupportable volaille va enfin se rendre utile. »

Et sans réfléchir davantage puisque ce n'était pas son genre, le propriétaire tordit le cou de sa poule et en fit une poule au pot.

Il la mangea sans état d'âme à dîner, mit les restes au garde-manger pour le lendemain car il ne pouvait se permettre de gaspiller la nourriture, puis se rendit au bar pour retrouver son *ami*.

« Pourquoi es-tu si bête ? »

Lorsqu'il lui annonça, avec une certaine fierté, qu'il avait tué et mangé sa poule, l'autre se mit à rire, à rire à gorge déployée, à rire encore et encore… Ce n'était pas un rire normal, mais un ricanement satanique à donner la chair de poule…

Sauf qu'il n'y en avait plus, de poule !

Lorsqu'il eut ricané sarcastiquement tout son saoul, l'homme prit un air apitoyé et paternaliste et adressa ces mots mémorables à l'ex-propriétaire de la poule aux œufs d'or :

« Quelle erreur ! Quelle *tragique* erreur ! Mon pauvre ami, tu as détruit ta seule ressource, ton seul espoir… Tu étais riche sans le savoir, et maintenant tu n'as plus rien ! Tu ne retrouveras jamais, jamais et nulle part, une poule comme la tienne. Tu as tout perdu, et tout perdu *par ta faute* ! C'est vraiment dommage. Mais aussi, pourquoi es-tu si *bête* ? »

Et sur ces mots, secouant la tête comme pour exprimer son découragement face à un être aussi stupide, il partit sans payer sa consommation. L'ex-propriétaire de la poule aux œufs d'or resta stupéfait, et seul.

Pour lui, le temps des regrets ne faisait que commencer.

Une journée en or

Je vous ai raconté cette histoire pour vous mettre en garde.

Et si votre existence était un trésor ?

Un trésor unique et précieux, une chance exceptionnelle à saisir ?

La vie est une poule magique et surnaturelle qui nous offre chaque matin une nouvelle chance, une nouvelle journée en or massif. Le jour où nous prêtons l'oreille à l'ennemi intérieur, et aux mauvais conseillers qui s'en inspirent, nous en venons à croire qu'elle n'est qu'un gallinacé banal et que son or est du toc.

Ceux qui se débarrassent de la poule aux œufs d'or sans plus attendre, faute de connaître sa valeur ont tout perdu.

Ils n'auront pas de seconde chance.

Ils ne s'avouent pas vaincus

À la différence de tous ceux qu'on incite au suicide à leur insu, ceux qui ont conscience qu'on les pousse dans le dos renâclent. À ceux qui souhaitent leur mort, Ils ne veulent pas faire ce plaisir.

Voici un exemple de cette saine résistance :

> « Le suicide, c'est pour les faibles. Je déprime beaucoup et j'y pense, mais alors je prends conscience que le monde gagnerait et je dis *Monde, va te faire f...* ! Je ne m'avoue pas vaincue si facilement. D'une certaine façon c'est ma raison de vivre. Parce que je suis trop entêtée. »

Le témoignage suivant, d'André Bitton, rescapé de la psychiatrie, est tiré de l'ouvrage *Pour en finir avec la psychiatrie* (2008) :

> « Personnellement, je n'ai jamais tenté de me suicider et je ne le ferai jamais. Je préfère croiser le fer, me battre. J'en prendrai tant qu'il le faudra dans la figure, mais je ne renoncerai pas à mon droit de vivre. Le fait de pouvoir vivre est pour moi un but suprême, alors même que j'ai eu durant ma jeunesse de réelles difficultés à subsister au point que j'ai fait de la mendicité pendant cinq ans. Je pense qu'un détenu ou un interné qui se suicide donne trop de facilités à notre société dont le rêve profond est de se débarrasser de nous. Et que c'est vraiment trop facile ! »

Le troisième exemple de résistance est donné par Kathleen Sullivan, une rescapée du contrôle mental à base de traumatisme (« trauma-based mind control »). Son histoire, horrible et invraisemblable, n'en est pas moins vraie. Si vous voulez la connaître, vous pouvez lire son livre : *Unshackled : A Survivor's Story of Mind Control.*

Soumise à des tortures inimaginables et au viol dès sa plus tendre enfance dans le cadre du projet MKULTRA mis au point par la CIA, Kathleen Sullivan ne veut pourtant pas se tuer :

> « Parce que j'ai vu des gens se faire assassiner et leur meurtre être maquillés en suicides, il est hors de question que je me suicide. Si un souvenir est absolument insupportable et que je ne peux pas me le remémorer sans danger chez moi, j'appelle mon psychiatre et demande à être internée à l'hôpital pour que je puisse y survivre. »

Kathleen Sullivan a été conditionnée, on doit même dire programmée, par ses bourreaux pour se suicider dans certaines circonstances. Quand elle lutte contre la tentation de se tuer, c'est contre cette programmation qu'elle lutte.

Ce qui nous ramène à notre première hypothèse.

Et si vous aussi, vous aviez été programmé pour vous tuer ?

Même si c'est d'une manière moins atroce et méthodique que les victimes de contrôle mental, ce serait dommage de vous laisser faire, non ?

Ne préférez-vous pas *croiser le fer, vous battre* ?

Souvenez-vous des paroles d'André Bitton : « J'en prendrai tant qu'il le faudra dans la figure, mais je ne renoncerai pas à mon droit de vivre. »

Cultivez votre esprit de contradiction ; il peut vous sauver la vie.

À retenir

- Derrière le choix que le suicidaire croit libre se cache souvent, peut-être toujours, la volonté perverse de quelqu'un d'autre.
- Freud n'est pas seulement le grand homme que l'on connaît ou croit connaître.
- Il y a toujours eu, et il y aura toujours, des gens pour inciter les autres à se tuer : c'est une activité très rentable.
- Les gentils ont intérêt à savoir qu'il y a des méchants très intelligents qui veulent les voir sauter du haut de la falaise.

Conseils

► Regardez derrière vous. Êtes-vous sûr que personne ne vous pousse ?

► Soyez moins crédule et influençable qu'une adolescente de treize ans, qu'une vieille fille férue d'astrologie, ou qu'un disciple de Freud : ne vous laissez pas suicider.

► Ne sous-estimez pas la valeur de votre vie, ne jetez pas votre trésor. Elle est en or, comme les œufs de la poule aux œufs d'or.

► Ne vous laissez pas faire. Ne vous laissez pas mener à l'abattoir comme un pauvre mouton. Battez-vous pour votre vie. Battez-vous contre vous-même ; battez-vous contre les autres. Ne devenez pas un chiffre de plus dans les statistiques d'un pervers.

L'IDÉALISATION DU SUICIDE

Tournons-nous maintenant vers les arguments qui sont avancés en faveur du suicide.

Ces arguments sont fallacieux, mais nombreux... De nos jours, le suicide jouit d'un prestige certain : d'innombrables sophismes le poétisent et l'idéalisent, maquillant sa réalité sordide sous d'épaisses couches de mensonges. Ces sophismes ne prêtent pas à conséquence tant qu'on garde le moral, mais le jour où on le perd, ils deviennent dangereux.

Quel que soit votre état d'esprit actuel, vous vous sentirez plus léger et dispos lorsque vous vous serez purifié de cette pollution mentale.

Propriétaire ?

D'après les pro-choix (c'est ainsi que les militants de la légalisation du suicide se désignent), chacun est propriétaire de sa vie, et donc chacun a le droit de décider librement de ce qu'il veut en faire – y compris s'en débarrasser comme d'une vieille chaussette dépareillée s'il le souhaite.

Cette idée que nous sommes propriétaires de notre existence est l'axe de toutes les justifications du suicide. Voyons donc ce qu'elle vaut.

Sommes-nous vraiment propriétaires de notre vie ?

À première vue, ça paraît évident : bien sûr que oui !

Qui d'autre ?

Ceci dit, en y réfléchissant deux minutes, je dois bien admettre que n'ai pas choisi le lieu ni la date de ma naissance. Je n'ai pas choisi mes parents. Je n'ai pas choisi la couleur de mes yeux, ni mon menton (sinon j'en aurais choisi un autre). Et je n'ai pas choisi les rencontres qui ont marqué mon existence : elles me sont tombées dessus à l'improviste.

Pour tout dire, je n'ai même pas décidé d'avoir une vie ou non, puisque je n'ai pas choisi de naître…

Propriétaire de notre vie ? Peut-être que ce n'est pas si évident que ça, après tout. Il y a tellement de paramètres que nous ne contrôlons pas. Ce qui ne change rien au fait que nous sommes responsables de nos choix, mais c'est un autre sujet.

Au fond, prétendre que nous sommes les maîtres absolus de notre existence, c'est beaucoup moins affirmer un fait qu'exprimer un vœu – en clair, prendre ses désirs pour des réalités.

Et c'est là que l'ennemi intervient insidieusement dans la discussion, comme un serpent dans un nid au printemps...

Je l'entends d'ici vous chuchoter à l'oreille :

« Pour une fois elle a raison, tu n'es pas propriétaire de ta vie… Tu n'en es que le jouet et la victime... Ballotté par les circonstances comme une poupée de chiffon… Et c'est pourquoi la seule manière dont tu puisses t'approprier cette vie qui t'échappe pour en conquérir la maîtrise, c'est en te tuant… Tu n'as pas décidé du début : décide au moins de la fin ! ça prouvera aux yeux de tous, et à tes propres yeux, que tu es maître de ton destin… »

Sous l'influence de son ennemi intérieur et de cette idée-là, l'écrivain Henry de Montherlant (1895-1972) affirmait que « le suicide est le dernier acte par lequel un homme puisse montrer qu'il a dominé sa vie. »

Ai-je besoin de vous dire de quelle manière Montherlant est mort ?

Si l'ennemi intérieur tente de vous faire avaler le même bobard toxique qui a conduit Montherlant à se tuer, voici une réponse à lui opposer :

-Est-ce que détruire quelque chose démontre qu'on en a le contrôle ? Est-ce qu'en explosant le *World Trade Center* on prouve qu'on en est le propriétaire ? Est-ce que « cette voiture m'appartient puisque j'en ai crevé les pneus et brisé les vitres avant d'y mettre le feu » est un argument recevable devant les tribunaux ? Le véritable propriétaire d'une chose est rarement celui qui la saccage. En me tuant, je ne prouverais pas que ma vie m'appartient, mais je prouverais sans le moindre doute que je ne suis pas capable d'en faire quelque chose de valable et de beau.

Preuve de liberté ?

D'après les pro-choix, le droit au suicide est une liberté fondamentale.

L'ennemi, lui, pousse le bouchon encore plus loin. Quand le spleen et l'angoisse nous envahissent, il chuchote :

« Le suicide est un dernier grand acte de liberté, le dernier possible… Le suicide est l'ultime expression de la liberté… Le suicide est la seule preuve de la liberté de l'Homme… »

Cette idée si répandue, réglons-lui son compte une fois pour toutes.

Et pour commencer, n'ayons pas peur de la vérité.

Oui, c'est vrai, les pro-choix ont raison, l'ennemi a raison : le suicide témoigne de notre liberté.

Mais en disant cela, que leur concédons-nous ?

Pas grand-chose.

Le suicide témoigne de notre liberté tout comme les innombrables autres choix que nous faisons sans cesse.

Autrement dit, il n'en témoigne pas plus que lorsque nous choisissons librement de nous peigner ou que nous choisissons librement de garder notre tignasse ébouriffée... Lorsque vous enfilez vos chaussures ou que vous souriez à votre voisin, vous apportez indiscutablement la preuve de votre liberté. Lorsqu'un touriste envoie des cartes postales à ses amis, qu'une femme au foyer prépare un clafoutis ou pique une crise de colère contre son mari, qu'un travailleur ou une travailleuse se rend à son travail ou se met en grève... tous ces gens démontrent eux aussi qu'ils ne sont pas des robots, qu'ils sont libres.

Même le tueur en série qui commet son dix-neuvième meurtre fait, de cette manière, l'éclatante démonstration de son libre arbitre : il persiste et signe.

La liberté de l'être humain se manifeste dans tous ses choix. Qu'ils soient petits ou grands, bons ou mauvais, prévisibles ou surprenants, tous nos actes témoignent de notre libre arbitre.

Mais le suicide a quelque chose de particulier – de très particulier.

Après lui, il n'y a plus aucun choix, plus aucune alternative.

Les vivants, et les vivants seuls, ont la liberté d'agir : être mort, c'est par définition être inerte et impuissant. Un mort est un pauvre qui n'a plus accès aux richesses du libre arbitre ; il ne peut plus rien.

Ainsi le suicide est un choix qui en tant que choix prouve qu'on est libre – et ça, n'importe quel autre choix le démontre aussi bien que lui –, mais qui a cette spécificité qu'après lui on n'a plus aucune liberté. Quand on fait celui-là, c'est terminé, il n'y en a plus d'autres : finie l'autonomie, finie la volonté.

Le suicide est la seule option qui mette un terme à toute option, la seule décision qui détruise toutes les décisions à venir, la seule preuve de liberté qui mette fin à la liberté, le seul choix qui annule tous les choix futurs en détruisant la capacité à préférer, s'engager et prendre parti.

Ce qui nous conduit à une pensée que l'ennemi ne veut pas que vous ayez, une pensée qui peut être utile en cas de désespoir intense : il ne sera jamais trop tard pour mourir.

Lorsqu'on décide de mourir aujourd'hui, on ne peut plus décider de vivre demain, alors que lorsqu'on décide de vivre aujourd'hui, on peut encore décider de mourir demain.

Choix personnel ?

D'après les pro-choix, le suicide est un choix personnel, et on doit le respecter en tant que tel. C'est aussi la vision qu'en avaient les romantiques au dix-neuvième siècle. Ce point de vue est-il justifié ?

Voyons voir ça.

Personnel signifie « qui témoigne de l'originalité de quelqu'un » et « qui est propre à une personne, qui lui appartient en particulier ».

Mais de même qu'un artiste qui déchire sa toile renonce à manifester son talent, en détruisant son existence le suicidaire renonce à façonner sa vie et à manifester son individualité, sa personnalité. S'autodétruisant, il s'autocensure.

Se tuer n'est pas un moyen de s'exprimer, mais de se couper définitivement la parole. Rien à voir avec l'originalité.

Est-ce que du moins le suicide est un acte qui appartient en particulier à celui qui s'y livre ?

Pour répondre à cette question, revenons un peu sur l'effet Werther, cette contagion qui suit l'annonce d'un suicide par les médias.

Elle a été baptisée ainsi d'après le titre d'un livre de Goethe. Dans *Les souffrances du jeune Werther* (1774), Goethe raconte la courte et tragique existence de Werther, jeune homme dévoré par un amour impossible pour Charlotte, qui est fiancée à un autre. En fin de compte, Charlotte épouse son fiancé... et Werther met fin à ses jours.

Dès sa parution, le roman obtint un énorme succès. En Allemagne, mais aussi partout en Europe, les femmes se mirent à porter de robes roses et blanches comme Charlotte, tandis que les hommes revêtaient des costumes jaunes et bleus comme Werther.

Et l'imitation ne s'arrêta pas là.

Sous l'influence du livre qui les avait enthousiasmés, de nombreux jeunes gens se tuèrent… comme Werther.

Bien sûr, il y avait des souffrances psychologiques individuelles derrière chacune de ces morts, mais la dimension sociale et grégaire de ces suicides est tout de même patente : ces jeunes gens ont imité Werther, et ont aussi imité ceux qui ont imité l'exemple de Werther, un premier suicide romantique en inspirant un deuxième, puis les deux premiers en inspirant un troisième, etc.

Ces suicides n'appartenaient pas en particulier à ceux qui s'y livraient. Liés à la mentalité d'une époque, ils témoignaient plutôt d'un manque cruel, d'un manque mortel d'originalité.

Depuis cette époque, l'instinct d'imitation n'a pas cessé de faire des ravages. On ne parle de « suicides collectifs » qu'à propos de certains épisodes de l'Histoire et des sectes religieuses qui finissent mal, mais en un sens, tout suicide est collectif.

Ceux qui choisissent leur perte forment une masse invisible mais compacte, une foule qui marche derrière Werther, Hitler, Kurt Cobain, etc.

Quelle que soit la définition qu'on adopte de *personnel*, le suicide n'est pas un choix personnel. On devrait plutôt le qualifier de choix impersonnel.

Autoroute

Non seulement le suicide n'est pas un choix personnel, mais de nos jours ce n'est même plus un choix rare.

Tout en étant obsédée par la recherche du plaisir, notre civilisation est morbide, fascinée par le désespoir, la violence et le sang. Du coup se tuer, ce n'est pas ramer à contre-courant, mais lui dire amen et suivre la foule. L'autodestruction est une autoroute noire de monde ; l'autoconstruction, un sentier de montagne solitaire où l'on croise quelques rares randonneurs.

À ce propos ou hors de propos, il faut que je vous raconte une histoire.

Un mouton face à son destin

Quelque part sur une immense plaine grise et désolée, un troupeau de moutons courait. C'était un très, très grand troupeau et les moutons couraient bien serrés les uns contre les autres, comme un seul mouton.

D'où venaient ces ovins ?

Où allaient-ils ?

Nul ne le savait, et surtout pas eux. Cela faisait longtemps qu'ils couraient.

Peut-être des années…

Peut-être des siècles.

Tous ces moutons étaient somnambules. Leurs yeux étaient ouverts et leurs pattes s'activaient, ils bêlaient même à intervalles réguliers... et pourtant ils dormaient tous d'un sommeil profond. C'est pour ça qu'ils ne se souciaient pas de leur destination. La seule pensée qui traversait leur cervelle de mouton était : « Moi aussi… Moi aussi… Moi aussi… »

Ils allaient où allaient les autres ; ils y allaient parce que les autres y allaient.

Mais voilà que dans cette masse ovine courant vers une destination inconnue, un individu un peu moins blanc que les autres sortit de sa torpeur.

Comment et pourquoi ?

C'est ce que l'histoire ne dit pas. Peut-être qu'il trébucha sur un caillou, ou peut-être qu'il n'avait pas l'instinct grégaire aussi bien chevillé au corps que les autres moutons. Toujours est-il que ce mouton-là (qui courait à la périphérie du troupeau, à son bord) se mit soudain à regarder avec ses yeux, et même à réfléchir un peu avec sa tête.

Et c'est alors qu'il s'aperçut avec stupeur et effroi que le troupeau, *son* troupeau, se dirigeait vers une faille béante !

Un gouffre !

Le temps qu'il réalise la gravité de la situation, les moutons de tête étaient déjà tombés dans le gouffre, sans bêler la moindre protestation ni sortir de leur sommeil paradoxal.

Le temps qu'il commence à paniquer, et c'était au tour des moutons suivants de dégringoler silencieusement dans le gouffre, à l'image d'une fine pincée de sucre blanc tombant dans un café noir.

Notre mouton commençait à angoisser sérieusement : devait-il faire comme les autres ? S'il continuait à courir avec le troupeau, ce serait bientôt son tour…

Peut-être que c'était *normal*, après tout… Peut-être qu'il devait se jeter lui aussi dans le vide sans se poser de question…

Mais peut-être aussi que la situation était bien telle qu'il la voyait, et que s'il continuait comme ça il allait s'écraser au fond d'un grand trou ?!

Ses neurones bougeaient de plus en plus vite, et ses pattes de moins en moins… Il était en train de prendre conscience qu'il ne voulait pas mourir en crétin. Il voulait sauver sa laine, et la peau qui était dessous.

Les autres le bousculaient en bêlant : « Mais qu'est-ce que tu attends ? Cours ! Cours avec nous !... »

Notre mouton résista-t-il à la pression de ses pairs ?

Trouva-t-il le courage de se sauver tout seul ?

De survivre en mouton noir ?

Je n'en sais rien, car l'histoire s'arrête là.

Peu importe d'ailleurs, car l'essentiel, c'est sa morale.

Que je vous laisse tirer tout seul.

Du courage ?

Il est probable que l'ennemi vous a déjà murmuré une fois ou l'autre : « On a beau dire, il faut tout de même beaucoup de courage pour se tuer… Toi, tu n'as pas ce courage… »

À moins que, comme souvent, l'ennemi n'ait dissimulé sa présence derrière la première personne, se faisant passer pour vous : « On a beau dire, il faut tout de même beaucoup de courage pour se tuer… *Moi*, je n'ai pas ce courage… »

Le suicide serait un choix courageux : cette idée est très répandue ; on la retrouve un peu partout.

Y a-t-il une part de vérité là-dedans ?

Le suicide est-il un acte courageux, un acte qui mérite qu'on lui tire son chapeau ?

Les différentes définitions de *courage* vont nous aider à répondre une bonne fois pour toutes à cette question.

◆ En un premier sens, on définit le courage comme « la force de caractère qui consiste à supporter la souffrance et à faire preuve de patience et d'endurance devant les épreuves ».

Avec cette définition, le suicide est-il du courage ?

Du tout.

Lorsqu'on se tue c'est précisément qu'on ne supporte *pas* la souffrance, qu'on ne veut *pas* faire preuve de patience et d'endurance devant les difficultés. La vie est un examen et on ne résiste pas jusqu'à la fin de l'épreuve : on abandonne, on laisse tomber. Le suicide est le comble de l'impatience et de la faiblesse, du renoncement. Il est le contraire exact de la patience et de l'endurance.

◆ Mais on peut adopter une autre définition, et considérer que le courage consiste à « braver le danger et prendre des risques ».

Dans ce cas, le suicide n'est-il pas un acte courageux ? Après tout, il n'y a rien de plus dangereux !

C'est vrai que dans la tentative de suicide, il y a un risque objectif, celui de mourir. Mais y a-t-il vraiment *prise* de risque ?

Prendre un risque, ce n'est pas chercher délibérément la mort, mais agir *malgré* le danger. Or quelqu'un qui se tue n'est absolument pas dans cet état d'esprit. Il ne défie pas la mort mais s'y réfugie : elle est (croit-il) un abri contre la souffrance.

◆ Et si l'on définissait plutôt le courage comme de la « bonne volonté » ?

Dans ce cas non plus, le suicide n'a rien à voir avec le courage. Se tuer, c'est faire preuve, au sens littéral, de mauvaise volonté : choisir de se détruire au lieu de se construire, c'est faire le pire usage possible de son libre arbitre.

◆ Mais *courage* a encore une autre définition : « zèle, dévouement mis au service d'une cause ». Ainsi un pompier brave le feu et la mort pour sauver des gens qu'il ne connaît même pas…

Quel rapport avec le suicide ?

Aucun.

Le suicide est motivé par un désespoir égoïste par essence. Il n'est pas motivé par une cause. Ici je ne parle pas des attentats-suicide – vaste sujet qui, je l'espère, ne vous concerne pas directement.

Comme vous voyez, quelle que soit la définition de *courage* que l'on adopte, le suicide n'a pas grand-chose à voir avec lui… Lorsqu'on est attiré par la mort, la seule manière de faire preuve de courage c'est de choisir la vie.

Collaborer ou résister

Vous n'êtes pas encore complètement convaincu ?

Alors j'aimerais vous poser une question.

Des collaborateurs et des résistants, selon vous, qui ont fait preuve du plus grand courage ?

Ceux qui ont pactisé avec l'ennemi parce qu'il était là, parce qu'il avait gagné, parce que c'était lui le maître officiel, ou ceux qui ont décidé que *non*, les nazis n'avaient pas gagné, ou pas définitivement, que la France resterait française, ou le redeviendrait, et qu'ils résisteraient à l'envahisseur jusqu'au bout, même s'ils n'avaient apparemment aucune chance de gagner ?

Remplacez « nazis » par « malheur » ou « désespoir », et vous comprendrez que le véritable courage, ce n'est pas de se laisser aller. Composer avec l'ennemi, lui donner ce qu'il veut, c'est ce qu'on appelle collaborer.

Face à la tentation du suicide, nous n'avons le choix qu'entre deux attitudes : la collaboration ou la résistance, la lâcheté ou l'héroïsme.

À ce propos, voici ce que disait le grand conquérant Napoléon (1769-1821) : « S'abandonner sans vergogne à son chagrin et se tuer pour échapper à la souffrance, c'est abandonner le champ de bataille avant de l'avoir conquis. »

Face au malheur, soyez courageux : résistez à l'ennemi même lorsqu'il est supérieur en nombre. C'est le seul moyen de transcender la faiblesse inhérente à la condition humaine.

Hymne à la vie ?

Revenons à l'idéologie pro-choix ; nous n'en avons pas fini avec elle.

D'après les pro-choix, sous certaines conditions, le suicide serait non seulement une preuve de courage, de liberté, etc., mais une ode à l'existence, un hymne à la vie.

Vous croyez que j'exagère, que c'est moi qui en rajoute ?

Pas du tout, je n'invente rien.

L'expression « hymne à la vie » se trouve dans *La dernière leçon* (2004) livre écrit par Noëlle Chatelet à propos du suicide de sa mère âgée :

> « Il faut parfois l'aimer très fort, la vie, pour préférer la mort. Il arrive que le choix de la mort soit un hymne à la vie. »

Ce que cette phrase signifie, c'est qu'en choisissant la mort, c'est-à-dire en se tuant, ceux qui ne peuvent plus vivre une vie complète et satisfaisante manifestent publiquement leur attachement à la vie… la *vraie*.

Alors posons-nous la question : peut-on raisonnablement définir un suicide de ce genre comme un « hymne à la vie » ?

Un fait divers – qui n'a pas eu lieu – va nous aider à répondre à cette question.

Un homme tue sa femme et l'enterre au fond de son jardin. La police mène l'enquête, retrouve le cadavre, jette le coupable en prison. Son procès commence ; l'homme choisit d'être son propre avocat.

Devant les jurés, il commence sa plaidoirie : son épouse était laide, agressive, grossière et hommasse. En l'éliminant, il a voulu proclamer son attachement indéfectible à la Femme, cet idéal de beauté, de douceur et de tendresse… Bref, l'homme justifie son crime par son amour de la féminité : d'après lui son geste n'est pas un assassinat, mais un « hymne à la Femme ».

Vous voyez peut-être où je veux en venir...

Le suicide est un hymne à la Vie dans les mêmes proportions que ce meurtre est une ode à la Femme – ni plus, ni moins. Mais comme dans le cas du suicide, la victime se confond avec le meurtrier, le sophisme est moins flagrant.

Revenons au mot choisi par Noëlle Chatelet pour parler de certains suicides, dont celui de sa mère : *hymne*.

Un hymne est « un chant ou un poème célébrant quelque chose ». Mais puisque ce n'est pas la Vie qui est célébrée, alors quoi ?

L'idéologie pro-choix, tout simplement.

C'est particulièrement vrai pour la mère de Noëlle Chatelet, qui a milité activement pour « le droit de mourir dans la dignité » – autrement dit, le droit de se tuer au grand jour.

Mais en regardant les choses de près, on s'aperçoit que cet « hymne »-là, ce n'est pas la mère de Noëlle Chatelet qui l'entonne.

Son suicide l'ayant définitivement privée de la parole, elle ne peut ni confirmer ni infirmer ses professions de foi de vivante. Peut-être qu'aujourd'hui, si elle revenait de l'au-delà, elle défendrait plutôt « le devoir de résister jusqu'au bout »...

L'hymne pro-choix n'est, en fin de compte, que celui des survivants.

Dignité ?

Dignité... les pro-choix n'ont que ce mot à la bouche. Ils défendent, disent-ils, le droit « de mourir dans la dignité ». L'expression est belle... mais a-t-elle un sens quand on l'applique au suicide ?

Pour répondre à cette question, commençons par définir la dignité.

La dignité est une « attitude de respect de soi-même, de fierté ». C'est aussi le « sentiment de sa propre valeur ». *Fierté, noblesse, honnêteté, décence, respect de soi* : tous ces termes sont des synonymes de *dignité*.

Je ne vois vraiment pas en quoi le fait de se détruire vite (ou lentement) prouve qu'on se respecte, qu'on est fier, noble ou décent, ni qu'on a le sentiment de sa propre valeur...

Prétendre que ceux qui se tuent optent pour une mort digne, c'est comme prétendre que les vandales ignorants qui, si on les laissait faire, lacéreraient la Joconde sont des experts d'art.

Ceux qui ont le sentiment de la valeur d'un tableau le respectent ; ceux qui ont le sentiment de leur propre valeur préservent leur existence.

Protéger son corps et son âme des souillures ordinaires, défendre son intégrité physique et morale quand elles sont menacées, garder la tête droite et si possible le sourire même quand on est tenté de se laisser aller aux viles voluptés du découragement, accepter sans désespoir ni révolte la souffrance et la mort quand elles sont inévitables : voilà en quoi consiste la dignité.

Au fond, le seul moyen de mourir dans la dignité, c'est de *vivre* dans la dignité. Une mort digne est l'aboutissement naturel et inévitable d'une vie digne, et ni l'une ni l'autre n'ont quoi que ce soit à voir avec le suicide.

Poétique ?

Le suicide n'est ni courageux, ni personnel, ni digne. Est-il du moins poétique ?

Ce qui est sûr, c'est que d'innombrables films, chansons et livres l'enjolivent.

Représentation littéraire et artistique

Virginia Woolf se noie sur la belle musique de Philip Glass dans *The Hours* (2002) ; Jacques, le héros du *Grand Bleu*, plonge rejoindre les dauphins pour découvrir ce qui se passe lorsqu'on n'a plus d'air ; la jolie chanteuse du groupe *Evanescence* se jette en nuisette du haut d'un immeuble, et chante sans perdre son sang-froid entre le quinzième étage et le sol, qu'elle n'atteint jamais ; dans *Histoires de pouvoir,* Carlos Castaneda saute du haut d'un précipice parce que c'est tellement toltèque – dans le tome suivant il ne se souvient de rien mais tout va bien : il n'a rien de cassé…

Bref : le suicide est glamour, sexy, poétique, aventureux, spirituel, transcendantal et ésotérique.

Et on n'en meurt pas.

Enfin si, on en meurt de temps en temps, mais dans une ellipse narrative, en dehors du cadre, de l'histoire, loin des regards fascinés qui s'attardent sur *l'envol*... pudique antiphrase pour *chute.*

Réalité

Et dans la réalité, ça ressemble à quoi, un suicide ?

Ça ressemble à du sang répandu partout qui coagule et vire au noir, du vomi, un corps inerte qui pend au bout d'une corde, des intestins qui se vident, une langue qui sort.

Ça ressemble à la plus horrible découverte qu'on puisse faire, à un traumatisme tellement atroce qu'il salit tous les souvenirs associés à celui ou celle qui est mort ainsi – cachet d'horreur, empreinte immonde et ineffaçable.

Ça ressemble au plus ignoble et sordide héritage qu'on puisse laisser à une famille et à des amis.

Ça ressemble à une malédiction.

Ça ressemble à de nouveaux suicides tout aussi atroces, conséquences du premier.

Bref, le suicide est hideux, contagieux et sale, et tous les sophismes par lesquels il est embelli et paré ne changent rien à sa réalité intrinsèque.

À retenir

- Ce sont les voleurs et les violeurs qui saccagent ; les propriétaires ont d'autres hobbies. En détruisant son existence, on ne prouve pas qu'on en est le maître.
- Pour manifester notre originalité, la vie est le seul support dont nous disposons et disposerons.
- L'autodestruction est une autoroute au trafic intense. Pour se construire il faut s'écarter de la foule.
- Mieux vaut se servir de son intelligence et survivre en mouton noir, plutôt que de se laisser entraîner vers la mort par une foule ovine qui avance sans savoir vers où.
- Résister à la tentation du suicide, c'est du courage. Presque de l'héroïsme.
- Célébrer la vie, ce n'est pas se défiler quand elle devient compliquée.
- Pas de dignité sans respect de soi, de son corps, de sa vie.

Conseils

► Ne soyez pas dupe des beaux discours et des belles images qui le poétisent, l'embellissent, et le maquillent ; le suicide est un vieux travelo qui veut se faire passer pour une jeune fille.

► Écrivez en quelques lignes, à votre façon optimiste et personnelle, la fin de l'histoire du mouton : s'est-il sauvé tout seul, ou a-t-il réussi à en sauver d'autres avec lui ?

Une frayeur salutaire

Et maintenant, parlons de la peur.

Vous vous promenez dans un parc naturel, respirant à fond l'air pur de la montagne. Soudain, au détour d'un sentier, surgit un énorme ours noir. Dès qu'il vous voit, il se dresse sur ses pattes arrière et retrousse ses babines en grommelant ce qui ressemble fort à des menaces ursines. Ses crocs sont impressionnants.

Cœur qui s'emballe, poussée d'adrénaline : dans une situation pareille, même le plus écologiste des végétaliens militant au front de libération des animaux aurait peur. Un dresseur d'ours aurait peut-être moins peur, mais il aurait peur quand même. Il sait à quel point ce plantigrade est imprévisible.

Cette frayeur vous permet de découvrir que votre prof de sport du lycée avait raison quand il écrivait « Peut mieux faire » dans votre bulletin scolaire : vous pouvez courir beaucoup plus vite que vous ne l'imaginiez. Vous pouvez grimper à un arbre avec une agilité que vous ne soupçonniez pas.

L'ours fait trois petits tours en reniflant au pied de l'arbre et s'en va en se dandinant à la recherche d'une proie plus accessible.

La peur vous a sauvé la vie.

Des émotions négatives très positives

Dans ce livre, j'ai employé à plusieurs reprises l'expression « émotion négative ». Le sens en est clair : les émotions négatives sont toutes les émotions désagréables telles que la tristesse, l'angoisse, la colère, la peur, le dégoût, toute la lyre.

Mais (et là je fais mon autocritique) à qualifier ces émotions de « négatives » on risque d'oublier qu'elles jouent parfois un rôle très positif.

Il est parfois nécessaire de se mettre en colère, le dégoût peut être salutaire, et en certaines circonstances la peur est salutaire, comme le prouve votre rencontre avec l'ours, ou toute autre anecdote du même genre que vous pouvez tirer de votre mémoire.

Émotion barrage et émotion garde-fou

Une frayeur salutaire de ce genre est très différente de la peur paralysante et castratrice qui empêche Octave de reprendre ses études et d'avouer son amour à sa voisine, qui lui fait les yeux doux.

Les frayeurs salutaires sont des garde-fous, tandis que les peurs paralysantes sont des barrages.

Un garde-fou est situé au bord d'un fossé, d'un pont, d'une terrasse ou d'une falaise : il empêche les chutes. Un barrage est situé au milieu de la route : il empêche le passage.

Quand, devant la vie, on se sent dégoûté, ce sentiment agit comme un barrage : il empêche d'avancer. Quand, devant une viande avariée, on se sent dégoûté, ce sentiment agit comme un garde-fou : il empêche de s'empoisonner.

Une confusion très dangereuse

Une des erreurs d'appréciations les plus courantes qui soient, et en même temps les plus dangereuses, consiste à prendre des émotions du type « garde-fous » pour des émotions du type « barrage ».

Du coup, on colle à ces émotions salutaires des étiquettes dévalorisantes (telles que *blocage*, *préjugé*, *conditionnement*, *faiblesse*, etc.) et on s'acharne à les surmonter – autrement dit, à enjamber le parapet pour se jeter dans le vide.

Vous voulez un exemple ?

Une jeune fille (vierge) commence à travailler pour le téléphone rose. Elle est écœurée et traumatisée par les propos qu'elle entend comme par ceux qu'elle doit tenir, mais croit que sa réaction de dégoût est une faiblesse. Elle le surmonte, fière de persévérer malgré la difficulté de la tâche.

Ayant enjambé le parapet, peut-être qu'un de ces jours elle continuera sur sa lancée en prostituant plus que sa voix.

Trois peurs bénéfiques

Revenons au suicide.

Pourquoi, parmi tant de gens qui pensent à se tuer, y en a-t-il comparativement si peu qui passent à l'acte ? Parce qu'une frayeur salutaire (qu'ils traitent souvent de « lâcheté ») les en empêche.

Une frayeur, ou plutôt trois.

1/ La première, c'est la peur de mourir.

Peur naturelle.

Tous les animaux ont peur de la mort. Ce n'est pas pour rien. La mort est une coupure radicale, un changement brutal et terrifiant. Il n'y a aucun état intermédiaire. Soudain, tout ce à quoi on se raccrochait en cette vie disparaît. Plus personne ne peut plus rien pour nous ; on est seul comme on ne l'a jamais été.

Et comment savoir si ça ne fait pas mal ?

Peut-être que même les morts dites « douces » sont horriblement douloureuses. On ne peut pas se fier à l'expression du visage.

2/ La deuxième, c'est la peur de ne pas mourir et de survivre handicapé.

Peur raisonnable.

Certaines tentatives de suicide aboutissent à une paraplégie : la vie en fauteuil roulant. D'autres à des tendons des poignets irrémédiablement abîmés : pour le piano et la peinture, c'est fichu. D'autres à des dommages cérébraux : une lobotomie mal faite. Un électrochoc auto-infligé. D'autres à un rein détruit : on fonctionnera avec l'autre. D'autres à un visage dévasté : on ne pourra plus plaire qu'à distance, derrière un écran d'ordinateur.

Le corps humain est costaud : ce n'est pas aussi simple que ça en a l'air, de se tuer. Mais l'abîmer, par contre, est facile.

3/ La troisième, c'est la peur de faire une erreur.

Peur légitime.

Quand on sait combien de temps on peut hésiter entre deux téléphones portables par crainte de faire un mauvais choix, alors que dans ce cas la différence entre la bonne et la mauvaise décision est anecdotique, quasi dérisoire, comment ne reculerait-on pas devant la probabilité de faire une erreur gigantesque qui ne laisse, après elle, pas la moindre possibilité de se rattraper ?

Corriger son erreur, annuler ou du moins minimiser les conséquences d'une mauvaise décision est presque toujours possible, mais quand l'erreur en question consiste à se tuer, pas de rattrapage. Ce meurtre qu'est le suicide ne laisse aucune possibilité de marche arrière ni au meurtrier, ni à la victime.

Comment se précipiter tête la première dans une situation dont on ne pourra jamais sortir ?

Comment se ruer dans une prison dont la porte ne se rouvrira jamais ?

De loin, quand on rêve, on peut imaginer le suicide comme une issue, mais quand on s'en approche on reprend brusquement conscience que cette issue n'a pas d'issue.

On peut toujours résilier son abonnement téléphonique ou divorcer de son conjoint mais quand on choisit la mort l'union est irrémédiable. Irréversible. Quand on se tue c'est pour toujours.

À retenir

• Toutes les émotions négatives ne sont pas des barrages qui empêchent d'avancer ; certaines sont des garde-fous qui empêchent de tomber.

• Il est sain, naturel et raisonnable d'avoir peur de la mort, peur de finir dans un fauteuil roulant, et peur de faire une erreur irrémédiable.

Conseil

► Ne méprisez pas votre frayeur salutaire en la traitant de lâcheté ou de faiblesse. Elle vous protège contre le suicide comme elle vous a protégé contre d'autres dangers mortels.

Fidèle à qui ?

Avez-vous pris la décision de ne jamais vous tuer, de vivre courageusement jusqu'au bout ?

— Oui ? Bravo ! Vous pouvez passer au chapitre suivant dès maintenant si vous voulez.

— Non ?!...

C'est bizarre.

Mais il doit bien y avoir une explication…

Peut-être que vous admirez les stoïciens ? Que le suicide faisait, jusqu'à la semaine dernière, partie intégrante de votre philosophie ?

Peut-être que vous avez été un partisan du « droit de mourir dans la dignité » ? Que vous avez milité dans une association pro-choix ?

Ou peut-être que vous avez solennellement promis de vous tuer à telle date anniversaire, que vous avez élaboré un plan minutieux, et que vous vous sentez obligé de continuer jusqu'au bout, pour « rentabiliser » vos efforts et ne pas perdre la face ?

Si vous êtes dans l'un de ces cas, prendre la décision inconditionnelle et irrévocable de ne jamais vous tuer est plus difficile que pour d'autres, car l'ennemi intérieur fait tout pour exploiter contre vous votre désir de cohérence.

Les imbéciles et les sages

En décidant de ne jamais vous tuer, vous pouvez avoir l'impression de contredire vos combats passés, de vous mettre en porte à faux avec vos déclarations et intentions précédentes ; l'impression de trahir ce que vous avez cru et programmé, de renier votre passé.

Mais souvenez-vous du bon vieux proverbe : *il n'y a que les imbéciles qui ne changent pas d'avis.* En d'autres termes, il n'y a que les sages qui changent d'avis. Seules les personnes psychosouples (par opposition à psychorigides), dotées d'un esprit curieux et ouvert, sont capables de se remettre en question, de changer d'opinion et de convictions.

Les esprits encroûtés ne risquent pas de s'apercevoir qu'ils se sont trompés : ils sont trop imbus de leurs certitudes pour cela. Ce sont les esprits vifs et fureteurs qui courent ce risque… ou plutôt cette chance !

Car c'est une chance.

Les vrais sages le savent bien. Ainsi Fiorella La Guardia (1882-1947), un homme généreux, courageux et aimant qui fut le maire de New York et le bienfaiteur des New-Yorkais pendant la dépression de 1929, était toujours heureux d'apprendre qu'il s'était trompé.

Masochisme ?

Pas du tout.

Il savait qu'une illusion de perdue, c'est une vérité de trouvée.

Les grands esprits

Friedrich Hebbel (1813-1863), poète et dramaturge allemand de premier plan, a tout à fait raison de le dire : « Il faut plus de courage pour changer son point de vue que pour lui rester fidèle ».

Oui, il faut du courage pour admettre qu'on s'est fourvoyé – et plus nos erreurs ont fait l'objet d'un engagement public, plus il faut de bravoure et d'audace pour les confesser, pour reconnaître que les idées auxquelles on a cru ne sont pas valables, pour avouer à soi-même et aux autres qu'on ne croit plus à ses convictions d'antan.

Et ce n'est pas seulement du courage qu'il faut.

Sans la plus complète bonne foi, sans l'intégrité intellectuelle la plus pure, on ne peut faire passer la vérité avant sa petite vérité personnelle : pour être capable de se rétracter, il faut aimer le vrai plus que soi-même.

Le fait de lâcher prise, de reconnaître ses erreurs quand on a compris que ce sont des erreurs, est la preuve la plus convaincante de sincérité qu'on puisse jamais donner.

Seuls les grands hommes et les grandes dames sont prêts à reconnaître qu'ils se sont trompés.

Les petits esprits

Les petits esprits, eux, se cramponnent désespérément à leurs opinions d'hier. Parce qu'ils ne veulent surtout pas passer pour versatiles ou instables, ils s'entêtent à ne pas bouger.

Ils ont peur.

Peur qu'on s'aperçoive qu'ils n'ont pas toujours raison (précaution bien inutile : on l'a compris depuis longtemps).

Peur qu'on les accuse de ne pas être logiques avec eux-mêmes.

Peur qu'on les prenne en défaut.

Ce sont toutes ces peurs qui les enferment dans la médiocrité. En se soumettant à ce qu'ils ont dit et cru, ils laissent leur passé et le regard des autres déterminer leur avenir et renoncent à leur pouvoir personnel. Leur immobilisme est celui de la moule stupide vissée à son rocher.

Ils oublient, ou n'ont jamais su, ce qu'un poète inspiré, William Blake (1757-1827), a dit :

> « L'homme qui ne modifie jamais ses opinions est comme une eau stagnante, il nourrit les reptiles de l'esprit. »

Prenons juste l'exemple d'une de ses eaux stagnantes : le journaliste américain Louis Fischer (1896-1970).

Louis Fischer fut un ardent défenseur de Staline et de sa politique. Pour justifier rétrospectivement son silence complice face aux infâmes procès de Moscou et son déni catégorique de la famine en Ukraine, il a dit piteusement :

> « Il n'est pas facile de se débarrasser de la vision à laquelle on s'est accrochée pendant quinze ans. »

Bien sûr que ce n'est pas facile... mais que vaut un individu qui ne fait que ce qui est facile ?

À ce propos, écoutez je vous prie Ralph Waldo Emerson. Personne n'a dénoncé la peur de se contredire mieux que lui :

> « Il y a autre chose qui nous fait nous détourner avec terreur de la confiance en soi et de l'autonomie intellectuelle, c'est notre besoin de cohérence ; un respect exagéré pour nos paroles ou nos actes passés. En effet le regard des autres n'a pas d'autres points de repère pour évaluer notre orbite, et nous répugnons à les décevoir. Mais pourquoi avez-vous une tête sur les épaules ? Pourquoi traîner partout le cadavre de votre mémoire de peur de contredire ce que vous avez affirmé dans tel ou tel lieu public ? Supposez que vous soyez amené à vous contredire... et alors ?... Ce stupide souci de cohérence est le troll des petits esprits, adoré par les petits hommes d'État, les petits philosophes et les petits théologiens. Une grande âme ne se soucie nullement de cohérence. Autant se préoccuper de son ombre sur un mur. Dites crûment ce que vous pensez, et ce que demain pensera dites-le crûment aussi, même si ça contredit tout ce que vous avez dit aujourd'hui. »

Que vaut un individu qui se bâillonne lui-même, enchaînant sa bouche à ce qu'il a dit hier ? Que vaut un individu qui n'ose jamais sortir du cercle de ses pensées antérieures ? Un individu de ce genre n'est pas le maître de ses choix, il en est l'esclave. Au fond, il est déjà mort.

Fidèle à soi-même

Si vous renoncez à vos croyances antérieures, c'est pour rester fidèle à votre véritable identité, c'est-à-dire à ce qui vous fait Homme : votre logique et votre jugement.

Wolf Biermann, artiste allemand qui est passé de la RDA à la RFA et du socialisme au scepticisme, a dit : « Seul celui qui change reste fidèle à lui-même ».

Très juste.

Ce dont vous étiez convaincu hier, vous en étiez convaincu parce que, compte tenu des informations dont vous disposiez, cela vous paraissait la chose à croire. Aujourd'hui, vous n'avez pas le même point de vue parce que vous disposez de davantage d'informations. On juge en fonction de ce que l'on sait : plus nous élargissons nos connaissances, plus notre jugement se précise et s'affine.

Alors pourquoi feriez-vous les mêmes choix que votre Moi mal informé d'hier ?

Pourquoi feriez-vous hypocritement semblant de n'avoir rien appris, rien compris de nouveau ?

Juste pour que personne ne puisse dire : « Il a changé d'avis » ou : « Il a trahi ses convictions, il a retourné sa veste » ?

Laissez-les dire ce qu'ils veulent et faites ce que vous voulez.

L'honneur de vivre

J'espère que maintenant vous acceptez pleinement, sans faux-fuyant ni tergiversations, *l'honneur, le devoir et la fatigue de vivre* – pour reprendre les mots de George Sand, qui a bataillé pendant des années avec la tentation du suicide avant d'en triompher complètement.

Elle a quitté ce monde de mort naturelle à l'âge de soixante-douze ans, entourée de sa famille, après une vie remplie d'amour, de combats, de tendresse, d'amitiés et de dévouements.

Comme elle, en choisissant de vivre votre vie jusqu'au bout vous faites passer la vérité en premier.

À retenir

- Une illusion de perdue, c'est une vérité de trouvée.
- Les grands esprits aiment la vérité plus que leur vérité, tandis que les petits esprits s'accrochent à leurs opinions passées comme des moules à leur rocher.
- Vous avez le choix : vous pouvez être fidèle à votre passé, ou fidèle à vous-même.

Conseils

► Ne vous laissez pas ligoter par ce que vous avez cru hier ; ayez le courage de vos prises de conscience.

► Accédez à la grandeur en reconnaissant vos erreurs.

Le meilleur moyen de se tuer

Malgré tout, vous êtes encore et toujours tenté par le suicide ?

Non seulement ça, mais vous voulez connaître le meilleur moyen de vous tuer ?

Je le connais.

Non seulement je le connais, mais je vais même vous le donner.

Suicide identitaire

Le meilleur moyen est de changer de paradigme.

Autrement dit, de se réincarner de son vivant.

Si vous avez envie de mourir, c'est moins de la vie dont vous êtes fatigué de vous-même. N'aimeriez-vous pas être quelqu'un d'autre ?

Renaître dans une peau neuve ?

Vous débarrasser de vos vieux problèmes ?

C'est tout à fait possible, et pour cela, vous n'avez pas besoin de tuer votre corps. Il vous suffit de tuer votre identité. Écoutez cet homme :

> « Je vis depuis cinq ans une dépression à troubles anxieux. Quelle épreuve, quelle souffrance, c'est effrayant... Je souffre mais j'avance. La dépression est un mal-être existentiel complexe : il faut tout remettre en question. Le suicide ou la mort à soi-même, pas d'autre alternative ! »

La mort à soi-même... l'expression dit bien ce qu'elle veut dire. Ce suicide-là demande beaucoup de courage. Beaucoup plus que le suicide banal. Un suicide identitaire, c'est un renouvellement complet : on repart sur de nouvelles bases, on reprend les choses à zéro. Ça demande du courage, parce que ça demande de l'humilité. Se remettre en cause, changer sa manière d'être et sa manière de se définir, est nettement plus difficile et méritoire que se tuer bêtement.

C'est aussi beaucoup plus long.

Le suicide identitaire est réservé à ceux qui ont du courage – et de la patience...

D'ailleurs la patience *est* du courage.

Il est tellement plus aisé de se dire : « Ça ne marche pas ?! Et bien puisque c'est comme ça, je démissionne ! Je me tue et on n'en parle plus ! » Mais ça, c'est seulement le moyen d'aller vérifier dans l'autre monde que oui, la manière dont on vit et dont on meurt a des conséquences. Pas forcément celles qu'on voudrait.

Concrètement

Voici, concrètement, le meilleur moyen de se tuer :

1/ Déchirez toutes les photographies qui vous rappellent des mauvais souvenirs ; si ça veut dire les déchirer toutes, déchirez-les toutes. Un suicide identitaire implique un changement total d'image.

2/ Faîtes le vide dans votre appartement. Jetez, donnez, rangez.

3/ Nettoyez tout à fond.

Ça ne suffit pas ? Vous avez toujours l'impression d'être la même personne engluée dans les mêmes problèmes désespérants ?

Alors déménagez.

Ça ne suffit pas ?

Alors lisez tous les livres dont vous avez dit ou pensé : « Jamais je ne lirai ça ». Fréquentez les gens dont vous avez dit ou pensé : « Jamais je ne parlerai à des gens comme ça ». Il est temps que vous sortiez de vous-même.

Et ne croyez pas que je vous propose une solution de facilité ou un faux-fuyant... Ce sont ceux qui se pendent, se coupent les veines, etc., qui se défilent. Ils se tuent parce qu'ils ne veulent pas vraiment mourir à eux-mêmes. Ils se tuent pour éviter de changer. Ils tiennent tellement à leurs sacro-saintes habitudes qu'ils les préfèrent à leur vie : comme ils ont déjà commencé à se détruire d'une manière ou d'une autre, ils continuent... et terminent.

Si vous n'êtes pas psychorigide, ou si vous avez décidé de ne plus l'être, optez pour le vrai suicide, le suicide identitaire. Changez tout. Et pour commencer, jetez tout ce qui symbolise votre lourd passé, comme on jette la cargaison d'un navire pour le sauver. Allégez-vous, délivrez-vous, délestez-vous.

Peu importe si vous donnez ou jetez des objets de valeur... Vous comptiez leur dire adieu de toute façon. Peu importe si vous mécontentez vos proches... Vous comptiez leur faire un sale coup de toute façon.

S'il y a des gens qui vous oppriment, qui vous oppressent, ne leur parlez plus. Coupez les ponts. Vous comptiez ne plus leur parler de toute façon.

Soyez radical, extrémiste : ne gardez de votre ancienne vie que le meilleur. Et si ce meilleur-là se réduit à rien ou à presque rien, peu importe. Vous entrez dans une nouvelle phase, vous renaissez sous une autre forme, dans une nouvelle identité : vos idées, vos amis, vos croyances, etc., tout doit changer.

Voilà le meilleur moyen de se tuer.

À retenir

● Quand on veut vraiment se tuer, le meilleur comme le seul moyen est de changer radicalement d'identité.

Conseils

► Jetez, quittez, osez : faites peau neuve en jetant votre ancienne mue.

► Mettez de l'ordre. Même les anarchistes rangent les serviettes avec les serviettes.

Lecture recommandée

□ ***Simplifiez votre intérieur* de Karen Kingston**. Excellent livre, très motivant pour un grand nettoyage de printemps.

Partie VII

Les causes de la dépression

Cela va du désespoir le plus noir à l'angoisse blafarde en passant par le découragement verdâtre, couleur d'épinard fané... Cette riche palette d'émotions pénibles, qu'est-ce qui l'explique ?

Si l'on recensait toutes les causes de la dépression, on aboutirait à un inventaire à la Prévert : hétéroclite et interminable. Car tout peut devenir une cause de malheur – tout et son contraire. Dans cette partie, je ne prétends donc pas faire le tour du sujet. Seulement examiner, ou juste effleurer, quelques causes importantes de dépression.

Parmi celles-ci vous en découvrirez sans doute qui vous concernent... Et vous découvrirez aussi et surtout ce que vous devez faire pour vous en libérer.

Un peu d'ordre

Les causes de la dépression sont tellement hétérogènes qu'il est difficile, voire impossible, d'en proposer un classement rigoureux. Pour mettre un peu d'ordre dans ce fatras, un peu d'organisation dans ce grand souk, je vous propose dans ce chapitre de méditer sereinement sur ce qui oppose et relie ces différentes causes.

Causes réelles et causes imaginaires

Distinguons pour commencer les causes réelles des causes imaginaires.

Exemples de causes réelles : un divorce. Un deuil.

Exemples de causes imaginaires : le célèbre déséquilibre chimique. La fameuse prédisposition génétique. Mais il y a bien d'autres causes fictives de dépression. Dans les chapitres suivants, nous examinerons plusieurs causes imaginaires mais populaires, pseudo-causes qui passent souvent pour vraies. Vous aurez ainsi l'occasion de prendre conscience que vous en aviez accusé plusieurs à tort, et de découvrir les causes réelles qui se cachent derrière ces leurres...

Causes incontrôlables et causes contrôlables

On doit aussi distinguer les causes incontrôlables, sur lesquelles on ne peut rien, et les causes contrôlables, sur lesquelles vous pouvez agir.

Exemple de cause incontrôlable : un tremblement de terre.

Exemple de cause contrôlable : la mauvaise habitude de se tenir voûté en regardant ses pieds et de répéter à tout bout de champ : « Je suis mort ! »

Vous pensez que ces deux habitudes sont anodines ? Détrompez-vous. Tout compte, vous le savez, et à force d'exprimer le découragement et l'échec, on le ratifie et on l'aggrave. Certains tics de langages et attitudes corporelles sont des causes tout à fait réelles, et même majeures, de la dépression.

La distinction entre « causes incontrôlables » et « causes contrôlables » est importante. En effet se focaliser sur les causes incontrôlables de son mal-être est, en soi, une cause majeure de dépression : plus on se concentre sur ces causes auxquelles on ne peut rien, plus on se sent une victime impuissante... une pauvre et *malheureuse* victime. De plus lorsqu'on se concentre sur les causes incontrôlables, on oublie généralement qu'il y en a d'autres qui, elles, sont contrôlables. Et donc celles-là aussi on les subit passivement, alors qu'on pourrait s'en libérer.

Pour gagner en paix mentale et en productivité, oubliez les causes incontrôlables de mal-être pour vous concentrer sur celles qui dépendent de vous. Lorsque vous vous concentrez sur les causes contrôlables, vous gagnez à la fois en liberté d'esprit et en liberté de mouvement : vous vous sentez mieux et vous êtes aussi plus efficace. De plus en plus.

Faire la différence

Mais une question se pose.

Comment faire la différence entre « cause contrôlable » et « cause incontrôlable » ? Car l'opposition n'est pas toujours aussi tranchée qu'entre un tremblement de terre et l'habitude de se tenir voûté comme un petit vieux...

À ce propos, je vous donne ou rappelle la prière de la sérénité :

> « Mon Dieu, donne-moi la sérénité
> D'accepter toutes les choses que je ne peux changer,
> donne-moi le courage de changer les choses que je peux changer
> Et la sagesse d'en connaître la différence. »

Un certain mystère plane autour de cette prière. Certains l'attribuent à des moines du Moyen Âge, d'autres la connaissent par les Alcooliques Anonymes, où elle est couramment récitée, mais il semblerait que son véritable auteur soit Marc-Aurèle (121-180), le seul empereur romain que le pouvoir n'ait pas enivré. Au sens le plus noble du terme, c'était un sage.

Ce qui est sûr, en tout cas, c'est que cette prière a apporté soutien et réconfort à d'innombrables individus autour du globe. Je vous conseille de vous l'approprier, soit sous cette forme, soit sous cette autre :

> « Que la force me soit donnée de supporter ce qui ne peut être changé, le courage de changer de qui peut l'être, et la sagesse de distinguer l'un de l'autre. »

Causes évidentes et causes cachées

Il est aussi utile d'opérer une distinction entre les causes évidentes et les causes cachées de la dépression. Exemples de cause évidente : une agression. Un patron tyrannique. Exemples de cause cachée : un empoisonnement au plomb, conséquence de travaux de peinture dans une maison vétuste.

Ces causes cachées sont difficiles à débusquer, mais quand on en découvre une, on a gagné le gros lot, car elles sont souvent aussi faciles à résoudre que difficiles à déceler. Dans les chapitres suivants, nous aurons l'occasion de démasquer plusieurs causes insoupçonnées mais bien réelles de dépression. Et peut-être que vous aurez l'étonnement de vous découvrir concerné...

Causes externes et causes internes

On peut aussi distinguer les causes externes de dépression des causes internes.

Quand on souffre à cause de ses propres défauts (par exemple à cause d'une jalousie injustifiée), la cause de dépression est clairement interne. Symétriquement, être persécuté par un voisin agressif est une cause externe de dépression.

On prend parfois une cause interne pour une cause externe, en accusant les autres de nous rendre malheureux alors que nous nous rendons malheureux nous-mêmes. Et parfois, c'est l'inverse : on prend une cause externe pour une cause interne. C'est ce qui arrive lorsqu'une victime de harcèlement moral se croit coupable des torts que l'on a envers elle.

Il est donc tout à fait essentiel de faire la différence entre les causes externes et internes de son mal-être : est-ce que le problème vient de vous, ou est-ce qu'il vient de l'extérieur ? Est-ce que pour vous rendre heureux, il suffirait de tel ou tel changement objectif dans votre environnement, ou est-ce que vous devriez changer de mentalité ?

Personne ne peut répondre à votre place.

Causes biologiques et causes non biologiques

Distinguons enfin les causes spirituelles, affectives, mentales, etc., des causes biologiques.

Beaucoup de patients psychiatriques souffrent de maux physiques non identifiés. Les symptômes de maladie mentale qu'ils affichent sont les conséquences de la maladie biologique non diagnostiquée dont ils souffrent.

La dépression, qui n'est pas en elle-même une maladie biologique, peut très bien être la *conséquence* d'une maladie, d'une intoxication, etc.

Certaines personnes dépriment en raison de relations conflictuelles avec leur famille ou d'idées malsaines auxquelles elles croient, mais on peut aussi déprimer en raison d'une dent dévitalisée (pour plus de détails, cherchez sur Internet « dent dévitalisée danger »), d'une alimentation carencée, d'un mode de vie trop sédentaire...

Pour expliquer votre mal-être, n'excluez a priori ni les causes biologiques ni les autres causes. Ne tombez ni dans le « tout physique » ni dans le « tout spirituel ». Prétendre que nous ne sommes que des corps est une erreur ; prétendre que nous ne sommes que des âmes est une erreur aussi. Nous sommes des êtres de chair et d'esprit.

Le lien entre les causes

Disons maintenant quelques mots du rapport que les diverses causes de la dépression entretiennent entre elles.

Dans le discours officiel, les causes de la dépression ne semblent pas liées. L'individu déprimé apparaît comme accablé par des maux sans lien entre eux : événement de vie stressant, carence affective dans l'enfance, hérédité, fragilité psychologique... Cette sombre litanie donne l'impression que les choses se présentent ainsi :

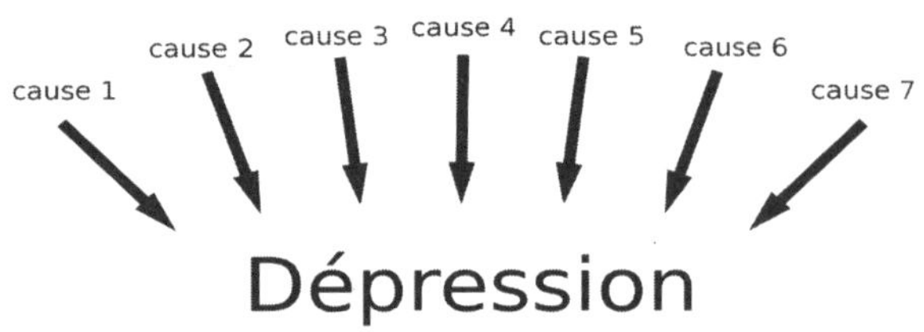

Vision décourageante. En effet, si tant de causes venues des quatre coins de l'horizon se liguent pour accabler la pauvre victime de cette pluie de malheurs, à quoi bon se battre ?... Même si on arrivait à éliminer deux ou trois causes, il en resterait encore assez pour accabler tout un régiment de joyeux drilles !

Par chance, ce schéma est trompeur.

En voici un qui – quoique très simplifié – reflète bien mieux la réalité :

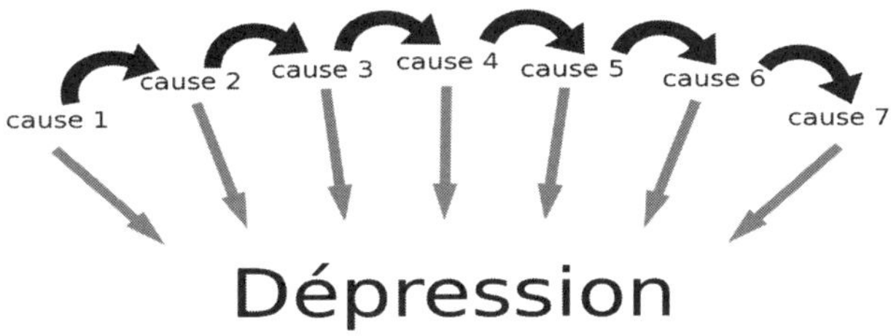

Les causes de dépression s'enchaînent : la cause 2 est l'effet de la cause 1, la cause 3 est l'effet de la cause 2, etc. C'est d'ailleurs logique : comme vous le savez, le mal appelle le mal. Ce qui veut dire qu'en éliminant une seule cause bien choisie, vous éliminez simultanément toutes celles qui lui font suite ! Par exemple éliminer la cause 4 fait disparaître du même coup les causes 5, 6 et 7. Et le gros lot revient à celui qui élimine la cause 1 : il se débarrasse ainsi de toutes les autres causes...

Dans la réalité, les choses sont tout de même plus complexes que cela, mais les causes principales de la dépression sont bel et bien liées les unes aux autres, ce qui fait qu'en en neutralisant une en amont, on en neutralise plusieurs. Bonne nouvelle, donc.

Rétroaction

Il y a encore un point important que vous devez noter. Lorsqu'il s'agit d'émotions, très souvent les conséquences des causes rétroagissent sur lesdites causes. Voici un petit schéma qui rendra ça plus clair :

Prenons tout de suite un exemple. Parce que Nestor se sent d'humeur morose, il abaisse les coins de sa bouche et ses épaules en regardant vers le sol. Mais cette posture physique fait plus que manifester son humeur, elle *rétroagit* sur elle : parce que Nestor abaisse les coins de sa bouche et ses épaules en regardant vers le sol, il se sent d'humeur encore plus morose. La conséquence rétroagit sur la cause. Conclusion ?

Quand une vague de mélancolie vous éclabousse les orteils, comportez-vous comme si tout allait bien et vous verrez : ça va tout de suite beaucoup mieux...

Cause, ou facteur déclenchant ?

Une dernière question nous intéresse : comment faire la différence entre les véritables causes de dépression, et ses facteurs déclenchants ?

Et comme la différence ne vous saute peut-être pas aux yeux, commençons par distinguer ces deux notions (« vraies causes » et « facteurs déclenchants ».

Dire, par exemple, que la consommation de sucreries est un « facteur déclenchant » du diabète, ou que la consommation de haschisch est un « facteur déclenchant » de la schizophrénie, c'est sous-entendre que le diabète et la schizophrénie en question préexistaient à la consommation de sucre et de drogue, qui n'auraient été pour eux que l'occasion de se déclarer... Le problème était là, invisible et caché, depuis le début, il n'attendait qu'un prétexte pour dégringoler sur la tête de sa pauvre victime. Inversement parler des barres chocolatées ou des pétards comme des « causes » (de diabète, de schizophrénie), c'est attirer l'attention sur leur dangerosité. En résumé, la différence entre un facteur déclenchant et une cause, c'est que le premier n'est qu'une espèce de prétexte, tandis que la seconde est une raison au sens fort.

Comment, donc, savoir si on a affaire à l'une des véritables causes de la dépression, ou à un facteur déclenchant négligeable ?

Je n'en sais rien, et dans le doute, je vous conseille de tout prendre au sérieux. D'autant plus que la notion même de « facteur déclenchant » a quelque chose de suspect. Car à bien y réfléchir, qu'est-ce qui différencie une schizophrénie encore non déclenchée par un « facteur déclenchant » d'une véritable santé mentale ?

Rien, peut-être.

Donc si vous voyez un lien de causalité, même ténu, entre quelque chose et votre état émotionnel, tirez-en toutes les conclusions qui s'imposent. Qui sait ? Ce que les spécialistes font passer pour un « facteur déclenchant » de la dépression est peut-être la *cause principale* de votre mal-être !...

À retenir

- Parmi les causes les plus connues de la dépression, toutes ne sont pas réelles.
- Se concentrer sur les causes incontrôlables de son mal-être l'empire.
- Il arrive qu'on accuse quelqu'un d'autre d'être à l'origine de son mal-être alors que ce quelqu'un d'autre n'y est pour rien. Il arrive aussi que quelqu'un d'autre soit effectivement responsable, sans qu'on s'en doute.
- Les causes de dépression s'enchaînent : l'une est à l'origine de la seconde, qui est à l'origine de la troisième, etc. Pour détricoter tout le pull, il suffit quasiment de tirer sur le bon fil.

Conseils

► Concentrez-vous sur ce qui dépend de vous.

► Ne cherchez pas un bouc émissaire, et ne cherchez pas non plus d'excuses à ceux qui vous ont assigné ce rôle, s'ils existent.

► Pour vous sentir mieux, disciplinez-vous en adoptant les attitudes physiques et les gestes de quelqu'un qui se sent bien.

► Prenez au sérieux toutes les causes de la dépression, y compris celles qui passent pour de simples facteurs déclenchants.

Une tristesse congénitale ?

Se pourrait-il que la dépression soit un trait inné de la personnalité ?

Certains individus seraient déprimées de la même manière que d'autres ont la bosse des maths ou un don pour les claquettes... Écoutez :

> « Je suis Capricorne et tout le monde sait que les Capricornes ne respirent pas la joie de vivre. »

> « Ma dépression est un trait de ma personnalité. Certains ont un gros nez, d'autres sont extravertis, et moi je suis triste… »

Peut-être reconnaissez-vous là le thème de « la prédisposition génétique à la dépression »... c'est effectivement une variante, la version populaire de ce mythe scientiste.

La tristesse, congénitale ?... Faisons un sort à cette idée fausse et paralysante.

Un trait inné ?

Préférer la natation au pédalo n'est pas un problème. Être plutôt manuel ou plutôt intellectuel n'est pas un problème. Alors pourquoi se sentir déprimé en est un ? Pourquoi est-ce si pénible ?

Si la dépression était un trait inné au même titre que l'extraversion ou une prédisposition pour le patin à glace, elle ne générerait aucun malaise ; personne ne s'en plaindrait. Un tigre souffre-t-il d'avoir des rayures et d'aimer la viande ? Un rossignol est-il malheureux de chanter au clair de lune ? Non, bien sûr que non. Ils sont satisfaits de vivre conformément à leur nature originelle.

De même, notre authentique personnalité ne saurait nous rendre triste : un être humain ne souffre pas d'être ce qu'il est *censé* être, ce qu'il *doit* être.

Il est vrai que nous sommes parfois fortement contrariés (et c'est un euphémisme) par les conséquences de nos actes et non-actes, mais en aucun cas notre nature originelle, celle que nous avons apportée en naissant, ne nous rend misérables.

C'est l'inverse qui est vrai.

Tout comme les tigre et les rossignols sont malheureux en cage, parce qu'ils n'ont pas étés créés pour une vie de servitude, on souffre quand on est dans l'incapacité (provisoire) de vivre conformément à sa nature, ou qu'on s'en éloigne volontairement par ses choix : désobéir à sa personnalité profonde entraîne presque toujours un mal-être poignant ou diffus.

Les étoiles

Qu'on soit Capricorne, ou Scorpion (l'autodestruction), ou Bélier (l'agressivité), ou Balance (l'indécision mélancolique), ou n'importe quel autre signe, on peut toujours trouver une bonne raison d'être malheureux.

Ou plutôt une mauvaise.

Il suffit de fouiller dans le côté obscur de son signe, et le tour est joué... Les étoiles ont bon dos. Ce n'est là qu'un lamentable ersatz d'explication, et j'espère que vous lui accordez tout le mépris qu'il mérite.

Vous croyez très fort à l'astrologie ?

Ou vous y croyez un peu, en dépit de vous-même ?

Selon l'astrologie indienne, qui n'est ni plus ni moins fiable que l'astrologie occidentale (c'est-à-dire pas du tout), les signes sont calculés d'une autre manière. Si, donc, vous croyez que vous êtes déprimé parce que vous êtes Capricorne, en Inde vous seriez peut-être déprimé pour une raison opposée : parce que vous êtes Verseau... Quel crédit accorder à une « science » aussi versatile ?

L'argument par l'enfance

Mais peut-être que vous *tenez* à croire que votre malheur est inné. C'est le cas de Florimond. Pour apporter la preuve que la dépression est une part congénitale de sa personnalité, il avance l'argument suivant :

> « Je suis dépressif depuis que je suis enfant, quoique tout fût mis en œuvre pour m'offrir une vie d'enfant idéale : déjà bébé, j'étais très déprimé. »

Cet argument ne tient pas la route.

Si Florimond se souvient d'avoir été un enfant morose, cela peut être dû à l'une de ces deux causes, voire aux deux :

1/ Sa mémoire fait le tri, sélectionnant pour lui les souvenirs qui font écho à son spleen actuel. En effet lorsque nous nous remémorons le passé, notre esprit se tourne naturellement vers ce qui correspond le mieux à notre humeur présente.

2/ Autre explication possible : Florimond a été effectivement un bébé et un enfant triste, et dans ce cas ce n'est pas sans raison... même s'il ne voit pas du tout laquelle.

En effet, et cette loi ne souffre pas d'exception, un bébé qui reçoit de ses parents tout l'amour et la tendresse dont il a besoin sur une base quotidienne est heureux de vivre. Au moindre prétexte, il sourit de toutes ses dents, même s'il n'en a que quatre. À la moindre occasion, il s'esclaffe. Autrement dit, si Florimond avait bénéficié d'un environnement optimal (câlins, bisous, etc.), il aurait été un poupon pétillant et un enfant heureux.

Bref, les « explications » fatalistes de la dépression sont de pâles imitations de cause qui ne valent pas tripette ; je vous conseille d'y renoncer. Dans tous les cas, il y a toujours une explication plus pertinente que : « je suis né ainsi ».

À retenir

- La dépression n'est pas, et ne peut pas être, un trait inné de la personnalité. Personne ne naît déprimé. Personne ne souffre à cause de sa nature innée.
- Ce n'est pas notre personnalité profonde qui nous rend malheureux, mais plutôt ce qui nous en sépare.
- Un bébé qui reçoit tout l'amour et la sollicitude dont il a besoin est un bébé heureux.

Conseils

▶ Méfiez-vous de l'astrologie. Son déterminisme est décourageant, même quand elle se prétend humaniste.

▶ Ne soyez pas fataliste.

Le fait de ne pas savoir qui l'on est

Quand Nietzsche se prenait pour Alexandre le Grand, son illusion mégalomaniaque l'enivrait. Mais qui veut de ce genre d'ivresse ?

Le fait de ne pas se faire une image juste de soi-même constitue toujours un très gros problème. Croire dur comme fer qu'on est Napoléon est une source de difficultés sans nombre – sauf, bien sûr, quand on est Napoléon en personne.

Mais il y a des folies plus discrètes que celles-ci.

Ainsi je me rappelle l'époque où j'ai voulu devenir peintre-décorateur... Sans être folle à enfermer, je me prenais pour quelqu'un d'autre.

La force du miroir

Une poule amnésique serait peut-être tentée de délaisser ses poussins, boules de duvet jaune et piailleur qui la fatiguent, pour rendre visite à son voisin le renard, si chic et séduisant dans son manteau de fourrure rousse, allant ainsi tout droit vers des ennuis graves.

De même, un phoque-moine qui aurait oublié qu'il est un mammifère marin serait peut-être tenté de défier un chevreuil à la course, se lançant ainsi dans une compétition perdue d'avance. De retour dans son élément, le chauve grassouillet à moustaches remporte la victoire haut la nageoire, même contre Laure Manaudou.

Comme ces animaux imaginaires, nous avons besoin de connaître notre nature innée pour survivre, accomplir notre mission, et triompher. Se connaître soi-même est un préalable à n'importe quel projet un tant soit peu ambitieux : comment réussir sans une juste appréciation de ce qu'on a, de ce qu'on peut, bref de ce qu'on est ? C'est aussi une condition nécessaire et presque suffisante à une vie satisfaisante et épanouissante.

La sagesse chinoise considère que la force du miroir est supérieure à celle du sabre... Effectivement un faible qui se connaît bien est bien plus fort qu'un fort qui se fait des illusions sur lui-même.

Autrement dit, ne pas savoir qui l'on est représente une cause majeure d'échec et de souffrance ; nous tenons là une cause tout à fait réelle, et plus fréquente qu'on pourrait le croire, de dépression et de folie.

Une découverte libératrice

À ce propos je vous présente Jacques, professeur de mathématiques.

Étant issu d'une lignée de matheux, Jacques a suivi le chemin de ses ancêtres sans révolte ni enthousiasme. Il a oublié ses vacances enfantines chez tonton Gustave, le seul manuel de la famille, artisan boulanger au cœur d'or qui lui a appris à mettre la main à la pâte.

Mais un jour radieux de printemps, Jacques trouve sur la table de la salle à manger un livre à la couverture attrayante : la photo d'une belle miche de pain rustique. Sa femme l'a acheté pour l'offrir à sa cousine et laissé là en attente de papier cadeau. Jacques le feuillette d'une main distraite ; c'est *Le Pain de Poilâne.*

Et soudain, Jacques a une révélation.

Une illumination.

Son truc, ce n'est pas les équations aux dérivées partielles, mais les croissants.

Des petites larmes de soulagement perlent au coin de ses yeux. Jacques respire enfin. Le voilà libéré de la fiction étouffante qui l'a gardé emprisonné dans une salle de classe pendant cinq années. Il comprend maintenant pourquoi la correction de copies l'accablait tant… et se décide d'un coup à se lancer dans l'aventure dont il rêve depuis toujours, mais qu'il a refoulée au plus profond de ses fantasmes en entrant dans l'Éducation Nationale.

Plonger dans l'inconnu lui fait peur, mais il est heureux. Il déchiffre enfin sa véritable vocation ; il connaît enfin sa véritable identité. Il va ouvrir une boulangerie-pâtisserie.

Moralité

Une définition erronée de soi-même condamne à vivre un autre destin que le sien. C'est pourquoi la découverte de notre véritable identité est toujours libératrice. Découvrir qui l'on est vraiment, c'est réintégrer son domicile, et peu importe si ce domicile est une bicoque ou un château, une salle de classe ou un fournil, nous nous y sentons bien parce que c'est le nôtre... Bref, se connaître, c'est naître.

À retenir

• Ne pas savoir qui l'on est une cause tout à fait réelle de dépression et de folie.

Conseils

► Étudiez vos points faibles et vos points forts, cherchez à savoir qui vous êtes : c'est le secret de la force.

► Pour procéder à votre introspection, commencez à tenir un journal de vos pensées intimes.

Lecture recommandée

□ ***Les types de personnalité : Les comprendre et les utiliser avec le MBTI et le CCTI*** **de Pierre Cauvin et Geneviève Cailloux**. Une lecture qui vous aidera à cerner les contours de votre personnalité.

Le fait de se sous-estimer

Vous estimez-vous à votre juste valeur ?

Sous-estimer une chose, c'est fixer son prix en dessous de sa véritable valeur. Si vous vous sous-estimez, le miroir où vous vous regardez est déformant, fissuré, constellé de taches de rouille : votre image-de-soi ne reflète pas qui vous êtes. Vous êtes important, intelligent et capable tout en croyant être le contraire de tout cela. Mais cherchez dans votre regard. Si vous scrutez attentivement les profondeurs de vos prunelles, vous ferez une découverte troublante. Celle que vous êtes plus, beaucoup plus, que ce que vous croyez.

À noter que cette cause de dépression est une sous-espèce : quand on se sous-estime, on croit savoir qui l'on est alors qu'en réalité on l'ignore.

Inconvénients

1/ Difficile d'éprouver à son propre égard des sentiments tendres, ou même seulement de l'estime, tant qu'on croit à une version amoindrie de soi-même. Quand on se sous-estime on ne s'aime pas. Parfois, on se hait carrément. Et ce n'est pas le seul inconvénient...

2/ Un autre inconvénient à se croire nul, c'est que cette conviction est un facteur déterminant dans la manière dont les autres nous traitent – et maltraitent. Aussi longtemps que l'on se considère comme rien, personne, ou presque, ne revoit notre valeur à la hausse. Les autres ont en effet tendance à aligner leur évaluation de nous sur notre évaluation de nous-mêmes : tant que nous nous considérons comme quantité négligeable, ils nous traitent comme tel. Et s'ils nous traitent mieux que cela, nous croyons à un malentendu.

3/ Un troisième inconvénient, c'est que cette illusion fait mal. À un niveau, on a l'intuition confuse de sa valeur, on se pressent important, tandis qu'à un autre niveau on se prend pour pas grand-chose. Le décalage est douloureux... Un prince qui se retrouverait à la rue, sans domicile fixe, éprouverait lui aussi humiliation et amertume, peut-être même de la rage. Vous avez de la valeur : si vous vous prenez pour un zéro, si vous avez fixé à rien votre valeur sur le marché (« prix sacrifié, tout doit disparaître ! »), cette croyance erronée ne peut que vous blesser.

Se croire incapable

Si vous vous croyez incapable de ceci et de cela, et que vous en souffrez, il y a environ 100 % de chance que vous en soyez en réalité *capable*. Se croire incapable alors qu'on est capable est le lot commun de l'humanité.

Tous ceux qui sortent de la foule, tous ceux qui accomplissent une œuvre de valeur, ont trébuché sur cette vérité éblouissante : pour devenir capable de ceci ou de cela, il suffit d'y croire – il suffit de se convaincre qu'on est capable de ceci et de cela, et pouf !... On le devient.

On le devient, parce qu'on l'était déjà sans le savoir.

Un teckel nain à poil ras peut étudier le développement personnel pendant mille ans, il ne se changera jamais en Saint-Bernard. Mais n'importe quel incapable est capable, car les capacités humaines sont infiniment plus vastes que les limites arbitraires et personnelles que nous leur avons fixées.

Ceux qui se croient incapables alors qu'ils sont capables sont prisonniers de leurs limites mentales. Ils prennent l'étroitesse de leur existence pour une fatalité, alors qu'elle n'est que le résultat d'un point de vue trop étroit.

Ils soupirent en disant « Si seulement... » et ils ne voient pas que l'atmosphère mélancolique qui règne dans leur vie n'est que la conséquence de leur définition trop timorée d'eux-mêmes.

Quand l'heure de la mort arrive, un teckel nain n'a pas de regret... mais ceux qui ont toujours tourné le dos à leurs rêves parce qu'ils se croyaient incapables de les réaliser en auront de cuisants.

Prenez conscience que le grand secret, c'est qu'il n'y en a pas. Vous êtes *déjà* capable, mais tant que vous penserez ne pas l'être, vous ne le serez pas.

Se croire bête

De même, se croire bête – quand on est intelligent – n'est vraiment pas drôle.

Dans ce cas on n'accorde presque aucun crédit à sa propre réflexion, à ses propres facultés mentales qu'on croit défectueuses : on ne se fait pas confiance.

Quand on est intelligent et qu'on se croit bête, on comprend des choses essentielles, parce qu'on est intelligent, mais on les oublie ou on fait comme si on les avait oubliées, parce qu'on se croit bête. On a des intuitions et des aperçus parfaitement justes, mais parce qu'on ne se fie pas à son jugement, on ne tire pas les conséquences de ce qu'on a compris, on recule devant les conclusions. On se doute de..., mais on n'éclaircit pas ses doutes, on ne veut pas approfondir. On a peur d'aller jusqu'au bout ; peur de suivrer son intelligence ; peur d'*aller trop loin*.

Croyant être mal placés pour savoir ce qui est bon pour nous, nous nous laissons impressionner par n'importe quel charlatan à diplômes. Pour nous intimider, il n'a besoin que d'un peu d'arrogance et de jargon : dès que nous constatons qu'il se croit aussi intelligent que nous nous croyons bêtes, dès que nous sommes sûrs de ne rien comprendre à son docte charabia, nous nous soumettons en tremblant.

Résultats ?

On fait ce qu'on appelle soi-même « des bêtises »... manière de prouver qu'on a raison de se trouver bête. Ou on ne fait rien, ce qui est une bêtise aussi. On confie (ou plutôt on tente de confier, car c'est impossible) la responsabilité de sa vie à quelqu'un d'autre. Et parce qu'on se prend pour un imbécile, les autres nous prennent pour un imbécile eux aussi.

Vous êtes intelligent, mais si vous vous croyez bête, tout se passe comme si vous étiez réellement stupide, sauf que c'est nettement pire : au fond de votre cœur, vous savez que vous pourriez prendre des décisions meilleures.

Origines

D'où provient l'illusion de stupidité ?...

1/ De messages dévalorisants entendus dans l'enfance.

2/ De l'idée que ce qui est clair n'a pas d'intérêt, tandis que ce qui est incompréhensible est génial.

Cette croyance sabote la confiance qu'on devrait avoir en ses capacités mentales : lisant un ouvrage abscons, on se sent stupide, et inversement lisant un livre compréhensible, on le juge, et se juge, médiocre.

3/ De l'erreur qui consiste à croire que l'intelligence est mesurée par le niveau des études, les diplômes.

L'intelligence est un don avec lequel nous naissons et dont il dépend de nous de faire ou de ne pas faire usage. Bien sûr, obtenir un diplôme est une manière d'en faire usage, mais ce n'est pas la seule, ni la principale. Vous êtes intelligent même si vous avez repassé cinq fois le bac. Vous êtes intelligent même si on vous a dit à l'école « Tu vaux zéro ! », même si votre père ou votre mère avait l'habitude de vous traiter d'imbécile et de crétin. Votre intelligence n'est pas un liquide dans un verre gradué, dont chacun peut lire le niveau : 25 cl, 50 cl… Personne n'est bien placé pour dire que vous manquez d'intelligence. Même vous, vous êtes mal placé pour le prétendre.

Tous les raisonnements par lesquels vous rabaissez votre intelligence sont des sophismes. Ce n'est pas vous qui manquez de valeur : c'est eux.

Lorsque Quand quelqu'un dit, après avoir commis une maladresse : « Que je suis bête ! », est-ce que vous pensez : « C'est vrai : qu'est-ce qu'il est bête ! », ou est-ce que cette remarque vous met légèrement mal à l'aise ?

Si elle vous dérange, c'est qu'on éprouve toujours le sentiment que quelque chose n'est pas à sa place lorsqu'un être humain se rabaisse en prétendant qu'il manque d'intelligence, qu'il est « bête ». Il ne fait que le prétendre : car au fond (parfois tout au fond), il sait qu'il est intelligent.

Vos yeux, votre nez, votre bouche, votre front : tout votre visage traduit en un langage intelligible pour tous que vous êtes, indiscutablement, un être humain, autrement dit un être intelligent.

Le lièvre et la tortue

Comment se fait-il que tant de gens bien portants ont une vie plus sédentaire que d'autres personnes qui, elles, sont dans des fauteuils roulants ?

Parce que pour être sportif, ce qu'il faut c'est le vouloir.

Il en va de même pour l'intelligence : ce qui compte, ce n'est pas la quantité d'intelligence dont on dispose, mais la manière dont on s'en sert.

Vous connaissez certainement la fable du lièvre et de la tortue. Ces deux animaux font la course et paradoxalement, c'est la tortue qui gagne, le lièvre qui perd. Insouciant et orgueilleux, le lièvre a gambadé à droite et à gauche : « Rien ne presse... je suis sûr de gagner. » Trop confiant en ses capacités, il n'en a tiré aucun parti. Tandis que la tortue a marché sans relâche vers son but, jusqu'à son but. L'histoire du lièvre et de la tortue, c'est l'histoire du surdoué qui ne fait rien de son Q.I. phénoménal et de l'individu ordinaire qui, lui, fait tous les efforts nécessaires pour atteindre ses objectifs.

Les résultats que nous obtenons dans notre vie dépendent moins de ce que nous sommes, que de ce que nous faisons avec ce que nous sommes : on ne réussit pas avec ce qu'on a, mais avec ce qu'on en fait. L'amour, le succès, les amis, la paix : tout cela ne nous est pas donné pour nos beaux yeux, ni pour notre Q.I. ; tout cela nous est donné en échange des efforts persévérants que nous faisons pour le mériter et l'obtenir.

La vie nous donne des cartes plus ou moins bonnes, mais l'issue de la partie dépend entièrement de notre manière de jouer. Quelqu'un qui est décidé à dépasser ses limites finira par surpasser les surdoués un peu trop convaincus de l'être : ceux-là se prélassent ou gambadent sans but, comme le lièvre de la fable. La persévérance et la concentration d'un soi-disant minable donnent de meilleurs résultats que les velléités dispersées d'un soi-disant génie.

Quitter nul

Dès cet instant, vous pouvez lâcher la fausse image que vous vous faites de vous-même et accueillir la réalité : vous êtes beaucoup plus intelligent et capable que vous ne l'imaginez. Si vous vous sentiez nul, ce n'était pas parce que vous *étiez* nul, mais parce que vous *aviez* nul.

Nul est une paire de lunettes invisible aux verres déformants et teintés. Lorsqu'on porte cette paire de lunettes, on voit le monde entier, et on se voit soi-même, à travers elles. Acquérir la mauvaise manière de penser c'est enfiler nul. Ceux qui portent des lunettes ordinaires les enlèvent le soir, mais lorsqu'on porte nul, on le garde pendant son sommeil. Même les rêves en sont colorés... et ce ne sont pas de jolies couleurs.

Dès cet instant vous pouvez enlever ces lunettes démoralisantes ; dès cet instant vous pouvez quitter nul pour reprendre possession de ce qui vous appartient, de ce qui n'est qu'à vous : votre valeur native, votre intelligence innée, toutes vos capacités et tous vos dons, ce trésor qui est votre trésor et qui va vous permettre de réaliser vos rêves.

Mais nous reparlerons de tout cela dans le chapitre consacré à la normose.

À retenir

• Quand on se croit bête, incapable et nul tout se passe comme si on était effectivement bête, incapable et nul.

Conseil

► Vérifiez s'il n'y a pas une faille dans votre conception de l'humanité : aussi longtemps qu'on sous-estime l'Homme, on se sous-estime soi.

Les défauts

Peut-on être durablement et profondément déprimé par ses défauts ?

Se sentir lamentable pour de bonnes raisons ?

Si vous avez déjà été démoralisé à l'idée que vous étiez [complétez comme vous voulez], vous aurez sûrement envie de répondre oui. Mais tout le monde a des points faibles... tout le monde commet des erreurs. Alors qu'est-ce qui différencie le pékin qui broie du noir du gaillard qui grignote avec gourmandise du rose et du vert ?

Les « dépressifs » auraient-ils plus de défauts que les autres, ou seraient-ils plus lucides ?

Voient-ils mieux leurs failles, ou en ont-ils davantage ?

Quatre erreurs qui ne rendent pas gai

Ni l'un, ni l'autre.

Quand on est profondément attristé par ses faiblesses et ses manques, c'est généralement parce qu'on commet l'une des erreurs suivantes :

1/ On prend pour un trait de personnalité fixe et inaltérable ce qui n'est rien de plus qu'une mauvaise habitude. En d'autres termes, on se croit condamné à garder un défaut à vie.

2/ On sous-estime l'importance de ses points forts et on surestime l'importance de ses points faibles : dans son image-de-soi, on met ses défauts au centre, et ses qualités à la périphérie.

3/ On s'imagine que tant qu'on n'aura pas transformé ses points faibles en points forts, on ne vaudra rien de bon, on ne pourra rien accomplir de valable.

4/ On se juge avec les critères de quelqu'un d'autre.

Examinons ces points de plus près...

Nous ne sommes pas immuables

Lorsque j'étais dépressive, il m'arrivait souvent de ressasser une phrase cruelle : « je ne suis pas aimable… » Cette phrase n'avait pour moi aucun contenu précis ; elle était juste une occasion de souffrir.

Lorsqu’une psy essaya de me convaincre qu'au contraire j’étais aimable, elle se heurta à mon incrédulité. D’abord elle ne me connaissait pas ; ensuite, elle était payée pour dire quelque chose de ce genre ; enfin, comment aurait-elle pu savoir mieux que moi ce que j’étais ?

Rétrospectivement, je ne me dis pas : « Oh, mon Dieu, que j’étais bête à l’époque : j’étais aimable et je ne m’en rendais pas compte ! » Rétrospectivement, je me dis plutôt : « Je n’avais pas tort. C’est vrai, je n’étais pas particulièrement aimable… » J’avais raison de penser que je n’étais pas aimable (au sens « souriante, sympathique, agréable, avenante ») mais j’avais tort de croire que cette absence d’amabilité faisait partie de mon essence, de mon être le plus intime. Ce n’était pas un trait génétique que j’avais apporté en naissant, comme la couleur de mes yeux.

Un être humain n'est pas « gentil », « méchant », « aimable » ou « pas aimable » d’une manière innée et irréversible, comme un éléphant est un pachyderme, comme une poule est un gallinacé. J’aurais pu devenir aimable si je m’en étais donné les moyens.

On fait tous cette erreur : on prend pour un trait fixe et inamovible ce qui peut changer. On s’imagine que nos vérités provisoires sont des vérités définitives. Bref, on se confond avec sa propre statue au musée Tussaud.

C’est parce qu’on n’a pas suffisamment réfléchi à ce qu’est un être humain.

Un être humain n’est pas, comme le prétend une certaine philosophie, un produit doublement conditionné. Ce n’est pas un prisonnier menotté par le gendarme Nature d’un côté, et par le gendarme Culture de l’autre. Nous ne sommes pas coincés entre nos gènes et notre environnement social.

En réalité, nous nous construisons nous-mêmes par nos choix. Nos habitudes, nos décisions, nos pensées nous façonnent : nous sommes les enfants toujours ressemblants de ce que nous avons fait, dit et pensé avant.

Nos caractéristiques enviables ou détestables ne sont donc pas immuables. À chaque choix nous les confirmons ou nous les infirmons, nous les renforçons ou nous les contredisons. Tant qu’on respire, rien n’est définitivement joué, tout est encore sur le tapis. Même les meilleurs peuvent dégringoler quelques échelons ; même les pires peuvent s'amender et grimper haut, très haut, de plus en plus haut.

La nature humaine est pareille à un territoire infiniment vaste, aux limites encore inconnues, où chaque être humain campe quelque part.

On peut fixer sa tente à un endroit et n’en plus bouger. C’est ce que font ceux qui disent : « Ce n’est pas à un vieux singe qu’on apprend la grimace, à mon âge on ne change pas, j'ai toujours été comme ça alors je ne vais pas changer maintenant, dans ma famille on est comme ça, de toute façon c'est génétique, etc. » Ceux-là prétendent que leur tente est en pierre et qu'elle est plantée là depuis la nuit des temps – même si ça fait tout au plus vingt ou trente ans.

On peut aussi déplacer sa tente de jour en jour pour se rapprocher d'un précipice vertigineux où tant d'autres se sont écrasés en silence.

C'est ce que font ceux qui disent : « De toute façon ça sert à rien, j'ai déjà essayé, je sais, je ne manquerai à personne, ce n'est pas un petit verre qui va me rendre alcoolique, après moi le déluge, on s'en fout, je m'en fous, ta gueule, etc. »

On peut enfin déplacer sa tente de jour en jour pour se rapprocher du magnifique sommet de la montagne, comme l'ont fait d'autres avant nous – ils y ont trouvé une vie utile et heureuse, leurs biographies en témoignent.

C'est ce que font ceux qui disent : « L'être humain est perfectible, je peux changer, je peux m'améliorer, avec de la persévérance on vient à bout de tout, j'ai du pouvoir sur mon attitude, je peux y arriver, je peux trouver ce qui me manque, il y a certainement une chance qui se cache derrière cette malchance, je peux apporter une contribution positive à l'humanité, je peux aider les autres, etc. »

Sans fruit, sans beurre et sans farine

La première erreur démoralisante consiste donc à croire ses défauts gravés dans le marbre ; la seconde, à surestimer leur importance.

Quand je me regardais dans la glace, je ne voyais ni mes qualités physiques, ni mes qualités morales. Je voyais uniquement mon manque de menton, mon manque de volonté, mon manque d'amabilité, mon manque d'organisation... Je me définissais négativement par toutes les qualités qui me manquaient, au lieu de me définir positivement par toutes les qualités dont j'étais dotée.

Avec un tel point de vue sur moi-même, je ne pouvais pas m'aimer... de la même manière que personne ne serait tenté par un chocolat liégeois, s'il savait seulement que c'est un dessert sans fruit, sans beurre et sans farine. Pas très appétissant, n'est-ce pas ?

Si, comme moi avant, vous avez tendance à vous focaliser sur vos points faibles en leur accordant toute votre attention, commencez dès aujourd'hui à faire l'inverse : faites la liste de vos qualités et relisez-la régulièrement. Ainsi, vous les garderez toujours en mémoire.

Le secret du succès

Quand je me suis libérée de la première erreur (qui consiste à croire ses défauts impossibles à corriger), je suis tombée dans une autre qui lui fait face : j'ai cru qu'avant de réaliser quoi que ce soit d'envergure, je devais m'améliorer radicalement en transformant tous mes points faibles en points forts.

Si vous croyez vous aussi que vous devez corriger tous vos défauts pour atteindre vos objectifs, j'ai une excellente nouvelle pour vous : ce n'est pas nécessaire. En effet ce n'est pas en se focalisant sur ses points faibles – même dans le but louable de s'en corriger – qu'on obtient le succès. Mais alors, me direz-vous, comment l'obtient-on ?

En renforçant ses points forts.

Ça peut paraître contre-intuitif, mais le succès n'est pas réservé à ceux qui ont réussi à corriger tous leurs défauts (d'ailleurs ces extraterrestres existent-ils ? la preuve de leur existence est sujette à caution), mais plutôt à ceux qui se sont spécialisés à outrance, devenant excellents dans un domaine bien précis : le leur.

Reprenons la comparaison avec le chocolat liégeois.

Le meilleur chocolat liégeois, celui qui fera le succès du glacier qui le propose à ses clients, ce n'est pas le chocolat liégeois où l'on aura ajouté un peu de farine, de fruit et de beurre, mais celui qui sera strictement fidèle à sa recette, et dont chaque ingrédient sera de la plus haute qualité. Oublier qu'on est mauvais en ceci ou en cela, se perfectionner sans relâche dans le domaine où l'on est déjà bon, et ainsi, aller jusqu'au bout de sa vocation : tel est le secret du succès.

Autre point à noter : le fait d'atteindre un but ambitieux génère ou libère un surcroît de force. Autrement dit pour réaliser vos rêves, vous n'avez pas besoin d'être parfait, mais pour vous perfectionner sur certains points, vous avez peut-être besoin de réaliser vos rêves. J'ai découvert en effet que ce que j'avais pris pour une condition préalable est en réalité une conséquence.

Heather Seller, auteur de plusieurs ouvrages dont *Chapter by chapter,* raconte qu'après avoir achevé son premier livre, elle a appris à changer un pneu, fait un triathlon, et planté un jardin de légumes japonais. Autant de défis qu'elle ne se sentait pas capable de relever auparavant.

Alors, ne croyez pas que vous ne pourrez pas gagner une médaille d'or aux Jeux olympiques (ou n'importe quel autre objectif qui vous tient vraiment à cœur) tant que vous n'aurez pas surmonté votre peur des araignées ou pris l'habitude de faire votre lit au carré tous les matins, car il se pourrait fort bien que ce soit l'inverse : vous ne pourrez surmonter votre arachnophobie ou votre désinvolture matinale que lorsque vous aurez décroché cette satanée médaille.

Les critères de qui ?

La quatrième erreur classique que l'on commet lorsqu'on s'attriste démesurément de ses défauts, c'est qu'on se juge avec les critères de quelqu'un d'autre.

On est artiste, et on s'applique à soi-même les critères de réussite qui conviendraient à un comptable. On est dompteur de lions, et on se juge d'après les normes applicables aux femmes au foyer. Ou l'inverse.

Là encore, il s'agit d'un résidu d'enfance... on continue à se mesurer à l'aune de ses parents.

Je vous donne tout de suite un exemple – un exemple personnel. Ma mère est bien organisée. Aucun détail de la vie quotidienne n'échappe à son œil vigilant. Ses papiers sont en ordre ; sa penderie aussi. Lorsqu'elle part dans un grand magasin, elle sait toujours précisément ce qu'elle y cherche. Lorsqu'elle part en voyage, elle programme son itinéraire avec soin. Comme c'est le cas pour la plupart des gens, ses critères de réussite lui correspondent : elle évalue la réussite et l'échec en fonction de ce qu'elle est.

Jusque-là, tout est logique...

Mais moi, qui ne suis pas elle, pourquoi m'obstinai-je à me juger selon ses valeurs ?

Ne faites pas comme moi : ne vous jugez pas avec les critères de quelqu'un d'autre.

Heureux de se savoir imparfait

Au lieu de s'en chagriner, y a-t-il moyen de tirer un certain plaisir de la conscience de ses défauts ?

Tout à fait – quand on a le bon état d'esprit.

Souvenez-vous que la valeur d'un être humain se mesure moins à ce qu'il est à un moment donné, qu'à son évolution au fil du temps : un être bourré de qualités qui s'empire ou qui stagne vaut beaucoup moins qu'un être bourré de défauts qui s'améliore de jour en jour. Le premier se repose sur des lauriers de plus en plus imaginaires ; le second grimpe l'échelle qui conduit de l'imperfection à la perfection.

Vous dites qu'il n'atteindra jamais son sommet ?

C'est vrai, mais peu importe. Personne ne l'atteindra : cette échelle-là a toujours un échelon de plus.

Avoir conscience de ses défauts, c'est se faire une certaine idée de ce qu'on pourrait être, idée supérieure à la manière dont on agit dans la pratique. Et c'est précisément ce décalage qui nous pousse à nous améliorer : ceux qui se croient déjà parfaits font du surplace. Pour devenir meilleur il faut savoir qu'on n'a pas encore fait de son mieux. C'est en s'imaginant meilleur, en se voyant (avec les yeux de l'imagination) agir avec la douceur, l'honnêteté, le courage, la générosité, patin, couffin, dont on n'a pas encore fait preuve dans la réalité sur une base quotidienne, qu'on prend conscience de ses défauts, c'est-à-dire de ce qui nous sépare encore de ce glorieux idéal.

Bref, la conscience de ses défauts est la voie royale qui mène à l'amélioration de soi, et en tant que telle, on ne devrait pas s'en dépiter ni s'en aigrir, mais au contraire la célébrer et s'en réjouir.

À retenir

- On prend souvent pour un trait de caractère inné et irrémédiable ce qui n'est qu'une mauvaise habitude.
- Mieux vaut être excellent dans un domaine, le sien, que pas trop mauvais dans mille.
- Personne ne vous tiendra rigueur d'être une tarte aux fraises complètement ratée, si vous êtes un chocolat liégeois extraordinaire.
- Pour atteindre ses objectifs, nul besoin d'être parfait.
- L'amélioration de soi est une cause mais aussi une conséquence du succès : c'est parfois le bonus que l'on obtient lorsqu'on réalise ses rêves.

Conseils

► Faites la liste de vos qualités et relisez-la souvent.

► Renforcez vos points forts en vous perfectionnant et spécialisant davantage dans ce qui est déjà votre domaine de prédilection.

► N'adoptez pas les critères de réussite d'une personnalité qui n'est pas la vôtre.

► Améliorez-vous.

L'impatience

Si la conscience de nos défauts n'est pas, en elle-même et à elle seule, une cause de dépression, certains défauts (ou mauvaise habitude, c'est le même sens) sont, eux, des causes tout à fait réelles de malheur en général et de dépression en particulier.

Ces défauts-là sont d'autant plus dévastateurs qu'on ne se croit pas concerné, ou qu'on ne les considère pas comme des travers. Les assimiler à des traits de personnalité aussi anodins qu'une prédilection pour la musique classique ou pour les balades en forêt est une erreur coûteuse.

Parmi ces défauts, on trouve l'impatience, l'égoïsme et l'ingratitude. Pour l'instant, concentrons-nous sur l'impatience.

Agacement

Le sujet vous agace ?

Vous n'avez pas envie d'en entendre parler ?

Vous dites que je vous ai déjà signalé les dangers de l'impatience dans la partie sur le suicide ?

C'est vrai, mais permettez-moi d'insister un peu. L'impatient se rend rarement compte des effets pernicieux de son impatience, et j'aurais tendance à penser que vous n'êtes pas suffisamment en garde contre ce défaut-là...

D'ailleurs si le sujet de l'impatience vous agace, c'est probablement que l'ennemi intérieur ne veut pas que vous l'approfondissiez : il a trop à y perdre, et vous trop à y gagner. Je vous demande donc de lire sans impatience ce chapitre sur l'impatience.

Définitions de l'impatience

Vous vous rappelez peut-être que l'impatience est un « manque de patience pour attendre quelqu'un ou quelque chose, une irritation nerveuse, une incapacité à rester en place, à se contenir »... mais ce n'est pas la seule définition possible.

L'impatience consiste aussi à se mettre à neuf femmes pour faire un enfant en un mois. À placer la charrue avant les bœufs. À commencer la récolte le jour où l'on sème. À penser : « Puisque ce n'est pas maintenant, c'est jamais ! Je laisse tomber... »

Bien sûr, il s'agit là de stratégies perdantes : ni Rome, ni même le nid d'une mésange ne se sont construits en un jour. Parce que l'impatience est en conflit avec les lois de l'univers, faire preuve d'impatience c'est assurer son échec.

Qui plus est, les paroles et les gestes impatients sont souvent brusques. Et quand ils ne sont pas brutaux, ils sont au moins grossiers, impolis ou égoïstes. C'est pourquoi faire preuve d'impatience a souvent pour effet de retarder le moment qu'on attend avec tant d'impatience. Maintenant qu'on a dépensé ou détruit par son impatience ce qu'on n'aurait pas dû (objet, projet, confiance, relation, etc.), il va falloir rebâtir, réinvestir, repartir à zéro d'une manière ou d'une autre. Bref, l'impatience n'est pas seulement inutile ; elle est contre-productive.

Les impatients

Qui sont les impatients ?

Vous, moi, tout le monde.

L'impatience est une tendance innée chez l'être humain. Nous sommes tous naturellement pressés. Mais cette tendance, nous sommes libres d'y résister comme d'y céder. Pour la surmonter, souvenez-vous que l'impatience ne fait qu'empirer les choses. Et les ralentir. Et maintenant, parlons un peu du seul vrai remède à l'impatience, qui est la vertu opposée...

Définitions de la patience

La patience, c'est de supporter quand ça va mal en se souvenant que tout passe – y compris les moments pénibles.

La patience, c'est de comprendre qu'il n'y a pas d'échec, si ce n'est le renoncement.

La patience c'est de persévérer, c'est-à-dire de poursuivre ses efforts en l'absence de résultats concrets. De ne pas lâcher prise sous prétexte que ça ne marche pas. Car en réalité, ça ne marche pas *encore*. Mais ça va marcher. À condition de ne pas se décourager...

La patience, c'est, lorsque la dernière pièce du puzzle manque encore, de ne pas donner par dépit un coup de pied dans son ouvrage. De ne pas briser dans un moment de rage l'échafaudage méticuleux que l'on a pris la peine de concevoir et bâtir.

La patience, c'est aussi de ne jamais changer de direction quand on sait que c'est la bonne. Ce n'est pas parce que la tempête nous a fait dévier que nous devons changer d'objectif – le but n'est pas d'atteindre « n'importe quel point pas trop éloigné que je peux rejoindre sans trop d'effort », mais bien de rejoindre un point précis, à tant de longitude et tant de latitude, défini sur une carte objective, indifférente à l'exaspération et aux larmes, une carte qui ne ment pas.

Bref, la patience, c'est de ne pas céder à l'impatience – y compris et surtout lorsque l'impatience en question est terrible et qu'elle nous dévorerait volontiers si on la laissait faire. Malgré son air simplet, cette dernière définition est peut-être la plus profonde.

Mais je m'aperçois que j'en ai oublié une : la patience, c'est de l'amour. Les parents patients sont des parents aimants (sans parler des enseignants patients, des artistes patients, des amants patients, des commerçants patients...)

Un bébé qui tète prend son temps et le vôtre. Il sirote son lait à toutes petites gorgées, qu'il entrelace de mini-siestes. Le ciel nocturne passe au bleu et au rose qu'il en est encore à l'entrée de son interminable et paisible repas. Pour respecter sa sérénité céleste, son rythme naïf qui ignore les horaires et les montres, il faut de la patience... un autre nom pour l'amour.

Sagesse

J'aimerais partager avec vous des paroles de sagesse qui m'ont apporté un grand réconfort dans des moments difficiles. Elles vous aideront à surmonter votre impatience, et ainsi à vous libérer d'une cause tout à fait réelle de dépression. Il y a d'abord ces proverbes chinois, dépositaires d'une sagesse orientale et ancestrale qui a fait ses preuves :

> « À qui sait attendre, le temps ouvre ses portes. »
>
> « Patience ! Avec le temps, l'herbe devient du lait. »
>
> « Ne crains pas d'avancer lentement, crains seulement de t'arrêter. »
>
> « Avec du temps et de la patience, les feuilles de mûrier se transforment en robe de soie. »

> « Un moment de patience peut préserver de grands malheurs ; un moment d'impatience, détruire toute une vie. »

Ce proverbe africain très suggestif :

> « Au bout de la patience, il y a le ciel. »

Le proverbe persan suivant, qui souligne à juste titre le rôle du temps dans toute œuvre de valeur :

> « La précipitation vient du Diable ; Dieu travaille lentement. »

Ces deux citations de Saint François de Sales (1567-1622), éminent théologien qui renonça à ses titres de noblesse et dont la devise était « rien par force, tout par amour » :

> « On a besoin de patience avec tout le monde, mais particulièrement avec soi-même. »

> « Marchons toujours, si lentement que nous marchions, nous ferons beaucoup de chemin. »

Cette autre citation de Giacomo Leopardi (1798-1837), moraliste, poète et philosophe italien qui met ici le doigt sur un aspect essentiel de la patience :

> « La patience est la plus héroïque des vertus, précisément parce qu'elle n'a pas la moindre apparence d'héroïsme. »

Dans le même esprit, cette remarque de Ralph Waldo Emerson (1803-1882), qui donne une autre vision de l'héroïsme :

> « Un héros n'est pas plus brave qu'un homme ordinaire, mais il est brave quelques minutes de plus. »

Et cette réflexion anonyme mais profonde, qui aide à garder l'espoir dans l'adversité ainsi qu'à persévérer dans la difficulté :

> « Tout est bien qui finit bien. Si ce n'est pas bien, ce n'est pas fini. »

Bilan

Si vous voulez être heureux et réussir votre vie, et quelle que soit votre définition de la réussite existentielle, vous avez besoin de patience. Seuls ceux qui s'arment de patience récoltent tous les fruits de leurs efforts et réalisent leurs rêves. Car en fin de compte, qu'est-ce qui s'obtient avec la patience ?

Tout ce qui vaut la peine d'être obtenu.

Et qu'est-ce qui s'obtient sans la patience ?

Rien que le suicide, la drogue, l'alcool, la colère, l'ignorance, la paresse, la gloutonnerie, les rêves oiseux et les dépenses idiotes. L'illustre dramaturge William Shakespeare (1564-1616) a dit vrai : « Qu'ils sont pauvres, ceux qui n'ont pas de patience !... »

À retenir

- L'impatience est impolie, égoïste et brutale.
- En faisant preuve d'impatience, on se condamne à l'échec ou on retarde sa victoire.
- L'amour est patient ; la patience est aimante.
- Rien de précieux ne s'obtient sans patience.

Conseils

► La vie est une lutte et la patience une arme : armez-vous de patience.

► Faites vôtre cette déclaration de George Sand : « J'aurai du courage ! Je saurai souffrir et attendre. »

L'ÉGOÏSME

D'après l'éminent médecin et psychothérapeute Alfred Adler (1870-1937), la mélancolie est causée par « une absence de solidarité active » à l'égard de ses semblables. En clair, par de l'égoïsme : une préoccupation quasi exclusive pour soi-même.

Cette cause de dépression, il est rare qu'on l'identifie comme telle. Ce n'est qu'exceptionnellement que l'on se dit : « Si je souffre en cet instant, c'est parce que je me concentre trop exclusivement sur mon nombril. Si j'essayais de faire le bonheur de quelqu'un d'autre, ou du moins de soulager ses peines, je me sentirais tout de suite beaucoup mieux. Malgré une hygiène corporelle impeccable, je suis un sale égoïste : au fond, c'est *ça* qui me déprime ! » Il est bien rare qu'on se le dise, et pourtant il y a souvent là une grande part de vérité...

Pourquoi l'égoïsme est-il une cause de dépression ?

■ Parce que l'être humain trouve son équilibre lorsqu'il se préoccupe d'autre chose que de se propre personne : il a besoin de regarder au-delà de lui-même pour se sentir bien.

■ Parce que l'égoïsme enferme dans le manque : dans la perspective égoïste, il n'y aura pas du gâteau pour tout le monde. On doit se battre contre les autres pour obtenir sa part, ou pour la défendre contre leur appétit excessif.

■ Enfin parce que l'égoïsme fait obstacle à l'établissement de relations harmonieuses avec ses semblables. Difficile d'aimer et d'être aimé quand on fait preuve d'égoïsme, difficile aussi de préserver cet amour quand par un heureux hasard il est né.

Le remède

Le remède à l'égoïsme, cause de dépression, est évident : il consiste à aider ses semblables, même s'ils ont l'air différents.

D'après Dale Carnegie, un tiers des gens qui se précipitent chez le psychiatre pourrait probablement se passer de médecin, s'ils cherchaient un moyen d'aider quelqu'un d'autre :

> « Si vous cherchez un moyen de triompher de vos soucis, de trouver la paix et le bonheur… cessez de penser uniquement à vous-même, en pensant davantage aux autres. Faites chaque jour une bonne action qui fera naître un sourire sur un visage harassé. »

À ses patients dépressifs et insomniaques, Adler conseillait de chercher, lorsqu'ils ne parvenaient pas à s'endormir, de quelle manière ils pourraient bien faire plaisir à quelqu'un. Que se passait-il alors ? Dès qu'ils commençaient à cogiter sur les bonnes actions qu'ils pourraient accomplir, ils étaient irrésistiblement envahis par le sommeil : finie, l'insomnie.

Adler et Carnegie sont des sages. Nous sommes les premiers bénéficiaires du bien que nous faisons, ou voulons faire, ou même commençons à envisager de faire aux autres.

Vous n'y croyez pas ?

Souvenez-vous que le mal appelle le mal, le bien appelle le bien. *Ce que tu donnes aux autres, tu le donnes à toi-même*, dit la sagesse africaine. D'innombrables exemples illustrent cette loi.

Lorsqu'un individu se blesse accidentellement avec la bombe qu'il projetait de faire exploser dans un attentat, il récolte le mal qu'il prévoyait de faire : ses mauvaises intentions lui pètent à la figure. De même, et inversement, vous donnez un coup de main à votre cousin, et vous en tirez un surcroît d'énergie pour vous-même ; vous remontez le moral à un ami, et c'est votre propre moral qui remonte en flèche ; vous cherchez un renseignement pour un collègue, et vous tombez « par hasard » sur une information dont vous aviez, sans le savoir, un besoin crucial... Lorsqu'on cherche à aider ses semblables, on est aux premières loges pour récolter tous les bénéfices de la bonne action qu'on cherche à accomplir.

Je suis bien placée pour le savoir... Tout le bien que j'ai voulu vous faire, cher lecteur, m'est revenu au centuple.

En cherchant des informations qui puissent vous aider, j'en ai trouvé plusieurs qui ont fait une différence considérable dans ma vie. Je pense en particulier à l'information sur les dents mortes (nécrosées ou dévitalisées), cause possible de dépression et d'idées suicidaires mais aussi de stérilité et de grossesses avortées. Après cinq fausses couches c'est cette information, et l'extraction dentaire qui s'ensuivit, qui m'ont permis de donner naissance à une petite fille qui, en cet instant même, me regarde avec de grands yeux ronds en agitant ses petites mains potelées...

Je vous disais donc que lorsqu'on aide les autres, on s'aide soi-même. En faisant du bien à vos semblables, c'est à vous que vous faites du bien en premier. Quoiqu'elle ne soit pas enseignée à l'école, cette loi n'a pas plus d'exception que 1+1=2. Tous ceux qui ont tenté de faire le bien ont constaté ses effets souvent spectaculaires.

Une raison de vivre quand on n'en a plus

L'altruisme est plus qu'un remède aux idées noires. C'est une raison de vivre quand il n'en reste plus d'autres.

> « La peine et le plaisir passent comme une ombre ; la vie s'écoule en un instant ; elle n'est rien par elle-même, son prix dépend de son emploi. Le bien seul qu'on a fait demeure, et c'est par lui qu'elle est quelque chose. »

Les mots qui précèdent sont ceux que Mylord Edouard adresse à Saint-Preux quand celui-ci songe à se tuer, dans *La Nouvelle Héloïse*, fameux roman-fleuve d'un philosophe illustre, sentimental et rêveur : Jean-Jacques Rousseau (1712-1778).

À son jeune ami, Mylord Edouard dit aussi :

> « Les malheureux qui ont besoin de toi, ne leur dois-tu rien ? Apprends qu'une mort telle que tu la médites est honteuse et furtive ; c'est un vol fait au genre humain. Avant de le quitter, rends-lui ce qu'il a fait pour toi... Ignores-tu que tu ne saurais faire un pas sur la terre sans trouver un devoir à y remplir, et que tout homme est utile à l'humanité par cela seul qu'il existe ? dis en toi-même : « que je fasse encore une bonne action avant de mourir » puis va chercher quelque indigent à secourir, quelque infortuné à consoler, quelque opprimé à défendre... Si cette considération te retient aujourd'hui, elle te retiendra demain, après-demain, toute ta vie. Si elle ne te retient pas... tu n'es qu'un méchant. »

Si la volonté d'aider les autres ne te retient pas à la vie, alors tu n'es qu'un sale type, un méchant... De nos jours, cette manière d'envisager le suicide a de quoi choquer. C'est vrai qu'elle est radicale. Mais peut-être que Mylord Edouard n'a pas tort après tout. Peut-être qu'il n'y a rien entre le bien et le mal ?

Peut-être qu'il n'y a aucune zone neutre entre la bonté et son contraire ?

Convaincu, Saint-Preux abandonne son sinistre projet et part faire le tour du globe avec son ami.

De nos jours, cet ex-suicidaire n'a pas eu besoin de Mylord Edouard pour découvrir que la vie vaut la peine d'être vécue lorsqu'on aide ses semblables :

> « Une stratégie utile lorsqu'on lutte contre la pensée du suicide consiste à aider les autres. Même réfléchir à des moyens de les aider dans le futur est un bon moyen de chasser la tentation de se tuer. Quand on découvre qu'on peut apporter de la lumière à d'autres existences, on découvre en même temps que la vie a de la valeur et qu'elle est digne d'être vécue. »

Cette découverte, tous ceux qui se sont mis à aider les autres ont fait la même.

Concrètement

Vous ne voyez pas qui aider ?

Faites simple : tournez-vous d'abord vers ceux qui vous sont le plus proche.

Et pour commencer, par votre conjoint si vous en avez un. Soyez gentil avec lui, ou elle. Aidez-le ; aidez-la. Imaginez ce que vous ressentiriez si vous étiez à sa place. Faites-lui des compliments. Souriez-lui. Même chose avec vos enfants, vos parents. Témoigner de la bonté à de parfaits étrangers tandis qu'on ferait preuve d'un impitoyable égoïsme à l'égard de ceux qui nous sont chers serait de l'hypocrisie.

Vous voulez en faire plus ?

Les possibilités qui s'offrent à vous sont innombrables : rendre visite à des prisonniers ou à des personnes âgées ; travailler bénévolement pour les Restos du cœur ; monter une association pour [à vous de voir] ; créer un blog d'aide aux [à vous de voir aussi] ; remonter le moral à des internautes déprimés, etc.

Si aucun de ces projets ne vous tente, c'est peut-être qu'ils ne sont pas assez en phase avec vos dons propres. Dans ce cas, fixez-vous un objectif ou une mission *égo-altruiste.*

Qu'est-ce que j'entends par ce néologisme un peu biscornu ?

Quand il s'agit de fournir des efforts répétés sur une longue durée, mieux vaut y trouver son compte. L'idéal est donc de viser le point de jonction où notre intérêt rejoint l'intérêt des autres, celui où on est d'autant plus altruiste qu'on est égotiste, et d'autant plus égotiste qu'on est altruiste.

Un objectif ou une mission égo-altruiste correspond à vos compétences et à vos rêves les plus chers de la manière la plus précise tout en faisant une différence positive dans la vie des autres.

À retenir

- Qui sème le bien le récolte aussi.
- Aider les autres est une raison de vivre quand on n'en a plus.

Conseil

► Faites le bien autour de vous ; aidez vos semblables.

La faiblesse

La faiblesse (morale) serait-elle une cause de dépression ? Voici quelques témoignages qui vont dans ce sens :

> « Je n'ai pas les codes pour être quelqu'un de sociable, pour comprendre et gérer les relations... Du coup je me sens faible, j'ai l'apparence de quelqu'un de faible et j'ai peur qu'on s'en prenne à moi. »

> « Toutes ces années de malheurs, de peines et de mal-être ont développé chez moi une sorte de faiblesse chronique. Je n'ai plus de force… je n'ai aucun but, aucun sentiment à part une tristesse totale. Tous les jours, pour me lever, c'est l'horreur. »

> « La vie ne m'intéresse pas. Elle me fait beaucoup plus peur que la mort, que j'attends avec impatience. Je suis épuisée de me battre ; je ne sais plus vers qui me tourner. Je suis trop faible pour assumer mes erreurs, pour aller de l'avant, pour profiter du présent auprès de ceux que j'aime. »

Je me souviens de ce que je ressentais à l'époque.

Un cœur tout mou, une sentimentalité larmoyante, une instabilité de trépied rompu qui ne s'équilibrait jamais… Les autres m'écorchaient et me lacéraient lorsqu'ils m'effleuraient de leurs carapaces de rhinocéros bardées de fer (ou du moins c'est ainsi que je voyais les choses), sans même s'en apercevoir : le problème ne venait pas d'eux mais bien de moi et de ma chair trop fragile, de la gélatine d'émotions contradictoires qui me tenait lieu de tête, de cette faiblesse qui me faisait honte, et que je ne pouvais jamais oublier parce qu'elle m'accompagnait partout, blessure où s'engouffraient tous les hameçons.

Faiblesse de vaincu qui refuse le combat : avant même de me battre j'avais perdu la bataille. Celle-ci comme toutes les autres.

Il y avait un point mou et immature au centre de mon âme ; quelque chose qui était resté bébé, ou même fœtus. Quelque chose qui n'acceptait même pas d'être né, et qui savait qu'il n'aurait jamais la force d'exister sur le devant de la scène. Lorsqu'il était question de se battre pour survivre, de se battre pour exister, ça disait : « Pouce ! Je ne joue pas. » Et cette faiblesse ne cessait jamais…

Et pourtant, à cette époque, j'avais de la force. Et vous aussi, vous en avez, même si vous vous sentez aussi faible que je me sentais.

La faiblesse est une impression ; une impression envahissante, douloureuse, pénible. La force n'est pas une impression. La force est une réalité. En tant qu'être humain, vous en êtes pourvu. L'étymologie indique que *force* vient du bas latin *fortia*, qui signifie « actes de courage ».

Vous êtes fort parce que vous pouvez faire preuve de courage.

Aucune Carabosse malveillante n'a jeté de malédiction sur votre berceau vous condamnant à l'impuissance, ou si par malchance c'est le cas, vous pouvez briser le sortilège : votre force vous le permet. Votre courage vous y autorise. Au-delà et en deçà de l'impression de fragilité qui peut-être vous accable, vous êtes fort. Beaucoup plus fort que vous ne l'imaginez.

Plus fort, c'est-à-dire plus sage, plus solide, plus armé. La preuve : vous n'êtes pas en train de pleurer, recroquevillé dans votre salle de bains, la tête sous le lavabo. Vous n'êtes pas en train de boire un dixième verre d'alcool pour oublier. Vous n'êtes pas en train de piétiner l'ego d'une caissière qui ne vous a rien fait, pour vous venger du mal que vous avez subi lorsque vous étiez petit. Vous ne vous laissez pas aller ; vous ne vous laissez pas glisser en arrière. Au contraire : vous luttez contre le courant, vous cherchez une solution à vos problèmes, vous explorez un livre à la recherche d'idées qui puissent vous aider.

C'est ça, la force, beaucoup plus que la taille des biceps.

Les batailles et tempêtes intérieures ne sont pas moins terribles que les autres. Les grandes victoires – comme les grandes défaites – sont celles qui nous mettent aux prises avec nous-mêmes. Qui triomphe de lui-même a triomphé tout court. Vous luttez contre vous : vous êtes plus fort que vous n'en avez conscience.

Et cette force qui est déjà la vôtre va grandir à mesure que vous vous débarrasserez de vos chaînes.

Un prisonnier n'est pas intrinsèquement faible, il est juste... prisonnier. Ce que vous prenez pour une faiblesse inhérente à votre personnalité est uniquement la conséquence d'une ou de plusieurs causes précises dont vous avez déjà commencé à vous libérer.

La faiblesse et la force sont deux facultés qui sont pareilles à des muscles antagonistes : quand l'un travaille, l'autre se repose. Quand vous vous servez de votre faiblesse, vous ne vous servez pas de votre force, et vice-versa. Quand on s'est beaucoup servi, pendant des années, du muscle « faiblesse », on trouve difficile et contre nature de se servir du muscle « force », qui s'est atrophié. Mais il n'en est pas moins là, et passé les premières courbatures, il fonctionne aussi bien que l'autre.

Faiblesse et force sont des muscles, et c'est à vous de savoir lequel vous voulez exercer... puisqu'on ne peut pas exercer les deux en même temps.

À retenir

- Vous êtes plus fort(e) que vous ne croyez.

Conseils

► Faites preuve de courage : c'est de cette manière que vous prendrez conscience de votre force et que vous la développerez.

Lecture recommandée

□ ***Tremblez mais osez*, de Susan Jeffers**, livre que je vous re-conseille.

La normose

Les grands routes du conformisme
mènent à la médiocrité et au malheur.
Nicolas Hulot

La normose est une cause peu connue mais tout à fait réelle de dépression.

Tous ceux qui veulent être normaux, qui font des efforts pour être normaux, qui s'angoissent à l'idée de ne pas être normaux, qui insistent pour qu'on les rassure en leur disant qu'ils sont normaux… sont atteints de normose.

Inversement quelqu'un qui est convaincu, profondément convaincu, qu'il est normal et qu'il le restera en toutes circonstances, quoi qu'il fasse et quoi qu'il vive, ne souffre par de normose. Ce quelqu'un ne se pose jamais la question de savoir si ce qu'il vit est normal ou non... il part du principe que tout ce qu'il vit est normal, puisqu'il est normal, lui. J'espère qu'après avoir lu ce chapitre vous raisonnerez comme lui.

Origines de la normose

En général, on attrape la normose jeune, voire très jeune, dans sa famille, ou parmi ses pairs, dans la cour de l'école.

Il suffit que quelqu'un dise au petit Barnabé : « Toi, t'es vraiment bizarre... » en le regardant d'un air choqué, comme s'il était une créature incompréhensible et répugnante, pour que le petit Barnabé attrape la normose.

Le douloureux sentiment d'être jugé et rejeté ouvre dans son esprit une blessure affective par laquelle le virus s'introduit : ça y est, il *croit* qu'il n'est pas tout à fait normal, il *croit* qu'il n'est pas comme les autres... Et du coup, il *veut* être normal, il *veut* être comme les autres.

Mais la cause première de la normose est plus profonde que des réflexions blessantes entendues dans la cour de l'école. Cette cause première se niche dans les replis du mot *normal*...

Je vous en ai déjà parlé dans la première partie : *normal* n'a pas un mais deux sens principaux. Lorsqu'on emploie le mot *normal* sans réfléchir, ces deux sens se mélangent. Quand un enfant apprend à parler, il apprend donc aussi, au détour d'un mot, que se différencier des autres, c'est mal, et que s'écarter de la foule éloigne de la saine nature humaine.

Plus tard, en cours d'Histoire, Barnabé découvrira que « tout le monde » se trompe parfois, que des peuples entiers ont été dans l'erreur, mais cette tardive prise de conscience ne suffira peut-être pas à libérer son esprit précocement conditionné par sa langue maternelle.

Effets de la normose

Toutes les conséquences de la normose sont désagréables. Lorsqu'on souffre de normose, on se sent mal dans sa peau, même quand on le cache bien.

En effet on veut être normal, ou à défaut, on veut passer pour tel... C'est pourquoi on imite les comportements et les habitudes de ceux que l'on considère comme normaux. Mais même lorsqu'on parvient à se fondre dans la masse et à persuader son entourage de sa normalité, on n’arrive pas à y croire complètement soi-même. On fournit ainsi beaucoup d'efforts pour un résultat irrémédiablement insatisfaisant.

Qui plus est, on vit dans la peur. En effet on sait – ou plutôt, on croit savoir – qu’on n’est pas aussi normal qu’on prétend être. Du coup, on n'est jamais tout à fait tranquille. Craignant d’être démasqué à tout moment, on a la sensation d'être un imposteur.

La normose enferme aussi dans la médiocrité. Quand on cherche à devenir quelqu'un d'autre (que ce quelqu'un d'autre soit « tout le monde » ou une personne précise), on se condamne à ne jamais égaler son modèle. Aucun sosie de Claude François ne lui arrive à la cheville parce qu’aucun sosie de Claude François *n’est* Claude François. Ceux qui cherchent à imiter tel ou tel n'arrivent jamais à la hauteur de l’original qu'ils se sont donné pour modèle et perdent en cours de route leur personnalité propre, la seule qui aurait pu les rendre créatifs, charismatiques et heureux.

Un genre de suicide

Souffrir de normose, c'est choisir de ressembler à tout le monde plutôt que de ressembler à... soi-même. La peur d'être différent des autres a pour revers la crainte d'être soi-même.

Reniant leur originalité, trahissant leur individualité, les personnes atteintes de normose ne suivent pas leurs propres goûts, ne font pas confiance à leur propre jugement, ne cherchent pas à satisfaire leurs besoins réels, et sacrifient sur l'autel d'une divinité bidon (la norme) leurs désirs, leurs forces, leur caractère, elles-mêmes.

L'imitation est un suicide, a dit à bon droit Ralph Waldo Emerson ; la normose est la forme la plus courante, et peut-être la plus tragique, de ce genre de suicide. Si encore l'être humain était destiné à cela ! Si c'était sa vraie nature, de n'être rien qu'une ombre incertaine et angoissée cherchant à se fondre parmi la foule… Mais non, pas du tout.

L'être humain a tant de richesses, tant de forces dont il peut faire usage s'il le décide... Il est capable d'escalader des Everest invisibles et visibles, d'ouvrir de nouveaux chemins dans des jungles encore sauvages, de bâtir des civilisations dans des déserts métaphysiques et physiques où il n'y avait rien avant lui… Alors pourquoi renie-t-il sa vraie nature pour se rabaisser au niveau de la bête à laine, de l'ovin écervelé qui fait « bêêêê » ?

Mystère.

Ou plutôt : normose.

Une maladie avilissante par laquelle l'être humain renonce à sa dignité, à sa liberté et à sa force pour descendre en dessous de lui-même.

Pour en finir avec la normose

La normose figeant dans la honte, l'insatisfaction, l'angoisse, la passivité, la médiocrité, l'indignité et l'échec, trouver le bonheur n'est possible qu'à partir du moment où l'on s'en guérit. Si vous êtes concerné de près ou de loin par cette pathologie, la suite de ce chapitre vous aidera à dépasser ses limites.

Unique

Nous partageons tous la même nature humaine mais personne n'est exactement semblable à personne... ni à tout le monde. D'ailleurs *tout le monde* n'est qu'un concept, une abstraction flottante et floue, une espèce d'hallucination collective. L'humanité n'est pas une masse compacte ; elle est composée d'individus singuliers.

La personnalité de chaque individu est une combinaison spécifique de forces et de faiblesses impossible à dupliquer. Et c'est logique, car la manière dont nous avons été conçus n'a rien de commun avec la manière dont sont fabriqués les petits Lu.

Les objets produits en quantité industrielle en usine sont interchangeables, mais les êtres humains ne le sont pas. Chaque nouveau-né avait une probabilité de 1 sur 300 milliards d'être l'individu qu'il est (300 milliards, c'est le nombre de spermatozoïdes, tous différents, qui essaient de rejoindre l'ovule). Lorsqu'un couple conçoit un enfant, la probabilité que ce soit précisément cet enfant-*là* est infinitésimale. Au sens propre comme au sens figuré, personne n'est « n'importe qui ».

Bref, vous êtes unique.

Que vous en ayez conscience ou non, personne n'est semblable à vous sur cette terre. Depuis le début jusqu'à la fin du monde, personne n'a jamais été et ne sera jamais exactement comme vous. Vos empreintes digitales ne sont semblables à aucune autre. La couleur et le motif de vos iris sont uniques. La musique de votre voix est unique. La manière dont les lignes de vos paumes s'entrecroisent est unique. Le parfum de votre peau est unique. La couleur de votre épiderme, sa nuance spécifique, est unique. Votre visage est unique : personne n'a les mêmes yeux, la même bouche, le même nez. Personne n'a exactement les mêmes traits, ni la même combinaison de traits.

Et il n'y a pas que le physique... D'un point de vue psychologique, vous êtes singulier aussi. Votre personnalité n'est pas moins unique que votre visage. Ce que la rose est à la violette, au coquelicot et à la pâquerette, vous l'êtes par rapport aux personnes qui vous entourent. Chaque individu a son style bien à lui, son charme, sa manière d'être.

Irremplaçable

Étant unique, vous occupez une place unique dans l'univers, sur cette Terre.

C'est vrai au sens le plus littéral, puisque personne n'occupe en cet instant le même point dans l'espace et le temps : le degré de latitude et de longitude où vous vous situez en cette seconde, vous seul y êtes. Mais c'est aussi vrai en un autre sens.

Chaque être humain étant doté de talents singuliers, personne n'est remplaçable par personne. D'après un vieux proverbe oublié mais toujours d'actualité, *quand le chat garde les chèvres, personne ne chasse les souris*.

Parce que personne ne pourra jamais être exactement qui vous êtes, personne ne pourrait faire exactement ce que vous êtes capable de faire. Il y a, sur cette terre, une mission qui est *votre* mission, une place qui est *votre* place. Renoncez-y et elle restera désespérément vide. Si vous n'occupez pas votre place, personne ne la prendra. Elle est à votre nom. Personne ne peut vous la voler ; personne ne peut vous y remplacer.

Si vous ne vivez pas votre vie, personne ne la vivra ; si vous ne devenez pas tout ce que vous pouvez devenir, personne ne le deviendra.

Ce que vous pouvez apporter à l'homme ou à la femme de votre vie, à vos parents, à vos enfants, à vos amis, à vos voisins, à l'Humanité, personne d'autre ne peut l'offrir. Vos dons sont uniques comme vous l'êtes : un assortiment singulier et précieux dont vous seul pouvez tirer parti. Si vous les laissez dormir, si vous mourez sans les avoir utilisés, vous aurez gâché plus qu'une vie.

On a tous tendance à croire que ce qu'on est et ce qu'on aime, ce qu'on fait et ce qu'on est capable de faire, ne présentent qu'un intérêt très limité. Pourtant c'est là, dans la forme bien spécifique de votre personnalité unique, que se trouve le trésor qui peut, à tous les sens du terme, vous rendre riche. Vos goûts ne sont pas des anomalies ; ils dessinent la carte de votre personnalité. Ne les méprisez pas ; accueillez-les plutôt : ils délimitent votre territoire, celui où vous pouvez régner en maître.

Important

Vous êtes unique, et vous êtes important aussi.

Importance vient de *importare*, qui signifie « impliquer, entraîner » : vous êtes important parce que votre existence est reliée par d'innombrables fils invisibles à d'autres existences.

Il y a quelques années, dans une publicité pour le sucre, on voyait la chute d'un premier morceau de sucre posé verticalement entraîner la chute d'un autre, puis d'un autre, puis d'un autre… des centaines, des milliers de morceaux de sucre se retrouvaient par terre à cause du premier. Nos vies sont aussi proches les unes des autres que ces morceaux de sucre.

Du coup tous vos actes, toutes vos paroles, toutes vos décisions ont des conséquences non seulement sur vous, mais sur vos semblables. Tout ce que vous faites, ainsi que tout ce que vous ne faites pas, a des répercussions parfois merveilleuses et parfois dramatiques sur d'autres personnes, que vous connaissez, que vous ne connaissez pas, et que vous ne connaissez pas encore.

Vous jouez un rôle crucial dans plusieurs pièces, pas seulement dans celle où vous êtes le personnage principal.

Vous êtes aussi important parce que vous êtes *responsable* – mot qui n'est pas automatiquement synonyme de *coupable*. Vos choix sont les vôtres : étant libre vous devez, ne serait-ce que devant le tribunal de votre conscience, répondre de vos décisions.

C'est une bonne nouvelle, car même si vous avez fait de mauvais choix (tout le monde en fait), vous avez devant vous tout le reste de votre vie pour en faire de meilleurs, en récolter les fruits, et en être fier. Fier de réussir, fier de faire des choix intelligents, et fier d'avoir réussi à changer.

Vous êtes un être humain libre et responsable, un voyageur sur la route aux innombrables bifurcations : vous avez le droit et le devoir de vous prendre au sérieux. Sur cette planète, vous êtes l'individu qui peut le plus pour vous, et le plus contre vous. Vous pouvez détruire complètement votre vie, ou vous pouvez la construire à l'image d'une magnifique cathédrale élançant ses flèches vers le ciel. Personne d'autre n'a ce pouvoir, même pas Johnny.

En ce sens comme en beaucoup d'autres, vous êtes un V.I.P.

Deux manières de vivre

Il y a deux manières de vivre :

1/ Celle qui consiste à s'adapter à son environnement, quelque pénible ou contre nature qu'il soit, à rentrer dans le moule, à se conformer à la norme sociale, à s'y soumettre sans rien dire, à renier sa vérité pour ne pas faire de vague. Dans ce cas, on part du principe que la vie est une taille unique que l'on doit accepter telle quelle, un modèle standard auquel on doit s'adapter coûte que coûte... C'est cette attitude qu'on adopte quand on souffre de normose.

2/ Mais on peut aussi adapter son environnement à soi en c'est-à-dire chercher, trouver, et s'il le faut *créer*, les conditions propices à son épanouissement. En d'autres termes, et comme je l'ai déjà dit, utiliser le moule pour faire sa propre cuisine. Cette manière de vivre est adoptée par ceux qui veulent faire un peu plus que survivre : vivre leur vie et utiliser leurs dons. Un jour ou l'autre, ceux-là finissent par trouver le bonheur qu'ils cherchent et à briller dans leur domaine. Personne ne peut les surpasser, car ils occupent un créneau inexpugnable : qui pourrait être eux aussi bien qu'eux ?

Vous pensez peut-être que cette deuxième manière de vivre est réservée à un petit nombre de privilégiés – les gens qui ont la chance de pouvoir, etc. Mais c'est faux. Cette manière de vivre est seulement réservée à ceux *qui la choisissent.* Si vous voulez l'adopter, vous pouvez : ça ne dépend que de vous.

Retourner la question

« Ce que je vis et ressens est-il normal ? Est-ce que je suis normal moi-même ? »

Vous vous souvenez de ces questions faussement fatidiques ; nous en avons parlé dans « La foire aux questions ». Vous comprenez maintenant qu'elles constituent un symptôme de normose.

Ces questions, pour une fois, tournez-les vers l'extérieur. Au lieu de vous demander si vous êtes normal, demandez-vous si la société dans laquelle vous vivez, dans laquelle nous vivons tous, est normale : « Cette civilisation est-elle normale ? Le monde moderne est-il normal ? »

Question importante, car s'il ne l'est pas, à quoi bon chercher à être normal soi-même ?

Être normal selon les normes d'un monde anormal, ce serait comme avoir les pieds sur terre dans un monde à l'envers : on n'en aurait pas moins la tête en bas. Ou comme être « comme tout le monde » en pleine période nazie : on n'en serait pas moins nazi soi-même.

Alors, ce monde moderne, est-il normal, oui ou non ?

Certains prétendent que oui...

Avec toute sa pollution, il est pourtant loin d'être sain. Mais ce qui rend notre monde pénible, c'est moins les gaz d'échappement et autres polluants omniprésents que ce je-ne-sais-quoi dans l'atmosphère.

Vous savez...

Cette ambiance.

Cette *sale* ambiance.

L'ambiance *tous contre un, sauve-qui-peut* et *chacun pour soi*. La jungle, sans la végétation luxuriante et les toucans multicolores qui vont avec. En ce monde c'est : « Malheur aux faibles ! Malheur aux pauvres, aux étrangers, aux handicapés, aux vieux, aux femmes, aux enfants... malheur à *tous ceux qui ne sont pas capables de se défendre !* »

Entre l'indifférence des uns et l'avidité des autres, notre monde avance comme un rouleau compresseur, fonce comme un troupeau de rhinocéros. Et ceux qui ne sont pas capables de courir aussi vite que le troupeau et dans le troupeau se font piétiner sans pitié. Darwin, qui célébrait les bienfaits de la sélection naturelle, serait content : ses idées triomphent.

Mais vous ?

Dans ce monde inhospitalier où tant d'âmes suffoquent par manque d'amour ou de sens, monde où des *boum-boum* électroniques couvrent des soupirs de faim et de détresse, devriez-vous être 100 % à l'aise ? Et si la réaction anormale et bizarre, c'était au contraire de trouver que tout va pour le mieux dans le meilleur des mondes ?

À ces questions, deux ex-dépressifs apportent une réponse intéressante :

> « Et si vous étiez normal ? Prise de conscience libératrice : si vous êtes déprimé, ça ne signifie pas forcément que vous avez quelque chose qui cloche... Peut-être que c'est la société où vous vivez qui a quelque chose qui cloche. Peut-être que c'est *elle* qui est tordue. »

> « Un individu sensible et incompris peut se retrouver en décalage avec la société où il a grandi. La dépression n'est pas une maladie qui doit être anesthésiée avec des drogues, mais le S.O.S. de notre propre humanité cherchant à attirer notre attention dans un monde qui nous déshumanise. »

C'est vrai - il y a quelque chose qui cloche dans la société où nous vivons... Quelque chose de déshumanisé et de déshumanisant. Quelque chose de superficiel, de violent, d'obscène et de clinquant.

Je ne voudrais pas noircir le tableau (quoique ce serait difficile) et je ne dis pas non plus que la dépression est directement causée par la société... ce n'est pas aussi simple. Mais dans un monde devenu inhumain, il est naturel qu'un être humain qui a gardé ses qualités humaines se sente un tantinet déphasé.

À retenir

- Vous êtes unique et précieux : votre contribution à l'humanité est irremplaçable.
- Votre originalité fait votre force, ou la fera dès que vous vous ferez confiance.

• Si vous ne vivez pas votre vie, vous ne vivez pas. Si vous n'êtes pas vous-même, vous n'êtes personne.

• La place qui est la vôtre restera vide si vous ne la remplissez pas.

• La majorité peut se tromper ; la société peut dérailler. Et c'est souvent ce qu'elle fait.

Conseils

► Si vous n'êtes pas vous, qui le sera ? Et vous, qui serez-vous ? Ayez le courage d'être vous-même, c'est encore le plus simple.

► Cessez de vous demander « Suis-je normal ? » pour vous demander : « Le monde où je vis est-il normal ? »

Lecture recommandée

□ ***La confiance en soi,* de Ralph Waldo Emerson.** Cet essai est probablement le texte le plus inspirant jamais écrit sur l'originalité. Il vous aidera à vous détacher du jugement des autres et vous donnera envie d'être vous.

Le fait de ne pas être à sa place

Êtes-vous à votre place ?

J'en ai déjà parlé à plusieurs reprises mais permettez-moi d'y revenir une fois encore. Le fait de ne pas avoir encore trouvé sa vraie place est une cause tout à fait réelle de dépression. En un sens, on peut même dire qu'elle les englobe toutes. Elle est, au minimum, en lien étroit avec trois autres causes que nous avons examinées : le fait de ne pas savoir qui l'on est, le fait de se juger avec les critères de quelqu'un d'autre, et la normose.

Le bon contexte

Une gerbille parmi les éléphants ou un éléphant parmi les ratons laveurs ne sont pas à leur place. Placés dans un environnement qui ne leur correspond pas, ils se couvrent de ridicule, souffrent de solitude, et ne peuvent satisfaire leurs besoins les plus basiques.

Vous vous souvenez de Jacques ?

En tant que professeur de mathématiques, Jacques ne valait pas grand-chose : un petit rouage grinçant et grincheux dans la grande machinerie de l'Éducation nationale. C'est dans une boulangerie-pâtisserie qu'il brille de tous ses feux et rayonne de joie de vivre, tel un diamant enfin sorti de sa gangue.

De même, un astronaute qui n'aurait à sa disposition qu'un vélo ferait peut-être un piètre cycliste. Il donne aux autres et à lui-même l'impression d'être médiocre, voire nul, parce qu'il n'est pas là où il devrait être (dans une navette spatiale) pour montrer ce qu'il vaut.

Si vous n'avez pas encore trouvé votre vraie place, vous êtes un peu comme un T.G.V. sur un chemin de terre battue : le T.G.V. demeure un excellent train, mais il n'est pas dans le bon contexte pour montrer ce dont il est capable.

Lettre « e »

Je sais que ça demande un sacré effort d'imagination, mais imaginez que vous êtes la lettre « e ».

Si vous êtes ici :

> « Tes pas, enfants de mon silence,
> Saintement, lentement placés,
> Vers le lit de ma vigilance
> Procèdent muets et glacés. »

Vous êtes rattaché à un grand poète, Paul Valéry (1871-1945). Tout le monde vous trouve justifié ; on vous respecte et on vous admire. Des professeurs vous citent dans leurs cours et des étudiants dans leurs copies, car vous êtes un très bel exemple de rime riche.

Mais si vous êtes ici :

> « Les renards se cache dans le trettoirs »

Vous êtes une faute d'orthographe et de sens dans une phrase mal fichue et absurde qui en comporte d'autres. Les renards ne se cachent pas dans les trottoirs, ils se cachent dans leurs terriers. Si vous êtes le *e* de « trettoirs » vous appartenez à la lamentable copie d'un élève qui de toute évidence a trop traîné sur les trottoirs et qui du coup ne connaît ni les renards, ni leurs terriers, ni sa langue maternelle. Si vous êtes le *e* de « trettoirs »,on se moque de vous sur Internet.

Pourtant, vous êtes toujours la même lettre « e »...

Est-ce que vous comprenez maintenant à quel point il est important d'être à la bonne place – c'est-à-dire à la sienne ?

Ordre et désordre

Cette question de la place est le contraire d'un détail. Quand chaque chose ou personne est à sa place, l'harmonie règne. La beauté et le sens naissent de l'ordre, tandis que l'injustice est la fille du chaos. Mettre un innocent en prison ou un tueur pédophile multirécidiviste en liberté, c'est les placer là où ils ne devraient pas être.

Si vous êtes à votre place, vous contribuez à l'harmonie générale ; si vous n'y êtes pas, vous participez au désordre du monde.

Tant qu'on n'a pas trouvé sa place, l'existence est un problème et une souffrance. Dès qu'on l'a trouvée, tout s'apaise. On ne souffre plus d'être une pièce ronde dans un trou carré, et on ne fait plus souffrir les bords du trou non plus. Comme le rouage approprié d'une horloge suisse, on s'engrène parfaitement dans les rouages voisins, contribuant ainsi au fonctionnement fluide d'un quelque chose qui nous dépasse.

Encore la normose

Mais quand la pièce ronde dans le trou carré a la normose, au lieu de s'interroger sur la nécessité de rester à une place qui ne lui convient pas, elle croit qu'elle est mal fichue de naissance : si elle ne rentre pas dans le trou, ou si elle n'y rentre qu'avec de grandes difficultés, c'est, pense-t-elle, parce qu'elle a été créée difforme, qu'elle a un problème à la base... bref, qu'elle est « pas normale ».

Quand on souffre de normose on se voit toujours comme le problème : au lieu de comprendre que ce sont les chaussures qui sont trop petites, on pense que ce sont nos pieds qui sont trop grands. On s'imagine qu'on doit à tout prix se satisfaire de ce qui semble satisfaire les autres ; on accepte des situations pénibles qu'on pourrait changer... On se résigne.

Trouver sa place

J'espère que vous êtes maintenant convaincu (si vous ne l'étiez pas avant) que vous devez trouver votre place.

— Vous ne la trouvez pas ?

Si vous ne la trouvez pas, c'est que vous ne l'avez pas encore trouvée : continuez à la chercher.

— Elle n'existe pas ?

Elle existe, au moins virtuellement, mais c'est peut-être à vous de la créer. Peut-être que vous êtes destiné à tracer une route là où il n'y a pas encore de route. Peut-être que votre mission dans la vie est de découvrir un nouveau continent sur la carte, ou de bâtir une ville dans un désert. En termes moins métaphoriques, vous devrez peut-être créer votre propre entreprise, ou une nouvelle forme d'art, ou un métier inédit.

— Vous êtes coincé, vraiment coincé, dans un métier qui ne vous convient pas ? Enlisé dans une place qui n'est pas la vôtre ?

Ne désespérez pas.

Ne vous impatientez pas.

Il y a une issue.

Commencez par être le meilleur que vous pouvez être là où vous êtes, à faire ce que vous faites. C'est en faisant contre mauvaise fortune bon cœur, en remplissant « votre » place au mieux de vos capacités que vous parviendrez à la quitter. Ne rechignez pas, ne récriminez pas : faites tout ce qui est en votre pouvoir pour remplir au mieux la fonction qui vous est dévolue actuellement. Elle ne vous correspond en aucune façon ? Raison de plus pour la remplir du mieux possible.

C'est le conseil que donne Wallace D. Wattles, l'auteur de *La science de la richesse*, et c'est un bon conseil :

> « Si vous faites un travail et que vous avez l'impression qu'il ne vous convient pas, n'attendez pas de trouver le travail de vos rêves pour commencer à agir. Ne vous découragez pas, et ne vous lamentez pas parce que vous n'êtes pas à votre place. Vous ne pouvez avancer qu'en étant plus grand que votre emploi actuel, ce qui implique que vous remplissiez toutes les fonctions qui vous sont dévolues dans cet emploi, là où vous êtes. »

C'est en suivant ce conseil que j'ai réussi à enfin quitter l'enseignement. Tant que j'ai été prof à reculons, je le suis restée ; le jour où j'ai accepté ce rôle et tout fait pour le remplir au mieux de mes capacités, j'ai enfin pu cesser l'être.

En agissant ainsi, en endossant jusqu'au bout la fonction qui vous déplaît, vous ne renoncez pas à vos rêves. Vous faites, tout au contraire, un pas décisif vers leur réalisation.

Gardez toujours à l'esprit que votre vraie place existe et qu'elle vous attend.

Cette place sera peut-être très différente de ce que vous imaginez actuellement, mais elle vous correspondra exactement et vous comblera. Pour vous préparer à elle, faites ici et maintenant le travail dont vous avez la responsabilité du mieux possible, même si ce travail ne ressemble absolument pas à ce que vous rêvez de faire.

Et il n'y a pas qu'au niveau professionnel qu'il faut trouver sa place ; au niveau familial, amical, amoureux, philosophique et géographique aussi, on peut avoir une place à trouver, et donc, d'abord, une place à chercher... Nous ne naissons pas tous dans le bon pays (celui qui nous aidera à devenir qui nous voulons devenir), ni dans la bonne famille (celle qui nous servira de modèle pour fonder une famille heureuse), ni avec la bonne philosophie (celle qui donnera à notre existence un sens qui ne soit pas arbitraire).

Vous ne vous sentez à votre place *à aucun niveau* ?

C'est pénible, en effet...

Mais gardez à l'esprit que votre vraie place existe. Vous n'êtes pas une pièce de puzzle isolée ; à part les extra-terrestres, personne n'est un extra-terrestre. En d'autres termes il y a quelque part dans le monde, et peut-être plus près que vous ne l'imaginez, un endroit où vous vous sentirez *chez vous*.

Notre chère planète terre est suffisamment vaste pour receler tout ce qu'on y cherche, tout ce qu'on n'y cherche pas, et bien d'autres choses encore.

À retenir

- On ne peut montrer tout ce dont on est capable que lorsqu'on est à sa place : pour avancer à très grande vitesse, un T.G.V. a besoin d'être sur ses rails.
- Toute pièce de puzzle a son puzzle, et chaque être a une place qui lui correspond exactement.

Conseils

► Ne vous résignez pas à végéter et souffrir dans un trou carré si vous êtes une pièce ronde... cherchez votre vraie place : c'est là que le bonheur vous attend.

► Si actuellement vous ne pouvez pas quitter une place inconfortable, ne pleurez pas sur votre sort : faites de votre mieux où vous êtes, même si vous aimeriez être ailleurs, et bientôt vous serez ailleurs, et vous aimerez y être.

Lecture recommandée

□ ***Vous êtes doué et vous ne le savez pas : comment trouver sa voie et s'épanouir*, par Barbara Sher et Barbara Smith.** Livre qui vous aidera à découvrir votre vocation si vous ne l'avez pas encore trouvée.

L'INTELLIGENCE

Seriez-vous trop intelligent pour être heureux ?
Autrement dit, l'intelligence serait-elle une cause de dépression ?
Voyons ce qu'il en est.

Lobotomie mystique

Dans les années quarante, il était admis parmi les psychiatres que pour guérir les patients, il fallait abîmer leur cerveau. À l'époque, le psychiatre Walter Freeman (1895-1972), fervent adepte de la lobotomie – 3500 à son actif –, écrivait sans vergogne :

> « Un malade mental pense de façon plus claire et plus constructive lorsqu'une partie seulement de son cerveau fonctionne. »

Abraham Myerson (1881-1948), un psychiatre respecté, n'était pas moins direct :

> « Il est sans doute vrai que ces patients disposent, du moins pour le moment, de plus d'intelligence qu'il ne leur en faut et, ceci dit sans le moindre cynisme, je pense que la diminution de l'intelligence est un important facteur de guérison. »

Sans le moindre cynisme, vraiment ?

On peut s'indigner – il y a de quoi – devant de telles déclarations et pourtant, ce point de vue est aujourd'hui encore très répandu... même chez ceux qui souffrent.

Ainsi d'après Pierre Desproges (1939-1988), humoriste acide à tendance dépressive, l'intelligence est « le seul outil qui permet à l'homme de mesurer l'étendue de son malheur. » Ce qui est une autre manière de dire que plus on est intelligent, plus on souffre.

Voici une réflexion, glanée sur la toile parmi beaucoup d'autres, qui va dans le même sens :

> « Plus on a niveau d'intelligence élevé et plus on est amené à se poser de questions existentielles qui rendent la vie difficile. Une personne ayant une vision plus réduite (sans pour autant dire qu'elle est stupide) aura sans doute moins de difficulté à accepter l'inéluctable... »

Apparemment, ce raisonnement tient la route. D'ailleurs beaucoup de maîtres à penser et de gourous ont un point de vue similaire. Ils affirment que l'incapacité à s'arrêter de penser est une épouvantable affliction ; pour trouver la joie, nous devrions faire taire notre mental.

Eckart Tolle – l'une de mes références à l'époque où j'allais mal – enseigne à ses disciples que le mental est la source de tous nos maux, l'origine de tous nos problèmes. D'après lui, c'est le mental qui nous empêche d'accéder à l'instant présent, le mental qui nous emprisonne dans ses ruminations obsessionnelles, le mental qui nous garde sous le contrôle de l'Ego, le mental qui nous asphyxie sous ses jugements négatifs et ses préjugés.

Comme *mental* a pour synonyme *intelligence* et *discernement*, sous un emballage mystique c'est un peu la même idée que chez Freeman et Meyerson :plus vous serez stupide, plus vous serez heureux.

Étonnamment, les psychiatres lobotomiseurs et les mystiques sont d'accord : l'intelligence, ou *mental,* est une cause de dépression et sa diminution (obtenue dans un cas par la lobotomie, dans l'autre par l'illumination), un important facteur de guérison.

De l'intérêt d'être intelligent

Mais c'est faux.

L'intelligence n'est pas le problème.

Elle est même une grande partie de la solution.

Pour localiser le site archéologique où un roi mérovingien s'est fait enterrer avec ses pièces d'or, pour repêcher la frégate qui a sombré avec ses coffres remplis de joyaux et de doublons d'Espagne, il fait se casser la nénette... Et qui niera que le bonheur est un trésor ?

Comme tout trésor, il ne se trouve pas sans réflexion ; il est réservé à ceux qui le cherchent intelligemment. Notre entendement est une boussole : c'est grâce à lui que nous pouvons déterminer notre emplacement ; grâce à lui que vous arrivez à bon port, à la rade désirée, à l'anse de la félicité.

C'est en se servant de son jugement qu'on obtient ce qu'on veut de la vie. Qu'on cherche et qu'on trouve ce qu'on n'a pas encore trouvé. Qu'on découvre sa vraie place dans l'univers. Qu'on s'aide soi-même et qu'on aide les autres. Qu'on distingue le vrai du faux. Qu'on fait des bons choix. Qu'on sauve sa peau. Qu'on trouve la paix. Qu'on la garde quand on l'a trouvée.

Permettez-moi d'insister.

Pour sortir de dépression et se bâtir une vie heureuse, pour changer ses rêves en objectifs et ses objectifs en réalité, il faut se servir de son intelligence.

De toute son intelligence.

De son bon sens.

De tout son bon sens.

De sa logique.

De toute sa logique.

Témoignage :

> « Je suis heureux. Je n'irai pas jusqu'à dire que je suis sage, mais je ne suis pas devenu heureux par hasard. Ça a été un choix conscient. Dans notre culture, il y a cette croyance étrange que pour être heureux, il faut être un imbécile. Je ne sais pas comment ce mythe est apparu mais j'ai découvert que c'est le contraire qui est vrai. Il faut un esprit logique pour déterminer à quel moment un choix est impliqué dans nos émotions. Les circonstances de ma vie ne sont pas tout à fait telles que je les souhaite. J'ai décidé de ne pas attendre qu'elles soient idéales pour ressentir de la joie. J'ai réalisé que je pouvais être heureux pendant que je créais la vie dont je rêvais. Je suis arrivé à la conclusion que si j'attendais que tout soit exactement comme je voulais, je risquais d'attendre longtemps. »

Ce sage anonyme a raison : il faut un esprit logique pour déterminer à quel moment un choix est impliqué dans nos émotions. Dans la poursuite du bonheur votre mental, ou intelligence, est votre allié le plus précieux.

L'imbécile malheureux

De même qu'il est plus facile de se montrer morose qu'aimable, d'agir impulsivement que d'organiser son existence, de rester pauvre que de devenir riche, de macérer dans ses habitudes que d'améliorer sa manière de penser et d'agir, il est plus aisé (et donc plus accessible aux imbéciles) de rester malheureux que d'accéder au bonheur.

Pas d'amélioration sans réflexion.

La grande différence entre l'imbécile et le sage, c'est que le premier stagne dans son mal-être, tandis que le second change sa stratégie et ainsi, ses résultats. Bien sûr, on retrouve la même opposition entre l'idiote et la femme avisée : la première se laisser couler dans la dépression comme une pierre sans même bouger les bras, tandis que la seconde s'accroche à une planche, appelle à l'aide, et si personne ne vient, nage jusqu'à la rive.

Bref, qu'il soit mâle ou femelle, l'imbécile reste malheureux, tandis que l'individu doué de raison cherche et trouve le moyen (ou les moyens) d'améliorer son sort.

Besoin d'un plan

Tout comme la mauvaise humeur, la mauvaise santé et tout ce qui commence par « mauvais », la dépression n'a pas besoin de plan.

Personne ne se réveille un beau matin en se disant : « Aujourd'hui, je vais planifier mon malheur à venir. Je vais réfléchir à tous les moyens possibles et imaginables de me rendre affreusement malheureux d'ici deux ans, puis je vais les mettre en pratique méthodiquement. Si je persévère, je suis sûr de devenir dépressif. »

Non, c'est beaucoup plus facile que cela. Pour déprimer, il suffit de ne rien vouloir de particulier de la vie, de se laisser ballotter par le courant à droite et à gauche sans jamais prendre aucune initiative.

Quand on ne fait rien contre, les mauvaises herbes envahissent le jardin. De même, les mauvaises pensées pullulent quand on ne s'emploie pas à les déraciner et à cultiver les bonnes. Tout ce qui va dans le sens du chaos, de la souffrance, de la mort et du manque est le résultat d'une activité (ou d'une inactivité) aveugle et impulsive, désorganisée. Pour succomber au malheur, il suffit de se laisser aller.

La dépression n'a pas besoin de plan, mais il en faut un pour rejoindre le bonheur.

Je ne parle pas du bonheur insouciant et spontané de l'enfance, celui-ci n'est plus accessible à partir du moment où l'on a atteint la puberté, mais du bonheur de l'âge adulte : celui-là est réservé à ceux qui font l'effort de le rejoindre.

Lorsque vous rencontrez quelqu'un à qui tout semble réussir – qui est content de vivre, qui a une vie de famille heureuse, un travail qui le passionne, une belle maison, etc. – vous pouvez être sûr que, pour en arriver là où il est, il a suivi un plan. Et s'il vous dit, de bonne foi, qu'il n'en a suivi aucun, c'est que pour une raison ou une autre il a intégré la stratégie gagnante dès son plus jeune âge, et l'a suivie instinctivement.

Vous voulez modifier l'ambiance générale de votre vie ? Adoucir et éclaircir la couleur de l'arrière-fond ? Augmenter significativement votre part de bonheur, de paix, de liberté, d'amour ?

Alors il vous faut un plan.

Sans plan, vous n'obtiendrez jamais ce que vous désirez le plus ; sans plan, vos rêves ne deviendront jamais des réalités. Le conseil de John C. Maxwell, brillant conférencier et spécialiste du leadership, mériterait d'être calligraphié en lettres d'or : « Planifiez votre vie et vivez votre plan. »

Le sens du courant

Ce n'est pas facile, car le courant majoritaire tire dans l'autre sens – dans le sens de l'insouciance, du « Va comme je te pousse », du « Vivre au jour le jour », du « La vie est belle : profite ! », du « Après moi, le déluge » (ou même « Après- demain, le déluge »).

Les idées qui circulent dans les médias valorisent l'irréflexion, la spontanéité, les réflexes, les instincts, les sentiments... Bref : tout ce qui n'est pas l'intelligence, et tout ce que l'intelligence n'est pas.

Ces idées tendent à nous abrutir.

L'autre jour, un député indigné accusait le Président de la République française de prendre les maires pour des imbéciles (ou des crétins, je ne sais plus). S'il était indigné, c'est qu'il sentait qu'il ne s'agissait pas d'un simple quiproquo, mais plutôt d'une stratégie : on prend les maires pour des imbéciles pour les *transformer* en imbéciles.

Le reste de la population pourrait en dire autant.

Pour goûter à la bonne vie, et d'une manière générale pour construire quelque chose d'un peu plus grand que soi, il faut prendre le chemin inverse. Chemin peu fréquenté qui grimpe vers un air pur et des cimes alpestres.

Au niveau intellectuel on nous a habitués à ne rien exiger de nous-mêmes, on nous a éduqués pour que nous montrions à notre propre égard la même indulgence inépuisable qu'on réserve aux enfants, lorsqu'ils sont handicapés mentaux.

Ça a commencé dès l'école, avec l'absence totale d'exigence des professeurs à notre égard. Ils nous ont demandé de différencier les vrais mots latins des faux dans une liste (*dominum, babaorum, geranium...*), ils nous ont demandé de faire une fiche de lecture sur *Oui-Oui chez les Indiens*, ils nous ont fait comprendre que répondre à la question, c'était déjà d'une certaine façon répondre juste...

Mais maintenant, c'est dans l'autre sens qu'il faut tirer.

Car si vous réussissez à être un petit peu dur, un petit peu exigeant avec vous-même, la vie sera bien plus douce avec vous. Si vous semez davantage, vous récolterez aussi davantage. Alors prenez-vous au sérieux.

Respectez votre intelligence. Faites usage de votre clairvoyance. Exigez davantage de vous-même. Davantage de rigueur, davantage de logique, davantage de vigilance.

Montez la barre.

En faisant ainsi, vous choisirez le chemin le moins fréquenté, mais aussi celui qui mène au plus beau panorama. La masse des touristes dévale la pente pour s'entasser sur les plages et cuire au soleil comme un barbecue de sardines mais si vous, vous montez, si vous grimpez vers les cimes, vous gagnerez comme toute première récompense le respect de vous-même, et ce n'est que la première... Il y en a beaucoup d'autres.

Plus vous vous servirez de votre jugeote, plus vous oserez penser par vous-même (sachant qu'il n'y a pas d'autre manière de penser), plus vous découvrirez et manifesterez votre valeur.

Inversement si vous ne réfléchissez pas activement, si vous n'employez pas toute votre énergie mentale à réfléchir à vous, à votre vie, à chercher des solutions à vos problèmes... personne ne le fera. On vous laissera mariner dans la souffrance émotionnelle et physique. On vous laissera vous y engluer. Personne ne vous aidera si vous ne vous aidez pas vous-même.

L'erreur

Mais au fait, d'où vient l'idée fausse que l'intelligence rend malheureux ?

D'un constat que nous avons tous eu l'occasion de faire un jour ou l'autre : on peut se rendre vraiment très malheureux par ses pensées ; on peut se rendre littéralement malade par ses cogitations. Lorsqu'on est cerné par des questions sans réponses et obsédé par des idées sans clarté, on peut avoir l'impression que ce sont nos facultés mentales, autrement dit notre intelligence, qui nous plonge dans l'abîme. De là à croire que réfléchir est intrinsèquement et inévitablement déprimant, il n'y a qu'un pas...

L'intelligence insatisfaite

Trop vite franchi.

Comme un caneton par l'eau, un enfant de trois ou quatre ans est attiré par les lettres. Au CP, les enfants sont tous impatients d'apprendre à lire. Inutile de leur énumérer les avantages de la lecture pour les motiver : ils désirent ardemment apprendre à lire. Ils veulent *comprendre*.

Cette saine curiosité intellectuelle fait partie intégrante de la nature humaine. C'est pourquoi lorsque le cerveau d'un adulte fonctionne comme il est censé fonctionner, il ne laisse pas son propriétaire vivre paisiblement dans l'ignorance... Ni même dans l'illusion.

Ce n'est pas le mental en lui-même, par lui-même, qui est un facteur de souffrance, mais l'insatisfaction que l'on ressent lorsque celui-ci ne trouve pas sa pitance.

Anneau gastrique

Pour éclaircir ce point, passons par une comparaison.

Supposons qu'Ambroisine soit nauséeuse après avoir mangé des huîtres. Pour ne plus tomber malade, doit-elle se faire placer un anneau gastrique qui restreindra les capacités de son estomac, ou simplement choisir ses fruits de mer avec plus de circonspection ?

Ou supposons que Théodule ait la tête qui tourne et les genoux qui tremblent en raison d'un jeûne prolongé. Doit-il manger quelque chose (mais pas les huîtres qui ont empoisonné Ambroisine) pour se remettre d'aplomb, ou se faire placer lui aussi un anneau gastrique ?

L'option « anneau gastrique », c'est ce que proposent les psychiatres lobotomiseurs, les mystiques et les dealers : une anesthésie de l'intelligence. Un court-circuit des neurones. Un temps mort. Mais ce n'est pas la solution... Ou plutôt, ce n'est pas la *vraie* solution.

Malnutrition et sous-nutrition

Ce n'est pas votre intelligence qui est à l'origine de vos sombres ruminations (dans l'hypothèse où vous ruminez sombrement) mais les croyances erronées que vous lui donnez à traiter ainsi que les informations véridiques que vous ne lui donnez *pas* à traiter.

L'intelligence est une pseudo-cause de dépression ; la véritable cause, ce sont les idées fausses auxquelles on s'accroche et le savoir qui nous manque : illusions et ignorance.

Nourrir son esprit avec des idées fausses et des croyances approximatives équivaut à se remplir l'estomac avec des huîtres d'une fraîcheur douteuse. Rester dans l'incertitude sur un point essentiel équivaut à prolonger exagérément un jeûne. L'illusion est une malnutrition ; l'ignorance, une sous-nutrition.

Comme vous le voyez, dans les deux cas la solution ne présente aucune ambiguïté : il faut nourrir son esprit... *mais pas avec n'importe quoi.*

Votre jugement est votre plus précieux allié, mais encore faut-il qu'il soit soutenu par les informations dont elle a besoin. Même Einstein a besoin de faits et Napoléon, avec tout son génie stratégique, n'aurait jamais gagné de bataille s'il n'avait pas connu son ennemi, son objectif, et le terrain.

« Si c'était vrai... »

Nous vivons à l'ère de l'information, mais cela ne signifie absolument pas que nous sommes au courant de toutes les informations importantes que nous avons besoin de connaître.

Cela signifie seulement que, lorsqu'on sait se servir d'un ordinateur, qu'on dispose d'une connexion Internet illimitée, et qu'on pose à Google les bonnes questions, on peut trouver sur la toile quasiment toutes les informations dont on a besoin. Cela signifie aussi que pour se procurer quasiment n'importe quel livre, il suffit de quelques clics sur Amazon.fr (ou sur d'autres sites).

Mais encore faut-il cliquer, interroger Google, écouter les réponses...

Mais encore faut-il tirer parti des livres et des informations disponibles...

En pleine ère de l'information, ceux qui ne le font pas vivent encore au Moyen-Âge. À cette époque, le commun des mortels ne savait même pas lire et les livres les plus largement diffusés l'étaient à une dizaine d'exemplaires recopiés à la main. Ces livres, des moines jaloux de leur savoir maigrelet les gardaient sous clef.

Je répète : nous vivons à l'ère de l'information, mais cela ne signifie absolument pas que nous sommes au courant de toutes les informations importantes que nous avons besoin de connaître.

Vous avez peut-être déjà entendu cette petite phrase très populaire : « Si c'était vrai, ça se saurait ». En elle s'exprime une présomption digne tout au plus d'un haussement d'épaule apitoyé. Car quel est cet être indéterminé qui serait automatiquement mis au courant de tout ce qui est vrai ? Qui a garanti à ce petit veinard que si une information est importante, et qu'elle le concerne, on la lui fera parvenir, promis, juré ?

C'est plutôt l'inverse : si c'est vrai, ça ne se sait pas.

Pas de la majorité des gens, en tout cas.

La vérité est, dit-on, au fond d'un puits... Ceux, nombreux, qui pensent « si c'était vrai, ça se saurait » passent auprès de ce puits sans éprouver la moindre soif. Aucune question ne les démange. La vérité leur échappera toujours parce qu'ils ne sont pas curieux. Moutonniers et irréfléchis, ils se croient en sécurité au centre du troupeau, à voir et croire ce que « tout le monde » voit et croit – et rien de plus...

En réalité tous, autant que nous sommes, nous manquons de savoir. Les informations les plus utiles, les plus providentielles, ne nous sont pas encore parvenues. C'est du moins ce qu'il faut supposer pour continuer à les chercher... ce qui est le seul moyen de les trouver.

Si vous vous sentez perdu, si vous *êtes* perdu, la solution n'est pas de jeter votre boussole, comme le prétendent les lobotomiseurs et les mystiques, mais de consulter une bonne carte... Une carte précise et exacte.

Tout doute peut être éclairci.

Toute question a sa réponse.

Toute incertitude, une certitude qui lui fait face et répond victorieusement à ses doutes.

Mais qui est au courant ?

Qui les découvre ?

Qui le sait ?

Seuls les chercheurs.

Seuls les amoureux de la vérité.

À retenir

- Les imbéciles restent malheureux ; les autres cherchent et trouvent un moyen de ne plus l'être.
- Le respect de soi-même commence par le respect de son intelligence.
- À l'origine de la dépression se trouvent bien souvent des mensonges auxquels on croit et des vérités qu'on ignore.

Conseils

▶ Pour vous libérer de ce qui vous oppresse et réaliser vos rêves, commencez par faire, par écrit, un plan. Puis, passez à l'action.

▶ Ne vous contentez pas de raisonnements approximatifs et de pensées décousues ; exigez davantage de vous-même.

▶ Soyez curieux ; renseignez-vous ; cherchez partout les informations qui vous manquent.

Lecture recommandée

- ☐ Tout livre qui élargit vos horizons.

Une confiance mal placée

Votre argent est bien placé.

Votre voiture est garée dans le garage.

Votre vaisselle est rangée dans le vaisselier.

Vos enfants sont là où ils doivent être : couchés dans leurs petits lits.

Si ce n'est pas le cas, pensez à des objets de votre quotidien que vous rangez machinalement à leur place : parapluie, chaussures, clefs, etc. Toutes ces choses, vous les avez bien placées – mais avez-vous aussi bien placé votre confiance ?...

Vous ne voyez peut-être pas le lien entre cette question et votre état émotionnel, et pourtant il y en a un direct.

À l'origine de l'origine

À l'origine du malheur comme à celle de la joie, il y a des choix et des idées ; à l'origine de ces choix et de ces idées, il y a des croyances.

Mais qu'y a-t-il à l'origine de ce que nous croyons ?

Telle est la question à laquelle nous n'avons pas encore donné de réponse. Savoir pourquoi nous croyons ce que nous croyons, c'est saisir la racine primordiale de tout ce qui s'ensuit, y compris le bonheur et son contraire.

D'où viennent nos certitudes, nos convictions ?

La réponse est que nous croyons ce que nous croyons parce que nous avons écouté et cru, et que nous continuons à croire, certaines personnes, certaines institutions, certaines figures d'autorité.

Lorsque ces personnes, ces institutions et ces figures d'autorité sont dignes de confiance, vous récoltez des convictions fondées, saines et constructives et par conséquent une vie heureuse. Quand elles ne le sont pas, la récolte est moins bonne.

Émotions inconfortables et sentiments pénibles ont pour origine une confiance mal placée. Lorsqu’on se fie à qui n’en est pas digne, il y a toujours des pots cassés, des verres brisés, des ecchymoses. Impossible de faire ici le tour de toutes les instances qui ne sont pas dignes de confiance ;

ce serait beaucoup trop long. Voyons-en seulement quelques-unes que les gens suivent en masse, pour leur plus grand dommage...

Les experts

Beaucoup d'honnêtes gens accordent une confiance exagérée aux experts en général, et aux professionnels de la santé en particulier. Ils les écoutent si attentivement, si religieusement, qu'ils ne s'écoutent pas ; ils les respectent tellement qu'ils ne se respectent plus. L'autorité naturelle et légitime qu'ils possèdent sur leur propre vie, ils la leur donnent.

En plaçant ainsi leur confiance, ils ne se préparent pas des lendemains qui chantent… plutôt des lendemains qui sanglotent. En effet il n'y a pas, au-dessus des grandes personnes que nous sommes, de grandes personnes au carré. Les experts sont humains et faillibles. Aucune raison de se prosterner devant eux ; aucune raison de leur soumettre sa raison.

Les médecins et les psys ne sont pas des anges gardiens à forme humaine obsédés par notre bien-être. Ce sont seulement des gens, modèle courant : comme tout le monde, ils sont sujets à l'erreur, l'ignorance, la présomption.

Tout-le-monde

Faire aveuglément confiance à Tout-le-monde (je l'écris en un seul mot car quand on lui obéit, on l'envisage comme un seul être, une seule divinité) est aussi une grave erreur. Beaucoup de personnes pourtant intelligentes tombent dans ce piège : elles s'imaginent qu'en se fiant à Tout-le-monde, en pensant et agissant comme lui, elles ne peuvent pas se tromper.

Mais c'est l'inverse qui est vrai.

Pour grimper vers votre plus bel avenir, vous devez miser sur vous-même, pas sur Tout-le-monde. Tout-le-monde ne vous encouragera jamais à oser quoi que ce soit, ne vous poussera jamais à vivre votre vie. Au lieu d'écouter sa voix de foule, sa voix bêlante de troupeau, écoutez votre propre voix intérieure, le murmure de vos aspirations secrètes, le frôlement de vos rêves. En les écoutant, vous entrerez en contact avec la source invisible du courage et, petit à petit, vous trouvez la force de devenir et manifester qui vous êtes.

Mais je ne vais pas m'attarder sur ce point : je vous en ai déjà parlé dans le chapitre sur la normose.

La télévision

La télévision est mauvaise conseillère, elle aussi.

Elle nous gave de promotions exceptionnelles ; elle nous enivre de musique et de sang ; elle offre à nos yeux pour prendre à nos mains – plus précisément pour prendre à nos portefeuilles. Rhétorique, elle orne son néant de paillettes sensuelles ; distrayante, elle multiplie les ris et les jeux ; allumeuse, elle offre sa chair de rêve à ne pas toucher.

Sa cornue est pleine de cristaux liquides et son alambic verse dans les yeux et les oreilles une potion magique qui change les sots, les riches, les philosophes… (en fait, tous les êtres humains qui s'y adonnent) en rhombites univalves ventousés à leur fauteuil-rocher.

« Si c'était vrai, on en parlerait à la télévision... » telle est l'illusion abrutissante qui condamne tant de braves gens à la mort cérébrale, ou à quelque chose qui y ressemble terriblement. Se fier à la télévision, c'est opter pour l'inertie intellectuelle autant que physique et se soumettre aveuglément à ceux qui, derrière elle, décident, planifient, complotent.

Pourquoi feriez-vous confiance à cette boîte à images qui ne fait qu'irriter vos désirs, tout en vous privant du moyen de les satisfaire ?

Pourquoi feriez-vous confiance à cette croqueuse de temps qui vous vole tant d'heures, vous privant d'une précieuse partie de votre vie ?

Le hasard

Faire aveuglément confiance au hasard est aussi une erreur. Une erreur dont les conséquences n'ont rien de réjouissant. Car pour une fois le proverbe se trompe... *le hasard fait MAL les choses.*

Vous n'êtes pas convaincu ?

Prenez plusieurs pots de peinture et jetez-en le contenu au hasard sur une toile : ça fera peut-être de l'art moderne, mais ça ne fera certainement pas la Vénus sortant de l'onde de Botticelli.

Tirez au hasard n'importe quelle lettre dans la boîte de Scrabble, puis n'importe quelle lettre, et encore n'importe quelle lettre… Le résultat ressemblera plus à « wèazbrzfosmqeyt » qu'à « significativement » ou « harmonieusement ».

Prenez un grand seau plein de sable, et versez son contenu au hasard sur une plage estivale : ça fera peut-être un beau tohu-bohu parmi les vacanciers furieux d'être dérangés dans leur bronzette, mais ça ne fera certainement pas un château de sable aux tours crénelées de style gothique.

Faites un numéro de téléphone au hasard sur votre portable, et voyez si c'est votre acteur préféré qui décroche, ou cette belle femme avec qui vous avez discuté hier, et qui est partie sans que vous ayez le temps de lui demander son numéro… Ce n'est pas lui, hein ? Ni elle. Je l'avais deviné.

Non, je ne suis pas voyante… Mais je sais que le hasard fait mal les choses. C'est une espèce de principe chez lui, et il s'y tient.

Alors ne lui faites pas confiance.

Ne le laissez pas s'occuper de vos affaires, gérer vos finances, votre vie professionnelle ou vos relations amicales et amoureuses, et ne jouez pas au loto. Misez plutôt sur votre prévoyance, votre intelligence, vos connaissances et vos efforts : misez plutôt sur vous.

La famille d'origine

Enfin, beaucoup de gens font exagérément confiance à leur famille d'origine.

Même s'ils sont prêts à admettre théoriquement que leurs parents ne sont pas parfaits, ils continuent à croire que toutes les croyances et toutes les habitudes qui leur viennent d'eux sont bonnes, et plus que bonnes : excellentissimes.

Par esprit clanique, par loyauté mal placée, par traditionalisme, ils ne font pas le tri. Au bout de leurs cogitations ils arrivent toujours à la conclusion courue d'avance que les principes, habitudes et choix de leur famille d'origine sont les meilleurs. Il n'y a qu'une manière de bien faire la cuisine, qu'une manière correcte d'être en couple, qu'une manière juste de voir le monde, qu'une façon de gérer les conflits et l'argent : celle de leurs parents.

Et comme dans 99,999 % des cas, les principes, habitudes et choix de leur famille d'origine ne sont *pas* les meilleurs, ils se condamnent ainsi à ne pas faire mieux que leurs chers géniteurs…

Si vous voulez le bonheur, ne placez qu'une confiance limitée dans les habitudes, les avis et les opinions qui émanent de votre famille d'origine. Donnez-vous plutôt pour objectif de faire, à tous points de vue et dans tous les domaines, non pas *aussi bien* mais *beaucoup mieux,* voire *mille fois mieux* que vos parents.

Durant les toutes premières années de notre vie, par la force des choses, nous prenons le microcosme qui nous entoure pour la réalité ultime, ainsi que pour la source indiscutable, car révélée, de tout ce qu'il y a à savoir. L'univers, c'est papa, maman, les frères et sœurs s'il y en a ; la vérité, c'est ce que papa ou maman a dit.

Le propre d'un enfant, c'est qu'il n'a aucun recul critique. Comment pourrait-il en avoir ? Pour prendre et jeter, trier le bon du mauvais, il faut avoir des points de repère. Un enfant n'a que ceux qu'on lui donne. Il accepte donc, il avale donc, tout ce qu'on lui dit. Et ainsi il adhère aux valeurs, idées… qui sont celles de ses parents. À ce stade, il n'a pas le choix.

Peut-être que ces idées héritées ne lui conviennent pas du tout. Peut-être que ce sont elles, avec leurs failles, leurs contradictions, leurs faiblesses, qui vont le rendre malheureux par la suite et qui le tracassent déjà. Mais à cette étape de son développement, il n'a aucun moyen d'en prendre conscience.

C'est ainsi que les choses se passent durant l'enfance, mais quand on est adulte, notre marge de manœuvre s'étend considérablement... Nous ne sommes pas obligés de marcher dans les traces de ses parents. Nous ne sommes pas condamné à répéter leurs vies, leurs priorités, leurs métiers.

Ne sacrifiez pas au culte des ancêtres ; ne prenez pas vos parents pour idoles. Ne faites pas aveuglément confiance aux auteurs de vos jours ; ce serait fixer une limite vraiment trop étroite au champ de vos réalisations.

On dit que l'âge adulte est celui de l'autonomie financière mais il est aussi, et peut-être surtout, l'âge de l'autonomie intellectuelle. N'ayez donc pas peur de penser hors de votre zone familiale.

Les grands hommes

Contrairement aux lois de la perspective, certains grands hommes (pas tous, heureusement) rapetissent à mesure qu'on s'en approche. De loin, ce sont des géants vertueux ; de près, des nains bourrés de vices.

Donc, ne vous fiez pas à la réputation des grands hommes. Que la vénération universelle ne vous persuade pas de croire leurs paroles sur parole. Que le respect qui les entoure ne paralyse pas votre sens critique. Leur réputation n'est qu'une étiquette : vérifiez ce qu'il y a dans le sac. Examinez de près ce qu'ils avancent, et faites le tri ; votre clairvoyance et votre jugement vous serviront de guide.

Mettre des limites

Combien de gens n'évaluent la pertinence des informations qu'ils reçoivent qu'en fonction de leur émetteur !

Si c'est le journaliste du journal télévisé qui l'a dit... alors, c'est vrai. Si c'est quelqu'un qui n'a pas de titre et qui nage à contre-courant... alors, c'est faux. Ils ont perdu de vue le sens du mot « vérifier ». On ne peut vérifier qu'en faisant usage de son jugement ; ce n'est pas une procédure automatique.

La dignité de l'être humain, c'est sa capacité à faire des choix éclairés, mais quels choix sont éclairés quand on fait aveuglément confiance à certains, et qu'on éprouve une méfiance tout aussi aveugle envers d'autres ?

Confiance et méfiance ne doivent pas remplacer l'examen réfléchi des arguments et des preuves. Mettez des limites à votre confiance et à votre méfiance : au lieu d'accepter en bloc, les yeux fermés, ou de rejeter en bloc, les yeux fermés, cherchez les pépites de vérité qui sont disséminées chez les uns comme chez les autres.

À l'intérieur

On peut mal placer sa confiance à l'extérieur, en suivant des gens malhonnêtes qui ne le méritent pas, mais on peut aussi mal placer sa confiance à l'intérieur, en se fiant exagérément à ses émotions ou, pire, en se fiant à l'ennemi intérieur.

Par définition ou presque, les émotions négatives obscurcissent la raison. L'erreur banale consiste à prendre sa colère, son angoisse, ou son découragement, pour d'authentiques prises de conscience. Une prise de conscience est un processus rationnel. En tant que telle, elle peut générer des émotions, mais des émotions ne peuvent pas la générer.

Prenez en compte vos émotions, écoutez ce qu'elles ont à vous dire, mais ne leur obéissez pas aveuglément. Elles ne sont pas fiables. Ce sont des tornades qui passent ; ce n'est pas lorsqu'on est secoué par un ouragan qu'on a la lucidité nécessaire pour prendre de sages décisions.

Quant à l'ennemi intérieur, ne lui faites jamais confiance.

À quelle partie de vous pouvez-vous donc faire confiance ?

À votre intelligence (ou raison, jugement, discernement, logique) et à votre intuition (ou instinct), qui se soutiennent mutuellement.

À retenir

• Si vous êtes malheureux, il y a de fortes chances pour que vous fassiez confiance à des personnes ou à des institutions qui ne le méritent pas.

Conseils

▶ Renoncez à l'idée que vos parents ont toujours raison.

▶ Ne faites pas confiance simplement parce que d'autres font confiance. Ne vous méfiez pas simplement parce que d'autres se méfient. Cherchez des raisons plus profondes d'accorder ou de refuser votre foi.

▶ Comparez, vérifiez, jugez, faites le tri.

▶ Mettez-vous à l'écoute de votre raison et de votre intuition ; les deux se complètent.

Une certaine conception de la mort

Nous en arrivons à une cause de dépression qui passe les trois quart du temps inaperçue, peut-être en raison de sa très grande banalité...

Le point de vue matérialiste

Selon la doctrine matérialiste, la mort est un terminus. Un point résolument final. Nous naissons par hasard et nous mourons parce que c'est comme ça : il n'y a pas d'explication ni au début, ni à la fin – et du coup, pas de sens à ce qu'il y a au milieu. Les sadiques et leurs victimes, les Zorros et les zéros, les méchants et les gentils : tout le monde serait voué à la même fin, tout le monde finirait par retourner au néant et à la poussière. Sortis du rien sans raison valable ni explication satisfaisante, nous y retournerions définitivement à la fin d'une existence incompréhensible.

Les matérialistes hédonistes

Certaines personnes vivent très bien avec cette conception des choses, qui ne les empêche pas de dormir sur les deux oreilles, ni de profiter de l'existence.

Au contraire : elles se dépêchent d'en jouir en se répétant « Cueillons dès aujourd'hui les roses de la vie... » Cette vie leur semble d'autant plus précieuse qu'elle est éphémère. Leur conception de la mort stimule leur épicurisme ; elle le pimente par contraste. Les Romains décadents, qui invitaient un squelette à leur banquet pour mieux cueillir le jour (*carpe diem*), raisonnaient de même.

Les matérialistes angoissés

Mais d'autres individus, qui ont la même conception de la mort, ne l'encaissent pas aussi bien.

Leur propre matérialisme leur reste en travers de la gorge comme une arête imprévue dans un carré de poisson pané : dans un produit qui a subi tant de formatages, on ne s'attend pas à trouver, de l'être originel, un si cruel vestige...

Ces personnes-là sont tracassées à l'idée que tous les choix, tous leurs gestes, sont sans véritable importance, puisque la fin est la même pour tous et que cette fin annule ce qui l'a précédée. Elles sont angoissées à l'idée qu'elles perdront un jour sans retour les personnes qu'elles aiment. Une séparation aussi absolue leur paraît trop atroce pour être vraie. Et pourtant, vraie, elle l'est... elles en sont convaincues. L'idée que leur Moi va disparaître à tout jamais les angoisse aussi.

Ce destin tragique, elles le trouvent désespérant et contradictoire, inimaginable et inacceptable. Avec Mano Solo, elles clameraient volontiers :

> « Mon existence ne tient pas qu'à ma graisse/Je suis un esprit avant d'être un corps/Je suis mort mais rien n'est fini... »

Mais à quoi bon ? Elles croient savoir que c'est le contraire qui est vrai : leur existence ne tient qu'à leur graisse ; elles sont un corps avant d'être un esprit ; quand elles seront mortes tout sera fini.

Ce point de vue sur la mort est pour ces personnes une authentique cause de dépression.

En effet, même si elles parviennent à oublier l'échéance inéluctable qu'est la mort, le sentiment d'absurdité induit par leur matérialisme les poursuit partout. Il les hante dans toutes leurs activités. Il sape leurs élans d'enthousiasme, mine sourdement leur envie de s'investir dans la vie.

Elles ne parviennent pas à oublier que tout ce remue-ménage, tout ce bruit et toute cette fureur se perdront en fin de compte dans les sables du temps, comme ces cités que des catastrophes inattendues ont effacées des cartes. « Dans cent ans de là, quelle différence ? » se disent-elles en secret, au moment même où la vie les aspire dans le tourbillon enivrant de ses joies et de ses peine.

Mais justement, elles ne se laissent pas enivrer.

Même quand on leur explique avec patience et pédagogie qu'elles doivent arrêter de se plaindre et « donner un sens à leur vie » (leur spleen trop évident commençant à agacer sérieusement leurs proches), elles restent insatisfaites et dubitatives.

Ce qu'elles voudraient, ce n'est pas plaquer un sens sur leur existence, mais que l'existence ait un sens indépendant de leur petite personne, un sens qui n'ait rien de contingent ni de changeant, et que ce sens, elles le découvrent. Bref, elles voudraient trouver le vrai sens de la vie plutôt que lui en donner un plus ou moins artificiel.

Mais comme elles croient savoir qu'un sens, la vie n'en a pas... elles restent démunies face à leur mal-être.

Solution ?

La solution à cette cause de dépression est théoriquement simple, mais concrètement compliquée.

Théoriquement, il suffirait :

1/ D'avaler un grand verre de vin pour faire passer l'arête et ainsi, de se convertir à l'hédonisme des matérialistes insouciants : « La vie est courte, profitons-en un maximum tant qu'elle dure !... »

2/ Ou inversement de renoncer au point de vue matérialiste pour en adopter un autre. Un point de vue où la mort n'est plus un anéantissement, mais un passage, une métamorphose, un très grand changement : l'âme survit au corps et... ce n'est pas ici le lieu de développer toutes les possibilités. (D'ailleurs je les ai déjà évoquées dans le chapitre « Des préjugés sur la suite ».)

Mais concrètement, ce n'est pas aussi simple.

En effet, on ne change pas de croyance comme on change de pantoufles ou de chaussettes. Il ne suffit pas de constater qu'une croyance est inconfortable, ou même trouée et nauséabonde, pour être prêt à s'en défaire.

« J'y crois parce que ça m'arrange » n'est pas un argument digne d'un cerveau en état de marche. Il faut avoir du fromage blanc à la place de la matière grise pour renoncer à une croyance simplement parce qu'elle ne nous convient pas ! Il faut avoir renoncé à la logique qui nous distingue des opossums pour adopter un credo sous prétexte qu'on le trouve utile ou opportun, agréable ou réconfortant...

La seule bonne raison de changer d'opinion sur quoi que ce soit, c'est le fait d'avoir pris conscience que notre première opinion était erronée. Au marché des croyances, le seul troc intelligent est celui qui nous fait échanger le faux contre le vrai : on cède ses illusions, on gagne la vérité.

Truman

Dans *The Truman Show* (1998), le plus qu'excellent Jim Carrey sort du registre purement comique qui lui est habituel pour camper un personnage profondément humain et touchant.

Truman est prisonnier d'un univers artificiel depuis sa naissance. Il participe sans le savoir à un feuilleton-fleuve dont il est le héros. Tout est faux dans son monde : non seulement ses parents, sa femme, son meilleur ami... sont des acteurs récitant leurs rôles, mais même le sable, la mer qui entoure l'île où il habite... sont factices.

Après qu'une succession de petits faits troublants ait suscité ses doutes, Truman tente de quitter son île, autrement dit de s'évader de l'immense studio où il est enfermé depuis sa naissance.

Mais comme par hasard, il n'y a pas d'avion au décollage, le bus est en panne, et le trafic routier paralysé : la direction du feuilleton ne veut pas perdre son héros.

Finalement, surmontant sa peur de l'eau, Truman part, seul, sur un petit bateau, en quête de la vérité, celle qui l'attend au-delà des limites de son univers.

Après un orage et une tempête qui manquent de le noyer (orage et tempête devant le dissuader d'aller plus loin), Truman touche enfin le ciel, sans métaphore : cet immense espace bleu où flottent quelques nuages est une surface solide sous sa main, un mur. Ce qu'il prenait pour la voûte céleste n'était qu'un trompe-l'œil, la limite du décor où il évolue depuis qu'il est né.

Le moment où sa main se pose sur la surface peinte, le moment où il touche enfin ce qu'on pourrait appeler *la vérité du mensonge*, est extrêmement émouvant. Émotion fragile et poignante comme un rire qui se brise, et en même temps large, profonde et exaltante comme une lame de fond... Cette émotion à la fois cristalline et océanique, c'est celle qui accompagne une véritable prise de conscience.

En cet instant précis – ce moment où il touche enfin la limite, où il pose sa main sur le ciel – Truman fait le deuil soudain et irréversible de ses illusions. Maintenant, il ne pourra plus être leurré, ni se leurrer lui-même. Maintenant, il sait de science certaine que l'univers qu'il a toujours connu, et qu'il confondait avec l'univers, est faux.

C'est l'anéantissement de tout ce qu'il croyait jusque-là... La destruction instantanée de toute son existence passée.

Mais ce que Truman ressent aussi, et ce que nous, spectateurs, ressentons avec lui, c'est l'ouverture des possibles : car si son monde est faux, c'est forcément que derrière ce mur peint en trompe-l'œil qu'il a pris si longtemps pour l'infini, le vrai monde l'attend... un monde où chaque geste a des conséquences et un enjeu, un monde où tout ce qui était impossible devient possible.

Y compris la liberté.

Y compris l'amour.

La confuse intuition qu'il y a quelque chose cloche, cette sensation d'insatisfaction qui le taraudait jusque-là comme un lancinant et indéchiffrable rappel, trouve enfin une confirmation, une explication spectaculaire : oui, il y a bien un problème – un problème si énorme, si général qu'il en est invisible. Oui, il y a bien quelque chose qui manque – quelque chose de si fondamental, qu'en son absence, rien n'est valable.

Ce problème, c'est le mirage qu'il prenait pour la réalité, et ce quelque chose qui manque, c'est la vérité et l'amour qui sont au-delà… et qu'il aura le courage d'aller chercher, s'arrachant par l'effort d'une naissance volontaire aux paramètres trompeurs de son monde familier.

On a conditionné Truman pour qu'il n'ose pas, pour qu'il ait peur de l'eau, pour qu'il reste à quai. La plage magnifique où il errait le soir, en proie à un mal-être incompréhensible, était la limite de son univers. Mais ce quelque chose de vivant et de fort qui anime son âme le démange irrésistiblement. Il a besoin de chercher plus loin, d'explorer au-delà des limites de son « paradis » – car c'est ainsi qu'on lui en parle pour qu'il en reste le prisonnier volontaire…

Si, en fin de compte, Truman pousse la porte qui mène hors du studio, c'est parce que le mensonge le plus séduisant, le plus coûteux, le plus sophistiqué ne peut le satisfaire : c'est la vérité qu'il cherche.

Rapport ?

Vous ne voyez pas le rapport entre la définition matérialiste de la mort et l'histoire de Truman ?

Effectivement, il n'y en a aucun.

Ou peut-être que si... peut-être qu'il y en a un.

En fin de compte, la réponse à la question suivante n'engagera que vous : est-ce que le destin de l'humanité est d'accomplir un petit voyage touristique de quelques dizaines d'années à travers l'existence, de visiter les joies et les peines d'une vie chatoyante mais dépourvue de sens avant de réintégrer le néant, comme Guignol réintègre sa boîte après le spectacle de marionnettes, ou est-ce que la conception matérialiste de la mort n'est qu'un vaste trompe-l'œil – dans un monde plein de leurres, encore un leurre, et non des moindres ?

Ne vous pressez pas de répondre.

À retenir

- La définition matérialiste de la mort comme point final est, pour certains matérialistes, une cause de découragement et d'angoisse.
- La seule raison valable de changer de croyance, c'est de s'apercevoir qu'elle était fausse.

Conseil

► Comme Truman, aimez la vérité et cherchez-la. Comme lui, vous découvrirez peut-être qu'elle n'est pas là où vous êtes né.

L'ENFANCE

Personne ne conteste (ou en tout cas pas moi) que Gustave, que son père rouait de coups tous les dimanches quand il était petit, aura plus de problèmes psychologiques à résoudre lorsqu'il sera adulte que Gwendoline, qui a joui d'une enfance paisible au sein d'une famille aimante. Lorsqu'on prend un mauvais départ dans la vie, toute la suite en est compliquée.

Faut-il en conclure sans autre forme de procès que si Gustave (30 ans) tombe en dépression, c'est à cause de son enfance difficile ?

Cette idée, qu'affectionnent les psychanalystes, débouche sur une impasse : si ce sont les événements de notre petite enfance qui déterminent notre humeur présente, Gustave n'a aucun espoir d'améliorer la sienne. On ne brûle pas des cendres, on ne réécrit pas le passé.

L'origine n'est pas la cause

Heureusement pour Gustave, son enfance n'est pas la cause de sa dépression. C'est seulement son origine. Vous ne voyez pas la différence ?

C'est qu'elle est subtile... mais essentielle.

L'enfance malheureuse de Gustave est le point de départ de sa dépression. C'est là que tout a commencé. Mais ce n'est pas la cause de sa dépression – ce n'est pas ce lointain passé qui cause sa souffrance actuelle.

Quand une bouteille d'eau minérale posée sur une table bascule et tombe, ce n'est pas à cause d'un événement ayant lieu vingt ans plus tôt, mais à cause de quelque chose qui s'est passé quelques secondes, ou quelques microsecondes, avant sa chute.

Bien sûr, la cause de la chute a elle-même une cause, qui a elle-même une cause, etc. On peut ainsi remonter de cause en cause toujours plus loin et toujours plus haut dans le passé... Mais le principal en ce qui nous concerne actuellement, c'est qu'un phénomène a toujours une ou des causes immédiates.

La véritable cause

Revenons à Gustave.

Si son père le traitait de « p'tit con », ce qui le fait souffrir aujourd'hui, c'est qu'il y croit encore. Ce n'est pas le passé qui lui fait mal, c'est la confiance qu'il a gardée dans la parole de son père.

Ou parlons d'Adélaïde.

Adélaïde a vécu les premières années de sa vie dans une ambiance glaciale. Ses parents étaient indifférents. La petite Adélaïde en a déduit qu'elle n'était pas importante. Aujourd'hui, elle le croit toujours. Ce n'est pas l'enfance d'Adélaïde qui l'a fait souffrir ; c'est sa conviction actuelle qu'elle n'est pas importante.

On peut avoir l'impression très nette qu'on souffre à cause de son enfance, mais chez l'adulte, l'enfance (malheureuse) n'est qu'une pseudo-cause de dépression.

La véritable cause qui se cache derrière cette pseudo-cause, c'est la constellation de convictions erronées et d'idées absurdes qu'on s'est forgées dans l'enfance et à laquelle on continue à croire aujourd'hui. Ce sont les croyances qu'on crée à partir des événements et non les événements en eux-mêmes qui déterminent nos émotions.

À retenir

- Une enfance malheureuse peut être à l'origine d'une dépression à l'âge adulte, mais n'en est jamais la cause. La cause est actuelle : ce sont les croyances que l'on entretient aujourd'hui, croyances qu'on s'est forgé dans l'enfance et qu'on a conservées telles quelles en dépit de leur absurdité.

Lectures recommandées

□ ***Parents toxiques : comment échapper à leur emprise*** **de Susan Forward.** Un livre excellent. À lire si vous avez l'impression que quelque chose cloche de ce côté-là – du côté parents.

□ ***Enfance malheureuse, vie heureuse : S'épanouir et réussir sa vie en dépit d'une enfance malheureuse*** **de Laura C. Schlessinger**. Pour passer de survivant à conquérant.

Méthode recommandée

□ ***Méthode Morty Lefkoe.*** Cette méthode très efficace permet d'éliminer rapidement une foule de croyances négatives issues du passé (*je ne suis pas à la hauteur, je ne suis pas important*, etc.) On peut la tester gratuitement à l'adresse suivante : http://www.mortylefkoe.com/ Pour l'instant, la méthode Morty Lefkoe n'existe qu'en anglais.

Le passé

Enfance à part, le passé peut-il être une cause de dépression ?

Oui, si l'on en croit les bourreaux d'eux-mêmes qui se mettent à la torture avec. Voici par exemple comment un homme, qui a la chance d'être marié à une femme qu'il aime et qui l'aime, transforme avec une habileté aussi impressionnante que stupide le passé de sa femme en croix pour s'y crucifier lui-même :

> « J'ai découvert il y a quelque mois le passé de celle qui est ma femme adorée... Penser que des sales types (trois hommes mariés faisant croire qu'ils étaient divorcés) ont couché avec ma femme quand elle avait une vingtaine d'années et sont heureux de leur sort actuellement me rend malade. D'autant plus que c'est le passé et que je ne peux rien y changer... Je me sens nul parce que des tas de gens ont profité de ma femme, tandis que moi je n'ai pas profité de la leur. Je suis donc plus nul que tous ces types. Je ne suis donc rien, je ne vaux rien. Et ce n'est pas une idée, c'est un fait ! Je ne me suicide pas encore mais je ne pense qu'à ça... »

D'après ce jaloux rétrospectif c'est le passé – passé fixe et inaltérable auquel personne ne peut changer une virgule – qui est la cause de sa souffrance et de ses idées suicidaires.... Mais ce passé n'est qu'un ersatz de cause. La véritable cause, c'est la manière dont il l'interprète aujourd'hui.

D'autres interprétations possibles

Cet homme jaloux ne souffre pas du passé de sa femme. Il souffre de l'interprétation qu'il en fait. Au lieu de se cramponner à sa version paranoïaque des faits, il pourrait se dire :

— Ma femme est une perle. Heureusement que ses ex-compagnons ne s'en sont pas rendu compte et l'ont quittée !... S'ils avaient été moins stupides, je n'aurais jamais eu la chance de la rencontrer.

Ou il pourrait se dire :

— La pauvre, elle a dégusté ! Heureusement pour elle, elle est finalement tombée sur moi. Je ne lui ferai pas vivre un enfer comme tous ces sales types ; je ferai tout ce qu'il faut pour la rendre heureuse...

Ou encore :

— C'est une chance que ma femme soit tombée sur des crétins de ce genre avant de me rencontrer, car de cette manière elle apprécie à sa juste valeur mon engagement pour elle. Peut-être que si elle n'avait pas souffert avec ces gugusses, elle serait encore attirée par leur genre.

Qui a le pouvoir ?

Vous croyez que c'est le passé qui vous fait souffrir ?

Vous vous trompez. C'est la manière dont vous l'interprétez et remâchez qui vous fait souffrir. Le passé lui-même est mort et enterré. Il n'a pas de pouvoir.

C'est *vous* qui avez du pouvoir.

Celui de vous rendre très malheureux (et les autres aussi) en vous complaisant dans des pensées folles, douloureuses et néfastes, et le pouvoir aussi de faire l'inverse : celui de donner naissance à votre propre bonheur en cultivant des pensées joyeusement pertinentes, lucidement optimistes et sereinement logiques.

À retenir

• Le passé ne nous accable pas, mais bien la manière dont nous y pensons.

Conseils

► Concentrez-vous sur le présent : c'est là où vous êtes.

► Intéressez-vous au futur : vous y passerez le reste de votre vie.

► Ne vous attardez pas sur vos mauvais souvenirs, ils ne méritent pas tant d'honneur.

► Tout ce qui a eu lieu a un bon côté. Cherchez-le et vous le trouverez.

La solitude

La solitude est-elle une cause de dépression ?

Oui, d'après tous ceux qui cherchent à la briser.

Et comment leur donner tort ?

Les loups solitaires hurlent à la mort ; les ours mal léchés ne sont pas gais. Tant qu'on n'arrive pas à établir un minimum de relations cordiales avec ses semblables, on ne peut pas être complètement heureux.

Trois sortes de solitude

Il y a trois sortes de solitude : l'existentielle, la subjective et l'objective.

1/ Existentielle : nous sommes entrés seuls et nus dans ce monde, par une porte où deux ne peuvent passer en même temps, et nous en sortirons seuls aussi. Personne ne nous accompagnera. Il n'y a pas que Sissi qui soit seule face à son destin. Vous l'êtes aussi. Je le suis aussi. Tous les autres le sont aussi. Cette solitude-là est une part incontournable de la condition humaine. On ne peut la fuir, même si beaucoup de gens essaient.

2/ Subjective : on est parfois très seul quoique très entouré. Ce sentiment de solitude naît d'une difficulté à communiquer à un niveau authentique avec les autres, soit parce que les autres n'ont pas les mêmes principes et valeurs, soit parce qu'on n'a pas encore développé son individualité propre.

Quand on souffre de cette solitude subjective, les autres nous sourient... mais on ne peut leur rendre leur sourire. Ils nous tendent la main... mais au bout des bras, on n'a que des gants de chair pour la saisir. L'amitié, la chaleur humaine et du café nous sont offerts... mais on ne parvient pas à les accepter de bon cœur. Tout se passe comme si une vitre invisible nous séparait de nos semblables.

3/ Objective : passer du temps en tête à tête avec soi-même, c'est être objectivement seul. La plupart de ceux qui se plaignent de la solitude font référence à cette solitude objective, factuelle.

Les bienfaits de la solitude objective

Comme toute chose en ce monde, la solitude objective a des avantages comme des inconvénients. Tout le monde connaît ses inconvénients ; parlons un peu de ses avantages. Je suis bien placée pour en parler, car la solitude a fait beaucoup pour moi.

Saviez-vous que la plupart des grands hommes qui ont marqué l'Histoire ont connu, au moins au cours de leur jeunesse, de longues périodes de solitude ?

Ce n'est pas un hasard si ces personnalités de premier plan avaient l'habitude de s'isoler... La solitude stimule la réflexion ; les pensées et les questions éclosent dans son silence. Pour élaborer une stratégie, quelle qu'elle soit, il ne faut ni télé, ni musique, ni interruption. L'esprit doit se ramasser sur un seul point, comme les faisceaux lumineux d'un rayon laser. Une telle concentration n'est possible que dans la solitude, le silence et le calme.

Et ce n'est pas le seul bienfait de la solitude.

Car qui peut nier qu'elle soit un maître ? Le plus grand gourou de l'introspection ?

Quand on ne se fréquente pas, on ne se connaît pas. La solitude est l'occasion d'entrer en contact avec ses pensées, ses émotions, ses désirs, ses souvenirs. Elle est aussi l'occasion de faire le tri entre l'authentique et le factice, entre ce qui nous tient réellement à cœur et les idées parasites que nous nous sommes laissé imposer.

C'est la solitude, et uniquement elle, qui permet de se soustraire à la force centrifuge des divertissements et des distractions pour réintégrer son centre et entrer au cœur de sa vie.

Les plus grands voyages sont intérieurs. On les fait entre les quatre murs de sa chambre – ou sous un arbre, dans le silence crissant des cigales. Ou près d'un ruisseau qui murmure. Ces Odyssées invisibles dont on sort transformé, on les accomplit en allant jusqu'au bout de ses pensées. Un jusqu'au-boutisme que seule la solitude rend possible.

Les autres nous renvoient trop souvent à l'image périmée qu'ils se font de nous ; dans la solitude on peut se libérer de leurs définitions réductrices pour construire les fondations d'un nouveau Moi. Quand on n'est encore que l'embryon de soi-même, la solitude est moins une ennemie qu'une amie douce et maternelle, moins une prison qu'une terre généreuse où pousser racines, coquille protectrice où pousser tranquillement ses ailes.

Solitude et sociabilité

La solitude peut être enfin le lieu où l'on se prépare à rencontrer ses semblables... Vous voulez plus d'amis ? La solitude peut vous aider à atteindre cet objectif. C'est paradoxal, mais c'est logique.

On a des amis quand on est amical soi-même : c'est le seul moyen fiable de se faire de nouveaux amis, ou de garder les anciens. Or être amical est une compétence – une compétence qui s'apprend. Où ?

Dans les livres :

> « Il y a quelques années j'étais l'archétype du loup solitaire. J'ai été très près de me suicider. J'étais enfermé dans la solitude. Je voulais des amis mais je n'avais aucune idée du moyen de les obtenir. Un livre m'a littéralement sauvé la vie... Il m'a permis de comprendre qu'être social, faire des amis et être apprécié est une compétence. Jusque-là, je n'avais jamais réalisé qu'on pouvait s'entraîner à ça et s'améliorer dans ces domaines. Ce livre m'a conduit sur le chemin du développement personnel... et finalement j'ai pris conscience que tout est une compétence. On peut apprendre dans tous les domaines. On peut s'entraîner et s'améliorer à n'importe quoi. Même à être heureux. Si vous voulez être plus heureux, ou plus attirant, vous pouvez l'être. Vous n'avez pas besoin de rester déprimé et misérable. »

C'est dans le calme de la solitude qu'on étudie les livres qui permettent de changer... et finalement, de quitter l'identité de loup solitaire pour celle de... Grand Méchant Loup ? P'tit loup ? Jeune loup aux dents longues ? Illustre loup blanc ? Louveteau chez les scouts ? Loup-phoque, guenillou, Milou, zoulou, gros loup ?... Vous avez l'embarras du choix.

À retenir

- Pour élaborer une stratégie de vie, il faut passer du temps en tête-à-tête avec soi-même.
- La solitude permet de se connaître, de se construire, et même d'apprendre à ne plus être seul.

Conseil

► Si vous voulez planifier votre vie (et bien sûr, vivre votre plan), apprivoisez la solitude : au lieu de la subir, mettez-la à votre service.

Lectures recommandées

☐ ***Comment se faire des amis et influencer les gens*** **de Dale Carnegie.**

Un grand classique ; indispensable pour ceux qui aspirent à une vie sociale plus riche et satisfaisante.

□ ***Comment parler à tout le monde* de Leil Lowndes.** Beaucoup de bons conseils et un style agréable.

Le manque de sexe

Peut-on considérer le manque de sexe comme une authentique cause de dépression ?

Ce qui est sûr, c'est que publicités, films, télévision, magazines, et autres médias, donnent une image exagérée du sexe.

Je ne veux pas dire par là que le sexe est quelque chose de déplaisant – d'ailleurs si je le disais personne ne me croirait –, mais le sexe, ce n'est pas la plage, le soleil, le sourire, la beauté, la sérénité. Or, si l'on se fiait aux images dont on nous bombarde, on croirait bien que le sexe c'est tout cela, et plus encore.

On nous présente par exemple une très jeune femme à moitié nue, aux seins magnifiques, au visage candide, qui rit aux éclats. Autrement dit, on nous présente sous une forme visuelle l'équation suivante : *Sexe* (à moitié nue, seins) = *joie* (qui rit aux éclats) + *innocence* (très jeune, au visage candide) + *beauté* (la jeune femme est splendide).

Ou encore, on nous balance dans les mirettes une femme aux fesses bombées et parfaites soulignées par un string absolument pas suggestif puisqu'il montre tout, qui avance vers une piscine étincelante... C'est l'été, il fait chaud, etc. Et hop, une équation de plus : *Sexe = vacances + argent* (il en faut pour se payer une piscine) + *beauté.*

Notre monde idéalise le sexe en le présentant comme un passeport non seulement pour l'orgasme, mais pour tout le reste : beauté, jeunesse, joie de vivre, confiance en soi, épanouissement personnel et professionnel, succès…

Si un extra-terrestre débarquait sur la planète terre, et qu'il n'avait comme source d'information que les médias, il ne pourrait jamais croire qu'il y a des gens pauvres, ou pas beaux, ou pas jeunes, ou qui travaillent... qui ont quand même des relations sexuelles !

D'ailleurs c'est tellement peu évident, même pour les terriens de souche, qu'une auteure, Pascale Clark, a éprouvé le besoin d'intituler l'un de ces livres *Tout le monde fait l'amour* (2001)... manière de dire que malgré ce qu'on pourrait croire, le sexe n'est pas réservé aux V.I.P. ou aux S.B. (Super Beaux).

Du coup lorsqu'on n'a pas goûté au sexe, ou très peu, on est enclin à se fier aux équations des médias. À un niveau subconscient, on s'imagine que si on avait plus de sexe, on aurait aussi plus de beauté, d'argent, de gaîté, de sérénité, de jeunesse, et tout le tremblement.

D'autre part les médias cultivent l'idée qu'il y a un âge idéal auquel il serait bon de se livrer à une activité sexuelle intense, pour ne pas dire intensive. Sous leur influence, on peut voir comme une perte sèche le fait de ne pas mettre son corps à contribution érotique et regretter de ne pas rentabiliser ce capital-corps que le temps érode inexorablement…

Mais ceux, et surtout celles, qui se précipitent dans des aventures sans lendemain découvrent que les coups d'un soir ne font pas le bonheur (sauf celui de James Bond dans les films dont il est le héros) et qu'on y récolte plus d'humiliations et de maladies sexuellement transmissibles que de souvenirs inoubliables.

À retenir

- Le sexe n'est pas tout ce à quoi on l'associe ; le sexe n'est que le sexe.
- Tout le monde fait l'amour, même ceux qui n'ont pas le profil.

Conseil

► Ne vous ruez pas tête baissée dans ces aventures qu'on dit « sans lendemain » car il y a toujours un lendemain – et parfois une gueule de bois.

Le manque d'amour

Vous rêvez de rencontrer l'amour ?

Vous vous imaginez que lorsque vous l'aurez trouvé, ce sera la fin de toute souffrance et le début d'un bonheur sans nuage ?

— Lorsque j'aurai rencontré mon âme sœur, pensez-vous, lorsque je serai en couple, l'univers, mon univers, trouvera enfin son équilibre. Le soleil se mettra à se lever à l'est, et les planètes à tourner dans le bon sens. Chaque chose comme chacun trouvera enfin sa juste place…

C'est ainsi que beaucoup de femmes romantiques, et quelques hommes, passent des années à se morfondre dans l'attente de l'être tant désiré... Mais en se focalisant ainsi sur l'extérieur, elles oublient de se demander : et moi, qui serai-je pour mon prince ?

Une princesse, ou une grenouille ?

Un peu d'introspection s'impose, car les couples mixtes prince-grenouille ne sont, hélas, pas durables... Les princes finissent par se lasser de patauger dans les marécages. Quant aux grenouilles, elles ne supportent pas longtemps l'éclat et les responsabilités de la vie princière.

À moins d'être déjà soi-même une princesse charmante, attendre passivement que le prince arrive est une stratégie de perdante.

Lorsqu'on espère un prince, il faut se préparer.

Pas attendre : se préparer.

Vous saisissez la différence ?

Attendre, c'est ne rien faire. Se préparer, c'est agir.

Quelles sont les qualités du Prince Charmant dont vous rêvez ?

S'il est gentil, apprenez à être gentille ; s'il est généreux, apprenez à donner ; s'il est souriant, souriez. Et patin-couffin.

— Ah mais non ! réplique une séduisante lectrice aux yeux verts. Si je veux un homme riche, c'est pour vivre dans l'oisiveté et le luxe. Et s'il me faut un homme gentil, c'est pour qu'il supporte mes caprices et ma mauvaise humeur...

Vous cherchez l'homme de votre vie, ou un mur où faire le lierre ?

Dites-vous bien que si vous cherchez un être fort à parasiter, aucun être fort ne cherche de parasite.

— Pff... ma sœur a un caractère de cochon, et son mari est un ange. Les contraires s'attirent.

C'est vrai à un certain niveau, mais rarement à celui des qualités. Si vous collectionnez les traits de caractère déplaisants, ne vous attendez pas à attirer un petit saint. Ou si vous l'attirez, attendez-vous à le perdre. Le meilleur moyen d'attirer à soi et de garder un partenaire serviable, aimant, sensible, optimiste, etc., c'est d'être soi-même serviable, aimant, sensible, optimiste, etc.

Bref, votre prince viendra... quand vous vous serez métamorphosée vous-même en princesse. Bien sûr, l'inverse est aussi vrai : vous trouverez une princesse quand vous en mériterez une. Seul un prince est digne d'une princesse.

Obnubilé par l'amour, on a tendance à le chercher sans chercher en même temps ce qui rend sa durée possible. Certes, l'amour est un rosier qui embaume tout ce qui l'entoure, mais quand on n'a pas de terre où le planter, son parfum suave est éphémère comme un bouquet de fleurs coupées. Pour que le rosier survive et prospère, développez toutes les qualités morales (honnêteté, gentillesse, douceur, sens des responsabilités...) qui constituent la terre fertile où il poussera ses racines.

J'ai rencontré l'homme de ma vie, mais j'aurais pu refuser son amour, j'aurais pu le perdre, et je pourrais encore le perdre, si je n'avais pas accepté, et si je n'acceptais pas encore et encore de faire des efforts, de changer, d'améliorer mon attitude, de sacrifier une partie de mon égoïsme à l'amour, un bout de ma paresse à la tendresse, une part de mon agressivité à la paix.

Le véritable amour (le beau, le durable) ne prend place et sens que dans une existence nettoyée, ou en cours de nettoyage.

Impatient ?

Vous êtes un prince ou une princesse, et vous êtes pressé de rencontrer votre moitié ? Vous êtes prêt, et vous ne voyez vraiment pas ce qu'il ou elle attend ?

Vous vous désespérez de son absence ?

Faites un peu confiance au destin.

Entraînez-vous à la patience.

La vie a sa sagesse propre, son timing incompréhensible quand on le vit, mais soigneusement calculé. Les choses arrivent à leur heure, ni plus tôt ni plus tard. D'ailleurs ce délai vise peut-être à vous faire apprécier votre âme sœur à sa juste valeur : quand elle sera là, vous ne prendrez pas sa présence pour un dû et ainsi, vous ne la traiterez pas avec la désinvolture qui conduit tant de couples au divorce. En attendant, ayez foi en l'avenir. Vous avez de la chance, puisque le meilleur est devant vous.

Calcul

Par ailleurs, je tiens à vous signaler que si vous avez vingt-deux ans, vous n'êtes pas célibataire depuis vingt-deux ans.

Je le précise, parce que certaines personnes considèrent que leur célibat a commencé le jour de leur naissance. Mais à l'âge de cinq ans, vous n'étiez pas célibataire, même si vous n'étiez pas en couple.

Si vous devez fixer un commencement à votre célibat, fixez-le plutôt à vingt ans : avant cet âge, les couples stables sont fort rares. Si donc vous avez vingt-deux ans, et que vous êtes célibataire, vous pouvez considérer que vous l'êtes depuis deux ans. Cette manière de calculer est moins angoissante (et plus réaliste) que l'autre.

À retenir

• Les couples mixtes prince-grenouille et princesse-crapaud ne durent pas.

Conseil

► Améliorez-vous pour devenir digne de votre âme sœur : elle vous rendra heureux (ou heureuse) ; faites en sorte que vous aussi, vous la rendiez heureuse.

L'amour-drogue

L'amour-drogue est une cause connue et évidente de dépression.

Il y a en effet deux types de sentiment amoureux : l'amour-nourriture et l'amour-drogue.

L'amour-nourriture est vécu au quotidien ; il est tissé de paroles et de gestes (dont ceux, tout à fait humbles, par lesquels on fait le lit, la vaisselle, etc.) L'amour-nourriture est un partage : partage de repas, de tâches, de rires, de discussions, de projets, d'efforts. Il est souriant, tolérant, patient, relativement lucide, doux et tendre.

L'amour-nourriture permet de développer confiance en soi et force intérieure. Sous l'influence bénigne de cet amour, on peut déplier un à un les pétales de sa personnalité réelle, à l'image d'un tournesol qui s'ouvre progressivement à la lumière du soleil.

Hormis le début de son nom, l'amour-drogue ne présente aucune espèce de ressemblance avec l'amour-nourriture. C'est un sentiment d'une nature radicalement différente... un sentiment hautement toxique.

Au tout début, l'amour-drogue est absolument délicieux : sa saveur est irrésistible. Si irrésistible qu'on en devient aussitôt dépendant.

L'Autre, l'aimé(e), est comme une dose de cocaïne dont on a besoin, mais qui ne nous satisfait jamais, et dont chaque piqûre aggrave le manque en feignant de le combler. Cet amour entraîne dans une spirale infernale. Au fond du trou (mais en réalité ce trou n'a pas de fond) on se sent nul, pitoyable, à supplier silencieusement ou bruyamment l'autre de nous aimer encore un peu, un tout petit peu…

Prenons l'exemple de Léontine.

La folle passion de Léontine

Léontine a rencontré Eugène par Internet ou autrement.

Il est tout de suite tombé sur son charme, et l'a couverte de compliments et de déclarations passionnées qui lui ont fait plaisir… d'autant plus plaisir que suite à une enfance difficile (une mère alcoolique et un père méprisant qui la dévalorisaient sans cesse), Léontine doutait beaucoup d'elle-même ; elle n'avait aucune confiance en son charme.

Puis, ça a été la passion : pendant un long mois intense, Léontine et Eugène se sont aimés à la folie.

Avec le temps, l'amour de Léontine pour Eugène a augmenté, tandis que celui de Eugène pour Léontine a diminué. Léontine s'est montrée, du point de vue d'Eugène, « collante » – c'est-à-dire qu'elle lui a montré, parce que c'était vraiment plus fort qu'elle, à quel point elle avait besoin de lui. Et finalement, Eugène en a eu assez et a quitté Léontine.

Elle a tout fait pour le faire revenir, même de la magie noire, et pour finir, à force de s'enfoncer dans le désespoir en écoutant le même morceau de musique désespérée en boucle pendant des heures, elle a tenté de mettre fin à ses jours.

Heureusement elle a survécu.

Miroir aux alouettes

Ce genre d'histoire est, hélas, banal.

Qu'est-ce qui explique que Léontine se soit retrouvée au bout du rouleau ?

Quelle est la véritable cause ?

On peut bien sûr blâmer Eugène – effectivement c'est un sale type –, mais si on lui met tout sur le dos, il n'y a plus aucun moyen que Léontine s'en sorte…

Pour comprendre de quoi il s'agit, il faut revenir au début de l'histoire.

Léontine ne s'est jamais aimée ; elle a une piètre opinion d'elle-même. Alors bien sûr, le jour où un homme la couvre de flatteries, de compliments, et semble voir en elle la femme qu'elle a toujours rêvé d'être sans jamais parvenir à y croire…, elle succombe complètement. Ce qu'elle aime, c'est Eugène, mais aussi et surtout l'image merveilleuse qu'il lui renvoie d'elle-même.

Il y a là un effet très pervers de faux miroir.

Délibérément ou non, Eugène a tendu à Léontine un portrait très idéalisé d'elle en lui disant : « Regarde… c'est toi… c'est bien toi… » Pour la première fois de sa vie, Léontine s'est sentie comprise et appréciée. Appréciée, parce que l'image est belle ; comprise, parce que l'image dans le pseudo-miroir ressemble à son idéal d'elle-même.

Mais ce prétendu reflet n'est qu' un mensonge, et) ce mensonge, Léontine devient très vite dépendante. À l'amour réel qu'elle éprouve pour Eugène et qu'éprouve Eugène pour elle se mêle cette illusion : Léontine vue par Eugène.

Lorsque Eugène cesse d'aimer Léontine, c'est comme si brusquement il lui retirait de sous le nez le miroir où elle se voyait belle et radieuse pour lui en tendre un autre, où elle ne voit plus qu'un *pot de colle*, une *pleurnicheuse*, une *enquiquineuse*, etc.

Ce changement brutal génère une souffrance insoutenable pour l'ego de Léontine. Une blessure infiniment douloureuse. Eugène lui semble maintenant beaucoup plus qu'un être humain ordinaire, et devient le pivot de son existence. Par son attitude envers elle, il peut lui procurer une sensation d'euphorie comme la plonger dans le désespoir le plus noir. S'il l'aime, elle est au paradis ; s'il ne l'aime pas, elle plonge en enfer. Pour Léontine, Eugène est devenu une idole à vénérer et à craindre.

Le premier problème, c'est l'image que Léontine a d'elle-même.

Si, dès le départ, elle avait su très clairement qui elle est, elle ne se serait pas laissé leurrer par le miroir aux alouettes des flatteries d'Eugène. Elle se serait plutôt ressouvenue que « tout flatteur vit aux dépens de celui qui l'écoute », comme le dit le renard narquois au corbeau « honteux et confus » d'avoir été dupé, dans une célèbre fable de La Fontaine.

Eugène aurait-il été aussi enthousiaste s'il n'avait pas eu l'espoir qu'elle le regarde avec de grands yeux pleins d'étoiles ?

Ou, plus trivialement encore, s'il n'avait pas eu l'espoir de coucher avec elle ?

Les compliments qu'elle a pris pour l'expression pure et désintéressée de sa sincérité n'étaient peut-être que la première partie d'un troc : derrière l'admiration se cachait le donnant-donnant. Ces compliments fleuris qu'Eugène a jetés à la tête de Léontine au tout début de leur idylle étaient autant d'appâts. Ils les lui lançait dans l'espoir de la harponner.

L'autre problème, c'est que sans le décider consciemment, Léontine a pris un être humain ordinaire, et même très ordinaire, pour idole, ce qui est aussi imprudent que de prendre un chimpanzé pour chef ou une girouette pour guide. Elle a construit la maison de son amour sur des sables mouvants et pris comme appui ce qui n'a aucune stabilité, aucune solidité. Un peu comme quelqu'un qui prendrait comme bâton de montagne un spaghetti géant : dès qu'il s'y appuie un peu, le spaghetti casse et le montagnard dégringole dans le ravin…

À retenir

• L'amour-drogue est, souvent, la conséquence indirecte d'une méconnaissance de soi et d'une méconnaissance de l'autre : on ne sait pas qui l'on est ; on le prend pour quelqu'un d'autre.

• Quand on érige un être humain très ordinaire en idole, un jour ou l'autre l'idole vacille, bascule et s'écrase... sur notre tête.

Conseils

► L'amour-nourriture n'est pas un mythe ; si vous ne l'avez pas encore trouvé cherchez-le, tôt ou tard vous le trouverez.

► Documentez-vous sur la dépendance affective.

Un chagrin d'amour

On l'aime plus que tout, on lui a confié notre cœur, et il ou elle nous quitte.

Une expérience épouvantable.

Une cause majeure de dépression.

Ceux qui prétendent qu'« un(e) de perdu, dix de retrouvés » ne savent pas ce qu'ils racontent. On n'en veut pas dix, on en veut un(e)... celui ou celle qu'on a perdu.

Dans ce chapitre, je vais supposer que vous êtes actuellement sous le coup d'un grand chagrin d'amour. Si ce n'est pas le cas, je m'en réjouis et je vous donne rendez-vous au chapitre suivant.

Changement de perspective

Vous avez l'impression que vous avez perdu l'homme ou la femme de votre vie ?

Que vous ne pourrez jamais aimer et être aimé comme vous l'avez aimé, comme il ou elle vous a aimé ?

Vous pensez que si ce n'est pas lui ou elle... la vie n'est qu'un douloureux chaos de ténèbres qui ne vaut pas la peine d'être vécu ?

Vous n'avez pas fait le tour du problème.

Qui sait si ce grand amour qui vous déchire n'est pas, en réalité, le pâle brouillon, voire le négatif, d'un amour beaucoup plus grand et beaucoup plus beau qui vous attend ?

J'ai été consumée pendant quatre ans par une passion dévorante pour un homme que je considérais comme l'homme de ma vie en même temps que l'homme de mes rêves. Il était seulement l'homme de mes rêves, et mes rêves manquaient singulièrement d'envergure.

Aujourd'hui, je lui suis très reconnaissante de ne pas avoir voulu de moi... En me repoussant, il m'a brisé le cœur, c'est vrai. Mais le grand chagrin, la grande souffrance qui m'a mise par terre ont été le point de départ d'une nouvelle vie.

Si vous n'êtes plus avec « l'homme [ou la femme] de votre vie », c'est peut-être que ce n'est pas lui, ou elle. Votre vie est faite de vos jours, elle n'est pas faite de vos rêves. Comment pouvez-vous être sûr qu'il n'y a pas, quelque part, votre véritable âme sœur qui vous attend et vous espère ?

Après mon pseudo-grand amour, après mon terrible chagrin, j'ai rencontré l'homme de ma vie... le vrai.

Votre chagrin d'amour actuel ne sonne pas le glas de votre existence, il met seulement un point final à l'un de ses chapitres. Cette souffrance ne met pas fin à votre être, mais à une partie de votre être. Et qui sait si cette partie est la meilleure... ou la pire ? C'est dur, mais ce n'est pas la fin du monde, même si c'est peut-être la fin d'un monde. Faites seulement le deuil de vos illusions, de l'avenir que vous aviez imaginé : la vie, c'est ce qui arrive lorsqu'on avait prévu autre chose.

Peut-être que le véritable amour, celui qui est tendresse, confiance, partage, celui qui nourrit l'âme et le corps, vous est encore inconnu...

Peut-être que ce que vous avez perdu est d'une qualité bien inférieure à ce qui vous attend.

Peut-être que le vrai grand amour est situé quelque part dans votre futur.

Peut-être que votre cœur brisé va se réparer lui-même, comme un tissu qui cicatrise, un os qui se ressoude. Peut-être que la graine d'un plus bel amour germe déjà invisiblement dans votre cœur et dans le cœur de cet inconnu(e) qui vous espère - votre allié(e), votre meilleur(e) ami(e), votre âme sœur.

Et quand vous l'aurez rencontré(e), quand vous serez en couple avec lui ou elle, vous repenserez à votre chagrin de naguère, c'est-à-dire à votre chagrin d'aujourd'hui, vous aurez pitié de vous-même, et vous serez reconnaissant.

Marche à suivre

Logiquement et d'après mon expérience, voici ce qui est utile pour se sortir d'un chagrin d'amour : *rassembler tous les souvenirs les plus chéris que l'on a de l'être aimé et les jeter à la poubelle.*

Ça vous paraît vraiment très radical ?

Pour ma part, il m'a fallu des années avant de m'y décider, mais en faisant un tel geste, c'est un nœud gordien que l'on tranche, une énorme quantité d'énergie qu'on libère. Les bonnes rencontres ne deviennent possibles qu'après un grand ménage de printemps, qui peut d'ailleurs être exécuté en n'importe quelle saison.

Vous ne voyez peut-être pas le rapport... ou peut-être que vous ne le voyez que trop bien... mais c'est en jetant tous les objets qui avivent le souvenir chéri de l'être aimé, trop aimé, que l'on coupe véritablement le lien de souffrance qui nous unit encore non à lui – ça, s'est fini – mais à l'illusion qu'en le perdant, nous avons perdu l'essentiel.

Un chagrin d'amour, c'est un amour qui s'est changé en vinaigre, un litre de lait qui a tourné, une belle pomme qui est restée trop longtemps dans le frigo : si vous mangez ce qu'il en reste, vous allez vous empoisonner.

Sortir d'un chagrin d'amour, c'est tout simplement se faire passer soi-même avant non pas l'amour de l'autre (il n'est plus là et il s'en fiche) mais une idée, un souvenir, un simple rêve. Donner la priorité à soi-même plutôt qu'à de doux et sinistres mensonges.

Ce n'est pas à l'amour que vous renoncez en jetant tous les objets qui vous rappellent cette relation défunte, mais à la nostalgie mortifère, aux « Ah, si seulement... », bref, à des illusions.

Quand on reste à distance de la réalité présente, qu'on s'enferme dans un passé idéalisé et un futur rêvé, le temps ne s'en écoule pas moins. Et la vie passe, les rides se tracent, alors qu'on n'est même pas là. Un chagrin d'amour est une transe hypnotique qui peut durer des années : on est dans un autre monde. Un pur fantasme.

Et le jour où l'on sort de cette transe, où l'on se réveille et reprend pied dans la réalité, on prend conscience avec un certain désarroi que tous ces mois, toutes ces années parfois, à regretter et à rêver, ont été du temps perdu.

Du temps... Vous vous rendez compte ?

Le temps dont vous disposez est votre vie. Les deux se confondent.

Voulez-vous laisser non pas l'amour, mais une illusion d'amour (car un souvenir n'est, au fond, rien de plus qu'une illusion) vous dépouiller de ce que vous avez de plus précieux – de votre vie ?

Voulez-vous soupirer mélodieusement en héros ou héroïne romantique tandis que juste à côté, les autres *vivent* ?

Quand je repense à tout ce que j'aurais pu faire, si seulement j'avais accepté que ce qui n'est plus, n'est plus... Mais je voulais souffrir pour rien, souffrir pour un amour qui n'existait plus. Je voulais incarner une fidélité surnaturelle et du coup, je n'incarnais rien, même pas mon corps.

Ce cœur, votre cœur, voulez-vous l'asphyxier, le condamner à mourir, sous prétexte qu'il a été meurtri ?

Le chagrin d'amour est une fuite loin de la réalité et de ses chances. L'homme ou la femme qui non seulement pourrait vous rendre heureux, mais que vous pourriez rendre heureux, est peut-être votre voisin. Mais vous ne le saurez pas tant que vous vous cramponnerez à l'illusion que souffrir va changer quelque chose à votre sort.

On ne négocie pas avec le destin.

Pleurer, se désespérer, déclamer « Pourquoi ? Pourquoi ?! », regretter ce qui aurait dû être (sauf que si ça avait dû être, ce serait) n'a jamais convaincu la vie de nous donner ce que nous voulons. C'est même le contraire : plus on s'accroche, plus on est privé ; plus on se cramponne, plus on manque.

On ne peut rien recevoir tant qu'on garde les mains crispées.

Par contre, dès qu'on les ouvre, dès qu'on accepte ce qui est, dès qu'on comprend que les choses sont telles qu'elles doivent être, puisqu'elles sont ainsi, vous sentez aussitôt une brise fraîche et pure, un courant d'air métaphysique, vous balayer le corps et l'âme...

Brusquement, le rouage qui tournait dans le vide s'enclenche avec un autre, vous refaites partie de la vie et du monde, vous êtes à nouveau vivant sous un soleil chaleureux, un ciel si vaste et si beau qu'il mériterait d'être contemplé en extase pendant des heures, vous êtes à nouveau un fils ou fille de..., un ami de..., et voilà que vous rencontrez un homme (ou une femme) merveilleux – si merveilleux qu'il n'y a aucune comparaison possible, et que le passé s'efface comme un mauvais rêve.

Et en effet, c'était un mauvais rêve : un chagrin d'amour n'est que la pointe aiguisée, plantée dans un cœur qui saigne, d'un iceberg d'illusions.

Illusion que quelqu'un a su nous aimer de la meilleure des manières – alors que la meilleure des manières, c'est celle qui dure, celle qui résiste au temps et à l'usure, celle qui est tendre et patiente.

Illusion que quelqu'un pourra réparer à notre place ce que notre enfance a brisé – alors que nous seuls avons le pouvoir d'explorer et soigner nos blessures.

Illusion que nous avons besoin de cette personne-là – alors que si nous avions véritablement besoin d'elle, elle serait là.

Illusion que le problème et la solution sont au-dehors – alors que le problème est en nous, et que la solution y sera aussi, quand nous l'aurons trouvée.

Illusion que cette (piètre) relation est insurpassable – alors qu'il suffirait que nous nous améliorions un peu nous-mêmes pour devenir capable d'un amour mille fois plus beau, plus fort, plus paisible et plus réel, avec quelqu'un de mille fois plus beau, plus aimant et plus authentique.

À retenir

• Un amour qui ne dure pas n'est jamais aussi merveilleux qu'on l'idéalise.

• Rétrospectivement, on s'aperçoit souvent que les pires malheurs sont les plus grandes chances.

Conseils

► Votre vie ne se déroule pas du tout comme vous l'aviez imaginée ? Vivez-la telle qu'elle se présente et faites de nouveaux plans.

► Ne trimbalez pas un cadavre partout avec vous : jetez tous les souvenirs qui vous enchaînent à un amour mort.

Lecture recommandée

□ ***Simplifiez votre intérieur* de Karen Kingston.** Déjà conseillé. Un livre qui donne le courage de ranger et surtout, de jeter.

Les méchants

Les ouvrages consacrés à la dépression en parlent peu, ou n'en parlent pas du tout, et pourtant cette cause-là n'a rien de rare.

Il s'agit des méchants.

Pervers narcissiques, manipulateurs, mangeurs d'énergie, vampires... ces dernières années, on a donné toutes sortes de noms aux méchants. L'essentiel est de les identifier, de connaître leur mentalité et leurs stratégies, et d'apprendre à se protéger d'eux.

Anthropophage et premier de cordée

Personne n'aspire à la faiblesse, mais tout le monde n'a pas recours aux mêmes stratégies pour acquérir de la force.

Certains croient qu'écraser les autres, les agresser, les humilier et les détruire psychologiquement, est le meilleur moyen de devenir puissant.

D'autres pensent que lutter contre soi-même et contre les obstacles, agir malgré la peur, le découragement, l'inertie et la fatigue, discipliner son esprit, s'aider soi-même et aider les autres, est le meilleur moyen de devenir puissant.

La première méthode est le fruit d'une mentalité gagnant/perdant... une mentalité d'anthropophage. Les anthropophages mangent la chair de leurs ennemis car ils s'imaginent qu'ainsi, ils s'approprient leurs forces.

La seconde méthode est le fruit d'une mentalité gagnant/gagnant... une mentalité de premier de cordée. Un premier de cordée ne pense pas que si l'un des membres du groupe tombe dans le gouffre, il arrivera plus vite au sommet. Au contraire : il sait que si l'un des encordés tombe, il y a de fortes chances pour que tout le monde tombe, y compris lui. Le premier de cordée veut la réussite et la sécurité pour tous les membres de son équipe ; il a en tête l'intérêt de tous.

Vous ne serez pas étonné d'apprendre que les méchants ont une mentalité d'anthropophage.

Pas fait exprès ?

Il est rare qu'un méchant dise ouvertement au gentil qu'il veut écraser sous ses talons : « Tu ne vaux rien, tes choix sont nuls, ta vie est nulle, et je suis mille fois mieux que tu ne l'es. »

Il n'est pas moins rare qu'un méchant du genre manipulateur ajoute : « Mais ne t'inquiète pas, car j'ai la solution : deviens ma chose, sois ma marionnette, et je tirerai tes ficelles jusqu'au succès. »

La plupart du temps le méchant fait passer le message indirectement, il le sous-entend d'une manière plus ou moins subtile.

Les méchants font d'autant plus de mal qu'on ne les reconnaît pas pour tels, qu'on les prend pour des personnes normalement bienveillantes. La première étape pour se protéger d'un méchant, c'est de prendre conscience qu'il en est un : s'il y a un méchant dans votre entourage, il est vital que vous le sachiez.

En effet en prendre conscience n'est pas toujours évident.

Si elle est un tant soit peu naïve, la victime se dit que le méchant ne l'a « pas fait exprès », qu'il ne se rend pas vraiment compte. Elle lui trouve toutes sortes d'excuses : « C'est de la maladresse... ça part d'un bon sentiment... Il ne le pense pas vraiment. » Parfois aussi, la victime se culpabilise : elle pense qu'elle qui a tort de se sentir blessée. Mais autant regarder les choses en face : le méchant l'a fait exprès.

Le méchant le fait *toujours* exprès.

Quand il humilie sa victime, c'est parce qu'il le *veut*. Le méchant n'est pas un imbécile. Ses capacités mentales sont intactes, et il se rend parfaitement compte de ce qu'il fait. Lorsqu'il se montre cruel, blessant, désagréable, condescendant, sadique, ironique et destructeur, il le sait, exactement comme vous le sauriez si vous faisiez comme lui.

Un méchant en action

Pour atteindre leurs objectifs, les méchants ont d'innombrables stratégies ; impossible de les examiner toutes ici. En voici seulement une, que vous reconnaîtrez peut-être...

Dans un premier temps, le méchant est tout sourire. Et si serviable ! C'est son dévouement qui est étonnant... sa capacité à donner. Vous acceptez son dévouement et ses dons, sans vous douter que vous n'en êtes qu'au premier acte, et que ce soi-disant altruisme est la première partie d'une grosse arnaque.

Acte II : le temps de payer arrive. Vous croyiez que ses cadeaux étaient gratuits ? Détrompez-vous. Le méchant vous a généreusement aidé ; il a donc maintenant un droit sur vous. Le droit de quoi ?

Le droit de vous humilier, bien sûr !

C'est ce qu'il cherche depuis le départ. Sans le savoir, vous avez passé un marché de dupe, un peu de pseudo-amour ou de pseudo-aide en échange de votre capital le plus précieux : votre dignité.

Et voilà qu'il se met à la grignoter...

Ça commence doucement. Une petite remarque en passant. Une plaisanterie.

Vous vous rebiffez ?

Le méchant réplique : « Mais... tu n'as donc aucun sens de l'humour ? » Réplique dont voici le sous-titre : « Après tout ce que j'ai fait pour toi... le minimum est bien que tu acceptes mes petites piques. La reconnaissance, tu connais ? »

Ça continue – un peu plus fort. Il vous imite, et c'est censé être drôle. Vous avez compris le message, vous serrez les dents en souriant.

Très bien ! Excellent ! Maintenant il peut y aller plus fort : « X m'a dit qu'Y pense que tu es trop susceptible. »

Ce n'est pas lui qui le dit. C'est Y qui l'a dit à X. Si vous êtes naïf, vous le croyez ; vous croyez qu'Y a dit réellement cela à X. En réalité, tout sort de l'imagination du méchant. Et dans le cas bien improbable où Y l'a dit à X, c'est parce que le méchant le lui a d'abord suggéré.

À ce stade, vous ne supportez plus le méchant. Il vous sort par les yeux. Mais vous ne savez pas pourquoi. Vous sentez que vous êtes en train de vous faire avoir... mais vous ne savez pas comment. Vous n'arrivez pas à vous fier à votre intuition, qui n'est étayée par aucun fait probant.

Si vous ne coupez pas la relation, le méchant continuera toujours plus fort.

Il vous insultera directement, et ce ne sera même plus censé être de l'humour. Juste un constat. Il vous accolera des surnoms « affectueux » que vous détesterez. Des diminutifs qui témoigneront de son « amitié » à votre égard, et surtout de votre propre ridicule. Il vous expliquera que vous n'êtes rien et qu'il est tout. Ou s'il ne vous l'explique pas, il le sous-entendra si fort que vous serez bien obligé de capter le message. Pour finir, si vous ne comprenez rien à son manège et que vous le laissez durer, vous deviendrez un petit être ratatiné à l'intérieur.

Vous perdrez toute confiance en vous.

Vous fuirez dans des rêves la triste réalité que le méchant vous fait vivre.

Vous serez dégoûté de la vie et des gens – supposant à tort qu'ils sont tous plus ou moins semblables à votre bourreau.

Vous pleurerez souvent sur l'épaule de votre méchant, qui vous consolera à sa manière. Après, vous vous sentirez encore plus mal.

Vous vous demanderez : « Comment se fait-il que je me sente si faible ? Comment se fait-il que je n'arrive pas à me faire respecter, à me faire écouter ? » La raison en est simple : vous vous laissez manger.

Tant que vous laisserez un méchant vous cannibaliser, votre force se transfusera à lui, vous laissant faible, démuni et vulnérable. Un seul méchant peut vous mettre sur les genoux, peut vous faire mordre la poussière. Il suffit pour cela de le laisser faire. Et pour le laisser faire, il suffit de ne pas comprendre ce qu'il fait.

Mon conseil : si quelqu'un veut à tout prix vous aider et vous faire des cadeaux alors que vous ne lui avez rien demandé, et que ses dons vous mettent légèrement mal à l'aise, méfiez-vous. Si vraiment il n'attend rien en retour, pourquoi insiste-t-il autant ? Ne passez pas un marché de dupe ; décidez dès maintenant que votre dignité n'est pas à vendre.

Les trois stratégies

Comment se protéger contre un méchant ?

Vous avez le choix entre :

- La stratégie du premier ministre,
- La stratégie du miroir,
- Et la stratégie de la gazelle.

Les trois sont valables ; le tout est d'adopter celle (ou celles) qui vous convient à vous, et à la situation.

La stratégie du premier ministre

La stratégie du premier ministre repose sur un constat simple : femme de ménage, vous n'êtes pas à l'abri de la méchanceté de votre premier ministre ; premier ministre, vous êtes à l'abri de la méchanceté de votre femme de ménage. Les méchants ne sont pas fous, ils ne cherchent pas les coups : ils ne s'en prennent pas à plus fort qu'eux. La stratégie du premier ministre consiste donc à acquérir davantage de pouvoir, davantage de force.

Quel genre de force ?

– Force physique, si le méchant s'en prend physiquement à vous ;

– Force morale, si c'est votre fragilité émotionnelle qui a alléché le méchant ;

– Force sociale, si le méchant abuse de son autorité sur vous.

Se mettre au karaté, chercher des alliés (contacter un syndicat, parler à d'autres victimes, à des collègues, à un journaliste, etc.), se documenter sur ses droits, sur les techniques de manipulation, développer sa confiance en soi par le développement personnel... Il existe d'innombrables manières d'augmenter son pouvoir. L'une des plus sûrs consiste à affronter courageusement le méchant qui vous persécute en lui disant ce qu'il déteste entendre.

La stratégie du premier ministre représente un investissement conséquent ; ses effets sont sûrs, mais assez lents. Vous aurez peut-être envie d'avoir simultanément recours à une stratégie plus rapide.

La stratégie du miroir

C'est Anthony Gunn, psychologue spécialiste de la peur, qui a décrit la stratégie du miroir dans son ouvrage *Transformer ses peurs,* au chapitre « Mettre fin aux manipulations psychologiques ».

À une tentative de déstabilisation (généralement une réflexion ambiguë et perfide), il y a trois manières spontanées de réagir :

– faire comme si de rien n'était ;

– s'énerver et contre-attaquer ;

– Et la pire de toute : se plaindre en pleurnichant, montrer ses émotions et ses larmes.

Aucune de ces réactions n'est bonne car chaque fois, on rentre dans le jeu du méchant en lui donnant ce qu'il cherche. La stratégie du miroir se différencie de ces réactions inefficaces. Elle consiste à *refléter* le méchant en lui disant ce qu'il est en train de faire :

> « Tu veux te montrer désagréable ? »
>
> « On dirait que tu sous-entends que... »
>
> « J'ai l'impression que tu cherches à me vexer... »
>
> « On dirait que tu veux me blesser en disant ça... »

Ainsi, on met des mots sur ce que le méchant fait : au lieu de garder ses commentaires pour soi, on lui en fait part calmement et publiquement, jouant ainsi le rôle d'un miroir impassible. Le méchant nie, mais peu importe. L'essentiel est qu'on n'entre pas dans son jeu et qu'on le dissuade de recommencer une autre fois.

La stratégie du miroir n'est possible que lorsque vous avez affaire à un méchant qui n'a pas de pouvoir objectif sur vous : collègue, ami, connaissance. Elle est utile mais ne résout pas le problème à la base, car le fond du problème, c'est le méchant... qui est toujours là.

La stratégie de la gazelle

Comme la stratégie du premier ministre, la stratégie de la gazelle repose sur un constat simple : il n'y a strictement aucun intérêt à fréquenter un méchant, sauf lorsqu'on a pour objectif de devenir méchant soi-même. Avec un méchant, on n'aura jamais le dernier mot et si par miracle on l'avait, on n'y gagnerait rien. Même quand on maîtrise les stratégies du premier ministre et du miroir, tout contact avec un méchant reste une perte de temps, d'énergie, et une source inépuisable de désagréments.

Donc, si c'est possible, prenez votre courage à deux mains et partez en courant : fuyez comme la gazelle agile !... Vous n'avez pas besoin d'un méchant dans votre existence.

Et si quelqu'un (peut-être votre psy) veut vous obliger à rester sous prétexte que « fuir, c'est lâche », rétorquez-lui que vous préférez être lâche que stupidement masochiste et que d'ailleurs, il faut toujours plus de courage pour changer quelque chose à sa vie que pour perpétuer le statu quo.

À ce propos, une ex-victime de méchant a parlé de « l'immense courage de la fuite ». L'expression est parfaitement juste.

Heureusement, on n'a pas toujours besoin de fuir. Bien souvent il suffit d'effacer de son portable le numéro de téléphone du méchant et de cesser de répondre à ses appels.

La stratégie de la gazelle est la plus simple, la plus radicale, la plus efficace. Ayez-y recours chaque fois que c'est possible : éliminez les méchants de votre vie. Et si vous ne pouvez pas les supprimer complètement, minimisez du moins leur présence... par exemple ne voyez votre méchante belle-mère qu'à Noël : une fois par an, c'est amplement suffisant.

Pour clôturer ce chapitre, ce conseil de Richard Koch, brillant entrepreneur et auteur à succès qui a popularisé le principe de Pareto, s'impose :

> « Au lieu de vous entraîner à ne plus avoir peur des serpents, contentez-vous de les éviter ; vous gagnerez du temps. »

Remplacez « serpents » par « méchants », et vous aurez un bon résumé de la stratégie de la gazelle.

À retenir

● Certaines personnes ont une mentalité d'anthropophage. Elles prennent plaisir à manger les autres, croyant ainsi augmenter leur puissance.

Conseils

► Ne vous bercez plus d'illusions : si quelqu'un vous fait régulièrement du mal, ce n'est pas vous qui êtes « trop susceptible », mais lui qui engraisse son ego aux dépens du vôtre.

► Si quelqu'un vous fait un cadeau de grande valeur, acceptez-le en formulant cette réserve mentale : « J'accepte ton cadeau, mais avec celui-ci tu n'as pas acheté le droit de me maltraiter, même gentiment et pour rire. Ma dignité n'est pas à vendre. »

Lectures recommandées

□ ***Le Harcèlement moral : la violence perverse au quotidien*** **de Marie-France Hirigoyen**. Livre à lire si vous vous sentez régulièrement rabaissé, nié ou insulté par quelqu'un.

□ ***Les manipulateurs sont parmi nous : Qui sont-ils ? Comment s'en protéger ?*** **d'Isabelle Nazare-Aga.** Bon livre, immédiatement applicable à la vie quotidienne.

□ ***http://www.manipulationperverse.fr/index.htm***

Le manque de magnésium

Sans transition, parlons maintenant d'une cause de dépression biologique bien cachée... elle peut paraître anecdotique comparée aux causes que nous venons d'examiner, mais vous allez voir qu'elle est plus importante qu'elle n'en a l'air.

En 1934, un scientifique français, M. L. Robinet, fit une découverte stupéfiante.

En comparant les cartes géologiques de France et les statistiques du suicide, il s'aperçut que les carences du sol en magnésium se superposaient exactement avec la répartition des suicides : plus la région était pauvre en magnésium, plus les suicides y étaient nombreux !...

La découverte de M. L. Robinet avait des implications très importantes, mais dans un pays où règnent psychiatres et psychanalystes, elle ne reçut pas l'attention qu'elle méritait et tomba rapidement aux oubliettes...

Il est grand temps qu'elle en sorte.

Un puissant antidépresseur

Le magnésium, dont le nom est connu mais dont l'importance est généralement sous-estimée, fait partie des nutriments essentiels. On a dit de lui que c'est la « clé de voûte du monde vivant ».

Le corps ne peut pas le fabriquer lui-même ; il doit être apporté par l'alimentation. Et comme l'organisme n'a pas de réserves en magnésium, cet apport doit être non seulement régulier, mais quotidien.

Le magnésium est d'abord présent dans le sol ; ensuite, il passe dans les plantes (et les animaux), pour enfin finir dans notre assiette et notre corps.

Il faut savoir que le magnésium régit l'hypophyse.

Lorsque l'hypophyse n'obtient pas le magnésium dont elle a besoin, elle ne peut plus réguler la glande médullosurrénale, qui, du coup, se met à produire de l'adrénaline en excès. Or l'adrénaline joue un rôle important dans le passage à l'acte suicidaire : les personnes suicidaires ont plus d'adrénaline dans le sang que celles qui ne le sont pas. Juste avant une tentative, la quantité de déchets d'adrénaline augmente rapidement dans leur urine.

Qu'est-ce que tout cela signifie ?

Que le magnésium est un puissant antidépresseur qui a un effet préventif sur le suicide.

Les personnes qui absorbent régulièrement une bonne quantité de sels de magnésium ont un meilleur équilibre, supportent l'adversité avec plus de sérénité et se découragent moins facilement que celles qui en manquent.

Symptômes du manque

Comment se manifeste un manque de magnésium ?

Le mot qui s'impose est : anxieux.

Le moindre bruit fait sursauter. On est tendu, sur le qui-vive, hyperémotif. C'est un état de tension et de méfiance ; une forme légère de paranoïa ; un état qui oscille entre peur, colère et parfois même panique. Bref, une nervosité, une irritabilité constantes ; un état d'inquiétude et de déséquilibre, qui parfois tourne à l'impulsivité, à l'agressivité. On est sur les nerfs.

Simultanément, des symptômes purement physiques apparaissent. Ce peut-être de la constipation, des ballonnements, une fatigue persistante qui commence dès le matin, de l'insomnie, de l'hypertension, des maux de tête et des migraines, un mal au dos, des muscles raides et douloureux, l'œil qui palpite, des crampes, des angines, une faiblesse générale, des tremblements, des convulsions, le hoquet…

Causes du manque

Au dix-neuvième siècle, la carence en magnésium n'existait pas. Il suffisait de manger chaque jour cinq cents grammes de pain complet au levain pour obtenir l'apport de magnésium nécessaire.

Il faut savoir qu'un excès de potassium dans les sols empêche le magnésium d'être assimilé par la végétation, et que, pour notre santé, un sol devrait présenter une teneur en magnésium beaucoup plus élevée que sa teneur en potassium.

Or depuis un demi-siècle, les engrais utilisés pour « fertiliser » les sols sont à base d'azote, de phosphore et de potassium… exclusivement ou presque.

Au fur et à mesure que l'emploi des engrais azote-phosphore-potassium s'est généralisé, les sols sont devenus de plus en plus saturés en potassium et donc de plus en plus pauvres en magnésium, les déséquilibres se sont installés, les carences et les maladies ont apparu puis explosé dans le bétail : fièvre aphteuse, tuberculose, stérilité… Carences et maladies qui se retrouvent ensuite dans la population, qui mange ce que l'agriculture lui fournit.

Actuellement, le manque de magnésium est devenu la norme. Jusqu'à trois quarts de la population des U.S.A. consomment moins de magnésium que la quantité recommandée. En France, on ne doit pas en être loin.

Et cette proportion devrait peut-être être revue à la hausse, car en réalité on ne sait pas quelle est la dose idéale de magnésium – il se pourrait très bien qu'elle soit supérieure aux apports journaliers recommandés, qui ont été fixés un peu au hasard.

Cet état de carence généralisée s'explique par quatre causes principales :

1/ L'emploi des engrais chimiques déjà mentionnés ;

2/ La généralisation des aliments raffinés (farine raffinée, sel raffiné, riz raffiné, etc.) car ceux-ci ne contiennent plus de magnésium ;

3/ La consommation excessive de produits laitiers, certains composants du lait interférant avec l'assimilation du magnésium ;

4/ La malbouffe.

Conséquences du manque

Comme le magnésium est indispensable à la vie et qu'il joue un rôle dans tous les processus biochimiques de l'organisme, sa carence prolongée a des effets désastreux sur la santé mentale et physique.

Commençons par la santé mentale.

La stabilité émotionnelle dépend dans une bonne mesure de la santé physique, qui elle-même dépend de la nutrition. On a découvert que le sang des personnes extrêmement irritables présentait un déficit en magnésium.

Le magnésium est l'un des principaux aliments de la cellule nerveuse ; dans tous les troubles du système nerveux (nervosité, dépression, insomnie, anxiété...) on constate une carence de magnésium. Des expériences ont montré que les animaux privés de magnésium deviennent hyperexcitables ; un léger bruit, une ombre suffisent à les rendre hystériques.

Le docteur américain Willard A. Krehl a identifié de nombreux désordres nerveux chez les patients souffrant d'un manque de magnésium : plus de

78% d'entre eux souffraient de confusion mentale, 83% étaient désorientés, tous souffraient d'hyperréflexie – le genre d'exagération des réflexes qui fait bondir lorsqu'on entend le moindre petit bruit.

La carence en magnésium a aussi des conséquences à long terme sur la santé physique.

Cancer, crise cardiaque, épilepsie, delirium tremens, mort subite du nourrisson, ostéoporose, hypertension, caries, arthrite, fibromyalgie, acné : la liste est loin d'être complète. Comme le magnésium joue un rôle dans tous les processus biologiques, son absence cause des problèmes de tous les côtés…

On pourrait croire que c'est le calcium, et non le magnésium, qui protège contre les caries et l'ostéoporose. Mais en fait, c'est le magnésium qui fixe le calcium. Au niveau cellulaire, il contrôle et régule l'entrée du calcium dans la cellule et les liquides intracellulaires. C'est pourquoi les « carences en calcium » sont bien souvent, en réalité, des carences en magnésium.

D'autre part, la prise régulière de magnésium joue un rôle préventif contre le cancer. Le rapport entre cancer et déficit en magnésium a pu être établi de la même manière que pour le suicide : en observant les cartes géologiques, on s'est aperçu en 1928 que les régions dont la terre était pauvre en magnésium se superposaient exactement à celles où l'on signalait le plus grand nombre de cancers.

Il y aurait encore beaucoup de choses à dire sur les conséquences à long terme d'une carence en magnésium, mais nous en resterons là.

Solution

Pour remédier à une carence en magnésium, il suffit de modifier, ou plutôt d'améliorer, son alimentation et sa boisson. Il ne s'agit pas de le faire un temps, mais bien de changer pour de bon, irrévocablement, sa manière de manger et de boire.

On remplace le pain blanc par du pain complet biologique et le riz blanc par du riz complet biologique. On supprime, ou du moins on diminue, l'alcool, le sucre et les produits sucrés (j'allais dire *cochonneries sucrées*). En effet, l'alcool et le sucre appauvrissent nos réserves en magnésium. On mange aussi davantage de noix, de noisettes et d'amandes – elles sont très riches en magnésium.

Pour ce qui est de la boisson, le plus simple comme le plus efficace est de se fabriquer soi-même son eau très riche en magnésium. Si vous n'aimez pas assez les noix pour en manger tous les jours, c'est cette eau très riche en magnésium qui constituera l'essentiel de votre traitement contre la carence en magnésium.

En voici la recette :

- Prenez une bouteille d'eau de source ;
- Achetez en pharmacie un sachet de *chlorure de magnésium* ou (c'est nettement moins cher) achetez dans un magasin bio un gros sac de *Nigari* : c'est du chlorure de magnésium marin ;
- Versez le contenu du sachet de chlorure, ou trois grandes cuillerées à soupe de nigari, dans la bouteille ;
- Fermez la bouteille et secouez-la.

C'est prêt !... Le goût est amer, mais on s'y habitue. Si vous buvez cette eau avec du jus de citron fraîchement pressé, il n'est pas impossible que vous y preniez goût. Buvez un verre, deux verres, trois verres ou quatre verres de votre eau chaque jour, selon vos besoins.

Pour les évaluer, c'est facile : si vous êtes calme et paisible, vous n'en avez pas vraiment besoin ; si vous vous sentez autrement, il vous en faut davantage.

Autre indice : le magnésium a des vertus laxatives. Donc si vous avez de la diarrhée, diminuez la dose, elle est trop élevée ; si vous êtes constipé, augmentez la dose.

Ce traitement n'est pas censé avoir de fin, car nous avons besoin de magnésium tous les jours.

Si, au lieu de la recette éprouvée donnée ci-dessus, vous préférez prendre l'un des produits sophistiqués de l'industrie pharmaceutique, commencez par étudier soigneusement sa composition : il se pourrait que le magnésium soit trop faiblement dosé ; que la forme de magnésium utilisée soit moins efficace que le chlorure ; ou encore que le produit contienne en même temps que du magnésium, des substances nocives (de l'aspartame par exemple).

Des témoignages éloquents

Voici quelques témoignages très parlants sur les effets du magnésium :

> « J'ai pris du chlorure de magnésium pour l'anxiété, le stress, ça aide beaucoup. »

> « Depuis que je prends régulièrement du chlorure de magnésium, je me sens bien mieux côté moral. J'ai la forme et je n'ai plus de coup de barre l'après-midi. »

« Je viens de démarrer une petite cure d'une quinzaine de jours. Je dors comme un bébé, et suis très posé au niveau nerveux... ce qui est loin d'être toujours mon cas ! Pour mon boulot c'est un plus ! »

« Quand je me sens déprimée, je bois un demi-verre de chlorure de magnésium et je trouve ensuite que ça va mieux. Je n'hésite d'ailleurs pas à le faire plusieurs fois par jour, en plus du petit verre en dose quotidienne. »

« Depuis que je fais une cure de magnésium, j'ai retrouvé une très belle peau, plus de gros furoncles, l'acné s'est envolée avec un ou deux boutons de temps en temps pas plus, en plus je dors très bien, j'ai maigri et je me sens beaucoup moins fatigué. »

« J'utilise le chlorure de magnésium depuis quinze jours. Je pense que le chlorure de magnésium met de bonne humeur... Vous paraissez plus radieux et en meilleure forme. C'est mon constat depuis quinze jours. Cela pourrait être psychologique, mais je ne pense pas en ce qui me concerne. »

« Mon mari (qui souffre d'une psychose, de maniaco-dépression et de diabète) prend du chlorure de magnésium depuis 10 jours ; il a retrouvé une vie normale et dit que cela le fait dormir et lui fait le même effet que le Lyxansia (benzodiazépine). Il ressent le besoin d'en boire ; il dit que son corps en redemande et qu'il trouve cela bon ! »

« J'utilise le chlorure de magnésium depuis que j'ai eu un infarctus. Une naturopathe m'a conseillé ce produit. J'en prends régulièrement. Auparavant, j'avais tendance à être dépressive... depuis, cela ne m'est jamais arrivé. Dès que j'ai la moindre baisse de moral, j'en fais une cure ; lorsque je vais bien, j'arrête. Un seul point négatif : le goût est désagréable, mais pour être toujours de bonne humeur, que ne ferait-on pas ? Je n'ai jamais été aussi bien que maintenant (j'ai 57 ans). »

À retenir

• Si vous êtes angoissé et que vous mangez comme Tout-le-monde, vous manquez de magnésium.

Conseils

► Mangez des noix, des noisettes, des cacahuètes, etc.

► Si ça ne suffit pas faites-vous de l'eau au Nigari, et buvez-la.

Lecture recommandée

□ ***Le chlorure de magnésium : un remède miracle méconnu* de M.F. Muller.** À lire pour en savoir plus. À noter que le titre est un peu trompeur : le magnésium n'est pas un remède ; c'est son manque qui est une cause de maladies.

Le sucre

S'il y a une cause biologique extrêmement répandue de dépression dont les livres consacrés à la dépression ne parlent jamais, et que presque personne ne connaît, c'est bien le sucre. Croyez-moi, cette cause-là n'est rien moins qu'un détail... Elle pèse lourdement dans le mauvais plateau de la balance.

Vous ouvrez de grands yeux étonnés ?

Vous ne pouvez pas croire que le sucre, ce fidèle compagnon de votre petit-déjeuner, de votre déjeuner et de votre dîner, soit moins innocent qu'il n'en a l'air ?

C'est pourtant la triste réalité. Derrière la façade de petits parallélépipèdes blancs comme neige et de bonbons multicolores au goût d'enfance se cache une cause majeure d'anxiété, de dépression, d'humeur instable et de folie.

Ne vous braquez pas

Cette révélation vous stupéfie ?

Vous n'y croyez pas ?

Ou peut-être que vous ne *voulez pas* y croire ?

Vous craignez que je ne vous demande de renoncer à l'une des rares joies de l'existence qui soit en vente à un prix modéré dans n'importe quel supermarché ? Que je ne réclame de vous le sacrifice du pot de Nutella qui vous console lors des coups dur ?

Pour l'instant, je vous demande juste de ne pas vous braquer et de lire ce chapitre avec un esprit ouvert et curieux, comme si le sujet ne vous concernait pas directement.

On ne devrait jamais refuser d'examiner des informations sous prétexte que « de toute façon » on n'en tiendra pas compte dans sa manière d'agir. On ne devrait pas, parce qu'en raisonnant ainsi on prend le problème à l'envers. L'information est ce qui permet le changement, le progrès : refuser de s'informer, c'est refuser de grandir.

Ainsi les fumeurs qui ne veulent pas connaître les méfaits de la cigarette parce que, disent-ils, « de toute façon » ils continueront à fumer, continueront effectivement à fumer, non parce que c'est plus fort qu'eux ni parce qu'ils n'ont pas de volonté, mais parce que l'ennemi intérieur les a convaincus que la politique de l'autruche est la meilleure.

Mais c'est la politique de l'aigle royal planant très haut qui est la meilleure : pas la tête dans le sable, la tête dans le ciel. Pas les yeux fermés, les yeux grands ouverts pour tout voir et tout comprendre.

Même si vous pensez actuellement qu'aucune information ne pourra jamais vous convaincre de renoncer à vos fraises Tagada ou aux deux sucres dans votre café, soyez curieux, lisez ce chapitre. Ce n'est qu'en vous renseignant que vous pourrez acquérir un point de vue royalement panoramique sur la question.

Les découvertes des scientifiques et des chercheurs

Dès les années 1940, le docteur John Tintera a découvert le rôle essentiel joué par le sucre dans les maladies mentales.

Le docteur Tintera s'est aperçu que la consommation de sucre épuise les glandes surrénales et que cet épuisement est à l'origine de divers problèmes psychologiques, y compris la dépression et la schizophrénie.

En supprimant le sucre du régime de ses patients, et en les mettant à une alimentation saine et naturelle, le docteur Tintera réussit à les guérir de leurs troubles mentaux. Il s'agissait là d'une avancée majeure dans le traitement des problèmes psychiques et pourtant Tintera est, et restera probablement, pas du tout célèbre. Il y a trop d'argent en jeu dans l'industrie du sucre.

Depuis, d'autres études sont venues confirmer la découverte du docteur Tintera.

Ainsi en 2004, le psychiatre anglais Malcolm Peet a exploré avec une équipe de chercheurs les causes des maladies mentales dans les différentes cultures. Sa principale découverte : la forte corrélation entre la consommation de sucre et le développement de la dépression et de la schizophrénie.

Comme si ces deux études n'étaient pas assez concluantes, d'innombrables faits les confirment et les confortent. En voici un petit échantillon :

- Le régime du docteur Seignalet, qui interdit formellement le sucre blanc, la farine blanche et les aliments raffinés, s'est avéré efficace contre la schizophrénie.

• Une étude publiée dans le *British Journal of Psychiatry* a montré qu'une consommation importante de sucre aggravait, chez les patients schizophrènes, les symptômes de schizophrénie.

• Des études ont été menées dans les hôpitaux psychiatriques ; il en ressort que le régime des schizophrènes est extrêmement riche en bonbons, sucreries, gâteaux, cafés, boissons sucrées, etc.

• La psychiatrie orthomoléculaire, peu connue et qui mériterait de l'être davantage, soigne les patients dépressifs, schizophrènes et hyperactifs en changeant leur régime alimentaire. La suppression du sucre sous toutes ses formes est l'une de ses mesures les plus efficaces.

• Récemment, des chercheurs ont montré que les souris qui présentent (après manipulations) une défaillance du métabolisme de l'insuline développent un comportement anormal similaire à celui d'un patient atteint de schizophrénie. Étant donné que hors laboratoire, la défaillance du métabolisme de l'insuline est presque toujours, voire toujours, due à la consommation de sucre, cette expérience confirme que le sucre joue un rôle causal dans la schizophrénie.

• Plusieurs études ont démontré que les schizophrènes souffrent beaucoup plus souvent d'hypoglycémie (effondrement du taux de glucose dans le sang) et de diabète que le reste de la population. Or la consommation de sucre est l'origine directe de l'hypoglycémie et du diabète : on sait que ces maladies n'existent pas parmi les peuples qui se nourrissent encore d'aliments entiers, sains et naturels, et pour qu'un hypoglycémique ou un diabétique (de type II) guérisse, il suffit souvent qu'il supprime complètement le sucre – ainsi que le café, la farine blanche, les aliments raffinés, et toutes les saletés chimiques que l'industrie agroalimentaire met dans les aliments qu'elle fabrique, ou plutôt trafique.

Sucre et dépression : les témoignages

Les effets pernicieux du sucre sur le moral sont aussi documentés par de nombreux témoignages :

> « J'ai constaté que le sucre est à l'origine de ma déprime... la caféine aussi. »

> « Quoique je ne souffre pas de dépression, j'ai remarqué qu'après avoir mangé du sucre, je me sens très fatigué et mélancolique. »

« J'ai arrêté le sucre pendant trois semaines, mais j'ai craqué et maintenant je me sens terriblement mal à nouveau. Je connais les conséquences de cette drogue mais je n'arrive pas à garder ma motivation. »

« J'ai lu des recherches récentes sur les effets bénéfiques des Omega-3 contre la dépression, et apparemment, c'est vraiment efficace. Mais personnellement, j'avais absolument besoin de stabiliser mon niveau de glucose pour triompher de ma dépression... et je n'ai pu le stabiliser qu'en me débarrassant du sucre et de la farine blanche. »

« Dans le cadre d'un régime pour perdre du poids, j'ai renoncé au sucre et aux mauvais carbohydrates pendant trois semaines. En conséquence de quoi ma dépression a presque complètement disparu. Je me suis senti plein d'énergie et de joie de vivre. Mais c'est dur de rester loin de cette drogue... Après avoir à nouveau succombé à mon attirance malsaine pour le sucre, je me retrouve au septième sous-sol. Mais la différence c'est que cette fois-ci, je comprends pourquoi. »

« J'ai conscience des effets du sucre sur mon moral et mon mental depuis déjà pas mal d'années, malheureusement je replonge à chaque fois. Ça commence par une fête ou une occasion spéciale où je me laisse aller à manger sucré et ça continue dans les semaines qui suivent jusqu'à ce que je m'effondre en larmes et que je sombre dans la léthargie, la tristesse et l'anxiété. Je suis sûre que je pourrais vivre une vie heureuse et productive si seulement j'arrivais à supprimer le sucre. »

« Après avoir lu un livre sur les méfaits du sucre, j'ai arrêté d'en consommer. Ça n'a pas été facile, parce que le sucre est partout, mais je vérifie toujours qu'il n'y a pas de sucre dans ce que je mange. L'effet de ce régime a été étonnant. Avant, je dormais sept ou huit heures et j'étais constamment épuisé ; maintenant je ne dors que six heures par nuit et je suis en pleine forme. Je n'arrivais pas à me concentrer et je souffrais de graves crises d'anxiété ; maintenant j'ai l'esprit clair comme du cristal, et je me sens très calme. »

« Le sucre provoque chez moi sautes d'humeur et dépression, il n'y a pas de doute là-dessus. J'avais l'habitude de consommer des gâteaux, des pâtisseries, des boissons sucrées, etc. J'ai grandi de cette manière. J'étais aussi très instable émotionnellement et souvent déprimée. Je n'ai pas fait le lien jusqu'à ce que j'atteigne l'âge de trente ans. Fatiguée de toutes ces montagnes russes, j'ai arrêté complètement le sucre. Immédiatement, mon humeur s'est stabilisée et le nuage de la dépression s'est dissipé. Malheureusement, l'appel du sucre est trop fort... Je grignote un cookie par ci, un bonbon par là jusqu'à ce que je replonge, et vlan !... dépression. »

« Le sucre est vraiment l'origine de la dépression ! J'ai trente-trois ans, et je me bats contre la dépression, l'anxiété, des problèmes de thyroïde et la fibromyalgie. J'ai tout essayé : plus de trente traitements médicaux ! Plus un nombre incalculable de plantes, de vitamines et de minéraux... Je cherchais toujours le remède, la solution... Le sucre et la farine sont les grands coupables ! Ainsi que le café ! Je cherchais à perdre du poids et on m'a dit qu'en supprimant le sucre, je me débarrasserais facilement de mes kilos superflus. J'ai arrêté le sucre il y a seulement quelques jours. Qu'est-ce que je dors bien ! Ça faisait des années que je n'avais pas dormi comme ça ! La dépression, l'anxiété et les idées noires... tout ça s'est évanoui ! Je me demande si ce n'est pas le sucre qui était à l'origine de mon trouble bipolaire. »

Sucre et schizophrénie : les témoignages

De nombreux témoignages confirment aussi le lien entre sucre et schizophrénie. En voici quelques-uns :

> « Mon fils est schizophrène. Dépendant au sucre, il en consomme un kilo par semaine. »

> « Pendant ma schizophrénie, je buvais des boissons sucrées tout le temps... je ne buvais que ça. »

> « Ma fille, schizophrène, consomme beaucoup de gâteaux et de mets sucrés. Elle n'était pas aussi gourmande avant sa maladie. »

> « Je suis schizophrène. Quand je suis en hypoglycémie, je déréalise, j'ai l'impression de vivre dans un rêve et que rien n'est réel. »

> « Pendant une bouffée délirante, le café était quasiment le seul truc que j'avalais... Je mettais la dose ! Et beaucoup de sucre pour faire passer l'amertume. »

> « Je suis accroc au sucre. Je viens de manger un yaourt avec plein de sucre il y a 1/4 d'heure et j'en ai envie d'un autre maintenant... Je me demande si ma maladie, la schizophrénie, n'a pas quelque chose à voir avec ce besoin ? »

> « Mon conjoint est schizophrène. Il mange énormément de sucre, y compris en morceaux. De plus, il consomme de grandes quantités de chocolat (400 à 800 grammes par semaine). Je me demande s'il n'y a pas un rapport avec sa maladie. »

Bien sûr, tout cela ne signifie pas que le sucre soit la seule cause de la schizophrénie, c'est-à-dire de la succession de bouffées délirantes à laquelle on a donné ce nom. Tout comme la dépression, la schizophrénie est généralement causée par différents facteurs. Le sucre est l'un d'entre eux.

Parfois le principal.

Réponse à des questions troublantes

Je vois d'ici votre perplexité : puisque le sucre est si nocif, si mauvais pour la santé mentale, comment se fait-il qu'on ne soit pas au courant, depuis le temps qu'on en mange ? Comment se fait-il que personne n'en parle ? Comment se fait-il que les docteurs et les psychiatres prescrivent des antidépresseurs à leurs patients déprimés sans même les interroger sur leur consommation de sucre ?

Bonnes questions.

La vérité, si elle était connue, causerait bien du souci à deux puissants empires : l'industrie pharmaceutique et l'industrie du sucre (sans parler de l'industrie agroalimentaire dans son ensemble, qui met du sucre dans quasiment tous ses produits). Ces colosses-là ont tout intérêt à étouffer les faits. Et c'est ce qu'ils font : ils les étouffent si bien que les faits, asphyxiés, succombent.

D'autre part l'addiction au sucre est si répandue, pour ne pas dire si universelle, que les docteurs et les psychiatres ne sont pas moins concernés que le reste de la population. Eux aussi boivent des sodas, mangent des barres chocolatées, couvrent leurs frites de ketchup sucré, etc.

Comment pourraient-ils prendre conscience que leurs patients ont un problème de sucre, alors qu'à un moindre degré, ils ont exactement le même et qu'à leurs yeux, ce n'est même pas un problème ? De même, les docteurs « bons vivants » qui aiment le vin sont incapables d'aider leurs patients alcooliques à sortir de leur dépendance.

Autre question que vous vous posez peut-être : comment se fait-il que certaines personnes consomment beaucoup de sucre, et semblent malgré cela relativement saines et équilibrées ?

La réponse est que, face au poison, quel qu'il soit, nous ne sommes pas tous égaux. Certains organismes plus vigoureux résistent plus longtemps que d'autres, ce qui ne rend pas le poison moins nocif, mais retarde les manifestations de ses effets. Pour une personne ayant des glandes surrénales ou un pancréas fragiles, il suffira de très peu de sucre pour en voir tout de suite les amères conséquences ; pour une autre plus solide, il faudra plus de temps et plus de sucre.

D'autre part, il y a des causes de santé mentale comme il y a des causes de maladie mentale. Ainsi un individu qui pratique une activité sportive, a de bonnes relations avec sa famille et ses amis et un état d'esprit positif paraîtra moins vulnérable aux effets du sucre, non parce qu'il est immunisé contre eux (il ne l'est pas), mais parce qu'il a plusieurs atouts dans son jeu qui compensent cette mauvaise carte. En tout état de cause, si cet individu supprimait le sucre de son alimentation, il améliorerait sa santé physique et mentale.

Trompeuses étiquettes

Vous avez encore du mal à accepter l'idée que le sucre est une cause majeure de tant de maladies mentales ?

Ou plus exactement, de tant de problèmes psychologiques qui ont la réputation d'être des maladies mentales ?

La psychiatrie y est probablement pour quelque chose.

En effet ses étiquettes séparent de manière quelque peu artificielle et arbitraire la « déprime » de la « dépression », la « schizophrénie » des « bouffées délirantes », la « dépression » du « trouble bipolaire », etc.

Cette multitude de noms donne l'illusion que les « maladies mentales » sont bien distinctes les unes des autres. Du coup, il est difficile de croire que tous ces problèmes puissent avoir une origine commune : le sucre.

Mais en réalité, les « maladies mentales » forment un continuum, et dès qu'on examine de près les symptômes qui les caractérisent, on s'aperçoit qu'ils se ressemblent étrangement. Car les ingrédients de toutes les maladies mentales sont en fin de compte peu nombreux... Ce sont :

1/ le désespoir (dans sa version adoucie, la tristesse, le découragement, la mélancolie) ;

2/ la peur (autrement dit l'angoisse, le stress, les soucis) ;

3/ la folie (autrement dit la confusion mentale, le délire) ;

4/ la colère (autrement dit la rancune, le ressentiment, ou même la haine).

Tous les autres symptômes se rattachent d'une manière ou d'une autre à ces quatre ingrédients principaux.

Les « maladies mentales » sont donc, en un sens, beaucoup moins diverses qu'elles n'ont la réputation de l'être... J'espère que cette prise de conscience vous aide à accepter le sucre comme l'une de leurs causes.

Sucre et non-sucre

Nous avons parlé jusqu'ici du sucre, mais qu'est-ce qui est du sucre, et qu'est-ce qui n'en est pas ?

C'est un point important à éclaircir, car il règne la plus grande confusion sur le sens du mot *sucre* : de nos jours on parle de *sucre* à propos de choses qui n'ont strictement rien à voir les unes avec les autres, telles que le riz complet, le sucre blanc et le glucose sanguin.

Cette confusion est soigneusement entretenue par l'industrie du sucre, qui a tout intérêt à brouiller les cartes.

Le sucre nocif, celui dont il est question dans ce chapitre, est un produit *raffiné*, c'est-à-dire, selon le dictionnaire, « débarrassé de ses impuretés ». Ces prétendues impuretés sont les fibres, les minéraux, les vitamines, bref tout ce qui fait de la canne à sucre et de la betterave des aliments digestibles et vivants. Dans le sucre raffiné, il ne reste plus que le saccharose qui, ainsi isolé, devient un poison pour l'organisme. Ce sucre raffiné est une drogue qui détruit à petit feu (ou à grand feu, si on en consomme beaucoup) la santé physique et mentale. Plus on en mange, plus on a envie d'en manger : comme pour l'héroïne ou la morphine, l'accoutumance fait qu'on a besoin d'augmenter de plus en plus la dose.

Ce n'est donc que par un abus de langage soigneusement calculé que l'on donne le même nom à ce poison et au riz complet, au blé complet, aux pois chiches, aux raisins secs, aux fruits frais et au miel, aliments naturels et entiers dont l'Humanité fait ses délices depuis la nuit des temps. Ces aliments-là sont innocents de tous les méfaits imputables au sucre raffiné.

Veuillez d'ailleurs noter un point très important que je n'ai pas encore signalé : à mesure que le sucre raffiné est devenu plus accessible et que sa consommation s'est popularisée le nombre des malades mentaux – ainsi que le nombre des maladies mentales – a augmenté.

Voici un petit tableau récapitulatif pour y voir plus clair :

Ce qui est du sucre, autrement dit de la drogue	**Ce qui a des effets nocifs comparables à ceux du sucre**	**Les aliments sains qu'on assimile à tort au sucre**
Sucre blanc, sucre roux, additifs dont le nom se termine en *-ose*.	Farine blanche, riz blanc, sel blanc, huiles raffinées - et toutes les cochonneries chimiques aux noms incompréhensibles que l'industrie agroalimentaire met dans ses produits.	Miel, fruits frais, fruits secs, sirop d'érable (à condition qu'il soit pur), blé complet (pain complet, pâtes complètes, etc.) riz complet, pomme de terre, pois chiche, etc.

Supprimer le sucre de son alimentation, ce n'est donc pas renoncer au goût sucré, ni aux féculents.

Les préjugés pro-sucre

Plusieurs idées fausses tendent à présenter la consommation de sucre comme naturelle et normale, ou même souhaitable. Faisons-en rapidement le tour :

– *Nous avons besoin de sucre*

Nous avons besoin de fruits, de légumes, de céréales, etc. Nous n'avons pas plus besoin de sucre que nous n'avons besoin de cocaïne.

– *Il faut manger de tout*

Manger de tous les aliments, peut-être. Et encore : quel intérêt ? D'ailleurs il y en a tant que c'est mission impossible.

Mais de toute façon, le sucre raffiné n'est pas un aliment. La preuve : sur une île déserte, on survit plus longtemps avec de l'eau qu'avec de l'eau et du sucre. Des naufragés en ont apporté bien malgré eux la démonstration.

– *C'est tellement bon !*

Si les drogues ne procuraient aucun plaisir, qui se droguerait ? Le sucre est effectivement délicieux, mais il démolit la santé physique, mentale, et l'estime de soi. En effet qu'on se sache dépendant ou qu'on se refuse à l'admettre, être esclave d'une substance est toujours humiliant.

– *Sans sucre, la vie serait triste...*

C'est aussi ce que disent les alcooliques qui ne veulent pas arrêter l'alcool.

La réalité est très différente : quand on cesse complètement de manger du sucre, les aliments retrouvent toute leur saveur originelle et on (re)découvre le plaisir de manger, qui est très différent du plaisir de se droguer.

Ce qui serait triste, inutilement triste, c'est une alimentation ne comportant pas d'aliment au goût sucré – une alimentation sans fruits, sans miel, etc. Mais la bonne nouvelle, c'est qu'on peut manger sainement tout en se faisant plaisir avec des douceurs. Et si vous ne voyez pas du tout à quelles douceurs je fais ici allusion, voici quelques suggestions :

- Mélangez cinq cuillères à soupe de purée de sésame ou de purée d'amande avec trois cuillères à café de miel : il en résulte une pâte à tartiner absolument phénoménale.

➢ Prenez un litre d'eau de source ; ajoutez-lui six cuillères à soupe de sirop d'érable et le jus de deux citrons. Mélangez. Vous obtenez une boisson saine et délicieuse qui laisse loin derrière elle tous les sodas chimiques.

➢ Mélangez de la poudre d'amande avec un peu de miel, de manière à obtenir une pâte d'amande assez ferme. Dénoyautez de (bonnes) dattes et fourrez-les avec cette pâte. Régal garanti.

➢ Mixez un bol de lait avec une banane bien mûre, une poire et quatre dattes. Boisson énergétique et goûteuse.

Bien sûr, tous les ingrédients doivent être biologiques – sauf les dattes, qui le sont même si elles n'ont pas le label, quand elles viennent du Maghreb...

...Et c'est sur ces considérations en fin de compte plus douces qu'amères que se termine la partie sur les causes de la dépression.

À retenir

• Malgré sa séduisante douceur, le sucre est une drogue dure.

• Dépression, trouble bipolaire, schizophrénie, angoisse... la consommation de sucre est une cause majeure des maladies dites mentales. Parfois, c'est la principale.

Conseil

► Faites un test : supprimez le sucre de votre alimentation pendant un mois et voyez comment vous vous sentez.

Lecture recommandée

□ ***Le sucre, cet ami qui vous veut du mal*, de William Dufty**. Ce livre, un best-seller aux États-Unis, est extrêmement instructif, intelligent, et très agréable à lire. Je vous le recommande chaudement, ne serait-ce que parce qu'il raconte d'une manière magistrale et captivante la ténébreuse histoire du sucre blanc.

Entre là et ailleurs

Dans le phare le silence est frémissant, maritime ; le bruissement bleu roi du ressac ne fait que l'approfondir.

Là, entre ailleurs et ici, toute angoisse se dissipe. Toute tristesse s'atténue. Il ne reste plus que la douceur d'un temps très lent. Lent et doux comme l'amour. Une après-midi dorée qui se déroule comme un chat qui s'étire. Un rêve aussi réel que la réalité. Une très belle promesse enfin tenue.

Derrière la vitre, une mouette plane paisiblement. Elle regarde les algues gluantes jonchant la plage qu'elle survole sans s'y mouiller les pattes.

Puis, passant du mode zoom au mode panoramique, c'est le paysage entier qu'elle contemple. La perspective a changé : ce qui était toute l'image n'est plus qu'un détail dans un tableau plus vaste.

Vous vous promettez de faire comme elle et comme l'aigle royal. À partir de maintenant, vous ne vous embourberez plus dans des émotions marécageuses ; lorsque le sol deviendra trop glissant, vous prendrez de la hauteur. Vous adopterez un point de vue surplombant et serein, vous contemplerez de haut le monde et votre existence.

Ce sera facile car même quand vous aurez quitté le phare, il vous restera dans l'âme. Entre ailleurs et ici, c'est chez vous. Vous pourrez toujours vous y réfugier . Dans votre phare intérieur, vous êtes à l'abri.

Partie VIII
Dépression, bipolarité, schizophrénie

Le label a trompé l'homme,
faisant de lui son esclave
et l'éloignant des autres êtres humains.
Leo Buscaglia

Êtes-vous atteint d'un trouble psychiatrique, d'une maladie mentale ?

Êtes-vous dépressif, ou pire bipolaire ?

Ou pire encore, schizophrène ?

Ou autre chose de tout aussi peu exaltant ?

Questions épineuses qu'on ne manie pas sans quelques égratignures.

Peut-être que vous refusez instinctivement de vous considérer comme un dépressif... Ou peut-être que vous vous demandez quel est le label qui vous siérait le mieux... Ou peut-être que vous vous définissez depuis longtemps déjà comme [complétez avec n'importe quelle étiquette psychiatrique]. Quelle que soit votre situation, après avoir lu cette partie vous saurez beaucoup mieux où vous vous situez par rapport aux maladies mentales. Plus important encore : vous saurez beaucoup mieux ce que vous voulez, ainsi que ce que vous ne voulez pas.

Ouf !

Dans bien des cas, le diagnostic psychiatrique procure d'abord un vif soulagement à celui ou à celle qui le reçoit. « Ouf ! », c'est ce que beaucoup de gens se disent lorsqu'on les diagnostique enfin.

L'un de nos besoins les plus fondamentaux, avec les besoins physiologiques et affectifs, est celui de comprendre. De comprendre ce qui nous arrive, surtout. Le pire, c'est d'avancer à tâtons dans le brouillard, des points d'interrogation plein la tête. L'inconnu est anxiogène ; la connaissance, apaisante. C'est pourquoi dès qu'à tort ou à raison nous croyons avoir compris la nature du problème qui nous turlupine, nous nous sentons délivrés d'un grand poids.

Un diagnostic se présente comme une explication. À ce titre, il donne de l'espoir. Ce qui porte une étiquette est déjà à moitié rangé ; ce qui est à moitié rangé semble déjà à moitié arrangé.

Le diagnostiqué se dit en son for intérieur : « Le problème sans nom qui me bouffait la vie est enfin !... Le voilà tout nu, en pleine lumière, sous les feux des projecteurs. »

Ce problème qui a grignoté son sommeil jusqu'à l'insomnie pendant des nuits, dans l'anonymat de l'obscurité, est enfin confondu dans la clarté aveuglante d'une lampe torche… Et l'infernal perturbateur n'est au final qu'une souris, au pire un très gros rat !

Cette souris ou ce rat, c'est la maladie dont le psychiatre lui révèle le nom.

Certes, sa sonorité hirsute ne lui donne pas l'air bien sympathique – mais un gros rat aux yeux rouges ébloui par une lampe n'a pas l'air très avenant non plus.

Le diagnostiqué se sent réconforté.

Son mal-être ignoré, nié, repoussé par ses proches d'un « Secoue-toi, ça ira mieux… » est enfin pris au sérieux. Il existe ; un spécialiste peut en témoigner ; un spécialiste l'a reconnu : ce n'est pas un yéti mythique, ni un dahu de canular, c'est une bête qui existe bel et bien, un mammifère répertorié dans tous les traités de biologie !

S'il se sent si fatigué, si triste, si anxieux, si perturbé, ce n'est pas parce qu'il ne fait pas d'efforts ou qu'il manque de volonté, non, pas du tout. C'est au contraire pour une raison tout à fait valable, une raison médicale, scientifique, objective et indiscutable.

Et sa famille sera bien obligée de l'admettre, maintenant qu'il en a la preuve.

Car malheureusement, beaucoup de personnes déprimées ne rencontrent de la part de leurs proches qu'incompréhension, minimisation et scepticisme. Peut-être vous-même avez eu droit à l'une de ces petites phrases démoralisantes :

> « Ce n'est pas logique. »
>
> « Je ne te comprends pas. »
>
> « Essaie d'aller mieux : il suffit de le vouloir. »
>
> « Ça n'a pas de sens, il n'y a pas de raison… »
>
> « Ce n'est pas normal » (sous-entendu : tu n'es pas normal.)
>
> « Bah, ce n'est qu'un petit coup de blues, qu'un petit cafard… »
>
> « Tu n'as aucune raison de te sentir comme ça. Tu as tout pour être heureux/se ! »
>
> « On a la vie qu'on veut bien se donner… Bouge-toi donc, tu ne vas pas broyer du noir toute ta vie ! »

Le diagnostic psychiatrique coupe proprement court à tous ces commentaires désobligeants. Il est la preuve décisive que non, ce n'est pas un caprice, ce n'est pas rien – c'est quelque chose de réel, quelque chose de sérieux, quelque chose de grave : c'est une ma-la-die !...

« Le plus rassurant dans cette histoire, poursuit le diagnostiqué dans son for intérieur, c'est que le mal-être contre lequel je bataillais seul va maintenant être combattu par un commando spécial de guérilleros superentraînés… des professionnels qui savent ce qu'ils font, qui maîtrisent toutes les techniques de combat rapproché, alors que moi, avec mes petits poings ramollis et mes larmes, je ne faisais pas le poids. »

Ce bataillon comporte :

- la science médicale (c'est le chef) ;
- le psychiatre (c'est celui qui est juste en dessous du chef) ;
- les cachets (ce sont les hommes de main).

Le diagnostiqué le sent, le pressent, il en a la quasi-certitude : ça y est, il est arrivé à bon port, il lui suffira d'obéir docilement à toutes les prescriptions qu'on lui donnera et il sera sauvé… La joie de vivre l'attend de l'autre côté du traitement, elle lui sourit, elle lui fait signe, elle l'encourage à la rejoindre…

Du cabinet de son diagnostiqueur, il sort tout guilleret. L'espoir est dans son cœur.

Mais ce n'est là que le premier acte de la pièce ; il faut attendre les suivants pour savoir comment elle se termine. Car tout rassurants et déculpabilisants qu'ils sont dans un premier temps, les diagnostics psychiatriques n'en ont pas moins un côté obscur...

Obscurité qui se déploie petit à petit pour envahir progressivement toute l'existence du diagnostiqué. Les étiquettes des maladies mentales ont des effets pervers bien cachés contre lesquels personne ne met en garde, et qu'en général, on ne soupçonne pas avant qu'il soit trop tard. Dans cette partie, nous allons parler d'eux.

Mais avant, commençons par faire le bilan de leurs effets positifs.

À retenir

- Nous avons besoin de comprendre ce qui nous arrive. À défaut, nous avons besoin d'en avoir l'impression.
- Les étiquettes psychiatriques sont rassurantes : elles mettent – ou semblent mettre – de l'ordre dans le chaos.
- Un diagnostic psychiatrique ferme la bouche aux commentaires désobligeants.
- L'espoir que le diagnostic suscite est un effet à court terme ; ses effets à long terme sont malheureusement autres.

Conseil

► Vous voulez savoir si vous souffrez d'une maladie mentale, et si oui, de laquelle ? Ne vous précipitez pas chez un spécialiste, il n'y a pas le feu. Étudiez d'abord les effets – tous les effets – des diagnostics psychiatriques. Pour cela, poursuivez votre lecture.

Le droit de souffrir

Validez-moi
Observez-moi
Voyez-moi
Aimez-moi
Sarah Kane

Scinder l'humanité en deux groupes peut sembler simpliste, vraiment trop binaire. Il n'en est pas moins vrai qu'il existe deux types d'individus – Je vous laisse décider à quelle catégorie vous appartenez.

Première catégorie : ceux qui bénéficient d'une certaine consistance psychologique et émotionnelle. Ceux-là sont convaincus qu'ils ont le droit d'exister, de vivre, et d'expérimenter toute la gamme d'émotions qu'ils expérimentent. Ils savent que ce qu'ils ressentent est justifié puisqu'ils le ressentent.

Deuxième catégorie : ceux qui manquent de consistance psychologique et émotionnelle. Ceux-là ne sont pas bien sûr d'avoir le droit d'être ici, sur cette terre ; ils doutent de la légitimité de leurs émotions, de la validité de leurs désirs, de la pertinence de leurs pensées... et c'est dur.

« Tu n'as pas mal ! »

Pourquoi doutent-ils ?

Pourquoi ne sont-ils pas sûrs d'avoir le droit d'éprouver ce qu'ils éprouvent, de ressentir ce qu'ils ressentent ?

Peut-être parce que, quand le petit bébé pleurait pour qu'on le porte, pour qu'on le berce, pour qu'on l'enlace et qu'on le serre, ses parents bien intentionnés, mais mal informés falsifiaient le sens de ses appels : « il a faim », « Il fait ses poumons », « Il est capricieux », « il est fatigué », « Il nous fait du chantage »...

Peut-être parce que, plus tard, quand le bambin se faisait mal, ses géniteurs niaient sa douleur : « Ne pleure pas… Tu n'as pas mal ! »

Cet enfant-là n'a pas trouvé d'écho fidèle et compatissant qui accrédite ses émotions. On ne lui a jamais dit : « Oh, tu t'es fait mal... moi aussi, une fois, je me suis fait très mal comme ça. » Ses signaux de détresse, de colère, de peur et de souffrance ont été démentis et niés ; ses sentiments les plus forts n'ont jamais été corroborés par une figure parentale.

Il lui a manqué un certain type d'attention : celle tolérante et affectueuse qui donne la liberté de ressentir ce qu'on ressent.

Résultat : aujourd'hui qu'il est (théoriquement) devenu adulte, il n'arrive pas à faire ce qu'on n'a pas fait pour lui quand il était enfant. Comme ses parents jadis, il continue à nier sa souffrance, il continue à prétendre qu'elle n'est pas là, qu'elle n'a pas lieu d'être – ou qu'elle est dérisoire, qu'elle ne compte pas, qu'elle n'est qu'un caprice d'enfant gâté...

Son vécu n'ayant jamais été confirmé par d'autres à l'époque où il était vital qu'il le soit, il reste illégal à ses propres yeux : il ne parvient pas à l'accréditer, il ne réussit pas à l'authentifier.

Homologation et acquittement

Pour quelqu'un qui ne se fie pas à ce qu'il ressent, qui n'a pas la force de se croire, quelqu'un qui a toujours fait passer le point de vue des autres avant le sien et qui n'est pas bien sûr d'avoir le droit de vivre et de souffrir, être confirmé dans sa réalité propre, dans sa vérité émotionnelle, est plus qu'un désir : c'est une soif ardente, dévorante.

Qui pourrait étancher cette soif ?

Quelle figure d'autorité pourrait faire le travail que n'ont pas fait papa et maman ?

Oui, vous avez deviné : un médecin.

Ou un psychiatre.

Bref, un spécialiste.

Car un spécialiste est une figure d'autorité.

Et son diagnostic, une espèce d'homologation.

Une souffrance diagnostiquée est une souffrance régularisée : elle a le droit d'être, puisqu'on lui donne un nom, un titre. Elle était sans papier ; on lui accorde un titre de séjour et même la nationalité.

Le diagnostic légitime notre ressenti et confirme notre vécu, il nous donne à nos propres yeux le droit de vivre ce que nous vivons, le droit de souffrir.

Le témoignage suivant est sans ambiguïté :

> « Certes je souffre de mes maux et de ma vie, mais j'ai été contente quand on m'a dit que j'étais *schizoaffective* parce que ça me donnait une justification à mes souffrances. Quand on me l'a dit, je n'ai pas été blessée, mais soulagée. »

Autrement dit, le diagnostic psychiatrique donne le droit de souffrir. Droit qui est parfois vécu comme un acquittement :

> « J'ai toujours senti un malaise en moi, toujours éprouvé des angoisses profondes, archaïques – bref, j'ai toujours su que quelque chose clochait. En même temps, j'ai beaucoup culpabilisé en imaginant que c'était un manque de volonté de ma part qui me faisait rechuter sans cesse dans la peur et l'angoisse. Maintenant je sais qu'il y a un nom à ce malaise profond, qu'il s'agit d'un trouble psychique, d'une pathologie, et que donc, ce n'est en rien ma faute... Cette prise de conscience m'a libéré. »

Quand on a souffert des années d'un sentiment de culpabilité, voir son innocence publiquement reconnue est extrêmement réconfortant.

« La cour déclare l'accusé innocent... *Non*, vous n'êtes pas coupable de votre malheur et de vos états d'âme ; *oui*, vous n'êtes pour rien dans ce qui vous arrive ! »

Mais chercher une confirmation de ses états d'âme chez les spécialistes ne résout pas le problème de fond – cette incapacité à se donner à soi-même le droit de vivre ce qu'on vit et de ressentir ce qu'on ressent.

À retenir

- Quand on ne se donne pas le droit d'être et de souffrir, on le demande à quelqu'un d'autre.
- Ceux qui, enfants, n'ont pas été confirmés et reconnus dans leur vérité émotionnelle cherchent encore à l'être lorsqu'ils sont adultes.
- Le spécialiste (médecin ou psychiatre) est une figure parentale : le diagnostic qu'il pose est un ersatz de la validation dont on a manqué petit.

Conseils

► Entre un diagnostic psychiatrique et le « secoue-toi ! », des gens qui n'y connaissent rien, ne vous croyez pas obligé de choisir : il y a d'autres options.

► N'attendez pas qu'un spécialiste vous dise que ce que vous vivez est réel et légitime pour en être convaincu. Soyez votre propre parent ouvert, compréhensif et aimant : donnez-vous dès aujourd'hui le droit de ressentir tout ce que vous ressentez, même si ce que vous ressentez n'est pas « normal ». Je sais, ce n'est pas évident... essayez quand même.

Identité

Il y a des gens qui sont maçons ou P.D.G., d'autres qui sont communistes ou féministes, d'autres qui sont gay, d'autres qui sont de droite, d'autres qui adorent le foot... Et il y a ceux qui sont *bipolaires*, ou *borderline*, ou *dépressifs,* etc.

Le diagnostic psychiatrique propose une définition de soi.

Avec lui, grâce à lui, on peut avoir la sensation de trouver une place, la sensation d'être enfin rangé quelque part. C'est ainsi qu'un mal-être invivable se change en identité quasi confortable.

Trois catégories d'êtres humains

En caricaturant un peu, on peut répartir l'Humanité en trois grandes catégories :

1/ Les gens qui savent qui ils sont ;

2/ Ceux qui, à tort, croient le savoir ;

3/ Et ceux qui savent qu'ils ne savent pas qui ils sont.

Heureusement ces catégories sont perméables : on peut très bien sortir de l'une pour entrer dans une autre.

La première catégorie est de loin la plus sécurisante : savoir qui l'on est, c'est habiter chez soi, vivre dans la réalité, avoir les pieds sur terre et se sentir à sa place.

La deuxième catégorie est déjà beaucoup moins douillette. En effet, quand onne se voit pas tel qu'on est, on habite dans un château en Espagne : il peut être très beau, mais il ne protège pas contre la pluie, le froid et le vent.

Et s'il n'en protège pas, c'est qu'il n'existe pas. Une fausse identité ne procure qu'une illusion de certitude, une ombre de réconfort, un semblant d'assurance. La vérité est parfois amère, mais toujours nourrissante, tandis que pour le petit-déjeuner, l'illusion n'a que des croissants virtuels à offrir... Se prendre pour quelqu'un d'autre, c'est habiter chez les autres.

Quant à la troisième catégorie, elle est de loin la plus inhospitalière de toutes.

Savoir qu'on ignore qui l'on est, c'est habiter nulle part, être assis dans le vide, les fesses entre deux chaises, et s'en rendre compte : position insupportable que l'on veut quitter à tout prix.

Quête identitaire

Lorsqu'on relève de la troisième catégorie, autrement dit lorsqu'on est un S.I.F (Sans Identité Fixe) on est particulièrement vulnérable aux séductions des étiquettes psychiatriques.

En effet, dans cette situation on cherche avidement une réponse à la question qui nous obsède et nous harcèle : « Qui suis-je ? »

Une quête identitaire n'a rien d'une promenade au parc ; elle s'apparente plutôt à l'errance fébrile et affamée d'un loup en Sibérie, pendant l'hiver.

Comme vous le savez, en tant qu'être humain, nous avons besoin de savoir qui nous sommes… ou du moins, de croire que nous le savons.

Et voilà que les étiquettes psychiatriques entrent dans le champ de vision du S.I.F : des caractérisations précises aux contours nettement définis, scintillantes comme des miroirs.

Et si l'une d'elles était la sienne ?

Et si sa véritable définition de lui-même se cachait parmi elles ?

Et s'il était sur le point de découvrir enfin qui il est vraiment ?

Irrésistible espoir.

Le S.I.F épluche les sites, les articles et les livres, traquant parmi de longues listes arides de symptômes l'image élusive de son visage, ce reflet précieux comme la connaissance qui lui échappe, essayant dans la cabine d'essayage de son mental une étiquette après l'autre pour trouver celle qui lui sied le mieux, celle qui le révélera à lui-même.

Il croit que sa vérité est là, quelque part… S'il la cherche sans jamais perdre espoir, il finira par trouver !

> « Il me faut absolument un diagnostic, et que je sois sûr que ce soit le bon, pour que ma quête d'identité s'achève. Je vais proposer de l'argent à mon psy pour obtenir ce p… de diagnostic ! »

> « Cela fait quatorze ans maintenant que j'ai commencé à voir un psychiatre. Au cours de cette période, on m'a collé plusieurs diagnostics : *névrose obsessionnelle*, *hystérie de conversion*… Comme beaucoup, j'ai toujours ce besoin de savoir ce que je suis. Aujourd'hui j'ai demandé à mon psychiatre si je ne pouvais pas être *bipolaire*, vu que je réagis bien à des médicaments utilisés pour stabiliser la bipolarité. Pourtant je sais bien que, quoi qu'il me dise, ce ne sera pas ce que je suis. Mais j'ai besoin de me dire : « Je suis ça ». »

D'un point de vue émotionnel, même une identité négative vaut mieux que pas d'identité du tout.

Et quand le psychiatre refuse de poser son diagnostic, ou refuse de le révéler ?

Renvoyé à sa quête et à ses points d'interrogation, revoilà le S.I.F au milieu de nulle part, dans l'espace indéfini et ouvert où il erre depuis si longtemps :

> « J'ai supplié ma psy de me dire la vérité : « Dites-moi qui je suis ! » Elle m'a répondu que ni elle, ni un diagnostic ne pourraient me l'apprendre. Je me suis sentie terriblement frustrée… »

> « Ce matin, j'ai demandé à ma psychiatre de me délivrer son diagnostic. Elle m'a expliqué qu'il n'y avait que très peu de cases en psychiatrie et que celles-ci étaient trop rigides. D'après elle, je pourrais sans doute trouver un praticien qui me diagnostiquerait *schizophrène* en raison de mes quelques symptômes psychotiques, mais pour sa part, ayant vu beaucoup de schizophrènes, elle ne pouvait me classer dans cette catégorie. Me voilà donc sans étiquette, errant quelque part entre la folie et la normalité… Je suis déphasé. »

Bienvenu chez les schizos !

Parce que le diagnostic psychiatrique est une identité (et même si cette identité est fausse), il constitue un ticket d'entrée pour une communauté.

En effet, être diagnostiqué, c'est entrer de facto dans une catégorie où il y a déjà beaucoup de monde : des *dépressifs*, *bipolaires*, *schizophrènes*, etc., il y en a plein !

Sur Internet, on trouve des forums où les diagnostiqués *schizophrènes* se regroupent pour parler de leur schizophrénie, des forums où les diagnostiqués *bipolaires* discutent de leur bipolarité, etc.

Là, pour être accepté dans le club, pour être accueilli chaleureusement et appartenir à un « nous », une seule condition à remplir : avoir reçu l'étiquette.

Le diagnostic est ainsi le point de départ de nouvelles rencontres – virtuelles, certes, mais c'est déjà ça – et de partages.

Un diplôme ?

Suivant une loi psychosociale immuable, toute communauté sécrète sa propre identité positive, sa propre justification narcissique.

Lorsqu'on se retrouve entre *bipos* (ou entre *schizos*, *borderline*...) vient toujours le moment où l'on commence à voir cette identité sous un jour valorisant,que ce soit pour se remonter le moral, pour remonter le moral à un autre diagnostiqué, ou simplement pour partager avec ses semblables un point de vue qui ne peut leur déplaire.

Ce qui fait que sur les forums consacrés à ces maladies mentales, on n'y va pas toujours avec le dos de la cuillère :

> « La maladie nous a fait développer des qualités et des compétences spécifiques. Un certain non-conformisme, et puis certaines qualités liées à l'hypersensibilité aussi… »

> « Il y a plus d'artistes ou de très doués dans notre maladie. D'ailleurs certains médecins citent de l'artiste à tour de bras, disent que nous sommes attachants, que chacun a son brin d'originalité… »

> « Les bipolaires sont en général très intelligents. Ils sont plus sensibles que la moyenne. »

> « Les borderline possèdent ou développent des qualités extraordinaires. Ils sont très sensibles, très généreux, artistes, toujours là pour les autres, bienveillants, très doux. Ce sont des gens très forts moralement ; ils ont le sens de la justice et plaident les bonnes causes. »

> « Très souvent ceux qui deviennent schizophrènes sont à l'origine des esprits originaux, sensibles, et exigeants envers eux-mêmes. Beaucoup d'artistes géniaux avaient des tendances schizoïdes. »

> « Seul un schizo peut se lancer à âme nue dans une relation, contrairement à un individu dit normal ; seul un schizo peut concevoir un amour désintéressé, sans attentes, sans exigences, absolu, inconditionnel. »

Dans cette perspective moins rare qu'on pourrait le croire, le diagnostic n'est plus vraiment un outil médical, mais plutôt une identité valorisante, un titre honorifique, comme une Légion d'honneur.

Quand on s'est ainsi laissé convaincre qu'être diagnostiqué [complétez avec l'étiquette de votre choix] est en fin de compte un diplôme de sensibilité, d'originalité, d'intelligence, de générosité et de sens artistique, on peut être horriblement déçu lorsque le psychiatre tourne casaque et nous annonce que finalement, on ne mérite pas l'étiquette :

> « J'ai été diagnostiqué *schizoïde*, *borderline* et *phobique social,* mais ma psychiatre est revenue sur ces diagnostics. Maintenant elle me dit que je suis une personne comme tout le monde, un simple névrosé… Finalement, je ne suis rien. Ni schizophrène, ni borderline, ni schizo affectif, ni bipolaire, ni schizoïde. Juste un looser. »

L'auteur de cet amer constat préfère être un schizoïde que « rien » : une identité psychiatrique lui semble préférable à une identité terne et banale de perdant. Parce qu'il se cherchait un visage, il a fini par aimer ceux qu'on lui a donnés ; sa soif d'identité le fragilise. C'est à cause d'elle qu'il est devenu accro aux étiquettes que les psys lui donnent... ou lui refusent.

À retenir

- Une identité, même fausse, est plus supportable que pas d'identité du tout.
- Une étiquette psychiatrique est une identité.
- Quand on fraternise avec des personnes ayant reçu le même diagnostic que soi, un jour ou l'autre on se met à envisager son diagnostic sous un jour positif.

Conseil

► Si vous avez été diagnostiqué, résistez à la tentation dedorer votre étiquette, autrement dit ne valorisez pas les « bons côtés » de votre « maladie ». Ceux-ci vous ligoteraient au diagnostic que vous avez reçu : on ne se sépare pas de bon cœur de la Légion d'honneur.

Effets pervers

Beaucoup de gens s'imaginent qu'on est d'autant plus motivé pour se battre contre la dépression, la bipolarité, ou la schizophrénie que l'on a accepté le diagnostic. On mettrait aussi toutes les chances de son côté.

En un sens, c'est vrai.

Mais en un autre sens, c'est complètement faux.

Oui, on est plus motivé, mais lorsqu'on accepte le diagnostic, la bataille est déjà à moitié... perdue.

Bizarre, vous avez dit bizarre ?

Pour comprendre la logique de ce paradoxe, penchons-nous sur les effets des étiquettes de *trouble bipolaire*, de *schizophrénie* et de *dépression*.

Le diagnostic de trouble bipolaire

Nous l'appellerons Apolline. Elle a une vingtaine d'années et a été diagnostiquée « bipolaire » par un psychiatre. Voici quelques extraits de son blog, écrit durant les quatre mois qui ont suivi l'énoncé du diagnostic :

> « Je ne crois pas être folle, moi… »
>
> « Ne fuyez pas, je suis presque normale ! »
>
> « Je ne pense pas être dingue ; je n'ai encore jamais tué personne. Je ne pense pas non plus à torturer autrui. »

Phrases significatives. Symptomatiques.

Apolline doute d'elle-même. Telle une colonie d'insectes xylophages sapant la charpente d'une maison de campagne, le diagnostic de « bipolaire » a grignoté en quelques mois une bonne partie de son assurance et de sa force intérieure.

En quatre mois, Appoline a perdu :

1/ Confiance en sa normalité.

Elle pense être « presque normale »... Et c'est le *presque* qui compte.

2/ Confiance en sa raison.

Elle ne croit pas être folle, ni dingue… mais n'en est plus tout à fait sûre, sinon pourquoi chercherait-elle à se rassurer ?

3/ Confiance en son innocence.

Sophie ne pense pas « à torturer autrui », mais là encore, si elle le dit, c'est que pour elle ça a cessé d'être une évidence qui va sans dire.

Voici d'autres témoignages tout aussi significatifs sur le diagnostic de « bipolaire » :

> « Trouble bipolaire mis à part, recevoir un diagnostic de *bipolaire type 2* n'aide vraiment pas à se sentir au top... »

> « J'essaie de ne pas me laisser obnubiler par l'étiquette *bipolaire*, mais c'est dur d'y résister alors que les gens me l'appliquent sans cesse. »

> « J'ai été diagnostiqué *bipolaire* et pendant un bon moment, j'y ai cru. Il s'est avéré que je suis devenu un bipolaire beaucoup plus convaincant après avoir reçu ce label. L'étiquette n'est pas sans effets. »

> « Je vis depuis plusieurs années avec cette croyance : *je suis bipolaire*. Ce diagnostic m'a gâché la vie, je vis dans une grande solitude, je n'en parle pas. Les rares fois où j'ai voulu le faire, aïe !... Les gens ne comprennent pas. La psychiatrie fait peur. Vivre tous les jours avec cette étiquette de *bipolaire*, de *malade mental* me pèse beaucoup. »

Après avoir pris connaissance de ces témoignages (et de tous les autres disponibles sur le net), on ne peut qu'être d'accord : c'est vrai, l'étiquette de *bipolaire* n'est pas sans effets...

Le diagnostic de schizophrénie

Parlons maintenant du terrible diagnostic de *schizophrénie*.

Recevoir cette étiquette est un choc, un traumatisme dont les effets ne se dissipent pas avec le temps. Au contraire, ils s'aggravent.

Voici quelques témoignages significatifs :

> « Je ne sais pas comment me situer vis-à-vis du diagnostic *schizophrène* qu'on a posé sur moi. D'un côté, j'ai l'impression qu'il faut que je l'accepte ; d'un autre côté, j'ai l'intuition qu'il faut que je le rejette pour ma survie… Je sens que ce diagnostic ne peut me faire que du mal. En m'influençant négativement, il m'en a déjà fait. »

> « Je suis aux prises avec une dépression sérieuse avec de fortes idées noires à la suite d'une lecture. La lecture d'un compte rendu qui me concerne. D'après ce compte rendu dont je n'ai pris connaissance que récemment, j'ai été diagnostiqué *schizophrène* en 1970. Trente-sept ans après les faits, cette idée me déprime complètement. Je dois dépasser cette étiquette, mais je n'arrive pas à éliminer ce diagnostic de mes pensées. Il m'obsède. Si je n'avais pas lu ce compte rendu, je me sentirais beaucoup mieux… »

> « S'entendre dire qu'on est *schizophrène*, c'est recevoir un coup de massue. Quand on m'a dit que je souffrais de schizophrénie, on m'a dit aussi que j'avais besoin d'un traitement et que je serais toujours malade. C'était terrifiant. On m'enlevait tout espoir au moment où j'en avais le plus besoin. À ce moment-là, j'avais besoin qu'on me soutienne, qu'on me dise que j'allais réussir à m'en sortir, qu'on croie en moi. Mais les experts – ceux qui étaient censés connaître les réponses – me disaient que je ne m'en sortirais jamais. En même temps, il y avait une partie de moi qui refusait ce diagnostic et qui criait : 'Non, *non ! Je ne peux pas croire que ma vie est terminée !'* J'avais tant d'espoirs, tant de rêves pour le futur... »

Les témoignages précédents émanent de personnes qui ne s'identifient pas complètement, ou qui ne s'identifient plus, au diagnostic de schizophrénie.

Mais voici maintenant celui d'un jeune homme qui a complètement accepté son diagnostic, qui se considère lui-même comme un schizophrène pur jus :

> « Quand je parle aux autres, j'ai souvent l'impression de me parler à moi-même. Je me dis : 'Balance tout ce que tu as, de toute façon ils comprendront, car ils sont intelligents... Ils ne sont pas schizos, eux !' »

Témoignage extrêmement intéressant. Il révèle que se penser schizophrène entraîne une diminution de l'estime de soi (puisqu'on sous-estime son intelligence) ainsi qu'un mode d'expression indigeste et égocentrique, antisocial.

Le diagnostic de dépression

Et le diagnostic qui nous intéresse le plus, celui de *dépression* ?

Quel effet a-t-il ?

Les pensées suivantes, émanant de personnes étiquetées de cette manière ou menacées de l'être, permettent de s'en faire une idée :

> « Est-ce important de se reconnaître *dépressif* ? Je sais que j'ai des problèmes, je ne les nie pas, mais l'étiquette *dépressive* est tellement lourde à porter... »

> « Je ne voulais pas être *dépressif*. Accepter ce titre de *dépressif*, c'était accepter d'être dans la m... Mais j'ai accepté les symptômes, parce qu'eux étaient bien réels. »

> « À partir du moment où j'ai accepté l'idée que j'étais *en dépression*, la dépression m'a englouti. Elle a pris le dessus sur les identités positives que j'avais auparavant. »

> « Là, je reviens de chez le médecin, et j'ai le diagnostic : *dépression*. Le mot me fait peur. Je n'arrive pas à me faire à l'idée. C'était très dur ce matin, quand j'ai réalisé que ce n'était pas un cauchemar, que c'était bien réel. J'espère que le médecin s'est trompé… Je préfère dire : « Je me sens pas bien, sans savoir pourquoi », que de dire : « Je suis en dépression ». *Je suis en dépression*, ça paraît tellement plus grave ! »

La dépression, comme toutes les autres étiquettes psychiatriques, est une identité. Cette identité est incompatible avec les identités positives. Quand l'étiquette de *dépression* est la plus forte, elle « prend le dessus » sur les identités positives, un peu comme le bébé coucou vire du nid qu'il squatte les oisillons qui en sont les habitants légitimes.

Le témoignage suivant est très intéressant aussi. C'est celui d'un homme qui a compris les effets pervers de l'étiquette *dépression*, et qui du coup, a réussi à s'en libérer :

> « Mon état a changé de dépressif extrême (pendant plusieurs années) à dépressif modéré en quelques mois. Un jour j'ai choisi de ne plus me demander comment j'allais. En clair, j'ai arrêté de penser à la dépression, je ne m'y intéresse plus ! Et depuis, ça va beaucoup mieux. Les psys disent qu'un des facteurs de la dépression est la rumination d'idées noires, et c'est vrai… Mais ce qu'ils ne disent pas, c'est que penser que l'on est malade de *dépression* est justement l'une de ces idées noires qui y enfoncent. »

Quelle ironie ! S'identifier à l'étiquette psychiatrique de « dépressif » est précisément l'une des idées noires qui sont à l'origine de la dépression... Autrement dit, baptiser le problème le nourrit et le renforce. Comme cercle, on fait difficilement plus vicieux.

Que pouvons-nous tirer de tous ces témoignages ?

Que trouble bipolaire, schizophrénie et dépression mis à part, recevoir les étiquettes de *trouble bipolaire*, de *schizophrénie* ou de *dépression* n'est vraiment pas bon pour le moral.

La personne qui n'arrive pas à se faire à l'idée qu'elle souffre de *dépression* n'est pas angoissée par sa tristesse inexpliquée, mais par le nom qu'on a donné à cette tristesse. Le doute et la faiblesse qui envahissent Sophie n'ont rien à voir avec ses fluctuations d'humeur, mais ils ont tout à voir avec le diagnostic qu'on a posé sur elle : ils en sont la conséquence directe. De même, l'homme qui a été étiqueté schizophrène ne se sent pas déprimé à cause de ses états d'âme d'il y a trente-sept ans, mais bien à cause de *l'idée* qu'il est ou a été schizophrène.

Dans tous ces cas, ce n'est pas la maladie qui est une source de souffrance, maisbien le *mot*, l'*étiquette* qui a été posée sur elle.

Officiellement, les étiquettes psychiatriques ont pour seule fonction de nommer certains problèmes psychologiques ; dans les faits, elles créent de nouveaux problèmes psychologiques qui, eux, restent sans nom.

Ce ne sont pas seulement la *dépression*, la *schizophrénie* et le *trouble bipolaire* qui ont des effets pervers ; tous les diagnostics psychiatriques en ont...

Pour s'en protéger, il faut connaître ces effets quelque peu vicieux.

Dans ce chapitre, nous allons examiner les cinq principaux effets pervers des labels psychiatriques ; ils sont gratinés, comme vous allez voir.

Le grand spectre au petit entonnoir

Revenons au moment fatidique où le psychiatre ou le médecin émet son jugement.

Ça y est, c'est officiel : le patient est... quelque chose – *dépressif, bipolaire*, *schizophrène, borderline,* etc. C'est le psy qui décide. - Sauf que cette fois-ci, le patient ne ressent pas un vif soulagement, mais une vive angoisse.

Car dès que le psychiatre a émis son diagnostic, elle est apparue.

Juste derrière le psychiatre, à sa gauche.

C'est une femme pâle et échevelée dotée d'un strabisme divergent et d'un accessoire ridicule et inquiétant : un petit entonnoir en fer blanc qui lui sert de couronne.

Ce spectre grotesque et menaçant, cette ombre lugubre, c'est La Folie.

Dès qu'il entend le diagnostic, l'imagination fertile du patient lui fait enfiler la camisole de force, l'arrache à l'humanité ordinaire et normale et le jette dans un zoo sinistre où les animaux sont des fous ligotés, des fous qui bavent, des fous qui hurlent, des fous qui grognent… Image mentale fabriquée à partir des mauvais films qu'il a vus, et où il devra désormais trouver une place.

Son ego étouffait déjà entre quatre murs – car s'il était en pleine forme, il ne serait pas dans le cabinet du psychiatre, mais ailleurs, en train de suivre ses désirs, de sculpter sa vie pour lui donner la forme de ses rêves –, le voici maintenant enfermé entre les murs encore plus étroits d'une cellule capitonnée.

S'il avait un doute, le voilà douloureusement confirmé : à partir de maintenant, c'est officiel, il n'est pas normal.

Pourquoi pense-t-on si facilement à la folie lorsqu'on est diagnostiqué par un psychiatre ?

Pourquoi a-t-on peur de perdre, ou d'avoir déjà perdu sans le savoir, sa raison ?

Pourquoi éprouve-t-on le besoin de clamer (soit haut et fort, soit dans son for intérieur) : « Non, non ! Je ne suis pas fou » ?

Peut-être parce que l'asile d'hier accueillait plus ou moins les mêmes hôtes que l'hôpital psychiatrique d'aujourd'hui – sauf que l'hôpital psychiatrique ratisse beaucoup plus large. *Malade mental* est l'euphémisme moderne pour *fou*.

Ce qui fait que lorsqu'on se retrouve gratifié d'une maladie mentale, ou plus pudiquement d'un trouble du comportement, on se voit en fou, on se voit à l'asile – et comme on reste rationnel malgré tout, on se dit que si on y atterrit un jour, ce ne sera pas sans raison.

Et qui sait si cette idée ne prédispose pas à la folie, la vraie ?

La situation est encore pire pour ceux qui séjournent effectivement à l'hôpital psychiatrique.Une jeune femme qui y est passée explique le processus :

> « On est fou à l'hôpital, simplement parce qu'on est à l'hôpital. En ces lieux un comportement qui, à l'extérieur, serait considéré comme normal est immédiatement considéré comme un symptôme. »

D'un côté du mur, se gratter le nez c'est se gratter le nez, tandis que de l'autre côté du mur, c'est souffrir d'un trouble naso-compulsif.

Une ombre lugubre sur l'avenir

Passons au deuxième effet pervers.

Les maladies mentales sont pour la plupart considérées comme chroniques : d'après ce que disent les psychiatres comme d'après l'opinion générale, on peut espérer les soigner, les stabiliser, les gérer, mais il serait illusoire d'espérer une guérison complète, absolue.

Recevoir le diagnostic de *dépressif, bipolaire*, *schizophrénie*, etc., c'est donc recevoir en même temps l'impression très nette qu'on ne pourra jamais guérir complètement :

« Recevoir une étiquette m'a enfermé dans la maladie ; je me suis imaginé que je la garderais toute ma vie. »

« Mon médecin généraliste a posé un diagnostic sur mon mal-être il y a de cela trois semaines. Ce truc est tombé comme un couperet. Quand je me mets à songer au diagnostic, ma tristesse s'aggrave, je me sens très inquiète. Je sais de quoi je souffre, mais le futur me fait peur. Je sais que je n'aurai jamais un comportement stable. J'ai trente-cinq ans, pas d'enfant, pas d'homme, pas de boulot stable, je vis chez mes parents. Pour moi, l'avenir est foutu. Je me documente sur ces maux qui me font perdre pied, mais je ne vis pas. Parfois je me sens comme morte, condamnée. »

Si un(e) diagnostiqué(e) fait malgré tout preuve d'optimisme, il ou elle se fait rappeler à l'ordre :

« J'avais vingt-trois ans. Quand j'ai annoncé par téléphone, tout heureuse, au psychiatre qui me suivait alors que je travaillais, que j'avais arrêté mon traitement, et que je me portais bien, il m'a simplement répliqué, d'une manière catégorique, que *je rechuterais forcément un jour.* C'était très violent… ça m'a beaucoup marquée. »

Une prédiction de ce genre ressemble un peu au mauvais sort que jette, dans les contes, la méchante sorcière irritée de ne pas être invitée à la fête.

Mais même en l'absence d'une prévision aussi explicitement pessimiste, le diagnostic psychiatrique jette une ombre inquiétante sur l'avenir, un nuage noir et oppressant comme une condamnation à perpétuité.

Pour que le soleil de l'espérance dissipe cette nuée, il faut... pas mal de choses. Nous verrons petit à petit lesquelles.

Bye, bye, confiance en soi...

Venons-en au troisième effet pervers.

Il y a, entre étiquette psychiatrique et confiance en soi, le même genre d'incompatibilité qu'entre climat polaire et palmier dattier : le second ne survit pas longtemps au premier. Souvenez-vous d'Apolline.

Très significativement, le langage courant se sert des noms de maladies mentales comme d'autant d'insultes : « Psychopathe ! Nymphomane ! Hystérique !Malade mental ! T'es parano, ou quoi ?! »

Franchement, dites-moi : comment pourrait-on garder ou développer une saine confiance en soi lorsqu'on porte, collée sur le front, l'une de ces étiquettes infamantes ?

Certes, comme on l'a vu, on peut toujours retourner l'étiquette stigmatisante en diplôme de sensibilité, d'originalité et de sens artistique, mais cette inversion des valeurs n'est possible que dans un cadre bien particulier : le cadre d'un forum de discussion réservé aux *bipos* et aux *schizos* ou d'un cabinet médical.

De retour dans la vraie vie, les diplômes redeviennent des noms d'oiseau, aussi peu flatteurs que « bécasse » ou « manchot ». Se croire *dépressif, bipolaire, schizophrène*... nuit gravement à la confiance en soi.

De plus en plus seul

Quatrième effet pervers : le diagnostic psychiatrique esseule.

Il isole.

Certes, comme on l'a vu, le label donne accès à un certain type de sociabilité (la sociabilité inter-diagnostiqués), mais à prendre les choses dans la perspective la plus large, il ferme beaucoup plus de portes qu'il n'en ouvre.

Dans la vie normale, parmi les gens normaux, être *schizophrène*, *dépressif* ou *bipolaire*, c'est inspirer la méfiance et la peur. Si on vous croit tel, au minimum vous serez considéré comme bizarre.

C'est ainsi que le diagnostiqué se retrouve face à un cruel dilemme : s'il avoue l'étiquette psychiatrique dont il a été affublé à ses proches, il risque de perdre beaucoup en termes de crédibilité et d'image, peut-être même les faire fuir. Mais s'il ne l'avoue pas, son secret l'étouffe :

> « J'ai l'impression de devoir vivre avec un grand secret qui pèse parfois un peu trop lourd. J'aimerais me libérer de mes mensonges, mais je sais que je dois demeurer prudente et accepter les préjugés de la société... Parfois j'ai envie de crever l'abcès et de dire enfin que je suis schizophrène à quelques-uns de mes proches qui me savent fragile sans savoir pourquoi... Mais après ? J'ai connu un collègue bipolaire qui revendiquait haut et fort sa maladie et je pensais que c'était une preuve de sa maturité... Finalement il s'est suicidé. »

Le diagnostic reçu par le diagnostiqué le coupe des relations normales en le contraignant à choisir entre une solitude objective (les autres ont peur de lui et prennent la fuite) et une solitude entourée (il cache aux autres une information essentielle à ses yeux). Dans les deux cas, il se sent mal à l'aise et isolé.

Tout ça n'est pas joyeux-joyeux, vous en conviendrez.

Irresponsabilité

Nous avons vu que, par l'énoncé du diagnostic, le patient est disculpé de son mal-être, lavé de tout soupçon : ce n'est pas sa faute.

Or être reconnu innocent de ses états d'âme et de son comportement, c'est simultanément en être reconnu irresponsable... Par la force des choses, le diagnostic suscite un sentiment d'irresponsabilité. Exemple :

> « Lorsque je croyais être bipolaire, j'avais une excuse pour n'importe quel comportement imprévisible et pour mon manque de stabilité. J'avais la permission pour me comporter de cette manière. »

C'est le cinquième effet pervers.

À ce propos, un homme s'interroge avec une sympathique candeur :

> « Au fond, je me demande pourquoi je veux tant recevoir un diagnostic… Est-ce pour me débarrasser de ma responsabilité ? Pour me réfugier derrière une maladie au lieu d'assumer mes défauts et de les corriger ? Je ne sais pas. »

Bonne question.

Ce qui est sûr, c'est que, diagnostiqué, on ne se sent plus vraiment responsable de ses actes.

« Ce n'est pas trop moi qui décide de ce que je fais », a dit un jour David G., schizophrène à tendance paranoïde déclaré irresponsable d'une tentative d'homicide et d'un meurtre. Cette phrase est exemplaire de l'état d'esprit dans lequel plongent les labels psychiatriques. Ceux-ci donnent au diagnostiqué l'impression qu'il n'a aucun contrôle sur ses émotions, ses pensées et ses actes.

Mais si ce n'est plus lui qui décide de ce qu'il fait, alors qui ?

Qui décide à sa place ?

La maladie mentale.

Autrement dit le diagnostic, encore lui... Ce mot qu'un psychiatre a prononcé. Laliberté et le pouvoir de décision du patient sont en quelque sorte transférés à ces quelques syllabes : à partir de maintenant, c'est ce mot qui assume. À sa place.

Dans le témoignage suivant, la perte de responsabilité induite par le diagnostic est analysée avec lucidité :

> « Âgée d'une vingtaine d'années, suite à plusieurs hospitalisations, j'ai été déclarée *borderline*. Durant des années, j'ai mis mes réactions démesurées, excessives, sur le compte de cette maladie ; j'étais persuadée que j'étais condamnée à réagir ainsi jusqu'à ma mort. Il m'a fallu des années pour devenir

> capable de prendre de la distance par rapport à ce diagnostic et me dire que mon avenir n'était pas déterminé par cette étiquette. J'ai fini par comprendre que je suis la seule à pouvoir décider de ce que je ferai de ma vie. »

Il y a pire. Par un affreux paradoxe, le diagnostic émis par le thérapeute peut même devenir un instrument de mort :

> « Le terme médicalisé de *dépression* m'a enlevé une partie de la responsabilité que j'avais dans mes actions. C'est à cause de ce terme que j'ai pu faire passer mon malheur avant le bien-être des autres en tentant de me suicider. »

En savonnant la pente glissante de l'irresponsabilité, le label psychiatrique favorise un désespoir égoïste (et au fond, tout désespoir est égoïste) qui peut aller jusqu'au suicide.

Bien sûr, le transfert de responsabilité dont le diagnostic donne l'impression est une illusion : un mot ne peut pas être responsable de nos actes. Vous demeurez la seule personne qui puisse décider de ce que vous ferez de votre vie. Vous avez le choix ; vous avez toujours le choix.

À retenir

- Le label de « bipolaire » mine la confiance en soi. Ceux qui le reçoivent deviennent des bipolaires beaucoup plus convaincants.
- Le label de « schizophrène » est désespérant. Il plonge dans la dépression. Il attaque l'amour-propre. Il interdit de communiquer harmonieusement avec les autres.
- Le label de « dépressif » est lourd et déprimant. Il enfonce dans la déprime.
- Les étiquettes ne se contentent pas de nommer. Elles sont à l'origine d'un mal-être étouffant, d'une souffrance qui pour ne pas avoir de nom n'en est pas moins oppressante.
- Toutes les étiquettes psychiatriques poussent vers la folie, le pessimisme, la dévalorisation de soi, la solitude et un comportement irresponsable.
- Quels que soient les trompe-l'œil dont les diagnostics nous entourent et nous leurrent, nous restons les seuls maîtres de nos choix.
- Ne vous faites pas avoir : même si un spécialiste de la santé mentale vous déclare irresponsable, ou vous suggère que vous l'êtes, et même si

l'étiquette dont on vous a affublé vous donne la sensation que vous l'êtes, assumez l'entière responsabilité de vos actions, de vos inactions, de vos réactions et de vos décisions. C'est seulement de cette manière qu'une vie se construit.

Conseils

► Si vous avez reçu l'une de ces trois étiquettes, débarrassez-vous-en.

► Vous ne savez pas comment vous libérer d'un label psychiatrique ? Poursuivez votre lecture.

Un piège ?

Étant donné leur gravité, faut-il continuer à considérer les effets pervers des étiquettes psychiatriques comme de simples effets secondaires – *inconfortables, mais, comme leur nom l'indique, secondaires* –de ce qui demeure un précieux outil thérapeutique, ou faut-il adopter un point de vue plus tranché, et considérer le diagnostic psychiatrique comme une chose mauvaise en soi ?

Pour le savoir, comparons ce qui, a priori, ne présente aucun point commun : la manière dont un patient se retrouve diagnostiqué, puis vit avec son diagnostic, avec la manière dont une souris se retrouve prisonnière d'un piège à souris. S'il y a suffisamment de convergences, nous pourrons alors dire que le diagnostic est à fuir.

Accès facile

Il est facile de se faire diagnostiquer.

Il suffit pour cela de prêter l'oreille aux lieux communs omniprésents sur la dépression, puis de se rendre chez un psychiatre (ou un médecin) et de lui raconter ce qui ne va pas. À première vue, une telle démarche ne prête pas vraiment à conséquence.

De même, la souris n'a pas besoin de faire beaucoup d'effort pour trouver le piège à souris : celui-ci est posé bien en évidence au beau milieu de la cuisine.

Appât

Qu'est-ce qui attire les souris dans les pièges à souris ?

Du fromage.

Et qu'est-ce qui nous attire dans les cabinets des psychiatres ?

1/ La promesse d'une information, de la révélation d'une vérité cachée : « Vous allez comprendre ce que vous n'avez pas encore compris » ;

2/ La promesse d'une absolution, d'un non-lieu : « Vous allez découvrir que ce n'est pas de votre faute » ;

3/ La promesse d'une identité valable, de la vérité sur soi : « Vous allez découvrir qui vous êtes » ;

4/ Et bien sûr, la promesse d'un soulagement, d'une solution : « Vous allez être soigné, et peut-être même guéri. »

Ces promesses ne sont pas toutes explicites, et beaucoup de psychiatres intègres cherchent même à les démentir… En vain : le spécialiste a beau avouer ses limites, ses patients s'entêtent à le croire omniscient et omnipotent, et à prêter au diagnostic psychiatrique des propriétés thérapeutiques que, nous l'avons constaté, il n'a pas.

Plus nous sommes dans une situation difficile, plus nous sommes affamés d'espoir : qui nous appâte avec, nous séduit. Comme les souris raffolent de fromage, nous, êtres humains, raffolons de promesses.

Et parfois de fromage aussi.

Ressort d'acier

Le diagnostic tombe *comme un couperet, comme un coup de massue, il tombe sur la tête, il enferme dans une petite boîte* : c'est en ces termes hautement significatifs que nombre de diagnostiqués évoquent leur triste expérience.

La souris attrape le petit bout de fromage et c'est elle qui se fait attraper, quand le ressort d'acier se rabat.

Impossible d'en sortir ?

S'il ne lit pas le livre que vous êtes en train de lire, un diagnostiqué n'a presque aucune chance de se dé-diagnostiquer.

Lorsque Héraclès eut revêtu la tunique que la jalouse Déjanire avait préparée pour lui, il ressentit d'atroces brûlures. il voulut alors arracher le vêtement de son corps, mais ne le put : sa peau s'arrachait avec elle… Le diagnostic psychiatrique ressemble un peu à cette tunique maléfique : on l'enfile sans problème, mais pour l'enlever, c'est une autre paire de manches.

Car il ne suffit pas de se dire : « De toute façon, ce diagnostic, c'est n'importe quoi. » Impossible de faire comme si on n'avait pas entendu : on ne peut pas faire abstraction de la parole d'un spécialiste, de l'avis d'un expert.

En parler à son psychiatre ?

Mais comment ?

On ne peut pas lui dire tout de go : « Enlevez-moi cette étiquette poisseuse que vous m'avez collée ! » D'ailleurs s'il nous disait : « D'accord, vous n'êtes pas *dépressif*, *bipolaire* ou *schizophrène* », nous ne le croirions pas. Nous penserions : « Il dit ça pour me faire plaisir, mais en réalité, je le suis. »

Changer de psychiatre ?

Le nouveau vous diagnostiquera avec la même étiquette que le précédent… ou avec une autre.

En voulant se sortir de la toile d'araignée, on s'y entortille encore plus serré : soit on s'enfonce encore plus profondément dans le même diagnostic, soit on gagne une maladie mentale supplémentaire, sans perdre la première. Car comment savoir lequel des deux diagnostics est le bon ? Comment être sûr que les deux ne sont pas vrais en même temps ? (C'est ce qu'on appelle la comorbidité psychiatrique.)

Vous ne compreniez pas bien pourquoi vous vous sentiez prisonnier du diagnostic qu'on a posé sur vous ?

Tout simplement parce qu'il n'a pas de porte de sortie.

La souris sur laquelle le ressort d'acier s'est refermé n'a, elle non plus, qu'une probabilité fort mince de s'en dégager.

D'abord un accès facile et des appâts alléchants, puis l'impossibilité de se libérer de mâchoires d'acier : le diagnostic est incontestablement un piège.

À retenir

• Il y a des pièges à souris ; il y a aussi des pièges à déprimés. Le diagnostic psychiatrique en est un.

Conseils

► Soyez plus futé qu'un rongeur : ne mettez ni nez ni patte dans un mécanisme fatal.

► Si vous êtes déjà prisonnier du piège, ne vous découragez pas et poursuivez votre lecture. Vous n'avez jamais été aussi près d'en sortir.

Diagnostic et image-de-soi

Si les labels des maladies mentales ont tant d'impact, c'est parce qu'ils modifient l'image-de-soi du diagnostiqué.

Traitez un bouton de porte de « vasistas », et ça ne lui fera ni chaud ni froid. Mais traitez un passant nerveux d'« imbécile » ou votre mouflet de « petit génie »et vous obtiendrez une réaction qui peut être spectaculaire...

Certaines créatures sont d'une indifférence olympienne aux noms qu'on peut leur donner, tandis que d'autres y sont d'une sensibilité maladive. Nous, les êtres humains, appartenons tous à la seconde catégorie.

Les gens ne sont pas comme les boutons de porte, qu'on peut baptiser et débaptiser sans que ça leur fasse le moindre effet, sans que leurs caractéristiques changent d'un iota. Chaque étiquette qu'on nous colle modifie la manière dont nous nous définissons, et quand notre image de nous-mêmes change ainsi, très bientôt notre réalité change aussi.

Voyons comment.

Un regard différent

U.S. Andersen a dit : « Nous ne voyons que ce que nous sommes. »

Cet énoncé énigmatique peut être compris ainsi : nous ne sommes réceptifs qu'à ce que nous relions d'une manière ou d'une autre à nous-mêmes.

Prenons l'exemple d'un père de famille qui décide de changer sa vieille guimbarde déglinguée contre une vaste et confortable Citroën Xsara Picasso. Dès qu'il entre en possession de son nouveau véhicule, sa vision change : il se met à voir des Citroën Xsara Picasso déboucher à tous les coins de rue, alors qu'auparavant, elles n'étaient nulle part…

Pourquoi ?

Parce que sa nouvelle image de lui-même – propriétaire d'une Citroën Xsara Picasso – le rend plus attentif aux Citroën Xsara Picasso. Ce qui modifie notre image-de-soi modifie aussi notre regard sur les choses.

Ceci étant posé, les identités de *dépressif*, *bipolaire* et *schizophrène* nous rendent plus attentifs à quoi, à votre avis ?

Nous sommes bien d'accord : pas à la beauté de la vie et à la chance d'être né !

La boîte à pinces à linge

Pour mieux cerner le processus, passons par une comparaison.

Vous possédez une boîte où il est écrit : *Pinces à linge*. À l'origine, cette boîte ne contient qu'une ou deux pinces à linge, des boutons en nacre, une paire de ciseaux, trois stylos et quelques piécettes.

Parce qu'elle porte l'inscription *Pinces à linge*, d'ici quelques semaines ou quelques mois elle en contiendra davantage. Et si vous êtes du genre soigneux, peut-être même qu'elle ne contiendra plus que ça.

En effet, c'est :

- là où vous irez chercher des pinces à linge ;
- là où vous rangerez les pinces à linge qui traînent.

En acceptant l'étiquette *dépressif*, nous sommes conduits à agir vis-à-vis de notre propre tête comme vis-à-vis de cette boîte à pinces à linge.

Les pensées glauques qui passent, nous les y rangeons. Et si nous sommes complètement logiques – logiques avec nous-mêmes, logique avec ce diagnostic que nous croyons approprié –, nous refuserons comme étrangères les pensées optimistes qui la traversent parfois : celles-ci n'ont rien à faire dans notre boîte crânienne ; ce n'est pas leur place. Confer l'étiquette sur la boîte.

Le temps passant, cette boîte ne contient plus que des pensées correspondant d'une manière ou d'une autre avec l'étiquette qu'elle porte...

Être diagnostiqué *dépressif* et accepter ce diagnostic, c'est mettre le malheur au centre de sa vie, au centre de son Moi, et ainsi se programmer pour qu'il dure. Aussi longtemps qu'on se considère comme *dépressif*, le bonheur ne saurait être qu'un malentendu très provisoire : un « dépressif heureux » serait une contradiction vivante, un oxymore.

Le portrait magique

Connaissez-vous l'histoire de Dorian Gray ?

Dorian Gray était un magnifique jeune homme. Un éphèbe d'une beauté rare.

L'un de ses amis, Basil, était peintre. Fasciné par l'extraordinaire beauté de Dorian, Basil rêvait de l'immortaliser sur une toile. Lorsqu'il s'y décida, le résultat fut un absolu chef-d'œuvre : une peinture qui rendait pleinement justice au physique hors du commun de Dorian.

Devant cette image si fidèle, si colorée et si fraîche de sa beauté, Dorian ressentit un étrange pincement de jalousie. Sous le coup d'une impulsion superstitieuse, il émit le vœu que le tableau vieillisse à sa place tandis lui garderait toujours sa beauté de jeune homme.

La vie reprit son cours.

Dorian avait un physique d'ange, mais ce n'était pas un ange. Et de mauvais choix en mauvais choix, sa vie prit une tournure de plus en plus sinistre. D'abord Dorian séduisit une jeune comédienne. Puis il la poussa au suicide en la quittant sans ménagement. Puis il tua son ami Basil qui l'accablait de reproches. Puis il se mit à l'opium pour oublier ses remords.

Les années passèrent et Dorian restait toujours aussi beau et aussi jeune : son vœu s'était réalisé. C'était le tableau qui portait à sa place ses stigmates de débauche, de cruauté, de lâcheté et de vieillesse.

Vous vous demandez pourquoi je vous raconte cette histoire ?

Comme l'étrange portrait de Dorian Gray, le diagnostic psychiatrique a quelque chose de magique. Et ce n'est pas de la magie blanche. Mais alors que le portrait de Dorian Gray était de moins en moins ressemblant, le diagnostic l'est de plus en plus.

Au départ, le diagnostic (le tableau) ne présente qu'une similitude très vague avec le diagnostiqué (le modèle). Mais petit à petit la ressemblance devient de plus en plus nette, non parce que le diagnostic change, mais parce que le diagnostiqué se transforme.

Nous avons une tendance viscérale, et même irrésistible, à conformer nos pensées et nos actes à l'image que nous nous faisons de nous-mêmes. À force de contempler dans son imagination l'image vaguement monstrueuse que le label psychiatrique, tel un miroir déformant, lui renvoie de lui-même, le diagnostiqué se modèle sur elle et ainsi, finit par lui ressembler.

Au fait, voulez-vous savoir comment finit l'histoire de Dorian Gray ?

Désespéré, bourrelé de remords, harcelé par sa conscience, Dorian finit par poignarder le tableau ensorcelé avec le couteau qu'il avait planté dans le cœur de Basil.

Un vieillard hideux fut retrouvé mort en face du magnifique portrait d'un magnifique jeune homme. La vérité de Dorian l'avait rattrapé tandis que le tableau avait retrouvé son éclat primitif, où s'exprimait l'âme pure de son auteur, Basil : les choses étaient rentrées dans l'ordre.

Effet d'un diagnostic sur un S.I.F

C'est quand elle s'abat sur un S.I.F qu'une étiquette a le plus de répercussions. Imaginez : nous ne savons pas qui nous sommes, nous *rêvons* de savoir qui nous sommes, et voilà qu'on nous le dit !...

Nous serions prêts à tout pour ressembler à l'image qu'on nous tend en nous disant que c'est un miroir, prêt à tout pour rester blotti bien au chaud dans la maison dont on nous a ouvert la porte :

> « Quand j'ai reçu le diagnostic d'*anorexie mentale*, j'étais en quête d'identité. Je m'inquiétais beaucoup dès que je n'avais pas le comportement typique attendu d'une anorexique, ça m'angoissait quant à ma validité, quant à mon droit d'exister à l'intérieur du syndrome. Je me suis même obligée à voler un peu, pour être *cleptomane* : j'avais lu que c'était l'un des symptômes associés à l'anorexie. Il me fallait coller à l'image. C'est comme ça que je me suis fabriqué une identité parfaitement conforme aux critères diagnostiques. »

Certes, la plupart des diagnostiqués ne cherchent pas consciemment à coller à une étiquette. Mais que le processus soit conscient ou inconscient ne fait pas beaucoup de différence.

En résumé, voici comment les choses se déroulent :

1/ D'abord, le diagnostiqueur colle une étiquette à son patient ;

2/ Puis petit à petit le processus s'inverse : c'est le patient qui se met à coller à l'étiquette. Par exemple s'il est labellisé *schizophrène*, il adopte petit à petit des attitudes de plus en plus bizarres, un comportement et une mentalité de plus en plus asociales. Il en va de même pour tous les diagnostics : ils incitent ceux qui les reçoivent à remodeler leur personnalité pour la rendre conforme à leur sinistre programme. Nous devenons ce que nous croyons être.

Quiproquo

Il est important de comprendre que lorsqu'on se considère comme « un dépressif », on fait une espèce de quiproquo.

En effet, quand on se voit comme « un dépressif » on confond son Moi avec ce qui n'est qu'un de ses attributs les plus périphériques, les plus superficiels... on se prend pour sa souffrance.

Or un état émotionnel n'est pas une identité.

Ou du moins, ce n'est pas une identité authentique.

L'essence d'un homme, ou d'une femme, ne se trouve pas dans ses émotions, si intenses et durables soient-elles. Ses émotions ne changent rien à ce qu'il est essentiellement. Euphorique ou déprimé, un être humain reste avant tout un être humain, c'est-à-dire une conscience libre, un être déterminé par ses choix.

La souffrance est un attribut du sujet ; elle n'est pas le sujet. Un homme errant au milieu du désert ou perdu dans un labyrinthe ne se confond pas avec le lieu où il se trouve, ou plutôt où il se cherche : on n'est pas plus sa dépression que Félicien n'est la rue mal famée par laquelle on doit passer tous les jours pour aller à son travail.

À retenir

- Chaque étiquette que l'on accepte modifie notre reflet intérieur, c'est-à-dire l'image que nous nous faisons de nous-mêmes.
- Cette image conditionne notre regard sur le monde et sur nous : elle oriente et limite notre attention.
- Parce qu'ils s'identifient à leur étiquette, les diagnostiqués tendent à lui ressembler de plus en plus.

Conseil

► Si vous n'avez jamais été diagnostiqué, réjouissez-vous d'être passé entre les mailles du filet : vous avez de la chance.

Si c'est un homme...

Il y a toujours un visage
à piétiner.
Isabelle Mourral

La psychiatrie lourde
porte gravement atteinte
à la dignité de la personne.
Véra Netelzang et Clara Frost

Le diagnostic est porté par un diagnostiqueur dont la manière de penser et de communiquer (ou de ne pas communiquer) a – c'est inévitable –un impact sur le diagnostiqué.

Cet impact est parfois positif, mais c'est rarissime. Si vous sortez d'un premier rendez-vous avec un psychiatre et qu'il vous a impressionné par sa gentillesse, ses yeux pétillants d'humour et la sincérité de son sourire amical, considérez que :

1/ Vous avez beaucoup de chance d'être tombé sur cette perle ;

2/ Tout ce que je vais dire dans ce chapitre ne concerne en rien cet homme ou cette femme d'exception.

Car si, en général, les diagnostiqueurs ne sont pas fous (à ce niveau les psys ne méritent pas leur réputation), ils ne sont pas sympatoches et croquignolets non plus... Ces praticiens de la santé mentale sont trop imbibés de psychiatrie pour faire preuve de cordialité. Malheureusement, ce n'est pas la seule qualité qui leur manque.

Je vous conseille de lire ce chapitre avec beaucoup d'attention ; il vous sera utile pour comprendre les effets à long terme des labels psychiatriques.

Lit de Psychiatre

Qui était Procuste ?

À quel titre est-il immortalisé dans l'expression *lit de Procuste* ?

D'après la légende, Procuste était un bandit célèbre pour sa cruauté. L'infortuné voyageur qui tombait entre ses mains était attaché sur un lit très spécial, un lit où il ne faisait pas bon dormir. Si le prisonnier était trop grand pour le lit, Procuste coupait tout ce qui en dépassait ; si le prisonnier était trop petit pour le lit, Procuste l'écartelait jusqu'à ce qu'il soit à la bonne taille...

Procuste est mort et enterré depuis longtemps, s'il a jamais vécu, mais sa descendance est bien vivante. Ses petits-petits-petits-enfants sont parmi nous.

Témoignage :

> « Je vois la même psychiatre depuis des années. Je n'ai jamais su quelle étiquette elle m'avait attribuée. Et je ne l'ai jamais demandé non plus… Je me voyais seulement comme quelqu'un d'un peu fragile ayant besoin d'aide. Lors de notre dernier entretien, elle s'est un peu énervée – un peu beaucoup – et là, je me suis rendu compte qu'elle avait depuis longtemps établi son diagnostic. Cet entretien m'a fait comprendre de quelle manière elle me voyait : tendances hystériques, recherche d'affection à tout prix, exagération de mes problèmes physiques, etc. J'ai réalisé que tout ce que je disais était interprété à travers ce prisme. Toute tentative de réponse de ma part devenait la preuve de ma pathologie ; elle mettait en doute chacune de mes paroles, y compris les plus banales. Et je n'avais aucun moyen de répondre vraiment, car pour elle chacune de mes réponses confirmait ma maladie mentale. »

Beaucoup de psychiatres considèrent les paroles de leurs patients comme des produits dérivés de leur maladie mentale, et uniquement de cette manière. Ces psychiatres n'accordent aucun crédit à leurs patients ; pour eux, tout ce que ceux-ci expriment est de l'ordre du symptôme. Pour les diagnostiqués, c'est très loin d'être agréable.

Autant il est délicieux d'être écouté avec fascination pour ses idées brillantes, autant il peut être angoissant, humiliant et désespérant d'être écouté en tant que maladie mentale par un diagnostiqueur à l'oreille sélective, entraîné à n'entendre que ce qui confirme son diagnostic...

Quand un diagnostiqueur voit, entend et comprend au travers de son diagnostic, être encastré dans sa grille de lecture fait l'effet d'être étendu sur le lit de Procuste : si on est un peu trop ceci, il coupe, et si on n'est pas assez cela, il tire. Tout ça pour mettre son patient à la bonne taille – celle d'une maladie mentale, lit pas du tout douillet dépourvu de couverture et duvet.

Moins qu'un Homme

Dans le regard posé par le diagnostiqueur sur son diagnostiqué, dans le diagnostic qu'il émet, il entre souvent quelque chose de déshumanisant.

Ou alors, c'est juste une impression ?

Mais ça ne peut pas être autre chose qu'une impression, puisque les patients psychiatriques sont des êtres humains.

La véritable question est donc plutôt : est-ce que le sentiment de beaucoup de patients est fondé sur l'attitude réelle de leur diagnostiqueur, ou est-ce qu'en plus d'être schizophrènes, bipolaires, etc., ces patients-là sont paranoïaques ?

Autrement dit, trop susceptibles ?

En tout état de cause, beaucoup de diagnostiqués ont l'impression que leur diagnostiqueur nie implicitement leur statut d'être humain. De nombreux témoignages vont dans ce sens, comme celui-ci :

> « Lors de ma quatrième hospitalisation, un psychiatre s'est inquiété (c'est une manière de dire, car il n'avait pas l'air concerné du tout) de me voir faire si souvent appel à la psychiatrie. Il m'a dit : *Cette chronicisation fait penser à une maladie mentale...* J'ai répondu : *Stop, je ne veux pas d'étiquette !* Le pouvoir que détiennent les psychiatres est excessif, et il y a dans leur manière de penser quelque chose de l'ordre du racisme de la différence – du moins c'est ce que j'en viens à penser avec le temps. Le fait qu'un psychiatre puisse me prêter une maladie mentale a de terribles conséquences, car je ne sais pas déraciner de mon esprit les pensées négatives dirigées contre moi. Il est terrible que je puisse me dire que je ne suis pas normale, que j'ai un problème de cet ordre, un problème insoluble. J'ai l'impression que je devrais mourir, car je ne me sens plus un être humain. On m'enlève un pilier de la vie, le grand sentiment de me sentir au moins appartenir à l'humanité. Je trouve cela grave, vraiment grave pour des personnes qui sont censées aider ceux qui vont mal, et j'en viens parfois à me demander si la psychiatrie n'est pas un système de bouc émissaire plus qu'autre chose... *Si tu veux te sentir le chef, dominer les autres, te défouler sur les gens... Deviens psychiatre.* Alors que çà devrait plutôt être : *si tu es sensible à la souffrance d'autrui, que tu voudrais l'aider à traverser une mauvaise passe, quelque terrible qu'elle soit... Deviens psychiatre*. Enfin c'est que je pense. J'ai la haine contre eux, car au lieu de m'aider à me construire, ils m'achèvent. Je le vis comme un crime contre lequel je ne peux pas me défendre. Il est si facile maintenant de me faire passer pour une folle. »

Les diagnostiqueurs de ce genre ne cherchent pas *délibérément* à faire sentir à leurs patients qu'ils ne sont rien, ou pas grand-chose ; ça leur vient naturellement.

Par leur manière de procéder, leur système de croyances et leur attitude, ils enfoncent leurs patients dans l'illusion cauchemardesque qu'ils ne sont pas ce qu'ils sont – c'est-à-dire des êtres humains dotés d'intelligence, de dignité et de libre arbitre. L'individu psychiatrisé se sent ainsi ramené au rang de chose, d'objet.

Voici, par exemple, comment une jeune fille fait le bilan de son suivi psychiatrique :

> « Les symptômes étaient devenus moi, et j'étais devenue les symptômes… je n'existais plus, j'avais l'impression d'être déjà morte. »

Déjà morte, c'est-à-dire ramenée au rang de chose inerte. Comme si le diagnostic de maladie mentale, et le regard froidement objectif du diagnostiqueur avaient effacé son humanité et sa personnalité.

Mais plus qu'à une chose, c'est généralement à un animal que le patient psychiatrique se sent assimilé :

> « Ils étaient deux contre moi. *Ah, elle a baissé les yeux,* et les psychiatres de prendre note : c'est un symptôme. La liste s'allonge : *elle parle doucement, elle refuse le traitement, elle, elle, elle…* Même *elle espace ses phrases,* c'est un symptôme. Ils me regardaient et voyaient une liste, une série de noms scientifiques et compliqués. J'étais un peu comme un singe dans un zoo, dont des scientifiques observent le comportement atypique. »

De ce dernier témoignage, il ressort que se retrouver à l'hôpital psychiatrique sous l'œil attentif d'un psychiatre, ou pire de plusieurs, peut donner l'impression d'être du mauvais côté de la grille. Celui où l'on reçoit des cacahuètes.

Mais peut-être que si on était réellement un singe, on se sentirait plus respecté ?

L'hypothèse est moins farfelue qu'elle n'en a l'air.

De nos jours, dit Peter R. Bregin, les éthologues décrivent le comportement des singes en termes humains, évoquant la jalousie, la cruauté, mais aussi l'altruisme, l'amour et la compassion dont ils font preuve les uns envers les autres.

Simultanément, beaucoup de psychiatres voient les gens de la manière dont on voyait jadis les bêtes : comme des créatures plus ou moins mécaniques déterminées par leur hérédité et divers processus biologiques.

Les éthologues expliquent la dépression d'un chimpanzé ou d'un babouin à fesses bleues d'une manière tout humaine, alors que les psychiatres expliquent la dépression d'un homme ou d'une femme d'une manière qui l'est beaucoup moins. Ainsi on parlera d'abandon, de deuil, de solitude et de manque d'amour pour le singe, et de déséquilibre chimique et de prédisposition génétique pour la personne.

C'est étonnant et c'est absurde, mais c'est un fait : de nos jours, pour être vu comme un être humain au plein sens du terme, un singe observé par un éthologue est mieux placé qu'un homme observé par certains psychiatres.

Quand la face s'efface

Notre dignité humaine est un capital irremplaçable, c'est le bouclier qui nous permet de faire face au monde et aux autres. Qui la perd perd la face. C'est ce qui arrive lorsqu'on se fait humilier, lorsqu'on se fait traiter comme un objet ou un animal.

Significativement, deux expressions de la langue française associent visage et dignité, honneur : *faire face* et *perdre la face*.

Tout aussi significativement, lorsqu'on veut priver un être humain du respect auquel il a droit, on lui met un sac sur la tête, comme les prisonniers de Guantanamo furent bien placés (c'est-à-dire très mal) pour le savoir.

Le visage est le siège et le symbole de la dignité, ainsi que de l'humanité qui la confère.

Pourquoi le visage ?

Peut-être parce que seuls les êtres humains ont des visages ; les animaux n'ont que des museaux, des mufles, des groins, etc.

Et maintenant, revenons aux diagnostiqueurs et à la manière (involontaire, espérons-le) dont ils déshumanisent leurs patients.

En 1965, Judi Chamberlin, une Américaine de 21 ans déprimée par une fausse couche, fut internée à l'hôpital de New York et diagnostiquée « schizophrène ». Privée de contact avec ses proches, droguée aux neuroleptiques, elle se mit à imaginer que son visage se défaisait, que les os de son visage s'effondraient. Hallucination pleine de sens :

> « J'étais déshumanisée, raconte-t-elle. Perdre mon visage était une représentation de ce qui était en train de m'arriver. »

Après quinze ans d'analyse avec un psychiatre-psychanalyste qui l'a diagnostiqué de multiples manières, un homme a lui aussi des rapports compliqués avec son visage :

> « Cette laideur due à la disparition de l'âme se reflète sur mon visage. Avant, la beauté qui me visitait se reflétait sur mon visage : j'étais beau par la

> beauté de mes émotions… Maintenant, ce visage que j'aimais regarder est devenu laid, horrible, un masque de laideur qui me fait mal, qui me fait honte. J'ai l'impression de porter un masque, sans cesse, et que mon vrai visage est dessous. »

Dans la même veine, je vous livre mon propre témoignage.

Peu de temps après mon passage à l'hôpital psychiatrique où j'ai été diagnostiquée « dépressive », j'ai crayonné un dessin qui reflétait mon état d'esprit : un masque arraché par un crochet révélait un désordre de sang, une purée de chair. C'était ce que je ressentais... Que mon visage avait cessé d'être souple et vivant pour devenir pareil à un masque rigide et fragile, un masque de poupée qui était tout près de glisser, trahissant le chaos sanglant qui était dessous.

C'est l'heure de passer à table ? Désolée.

En général, il ne suffit pas de rendre visite à un psychiatre ou de se faire diagnostiquer pour avoir la désagréable impression de perdre son visage, sa dignité et son humanité. Encore faut-il que le psychiatre soit du genre congelé et congelant et que les visites se répètent. Si on ajoute par-dessus le tout un séjour raisonnablement traumatisant à l'hôpital psychiatrique, toutes les conditions sont remplies.

Malade, ou maladie ?

D'après le psychiatre Peter R. Breggin, auteur de *Toxic psychiatry*, beaucoup de psychiatres ont pour devise : « On ne peut pas parler à une maladie ».

Intéressant.

Très, très intéressant.

Théoriquement, les patients psychiatriques sont des malades, et les psys sont les médecins qui les soignent dans l'espoir de les guérir. Mais ces psys qui considèrent leurs patients comme des *maladies*, qui veulent-ils à guérir ?

Forcément un organisme beaucoup plus vaste.

La famille du patient, peut-être.

Ou la société dans son ensemble.

Ou peut-être l'état, le gouvernement. (De tout temps et dans tous les pays, les psychiatres se sont chargés de neutraliser les éléments perturbateurs qui dérangeaient le pouvoir en place.)

Si les patients ne sont plus des malades, mais des maladies, la compassion change d'objet. Le patient n'en mérite plus aucune : la véritable victime, c'est l'organisme collectif que ce patient-maladie infecte.

Beaucoup de psychiatres ne considèrent donc pas leurs patients comme leurs semblables, mais plutôt comme des problèmes à l'état pur, des espèces de virus dont la communauté souffrirait.

Ce point de vue - que dans n'importe quel autre contexte on dénoncerait comme violemment raciste - les rend bien sûr inaptes à toute communication authentique et chaleureuse avec ceux qu'ils sont censés aider, de même que Hitler n'aurait pas été capable de réconforter un juif ou un tzigane démoralisé. On ne peut pas aider ceux que l'on considère comme des rats, des virus ou des bactéries.

Si c'est un homme...

Si c'est un homme, c'est le titre du témoignage bouleversant de Primo Levi (1919-1987) sur l'enfer qu'il a vécu dans le camp de concentration d'Auschwitz.

Si c'est un homme... il doit être traité comme tel.

Pas comme un sous-homme, une maladie mentale ou un chimpanzé.

Mais on peut aussi prendre la phrase dans l'autre sens : si c'est un homme... il doit traiter les autres hommes en tant que tels.

On qualifie les tueurs en série de « monstres » parce que la compassion et la pitié sont au cœur de notre nature humaine. En d'autres termes, notre humanité (notre bienveillance à l'égard de nos semblables) fonde notre Humanité (notre appartenance au genre humain).

Du coup, en entrant dans le jeu de la psychiatrie rouleau-compresseur, les psychiatres mettent en danger leur propre humanité. Le psychanalyste Roland Gori a identifié ce risque :

> « En déshumanisant le patient, en déshumanisant le soin, c'est en miroir notre propre humanité qui risque de se trouver anéantie. »

Ce n'est donc pas que l'humanité des diagnostiqués qui est menacée dans le processus psychiatrique : l'humanité des diagnostiqueurs l'est tout autant... Au jeu de la psychiatrie, n'y aurait-il que des perdants ?

Humiliation et responsabilité

Après avoir lu ce qui précède, vous avez peut-être l'impression que les diagnostiqués sont bien souvent les victimes des diagnostiqueurs, qui, mine de rien ou de quelque chose, leur font sentir qu'ils ne sont pas vraiment des Hommes.

C'est la vérité, mais ce n'est pas toute la vérité.

Être traité comme un objet ou un animal est blessant, certes. Mais quand on garde une claire vision de ce qu'on est, la blessure cicatrise vite. Les seules humiliations qui font vraiment, vraiment mal, les seules qui laissent des traces durables, sont celles auxquelles on dit amen d'une manière ou d'une autre.

Ce qui est douloureux, c'est moins le traitement humiliant en tant que tel, que le fait de ratifier le jugement déshumanisant posé sur soi, le fait de l'entériner, d'y mettre la main.

En 1792 Pierre Pierre Victurnien Vergniaud (1573-1793), avocat et révolutionnaire, a dit lors d'un fameux discours : « Les grands ne sont grands que parce que nous sommes à genoux : levons-nous ! »

De même, les diagnostics psychiatriques ne nous blessent profondément et ne dévalorisent durablement que lorsqu'on accepte d'être ramené au rang d'animal ou d'objet, que lorsqu'on contribue d'une manière ou d'une autre à son propre avilissement.

Et comme cette dernière idée vous semble peut-être difficile à avaler, je vous donne tout de suite deux exemples tirés de mon expérience personnelle.

Lors de mon séjour à l'hôpital psychiatrique, le psychiatre-chef (barbe broussailleuse, regard impénétrable sous d'épais sourcils) débarquait souvent dans ma chambre sans prévenir. J'étais en pyjama, sur mon lit ; il entrait sans frapper, suivi par une ribambelle de jeunes gens munis de stylos et de petits carnets : ses étudiants.

Tout de suite, il m'interpellait d'un ton rogue et théâtral. D'après lui, je refoulais des désirs malsains à l'égard de mon père. Il parlait « d'enfoncer le clou ». Comme je n'avais pas l'air de comprendre l'allusion, il explicitait son contenu sexuel. Chacun de ses mots était une agression, un coup de marteau.

Je sanglotais avec violence. De la compassion se lisait sur les visages des étudiants, pas encore blasés, qui assistaient au spectacle.

Car c'était un spectacle, mis en scène par le psychiatre, qui y jouait aussi le rôle principal. Lorsque je me mettais à crier, le Grand Manitou sortait comme il était entré, en coup de vent, emportant sa cohorte de disciples avec lui, et je restais seule à pleurer sur mon lit d'hôpital.

Étais-je une victime ?

En un sens, oui – mais le plus blessant, dans cette histoire, ce n'était pas le procédé du psychiatre, mais la manière dont je participais à sa petite mise en scène.

Car j'aurais pu garder ma dignité. J'aurais pu rester de glace.

J'aurais pu, du moins, ne pas crier.

Je peux me trouver toutes sortes de circonstances atténuantes (j'en ai), il n'empêche que le psychiatre n'était pas le seul à me manquer de respect. Moi aussi je me manquais de respect.

Autre exemple : quand j'étais adolescente, pour m'intégrer à un groupe d'amis de ma classe, je chantais en chœur avec eux des chansons vulgaires et sexistes où les femmes apparaissaient comme des bouts de viande que les hommes se partagent.

Si je n'avais pas chanté ces chansons-là, aurais-je été, par la suite, blessée comme je l'ai été par la misogynie méprisante à laquelle j'ai été, comme tout un chacun(e), confrontée ?

Je ne crois pas.

En chantant ces chansons répugnantes, j'avais acquiescé au mépris des femmes... et cette part de consentement, dont j'étais responsable, m'a bien plus humiliée que tout le reste, et m'a rendu hypersensible à tout le reste.

La psychiatre Marie-France Hirigoyen a bien raison : « Personne ne peut vous humilier sans votre permission. »

À retenir

• Beaucoup de diagnostiqueurs se servent de leur diagnostic comme d'un cornet acoustique : ils écoutent moins un être humain qu'une maladie – celle qu'ils croient avoir identifiée.

• De nos jours, l'humanité des singes est plus évidente aux éthologues que celle des êtres humains aux psychiatres.

• Les diagnostiqueurs et leurs diagnostics font parfois douter les diagnostiqués de leur humanité. Parfois vécu comme une chosification ou une animalisation, ce doute entraîne dans certains cas une perte symbolique de visage.

• Ce qui compte avant tout, c'est la manière dont vous vous positionnez, vous : au long terme, c'est votre point de vue sur vous-même et vos choix qui sont déterminants, beaucoup plus que l'opinion et le comportement des autres (diagnostiqueurs compris).

Conseils

► Si vous avez consulté un psychiatre et que vous le trouvez froid ou inattentif, n'insistez pas.

► Quelqu'un cherche à vous humilier : ne vous laissez pas faire, et votez avec vos pieds.

► Vous avez joué un rôle, même infime, dans votre propre humiliation ? Pardonnez-vous de grand cœur.

Lectures recommandées

□ ***Soigner à tout casser : La dignité de la personne à l'épreuve de la psychiatrie lourde*, de Véra Netelzang et Clara Frost**. Pour en savoir plus sur les effets dévastateurs de la psychiatrie.

□ T***oxic psychiatry, Why Therapy, Empathy and Love Must Replace the Drugs, Electroshock, and Biochemical Theories of the "New Psychiatry"*, de Peter Roger Breggin**. Livre-somme. À lire si vous êtes intéressé par les méthodes et les conséquences de la psychiatrie.

Des diagnostics en toc ?

Nous avons vu que les diagnostics psychiatriques ont des effets extrêmement pervers, mais cela ne suffit pas à les disqualifier... Encore faut-il savoir s'ils ont une quelconque valeur intellectuelle.

Sont-ils démoralisants, mais instructifs, comme l'est un diagnostic de cancer posé sur un malade du cancer ? Ou sont-ils destructeurs et fallacieux, comme le diagnostic de possession satanique posé à Loudun en 1630 sur les sœurs du couvent des Ursulines, qui souffraient de quelque chose, certes, mais pas de ça ?

Si vous avez été diagnostiqué, je n'ai pas besoin de vous convaincre de l'importance de ces questions...

Toutes vos angoisses à propos du label dont on vous a si gentiment gratifié sont sans objet si celui-ci n'a aucune valeur scientifique. La prison de vos soucis est fondée sur lui ; s'il est en toc, tout l'édifice tombe par terre et vous voilà à l'air libre au milieu de l'espace, sous la caresse revigorante du soleil et du vent.

Portrait-robot d'un diagnostic authentique

Pour évaluer le degré plus ou moins élevé de véridicité des diagnostics psychiatriques, commençons par esquisser le portrait-robot d'un authentique diagnostic : quelles sont ses principales caractéristiques ?

Un diagnostic explicatif

Primo, un diagnostic authentique est explicatif.

Ce n'est pas un bouquet de symptômes, ni une myriade de curieux phénomènes physiologiques rassemblés là pour faire joli. C'est, au contraire, l'explication qui se cache sous cette diversité, la cause unique et invisible de ce foisonnement.

Un patient se présente chez son docteur et lui raconte en détail ses grands ou petits bobos. Le docteur écoute, examine, médite, et finalement arrive à une conclusion : son patient a telle ou telle maladie, ce qui explique toutes ses misères, ou les trois quarts d'entre elles.

Par exemple Georges se lève de plus en plus souvent la nuit pour aller faire pipi ; il a maigri ; il se sent très faible et fatigué ; il a souvent des fourmis dans les mains et dans les pieds ; parfois, il voit trouble. Le docteur pose son diagnostic : George a le diabète.

Ce diagnostic ne nous donne pas le fin mot de l'histoire, puisque nous ne savons pas, ou pas encore, pourquoi Georges a le diabète, mais par rapport aux divers soucis de santé dont se plaint Georges, il constitue une explication convaincante et plausible, peut-être vraie.

Avec un diagnostic authentique, on remonte des conséquences (ou symptômes) à la cause – ce qui est le propre de toute explication digne de ce nom.

Un diagnostic spécifique

Secundo, un diagnostic authentique est spécifique.

Il est précis.

Si l'armoire ne contenait que des habits, à quoi rimerait l'étiquette « vêtements » sur l'un de ses tiroirs ? Une telle étiquette ne nous apprendrait rien. Si un médecin peut diagnostiquer sans risque d'erreur de la « spasmophilie » chez tous ses patients, et même chez ses amis bien portants, c'est sans doute que ce diagnostic-là est quelque peu bidon.

Un diagnostic authentique n'est pas généralisable à l'humanité tout entière. Il n'est pas vrai pour n'importe qui, n'importe quand, n'importe comment. Il n'est pas élastique à l'infini ; il a des limites bien définies et un périmètre bien clair. Par exemple une femme n'est pas « plus ou moins » enceinte. Elle est enceinte ou elle ne l'est pas. Un bambin n'a pas « plus ou moins » les oreillons. Il a les oreillons ou il ne les a pas.

Ce caractère bien tranché est la deuxième caractéristique des diagnostics authentiques.

Un diagnostic vérifiable

Tertio, un diagnostic authentique est vérifiable.

Par exemple le diagnostic de grossesse est confirmé ou infirmé par une échographie : si on voit un fœtus sur l'écran, il y a bien grossesse. Si on ne voit pas de fœtus, cela prouvera que le diagnostic était erroné. Même chose pour le diabète de Georges : c'est en faisant certaines analyses qu'on pourra savoir si ce diagnostic est juste ou non.

Inversement un diagnostic qui ne peut être confirmé en aucune façon est une hypothèse. Une supposition quelque peu gratuite. Un tel diagnostic est un concept vide. Un mot-soufflé, volumineux seulement à cause du vide qu'il contient.

Bref, un diagnostic digne de ce nom peut être confirmé ou infirmé, validé ou réfuté : quelque chose d'autre que lui-même permet de vérifier s'il est juste ou non.

Sinon, c'est un diagnostic en toc.

Caractéristiques des diagnostics psychiatriques

Les diagnostics psychiatriques ont-ils ces trois caractéristiques ?

Sont-ils explicatifs, spécifiques et vérifiables ?

Explicatifs ?

À première vue, les labels psychiatriques se présentent bien comme des explications : « Si vous n'arrivez pas à dormir correctement et que vous ruminez des idées noires, c'est *parce que* vous faites une dépression... Si vous entendez des voix, c'est *parce que* vous êtes schizophrène... Si vous êtes instable, c'est *parce que* vous êtes bipolaire. »

Mais s'agit-il vraiment d'explication ?

Est-ce qu'un diagnostic de maladie mentale permet de comprendre le problème, ou est-ce qu'il donne seulement *l'impression* de le comprendre ?

L'illusion d'en savoir plus ?

Avons-nous affaire à l'authentique révélation d'une cause, ou juste à une simili-explication circulaire ?

La question vaut d'être posée, car ce ne serait pas la première fois que des spécialistes auraient eu recours à des artifices rhétoriques de ce genre. Ainsi au dix-septième siècle, lorsqu'ils étaient confrontés à des mystères qui les dépassaient, les médecins cachaient leur incompétence sous un voile de jargon obscur. Par exemple ils expliquaient que « Le pavot endort en raison de sa vertu dormitive ». Bien évidemment une telle explication n'explique rien.

De nos jours aussi, les médecins ont du mal à avouer que non, décidément, ils ne sont pas capables d'expliquer tel ou tel phénomène. Quand une mère anxieuse leur demande pourquoi son bébé hurle la nuit, ils répondent doctement : « Ne vous inquiétez pas ; il s'agit seulement de sanglots nocturnes du nourrisson. » La mère est rassurée, quoique l'explication n'en soit pas une.

Souvent, les diagnostics des maladies mentales ont le même défaut : tels Médor courant après sa queue, ils tournent en rond.

Par exemple un psychiatre « explique » le comportement agressif d'une dame habituellement charmante en posant sur elle le diagnostic de *dépression hostile*. Mais *dépression hostile* n'est que le nom dont les psychiatres ont baptisé le comportement agressif d'une personne habituellement charmante.

Un autre psychiatre « explique » les hauts et les bas de son patient en posant sur lui le diagnostic de *trouble bipolaire*. Mais *trouble bipolaire* n'est que le nom dont les psychiatres ont baptisé des changements d'humeur extrêmes.

Hypnotisés par ces étiquettes qu'ils croient significatives et profondes, beaucoup de gens cogitent en boucle :

> « Est-ce que je fais une dépression, ou est-ce que j'ai une sorte de problème ? »
>
> « Je me demande si mon mari fait une dépression, ou s'il est juste malheureux ? »
>
> « Je ne vais pas bien du tout en ce moment…C'est peut-être parce que je fais une dépression ? »

Questions qui ont autant de sens que celles-ci :

> « Est-ce que j'ai une sorte de problème, ou est-ce que j'ai un genre de problème ? »
>
> « Je me demande si mon mari a des ennuis professionnels, ou s'il a juste des soucis au boulot ? »
>
> « Je n'ai pas beaucoup d'argent en ce moment... C'est peut-être parce que je suis fauché ? »

Bref, les diagnostics psychiatriques se présentent comme des explications, mais n'en sont pas.

Spécifiques ?

Sont-ils du moins spécifiques et précis ?

S'ils l'étaient, il n'y aurait pas tant de divergences entre les opinions des différents psychiatres. Pour celui-ci, Marie-Louise souffre d'un épisode dépressif majeur ; pour cet autre, d'une maniaco-dépression. Et Hervé, est-il schizophrène, ou borderline ? Les avis sont partagés. On peut aussi bien soutenir l'une quel'autre thèse.

Si les étiquettes étaient aussi spécifiques qu'elles sont censées l'être, y aurait-il tant de flottement ?

Probablement pas.

Significativement, Freud se plaignait (ou peut-être se vantait) d'avoir pour patient le genre humain tout entier... Un peu comme les signes astrologiques où chacun se reconnaît peu ou prou, les étiquettes psychiatriques sont si vastes qu'on y trouve forcément une place. Elles sont définies de telle manière que tout le monde peut y entrer par une porte ou une autre. En d'autres termes, nous sommes tous plus ou moins dépressifs, nous sommes tous plus ou moins schizophrènes, bipolaires, borderline, etc.

La preuve : en 1973, aux États-Unis, dans le cadre d'une expérience sociologique, huit personnes parfaitement saines d'esprit se présentèrent incognito à divers hôpitaux psychiatriques en se plaignant d'entendre des voix. Elles furent tout de suite internées.

À l'intérieur de l'hôpital, ces huit personnes se comportèrent d'une manière parfaitement normale. Aux questions que les soignants leur posèrent sur leur passé, leur enfance, leurs rapports avec leurs parents, les pseudo-malades répondirent en toute sincérité.

Sept de ces faux malades furent diagnostiqués « schizophrènes » et un « maniaco-dépressif » ; tous furent « soignés ».

On les garda à l'hôpital pendant une période allant d'une semaine à trois semaines. Puis, considérés comme « en rémission » (mais pas guéris), on les laissa finalement sortir.

Leur comportement parfaitement normal n'avait pas mis la puce à l'oreille des soignants. Ces personnes équilibrées et bien intégrées dans la société, ces adultes responsables, étaient, semble-t-il, des schizophrènes et maniaco-dépressifs tout à fait crédibles.

Ce que cette expérience[1] montre, c'est qu'un diagnostic psychiatrique traumatisant peut être posé sans problème sur n'importe qui, y compris sur quelqu'un qui jouit d'une parfaite santé mentale.

---

[1]L'expérience a été racontée par le psychologue David Rosenhan dans un article connu : *On being Sane in Insane Places* (1973). Dans cet article, Rosenhan explique l'effet des labels et de l'hôpital psychiatrique sur ceux qui les subissent. Vous pouvez lire l'article en ligne ici : http://psychrights.org/articles/rosenham.htm

Stanislaw Jerzy Lec (1909-1966), poète et écrivain polonais rescapé des camps de concentration doté d'un humour décapant, a dit un jour : « Certains mots sont si grands et si vides qu'on peut y garder captives des nations entières ». Pensait-il aux diagnostics des maladies mentales ?

Vérifiables ?

Les diagnostics des maladies mentales ne sont pas explicatifs, et ils sont encore moins spécifiques. Sont-ils du moins vérifiables ?

Non plus.

Aucune échographie, aucun test sanguin, aucun examen objectif ne permettent de vérifier que Roger est bien atteint de schizophrénie. Il n'y a aucun moyen d'en être sûr. La seule preuve que Roger est bien schizophrène, c'est qu'un psychiatre l'a dit. Et si demain, le psychiatre en question change d'avis et déclare Roger borderline, il n'y aura pas davantage moyen de confirmer ce nouveau diagnostic.

Les labels psychiatriques sont irréfutables au mauvais sens du terme : on ne peut pas prouver qu'ils sont erronés parce qu'on n'a aucun critère objectif sûr qui permette d'évaluer leur pertinence. Ils sont trop subjectifs, nébuleux et informes pour être contredits.

En fin de compte les diagnostics des maladies mentales ne sont ni explicatifs, ni spécifiques, ni vérifiables. Mais alors, qu'est-ce qu'ils sont ?

Factices.

Et vous voilà à l'air libre au milieu de l'espace, caressé par le vent.

À retenir

- Les maladies mentales sont définies d'une manière si large que tout le monde peut y trouver une place, y compris les personnes équilibrées et saines d'esprit.
- Les étiquettes psychiatriques n'apportent pas d'information nouvelle : les « explications » qu'elles proposent sont quasi circulaires.

Maladies, tartes, licornes et noms

Nous venons de voir que les étiquettes psychiatriques n'ont pas de valeur explicative ; pour être juste, il faut toutefois reconnaître qu'elles ont une certaine valeur descriptive.

En disant que Josette est « maniaco-dépressive », on la décrit : elle est parfois euphorique, survoltée et exaltée, parfois amorphe et démoralisée. En disant que Baptiste est « schizophrène », on le décrit aussi : il entend des voix, il a un comportement bizarre, il semble perturbé, etc.

Malheureusement, les labels psychiatriques ne font pas que décrire – ils véhiculent aussi une idée terrifiante.

Plus de peur que de mal

Quelle idée ?

Ces sautes d'humeur, ses voix, ce comportement bizarre, etc., sont une *vraie maladie*. Qui plus est, une maladie *grave* – et *incurable !* Telle est l'idée implicitement présente dans la plupart des diagnostics psychiatriques, telle est la thèse sur laquelle la psychiatrie s'est construite et qui fonde sa crédibilité.

La bonne nouvelle, c'est que cette idée terrifiante est fausse.

En effet :

1/ Les maladies mentales ne sont *pas* de vraies maladies.

2/ N'étant pas de vraies maladies, elles ne sont pas curables au sens propre, mais ne s'en dissipent pas moins toutes seules plus ou moins rapidement, à condition bien sûr d'accepter la responsabilité de ses actes et de ne pas court-circuiter le processus naturel de guérison (*guérison* au sens métaphorique) en ingurgitant des drogues et des produits toxiques, que ceux-ci aient reçu ou non le titre de « médicaments ».

Examinons ces points de plus près.

Des maladies au sens métaphorique

Nous avons déjà vu dans la deuxième partie que la dépression n'est pas une vraie maladie, mais si on en restait là, l'arbre nous cacherait la forêt : en réalité, aucune maladie mentale n'est une vraie maladie.

Qu'est-ce que je veux dire par là ?

Que les maladies mentales ne sont pas des maladies physiques.

Qu'elles ne sont pas des maladies biologiques.

Qu'elles sont des maladies au sens métaphorique, de la même manière que les impôts sont une plaie au sens métaphorique, et pas une « lésion », une « ouverture des chairs ». En effet, dans l'expression « maladie mentale », il ne faut surtout pas oublier l'adjectif.

Qu'est-ce qu'une maladie ? C'est, on l'a dit, un « dysfonctionnement de l'organisme », une altération des fonctions corporelles. Or le mental n'est *pas* un organe. Le mental n'est *pas* une partie du corps. C'est le cerveau qui en est une. Le mental est au cerveau ce que le film est à l'écran de cinéma : ils ne se confondent pas. Ce qui fait que le mental ne peut pas *tomber malade* au sens littéral.

L'esprit ou mental n'étant ni un organe ni un organisme ne peut pas souffrir d'un dysfonctionnement biologique. Du coup, la seule manière de donner un sens cohérent à l'expression « maladie mentale », c'est de prendre « maladie » au sens métaphorique. De même, la seule manière de donner un sens logique à l'expression « un esprit carré », c'est de prendre « carré » au sens métaphorique (rationnel, pragmatique, terre-à-terre), un esprit ne pouvant pas avoir la forme d'un parallélépipède rectangle.

Permettez-moi d'insister un peu : les maladies mentales ne sont pas de vraies maladies puisque ce sont des maladies du mental, autrement dit de l'esprit, autrement dit de l'âme. L'âme n'est pas le corps : elle ne peut pas avoir de maladie au sens propre.

Ce que je vous dis là est évident, ou devrait l'être, et depuis 1960, personne n'est censé l'ignorer.

1960, c'est l'année de parution du *Mythe de la maladie mentale*. Dans ce livre qui a fait date, Thomas Szasz, psychiatre rebelle et penseur rigoureux, a magistralement et suffisamment prouvé ce que je viens de vous résumer :

1/ le mental est immatériel ;

2/ les vraies maladies sont des « perturbations des fonctions biologiques » ;

3/ les maladies mentales ne sont donc pas de vraies maladies.

Elles ne sont des maladies qu'au sens métaphorique.

Le mental tombe malade de la même manière que la tour Eiffel a de l'eczéma : dans les deux cas, il s'agit d'une image.

D'une métaphore.

Métaphore qui permet de communiquer l'idée qu'il y a un problème.

Un vrai problème... pas une vraie maladie.

Mais, m'objecterez-vous peut-être, n'y a-t-il pas eu des découvertes scientifiques qui prouvent que telle ou telle maladie mentale est causée par tel ou tel dysfonctionnement cérébral ?

Quand une telle preuve a été apportée, on ne parle pas de maladie mentale, mais de *maladie d'Alzheimer*, d'*autisme*, de *traumatisme cérébral*, etc., et les psychiatres passent la main aux neurologues ou à d'autres spécialistes.

Les maladies dont les psychiatres s'occupent sont toutes des maladies métaphoriques. Si elles avaient été identifiées en tant que véritables maladies, elles auraient quitté le champ de la psychiatrie et intégré celui de la médecine.

Bref, l'expression « maladie mentale » n'est qu'une métaphore ; en tant que telle, on ne doit pas la prendre au pied de la lettre.

Du sens figuré au sens littéral

« On ne doit pas... Sinon quoi ? », pourriez-vous demander, le sourcil dubitatif.

Bonne question.

Quand on commet l'erreur de prendre la métaphore de la maladie mentale au pied de la lettre, on devient la victime du sophisme suivant :

1/ Je souffre d'une maladie mentale ;

2/ ce sont les médecins qui soignent les maladies (ou qui essaient) à l'aide de médicaments ;

3/ donc, j'ai besoin d'un médecin pour me libérer de mon vague à l'âme, besoin de médicaments pour résoudre mon problème psychologique.

Si vous examinez ce raisonnement fallacieux de près, vous vous apercevrez qu'entre l'étape numéro 1 et l'étape numéro 3, on a sauté sans prévenir et sans y prendre garde du sens figuré au sens littéral de « maladie », changeant ainsi radicalement de paradigme.

Grossière erreur.

Tragique erreur.

À supposer que vous soyez entre les pattes de la grande et méchante psychiatrie, à supposer que sa gueule ait refermé ses crocs sur votre tête, sa mâchoire sur votre cerveau, qui appelleriez-vous à l'aide ?

Un dompteur de fauves ?.

J'espère bien que non, car cela donnerait à la Bête tout le loisir de vous dévorer tranquillement. Un dompteur de fauves ne peut rien contre un fauve métaphorique. Et face à une maladie métaphorique, un docteur ne peut rien non plus.

Les maladies mentales n'étant pas de vraies maladies, les médecins qui prétendent soigner ces maladies métaphoriques se moquent de nous, ou ils s'illusionnent : ils nous trompent ou ils se trompent.

Dire ou penser « J'ai une maladie mentale, *donc* je dois aller voir un médecin et prendre les médicaments qu'il me prescrira » est aussi idiot que de dire ou penser « Je suis prisonnier des griffes de la psychiatrie, *donc* pour m'échapper j'ai besoin d'un coupe-ongles. »

Une maladie au sens métaphorique ne se soigne pas avec des médicaments, quelque efficaces qu'ils soient, de même que des griffes au sens métaphorique ne se coupent pas avec un coupe-ongles – ni même avec des sécateurs.

Le lait de jument est, paraît-il, un remède très efficace contre l'eczéma, mais si la tour Eiffel avait de l'eczéma, avec quoi faudrait-il la soigner ?

Du lait de jument, ou de l'antirouille ?

Vous connaissez la réponse.

Les maladies au sens figuré ne se soignent pas avec des médicaments au sens littéral.

À main levée

Vous n'arrivez toujours pas à croire que les maladies mentales ne sont pas de vraies maladies ? Ou du moins vous gardez encore un léger doute à leur sujet ?

Alors penchons-nous deux minutes sur la manière dont les maladies mentales font leur apparition dans le DSM. Si elles étaient de vraies maladies, on les découvrirait, pas vrai ?

Comme le docteur Parkinson a découvert en 1817 la maladie à laquelle il a donné son nom...

Eh bien, les « maladies mentales » ne sont pas découvertes.

Elles sont votées.

Oui, vous avez bien lu : votées à main levée par une assemblée de psychiatres. C'est de cette manière qu'elles font leur apparition dans le DSM.

Thomas Szasz souligne la différence :

> « Dans la médecine moderne de nouvelles maladies ont été découvertes, dans la psychiatrie moderne de nouvelles maladies ont été inventées. On a prouvé que la parésie était une maladie ; on a déclaré que l'hystérie en était une. »

Pour dissiper vos derniers doutes s'il vous en reste, parlons maintenant des symptômes des maladies mentales.

En guise de symptômes

Un symptôme « révèle, manifeste la présence d'une maladie, est la conséquence d'une maladie ».

C'est pourquoi les vraies maladies peuvent être asymptomatiques : la maladie est déjà là, mais ses conséquences ne sont pas encore perceptibles. Ainsi dans la période où l'on couve un gros rhume, on n'a pas encore de fièvre, on n'a pas encore le nez qui coule.

Par contre, les maladies mentales ne sont jamais asymptomatiques, même au début.

Elles ne le sont jamais, parce que leurs symptômes ne sont pas des conséquences. Mais alors, que sont-ils ?

Des ingrédients.

Une maladie mentale est à ses symptômes ce qu'une tarte aux pommes est au beurre, au sucre, à la farine et aux pommes. Supprimez les ingrédients d'une tarte, et il n'y a plus de tarte ; supprimez les symptômes d'une maladie mentale, et il n'y a plus de maladie mentale.

Ainsi une dépression sans tristesse, ni angoisse, ni découragement, n'est pas une dépression, et un « schizophrène asymptomatique » n'est pas un schizophrène non plus... C'est, ou plutôt c'était, un opposant russe au régime communiste, assimilé à un malade mental et (mal) traité comme tel.

Sans ses symptômes, une maladie mentale n'est plus qu'une santé mentale.

Recette

Parce que les maladies mentales ne sont pas de vraies maladies, n'importe qui peut s'amuser à en confectionner.

Il faut juste un peu de créativité et d'imagination.

Quatre cuillères d'angoisse… Une pincée de désespoir... Un grand verre de larmes… Un soupçon d'insomnie… malaxez, étalez, garnissez, passez au four trente minutes... Et voilà, c'est prêt !... Une maladie mentale toute chaude et croustillante.

Mais j'allais oublier l'essentiel.

Il lui faut aussi et surtout un joli nom bien sonore, comme *trouble naso-compulsif* pour ceux qui se grattent sans arrêt le nez, ou *trouble explosif intermittent* pour ceux qui s'énervent en voiture.

Au fait : c'est moi qui ai inventé le trouble naso-compulsif, mais ce sont les psychiatres qui ont mis au point le trouble explosif intermittent.

Comme vous pouvez le constater, il n'y a pas grande différence entre une « vraie » maladie mentale (c'est-à-dire une maladie inventée par des psychiatres) et une « fausse » maladie mentale (c'est-à-dire une maladie inventée par quelqu'un qui n'est pas de la partie).

Les maladies mentales ne durent pas

Venons-en maintenant au second point : les maladies mentales, qu'on pourrait tout aussi légitimement appeler des problèmes psychologiques, des difficultés spirituelles ou des obstacles mentaux, ont une durée de vie limitée.

Mais en disant cela, je m'avance un peu trop...

C'est sous leur forme aiguë qu'elles sont éphémères.

On peut vivre cent ans – plus ou moins bien – avec un problème psychologique, mais un épisode dépressif ou une bouffée délirante ne sont que cela : un épisode, une bouffée.

La forme paroxystique et exacerbée de ce qu'on appelle par métaphore une maladie mentale est, par définition ou presque, un simple moment.

Bref, les maladies mentales ne sont pas de vraies maladies, et encore moins des maladies incurables.

Ce qui les prolonge outre mesure, c'est la tendance malheureusement de plus en plus répandue qui consiste à les soigner en les aggravant... Nous verrons de quelle façon dans les chapitres suivants.

Des mythes ?

Et maintenant, posons-nous une question troublante : en fin de compte, ces maladies qui ne sont pas de vraies maladies existent-elles ?

D'après Thomas Szasz, non.

Les maladies mentales sont à ses yeux de simples mythes qu'on devrait placer sur le même pied que les fantômes et les licornes.

Szasz va même encore plus loin puisque d'après lui, la folie n'existe pas, elle non plus. Elle ne serait qu'un concept arbitraire, une construction idéologique et artificielle n'ayant aucun correspondant dans la réalité.

Mais sur ces deux points, à mon humble avis Szasz va trop loin.

Si vous avez déjà reçu une claque au sens métaphorique (une humiliation, une déception, etc.), vous savez que ce genre de claque fait tout aussi mal qu'une claque au sens littéral. Une claque au sens métaphorique existe bel et bien et quand on en prend une, on préférerait être piétiné par une licorne : ça ferait moins mal...

Ce que je veux dire par là, c'est que les créatures mythologiques se différencient des claques, plaies, bosses, maladies, etc., métaphoriques sur un point crucial : les premières n'existent pas, tandis que les secondes, si. Une maladie au sens métaphorique est un problème au sens littéral, et nous sommes tous bien placés pour savoir que les problèmes existent.

Y compris les problèmes psychologiques.

Quant à la folie, pour nier son existence il faut n'y avoir jamais été confronté soi-même...Quand on l'a rencontrée, on y croit.

Un assemblage arbitraire

L'analogie faite par Szasz entre licornes et maladies mentales n'en est pas moins féconde. Approfondissons-la.

La licorne est un cheval doté d'une longue corne. Or les chevaux et les cornes ne sont pas des légendes. Ce qui n'existe pas, sauf dans les contes, c'est la combinaison des deux en un tout qu'on appelle « licorne ».

D'une façon comparable, une maladie mentale est un assemblage d'ingrédients (baptisés « symptômes ») bien réels. La folie est réelle. L'angoisse est réelle. La tristesse est réelle. Le comportement que l'étiquette psychiatrique stigmatise est réel. Etc. Dans les maladies mentales, les ingrédients sont indiscutables : leur existence est avérée.

Par contre, l'assemblage de ces différents ingrédients n'obéit à aucune nécessité profonde, aucune vérité transcendante. Pour transformer une recette de tarte aux pommes en recette de tartes aux prunes, il suffit de changer un ingrédient ; pour changer une dépression en trouble bipolaire, ou une schizophrénie en dépression, il suffit d'ôter ou d'ajouter quelques problèmes psychologiques. Les maladies mentales sont comparables à des sacs : on y met ce qu'on veut.

Rien ne permet de prétendre que tel « symptôme » est indissolublement lié à tel autre par une « schizophrénie », une « hystérie », etc. Rien ne permet d'affirmer qu'au label de « schizophrénie », de « trouble bipolaire » ou de « dépression » correspond quelque chose de plus significatif qu'une liste d'ingrédients hétérogènes qui ressemble étrangement à une liste de courses.

Les symptômes d'une maladie mentale n'émanent pas d'une source commune qui serait la maladie mentale elle-même ; ils sont seulement coagulés par la cuisson. Et ce sont les psychiatres, ces cuisiniers aux mains sales, qui ont enfourné la tarte.

Disons-le autrement : la nosographie des maladies mentales est un découpage irrémédiablement arbitraire qui répond à une logique qui n'a rien de scientifique. On pourrait très bien classer autrement les troubles de l'âme, et c'est d'ailleurs ce qu'on a fait et ce qu'on continue à faire tous les jours : on redéfinit, redélimite, redécoupe le gâteau d'une autre manière.

On fait aussi tout ce qu'on peut pour étaler plus finement la pâte, de manière à en tirer le maximum. Y compris le maximum de thune.

Un tel redécoupage n'a jamais lieu dans la médecine ; quand une maladie a été correctement définie, elle garde pour toujours son nom et sa définition. Ainsi la peste bubonique a disparu, mais sa description reste valable.

Apparition et disparition

Les maladies mentales disparaissent pour des raisons inverses : non parce qu'elles ont été éradiquées de la surface de la Terre, mais parce qu'on ne croit plus à leur nom. C'est-à-dire qu'on ne croit plus que la chose dont il est question soit une maladie.

Ou peut-être qu'on y croit encore, mais qu'on préfère user d'un autre nom, plus moderne, plus séduisant, plus rassurant : c'est ainsi que la *psychose maniaco-dépressive* a laissé place au *trouble bipolaire,* la *lypémanie* à la *dépression*, etc. Autre point commun entre les maladies mentales et les sacs : quand elles sont démodées, on les remplace.

Les ingrédients, eux, n'en demeurent pas moins.

En fin de compte, eux seuls sont réels.

Ainsi de nos jours, plus personne ne souffre de *monomanie homicide*, ni de *déviation sexuelle* (au sens de « homosexualité »). Et pourtant, ni les assassins, ni les homosexuels n'ont disparu. Ce qui a disparu, c'est seulement la perception de ces personnes comme malades et de leurs actes comme maladifs.

Lorsqu'une maladie mentale apparaît, c'est comme un décret qui passe : à partir de maintenant, tel comportement, et éventuellement telles émotions seront considérées comme des maladies. Du coup, leurs auteurs n'en seront plus tenus pour responsables.

Bilan

Résumons-nous.

Prise en tant que métaphore, l'expression générique de « maladie mentale » renvoie à n'importe quel problème psychologique, n'importe quelle difficulté spirituelle, n'importe quel obstacle immatériel.

Prise au pied de la lettre, cette expression est purement et simplement contradictoire. Il n'y a pas plus de mental malade au sens littéral que de soleil cubique ou de chameau à branchies. Autant le concept de maladie cérébrale » est logique, autant celui de « maladie mentale » est contradictoire.

Quant aux maladies mentales répertoriées (schizophrénie, dépression, etc.), elles existent dans la mesure où leurs ingrédients, bien réels, existent. Mais ce ne sont pas de vraies maladies.

Juste de vrais problèmes.

Ces maladies métaphoriques n'ont qu'une existence relative, arbitraire et contingente, car la combinaison particulière d'ingrédients qui les définit ne répond à aucune nécessité profonde.

Des psychiatres en mal de clients et de gloire bricolent un néologisme à l'air médical et le jettent, comme un filet, sur des comportements et des émotions qui existent depuis belle lurette et que l'on considérait jusque-là soit comme criminels, soit comme innocents, quoique gênants et indésirables.

Le grand public s'imagine alors qu'à ce label psychiatrique tout neuf correspond une réalité. Mais si toute chose a un nom, tout nom n'a pas une chose : il y a des mots qui ne renvoient qu'à eux-mêmes... mieux vaut ne pas l'oublier.

À retenir

- Le mental n'étant pas une partie du corps, il ne peut pas tomber malade au sens littéral.
- Les maladies mentales ne sont pas découvertes, mais votées.
- Les ingrédients (« symptômes ») des maladies mentales sont réels, mais les maladies mentales elles-mêmes sont des œuvres d'imagination au même titre que les licornes et les sirènes.
- Tout le monde peut créer une maladie mentale.

Conseil

► Inventez des maladies mentales : c'est une activité libératrice qui vous permettra de voir le monde tel qu'on le voit de l'autre côté, c'est-à-dire du côté de ceux qui inventent ce qu'on accepte comme parole d'évangile et qu'on applique à la lettre de ce côté-ci. Ainsi, vous inversez les rôles : vous n'êtes plus une victime qui se fait manipuler et étiqueter, mais un créateur qui nomme à sa guise. En passant du statut de nommé à celui de baptiseur, vous prenez le contrôle.

Vous avez dit « normal » ?

En ce début de vingt et unième siècle, le monde ressemble de plus en plus à un immense hôpital. Où que l'on tourne les yeux, on ne voit que soignants, soignés, thérapies et maladies.

C'est ainsi que les fous rires se sont changés en gélothérapie, que le témoignage de satisfaction de la gent à pattes de velours est devenu une ronronthérapie, que les tablettes à 70 % de cacao se sont muées en chocothérapie, que l'éblouissante lumière du soleil s'est transformée en luminothérapie, et que le salon de l'agriculture s'est métamorphosé en thérapie de groupe pour agriculteurs déprimés par l'involution de leur métier...

Oui : l'arsenal des thérapies comporte maintenant toutes sortes de choses que l'on envisageait auparavant sous un autre angle.

Et du côté des maladies, l'éventail s'est encore plus élargi.

Petit à petit chaque problème, chaque désagrément se retrouvent morbiformés (permettez-moi ce néologisme), c'est-à-dire modelés en forme de maladie. Ce qui fait que la condition humaine se réduit comme peau de chagrin : on en retranche de plus en plus de défauts et de difficultés.

Il y a actuellement 374 manières de ne pas être normal. 374, c'est le nombre de troubles mentaux énumérés dans le le DSM, un gros manuel de référence auquel les psychiatres se réfèrent sans cesse.

Qui plus est, ce chiffre est en augmentation constante : le territoire de la normalité se réduit comme peau de chagrin, tandis que celui de la « maladie mentale » le grignote inlassablement...

Homo psychiatricus normalus

Les psychiatres se gardent bien de définir la santé mentale.

Ils ne veulent pas dire ce qu'est un être humain équilibré ; ils ne veulent pas décrire l'homme normal.

Pourquoi ?

Parce que cet homme exempt de toute maladie mentale n'aurait rien à faire dans leur cabinet, rien à faire dans leurs hôpitaux. Sa clientèle serait perdue pour eux.

Définir la normalité mettrait des limites au territoire de l'anormalité, de la psychopathologie : si l'Homme normal est ceci, et rien que ceci, alors l'Homme anormal est cela, et rien que cela. Et comme – jadis ils l'ont avoué eux-mêmes -l'ambition des psychiatres est d'étendre leur empire *ad libitum, ad infinitum* et a*d nauseam*... vous comprendrez qu'ils s'abstiennent.

Mais il y a tout de même moyen de savoir malgré eux quelle est la définition psychiatrique de l'Homme normal.

Pour cela, il faut prendre le contre-pied des symptômes des maladies mentales : on obtient ainsi, par différence, la silhouette de l'*Homo psychiatricus normalus,* ou « homme normal ».

Préparez-vous donc à faire connaissance avec cet être étonnant, créature dont les caractéristiques laissent à penser que non, nous ne sommes pas seuls dans le cosmos : il y a de la vie ailleurs. Applaudissez-le bien fort... Bienvenue, enfant des étoiles !

L'homme normal au volant

Quand l'homme normal prend son vaisseau extraterrestre... pardon, sa voiture, il reste toujours parfaitement zen.

Quand un automobiliste discourtois lui fait une queue de poisson ou un geste grossier avec le majeur, il n'a même pas besoin de respirer par le nez en comptant jusqu'à dix pour garder son calme. Sa réaction, ou plutôt son absence de réaction est digne de Maître Yoda.

Source : le DSM-IV.

D'après ce manuel, toute personne qui s'énerve excessivement en voiture, ou ailleurs, souffre d'un trouble mental. (Le trouble explosif intermittent.)

Un café pour l'homme normal

De temps en temps, mais c'est très rare, l'homme normal sirote un kawa.

C'est très rare, car franchement, quel intérêt ?

Lorsque l'homme normal prend un café, ça ne lui fait strictement aucun effet. Un expresso bien tassé ou l'eau du robinet, pour lui c'est kif-kif bourricot. En Belgique, chou vert et vert chou.

C'est pour ça que l'homme normal préfère la chicorée.

Source : le DSM-IV.

D'après ce manuel, toute personne qui après avoir bu plus de trois tasses de café est excitée, a le visage rouge, le cœur qui bat plus vite, et des difficultés à trouver le sommeil souffre d'un trouble mental. (L'intoxication à la caféine.)

L'homme normal prend la parole

L'homme normal n'est pas timide, c'est même un euphémisme.

Quand il débarque dans une soirée où il ne connaît personne, aucun malaise, aucune anxiété ne le paralysent. Il s'adresse directement à la première personne qui croise son regard, et lui parle comme si le réchauffement climatique avait fondu la glace depuis longtemps.

Quand il s'agit de s'adresser à des milliers de personnes à la fois, l'homme normal est tout aussi à l'aise. Il ne bafouille pas, ne sue pas sous les bras, n'a pas les genoux qui tremblent. Rayonnant d'assurance et de charisme, il met son auditoire dans sa poche et son mouchoir dessus. Pourtant, c'est la première fois qu'il parle en public.

L'homme normal serait-il une espèce de surhomme ?..

Source : le DSM-IV.

D'après ce manuel, toute personne un tant soit peu timide souffre d'un trouble mental. (Le syndrome de l'anxiété sociale.)

Le deuil de l'homme normal

Jusqu'à tout récemment, l'homme normal vivait une vie de famille idéale avec sa femme, qu'il aimait à la folie.

Il y a six mois, son épouse bien-aimée est morte d'une manière dramatique et soudaine – Imaginez ce que vous voulez, par exemple qu'elle s'est fait écraser par un trois-tonnes en traversant la chaussée. En proie au chagrin le plus noir, le cœur brisé par la disparition de sa bien-aimée, l'homme normal sombra dans un océan de larmes.

Vous trouvez ça triste, mais pour une fois, classique ?

Attendez la suite.

Au bout de deux mois exactement, l'homme normal consulta son agenda, écrasa une dernière larme, se moucha un bon coup, rectifia le nœud de sa cravate, épousseta son complet-veston, se dit : « Ça suffit, maintenant ! Être malheureux plus longtemps ne serait pas raisonnable... » et partit travailler en sifflotant comme les sept nains.

Son chagrin était passé, son deuil, terminé. Le soir même, tout guilleret, il s'inscrivait sur Meetic : une de perdue, dix de retrouvées.

Vous trouvez sa réaction admirable... ou étrange ?

D'après vous, elle révèle une volonté de fer... ou un manque inquiétant de sensibilité ?

Il ne s'agit pourtant que de l'homme normal.

Source : le DSM-IV.

D'après ce manuel, il suffit de deux mois pour faire son deuil. Au-delà de cette limite, le chagrin cesse d'être normal pour devenir pathologique et on doit parler d'un « épisode dépressif majeur ».

L'enfance de l'homme normal

Quand il était haut comme trois pommes, l'homme normal était déjà d'une sagesse hors du commun.

Son attention était toujours soutenue et constante. À la différence de bien des adultes, lorsqu'il trouvait la tâche qu'il devait accomplir ennuyeuse, il n'en restait pas moins concentré sur elle. Toujours attentif, il ne faisait jamais la moindre erreur d'inattention dans ses devoirs scolaires. Il était particulièrement vigilant sur les détails, qu'il ne négligeait jamais, et n'avait aucun mal à commencer et terminer ses devoirs. Il s'organisait avec la plus grande facilité, n'était jamais distrait, ne faisait aucun oubli, et n'égarait jamais aucun de ses objets personnels (jouets, crayons, livres, etc.)

Cet enfant prodigieux ne remuait pas les mains ou les pieds, ne se tortillait jamais sur sa chaise, ne courait pas partout, et s'abstenait soigneusement de grimper aux arbres. Se souvenant que la parole est d'argent, mais que le silence est d'or, ce petit garçon extraordinaire ne parlait que lorsqu'il avait quelque chose d'intelligent à dire. Bien sûr, il écoutait toujours avec la plus grande attention ce qu'on lui faisait l'honneur de lui communiquer.

Toujours souriant et bien élevé, son caractère était remarquablement égal. Chez lui, pas de crise, pas de caprice. Affamé ou repus, dispos ou fatigué, contrarié dans ses désirs ou satisfait, cet enfant-là gardait toujours son équilibre émotionnel.

Source : encore et toujours le DSM-IV.

D'après ce manuel, l'enfance est une maladie mentale. C'est pourquoi tout enfant qui présente des symptômes d'enfance (qui court, parle fort, coupe la parole à un adulte, oublie ses affaires, n'arrive pas à se concentrer ce qui l'ennuie, change rapidement d'humeur, etc.) souffre d'un « trouble de l'attention ».

La nationalité de l'homme normal

Parlons enfin de la nationalité de l'homme normal. Est-il suédois, portugais, américain, chinois, bulgare ?

Difficile à dire.

La seule chose dont on peut être sûr, c'est qu'il n'est pas né dans l'Hexagone.

Source : Stark et Löwenfeld.

Dès 1871 Carl Stark, psychiatre allemand, a prouvé que la condition mentale du peuple français laisse sérieusement à désirer : la nation entière souffre de mégalomanie et de délire. Au commencement de la Première Guerre mondiale, Löwenfeld, psychiatre viennois, a entériné le diagnostic de son collègue en démontrant par A plus B que tous les Français souffrent de *psychopathia gallica*.

Aucun psychiatre n'ayant, depuis, réfuté l'analyse de ces deux brillants psychiatres, la conclusion, imparable, s'impose comme une évidence : l'homme normal n'est pas français.

Qu'est-il donc ?

Le moins qu'on puisse dire, c'est que l'*homo psychiatricus normalus* ne court pas les rues.

Cet être inclassable se situe quelque part entre Bouddha, le petit Lord Fauntleroy, Robocop – son organisme imperméable à la caféine suggère que quelques-uns au moins de ses organes sont en métal –, un gourou de la pensée positive, maître Yoda et un rocher indifférent à tout. (Mais pas un rocher de la côte bretonne puisqu'il n'est pas français.) L'homme normal selon la psychiatrie, c'est le chaînon manquant entre le demi-dieu et le robot, un hybride de gendre idéal et d'androïde qui n'a pas de béret et ne mange pas de baguette.

Alors, l'homme normal : extraterrestre dissimulant son identité réelle, ou créature mythologique au même titre que les titans et les schtroumpfs ?

En tout état de cause, si vous ne lui ressemblez pas, cela prouve simplement que vous appartenez à l'espèce humaine.

À retenir

• Pour la psychiatrie, il n'y a pas d'être humain normal puisqu'aucun ne ressemble à l'*homo psychiatricus normalus*, être surnaturel à l'existence problématique.

Enfin libre !

Supposons que vous ayez été diagnostiqué *dépressif,* ou *bipolaire*, *schizophrène*, *borderline*, etc., et que – malgré toutes vos prises de conscience –, vous sentiez que cette étiquette oppressante vous colle encore à la peau.

Ce chapitre va vous aider à vous libérer définitivement du label dont on vous a mesquinement gratifié ; il va vous permettre de le décoller et de le mettre à sa vraie place, celle où depuis toujours il était destiné à finir... la poubelle.

Rien qu'un mot

Quelque oppressant qu'il soit, un diagnostic de maladie mentale n'est pas un boa constricteur. Ni une enclume. Il n'a aucune réalité objective, aucune existence matérielle : ce n'est pas une chose.

Mais alors, qu'est-ce que c'est ?

On l'a dit : c'est un nom.

Autrement dit, un mot.

Un mot n'a pas d'autre pouvoir que celui que nous lui prêtons. Lorsque nous le prenons pour une vérité révélée il dirige nos vies, mais vous pouvez aussi bien le considérer comme une mauvaise plaisanterie, et dans ce cas, rien n'est plus naturel et facile que de l'oublier.

Quand un diagnostiqué rumine :

> « Je n'ai pas de volonté parce que je suis […], je ne suis pas capable de contrôler mes émotions parce que je souffre de […], je n'aurai jamais une vie normale puisque j'ai un(e) […], ma vie est fichue et je ne réaliserai jamais mes rêves, étant donné que je suis malade de […] Je ne suis responsable de rien et ma vie est contrôlée par des forces obscures puisque je souffre d'un(e) […] »

Ce n'est pas sa maladie mentale qui le fait souffrir, ni même le diagnostic en lui-même, mais sa propre foi en la psychiatrie en général, et en son diagnostiqueur en particulier.

La preuve ?

Quelqu'un qui a été diagnostiqué « schizophrène », mais qui ne croit pas à la pertinence de ce diagnostic est immunisé contre tous ses effets : la magie n'opère que sur ceux qui y adhèrent.

Au bout du compte, ce n'est donc pas le diagnostic qui fait souffrir, mais le fait de le prendre au sérieux : il ne pèse lourd qu'à ceux qui le croient véridique.

Quand vous ne parvenez pas à lâcher prise sur une étiquette, c'est donc moins elle qui vous colle à la peau que vous qui vous y accrochez inconsciemment. La force du diagnostic psychiatrique est votre propre force retournée contre vous par la confiance que vous avez placée en lui.

Dès que vous aurez pris conscience qu'il n'est qu'une pauvre fiction intrinsèquement futile et frivole, il s'envolera comme un duvet, s'effaçant comme un mauvais rêve quand le réveille-matin sonne.

Essayage

Lorsqu'un diagnostiqueur (médecin ou psychiatre) pose son diagnostic, il ne fait pas plus qu'une vendeuse qui nous fait enfiler une veste dans un magasin : nous repartirons avec si nous avons l'impression qu'elle nous convient, qu'elle est à notre taille.

Et de la même façon qu'on peut dire : « Non, elle est trop courte/étroite/large/rouge/etc. », on peut dire, ou penser : « Non, ce diagnostic ne me va pas... merci, je repasserai… ou pas. »

Même si ça fait dix ans que vous portez cette veste de pingouin, il n'est pas trop tard pour la troquer contre un vêtement plus confortable.

De la même manière que nous pouvons toujours changer d'habit, nous gardons toujours la liberté de changer nos habitudes mentales. Se croire dépressif, ou bipolaire, ou schizophrène, etc., *est* une habitude mentale.

Même si cela fait des années que vous vous voyez ainsi, vous pouvez dès aujourd'hui, dès cet instant, considérer que cette identité ne vous sied plus, ou qu'elle ne vous a jamais convenu, et réintégrer la normalité qui vous revient de droit.

Le principal obstacle

Vous dites que ce n'est pas si simple ?

Vous avez l'impression que quelque chose vous empêche de jeter l'étiquette, de congédier « votre » maladie mentale ?

Ce quelque chose, c'est probablement l'idée que le diagnostic posé sur vous est du sur-mesure : une veste parfaitement ajustée qui correspond précisément et exactement à vos mensurations, une identité qui sied parfaitement à qui vous êtes.

Et c'est vrai que lorsqu'on entend le diagnostic d'un diagnostiqueur, il est bien difficile de ne pas se sentir visé.

On imagine facilement que ce qui a déterminé le docteur ou le psychiatre à nous revêtir de telle ou telle étiquette, c'est sa connaissance approfondie de notre personnalité et les lumières spéciales qu'il a sur nous. On suppose que s'il nous a diagnostiqué de cette manière, c'est parce qu'il a lu jusqu'aux tréfonds de notre âme et discerné qui nous sommes vraiment sous qui nous prétendons être…

Quatre raisons de douter d'un diagnostic

Mais comment pouvez-vous être sûr que le jugement qu'il a émis a quelque chose à voir avec vous ?

Déformation professionnelle, projection de leurs propres problèmes psychologiques, volonté d'établir leur crédibilité et leur autorité : Il y a au moins trois facteurs qui peuvent fausser le diagnostic des diagnostiqueurs.

Déformation professionnelle

On sait depuis longtemps que les docteurs ont plus tendance à juger qu'un individu en bonne santé est malade, qu'à juger qu'un individu malade est en bonne santé : ils se trompent par excès plutôt que par défaut. Par leur formation et leur métier, les diagnostiqueurs sont conditionnés pour voir en toute personne qui franchit la porte de leur cabinet un malade mental qui s'ignore.

On peut aussi considérer comme une déformation professionnelle la tendance des diagnostiqueurs à reconnaître la maladie qu'ils ont prise pour objet d'étude chez un nombre anormalement élevé de leurs patients.

Par exemple s'ils sont spécialisés dans la schizophrénie, ils voient des schizophrènes partout. Ils ont si bien étudié une maladie mentale qu'ils sont devenus capables de la repérer chez n'importe qui à cent mètres dans le noir...

Projection

Il faut aussi savoir que les diagnostiqueurs externalisent et projettent leurs propres problèmes psychologiques sur leurs patients. Michel Godfryd, lui-même psychiatre, l'avoue : chaque diagnostic posé exprime et reflète dans une certaine mesure la personnalité du diagnostiqueur. Ce qui explique en partie la valse des diagnostics, une même personne étant diagnostiquée *dépressive* par un docteur déprimé, puis b*ipolaire* par un psychiatre sujet aux sautes d'humeur, etc.

Crédibilité et autorité

Enfin, il arrive (rarement ? souvent ?) que les psys diagnostiquent leurs patients pour la même raison qu'ils affichent leurs diplômes sur les murs de leurs cabinets, fument des cigares, s'habillent en noir ou portent une barbe à la Sigmund… parce que cela fait partie de leur rôle, parce que cela assoit leur autorité.

Un psychiatre qui déclarerait chacun de ses patients « parfaitement normal » perdrait tout prestige, un peu comme un professeur qui mettrait 20/20 à tous ses élèves. Inversement, un psychiatre qui diagnostique chez son patient un « trouble bipolaire du troisième type », ou n'importe quelle autre maladie mystérieuse et vaguement effrayante de ce genre, a la certitude de faire une forte impression sur son public.

Nommer, c'est symboliquement posséder : on donne un nom à sa maison, son chien. Et plus le nom donné est incompréhensible, moins le droit de propriété du propriétaire risque d'être contesté. Les diagnostiqueurs l'ont compris, et établissent leur autorité en donnant des noms compliqués et difficilement compréhensibles à des états d'âme que tout le monde connaît par expérience.

En fin de compte, les diagnostiqueurs sont comparables à l'oiseau qui ne fait pas le printemps. À l'image de l'hirondelle empruntant quelques poils à la vache, ils arrachent de la vie de leur patient des petits bouts de souffrance – qu'ils appellent symptômes – pour bâtir le nid d'une maladie mentale, nid où reposent, tels deux œufs précieux, leur légitimité de professionnel et la justification de leurs honoraires…

Des étiquettes XXXL

Et quand bien aucun de ces facteurs n'aurait influencé votre diagnostiqueur, il resterait encore la taille XXXL des étiquettes psychiatriques (nous en avons déjà parlé) : comme d'immenses filets de pêche à petites mailles qui captureraient à la fois la sardine, la méduse, le requin et la baleine, les étiquettes psychiatriques ratissent larges. Quand le filet est jeté, personne n'y échappe... C'est une quatrième raison de douter de votre diagnostic.

Si vous avez été diagnostiqué, ne considérez pas comme spécifiquement vôtre ce qui, en réalité, est à tout le monde. « Votre » étiquette n'est pas plus à vous qu'à n'importe qui, ou presque.

La bonne attitude

Je ne saurais trop vous conseiller de vous désolidariser de « votre » étiquette. Faites comme cette jeune fille, cherchez pourquoi le diagnostic ne vous sied pas :

> « J'ai été diagnostiquée avec un trouble de la personnalité borderline ; quand j'ai vu ça, j'ai sauté au plafond. Je ne pouvais pas accepter d'être diagnostiquée avec un trouble psychiatrique chronique. Alors j'ai pris mon dossier médical, je suis allée chercher le DSM-IV à la bibliothèque, et j'ai examiné de près toutes les incohérences que j'ai pu trouver. C'est comme ça que je me suis convaincue que je n'étais pas borderline. Je ne suis plus suivie par personne et tout se passe bien, je n'en ressens ni le besoin ni l'envie. Je suis soulagée d'avoir pu me débarrasser des psys et de leurs diagnostics. »

On finit toujours par trouver ce qu'on cherche avec acharnement, avec persévérance. Si vous cherchez toutes les raisons pour lesquelles l'étiquette qu'on vous a collée vous correspond, vous les trouverez. Mais si vous cherchez toutes les raisons pour lesquelles cette étiquette est inappropriée, vous les trouverez aussi... et vous vous sentirez soulagé d'un grand poids !

Votre choix

Vous vous définissez encore et toujours comme on vous a défini ?

Alors posez-vous la question suivante : au nom de quoi conservez-vous une étiquette qui vous enfonce et vous englue, vous colle et vous coule ?

Au nom de quoi voulez-vous garder cet obstacle sur la route qui mène à vos rêves ?

Remontons à la source.

Si vous avez été diagnostiqué, c'était parce que ce diagnostic était censé être un moyen en vue d'une fin : vous aider à comprendre et résoudre le problème qui est le vôtre. Or non seulement le nom dont on vous a tamponné n'a aucune valeur scientifique, mais il aggrave vos souffrances au lieu de les soulager.

Alors qu'est-ce qui justifie encore cette étiquette, je vous le demande ?

Vous croyez peut-être que pour vous débarrasser du diagnostic que vous avez reçu, vous avez besoin d'apporter la preuve objective qu'il n'est pas adéquat, qu'il ne décrit pas correctement qui vous êtes. Mais ce n'est pas nécessaire : on a vu que les identités psychiatriques correspondent plus ou moins à tout le monde.

Prenez conscience que vous n'êtes absolument pas obligé d'accepter la maladie mentale dont on vous a fait cadeau -– cadeau empoisonné.

Vous pouvez laisser aux éboueurs le cadeau que vous a fait votre grand-tante pour Noël (même si une certaine culpabilité rend cet abandon difficile), quand le cadeau en question est un immonde cochon en porcelaine de près d'un mètre au groin retroussé par une hilarité malsaine, à poser dans l'entrée pour faire joli. Car, en fin de compte, c'est votre entrée, et c'est à vous de décider ce qui doit y trôner.

De même, c'est *votre* mal-être, c'est *votre* personnalité, et c'est à *vous* de décider des étiquettes qu'ils doivent ou non porter.

Le 23 juin 1940, à minuit, le croiseur Emerald quitta la rade de Greenock chargé de 2 229 caisses étiquetées « Poisson ». En réalité, chaque caisse contenait quatre barres d'or : le Royaume-Uni mettait son trésor à l'abri des aléas de la guerre et les étiquettes n'étaient là que pour égarer les soupçons.

Voulez-vous rejoindre, peut-être pour toujours, la malheureuse communauté des dépressifs (ou des bipolaires, des schizophrènes, etc.) ou décidez-vous plutôt que les étiquettes *poissons* collées sur les caisses pleines d'or de l'Emerald ne sont pas plus pertinentes que celle d'une maladie mentale sur votre front ?

Vous n'êtes pas *obligé* de croire que vous êtes « dépressif », « bipolaire » ou « schizophrène ». Vous n'êtes pas *obligé* de vous sentir visé par l'une de ces étiquettes empoisonnées.

C'est à vous de dire *Amen* ou *Vade retro, Satanas* !

C'est à vous de choisir.

Bientôt libre

Vous avez compris que le label dont on vous a stigmatisé n'a aucune réalité, mais malgré tout, vous n'arrivez pas à vous en détacher complètement ?

Ne nous inquiétez pas, vous en serez libéré lorsque vous aurez terminé de lire ce chapitre. Au pire, vous en serez libéré dans les jours suivants.

Pour bénéficier de ce qui suit, détendez-vous et poursuivez votre lecture en laissant votre imagination prendre librement son essor...

Désacralisation

Si vous respectez votre diagnostiqueur, si sa personnalité ou son titre vous impressionnent, la considération que vous avez pour lui vous ligote probablement à son diagnostic. Pour vous libérer du label qu'il vous a collé, vous avez besoin de casser ce respect. Besoin de désacraliser votre diagnostiqueur, de le faire tomber de son piédestal.

Vulgaire, mais nécessaire

J'en arrive à un point délicat. J'espère que vous comprendrez que je ne l'aborde que pour vous aider.

On n'a jamais besoin d'être vulgaire quand on s'adresse à ses semblables. Ça ne génère que de la colère, de la rancune, parfois des plaies et des bosses : c'est toujours inutile et souvent nuisible. Mais dans certaines circonstances bien particulières, il peut être utile, et même nécessaire, d'être vulgaire dans son for intérieur, de soi à soi, en secret.

Retournons au moment décisif où vous avez été diagnostiqué.

Cette fois-ci, debout derrière le psy, il y a moi.

Il ne m'a pas vu, mais vous oui.

Lorsqu'il énonce son diagnostic, je lève les yeux au ciel et secoue la tête avec exaspération... Vous lisez sur mes lèvres que j'articule silencieusement : « N'importe quoi ! » Votre diagnostiqueur est perplexe ; il se demande à quoi vous pensez... On dirait que vous ne l'écoutez pas. Et en effet, vous ne l'écoutez plus vraiment, tout occupé que vous êtes à vous faire une opinion de lui.

Après quelques secondes de cogitation intense, vous vous dites : « En fin de compte, c'est un gros c..., ce type ! » et un agréable sentiment de libération vient dénouer vos muscles tendus.

Conclusion un peu vulgaire, certes, mais il fallait bien ça pour briser le charme.

Vers de terre

Ce n'est pas fini.

Maintenant, visualisez votre diagnostiqueur en pied, sur un fond noir, comme s'il allait se faire photographier par un professionnel. Bizarrement, il est en dessous ; il porte juste des chaussettes ornées de petits Mickeys et un caleçon à fleurs. Le professionnel, c'est vous. Vous le visez avec votre objectif. Vous faites un zoom arrière et votre diagnostiqueur rétrécit.

Rétrécit...

Rétrécit...

Maintenant il est tout petit.

On dirait un ver de terre.

Imaginez-le en train de se tortiller au creux de votre main avec son caleçon à fleurs et ses chaussettes fantaisie... Quel ridicule homoncule ! Prêtez une attention particulière à son minuscule popotin : il a des fesses, lui aussi. Comme n'importe quel être humain.

Épave

Encore un exercice de visualisation.

La scène se déroule l'année prochaine.

Il fait beau et vous êtes en route pour un rendez-vous qui fait battre votre cœur joyeusement.

Soudain, à un passant qui vous précède et qui passe devant son coin de trottoir, un clochard particulièrement sale crie d'une voix éraillée par l'alcool : « Salopard ! Dépressif ! » (ou schizo, bipo, etc.)

Vous êtes étonné par son choix atypique d'insulte.

Vous avancez maintenant avec circonspection, appréhendant un peu de passer devant le clochard à votre tour... mais vous n'avez pas le choix : sur l'autre trottoir, il y a des travaux.

L'homme marmotte tout seul et fait de grands gestes. À mesure que vous vous rapprochez de lui, son allure vous semble de plus en plus familière... Mais ?! Non ! Si ! C'est votre ex-médecin/psychiatre !

Celui qui vous a diagnostiqué !

Comment a-t-il pu tomber aussi bas ?

C'est incroyable !

Fasciné, vous n'arrivez pas à détacher vos yeux de son visage. L'image du spécialiste qui vous impressionnait tant se superpose à celle du clochard, de l'exclu, pauvre épave qu'une société impitoyable a rejetée dans son sillage.

Vous poursuivez votre route, tandis que dans votre esprit tout bascule : vous comprenez que le « diagnostic » dont vous avez souffert n'était rien. Rien que l'insulte sortie d'un esprit dérangé.

Vous vous sentez libéré, soulagé. Vous êtes normal ! C'est *lui,* votre diagnostiqueur, qui n'était pas normal – même si à l'époque, ça ne se voyait pas encore... Son diagnostic n'a jamais eu plus de valeur que l'insulte d'un alcoolique anonyme.

Au-dessus de votre tête, le ciel est d'un bleu merveilleux. Vous vous sentez bien... Vous prenez conscience que vous n'avez jamais cessé d'être normal.

L'illusion se dissipe

On ne guérit d'une métaphore qu'en réalisant qu'elle est précisément cela... une métaphore. Les maladies mentales se terminent le jour où l'on réalise qu'elles n'ont jamais commencé. Si, suite à un diagnostic psychiatrique, vous avez cru que vous étiez malade, c'était une erreur. Puisqu'il n'y a pas de maladie mentale, vous n'êtes pas malade et vous ne l'avez jamais été :

> « Je suis *guérie* parce que j'ai décidé que je n'étais pas *malade*, c'est aussi simple que ça, au final… »

Pour réduire n'importe quel diagnostic psychiatrique à une pincée de poussière, il suffit de braquer sur lui un puissant éclairage. Un bon coup de logique et hop !... Le voilà qui s'évapore, ne laissant derrière lui que l'amertume de s'être laissé terroriser par un mot creux.

Les créatures ectoplasmiques qui hantent les placards ne résistent pas à la lumière. Elles n'y résistent pas parce qu'elles n'ont jamais existé. Le diagnostic psychiatre tire sa force du fait qu'on ne le distingue pas clairement : le regarder en face, pour ce qu'il est, suffit à le dissiper.

Tels un vampire au soleil de midi ou une illusion au soleil de la vérité, sous un éclairage direct l'étiquette psychiatrique se ratatine, se fane, se racornit et se consume. Le vent éparpille cette pincée de poussière. Espérons que bientôt, tout le monde l'aura oubliée.

Pour sortir d'hypnose ou d'un sommeil paradoxal, il ne faut qu'une sensation inattendue ou un bruit soudain. Une petite tape sur la main, une porte qui claque, un réveil qui sonne. De même, pour qu'un diagnostic psychiatrique s'évapore il ne faut, en fin de compte, que peu de chose : secouer sa torpeur et sortir de sa transe. Ouvrir les yeux.

À retenir

- Un diagnostic est un mot et un mot n'a ni forme, ni poids : il ne pèse qu'autant qu'on y croit.
- Ce n'est pas parce que le diagnostiqueur croit à son diagnostic que le diagnostiqué se sent mal, c'est parce qu'il y croit lui-même.
- Vous avez le choix : garder votre diagnostic ou le jeter aux orties.
- Pour briser le sortilège jeté par un diagnostiqueur, il faut perdre le respect qu'on éprouvait pour lui.
- Vous n'êtes pas malade.
- Vous êtes normal.

Conseil

► Cassez le respect que vous éprouvez pour votre diagnostiqueur en l'imaginant sous un jour dévalorisant, dérisoire et ridicule. Pas de scrupule : allez-y franco, c'est pour la bonne cause.

Partie IX
Les antidépresseurs

Qu'est-ce qui est efficace contre le gel ? L'antigel.

Contre le brouillard ? L'antibrouillard.

Contre les mites ? L'antimite.

Et contre la dépression ?

Il serait logique de répondre : « les antidépresseurs ». D'un point de vue linguistique, les antidépresseurs sont indiscutablement la solution aux difficultés émotionnelles qu'on a baptisées du nom de « dépression »... Mais du point de vue de la réalité ?

Peut-être êtes-vous actuellement sous traitement. Peut-être aussi que vous ne prenez pas d'antidépresseurs, mais que vous y pensez : vous vous dites que cette « béquille » (le mot consacré quand on parle d'eux) vous permettra de boiter jusqu'à la sortie du labyrinthe dépressif.

Quelle que soit votre situation présente et votre opinion sur les antidépresseurs, lisez attentivement cette partie et vous aurez toutes les cartes en main pour faire, ou refaire, un choix libre et éclairé. Choix qui vous rapprochera de la bonne porte (celle de la sortie, celle sous laquelle filtre la lumière du soleil).

La traversée des apparences

Avec votre accord, dans cette partie je prendrai *antidépresseurs* au sens large, en y incluant les médicaments prescrits contre la dépression, mais aussi ceux prescrits contre l'angoisse (anxiolytiques, tranquillisants), l'insomnie (somnifères), et les maladies mentales (psychotropes, antipsychotiques, neuroleptiques, etc.).

L'usage thérapeutique qui est fait de ces différents types de médicaments est de toute façon très souple. Dans ce sens élargi, toute substance chimique qu'un psychiatre prescrit à son patient ravi ou renâclant est un antidépresseur.

Et maintenant, un peu de rangement...

Deux genres de choses

On peut répartir les choses en deux grandes catégories : celles qui sont honnêtes et celles qui ne le sont pas.

Ainsi le réveil qui fait dring d'une voix stridente pour dire : « C'est l'heure ! Tu *dois* te lever ! » est surmonté de deux cloches virulentes comme des oreilles de boxer qui annoncent clairement la couleur. Ainsi l'écorce de l'orange est orange, comme son nom et comme sa pulpe. Ainsi les gros coquillages qu'on appelle conques sont aussi beaux à l'extérieur qu'à l'intérieur (d'un rose céleste).

Et d'un autre côté, nous avons des fausses perles, des faux Lacoste, des faux seins, et d'alléchants gâteaux en carton-pâte...

Dans quelle catégorie faut-il ranger les antidépresseurs ?

Telle est la question.

Des noms suaves

Quand on entend parler pour la première fois des *antidépresseurs*, on est favorablement impressionné par leur nom, qui résonne comme une promesse. Les termes d'*anxiolytique*, de *calmant* et de *tranquillisant* sont tout aussi séduisants : ils font miroiter un peu de répit, un peu de repos ; la fin de l'anxiété et le début d'une ère nouvelle, faite de calme et de tranquillité…

Les noms de marque des antidépresseurs ne sont pas moins évocateurs, pas moins suggestifs.

Par exemple dans *Euphytose* on entend *euphorie*. Dans *Donormyl, dodo* et *normal*... ce qui donne à penser qu'avec ce médicament, on va retrouver un dodo normal. Le nom dynamique et tonique de l'*Effexor* suggère qu'il fait beaucoup d'effet, qu'il est très efficace. L'*Humoryl* souriant promet bonne humeur et humour. Doté d'un *an* privatif, l'*Ananxyll* soulage certainement de l'anxiété. Et l'*Ascensyl,* est-il un ascenseur pour le septième ciel ? Son nom le laisse à penser.

Et c'est loin d'être fini...

Il y a encore le *Paxil*, qui évoque la paix (*pax,* en latin). Le *Psychopax*, qui fait penser à celle de l'esprit. (*psycho*- : « esprit » en grec). La *Quietiline*, dont le nom apaisant fait espérer un peu de quiétude. Quant au *Lamictal*, comment ne pas être attiré par son petit air amical ?

Ce n'est pas tout.

Il y a aussi le *Restoril*, qui fait penser à *restaurer* et à *rest* (se reposer, en anglais)... Le *Serenase*, débordant de *sérénité*... Le *Seresta*, où l'on entend *sérénité*, *rest,* et *sieste*... Le *Stablon*, d'une stabilité rassurante... Le *Stillnox* qui garantit des nuits tranquilles (*still* : « tranquille » en anglais ; *nox* : « nuit » en latin)... Le *Stresam,* qui a tout l'air d'être un sésame contre le stress... Le *Surmontil* qui aide certainement à surmonter de nombreuses difficultés... Le *Tranxilium* qui fait penser à *transe* et à *tranquillité*... Le *Victan* victorieux...

Avec un peu d'imagination et de mauvais esprit, on peut bien sûr inverser toutes ces connotations positives : le *Serenase* c'est naze, *Psychopax* c'est pour les psychopathes, etc. Mais il est plus simple, et plus naturel, de se laisser séduire sans réfléchir par tous ces noms soigneusement conçus pour susciter l'espoir et le respect. (Grâce à leurs terminaisons médicales et à leurs racines grecques et latines qui leur donnent un petit air savant.)

Première rencontre

Et maintenant, examinons les antidépresseurs en eux-mêmes, indépendamment des promesses véhiculées par leurs noms.

L'emballage – une petite boîte en carton ou un flacon – est d'une sobriété rassurante. Rassurante, car les antidépresseurs ne sont pas des céréales pour petit déjeuner... trop de fantaisie serait inquiétante.

Ouvrons l'emballage.

Que voyons-nous ?

De gélules ou des petits cachets ronds, ovales, ou même triangulaires, de couleur blanche, rouge, orange, bleu ciel, bleu roi, jaune citron ou vert espérance, ayant le même air bonhomme que des bonbons Haribo.

Et comme les bonbons Haribo, ils semblent offrir un peu de réconfort dans ce monde de brutes. Monde où l'homme est un loup pour l'homme (et le loup une espèce protégée pour le berger dont il égorge les brebis).

Si un petit cachet coloré peut repeindre cet univers douloureusement kafkaïen en rose, pourquoi pas ?

Mais n'anticipons pas.

Vérifier la composition ?

Quand on fait ses courses dans un supermarché, il n'est pas rare de voir une personne (souvent de sexe féminin) qui étudie attentivement l'étiquette d'un produit avant de le mettre dans son caddie.

Probablement parce que cette cliente n'a pas envie de manger ni de faire manger n'importe quoi, et qu'elle a conscience que ce qu'elle consomme a un impact sur la santé. La sienne et celle de ceux qui lui sont chers. La jolie photo appétissante sur la boîte ne lui inspire pas une confiance aveugle. Ce besoin de vérifier ne choque personne, et aucun responsable du supermarché ne vient faire la morale à la consommatrice incrédule.

Pourquoi faudrait-il se montrer plus confiant, moins circonspect, avec les antidépresseurs ?

Je vous le demande.

Un consommateur a toujours intérêt à faire preuve de curiosité : si ce qu'il avale est toxique, ce n'est pas le fabriquant, le vendeur ou le prescripteur qui sera intoxiqué. C'est pourquoi je vous propose de faire pour les antidépresseurs ce que vous faites peut-être déjà pour les petits gâteaux : vérifier la composition.

Ingrédients

Des antidépresseurs, il y en actuellement des centaines. Impossible d'en faire le tour ici. Concentrons-nous donc juste sur la molécule active de quelques antidépresseurs, c'est-à-dire sur l'ingrédient qui les rend efficace. Même si l'antidépresseur que (peut-être) vous prenez actuellement n'est pas dans la liste, cela vous donnera une idée de ce qu'il peut contenir.

Le citalopram

Le citalopram est la molécule active d'antidépresseurs tels que le Seropram, le Citalopram-Mepha, le Citalopram-Sandoz, le Citalopram-Adico.

Cette molécule est formée à partir de fluorophenyl, de dihydrobenzofuran, de dimethylaminopropyl et de carbonitrile... autant d'ingrédients plus longs à prononcer qu'à avaler. Simplifions un peu, on y verra plus clair : le citalopram est fabriqué à partir de dérivés du fluor, du benzène, du méthane et du carbone.

Le fluor est un ingrédient fort intéressant qui mérite qu'on l'étudie de près ; nous en parlerons tout à l'heure. Pour l'instant, intéressons-nous aux autres.

Le benzène est un hydrocarbure cancérigène produit lors d'une combustion incomplète, par exemple lors des incendies de forêts. On en trouve aussi dans la fumée de cigarette. C'est un constituant naturel du pétrole brut.

Le méthane est un gaz produit lors de la fermentation de matière organique. On trouve du méthane dans les marais ; dans les gisements de méthane ; dans les pets des vaches victimes d'une alimentation industrielle ; dans les décharges d'ordure.

Quant au carbone, vous le connaissez... Il est à noter que le citalopram contient plus précisément du carbonitrile, un cyanure organique. Or les cyanures organiques sont tous extrêmement toxiques.

La miansérine

Après le citalopram, passons à la miansérine.

La miansérine est la molécule active d'antidépresseurs tels que la Miansérine, la Miansérine Almus, l'Athymil.

Comme le citalopram, la miansérine contient des dérivés de la famille du méthane et du benzène. Elle comporte aussi un dérivé de l'azote. À l'état naturel, on trouve de l'azote dans l'urine animale et humaine, dans les excréments secs des oiseaux et des chauve-souris.

Hum.

Pets de vaches, décharges d'ordure, excréments de chauve-souris... Si la composition des petits gâteaux de votre mère-grand ressemblait un tant soit peu à celle des antidépresseurs, diriez-vous « miam, miam » en les croquant ?

Chacun ses goûts, bien sûr... mais tous les goûts sont-ils vraiment dans la nature ?

La fluorétine

Passons maintenant àla fluorétine.

Comme le fluorophenyl présent dans le citalopram, la fluorétine estune molécule dérivée du fluor, d'où son nom.

La fluorétine est d'une importance capitale, car elle est l'ingrédient actif de nombreux antidépresseurs tels que le Prozac, le Paxil et le Luvox. Les tranquillisants dits majeurs sont tous à base de fluorétine et leur puissance est calculée en fonction du taux de fluorétine qu'ils renferment.

Simplifions : l'ingrédient principal et efficace d'un bon nombre d'antidépresseurs, c'est le fluor.

Faux ami

Je vois d'ici votre perplexité : le fluor des antidépresseurs est-il le même que le fluor du dentifrice, celui qui renforce l'émail des dents ?

Oui, tout à fait.

Et non, pas du tout.

Le fluor contenu dans les antidépresseurs est bien le même que celui qu'on trouve dans les dentifrices mais ce fluor-là n'est pas bon pour l'émail des dents. Il est même excessivement mauvais pour les dents.

Ça vous étonne ?

Vous ne comprenez pas ?

C'est qu'il y a un mystère. Ou plutôt, une tromperie. Une grosse arnaque bien sordide. Un scandale sanitaire aux proportions monumentales.

Lisez la suite, vous allez être effaré...

Mr Fluor

Bizarrement, le fluor a une réputation aussi excellente que sa réalité est détestable.

Mais au bout du compte, le fluor, qu'est-ce que c'est ?

Le Fluor appartient à la famille des halogènes. Son teint est jaune-vert. C'est un élément gazeux.

C'est aussi une substance susceptible de perturber certaines fonctions vitales, de léser gravement des structures organiques, et même d'entraîner la mort.

Oui, c'est bien du fluor des dentifrices qu'il s'agit.

D'ailleurs, si vous regardez bien, vous verrez que votre tube de dentifrice porte une inscription en petits caractères :

> « En cas d'ingestion accidentelle d'une quantité plus grande que celle nécessaire pour le brossage, demander de l'aide professionnelle ou s'adresser à un centre antipoison immédiatement. »

Vous n'aviez probablement attaché aucune importance à cette mise en garde, mais en cas d'empoisonnement, vous ne pourrez pas dire qu'on ne vous a pas prévenu...

Dans les insecticides et les raticides, il y a du fluor. 0,5 gramme de fluor peut dégommer un homme de 70 kilos ; pour un enfant, il suffit de 0,2 gramme.

Mister Fluor est un poison sobre et efficace.

Un tueur très professionnel.

L'industrie de l'aluminium

À l'état naturel, ce poison mortel est combiné à l'aluminium dans une roche, la cryolite. La cryolite contient à la fois de l'aluminium, du sodium et du fluor. Lorsqu'on isole l'aluminium, on obtient donc un résidu : du fluorure de sodium.

Vous ne voyez pas le rapport avec le dentifrice, et encore moins avec les antidépresseurs ?

Un peu de patience, on y arrive.

L'aluminium a commencé à être exploité en Suisse, en France et aux États-Unis à la fin du dix-neuvième siècle. Comme de juste, la production de déchets fluorés a augmenté en même temps que celle de l'aluminium.

Les industriels américains de l'aluminium se sont donc rapidement retrouvés avec d'importants stocks de fluor sur les bras.

Comment se débarrasser de cet encombrant déchet toxique ?

Telle était la question qui se posait à eux avec de plus en plus d'urgence.

Au début, ils déversaient tout simplement le fluor dans les rivières. Mais les poissons encaissaient mal le choc et quand, alertées, les autorités gouvernementales constatèrent qu'ils flottaient le ventre à l'air, l'air très peu vivant, ils interdirent aux industriels de continuer.

Les industriels se retrouvaient à nouveau avec leur poison sur les bras. À court d'idées, ils se tournèrent alors vers un organisme spécialisé dans la recherche de solutions industrielles : le *Mellon Institute* de Pittsburgh.

Au Mellon Institute, les neurones se mirent à chauffer... et c'est finalement un chimiste du nom de Gerald J. Cox qui trouva la solution, qu'il exposa dans un rapport de recherche publié en 1939. Si le docteur Petiot est connu, Cox mérite certainement de l'être lui aussi : c'est le cerveau derrière l'un des empoisonnements les plus massifs jamais réalisés...

Quelle était donc l'idée de Cox ?

Ajouter du fluor aux eaux de consommation, sous prétexte que le fluor jouerait un rôle préventif contre les caries dentaires !

En réalité, le seul effet du fluor sur les dents, c'est qu'il tache et détruit leur émail – ce qui est logique, le fluor abîmant les os et les dents étant des os... Cette destruction de l'émail par le fluor porte d'ailleurs un nom : la fluorose. Du coup, l'adjonction de fluor à l'eau potable multiplie les caries.

(Même moi, en écrivant ces lignes, j'ai du mal à y croire : quand la réalité est le contraire de ce qu'elle est censée être, on a toujours du mal à l'accepter.)

Le plan simple et audacieux proposé par Cox n'en parut pas moins brillant aux industriels, et ils décidèrent de le suivre. Le fluor avait une mauvaise image auprès du public : ils allaient la changer.

Et c'est ce qu'ils firent.

Après un lobbyisme intense, les industriels réussirent à vendre à un très bon prix leur déchet toxique à différents états des États-Unis. Grâce à des campagnes publicitaires répétées, et malgré l'indignation d'une partie des dentistes et des scientifiques, le fluor acquit petit à petit la réputation qu'il a aujourd'hui : celle d'un allié contre les caries.

(Même moi, en écrivant ces lignes, j'ai du mal à y croire : quand la réalité est le contraire de ce qu'elle est sensée être, on a toujours du mal à l'accepter.)

Le plan simple et audacieux proposé par Cox n'en parut pas moins brillant aux industriels, et ils décidèrent de la suivre. Le fluor avait une mauvaise image auprès du public : ils allaient la changer.

Et c'est ce qu'ils firent.

Après un lobbyisme intense, les industriels réussirent à vendre à un très bon prix leur déchet toxique à différents États des États-Unis. Grâce à des campagnes publicitaires répétées, et malgré l'indignation d'une partie des dentistes et des scientifiques, le fluor acquit petit à petit la réputation qu'il a aujourd'hui : celle d'un allié contre les caries.

L'idée diaboliquement géniale de Cox détermine jusqu'à aujourd'hui la composition de nos dentifrices.

Hitler et Staline

Et les antidépresseurs, dans tout ça ?

Nous y arrivons.

Le fluor ne se contente pas d'abîmer les os, les dents, et d'une manière générale l'organisme ; il altère aussi le fonctionnement du cerveau (logique : le cerveau fait partie de l'organisme). Quand on ingère régulièrement des petites quantités de fluor, on perd une partie de ses capacités intellectuelles et de sa volonté, ainsi que sa capacité de résister à la domination. Les personnes ainsi intoxiquées se retrouvent beaucoup plus vulnérables à l'emprise de ceux qui veulent les manipuler.

Cette propriété du fluor, des personnes malintentionnées en ont tiré parti.

C'est ainsi qu'en Allemagne, au cours du troisième Reich, les usines chimiques I.G. Farben, basées à Francfort, reçurent l'ordre de produire du fluor en quantité. Celui-ci fut ajouté à l'eau potable des prisonniers des stalags.

En U.R.S.S. aussi, sous Staline, on a fluoré les réserves d'eau pour contrôler plus facilement les prisonniers des camps.

Comme vous vous en doutez, le but n'était pas de fortifier les dents des prisonniers, ni de soigner leur dépression carcérale, mais bien de les rendre mous, dociles, et un peu crétins.

Vous imaginez ce que cela implique ? Chaque fois que quelqu'un avale un antidépresseur à base de fluor, il avale une (petite) dose de poison mortel, tout en s'imposant à lui-même ce que subissaient bien malgré eux les prisonniers des camps nazis et communistes !...

Il est vrai que cette personne ne sait pas ce que contient le cachet qu'elle avale.

Docteur Jeckyll et Mister Hyde

Quand il s'agit des antidépresseurs, traverser les apparences, c'est passer de noms prometteurs et suaves au méthane, au fluor et au carbonitrile, et de petits bonbons multicolores à Hitler et Staline.

Un peu comme si le bon docteur Jeckyll était en même temps l'abominable Mister Hyde... etjustement, il l'est. La réponse à notre question du début, nous l'avons donc : les antidépresseurs ne sont pas honnêtes. Leur nom est mélodieux ; ils sont petits et mignons comme des bonbons haribo ; mais derrière ce masque souriant, il y a du raticide. Quels faux-culs.

Et les antidépresseurs nous réservent bien d'autres surprises...

Pour les découvrir, poursuivez votre lecture.

À retenir

• Si les ingrédients des antidépresseurs ne vous coupent pas l'appétit, c'est que vous avez l'estomac bien accroché.

• Beaucoup d'antidépresseurs contiennent du fluor, c'est ce qui les rend efficaces.

• Le fluor est un poison qui abîme tout l'organisme, dents et cerveau compris.

• Certains industriels sont prêts à toutes les embrouilles pour écouler leurs stocks de déchets toxiques.

• Avant la psychiatrie moderne, Hitler et Staline avaient déjà saisi tout l'intérêt thérapeutique du fluor...

Conseils

► Si vous prenez un antidépresseur, méditez sur son nom. Le choix de ses syllabes a été sûrement mûrement réfléchi pour susciter des images positives : lesquelles ?

► Si vous le pouvez, renseignez-vous sur la composition de votre antidépresseur – mais vous trouverez cela étrangement difficile.

► Jetez votre dentifrice au fluor ainsi que vos poêles en téflon : elles en contiennent aussi.

Lectures recommandées

□ ***Fluor : une erreur médicale majeure : comment faire autrement ?*** *du docteur Bernard Montain.*

Les causes d'une efficacité relative

Oublions leur composition peu ragoûtante. Les antidépresseurs permettent-ils du moins de découvrir la perle sauvage parmi les coquilles d'huître vides ? Le petit ver luisant dans l'énorme nuit noire ? L

Bref, sont-ils efficaces contre la dépression ?

La réponse à cette question est encore une fois oui... et non.

En effet, tout dépend du point de vue que l'on adopte : court terme ou long terme ?

À court terme, les antidépresseurs sont efficaces dans certains cas (mais pas tous, loin de là). Par contre à long terme, les antidépresseurs ne peuvent rien contre la dépression. Pour comprendre le pourquoi du comment, il est nécessaire de se pencher sur leur mode d'action...

Pseudo-mystère

D'après certains promoteurs des antidépresseurs, la manière dont ceux-ci agissent sur le cerveau estexcessivement mystérieuse. Les antidépresseurs seraient d'énigmatiques petits cachets dont nul ne comprendrait vraiment le mécanisme :

> « Personne ne sait comment ils fonctionnent exactement. »
>
> « On ne comprend pas encore le mode d'action des antidépresseurs. »
>
> « Le mode d'action des antidépresseurs reste encore très mystérieux... »
>
> « Nul ne sait aujourd'hui pourquoi les antidépresseurs sont efficaces... »

Que de flan pour un pseudo-mystère qui n'a rien de mystérieux ! Mais alors vraiment rien... Si vous avez cru à cette ignorance affichée, aujourd'hui vous allez découvrir le secret des coulisses. Car en réalité, l'efficacité (toute relative, j'insiste) des antidépresseurs s'explique par la conjugaison de deux effets bien connus...

L'effet placebo

Primo, l'effet placebo.

Placebo signifie en latin « je plairai ». On appelle « placebo » une substance sans effet biologique bénéfique propre, comme par exemple une pilule de sucre, quand on fait croire au patient que cette inoffensive pilule est un véritable médicament.

La foi, qui déplace les montagnes, soigne aussi les organes : lorsqu'un malade a confiance dans son traitement, lorsqu'il anticipe sa guérison, sa santé s'améliore, indépendamment des effets biologiques intrinsèques du traitement en question. On appelle « effet placebo » ces conséquences bénéfiques de l'espérance et de la foi.

Beaucoup de personnes déprimées sont convaincues que les « médicaments » que leur docteur leur prescrit vont leur remonter le moral et les remettre d'aplomb : dès qu'elles en avalent, la confiance qu'elles placent en ces cachets leur fait du bien. En s'imaginant que leurs antidépresseurs vont les soigner, elles se soignent elles-mêmes.

Par contre, il n'y a pas d'effet placebo pour ceux qui doutent de l'efficacité des antidépresseurs. Et pour ceux qui les pensent dangereux, il y a même un effet nocebo (« je nuirai », en latin). En effet l'autosuggestion marche dans les deux sens : quand une personne est persuadée que ce qu'elle avale est mauvais pour sa santé, ce qu'elle avale s'avère effectivement nuisible.

L'effet pharmacologique

Secundo, l'effet pharmacologique : en plus de l'effet placebo, directement lié à la subjectivité du patient, les antidépresseurs ont un impact objectif sur le cerveau.

Quel genre d'impact ?

Je ne souscris pas du tout à l'expression *imbécile heureux* (dont nous reparlerons), cependant la manière dont les antidépresseurs agissent contre la dépression met en lumière le lien qu'il peut y avoir entre une réduction de l'intelligence et un allègement de l'anxiété : les antidépresseurs apaisent en abrutissant.

Vous le savez : le fluor était utilisé dans les camps de prisonniers pour leur ôter toute idée de s'enfuir... Les antidépresseurs à base de fluorétine sont efficaces dans la mesure où ils réduisent les capacités intellectuelles et la volonté de ceux qui les absorbent. En rendant un peu plus crétin, un peu plus docile, ils apaisent les angoisses suscitées par la réflexion.

Parmi beaucoup d'autres, voici deux témoignages qui illustrent ce point :

« J'ai remarqué que les gens autour de moi changent après avoir pris des antidépresseurs pendant quelque temps... En surface, ils ont l'air mieux : ils récupèrent une vie sociale, pleurent moins, etc. Mais, en même temps, ils ont plus de mal à réfléchir, et parfois débloquent complètement. »

« Depuis que j'ai arrêté les antidépresseurs, il y a quinze jours, j'ai l'impression de revivre. Je ne suis plus un zombie inerte et désintéressé de tout... Les antidépresseurs m'avaient mis les neurones en position off ; je n'arrivais plus à me concentrer sur rien. Même Derrick à la télé, c'était juste. »

Il faut savoir que l'effet pharmacologique de beaucoup d'antidépresseurs est comparable à celui de la cocaïne. En effet, la cocaïne bloque la recapture de certains neurotransmetteurs, dont la sérotonine, et la plupart des antidépresseurs bloquent la recapture de certains neurotransmetteurs, dont la sérotonine.

Ce rapprochement vous laisse perplexe ?

C'est vrai que cette similitude a quelque chose de troublant... mais passons. Pour l'instant.

Deux effets, ou un ?

Les antidépresseurs sont donc (relativement) efficaces en vertu de deux effets qui se conjuguent :

1/ L'effet placebo, qui dépend entièrement de la subjectivité du patient, et qui peut très s'inverser en effet nocebo si celui-ci ne fait plus confiance aux antidépresseurs ;

2/ L'effet pharmacologique, qui lui ne dépend pas de la subjectivité du patient, et qui est comparable à celui de la cocaïne.

Mais à regarder les choses de plus près, l'effet placebo n'est *pas* l'effet des antidépresseurs. Il est seulement l'effet de l'imagination et de la foi du consommateur d'antidépresseurs ; ceux-ci n'en sont que l'occasion, le prétexte. Le seul effet qui appartienne de plein droit aux antidépresseurs, c'est donc l'effet pharmacologique.

Et c'est cet effet pharmacologique qui explique l'inefficacité des antidépresseurs sur le long terme : si on peut se sentir provisoirement soulagé d'oublier ses souffrances en mettant ses neurones au chômage technique, à long terme cette fuite dans l'abrutissement n'a jamais rendu personne heureux. Même si ça ne nous ravit pas tous les jours, nous, êtres humains, sommes des êtres pensants : quand nous renonçons à penser, nous renonçons à nous-mêmes.

À retenir

• Comme tout autre produit ayant la réputation d'être un médicament, les antidépresseurs ont un effet placebo sur ceux qui croient à leur vertu thérapeutique.

•Les antidépresseurs ont aussi un effet pharmaceutique : ils apaisent en abrutissant.

•Leur mode d'action est comparable à celui de la cocaïne.

•À long terme, ils ne peuvent rien contre la dépression.

Conseils

► Méfiez-vous des spécialistes qui célèbrent les effets miraculeux des antidépresseurs : soit ils mentent, soit ils sont mal informés.

► Si vous souffrez, ne fuyez pas votre souffrance. Elle finirait de toute façon par vous rattraper. En poursuivant votre lecture, vous découvrirez de bien meilleures manières de la gérer, de la transformer, de la transcender et de la dépasser que les antidépresseurs.

Lectures recommandées

□ ***Les antidépresseurs, le grand mensonge*, de Irving Kirsch.**

□ ***Antidépresseurs : mensonges sur ordonnance* de Guy Hugnet.**

De la drogue ?

Nous avons vu que les antidépresseurs ont le même genre d'action que la cocaïne. Cette similitude ne peut que susciter la perplexité...

Et en effet beaucoup de gens s'interrogent : les antidépresseurs sont-ils de la drogue ?

Cette question, nous allons y répondre de manière rigoureuse et complète de manière à dissiper toute ambiguïté. Après avoir lu ce chapitre et le suivant, vous n'aurez plus d'hésitation agaçante, plus de doute troublant. Àla place vous aurez une certitude indestructible, socle stable et rassurant où fonder vos décisions ultérieures.

Solution de facilité

Premier constat : les raisons qui poussent à consommer des antidépresseurs sont souvent, mais pas toujours, les mêmes que celles qui poussent à fumer un joint.

Dans les deux cas, on cherche à calmer rapidement ses angoisses, à échapper vite fait à ses soucis, à retrouver sans tarder un chouïa de paix intérieure.

On est pressé, impatient : on veut une solution tout de suite.

Et comme il est plus rapide de se faire prendre en charge par une substance chimique que mettre de l'ordre dans sa vie... Plus instantané de fuir ses problèmes que d'attaquer son mal-être à la racine... Plus expéditif de modifier son humeur à l'aide de substances toxiques que de la modifier à l'aide de son libre-arbitre... on choisit la première option.

Celle qui est rapide.

Celle qui ne coûte rien.

Je veux dire : celle qui ne coûte rien au niveau intellectuel et émotionnel. Celle qui ne demande aucune introspection, aucune remise en question. Car à un autre niveau, il y a bien un prix à payer, comme nous allons voir...

Faire confiance à un fournisseur – trafiquant ou médecin – pour renifler une ligne de coke ou avaler un cachet avec un verre d'eau trois fois par jour avant les repas peut se faire sans réexamen et remaniement de ses habitudes.

Bref, antidépresseurs et drogues illicites constituent souvent ce qu'on appelle « une solution de facilité ». C'est là un premier point commun.

Lune de miel

Et dans certains cas – mais pas tous, loin de là, comme on le verra tout à l'heure – la solution de facilité semble bien être une *solution*... au début.

Beaucoup de consommateurs témoignent ainsi des effets positifs des antidépresseurs et beaucoup de consommateurs témoignent aussi des effets positifs des drogues illicites. Ce qui fait un second point commun entre les antidépresseurs et le haschisch, l'héroïne, l'extasy, etc.

Voici par exemple quelques témoignages sur la cocaïne mis en regard avec quelques témoignages sur les antidépresseurs. On retrouve le même enthousiasme des deux côtés :

Témoignages positifs sur la cocaïne	**Témoignage positifs sur les antidépresseurs**
« La cocaïne, ça facilite beaucoup le dialogue ; j'ai constaté qu'elle m'ouvre l'esprit. » « Avec la cocaïne, je me sens Superman. Et le sexe sous cocaïne n'est pas banal ! » « On ne parle jamais des bons côtés de la coke. Je connais plein de gens qui en prennent trois soirs par semaine, et qui se lèvent et vont au travail tous les jours sans problème ! »	« Je prends des antidépresseurs depuis deux mois… Je n'ai plus d'angoisses, c'est super ! » « Je prends des antidépresseurs et ils m'ont aidé à mieux fonctionner dans ma vie quotidienne, tant au travail qu'à la maison. » « J'ai commencé un traitement par antidépresseurs pour anxiété chronique et dépression légère. J'ai pris la bonne décision. Au bout d'un mois je sens déjà une immense différence ; je peux enfin souffler un peu... »

Vous êtes trop intelligent pour que j'ai besoin de vous dire que je ne recommande *pas* la cocaïne – ni d'ailleurs les antidépresseurs. Ces témoignages reflètent les illusions du début, des illusions que le temps dissipe infailliblement.

Descente aux Enfers

Car le temps passe, et petit à petit, la pseudo-solution perd de son lustre ; sa vraie nature devient de plus en plus visible, jusqu'à ce qu'on ne voie plus qu'elle.

Un beau jour, le consommateur d'antidépresseurs ou de drogue prend conscience qu'il n'a plus un problème, comme au tout début, mais *deux* problèmes.

Son problème initial a réapparu, et voilà qu'un nouveau problème a poussé dessus comme un champignon vénéneux sur une vieille souche :

> « J'avais accepté ce traitement d'antidépresseurs croyant que cela m'aiderait à sortir de ma dépression, et je me suis retrouvé avec un double problème. L'on ne m'avait pas dit que ces pilules-miracle pouvaient causer une telle dépendance… »

La lune de miel est terminée, les illusions se dissipent : la harpie que le consommateur a épousée lui révèle son vrai visage et lui fait sentir l'emprise de ses griffes. Il se croyait libre, il s'aperçoit qu'il est en prison. Une prison dont les murs se resserrent sans cesse. Car avec le temps, la « béquille » s'est changée en fauteuil roulant, transformant du même coup l'imprudent qui y a eu recours en prisonnier et en infirme, et le « petit coup de pouce » a poussé d'autres doigts, pour devenir en fin de compte une main qui étrangle.

Pris parmi une infinité d'autres, voici quelques témoignages qui permettent de mesurer la gravité du problème :

> « Une saleté. J'en avalais cinq à six par jour, pas moins ! À la fin je ne savais même plus pourquoi je prenais ce truc... Mon psychisme le réclamait, comme un toxicomane réclame sa drogue. »

> « J'ai un traitement depuis plusieurs années, et si je ne prends pas ces foutus comprimés ne serait-ce que pendant deux jours, je cours à la catastrophe ! L'état de manque est tel, que l'on dirait un toxicomane qui n'a pas eu sa dose. »

> « Ma consommation d'antidépresseurs m'avait rendue insidieusement dépendante. J'augmentais la dose jour après jour. Je marchais comme si j'étais ivre ; j'avais une tête de morte-vivante… J'étais complètement droguée. Et le pire, c'est que je ne m'en rendais pas compte. Si j'avais pris des antidépresseurs, c'est parce que je ne me sentais pas bien ; j'ai cru qu'avec les médicaments, j'allais échapper à cette vie désastreuse, si sombre. Mais ça n'a fait qu'empirer ma dépression. Je pleurais encore plus qu'avant et en plus, j'étais devenue agressive... »

> « J'ai dix-huit ans et je prends des antidépresseurs depuis que j'ai quinze ans. À seize ans, j'ai fait une tentative de sevrage. Résultat : hallucinations visuelles, auditives, gustatives, angoisses, étourdissements, insomnies, suées, peur de manger due aux hallucinations gustatives (je croyais que j'allais avaler ma langue), impression de vivre en dehors de mon corps… Le bruit et la foule étaient devenus insupportables ; tout s'amplifiait. Puis j'ai recommencé à en prendre en cachette car j'étais tout le temps angoissée... Cet été j'ai essayé d'arrêter, mais impossible. Alors tous les jours je prends ma dose comme une droguée. Je suis dépendante d'un cacheton minuscule par rapport à moi. Ce cachet dicte ma vie, il la dirige. »

Au bout du compte, la route de la facilité ne conduit pas au septième ciel. Elle conduit au septième sous-sol.

Il n'est pas plus drôle d'être alcoolique ou cocaïnomane que pharmaco-dépendant (le terme officiel pour « drogué aux antidépresseurs ») et une overdose d'antidépresseurs tue aussi bien qu'une overdose d'extasy.

Au même titre que les drogues illicites, les antidépresseurs constituent un *gros* problème. Commencer à en prendre, c'est descendre la première marche d'un escalier qui mène en Enfer.

Ce qui leur fait encore un point commun avec les drogues illicites.

Un aveuglement persistant

J'ai dit qu'au bout d'un certain temps, le consommateur d'antidépresseursprend conscience que son « médicament » est un problème. En réalité c'est loin d'être toujours le cas. Certains patients ne cessent jamais d'idéaliser les cachets qu'ils gobent.

Parce qu'ils ont une foi aveugle dans leur prescripteur, parce qu'ils ont besoin de se rassurer sur le choix qu'ils ont fait et qu'ils continuent à faire, et parce que les antidépresseurs altèrent leurs capacités de raisonnement, ils continuent à croire que leur antidépresseur les « sauve ».

Ce qui fait encore un point commun avec les drogues illicites, qui elles aussi sont parfois aimées en dépit de tout par ceux qu'elles détruisent : beaucoup de fumeurs à la toux inquiétante s'accrochent à leur cigarette comme à une amie fidèle, et beaucoup d'alcooliques dont la vie a été détruite par l'alcool continuent à idéaliser leur bouteille chérie.

Nous avons vu les principaux points communs entre les antidépresseurs et les drogues illicites ; examinons maintenant leurs différences.

Les inconvénients sans les avantages

Rares sont ceux qui picolent, fument ou sniffent en détestant ça – il y a toujours un minimum de bénéfices, au moins au début. Les consommateurs des drogues reconnues comme telles y ont recours pour le plaisir et l'oubli qu'elles leur procurent.

Or dans certains cas, et même dans bien des cas, les antidépresseurs n'ont même pas cet agréable effet-là !

Pas de lune de miel. Pas d'illusion. Pas de plaisir fugitif. Pas de mieux éphémère et trompeur. Dès les premiers jours, le « médicament » est insupportable :

> « J'en prend seulement depuis deux jours mais l'effet de cet antidépresseur me terrifie. Les pupilles dilatées, des nuits atroces à ne pas fermer l'œil, des journées nauséeuses durantlesquelles fixer mon attention sur quoi que ce soit me paraît impossible... »

> « Je prends un antidépresseur depuis maintenant quinze jours, et côté effets secondaires je suis servi : pertes d'équilibre, fatigue continuelle, pertes de mémoire (je suis tout le temps en train de chercher mes mots). Le pire, c'est au niveau de la libido : plus moyen d'avoir d'éjaculation. »

> « Je suis sous antidépresseur depuis un mois. Je n'en peux plus de ce médicament, je passe mes journées à pleurer, je me sens pire qu'avant où j'avais au moins des moments de répits. De plus, je prends très mal le fait de prendre des pilules, il m'arrive de pleurer en les avalant. J'aimerais savoir comment l'arrêter mais je ne peux pas en parler avec mon médecin qui voudrait me garder là-dedans pendant un an... Je n'y survivrai pas. »

Pourquoi cette différence ?

Qu'est-ce qui explique que, dans bien des cas, les antidépresseurs n'ont que des effets négatifs, à la différence des autres drogues, qui elles offrent du moins un soulagement provisoire ?

La première raison, c'est que les antidépresseurs sont trop nocifs pour que leurs effets néfastes se fassent attendre longtemps. Ces « médicaments » sont en effet des produits particulièrement toxiques, plus proches de la mort-aux-rats (nous avons vu qu'ils en contiennent) que du champagne – ceci dit sans minimiser les dégâts causés par l'alcool.

La seconde raison, complémentaire de la première, c'est que la prise d'antidépresseurs n'est pas toujours vécue comme un choix libre.

Le médecin est parfois lourdement insistant. Il force parfois la main de son patient en lui donnant l'impression qu'il n'a pas le choix, qu'il doit à tout prix se « soigner » sous peine de voir son état se dégrader à toute allure. Le patient se sent acculé ; prendre des antidépresseurs n'est pas vraiment sa décision à lui.

Or que se passe-t-il quand on fait quelque chose en renâclant, sans le vouloir vraiment ?

Généralement, rien de bon.

Formulées ou non, les réticences du patient l'empêchent de « profiter » des effets « positifs » des cachets... Ce qui au fond est une chance pour lui, car les effets dits positifs n'auraient duré que le temps nécessaire pour le rendre dépendant.

De même, on peut supposer que quelqu'un que l'on forcerait à boire de l'alcool contre son gré récolterait une gueule de bois sans avoir joui auparavant d'une agréable ivresse. Personne ne trouve grand plaisir à ce qu'on lui impose...

Notre liberté nous est – à juste titre – trop précieuse pour cela.

En tous les cas, le fait est là : dans de nombreux cas les antidépresseurs ont tous les inconvénients des autres drogues, sans avoir aucun de leurs pseudo-avantages.

Plus que légal

La deuxième grande différence entre la cigarette, le cannabis, l'extasy, le LSD, etc., d'une part, et les antidépresseurs d'autre part, c'est leur statut légal.

La consommation des uns est tolérée à contre-cœur ou carrément interdite, tandis que la consommation des seconds est non seulement légale, mais conseillée, encouragée et prescrite : à la différence des cigarettes et de l'alcool, les antidépresseurs sont prescrits par la plupart des médecins et remboursés par la sécurité sociale. Entre les antidépresseurs et les drogues illégales, il y a le même le genre de fossé qu'entre les préfets et les sans-papiers.

Parce que les antidépresseurs ont une légitimité sociale que les drogues illégales n'ont pas, la manière dont y pensent ceux qui les consomment diffère.

Autant un drogué ordinaire (drogué à une drogue illégale) sait qu'il se drogue, sait qu'il fuit ses problèmes dans un paradis artificiel, sait que sa consommation de drogue n'est pas vue d'un bon œil par la société, autant le consommateur d'antidépresseurs se sent plus ou moins dans son bon droit.

En d'autres termes, il est beaucoup plus facile d'assumer ses antidépresseurs que sa cocaïne ou son crack.

Dans la mesure où les antidépresseurs sont censés être des médicaments, leurs consommateurs peuvent raconter aux autres, et se raconter à eux-mêmes, qu'en prenant des cachets ils ne cèdent pas à la facilité.

Voici par exemple ce que prétend le journaliste et auteur Andrew Solomon, grand consommateur d'antidépresseurs devant l'Éternel :

> « Prendre des médicaments est une façon de se battre farouchement. Ce n'est pas une faiblesse que de prendre des médicaments. C'est au contraire une preuve de courage. »

Et pour prouver que c'est du courage, Solomon met en avant tous les effets dits secondaires entraînés par la prise d'antidépresseurs.

Ces inconvénients sont très réels, mais ce sont les mêmes qu'entraîne la consommation de drogue illégale : il ne suffit pas de récolter les conséquences de ses mauvais choix pour faire preuve de courage.

L'erreur des médecins

La troisième grande différence entre les antidépresseurs et les autres drogues c'est que les médecins n'interprètent pas du tout, mais alors pas du tout, leurs effets de la même manière.

Un toxicomane pâlichon, maigrichon et souffreteux rend visite à son docteur : celui-ci fait tout de suite le lien entre la toxicomanie de son patient et son délabrement physique. Mais face aux conséquences des antidépresseurs, les médecins sont singulièrement moins lucides.

Si peu lucides, qu'ils prennent souvent les effets négatifs des antidépresseurs qu'ils ont eux-mêmes prescrits pour les symptômes de la « maladie » qu'ils essaient de soigner.

D'après eux, c'est encore la dépression/schizophrénie/etc. qui fait des siennes... La solution qu'ils proposent est donc d'augmenter les doses. Ce qui est logique : quand les effets paradoxaux des antidépresseurs passent pour les symptômes de la maladie qu'ils ont pour mission de soulager, on les soigne en les aggravant.

C'est le même genre de quiproquo qui, au dix-septième siècle, conduisait les médecins à « soigner » leurs malades exsangues par des saignées supplémentaires. Lorsque l'un d'eux ne survivait pas à ce traitement radical, les médecins ne comprenaient pas qu'ils l'avaient vidé de son sang, littéralement saigné à blanc. La conscience en paix, ils se disaient qu'ils n'avaient pas pu le sauver parce que son cas était, de toute façon, désespéré.

Voici comment, de nos jours, les choses se passent :

1/ Un médecin prescrit par exemple des benzodiazépines à son patient anxieux.

2/ Puis, il observe l'accroissement de son anxiété, l'aggravation de son insomnie, l'émergence d'une dépression.

3/ Le médecin en conclut qu'il faut augmenter la dose. Il change de benzodiazépine, ajoute un autre antidépresseur, fait une mixtion de tout ça…

4/ Trois ans plus tard le patient souffre d'une gastro-entérite, d'une dépression, d'une spondylarthrite pour les maux de dos, d'une psychose puisqu'il a des hallucinations, etc.

En réalité le patient n'a rien de tout cela ; il est juste *malade de son traitement.*

Beaucoup de patients se retrouvent ainsi victimes de l'aveuglement de leur docteur, en même temps que de leur propre confiance non voyante dans la médecine. Le jour où ils prennent conscience qu'ils ont été dupés, le réveil est dur :

> « On m'a prescrit des antidépresseurs pendant presque vingt ans. Mon état a petit à petit empiré et je me suis retrouvé en invalidité. J'ai arrêté les antidépresseurs parce qu'ils n'avaient plus aucun effet. Chaque médicament me soulageait pendant six mois maximum, puis il fallait augmenter l'effet avec un autre, et un autre, et un autre... Pendant des années, j'ai pris des cocktails de six ou sept antidépresseurs. Avec le temps, ils se sont mis à causer les symptômes qu'ils étaient censés combattre. Oui, les médicaments sont efficaces à court terme. Mais à long terme, j'ai réalisé que j'ai gâché la plus grande partie de mon existence à chercher un « traitement » alors que j'aurais pu vivre. C'est très triste et très perturbant. »

Très triste et très perturbant, en effet...

Le témoignage suivant montre bien comment on peut se faire happer par la spirale infernale :

> « Mon médecin généraliste m'a mis sous antidépresseur en 1996 pour m'aider à surmonter le chagrin d'une rupture. Après quelques semaines de traitement, j'ai commencé à avoir des étourdissements et des nausées tous les matins. Mon médecin a diagnostiqué un vertige de Ménière (une maladie de l'oreille interne) et m'a convaincu de me faire opérer pour corriger le problème. Après l'opération, le chirurgien a dit à mon mari qu'il n'avait rien vu d'anormal dans mon oreille. Mais l'ORL a quand même pensé que l'antidépresseur que je prenais soulageait les symptômes du vertige de Ménière, et j'ai donc continué à

> prendre cet antidépresseur pendant sept ans, persuadée que je soignais une maladie qu'en réalité je n'avais pas. Pendant ce temps, mon médecin généraliste augmentait les doses, car ma dépression empirait. J'ai commencé à faire des crises de panique et de l'hypomanie. Je suis allée voir un psychiatre qui m'a diagnostiqué un trouble panique et une cyclothymie (un genre de trouble bipolaire) et prescrit des Benzodiazépines et des stabilisateurs de l'humeur. Il m'a dit que je souffrais d'une grave maladie mentale et que je devrais prendre des médicaments tout le reste de ma vie. Plusieurs années après, je suis tombée sur un site où les internautes parlaient des effets que les antidépresseurs avaient eus sur eux, et j'ai eu un choc en réalisant que mon antidépresseur pouvait bien être mon problème. Je me suis sevrée de tous mes médicaments l'un après l'autre sous la surveillance de mon psychiatre, et devinez quoi ? Je n'ai plus fait de crises de panique. J'ai cessé d'être hypomaniaque. Les vertiges et les nausées ont disparu. Je n'avais jamais eu le vertige de Ménière, et je ne souffrais pas d'une grave maladie mentale. C'était mon antidépresseur qui me rendait malade. »

Heureusement qu'Internet existe. Sans cette source d'informations et d'échanges, à l'heure qu'il est l'auteure de ce témoignage serait probablement internée à l'hôpital psychiatrique, considérée comme incurable, et vouée à une mort tragique et prématurée.

À retenir

- Comme les drogues illicites, les antidépresseurs constituent une solution de facilité aux problèmes existentiels. Solution de facilité qui, avec le temps, se change en problème supplémentaire.
- À la différence des drogues illicites, la consommation des antidépresseurs est encouragée par le corps médical. On peut donc se raconter plus facilement qu'en prendre est un bon choix.
- Bien souvent, les médecins se trompent lourdement en interprétant les effets des antidépresseurs comme les symptômes des « maladies mentales » que les antidépresseurs sont censés soigner. Et ce sont les patients qui trinquent.

Conseils

► Si vous prenez des antidépresseurs et que vous vous demandez si c'est un choix courageux, faites un test : demandez-vous si vous pourriez proclamer à la face du monde que vous prenez des antidépresseurs et en être réellement fier.

Si la réponse – la réponse honnête, débarrassée de tout faux-semblant – est "oui", alors c'est certainement du courage ; si la réponse est "non", alors ce n'est certainement pas du courage.
Vous n'avez ressenti aucune fierté ?
L'idée d'une faiblesse, d'une lâcheté ou d'un échec vous est venue à l'esprit ?
Ce n'est pas parce qu'un lobby cherche à discréditer les antidépresseurs ; au contraire, leurs promoteurs font tout ce qu'ils peuvent pour donner d'eux une bonne image. C'est toutsimplement parce que la logique et l'intuition vous indiquent que ce choix-là est un mauvais choix, un choix mou, un choix indigne.
► Demandez-vous si votre vie était pire ou meilleure quand vous ne preniez pas d'antidépresseurs. Demandez aussi à vos proches s'ils vous trouvent changé pour le mieux ou pour le pire depuis que vous en prenez.

Un peu d'Histoire

À ce stade, la conclusion la plus logique semble être que les antidépresseurs sont à ranger dans la catégorie « drogues ».

Mais si on conçoit sans problème qu'un individu louche qui rase les murs et propose aux passants « un peu de beuh » soit un revendeur de drogue, il est nettement plus difficile d'accepter l'idée que des médecins – qui ont prononcé le serment d'Hippocrate – fassent le même genre de sale boulot.

Comment imaginer que la vérité soit non seulement différente, mais opposée, à ce que les experts racontent ?

La situation réelle est si éloignée de ce qu'elle est censée être qu'elle en devient presque impensable.

Alors, drogue ou pas drogue ?

Pour arriver à une certitude, je vous propose de remonter un peu le fleuve du temps... Les historiens le savent bien : la connaissance du passé apporte toujours un précieux éclairage sur le présent.

Sigmund soigne sa phobie sociale

En 1886, Sigmund était un jeune homme plein d'avenir, mais un peu timide.

Aux brillantes soirées mondaines de l'illustre docteur Charcot, le jeune Sigmund ne faisait pas aussi bonne impression qu'il l'aurait souhaité. Il avait souvent les mains moites et ne trouvait pas toujours le mot juste… il manquait d'assurance.

Heureusement un médicament nouveau, hyper-efficace contre la phobie sociale – qui ne portait pas encore ce nom – vint délier la langue de Sigmund et lui apporter cette précieuse confiance en soi sans laquelle, dit-on, on n'arrive à rien dans la vie. (Mais peut-être qu'on se trompe... Peut-on qu'on peut réussir sa vie même en doutant de soi ?)

Par la suite, Sigmund devint plus célèbre et plus respecté encore que le docteur Charcot... Une vraie célébrité.

Un problème, une solution chimique, et un timide qui prend sa revanche sur la vie : si on reste là, c'est le genre d'histoire dont l'industrie pharmaceutique raffole.

Mais l'histoire ne s'arrête pas là. Il y a une suite.

Il faut que vous sachiez que Sigmund était lui-même docteur. Il prescrit doncà ses patients, et en particulier à ses patients anxieux et dépressifs, le même médicament qui lui réussissait si bien. Ceux-ci ressentirent eux aussi ses effets bienfaisants et lui en redemandèrent. Devant un tel succès, Sigmund encouragea vivement d'autres médecins à prescrire ce médicament miracle à leurs propres patients déprimés.

Or le temps passant, il s'avéra que le médicament miracle présentait quelques inconvénients. Tels, que plusieurs patients du docteur Sigmund n'y survécurent pas : le remède miraculeux les tua.

Voulez-vous savoir quel était ce puissant antidépresseur, ce médicament si redoutablement efficace que Sigmund avait découvert et qu'il popularisa ?

C'était la cocaïne.

Et les yeux vous sortiront de la tête (tellement vous serez étonné) quand vous découvrirez, en lisant la suite de ce livre, que le docteur Sigmund Freud avait, en plus de la cocaïne, d'autres habitudes encore moins innocentes.

Mais pour l'instant, revenons à l'histoire des antidépresseurs.

Enfin et encore

Quand les chercheurs eurent pris conscience des défauts rédhibitoires de la cocaïne, ils passèrent à autre chose, sans se décourager, avec un optimisme renouvelé...

Après des années de labeur intense, à l'aube du vingtième siècle, c'est enfin la victoire ! Les chercheurs ont enfin découvert un remède efficace et sans effets secondaires contre la dépression et l'anxiété !

Cependant, après quelques années, on s'aperçut que les barbituriques(le remède miraculeux en question) présentaient des inconvénients, comme la cocaïne. Les chercheurs passèrent donc à autre chose, sans se décourager, avec un optimisme renouvelé...

Et voilà que, après des années de labeur intense, dans les années 1930, c'est la *vraie* victoire ! Le succès ! Oui, cette fois-ci, ça y est : les chercheurs ont réellement découvert un remède efficace et sans effets secondaires contre la dépression !

Cependant, après quelques années, on s'aperçut que les amphétamines, puisque tel était le nom du médicament miracle, présentaient des inconvénients, comme la cocaïne et les barbituriques... Les chercheurs passèrent donc à autre chose, sans se décourager, avec un optimisme renouvelé...

Vous avez une impression de déjà vu ?

Effectivement l'Histoire patine.

Elle se répète comme un train qui en cache un autre qui en cache un autre qui en cache un autre. Et dans le soir mauve, les vaches les regardent passer tandis que les voyageurs stressés prennent leurs petits cachets sans les regarder de près... Et pendant ce temps la vie passe aussi, qu'on la regarde ou qu'on l'oublie. Mais revenons à notre sujet.

En 1943, bingo : cette fois-ci, c'est la bonne.

Oui, cette fois-ci les chercheurs ont enfin découvert un remède efficace et sans effets secondaires contre la dépression ! Ou du moins, contre la schizophrénie, les comportements criminels, l'alcoolisme et les perversions sexuelles, ce qui fait déjà beaucoup.

Cependant, après quelques années, on s'aperçut que le LSD présentait des inconvénients, comme la cocaïne, les barbituriques et les amphétamines. Les chercheurs passèrent donc à autre chose, sans se décourager, avec un optimisme renouvelé...

Dans les années 1950, après des années d'incessant labeur, les chercheurs firent enfin une découverte majeure ! Une découverte qui devait donner de l'espoir à des millions de déprimés de par le monde !

Cette fois-ci, ils avaient enfin réellement et vraiment découvert un remède efficace et sans effets secondaires contre la dépression - à utiliser en complément d'une psychothérapie.

Cependant, après quelques années, on s'aperçut que l'extasy présentait, comme la cocaïne, lesbarbituriques, les amphétamines et le LSD, desinconvénients... Les chercheurs passèrent donc à autre chose, sans se décourager, avec un optimisme renouvelé.

Encore un tour de manège... mal de mer. Où est le bouton « stop » ?

Un étonnement étonnant

De nos jours comme aux époques précédentes, tous les antidépresseurs qui ont été découverts il y a plus de trente ans se voient relégués parmi les drogues illégales et hautement toxiques.

De nos jours comme aux époques précédentes, on vit une époque formidable, puisqu'on vient juste de découvrir, ou on est sur le point de découvrir, un médicament efficace et sans effet secondaire notable contre la dépression…

Quelle chance ! Quel privilège !

Avant-hier c'était la cocaïne ; hier c'était l'extasy ; aujourd'hui ce sont les ISRS (antidépresseurs inhibiteurs spécifiques de la recapture de la sérotonine).

Et demain ?…

Récemment, des chercheurs ont inventé un nouveau médicament qui augmente le taux d'endocannabinoides (le « cannabis du cerveau ») et produit ainsi des effets antidépresseurs. Selon eux, ce médicament, appelé URB597, pourrait ouvrir la voie à des « traitements nouveaux et améliorés de la dépression ».

D'ici quelque temps, on s'apercevra avec stupeur, avec stupéfaction, que si le URB597 agit sur le cerveau à la manière du cannabis, c'est qu'il est une drogue comme le cannabis – une drogue qui rend tout aussi dépendant, et qui présente autant d'effets néfastes. Mais pour URB597, on en est encore à la période initiale, celle où l'on se fait des illusions.

Chaque fois, les chercheurs sont très fiers de découvrir un produit qui, à la différence de tous ceux qui l'ont précédé, n'est pas une drogue dangereuse, mais un médicament miracle débarrassant les patients de tous leurs problèmes existentiels, sans effets secondaires.

Et chaque fois, leur précieuse découverte s'avère un poison de plus. La seule chose qui change d'une molécule à l'autre, c'est la liste de leurs conséquences désastreuses. Par exemple les amphétamines déclenchent des psychoses, tandis que le LSD est à l'origine d'hallucinations, de paniques et de tares congénitales (à la

Comment les chercheurs parviennent-ils à être encore étonnés quand leur dernière trouvaille montre son côté sombre ?

Cet étonnement est étonnant.

Financés par les laboratoires pharmaceutiques, les chercheurs ne peuvent pas ou ne veulent pas comprendre que ce qui a exactement les mêmes effets qu'une drogue est une drogue, pas un médicament... de même que ce qui a la couleur du chameau, les deux bosses du chameau, et qui blatère en trottinant dans le désert comme un chameau, est généralement un chameau.

Jamais un pingouin.

Et parce qu'ils ne veulent pas comprendre, ces chercheurs obstinés persévèrent dans leur voie, léguant à l'humanité des drogues plus toxiques les unes que les autres, fruits empoisonnés de leurs recherches contre la dépression.

Shoot, ou automédication ?

Ainsi l'histoire des antidépresseurs, et de la découverte de nouveaux antidépresseurs, se superpose presque exactement à l'histoire des drogues, et de la mise au point de nouvelles drogues.

Les deux se recoupent tellement, qu'on peut même être saisi d'un doute : y a-t-il vraiment deux histoires… ou une seule ?

Si c'est le cas, le drogué qui se pique dans un coin de parking n'est pas ce qu'il a l'air d'être, c'est-à-dire une pauvre épave ; c'est plutôt un déprimé qui n'a pas trouvé de psychiatre pour l'aider, et qui en est donc réduit à l'automédication.Malgré les apparences, il n'est pas en train de se droguer, mais bien de se soigner.

Cette interprétation des faits est confirmée par une petite interview du drogué en question : il dit qu'il n'aime pas sa vie, qu'il est malheureux, et qu'il se drogue pour se sentir un petit peu mieux, ou du moins un petit peu moins mal, même si ça ne résout pas ses problèmes… la même situation qu'un déprimé allant chez son médecin pour faire renouveler son ordonnance.

Mais on peut aussi voir les choses dans l'autre sens : si l'histoire des antidépresseurs se confond avec celle des drogues, le déprimé qui se rend chez son médecin pour faire renouveler son ordonnance n'est pas vraiment ce qu'il a l'air d'être, et son médecin non plus. Ce patient terrassé par la maladie est en réalité un toxico. Un dépressif avale son médicament ? Un drogué prend sa dose. Et le pire, c'est qu'il ne le sait pas. Il croit de bonne foi qu'il se soigne.

Quant à ce praticien qui remplit son ordonnance, sous son vernis de respectabilité c'est tout bonnement un trafiquant de came.

À retenir

• Le docteur Sigmund Freud, qui était cocaïnomane lui-même, a prescrit de la cocaïne à ses patients déprimés et vivement incité ses collègues à faire de même, étant ainsi à l'origine de plusieurs décès.

• Amphétamine, barbituriques, LSD, extasy... La recherche de nouveaux antidépresseurs se solde régulièrement par la création de nouvelles drogues.

• Un docteur qui prescrit des antidépresseurs à son patient dépressif est moins différent qu'il en a l'air d'un revendeur qui fournit de la drogue à son client toxico.

Conseil

► Si vous n'êtes pas encore sûr de vouloir arrêter les antidépresseurs, ce n'est pas un problème. Poursuivez seulement votre lecture : vous y trouverez de quoi accroître votre motivation.

Des effets désastreux

Selon que l'on considère les antidépresseurs comme des médicaments (l'approche officielle) ou comme de la drogue (la réalité), on ne qualifiera pas leurs effets de la même manière.

Dans le premier cas, on parlera d'effets *paradoxaux*. Un effet paradoxal est un effet inattendu et étonnant qui entre en contradiction avec les attentes - – raisonnables – de la majorité des gens. La majorité s'attend en effet à ce qu'un antidépresseur annule ou du moins minimise la dépression – pas qu'il l'aggrave. Elle s'attend à ce qu'un anxiolytique apaise les angoisses – pas qu'il déclenche des crises de panique. Elle s'attend à ce que les médicaments prescrits aux « malades mentaux » les aident à retrouver leur santé mentale – pas qu'ils leur fassent perdre la raison.

Dans le deuxième cas, c'est-à-dire lorsqu'on admet que les antidépresseurs sont des poisons éminemment toxiques du genre drogue, on qualifiera leurs effets d'*inévitables et logiques*.

Mais dans les deux cas, on est bien obligé de reconnaître que les effets des antidépresseurs sont *désastreux*.

Dans ce chapitre, j'ai sélectionné un petit échantillon qui vous donnera une idée des autres. Vous ne les connaissez pas, car lorsqu'il s'agit de prévenir leurs patients de ce qu'ils risquent en suivant leurs prescriptions, les médecins perdent toute leur verve ; les plus bavards n'ont rien à dire. Pourtant, il y aurait de quoi... Lisez, vous allez être surpris.

Fluorose

Vous savez déjà que les antidépresseurs contiennent du fluor. Vous savez aussi que le fluor est de la mort-aux-rats. La forme de fluor utilisée dans les antidépresseurs est particulièrement toxique, même à toutes petites doses.

D'autre part, les antidépresseurs ne sont pas la seule source d'intoxication au fluor à prendre en compte. Il y a en effet du fluor dans les dentifrices au fluor, dans beaucoup d'ustensiles de cuisine, dans les antibiotiques, dans l'eau du robinet, dans les gaz d'échappement, dans les pesticides, etc.

Or que se passe-t-il quand on avale régulièrement de la mort-aux-rats ?

Rien de vraiment folichon, vous vous en doutez.

Une intoxication au fluor, ou fluorose, peut se manifester par une hypothyroïdie, un affaiblissement du système immunitaire, de la fatigue chronique, une dépression, des maux de tête, des raideurs dans le cou, des cystites interstitielles, des pertes de cheveux, des troubles digestifs, des intolérances aux produits chimiques, des tendinites du poignet, des troubles musculo-squelettiques, des spasmes musculaires, des douleurs articulaires généralisées comparables à celles causées par l'arthrite, des difficultés à réfléchir, des douleurs musculaires et des raideurs, une sensibilité à la lumière et des problèmes de vision, des problèmes de sommeil et des insomnies, des engourdissements, commençant souvent dans les extrémités, des articulations qui craquent, un prolapsus de la valve mitrale, des acouphènes, des douleurs aux reins, des douleurs dans la colonne vertébrale, etc.

Fibromyalgie

Sans transition, changeons de sujet. (En réalité, c'est le même pris par un autre bout, mais pour l'instant vous n'êtes pas sensé le savoir.)

La fibromyalgie, maladie moderne dont nos robustes ancêtres ne souffraient pas, est définie comme un « syndrome caractérisé par des douleurs musculaires chroniques et un sommeil non réparateur ».

La médecine officielle n'a aucun traitement contre la fibromyalgie et ne sait pas d'où elle vient. Ils ne lui connaissent aucune cause, seulement quelques facteurs aggravants tels que les soucis, le manque de sommeil, une alimentation insuffisante, etc.

Mais comme souvent, cette ignorance officielle et affichée est moins compacte qu'elle n'en a l'air. En d'autres termes, ce que les médecins disent ne pas savoir, d'autres - qui ne sont pas toujours médecins - le savent et nous en informent. Ainsi le site earthclinic.com démontre d'une manière très convaincante quel'absorption de fluor est souvent à l'origine de la fibromyalgie.

Le site esculape.com confirme :

> « Nous avons pu observer une fibromyalgie déclenchée par la prise de fluor s'améliorer rapidement après l'arrêt du traitement. »

Et maintenant, je vous demande de bien suivre le raisonnement. Puisque la fibromyalgie est un autre nom (plus ésotérique) pour la fluorose, la prise d'antidépresseurs contenant du fluor doit en toute logique causer ou aggraver la fibromyalgie, n'est-ce pas ?

Effectivement, c'est ce qui se passe. Lisez ces deux témoignages :

> « J'ai souffert de fibromyalgie, de rosacée et d'inflammation à la mâchoire (dysfonctionnement temporomandibulaire)pendant plus de dix ans... Mes premiers symptômes ont apparu peu après que j'ai commencé à prendre du Paxil. »

> « Les antidépresseurs n'ont fait qu'aggraver ma fibromyalgie. En février dernier, j'ai été hospitalisée une nouvelle fois, ne supportant plus ces douleurs continuelles et la fatigue constante. J'ai reçu sous perfusion un nouveau traitement – encore un antidépresseur. Je l'ai pris pendant trois semaines, mon état allait de pire en pire. Je ne dormais plus la nuit et les journées étaient un cauchemar : j'étais tellement fatiguée et souffrante... »

Le Dr Richard Martzolff, médecin responsable de l'encyclopédie médicale Vulgaris, confirme le fait :

> « Je le sais par expérience, et les personnes qui adhèrent à des associations de patients fibromyalgiques peuvent en témoigner : les antidépresseurs ont tendance à aggraver les symptômes de la fibromyalgie. »

La fibromyalgie, maladie théoriquement mystérieuse, est dans bien des cas le résultat d'un empoisonnement au fluor causé, entre autres, par la consommation d'antidépresseurs.

Si vous prenez des antidépresseurs et que vous souffrez de fibromyalgie, de fatigue chronique, ou de n'importe quel autre symptôme de fluorose, vous avezmaintenant une petite idée de ce que les antidépresseurs vous coûtent.

Suicides

Les antidépresseurs ne causent pas seulement la fluorose - ils poussent aussi au suicide.

Étonnant, n'est-ce pas ?

C'est aussi paradoxal que si un contraceptif multipliait les chances de tomber enceinte... Et pourtant, c'est un fait : il y a beaucoup plus de suicides chez les déprimés qui prennent des antidépresseurs que chez ceux qui n'en prennent pas. Autrement dit une personne qui prend des antidépresseurs a nettement moins de chance de survivre qu'une autre personne tout aussi démoralisée qui, elle, refuse d'en prendre.

Les études qui prouvent le lien entre antidépresseurs et suicides sont si nombreuses que les compagnies pharmaceutiques n'arrivent plus à garder les yeux fermés (et ce n'est pas faute de serrer énergiquement les paupières).

Ainsi en mai 2006, la Compagnie pharmaceutique Glasko Smith Kline a dû admettre qu'il y a six fois plus de suicides chez les adultes qui prennent l'antidépresseur Paxil que chez les adultes sous placebo. Sur 18 cas de suicides de patients sous Paxil, 15 suicides ont l'antidépresseur pour cause directe et seulement 3 une autre origine.

Et notez un point important : les antidépresseurs sont à l'origine de suicide de personnes qui, auparavant, n'avaient pas la moindre velléité de suicide. Elles cueillaient dès aujourd'hui les roses de la vie, ou en tout cas elles n'avaient pas renoncé à les cueillir, quand les antidépresseurs dépouillaient soudainement les susdites roses de tous leurs pétales.

La présidente de l'association *Prozac Survivor's Support Group* nous fait part de ses observations :

> « J'ai personnellement parlé avec 400 personnes à qui le Prozac a été prescrit pour différentes raisons : obésité, tabagisme, dépression, etc. Le scénario est toujours le même. Ils ne sont pas suicidaires avant de commencer le traitement et ils le deviennent après. Quand ils arrêtent, ils ne le sont plus. »

Il y a aussi les témoignages directs :

> « Le fait de prendre des antidépresseurs me donnait envie de me tuer... Maintenant, je suis heureuse comme jamais sans ces cochonneries de pilules. »

> « Est-ce normal que juste après avoir pris mon antidépresseur (générique du Prozac), j'aie encore plus envie de mourir, et pire, que je me sente tout à fait capable de me tuer ?»

> « On vient de me changer mes AD et du coup je me sens encore plus mal. J'ai failli me jeter par la fenêtre pendant la nuit à cause d'une crise d'angoisse horrible avec des nausées... »

> « On m'a prescrit du Prozac 20 mg. J'ai commencé le traitement le 15 février 1990. Je me suis senti bien jusqu'au 25 juin. Ce fut le jour de ma première tentative de suicide. Je n'avais jamais été suicidaire auparavant. Je devenais obsédé par le suicide. J'ai arrêté le traitement et ça a disparu. »

Lors des premières études menées sur le Prozac, le produit a été testé sur des personnes dont les dépressions étaient modérées ou légères, et qui n'avaient *pas* d'idées suicidaires. En tout, 286 personnes ont suivi le traitement jusqu'au bout. Or parmi ces gens qui n'étaient *pas* suicidaires en commençant leur traitement au Prozac, *16 se sont tués*. 16 sur 286 ! Le traitement ne durait pourtant que de quatre à six semaines.

Dans la mesure où ces personnes n'avaient pas de pensées suicidaires lorsqu'elles ont commencé le traitement, on peut être sûr que si elles avaient pris un placebo à la place du Prozac, aucune ne se serait suicidée. En cas de dépression modérée, la prise de Prozac fait donc passer la probabilité de se suicider de 0 % à 5,50 % en seulement six semaines !

Pas mal, pour un « médicament »...

Akathisie

Les antidépresseurs poussent parfois au suicide, certes, mais comment ?

Souvent, par le biais de l'akathisie.

Ce mot étrange ressemble à du japonais, mais la réalité qu'il désigne n'a vraiment rien de zen. L'akathisie est un trouble neurologique vraiment terrible.

Une personne atteinte d'akathisie est dans un état d'agitation interne intense. Elle tremble, elle est surexcitée. Impossible de rester tranquille, impossible de s'asseoir ; elle a *besoin* de sortir de sa peau. Ces sensations sont tellement insupportables qu'elle peut en devenir frénétique, furieuse... Parfois jusqu'ausuicide.

Voici un témoignage de première main sur l'akathisie :

> « Je sentais monter en moi un terrible sentiment de désarroi et d'angoisse en même temps qu'une extrême agitation. J'étais incapable de tenir en place et il fallait absolument que je bouge, que je marche, ou même que je coure. C'était vraiment un cauchemar... Je me donnais exprès des coups pour m'étourdir, je criais pour extirper de moi cet énervement. Ça durait ainsi au moins 4 à 5 heures (à chaque fois, je n'ai pas été loin d'être hospitalisé en urgence) puis ça se calmait très progressivement. J'ai compté qu'il me fallait au minimum 10 heures après le début des premiers signes pour retrouver complètement mon état normal. »

On sait depuis longtemps que l'akathisie est l'une des conséquences possibles de la consommation d'antidépresseurs – au bout de quelques heures pour certains et au bout de plusieurs jours pour d'autres.

En fait, tous les médicaments du type ISRS peuvent déclencher une akathisie.

Autrement dit, non seulement le Prozac, mais tout un tas d'autres antidépresseurs connus peuvent être à l'origine d'une akathisie.

L'akathisie est le chaînon manquant qui permet de relier la prescription d'antidépresseurs à certains suicides étranges : les antidépresseurs mènent à l'akathisie ; l'akathisie mène parfois (pas toujours, heureusement) au suicide.

Folie et digression

Les antidépresseurs sont aussi une cause de folie :

> « Une de mes amies traversait un divorce. On lui a prescrit un antidépresseur ; du coup elle est devenue psychotique. Elle a été hospitalisée plusieurs fois et on l'a mise sous psychotropes ; son comportement a changé du tout au tout. Elle a aussi pris beaucoup de poids. Après s'être sevrée de ses médicaments, sa psychose a disparu et elle a perdu son excès de poids, mais jusqu'à ce jour elle souffre toujours de crises d'anxiété. Elle est en invalidité. »

Combien de personnes qui étaient saines d'esprit en entrant à l'hôpital psychiatrique en sont sorties en y laissant une part non négligeable de leur santé mentale... Les antidépresseurs font au cerveau d'invisibles ravages – surtout quand on les avale contre son gré et à la pelle.

Nous vivons dans un monde étrange. Un monde où l'on prescrit à des gens qui sont déjà perturbés de quoi les déséquilibrer encore plus, voire les rendre complètement fous.

Ce qui laisse à penser que les prescripteurs sont malveillants... ou ignorants. Piètre excuse pour des docteurs. À supposer que le savoir n'ait pas encore versé sa lumière sur leurs esprits en jachère, qu'est-ce qu'ils attendent pour se renseigner ? Ceci dit c'est vrai qu'ils manquent de temps.

Permettez-moi une petite digression.

On prétend souvent que « tout traitement puissant et efficace » a des effets indésirables, comme si on ne pouvait se soigner qu'en s'abîmant la santé...

Mais si les gens qui souffrent moralement soignaient leur dépression en croquant des cornichons et des fraises, un tel traitement ne compromettrait pas leurs chances de vie et de bonheur... et les soulagerait en vertu de l'effet placebo.

À condition qu'ils croient à son efficacité, *bien sûr.*

Mais comme ils n'y croiront jamais, les fraises et les cornichons n'ayant pas assez d'effets secondaires néfastes pour remplir de manière crédible le rôle du médicament « puissant et efficace », et les producteurs de fruits et de légumes n'ayant pas le bras assez long pour nous faire croire n'importe quoi, ma supposition potagère n'a pas grand intérêt.

Revenons à nos cachetons.

Meurtres

Via l'akathisie, ils précipitent aussi vers le meurtre. Pris de folie, des quidams ordinaires massacrent leur famille ou des passants et, bien souvent, se suicident ensuite.

De très nombreux cas d'assassinats où les antidépresseurs ont joué un rôle clef ont déjà été répertoriés aux États-Unis. Des procès ont été intentés contre des firmes pharmaceutiques à ce sujet.

Il y a par exemple ce grand-père, qui était déprimé, mais pas du tout suicidaire. Son médecin l'a mis sous cachets, et il est devenu très agité. Quelques jours après avoir commencé le traitement, il a tué sa fille qu'il aimait tant, et il s'est tué aussi. Comme ça, sans raison apparente.

Aux États-Unis, les adolescents qui un beau jour pètent les plombs et tuent leurs camarades d'école sont presque toujours sous antidépresseurs.

Quoique la France soit l'un des pays où l'on consomme le plus d'antidépresseurs, elle a par miracle été épargnée jusqu'ici par ce genre de folie… Tout comme elle a été épargnée par le nuage de Tchernobyl.

À moins que ?

Les « drames familiaux » qui font la une du journal télévisé (un père de famille tue sa femme et ses enfants et se tue ensuite) ne sont peut-être pas si mystérieux, après tout...

Accidents

Les antidépresseurs sont aussi à l'origine de nombreux accidents.

On en parle peu, voire on n'en parle pas du tout, et pourtant c'est logique, puisque les antidépresseurs diminuent la vigilance :

> « J'ai commencé à comprendre le danger des antidépresseurs lorsque j'ai pris des cours de conduite : mes réflexes étaient très émoussés. Ça va beaucoup mieux depuis que j'ai diminué la dose de moitié. »

> « Pendant très longtemps, j'ai refusé les antidépresseurs. Puis, j'ai fini par accepter d'en prendre. Puis, j'en ai pris d'autres. Puis, encore d'autres... Un jour, j'ai eu un accident de voiture. J'avais oublié de freiner... C'est alors que j'ai pris conscience que je prenais dix-huit pilules par jour. »

Il y a une certaine ironie à ce que des cachets qui, en théorie, soignent la dépression augmentent, en pratique, la probabilité de se ratatiner en voiture contre un platane... Mais dès qu'on parle des antidépresseurs, les paradoxes pullulent.

Quand l'accident causé par les antidépresseurs est mortel, le principal intéressé n'a plus droit à la parole, bien sûr... Dans ce dernier cas, ce sont ceux qui l'ont connu qui racontent :

> « J'ai vu mon ex-belle-mère se détruire avec les antidépresseurs. À la fin, elle avalait des excitants le matin, des tranquillisants dans la journée et des somnifères le soir. Au moins dix cachets par jour. Sa vie s'est terminée sur la route, dans un accident mortel. »

Peut-être qu'un jour, la police fera passer des « antidépressotests » aux automobilistes comme elle leur fait passer des alcootests. Ce jour-là, on restreindra la vente des antidépresseurs, ou mieux, on l'interdira – et comme par miracle, les routes deviendront beaucoup plus sûres.

Certains chercheurs indépendants ont appelé les antidépresseurs « des cachets diaboliques », tandis que d'autres ont comparé leur emprise à celle d'une possession satanique. Ces figures de style vous paraissent exagérées ? C'est vrai qu'elles sont un peu grandiloquentes.

Et pourtant.

Accidents, suicides, folie, meurtres, décès... Si le Diable existe, il est certainement un fervent promoteur de ces petits cachets si favorables à ses projets.

À retenir

- De la prise d'antidépresseurs à la fluorose (rebaptisée fibromyalgie, syndrome de fatigue chronique, etc.) il n'y a qu'un pas.
- À l'origine des accidents, des suicides, des psychoses et des meurtres absurdes se trouve bien souvent une ordonnance médicale.

Conseils

► Si vous avez l'impression que votre raison vacille, ne prenez pas d'antidépresseurs. Si vous en prenez déjà, envisagez l'éventualité qu'ils jouent un rôle dans votre état actuel.

L'INDUSTRIE PHARMACEUTIQUE

Nous avons déjà parlé de la médicalisation de l'existence.

Cette médicalisation de l'existence n'est nullement le résultat d'une évolution spontanée de la société. Elle a été voulue, elle a été planifiée.

Par qui ?

Je ne vous étonnerai peut-être pas beaucoup en désignant la psychiatrie et l'industrie pharmaceutiques, deux sœurs siamoises qui ne survivraient pas à leur séparation. Dans ce chapitre, c'est de cette dernière, l'industrie pharmaceutique (appelée aussi familièrement « Big pharma »), que nous allons parler.

Médicament cherche maladie

Supposer que l'industrie pharmaceutique s'échine pour mettre au point des médicaments efficaces contre des maladies qui existent déjà, des maladies réelles, est une rassurante et dangereuse illusion.

De nos jours il est rare, il est même exceptionnel, que l'industrie pharmaceutique invente des médicaments pour soigner des maladies préexistantes. La plupart du temps elle fait l'inverse : elle invente des maladies pour justifier l'utilisation des molécules chimiques qu'elle a concoctées dans ses laboratoires. Elle forge des maladies pour vendre ce qui, théoriquement, les soigne.

En anglais on appelle ça du *disease mongering*. En français, on pourrait appeler de la *morbiformation*.

Prenons en exemple la « maladie du déficit oestrogénique ». Dans son livre *Les inventeurs de maladie*, Jörg Blech cite Barbara Wanner, médecin à Zurich.

Celle-ci dit :

> « Il est intéressant de remarquer que la définition de la ménopause comme maladie est apparue exactement au moment où étaient disponibles des hormones de synthèse susceptibles de traiter cette maladie nouvellement définie. »

La ménopause n'est devenue une maladie qu'à partir du moment où elle pouvait ainsi faire vendre les hormones de synthèse. On a d'abord trouvé la

« solution », et seulement après le « problème » : c'est de cette manière que les industriels du médicament procèdent.

De même le TDAH (Trouble de Déficit de l'Attention/Hyperactivité) a été inventé pour donner quelque chose à soigner à la molécule de méthylphénidate, plus connue sous le joli nom de Ritaline.

Quels sont les effets de la Ritaline ?

Cette molécule est abrutissante. Agissant comme de la cocaïne sur le cerveau, elle rend beaucoup plus docile.

Pendant longtemps, l'industrie pharmaceutique a cherché ce qu'en termes marketing on appelle une « niche » pour la Ritaline... Cette molécule était utilisée pour « soigner » toutes sortes de problèmes, mais il lui manquait une mission bien définie.

En fin de compte, l'industrie pharmaceutique lui a inventé une maladie bien à elle, le TDAH.

Le TDAH a été voté à main levée lors d'une rencontre d'un comité de l'Association Psychiatrique Américaine en 1987. C'est à partir de ce moment-là que la Ritaline est devenue vraiment rentable.

La Ritaline existe depuis 1944, le TDAH depuis 1987 : la comparaison de ces deux dates vaut tout un discours. Ce n'est pas la Ritaline qui a été mise au point pour soigner le TDAH, c'est le TDAH qui a été mis au point pour vendre la Ritaline.

Maladie du déficit oestrogénique, Trouble de Déficit de l'Attention : dans ces deux cas comme dans tant d'autres, c'est la maladie qui protège le médicament, elle qui le rend populaire, le justifie et l'excuse de tous ses défauts. « Oui, dit-elle, il a quelques petits effets secondaires, et alors ? Pensez un peu à tous ces pauvres malades qu'il a soulagés… C'est vraiment un remède miracle, moi je lui dis chapeau ! »

La dépression soigne les antidépresseurs

Non sans humour, M. Borch-Jacobsen parle de la dépression moderne comme d'un effet secondaire des antidépresseurs.

À l'instar de la maladie du déficit oestrogénique et du Trouble de Déficit de l'Attention, la dépression aurait-elle été inventée pour vendre des petits cachets ?

La dépression soignerait-elle les antidépresseurs en les guérissant de leur inutilité ?

Je le crains.

Ce qui rend la chose difficile à concevoir, c'est que la tristesse, la mélancolie, l'angoisse et les problèmes psychologiques existent depuis longtemps.

Mais après tout, c'est aussi le cas de l'enfant agité : il y avait des enfants bruyants et remuants avant que les psychiatres ne décrètent que ces gosses difficilement supportables sont en réalité de petits malades... Pareil pour les femmes ménopausées.

Le cafard et le désespoir existaient bien avant que l'industrie pharmaceutique ne s'en mêle, mais la définition de la dépression comme « vraie maladie » est, elle, de fabrication récente. Cet état d'âme a été médicalisé parce que l'industrie pharmaceutique l'a voulu.

La dépression « vraie maladie » justifie et encourage la vente des produits pharmaceutiques, protégeant de son grand corps toutes les petites molécules chimiques qui se cachent derrière elle, comme les guerriers athéniens dans le cheval de Troie.

Publicité indirecte

La dépression est une vraie maladie, la dépression frappe au hasard, c'est génétique, vous n'êtes pas responsable... Vous vous souvenez des clichés que nous avons examinés dans la deuxième partie ?

Toutes ces idées fausses travaillent en réseau et en cachette pour l'industrie pharmaceutique. C'est l'industrie pharmaceutique qui paye pour que tous ces lieux communs soient communs ; c'est elle qui finance leur omniprésence.

Certains lecteurs – pas vous, je l'espère - vont peut-être refuser d'y croire, d'autant que je ne peux pas en apporter une preuve irréfutable... les industriels du médicament ne laissent pas traîner leurs notes internes sur ma table de nuit.

Mais qui peut sérieusement croire que c'est par hasard que ces clichés conduisent tous à la même conclusion ?

Ce serait une incroyable coïncidence.

Vous ne voyez pas ce que je veux dire ?

Reprenons-les.

Cliché numéro 1 : *La dépression est une vraie maladie.* Puisque c'est une maladie, elle se soigne avec des médicaments – et pas des antibiotiques, on s'en doute.

Cliché numéro 2 : *La dépression n'a rien à voir avec la déprime.* Si elles avaient un point commun, on attendrait patiemment qu'elle passe toute seule, mais puisqu'il n'y en a pas, il faut se rendre sans tarder chez un docteur... qui vous prescrira autre chose que du sirop pour la gorge.

Cliché numéro 3 : *La dépression est due à un déséquilibre chimique.* Ce déséquilibre, seuls des médicaments spécialement conçus à cet effet pourront le corriger.

Cliché numéro 4 : *La dépression a une dimension génétique.* Donc on ne peut rien faire contre... Si ce n'est gober des pilules miracles.

Cliché numéro 5 : *La dépression frappe au hasard.* Il n'y a donc aucun moyen de l'éviter... Et puisqu'on ne peut pas prévenir, il faut guérir, ou du moins essayer. Avec des cachets.

Cliché numéro 6 : *La volonté est inutile.* Puisqu'on ne peut donc pas se prendre en main tout seul, appelons la chimie pharmaceutique à la rescousse !

Cliché numéro 7 : Vous *êtes irresponsable de vos états d'âme.* Si on en était responsable, on pourrait apprendre à les contrôler, et ainsi se dispenser de médicaments... mais comme on est une victime pur jus, hors des AD, point de salut.

Cliché numéro 8 : *Les idées noires sont des symptômes.* Si elles étaient des causes, on apprendrait à diriger son esprit, à faire le tri dans ses pensées. Mais puisque les idées noires ne sont que des symptômes, la solution sera... vous savez quoi.

Cliché numéro 9 : *Faites confiance à votre docteur.* Docteur qui vous prescrira ce qu'il a l'habitude de prescrire en pareil cas.

Tous les chemins mènent à Rome, et tous les lieux communs qui circulent sur la dépression aux antidépresseurs. N'est-ce pas étrange ?

Mais non, ce n'est pas étrange.

C'est logique, au contraire.

Tous ces clichés mensongers sont des appâts que les industriels du médicament lancent pour nous attirer dans leurs filets. Par le biais de ces affirmations infondées, ils cherchent à nous convaincre que tout individu démoralisé se doit d'avaler des antidépresseurs : il n'aurait tout simplement pas le choix.

Les industriels du médicament sont malins.

Finauds et matois comme des goupils, ce sont de rusés compères.

Ces industriels privilégient la publicité indirecte, celle qui passe pour de l'information objective et utile. Leur avidité mercantile, ils la déguisent en son contraire : ils ne veulent pas faire du profit, ils veulent aider les déprimés. Ils veulent les informer.

Les informer de quoi ?

Les informer qu'ils n'ont aucune volonté – ou que celle-ci ne leur sert à rien... ce qui revient au même.

Les informer qu'ils sont incapables de se débrouiller sans leurs molécules.

Les informer que la mort-aux-rats qu'ils commercialisent est le seul espoir qu'il leur reste, la seule bouée qui leur sera jamais lancée.

Les visiteurs médicaux

Pour vendre leurs cachetons, les laboratoires ne doivent pas seulement convaincre le grand public et les personnes qui souffrent ; ils doivent aussi et peut-être surtout persuader les médecins généralistes de les prescrire.

Et c'est là que les visiteurs médicaux entrent en scène.

Les malades, ça use… Les médecins sont fatigués. Heureusement qu'entre deux brochettes de patients grincheux et hypocondriaques, les visiteurs médicaux viennent leur rendre visite. Ils sont séduisants, compatissants, et ne viennent jamais les mains vides : de vrais rayons de soleil ! Les visiteurs médicaux sont bien les seuls à s'intéresser aux médecins, les seuls à prendre des nouvelles de leur santé...

Ces charmants visiteurs, qui sont-ils ?

La plupart des visiteurs médicaux qui vont donner des « informations » sur les médicaments et « éduquer » les médecins n'ont aucune formation scientifique, et encore moins médicale. Pour devenir visiteur médical, il suffit du bac, d'une année à la fac et de six mois de formation. Mais ce qui leur manque au niveau du fond, les visiteurs médicaux le rattrapent au niveau de la forme...

Lorsqu'ils évoquent leur ancienne activité professionnelle, les ex-visiteurs médicaux révèlent qu'un physique attrayant est un critère essentiel d'embauche. Les visiteurs médicaux doivent être sexy pour compenser le manque d'attrait intrinsèque des médicaments de leur laboratoire.

Les instructions reçues par les visiteurs médicaux pendant leur formation de cinq semaines sur les tactiques de manipulation incluent d'ailleurs des conseils sur la manière d'exploiter une attirance d'ordre sexuel.

Pour convaincre les médecins de prescrire à leurs patients les petits cachets de leurs laboratoires, les visiteurs médicaux ont recours à des visites chaleureuses et amicales et au grand jeu de la séduction, comme on vient de le voir, mais aussi à de la presse gratuite, à des stylos gratuits, à des blocs-notes gratuits, à des tapis de souris gratuits, à des échantillons gratuits, à des repas au restaurant gratuits, à des prises en charge des frais d'inscription à tel ou tel congrès à l'île Maurice, etc.

En France, les laboratoires pharmaceutiques dépensent environ 23 000 euros en cadeaux par médecin généraliste, juste pour influencer leurs prescriptions... Tout est bon pour manipuler les médecins, trop surmenés pour mener leurs propres recherches en toute indépendance.

Les promoteurs des antidépresseurs

Les promoteurs des antidépresseurs sont nombreux. Faisons-en la liste :

1/ Il y a tous ceux qui, employés par les laboratoires pharmaceutiques, bossent sans état d'âme pour eux. Y compris les visiteurs médicaux dont je viens de vous parler.

2/ Il y a les médecins généralistes, qui prescrivent et à ce titre promeuvent les antidépresseurs. Qu'ils soient de bonne foi ou pas, le résultat est là.

3/ Il y a les psychiatres qui non seulement prescrivent les antidépresseurs à des patients consentants, mais qui, dans les hôpitaux psychiatriques, les imposent à des patients récalcitrants jusqu'à ce que ceux-ci en deviennent dépendants.

4/ Il y a des associations de « malades » (déprimés, anxieux...) qui se font financées par l'industrie pharmaceutique. Eux aussi font la promotion des antidépresseurs.

5/ Il y a les médecins qui se font payer par les laboratoires pharmaceutiques. Dans les réunions de Formation médicale continue, ces vendus se font passer pour des intervenants objectifs et neutres afin de manipuler leurs collègues. Stratégie malhonnête, mais efficace.

6/ Il y a les chercheurs scientifiques dont les industriels du médicament financent, en douce, les recherches et les articles soi-disant objectifs. Ceux-là aussi sont des traîtres.

7/ Il y a les journalistes scientifiques que l'industrie du médicament invite, nourrit,bichonne, éblouit par un certain luxe : ils ne risquent pas de cracher dans la soupe – un délicieux potage malgré les gélules qui y flottent.

8/ Il y a enfin toutes les personnes souffrant de normose qui répètent les lieux communs sur la dépression comme des cacatoès, parce que ce sont des lieux communs et qu'à ce titre elles veulent y croire. Ceux-là ne sont pas payés par l'industrie pharmaceutique ; ils travaillent pour elle gratuitement. Et bêtement, enfin c'est mon avis.

La liste serait à compléter.

Félicitations

Si on ne peut pas féliciter les riches et puissants industriels du médicament pour leur sincérité, leur sens moral ou leur philanthropie, les trois étant portés disparus depuis belle lurette, on peut du moins les féliciter pour :

1/ Leur succès. En vingt ans, depuis 1990, le chiffre d'affaires des industriels du médicament a été multiplié par trois. Quant aux individus soignés en tant que dépressifs, ils ont connu une augmentation encore plus spectaculaire.

2/ Leur extraordinaire créativité. Il en faut pour vendre des congélateurs à des Inuits ou des jumelles de haute précision à des non-voyants, mais il en faut encore plus pour vendre du raticide sous le nom de médicament à des gens qui ne sont pas malades.

3/ Enfin, on peut féliciter les industriels du médicament pour les efforts discrets, mais efficaces qu'ils consentent pour réduire la population mondiale. D'après les néo-malthusiens cette planète serait surpeuplée : il n'y aura jamais assez à manger pour tout le monde... Grâce à l'industrie pharmaceutique, nous sommes un peu moins nombreux.

À retenir

- L'industrie pharmaceutique ne crée pas des médicaments pour soigner des maladies, mais l'inverse : elle invente des maladies pour vendre ses petits cachets.
- Les lieux communs sur la dépression ont été conçus et popularisés par l'industrie pharmaceutique afin que les antidépresseurs apparaissent comme le seul recours possible contre la tristesse et l'angoisse.
- Via des visiteurs médicaux aux lèvres pulpeuses et des médecins et des scientifiques soi-disant neutres, les laboratoires pharmaceutiques manipulent les médecins.
- Les promoteurs des antidépresseurs forment une armée de marionnettes

dont les industriels du médicament tirent les ficelles.

Conseils

► Comptez combien d'objets portent le nom d'un médicament dans le cabinet de votre médecin : ce sont autant de gracieux cadeaux offerts par des visiteurs médicaux.

Lectures recommandées

□ ***Les inventeurs de maladies : Manoeuvres et manipulations de l'industrie pharmaceutique*** **de Jörg Blech**. Agréable et instructif.

□ ***http://pharmacritique.20minutes-blogs.fr***

Trois gros mensonges

Voici ce qu'on peut lire dans d'innombrables livres, articles, sites et brochures consacrés à la dépression :

> « Les antidépresseurs permettent au patient de redevenir lui-même. »
>
> « Les antidépresseurs favorisent la formation de nouveaux neurones et régénèrent le cerveau. »
>
> « Les antidépresseurs viennent combler le manque de sérotonine qui existe dans le cerveau en cas de dépression. »
>
> « Les antidépresseurs favorisent, au niveau cérébral, les processus naturels de réparation et de lutte contre les effets toxiques du stress. »
>
> « Les antidépresseurs ont amélioré de manière considérable le traitement de la dépression et à ce titre, font partie des avancées majeures de ces dernières années. »
>
> « Les antidépresseurs stimulent les capacités cognitives et apaisent les tourments, ils permettent de revenir à la normale et de récupérer un fonctionnement cérébral et émotionnel satisfaisant. »

S'il y avait autant de moutons dans mon environnement que de mensonges dans ces quelques lignes, je serais bergère... mais dans ce chapitre, nous identifierons seulement trois bobards colossaux qu'avancent les promoteurs des antidépresseurs pour occulter la vérité.

Médicaments

Vous l'avez certainement entendu dire :

> « Les antidépresseurs sont des vrais médicaments ».

Si les mots ont encore un sens, si *médicament* a toujours la signification que les dictionnaires lui prêtent, les antidépresseurs n'en sont pas. Ils ont trop d'effets trop horribles pour porter ce titre. Des substances qui rendent insidieusement dépendant et qui causent troubles neurologiques, folie, meurtres et suicides ne sont pas des médicaments.

Mais alors, quoi ?

Nous avons l'embarras du choix.

Les antidépresseurs méritent le nom de *drogue* (on a vu qu'ils en ont toutes les caractéristiques), de *poison* (c'est leur ingrédient principal), de *mort-aux-rats* (pour être plus précis), de *suicidatifs* (ils causent des suicides hâtifs), de *dépressants* (ils enfoncent dans la dépression qu'ils prétendent combattre) de *logicocides* (pour leur effet désastreux sur les facultés du raisonnement), mais aussi, pourquoi pas ? De *saleté* et de *cochonnerie.*

Il est d'ailleurs dommage qu'ils ne portent pas un de ces noms-là... Les choses seraient tellement plus claires ! On saurait à quoi s'attendre, et personne ne serait déçu.

Normal

Autre mensonge :

> « Grâce aux antidépresseurs, le cerveau retrouve un fonctionnement normal. »

> « Les antidépresseurs viennent combler le manque de sérotonine qui existe dans le cerveau en cas de dépression. »

C'est exactement l'inverse qui est vrai. En voulant corriger un déséquilibre chimique hypothétique et improuvable, on se bousille le cerveau.

Pour apprivoiser ce fait quelque peu choquant, rapprochons-le d'un autre phénomène : le pishing. Un internaute reçoit un mail de PayPal lui annonçant :

> « Nous vous avons contacté après avoir noté une utilisation frauduleuse de votre compte. Vous devez cliquer sur le lien ci-dessous et saisir votre email et mot de passe sur la page suivante afin de confirmer vos informations de facturation. »

Il donne son mot de passe, et grâce à cette mesure de « sécurité », l'utilisation frauduleuse qu'on lui a fait craindre se réalise… 4000 euros s'évaporent de son compte.

Avec les antidépresseurs, c'est le même genre d'escroquerie : on se laisse convaincre qu'on souffre d'un déséquilibre chimique, qu'on manque de sérotonine, on prend des cachets pour rétablir l'équilibre et combler le manque, et on se retrouve avec le cerveau en compote.

La recherche l'a prouvé à mainte reprise : tous les produits chimiques utilisés pour « soigner » le mental créent des dysfonctionnements et des déséquilibres dans le cerveau.

Lorsque le cerveau est envahi par une drogue toxique (antidépresseur ou autre), il cherche à compenser ses effets néfastes. Ce faisant, il détruit sa propre capacité à réagir à la substance : pour s'insensibiliser, il détruit certaines dc ses fonctions.

Le cerveau est un organe extraordinairement complexe et sophistiqué ; y introduire des substances qui n'ont aucune raison d'y être – c'est-à-dire qu'on ne trouverait jamais dans une alimentation saine – ne peut que l'abîmer.

Lorsqu'un psychiatre ou un docteur prétend que ses cachets sont capables d'améliorer le fonctionnement du cerveau, c'est comme s'il prétendait améliorer Apollo 13 à coups de pelle.

Les antidépresseurs perturbent le fonctionnement cérébral normal et sont à l'origine des déséquilibres qu'ils sont censés corriger.

Soi-même

Troisième mensonge (le plus gros des trois) :

> « Les antidépresseurs permettent au patient de redevenir lui-même. »

C'est l'inverse qui est vrai.

Sous antidépresseurs, la personnalité est altérée et amoindrie ; on ne redevient pas soi-même, on cesse de l'être.

À ce sujet, voici quelques témoignages significatifs :

> « Je connais quelqu'un qui abuse des antidépresseurs. Depuis qu'il en prend, il est devenu lunatique, tour à tour agressif et amorphe. Il ne parle plus, il se contente de marmonner. »

> « Mes cachets me dirigent. Je ne sais même pas si en me levant le matin ou en me couchant le soir c'est réellement moi. Je veux dire que je ne sais pas si la personnalité que je montre est réellement la mienne... »

> « Ça va faire vingt-huit ans que ma mère est sous antidépresseurs. Elle change tellement d'humeur dans la journée que je ne la reconnais plus... Par moments je me demande qui est ma mère. Elle m'a expliqué qu'elle n'arrêtera jamais, que ce sera comme ça toute sa vie. Ça me fait mal qu'elle ne puisse pas vivre sans. »

> « Mon mari a changé depuis qu'il prend des médicaments, je pensais que c'était normal au début, mais son état ne s'est pas amélioré... Avant on sortait beaucoup, randonnées, cinéma, restaurants, et sur le plan intime tout allait bien... Maintenant on vit comme des vieux. C'est devenu un zombi. Accro des jeux sur PC, il ne sort plus que pour bosser. Et au niveau sexuel, plus rien. Les

> médicaments lui ont enlevé tout plaisir, il ne rit même plus... Ses angoisses sont parties, c'est vrai, mais le bonheur est parti avec. »

En effet ce ne sont pas seulement les émotions négatives qui sont bloquées par les antidépresseurs... toutes les émotions sont paralysées, ainsi que les diverses facultés qui en dépendent.

Ainsi, un ami shooté aux antidépresseurs n'a plus de compassion à offrir :on ne peut pas « souffrir avec » (c'est le sens de *compatir*) quand on n'est plus capable de souffrir du tout.

Témoignage :

> « Les médicaments m'isolent. Ils interfèrent avec mon empathie. Il y a une sorte d'aplatissement qui fait que je me suis mal à l'aise avec les autres. L'empathie qui permet de s'entendre avec les gens, les antidépresseurs la suppriment. »

Et ce n'est pas seulement la compassion qu'on perd sous antidépresseurs :la curiosité intellectuelle, la tendresse et l'altruisme s'étiolent aussi, ainsi que la capacité de tomber amoureux. Plus le « traitement » se prolonge, plus celui qui le suit ressemble à un automate.

Un mort-vivant.

Consommer des antidépresseurs prive petit à petit de la part la plus précieuse de la personnalité : celle qui est délicate, humaine, celle qui permet de faire preuve de grâce et de logique, d'éprouver sympathie et tendresse.

Et ce n'est pas tout...

Les antidépresseurs altèrent aussi la volonté.

Les neurologues l'ont prouvé : les émotions sont en rapport étroit avec la raison et le libre-arbitre, ce qui fait que qui perd les premières, n'est pas loin de perdre les seconds.

Dans *Artificial Happiness : The Dark Side of the New Happy Class* le Docteur Ronald W. Dworkin explique le mécanisme par lequel les antidépresseurs altèrent la volonté.

Les antidépresseurs, dit-il, créent en peu de temps un état de bonheur artificiel : le mental se désynchronise de la vie. Sous antidépresseurs, il n'y a plus vraiment de rapport entre la manière dont on vit et la manière dont on se sent.

Une passion s'atténue en hobby ; un mariage ou un travail pénible cessent de l'être ; les goûts et dégoûts naturels s'émoussent. Devenu indifférent aux signaux positifs ou négatifs que nous envoie l'existence, ou que nous nous envoyons à nous-mêmes, on se sent assez bien en toutes circonstances, quoi qu'on vive.

Aucune joie profonde, aucune sensation d'inconfort insupportable, ne pousse plus à faire des choix courageux. Divorce ou thérapie de couple et reconversion professionnelle sont ainsi évités : on tolère indéfiniment, sans rien y changer, des situations auxquelles on mettrait un terme autrement. Le statu quo l'emporte.

Johann Hari, journaliste qui a passé dix ans sous antidépresseurs, explique ainsi sa décision de les arrêter :

> « Nous ne pouvons mettre le cap sur le vrai bonheur qu'à condition de savoir quand nous en dévions – or à vivre sa vie d'adulte sous antidépresseurs, on détraque sa boussole. C'est pourquoi j'ai décidé de dire adieu aux antidépresseurs. »

La souffrance et les émotions négatives sont un signal qui clignote sur le panneau de contrôle de nos existences ; ce signal nous indique qu'il est temps d'apporter des changements à nos vies.

Sous antidépresseurs, on est privé de ces importants signaux, ce qui fait que les choix que l'on fait sont rarement les bons. La capacité à prendre des décisions personnelles (autrement dit de bonnes, d'intelligentes, de courageuses décisions) est atrophiée, voire annulée, par la consommation de ces petits cachets diaboliques.

À retenir

- Les antidépresseurs sont de la drogue, du poison, des suicidatifs, des logicocides – pas des médicaments.
- Les antidépresseurs causent au cerveau les dégâts qu'ils ont officiellement pour mission de réparer.
- Ils défigurent la personnalité de l'individu qui les avale en l'amputant de ses qualités humaines et d'une part importante de son libre arbitre.

Ruses et artifices rhétoriques

Au-delà des mensonges bêtes et brutaux qui contredisent frontalement les faits, il y a des ruses et des artifices rhétoriques plus subtils par lesquels les promoteurs des antidépresseurs (c'est-à-dire les valets de l'industrie pharmaceutique) s'emploient à dissimuler la vérité.

Nier la dépendance

Pour dissimuler le fait que leurs « médicaments » sont de la drogue, les promoteurs des antidépresseurs s'emploient à nier la dépendance qu'ils induisent. Ce qui les amène à se livrer à des contorsions verbales qui ne manquent pas de sel :

> « Les antidépresseurs n'entraînent pas de dépendance, mais peuvent donner un symptôme de sevrage si on les arrête... N'ayez cependant aucune inquiétude : l'apparition d'un syndrome de sevrage ne signifie absolument pas que vous êtes dépendant aux antidépresseurs ; les traitements antidépresseurs n'entraînent jamais de dépendance. »

Un symptôme de sevrage, mais pas de dépendance ? Le sevrage étant « la suppression de l'usage d'une drogue à laquelle on était dépendant », il n'y a pas plus de sevrage sans dépendance qu'il n'y a d'œuf de poule sans poule. Puisque l'arrêt des antidépresseurs déclenche un syndrome de sevrage, les antidépresseurs rendent dépendants... et sont de la drogue.

Ce fait étant irréfutable, les promoteurs des antidépresseurs remplacent parfois *syndrome de sevrage* par une périphrase moins claire :

> « Les antidépresseurs, disent-ils, ne créent aucune dépendance ; cependant, il est préférable d'arrêter le traitement progressivement pour éviter les effets indésirables transitoires observés en cas d'interruption brutale ».

« Syndrome de sevrage » devient ici « effets indésirables transitoires observés en cas d'interruption brutale ». On n'y gagne pas en concision, mais l'idée absurde qu'il pourrait y avoir un sevrage sans dépendance se fait moins remarquer, et comme c'est le but...

Au passage, avez-vous remarqué l'adjectif dans l'expression *interruption brutale* ?

Grâce à lui, la brutalité change de camp : ce n'est plus l'antidépresseur qui est une drogue dure, c'est le fait de s'en sevrer qui devient une forme de violence.

Habile retournement.

Parfois aussi, les promoteurs lâchent un peu de lest : ils admettent que *certains* antidépresseurs peuvent causer une *certaine* dépendance chez *certaines* personnes (par exemple les toxicomanes et les alcooliques), mais que cela ne change rien au fait qu'en règle générale, ce sont des médicaments utiles.

C'était déjà l'argument de Freud, qui soutenait l'innocuité de la cocaïne en expliquant que seuls des morphinomanes risquaient d'y devenir dépendants... d'après lui, les individus normalement constitués ne risquaient rien.

Ce raisonnement ne tient pas la route.

Même si on parvenait à prouver que seule une minorité de consommateurs d'antidépresseurs en deviennent dépendants (ce qu'on ne *peut pas* prouver), les antidépresseurs n'en resteraient pas moins de la drogue.

En effet la nature d'une substance n'est pas déterminée de manière démocratique, par la réaction qu'y présentent la majorité des gens. Dès qu'un produit peut rendre dépendant, dès qu'il abîme l'organisme, dès qu'il agit sur l'humeur à la manière d'un psychotrope, on a affaire à de la drogue.

Qu'elle soit dure ou douce, c'est toujours de la drogue... Le proverbe indien suivant le souligne : *il n'y a pas de gros ou de petits serpents, il n'y a que des serpents.*

Ainsi, seule une minorité des buveurs d'alcool deviennent alcooliques, mais il n'en est pas moins interdit de conduire quand on a bu, parce que l'alcool n'est *pas* l'équivalent du jus d'ananas fraîchement pressé : une drogue reste une drogue, même si certains la tolèrent mieux que d'autres.

Minimiser les effets paradoxaux

Pour faire passer les antidépresseurs pour de « vrais médicaments », leurs promoteurs ne peuvent pas se contenter de gommer la dépendance qu'ils induisent. Ils doivent aussi enterrer leurs effets paradoxaux.

Pour les promoteurs des antidépresseurs le plus simple serait, bien sûr, de ne pas parler *du tout* de ces effets gênants...

Le moyen le plus sûr de désinformer, c'est de soustraire l'information : pour enterrer une vérité qui dérange, le silence reste la meilleure des pelles.

Mais cette stratégie n'est pas toujours possible, car parfois – suite à une étude un peu trop scientifique, à la publication d'un livre, à un procès, etc. – la vérité enterrée affleure et alors les promoteurs des antidépresseurs ne peuvent plus se contenter de se taire : il faut qu'ils parlent des effets néfastes de leurs cachets d'une manière rassurante.

Pour cela, ils ont recours à plusieurs ruses. Examinons-en quelques-unes.

On parle et on entend parler des effets secondaires des antidépresseurs, mais qu'est-ce qu'un *effet secondaire* ?

D'après n'importe quel dictionnaire, *secondaire* est le contraire de *principal*. Ce qui est *secondaire* est accessoire, négligeable, pas important. Autrement dit, un *effet secondaire* ne saurait être grave ; s'il est grave, ce n'est plus un effet secondaire.

Pourtant, parmi les effets dits secondaires des antidépresseurs se trouvent des conséquences qui n'ont vraiment rien de secondaire. Par exemple la mort.

Le fait d'avoir baptisé les effets paradoxaux des antidépresseurs « effets secondaires » est une stratégie simple, mais efficace, qui conduit le consommateur d'antidépresseurs à sous-estimer les risques auxquels il s'expose.

Cet artifice rhétorique est comparable à la typographie habile des contrats d'assurance et des emprunts à taux variables, où les informations les plus cruciales sontimprimées en bas de page et en petits caractères, comme si elles ne présentaient aucune importance.

Autre stratégie toute simple : noyer le poisson. Généraliser le risque pour le rendre plus vague et donc moins menaçant.

Sur la liste des « effets secondaires », on n'évoque pas spécifiquement les effets de *cet* antidépresseur-*ci*, mais plus largement ceux de toute la classe d'antidépresseurs auquel il appartient. Par exemple ce n'est pas le Prozac en tant que tel qui a tel ou tel effet fâcheux, mais toute la classe des ISRS.

Cette manière de présenter les choses conduit encore une fois le consommateur à sous-estimer l'importance de l'information qu'il reçoit : il ne se sent pas directement concerné, alors qu'il l'est. Le Prozac *est* un ISRS : il a tous les effets fâcheux des ISRS.

Convertir les suicides en anecdotes

Depuis qu'une partie du public a découvert que les antidépresseurs ont pour effet de multiplier les suicides, leurs promoteurs se sont échinés à ramener cette information cruciale, qui normalement devrait dégoûter tout le monde d'en prendre, au rang d'anecdote insignifiante.

Comment ?

1/ D'une part, en prétendant que les antidépresseurs ne présentent un risque que pour un groupe spécifique – les enfants. Mais les études sont catégoriques : les antidépresseurs poussent au suicide n'importe qui. C'est d'ailleurs logique. Les enfants appartiennent de plein droit à l'espèce humaine : ce qui est mauvais pour eux est mauvais pour nous (de même que ce qui est mauvais pour nous est mauvais pour eux).

2/ D'autre part, en reportant la responsabilité du suicide sur les suicidés, qui ne risquent pas de protester. Les antidépresseurs seraient de simples *désinhibants* : ils libéreraient des pulsions suicidaires antérieures, facilitant seulement le passage à l'acte...

Mais cette explication n'en est pas une.

On l'a vu, les antidépresseurs sont à l'origine de pensées suicidaires chez des personnes qui n'avaient jamais pensé à se tuer avant de commencer leur traitement.

Notez au passage le choix du mot *désinhibant*. Il n'a pas été laissé au hasard. *Inhiber* a des connotations négatives ; ce verbe évoque la timidité, le mal-être, la peur. Inversement, le verbe *désinhiber* évoque la liberté, qui a elle des connotations positives : tout le monde a envie de se sentir libre.

En qualifiant les antidépresseurs de *désinhibants*, leurs rusés promoteurs leur accolent une épithète subtilement valorisante.

À retenir

• Les promoteurs des antidépresseurs manipulent le langage pour manipuler les consciences ; ils ne reculent devant aucun artifice rhétorique pour enjoliver les effets de leur poison.

Conseil

► Examinez de près les éloges pseudo-scientifiques des antidépresseurs. Vous y découvrez nombre de sophismes, incohérences et zones d'ombre.

Cinq illusions

Mais il n'y a pas que les mensonges et les artifices rhétoriques des dealers légaux qui entraînent dans la pharmacodépendance.

Plusieurs illusions communes, qui sont autant de points faibles typiquement humains, incitent à faire le choix des antidépresseurs. Ces illusions influencent en secret notre comportement et nos décisions ; les examiner en pleine lumière est le seul moyen de s'en libérer.

Potion magique

La célèbre potion magique se décline en plusieurs versions : élixir de jeunesse éternelle, philtre d'amour...

D'après ce mythe de tous les temps comme de tous les pays, il y aurait quelque part un quelque chose qui se gobe, se boit ou s'étale sur la peau et qui, hop !... résoudrait miraculeusement tous nos problèmes, ou du moins 99,99 % d'entre eux.

Astérix et Obélix n'y sont pour rien : cet espoir illusoire est profondément ancré en nous, et l'a probablement toujours été. Nous espérons une solution de facilité, un raccourci à dévaler sans effort – et l'espérer, c'est y croire.

Cette faiblesse humaine est à l'origine du succès des antidépresseurs, mais aussi des crèmes antirides (élixirs de jeunesse sous un autre nom), des boissons dites énergisantes, et d'une manière générale de tout produit consommable promettant infiniment plus qu'il ne peut tenir.

La médecine toute-puissante

Une autre illusion très répandue consiste à surestimer les capacités de la médecine moderne. On s'imagine facilement qu'elle est capable, ou sera bientôt capable, de nous sauver de tout... y compris de la mort et des questions sans réponses.

Dans un écrit pétillant de fantaisie, le célèbre humoriste Woody Allen a décrit *l'Alka-Seltzer existentiel*. Dissous dans l'eau, cet énorme cachet fait passer le malaise induit par une conscience aiguisée du caractère éphémère, vain et périssable de la vie. L'Alka-Seltzer existentiel serait aussi utile en cas d'embarras gastrique.

Notre société croit aux Alka-Seltzer existentiels.

Mais les limites de la médecine sont les limites du corps. Aucun traitement agissant sur le corps ne constitue une réponse adéquate à des questions telles que : « Qui suis-je ? Pourquoi suis-je né ? Qu'est-ce que je veux ? Où irai-je après ma mort ? » Lorsqu'on ne sait pas qui l'on est ni où l'on va, aucun docteur, même très compétent, ne peut nous le dire.

Aucun cachet bleu ou rose ne peut remplir un vide intérieur. Aucun médicament n'apporte la paix de l'esprit – la vraie, celle qui n'est pas un abrutissement, mais une plénitude. Aucune piqûre ne donne d'objectif et de sens à l'existence.

Lorsqu'on fait des choix – et on en fait toujours –, rien ne saurait nous protéger contre leurs conséquences, pas même les dernières découvertes de la science. La médecine moderne peut prolonger la vie (dans certains cas), pas lui donner un but. Elle peut ajouter à la quantité, mais elle ne change rien à la qualité.

Demander à des cachets de combler un manque spirituel ou une carence affective, c'est comme demander à une vache espagnole de chanter la Traviata avec l'accent d'Oxford.

L'incapacité de souffrir

Beaucoup de gens sous-estiment leur propre capacité à supporter la souffrance ou à la combattre par leurs propres moyens : ils se croient plus faibles qu'ils ne le sont. L'idée de résister, ou tout simplement d'endurer avec patience ne leur vient même pas à l'esprit.

Ils ne savent pas, ou ils ont oublié, que c'est en luttant (contre soi, contre les obstacles) qu'on se renforce, que rien de précieux ne s'obtient sans effort, et que la patience et le courage sont deux qualités qui permettent d'acquérir toutes les autres.

Ils n'ont pas conscience qu'en prenant systématiquement la solution de facilité, ils se tirent une balle dans le pied.

Un raccourci vers le bonheur

Une autre illusion courante consiste à croire qu'il suffit de s'éloigner du malheur par n'importe quel moyen pour se rapprocher du bonheur.

Ce n'est pas si simple.

Comme vous le savez, nos choix, tous nos choix, ont des conséquences. Opter délibérément pour l'illusion ou la drogue parce qu'elles apportent un soulagement immédiat est un très mauvais calcul à long terme. Le bonheur, le vrai, celui qui dure, est beaucoup plus près du malheur naturel que du faux bonheur chimique :

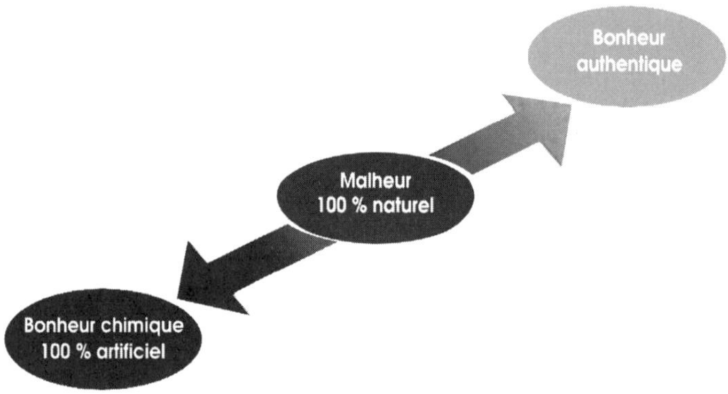

Lorsqu'on se trouve au beau milieu, en plein malheur, on est libre de descendre à gauche comme de monter à droite, mais quand on choisit le bien-être artificiel, on ne se rapproche pas du véritable bonheur, *on s'en éloigne*.

Un état émotionnel authentique est toujours plus près d'un autre état émotionnel authentique que d'un faux : un décor de théâtre ne devient jamais réel, alors qu'une réalité peut se métamorphoser en une autre. Une fleur de pommier peut se changer en pomme, mais une photo numérique de golden delicious améliorée avec Photoshop ne se changera jamais en vrai fruit.

À retenir

- Il n'y a pas de potion magique.
- La médecine moderne n'est pas capable de donner un sens à une vie qui en manque, ni de nous protéger contre les conséquences de nos choix.
- On ne se renforce pas en fuyant, mais en résistant... Rien de valable ne s'obtient sans effort.
- Le vrai bonheur est plus près du vrai malheur que du faux bonheur

chimique.

Conseil

► Faites preuve de courage et de patience. Je sais : c'est plus facile à dire qu'à faire, mais il ne faut pas oublier que pour faire preuve de courage et de patience, il faut commencer par le vouloir... Alors, décidez que vous voulez faire preuve de courage et de patience. C'est un bon début.

ÂME

Vous vous souvenez qu'Hitler et Staline fluoraient l'eau des prisonniers pour éviter les mutineries ?

Des mutineries, il y en a de toutes sortes.

On consomme des antidépresseurs quand on n'ose pas ou qu'on ne sait pas répondre aux revendications de son âme. On veut éviter ce qui nous dérange, et ce qui nous dérange, c'est nous-mêmes, c'est l'étincelle spirituelle qui fait de nous une créature à part, radicalement différente des poulets de Bresse et des orangs-outans.

Il y a mille et une manières de se trahir ; la prise d'antidépresseurs en est une. C'estune manière de renoncer à soi-même en trahissant sa vérité intime. Une manière d'étouffer la mutinerie de son âme, de bâillonner son esprit, de censurer son cœur. Un consommateur l'avoue ingénument :

> « Prendre des médocs, c'est comme m'amputer de ce que je suis vraiment, de ma véritable essence. C'est hiberner de ma réalité, c'est la fuir, c'est viser le moins pire plutôt que le mieux. Avec les médocs, je mets mes sentiments profonds au brancard. »

Cette dernière expression est révélatrice du rôle joué par les antidépresseurs dans notre civilisation. Le *brancard* médical est une sorte de *placard* où l'on met sa vérité au *rancart*. On a choisi : « Ce mal-être n'est pas *mon* mal-être, c'est juste un dysfonctionnement de ceci ou de cela. J'en suis irresponsable. Comme de ma propre vie, qui m'arrive. Je n'y suis pour rien !... Je m'en lave les mains. C'est l'affaire du docteur, pas la mienne. »

« Connais-toi toi-même, et tu connaîtras l'univers et les dieux. » À cette devise inscrite sur le fronton du temple de Delphes répond cette autre, inscrite sur le fronton de l'industrie pharmaceutique : « Ignore-toi toi-même, et avale tes cachets. »

À retenir

• Prendre des antidépresseurs, c'est renier sa vérité la plus intime.

Conseil

► Même si vous n'êtes pas bien sûr d'en avoir une, respectez votre âme et écoutez-la.

Comment arrêter les antidépresseurs

Arrêter les antidépresseurs est plus simple qu'il n'y paraît.

Au fond, il suffit de le décider en étant prêt à en payer le prix (dans le pire des cas, un douloureux sevrage).

Surtout, ne faites pas de restriction mentale. Ne vous dites pas : « J'essaierai, et si c'est trop dur, je craquerai. » Ni : « Je vais essayer d'arrêter, mais peut-être que je n'en suis pas capable ». Puisque vous savez que vous en êtes capable, faites un vrai choix. Un choix qui vous engage corps et âme.

Voici quelques mesures qui vous faciliteront la transition :

- N'appelez plus vos antidépresseurs « mes médicaments », appelez-les « ce poison » ou « cette cochonnerie ». Selon la manière dont on nomme ses cachets, il est plus ou moins facile de les arrêter... Vous aurez beaucoup moins de mal à cesser d'avaler du poison qu'à arrêter de prendre vos médicaments.
- Renseignez-vous sur tous les effets négatifs et conséquences catastrophiques de votre antidépresseur. On définit parfois l'information comme « ce qui est susceptible d'avoir un effet sur nos décisions » : plus vous en saurez sur vos cachets, plus vous serez motivé pour vous en libérer.
- Voici quelques témoignages de personnes qui ont arrêté les antidépresseurs. Lisez-les pour accroître votre motivation :

> « Cela fait deux mois je ne prends plus rien. J'ai ressenti des étourdissements, mais c'est passé. Maintenant je suis plus présente à moi-même. Je me sens mieux, plus forte. »
>
> « J'ai arrêté les antidépresseurs depuis un an. J'en avais pris pendant huit ans... À l'arrêt ça a été très dur, mais si on en a la volonté, on y arrive. J'ai pris de l'homéopathie pour m'aider à sortir de tout ça. Maintenant je vais bien… »
>
> « Voilà presque un mois que j'ai arrêté les antidépresseurs et enfin je commence à m'en sortir… Le sevrage a été très dur au début et je pense que ce n'est pas fini, mais je me sens beaucoup mieux. J'ai perdu du poids, je suis plus vive, et je fais du sport, ce qui m'aide beaucoup. »
>
> « J'ai pris ces médicaments durant quatre ans et demi… Et voici près de deux mois que je les ai arrêtés. Physiquement j'étais accro, les symptômes de

sevrage dont j'ai souffert l'ont prouvé. Mais, au fond, pour arrêter, il faut juste un peu de patience… Moi, je me suis mise au vert une semaine... Et maintenant, je suis libérée ! »

« J'ai réussi à arrêter de prendre des antidépresseurs il y a maintenant huit mois. Au début, mon anxiété était surtout reliée au fait que mes idées redevenaient claires et que je ressentais les émotions dans tout mon être. Mon travail en psychothérapie a vraiment démarré à partir de l'arrêt de la médication. Je suis plus présente à moi. Après deux mois d'arrêt complet des antidépresseurs, mon corps s'est habitué à ne plus recevoir sa dose. »

« J'ai réussi à cesser la prise d'antidépresseurs et cela n'a pas été facile. Je dirais même que ce fut excessivement ardu. Il a fallu que je passe par toute une gamme d'effets de sevrage… En plus d'avoir des grosses boules d'angoisse, je fus pris de sudations nocturnes, d'agoraphobie, de douleurs musculaires et d'une sensation détestable : celle d'être gelé : tout autour de moi semblait plastifié... j'avais l'impression d'être dans une autre dimension. Mon corps était en manque. Il a fallu environ trois mois pour que le dégel arrive. »

« Lorsque j'ai voulu arrêter mon antidépresseur, j'ai ressenti tous les symptômes de sevrage avec notamment des vertiges insupportables. Mais je n'ai pas baissé les bras. J'ai commencé par prendre un comprimé un jour sur deux, puis au bout de quinze jours, un comprimé sur trois pendant une semaine, puis j'ai pris une demi-gélule tous les trois jours pendant une semaine puis une demi-gélule tous les quatre jours pendant quinze jours et enfin une demi-gélule tous les cinq jours et enfin, j'ai pu me débarrasser de mon antidépresseur. Il faut beaucoup de courage pour arrêter, mais ça vaut le coup. J'en suis très fière. J'ai compensé par du sport et surtout des ballades pour prendre un bon bol d'air. Avec de la patience et de la persévérance, on peut y arriver. »

➢ En même temps que vous arrêtez les antidépresseurs, ou juste avant d'arrêter, passez à un mode de vie plus sain. Vous n'avez qu'une vague idée de ce qu'est « un mode de vie plus sain » ? Alors voici quelques pistes :

- ✗ Passez au bio ;
- ✗ Supprimez le sucre et la farine blanche en les remplaçant par du miel, du riz complet et de la farine complète (pain complet, pâtes complètes, etc.) ;
- ✗ Consommez davantage de légumes et de fruits ;
- ✗ Supprimez les mauvaises graisses (huiles hydrogénées, gras des aliments industriels) et remplacez-les par des bonnes graisses : poisson gras tel que le saumon, huile d'olive, huile de noix de coco, noix, noisettes, cacahuètes, amandes ;

✗ Prenez un peu de mélasse noire bio (une cuillère à soupe ou à café) tous les jours ;
✗ Buvez beaucoup d'eau ;
✗ Bougez davantage ;
✗ Prenez le soleil sans lunette (ni lunette de vue, ni lunette de soleil) ;
✗ Finissez vos douches par de l'eau froide ;
✗ Arrêtez le café et couchez-vous avec les poules.

En améliorant votre santé et votre humeur, ces mesures rendront votre sevrage infiniment plus facile.

À retenir

- On renonce plus facilement à du « poison » qu'à « ses médicaments ».
- D'autres ont arrêté, alors pourquoi pas vous ?
- Un mode de vie plus sain rend l'arrêt de toute drogue plus facile.

Conseils

► Arrêtez de vous empoisonner.
► Quand vous prenez une décision, prenez une vraie décision.

Lectures recommandées

□ ***Halte aux antidépresseurs !*** **du docteur Serge Rafal.**

□ ***Coming off Psychiatric Drugs : Successful Withdrawal from Neuroleptics, Antidepressants, Lithium, Carbamazepine and Tranquilizers***.

Partie X.
La psychanalyse

À première vue, l'approche médicamenteuse de la dépression et la psychanalyse présentent un contraste frappant : autant la première est froide et impersonnelle, autant la seconde est intime, romantique, mystérieuse.

Ce contraste est accentué par les polémiques qui opposent les deux camps : dans des articles, des tribunes et des livres, psychanalystes et psychiatres pro-cachets se chamaillent ; quand ils ne se crêpent pas le chignon, c'est qu'ils n'ont pas de chignon.

Tout ceci fait que le divan apparaît comme la principale, voire la seule, alternative aux antidépresseurs. La psychanalyse est l'autre choix, la route numéro deux, celle où s'engouffrent ceux qui ne veulent pas ou ne veulent plus des petits cachets.

Mais cette route, où mène-t-elle ?

Peut-être pas où vous l'imaginez.

Préparez-vous à découvrir la face cachée et les effets secrets de la plus célèbre des thérapies. Et par la même occasion, la vérité sur son fondateur, l'inquiétant docteur Freud.

La dépression vue par la psychanalyse

Le point de vue de la psychanalyse sur la dépression devrait enrichir et approfondir notre compréhension du phénomène. Il devrait nous ouvrir à de nouvelles perspectives. Il devrait nous instruire et nous éclairer. Alors, que dit la psychanalyse de la dépression ?

Telle est la question à laquelle je vais essayer de répondre dans ce chapitre.

Vous êtes prêt ? C'est parti !

Structure nosographique

L'article dépression (psychanalyse) de Wikipédia sera notre point de départ.

Voici ce que, de but en blanc ou presque, le lecteur découvre :

> « La dépression n'est pas structure nosographique. »

Comme c'est intéressant.

Mais... minute, papillon ! Quel est le sens de cette phrase ?

Consultons le dictionnaire, il est fait pour ça.

Nosographique signifie « relatif à la classification des maladies », et une structure est « l'agencement, entre eux, des éléments constitutifs d'un ensemble construit ». Donc...

Donc...

Rien.

En effet la combinaison de ces deux définitions n'éclaire pas le sens de la phrase. « La dépression n'est pas un agencement relatif à la classification des maladies » n'est pas plus clair, pas plus compréhensible que « La dépression n'est pas structure nosographique ».

À moins que l'auteur de l'article n'ait voulu dire que la dépression n'est pas une maladie, mais qu'il ait préféré crypter cette idée trop claire au cas où elle tomberait sous les yeux de l'ennemi – un peu comme dans le *Da Vinci Code* ?

Mais est-ce bien le sens de cette phrase, et d'ailleurs, quel ennemi ?

Mystère et boule de gomme.

Fantasme troué et effet économique

Un peu plus loin dans le même article, nous apprenons que :

> « le névrosé, même dans l'actuel, souffre d'un désir qui fait face à l'interdit (voire qui découle de cette prohibition) »

Tandis que :

> « le déprimé ne soutient plus un tel désir, son fantasme (car il y a encore fantasme) est troué. »

Je ne sais pas vous, mais moi, ça m'étonne. Certes, je connaissais déjà l'existence des chaussettes trouées, du gruyère troué, des couches d'ozone trouée... Mais les fantasmes troués, je n'en avais jamais entendu parler.

Malheureusement, l'auteur de l'article ne dit pas comment il faut s'y prendre pour repriser un fantasme troué. Au lieu de cela, il continue de cette manière :

> « Néanmoins, la dépression s'entend comme effet économique de la frustration. »

Je répète tout le paragraphe, pour que vous en ayez une vue d'ensemble :

> « Le névrosé, même dans l'actuel, souffre d'un désir qui fait face à l'interdit (voire qui découle de cette prohibition). Le déprimé ne soutient plus un tel désir, son fantasme (car il y a encore fantasme) est troué. Néanmoins, la dépression s'entend comme effet économique de la frustration. »

Si vous trouvez que ces considérations sur le névrosé et le déprimé ne sont pas d'une clarté cristalline, vous n'êtes pas le seul. Je vous avoue très franchement que la logique sous-jacente à ce paragraphe m'échappe.

Est-ce en raison de « l'effet économique » que le déprimé ne peut pas repriser son fantasme ou s'en acheter un neuf ?

Est-ce parce qu'il ne gagne même pas le S.M.I.C. ?

Mais il ne faut pas oublier la frustration, qui joue aussi un rôle dans cette histoire. Le névrosé souffre d'un désir qui fait face à l'interdit, tandis que le déprimé ne soutient plus un tel désir… Il est juste frustré.

Frustré, d'accord, mais frustré par quoi ?

Par l'impossibilité où il est de réaliser son fantasme ?

Ou par le trou dans son fantasme, qui lui fait honte, car il se sent mal à l'aise de se montrer en public avec un fantasme troué ?

Ou frustré de ne rien comprendre à ce qu'on dit de lui ?

Le désir est interdit, mais aucune hypothèse ne l'est...

Il faut aussi prendre en compte le « néanmoins » : le fantasme du déprimé est troué, *néanmoins* la dépression s'entend comme effet économique. J'espère que vous saisissez bien l'opposition logique entre ces deux propositions, car pour ma part, je serais tout à fait incapable de vous l'expliquer.

Le déni de la dénégation

Puisque l'article de Wikipédia ne permet pas de saisir le point de vue psychanalytique sur la dépression (ou puisque je suis trop bouchée pour le comprendre et vous l'expliquer), tournons-nous vers une autre source : Julia Kristeva, une psychanalyste connue.

Son livre, *Soleil noir, dépression et mélancolie,* est considéré comme un classique. Je m'y suis plongée en espérant qu'il me permettrait d'y voir plus clair.

Raté.

Je ne vais pas vous résumer le livre, je ne l'ai pas compris ; en voici juste un échantillon représentatif :

> « Le discours déprimé, bâti de signes absurdes, de séquences ralenties, disloquées, arrêtées, traduit l'effondrement du sens dans l'innommable où il s'abîme, inaccessible et délicieux, au profit de la valeur affective rivée à la Chose. Le déni de la dénégation prive les signifiants langagiers de leur fonction de faire sens pour le sujet. Tout en ayant une signification en soi, ces signifiants sont ressentis comme vides par le sujet. Cela est dû au fait qu'ils ne sont pas liés aux traces sémiotiques (représentants pulsionnels et représentations d'affects). Il s'ensuit que, laissées libres, ces inscriptions psychiques archaïques peuvent être utilisées dans l'identification projective comme des quasi-objets. »

Pourquoi le sens du discours déprimé est-il délicieux, et pour qui l'est-il ?

Quelle est cette Chose majuscule à laquelle la valeur affective se cramponne ?

Qu'est-ce qu'un « déni de la dénégation » ?

Est-ce une affirmation, deux moins faisant un plus ? Ou un déni tout bête, sachant qu'on ne peut dénier sans dénier en même temps qu'on dénie ? Et d'ailleurs, dénégation *de quoi* ?

Et au fait, que sont des « traces sémiotiques » ?

Des « représentants pulsionnels » ?

Identification de qui, à qui, à quoi ?

Comment peut-on utiliser des « signifiants » comme des « quasi-objets » ?

Et d'ailleurs, qu'est-ce qu'un *quasi-objet* ? Un objet qui n'est qu'à moitié un objet ? Mais dans ce cas, quelle moitié ?

Le contexte ne permet pas de trancher. Certes, la mystérieuse notion de « déni de la dénégation » est expliquée un peu plus loin, mais il en va de cette explication comme il en va du reste : elle aurait grand besoin d'être expliquée elle-même.

Le mystère qui devait se dissiper s'épaissit... Sur les considérations déjà obscures de l'article de Wikipedia, les propos de J. Kristeva passent une couche supplémentaire de peinture noire.

Que dit la psychanalyse de la dépression ?

Je vous ai dit que j'allais essayer de répondre à cette question.

J'ai essayé.

À retenir

• Les psychanalystes n'expliquent pas la dépression, ils la compliquent. Leurs écrits font la lumière sur la dépression comme les énigmes de Nostradamus donnent la date exacte de la fin du monde.

Conseil

► Ne faites pas comme moi dans ce chapitre. Quand vous vous retrouvez perdu dans un labyrinthe de mots, ne cherchez pas le quoi du qui ou le pourquoi du comment : contentez-vous de chercher la sortie. Vous gagnerez du temps.

Des charlatans crépusculaires

J'espère que vous en conviendrez : quand ils parlent de dépression, les psychanalystes ne sont pas d'une transparence extrême. Sont-ils plus clairs quand ils parlent d'autre chose ?

Nuit et brouillard

Pour répondre à cette question, je me suis tournée vers Serge Leclaire, psychanalyste au nom prometteur. Voilà ce qu'il écrit à propos de l'inconscient :

> « L'inconscient ou l'ordre de la lettre n'est rien d'autre que le développement et la diversification de cette structure nucléaire où l'élément littéral apparaît corrélatif de l'oscillation subjective autour de l'annulation de la jouissance, et corrélatif, du même coup, de ce complément négatif du rien qu'est l'objet. En somme, trois fonctions corrélatives composent le noyau élémentaire de l'inconscient : l'objet comme fonction stable, le sujet comme fonction de communication alternante, et enfin la lettre comme fonction thétique. »

Peut-être que vous comprenez.

Moi je ne comprends pas.

Et je sens bien que même si on m'expliquait longtemps, très longtemps, je ne comprendrais toujours pas.

À vrai dire, je n'ai même pas envie d'essayer de comprendre.

Serge Leclaire n'est qu'un exemple parmi tant d'autres.

Maçons nocturnes, les psychanalystes construisent des murs de ténèbres avec les briques de mots opaques. Tisserands du vague et de l'inaccessible, ils trament les toiles arachnéennes de textes indéchiffrables. Poulpes des profondeurs, ils s'abîment voluptueusement dans l'insondable, l'indicible, l'innommable et l'impensable, en laissant derrière eux un nuage d'encre qui se dilue dans un océan de significations nébuleuses, telle une ultime « trace sémiotique » qu'un pied laisse sur une plage de sable fin et que le vent efface...

Trois hypothèses

Pourquoi les psychanalystes sont-ils si hermétiques ?

Première hypothèse : leur pensée est trop sophistiquée pour être exprimée dans un langage intelligible par tous. Autrement dit, ils sont trop géniaux pour être compris par le commun des mortels (nous).

Deuxième hypothèse : l'obscurité des œuvres psychanalytiques ne fait que refléter la confusion mentale de leurs auteurs.

D'après le poète et critique Nicolas Boileau (1636-1711), surnommé « le législateur du Parnasse », comme d'après les autres classiques, *ce qui se conçoit bien s'énonce clairement.*

Lorsque nous ne comprenons rien à un livre ou un discours, c'est bien souvent parce que l'auteur lui-même ne savait pas vraiment ce qu'il voulait dire : une pensée obscure est une pensée inachevée, une pensée qui témoigne du chaos régnant dans l'esprit de celui qui l'a conçue.

Troisième hypothèse : les psychanalystes économisent leur énergie et leurs neurones.

Marmonner des phrases incompréhensibles en oubliant que le langage est avant tout un moyen de communication n'est pas fatigant. Faire dans l'abscons, le brumeux et l'inextricable n'est pas plus difficile que de faire un jardin de ronces : il suffit de laisser pousser.

On le sait quand on a essayé les deux : autant il est aisé de juxtaposer des énoncés abstraits, vagues et obscurs, autant il est ardu d'élaborer une pensée claire, rationnelle et convaincante en un tout cohérent.

Entre ces deux manières d'écrire, il y a le même genre de différence qu'entre l'enfilage de perles et la conception et réalisation d'une maison à plusieurs étages... Travailler dans le bâtiment n'est pas pour les paresseux.

Mais il y a encore une autre hypothèse.

Il se pourrait que les psychanalystes soient délibérément obscurs... que leur hermétisme soit un calcul, une stratégie.

Bla-bla-bla ?

Écoutez Jacques Rillaer, ex-psychanalyste, parler du langage psychanalytique :

> « La sorcellerie jargonnesque joue un rôle essentiel dans toutes les écoles de Psychanalyse. »

> « À l'instar des médecins de Molière qui dissimulent leur impuissance sous des mots latins, les psychanalystes masquent la pauvreté de leurs théories par un langage ésotérique. »

Le philosophe Mikkel Borch-Jacobsen va dans le même sens :

> « La psychanalyse n'existe pas – c'est une nébuleuse sans consistance... une théorie vide ».

Un autre philosophe, François George, est arrivé à une conclusion similaire :

> « Le ressort de la psychanalyse, c'est le bluff. »

Les discours obscurs des psychanalystes seraient-ils (pour reprendre une définition de dictionnaire) « une abondance de paroles pauvres de sens, une suite d'énoncés creux et verbeux destinés à éblouir l'esprit critique et à endormir la vigilance » ?

Autrement dit, du bla-bla-bla ?

Salade de mots

Il y a au moins un psychanalyste dont on peut être sûr qu'il parlait pour ne rien dire. Vous avez peut-être déjà entendu parler de lui. C'est Jacques Lacan (1901-1981).

Lacan, que l'on considère comme le pape de la psychanalyse française, avait l'art et la manière d'écrire des choses brillantes et totalement incompréhensibles. Voici quelques échantillons de sa prose sibylline :

> « L'interprétation doit être preste pour satisfaire à l'entreprêt. De ce qui perdure de perte pure à ce qui ne parie que du père au pire. »

> « Du *sym* qui ptôme au *sym* qui bole, qu'est-ce que ça peut bien faire au bosum d'Abraham, où le tout-pourri se retrouvera en sa nature de bonneriche pour l'étournité ? »

> « Ptom, p'titom, p'tibonhomme vit encore, dans la langue qui s'est crue obligée, entre autres langues, de ptômer la chose coïncidente. Car c'est ce que ça veut dire. »

Inutile de faire chauffer vos neurones dans l'espoir de décrypter le sens de ces énoncés énigmatiques. Ce n'est pas vous qui êtes dur de la comprenette, mais Lacan qui assaisonne la salade de mots russe qui l'a rendu célèbre. D'après Jacques Bénesteau :

> « L'hermétisme lacanien était une méthode de manipulation des adorateurs captifs, maintenus dans l'attente d'une illumination, ou de la solution future d'un profond mystère. [...] Le mystère est qu'il n'y a pas de mystère, et aucune révélation n'advint, car il n'y avait rien à révéler. »

Ce qui est étonnant, c'est que Lacan lui-même a confessé l'inconsistance de son verbiage. Il a défini le psychanalyste comme « un rhéteur » et la psychanalyse comme « un délire scientifique » et une « pratique de bavardage » !

À propos de son métier de psychanalyste, Lacan fait preuve d'une cynique franchise :

> « Notre pratique est une escroquerie, bluffer, faire ciller les gens, les éblouir avec des mots qui sont du chiqué, c'est quand même ce qu'on appelle d'habitude du chiqué. »

La suite de l'aveu est encore plus renversante :

> « Du point de vue éthique, c'est intenable notre profession ; c'est bien d'ailleurs pour ça que j'en suis malade, parce que j'ai un surmoi comme tout le monde. »

En d'autres termes, la conscience de Lacan, rebaptisée « Surmoi », le gênait aux entournures. Il se sentait coupable de rouler ses disciples et clients dans la farine. Si coupable, que ça le rendait malade. Mais l'appât du gain et l'amour du pouvoir parlaient plus haut que la petite voix de sa conscience.

De l'intérêt d'être obscur

La vérité n'ayant rien à cacher, elle aime le soleil, mais les prestidigitateurs lui préfèrent la pénombre, plus propice à leurs tours de passe-passe. Pour donner l'illusion que le lapin sort vraiment d'un chapeau vide, mieux vaut un éclairage tamisé, indirect.

Ce genre de crépuscule présente aussi de multiples avantages pour les charlatans intellectuels. Voyons lesquels.

- Primo, l'obscurité leur permet de se rendre inaccessibles aux objections. Un énoncé clair prête le flanc à la critique ; un énoncé fumeux est quasiment inattaquable. Comparons par exemple :

> *La dépression n'est pas une maladie.*

Et :

La dépression n'est pas structure nosologique.

N'importe qui peut être en désaccord avec la première phrase, mais pour désapprouver la seconde, il faudrait commencer par être sûr de son sens : mission impossible. Une manière entortillée et mystérieuse de dire les choses est un moyen de se placer hors de portée. Tel le nuage d'encre derrière lequel le poulpe dissimule sa fuite, l'obscurité où tant de psychanalystes se complaisent les rend insaisissables.

- Secundo, l'obscurité est un moyen sûr de ne pas froisser le lecteur dans ses convictions. Celui-ci est en effet obligé de créer lui-même, avec ses propres idées, le sens de ce qu'il lit. Comme dans une auberge espagnole, c'est lui qui apporte le repas... il aurait donc mauvaise grâce à se plaindre du menu.
- Tertio, l'obscurité du charlatan lui permet de susciter chez ses lecteurs un respect mêlé de crainte.

Pour une raison ou pour une autre, la plupart d'entre nous doutent de nos capacités intellectuelles. Nous ne sommes pas sûrs d'être assez intelligents.

À cause de ce doute, nous avons tendance à trouver plus de profondeur et de sagesse à ce qui nous échappe qu'à ce qui est clair : ce que nous comprenons est « trop simple », ce que nous ne comprenons pas est « profond »...

De tout temps, des escrocs ont profité de cette faiblesse pour intimider leurs proies.

Tout nu !

Un célèbre conte du conteur danois Hans Christian Andersen (1805-1875), *Les habits neufs du roi*, illustre à merveille cette triste réalité.

Deux beaux parleurs prétendaient être capables de tisser une étoffe d'une exceptionnelle beauté. Cette étoffe devait être dotée d'une singulière propriété : elle serait invisible aux yeux des imbéciles et de ceux qui ne remplissaient pas correctement leurs fonctions.

Le roi de ce conte voulut un habit de ce tissu. Aussitôt, les rusés compères se mirent à l'ouvrage : ils exigèrent la soie la plus belle, le fil d'or le plus pur, les émeraudes les plus précieuses, et se mirent à tisser le vide sur leur métier jusqu'à tard dans la nuit.

Quand le roi envoya son ministre pour constater l'avancement de l'ouvrage, celui-ci ne put se résoudre à admettre qu'il était un incompétent ou un imbécile... Aussi s'extasia-t-il sur la beauté du tissu. Il en alla de même pour tous ceux que le roi chargea d'examiner le travail des tisserands.

Finalement, incapable d'avouer qu'il ne voyait rien là où tous ses courtisans voyaient quelque chose, le roi félicita les tisserands, enfila son vêtement virtuel et, malgré la température plus que frisquette (le Danemark n'est pas réputé pour la clémence de ses hivers), s'exhiba devant la foule de ses sujets.

D'abord, tous admirèrent le bel habit pour ne pas passer pour des imbéciles.

Mais la vérité sort de la bouche des enfants malgré leurs parents, et un bout de chou qu'on avait mené là pour qu'il profite du spectacle se mit à clamer : « Le roi est nu ! Le roi est tout nu ! »

Comme c'était précisément ce que tout le monde pensait tout bas, cette petite phrase se répandit comme une traînée de poudre à travers la foule, et bientôt ce ne fut plus qu'une vaste clameur : « Le roi est nu ! Le roi est tout nu ! »

Dure journée pour Sa Majesté, qui y gagna un gros rhume et l'amertume de s'être fait duper.

Quand on se mit à la recherche des deux tisserands, on s'aperçut qu'ils avaient disparu avec la soie, l'or et les émeraudes.

Il est difficile d'avouer qu'on ne voit rien, qu'on ne comprend rien, quand tout le monde prétend voir et comprendre. La tâche est encore plus ardue quand un tel aveu risque d'être interprété comme de la stupidité ou de l'incompétence.

Et si c'était précisément cette difficulté qui expliquait le respect qui entoure la psychanalyse ?

Et si ce qui faisait applaudir à ses phrases incompréhensibles comme si elles avaient un sens profond, c'était la peur ?

La peur de passer pour des crétins, ou la peur d'en être ?

À retenir

- Les penseurs les plus obscurs ne sont pas les plus profonds. Ce sont seulement les plus obscurs.
- Ce qui se conçoit bien s'énonce clairement.

- Il est plus facile d'être confus que d'être clair.
- Les énoncés les plus incompréhensibles sont les moins réfutables.
- Quand le sens d'un texte est problématique, le lecteur le crée à partir de ses propres idées.
- Les enfants ont peur du noir et les adultes aussi : confrontés à un texte savamment incompréhensible ils osent rarement dire qu'ils n'y voient goutte... des petits malins exploitent cette faiblesse et passent ainsi pour de grands sages.

Conseils

► Ne soyez pas pareil aux disciples subjugués et asservis de Lacan : ne vous laissez pas éblouir par ce qui est obscur.

► Faites confiance à votre intelligence. S'il y avait vraiment quelque chose à comprendre, vous comprendriez.

ATTENTATS CONTRE LA LOGIQUE

Cependant, tout n'est pas que nuit et brouillard dans la psychanalyse. Le docteur Sigmund Freud, son fondateur, est même relativement clair. Mais clair, ça ne veut pas toujours dire cohérent et logique...

Freud est-il le penseur rigoureux qu'il passe pour être ?

La question est d'importance, car tout l'édifice de la psychanalyse repose sur la pensée freudienne. Si les fondements freudiens sont solides, la psychanalyse l'est probablement aussi, mais si les bases sont branlantes ou fissurées, c'est toute la psychanalyse qui se lézarde et s'effondre – à l'image la maison d'Usher lorsque lady Madeline surgit à la porte, livide dans son suaire, dans un célèbre conte d'Edgar Allen Poe.

Dans ce chapitre, nous allons examiner quelques-unes (quelques-unes seulement) des failles qui fragilisent les théories de Freud. À vous, ensuite, de décider si ces failles sont négligeables ou gravissimes, anecdotiques ou impardonnables.

Neutralité bienveillante

Selon Freud, le psychanalyste doit faire preuve à l'égard de son client de *neutralité bienveillante*.

Bon conseil, n'est-ce pas ?

Mais encore faut-il qu'il soit applicable.

La neutralité est « l'attitude d'une personne qui s'abstient de prendre parti dans un débat, une discussion, un conflit. » (synonyme : *indifférence*) tandis que la bienveillance est, elle, « la qualité d'une volonté qui vise le bien et le bonheur d'autrui. » (synonyme : *sympathie*)

Vous voyez le problème ?

On ne peut pas faire preuve de bonté et de sympathie tout en restant neutre et indifférent. Ce qui est neutre n'est pas bienveillant et ce qui est bienveillant n'est pas neutre. Neutralité et bienveillance sont incompatibles : il faut choisir entre les deux.

En conseillant aux psychanalystes de faire preuve de *neutralité bienveillante*, Freud leur donne un conseil aussi impossible à suivre que s'il leur recommandait de faire preuve d'*indifférence passionnée* ou de *tendresse sadique.*

Attention flottante

L'attention flottante est un autre concept problématique forgé par Freud. Elle consiste, dit-il, à « tout écouter sans prêter une attention particulière ». L'analyste devrait se fier à sa mémoire inconsciente, et écouter sans se préoccuper de retenir quelque chose :

> « Le médecin analysant s'abandonne, dans un état d'attention uniformément flottante, à sa propre activité mentale inconsciente, évite le plus possible de réfléchir et d'élaborer des attentes conscientes, ne veut, de ce qu'il a entendu, rien fixer en particulier dans sa mémoire et capte de la sorte l'inconscient du patient avec son propre inconscient. »

Encore un programme contradictoire.

Lorsqu'on écoute sans prêter une attention particulière, en s'abandonnant à ses propres rêveries (à sa « propre activité mentale inconsciente »), on n'est pas attentif. À vrai dire, on ne peut même pas dire qu'on écoute...

L'attention est en effet la tension de l'esprit vers un objet à l'exclusion de tout autre. Quand l'esprit n'est pas fixé sur quelque chose, quand il flotte, on ne doit plus parler d'*attention,* mais de *distraction...* le contraire, en somme.

Voici, à toutes fins utiles, la définition de la distraction : « Manque d'attention, habituel ou passager, de l'esprit occupé par autre chose que ce qui lui est proposé ».

De la même manière que la « neutralité bienveillante » d'un psychanalyste n'est pas neutre, ou n'est pas bienveillante, l'« attention flottante » d'un psychanalyste n'est pas attentive, ou n'est pas flottante.

Dans le cas de Freud, c'était l'attention qui manquait. Son esprit était occupé à toute autre chose que ce que ses patients lui disaient. On sait en effet que Freud profitait des séances d'analyses pour rédiger son courrier ou pour roupiller : une petite sieste l'après-midi, c'est très bon pour la santé. Sa théorie de l'attention flottante justifie et dissimule sa propre désinvolture.

Dans le passage de Freud que nous avons cité, on peut noter une deuxième contradiction dans l'alliance de *uniformément* et de *flottant.*

Comment ce qui flotte pourrait-il flotter de manière uniforme ? Par définition, ce qui flotte n'a pas de principes régulateurs ni de direction déterminée qui lui permettrait de garder une allure régulière.

Au fond, en prescrivant une attention *uniformément flottante,* Freud recommande aux analystes de faire attention à toujours maintenir le même degré d'inattention... on leur souhaite bon courage.

Cravate et phallus

Comme vous le savez certainement, Freud était un obsédé des symboles phalliques : il en voyait partout. Lustre, ballon, avion, parapluie, manteau, oreille, chaussure... n'importe quel objet se changeait sous son regard en ersatz de pénis.

Voici comment il prétend prouver que la cravate en est un :

> « Dans le rêve des hommes, la cravate symbolise souvent le pénis, non seulement parce qu'elle est longue et pend et qu'elle est particulière à l'homme, mais parce qu'on peut la choisir à son gré, choix que la nature interdit malheureusement à l'homme. »

J'attire votre attention sur la dernière partie du raisonnement. Ce qui prouve que la cravate est un symbole phallique, c'est, dit Freud, que le porteur de phallus n'est pas libre de sélectionner celui qui lui plaît, tandis que le porteur de cravate, si.

Vous ne saisissez pas la logique de cet argument ?

Ne doutez pas de vos facultés mentales. C'est la logique de Freud qui est spéciale : il avance une « preuve » qui argumente en sens inverse de ce qu'il prétend prouver.

En adoptant sa manière de raisonner, ou plutôt de déraisonner, on peut prouver très facilement tout, n'importe quoi, et leur contraire. Par exemple que le phallus est un symbole solaire : le soleil émet de la lumière blanche et des rayons ultra-violets, alors que le phallus est, lui, complètement opaque.

Refoulement et résistance

Autre raisonnement très très personnel : d'après Freud, l'existence des désirs inconscients est prouvée par leur refoulement, qui est lui-même prouvé par la résistance.

Ce que Freud entend par *résistance,* c'est le fait que le patient nie ressentir les désirs que l'analyste lui prête. En d'autres termes, dire « Non, désolé, mais je ne désire pas *du tout* tuer mon père et coucher avec ma mère ! » démontrerait qu'on désire ardemment tuer son père et coucher avec sa mère... Toute protestation d'innocence se change ainsi automatiquement en aveu.

> « Il n'est, dit Freud, aucune preuve plus décisive du succès de la mise au jour de l'inconscient que lorsque l'analysé réagit par la phrase : *Je n'ai pas pensé cela*, ou bien : *je n'ai jamais pensé à cela* »

Si on adopte cette démarche plus que paradoxale, on peut aussi « prouver » qu'il y a des licornes dans la forêt de Brocéliande, puisque lorsqu'on interroge les habitants du coin, ils nient avec énergie en avoir jamais vu dans les parages...

René Pommier, critique aux arguments bien affûtés, dit que « les prétendus arguments de Freud sont presque toujours saugrenus ». Ce n'est pas moi qui le contredirais.

Si grands et si vides...

Passons à un autre problème récurrent chez Freud : la manière dont il définit les termes qu'il emploie.

Ou plutôt, dont il ne les définit pas.

Car Freud a la fâcheuse habitude de ne poser aucune limite aux notions qu'il emploie.

Vous vous souvenez que Stanislaw Jerzy Lec a dit : « Certains mots sont si grands et si vides qu'on peut y garder captives des nations entières ». Cette remarque s'applique parfaitement à Freud, qui gonfle le sens des mots jusqu'à changer les grenouilles en bœufs, les bœufs en montgolfières gonflées à l'air chaud, et lesdites montgolfières en pénitenciers géants, trop vastes pour qu'on puisse jamais en sortir.

Du coup, lorsqu'on adopte les concepts freudiens on ne sait plus vraiment de quoi on parle, ni ce qu'on en dit. La pensée s'effilochant, on pédale dans la mélasse, on tourne en rond dans la semoule, et pour finir on chougne dans la choucroute.

Sexualité

Ainsi selon Freud, tous les plaisirs corporels sont sexuels, même celui que prend un bébé à sucer innocemment son pouce ou le sein de sa mère. Gonflée à bloc, étirée bien au-delà de son vrai sens, la sexualité devient omniprésente et obsédante. Où qu'on aille, quoi qu'on fasse et quoi qu'on dise, on se retrouve nez à nez avec elle. On la vire de la salle de bains, on la retrouve en train de grimacer à la fenêtre ; on ferme la fenêtre, on se cogne à elle dans la chambre d'enfant. Par où est-elle entrée ? Freud seul le sait.

Homosexualité

Le cas de l'homosexualité est comparable. Freud la définit d'une manière si ample, si diffuse, qu'elle imprègne même l'amitié la plus chaste. Dans la perspective freudienne, l'homosexualité est manifeste, latente, sublimée, ou cachée ; la seule chose qu'elle n'est jamais, c'est en congé.

Agressivité

Il en va de même pour l'agressivité, notion que Freud étire jusqu'à ce qu'elle s'applique à des fonctions dont a priori on n'aurait jamais imaginé qu'elles puissent avoir une dimension agressive. Comme, par exemple, le fait de bâiller ou d'aller se soulager aux toilettes.

Constipation

Veuillez noter au passage que la plupart des psychanalystes ont suivi la voie tracée par Freud : comme lui, ils élargissent au maximum le sens des mots. De cette manière, ils sont complètement libres de leurs mouvements.

En général, on ne s'en rend pas compte, car les psychanalystes se gardent bien de définir les mots qu'ils emploient, mais les rares fois où ils s'y risquent, le procédé saute aux yeux :

> « La constipation est la résistance en soi. Par constipation, j'entends ici les troubles digestifs de la vie quotidienne et en premier lieu, la diarrhée. »

Sous la plume du psychanalyste Groddeck, la constipation se change en une diarrhée qui emporte dans son flux généreux tous les troubles digestifs de la vie quotidienne... On peut difficilement concevoir une définition plus largement fluviale d'une notion plus resserrée.

Perversion textuelle

Les quelques incohérences que nous venons d'examiner ne sont qu'un tout petit échantillon des innombrables fautes logiques qui constellent l'œuvre freudienne.

Freud a la réputation d'être un grand penseur, un homme de science raisonnant avec une implacable rigueur, mais une réputation n'est pas un fait.

En élargissant les concepts bien au-delà de leurs limites, en corrompant le sens des mots, en usant et abusant de raisonnements vaseux, bref en contraignant la langue à se tordre dans tous les sens, même les plus contre nature, Freud se comporte en véritable pervers textuel.

Laisser un petit mot innocent et pur comme « enfant », « bébé », ou « téter » entre les mains d'un intellectuel comme Freud, c'est comme laisser le Petit Chaperon rouge en tête-à-tête avec un pédophile multirécidiviste. Si, plus tard, l'enfant devient lui-même un pervers polymorphe, il ne faudra pas s'étonner.

À retenir

- La pensée freudienne comporte maintes contradictions insurmontables, définitions truquées, grands mots vides et raisonnements boiteux.
- Si la logique était une dame, Freud l'aurait violée sans états d'âme dès leur premier rendez-vous.

Conseils

► Jugez le sac d'après son contenu, pas d'après son étiquette.

► Méfiez-vous des sophistes.

Lectures recommandées

□ ***Sigmund est fou, Freud a tout faux* de René Pommier.** Pour en savoir plus sur les attentats perpétrés par Freud contre la logique... Une lecture amusante et convaincante.

□ ***Les illusions de la psychanalyse*, de Jacques Rillaer**. Un autre ouvrage très intéressant qui met en lumière diverses incohérences de la pensée freudienne.

Commencer

Mais la psychanalyse, ce n'est pas seulement de la théorie ; c'est aussi et surtout de la pratique – pratique qu'on appelle *une analyse*, *une cure*, ou *une thérapie d'inspiration psychanalytique*.

Qu'est-ce qui décide les gens à en commencer une ?

Prestige

Parce qu'elle coûte cher, qu'elle est auréolée de mystère et qu'elle a la réputation (usurpée) d'être la plus ancienne des psychothérapies, la psychanalyse apparaît comme le produit le plus prestigieux disponible sur le marché psychothérapeutique :

> « Mon analyse est la chose la plus luxueuse que je me sois offerte. »

> « J'ai demandé à mon psychiatre quelle était son obédience ; il me répondit qu'il était lacanien. J'ai alors éprouvé une sorte de fierté : il me semblait que j'entrais dans une élite. »

> « Quand j'ai commencé la psychanalyse qui m'a détruit, j'étais persuadé d'être sur la voie royale de la libération... La Rolls des thérapies… Le nec plus ultra du travail intérieur. »

La psychanalyse apparaît ainsi comme une psychothérapie de luxe. Certains se laissent séduire par cette image de marque, et entrent en analyse comme ils entreraient au Lion's club.

Problème : quand on parle de thérapie, « élite », « voie royale », « Rolls » et « nec plus ultra » sont des concepts-écrans, des notions trompeuses qui font perdre de vue l'essentiel. En effet quand on choisit une thérapie la question primordiale n'est pas : « Quelle est la thérapie la plus élitiste ? », mais bien : « Quelle est la thérapie la plus efficace, la plus salvatrice, celle qui a le plus de chances de m'aider ? »

Deux questions radicalement différentes.

En effet on peut faire une crise de foie avec du foie gras, se bousiller avec du champagne, et boire du poison dans une coupe en or – comme les stoïciens lors de leurs suicides. Bref, ce qui est prestigieux n'est pas toujours bénéfique, loin de là.

Si vous accordez un peu trop d'importance au prestige et au statut, au faste et aux pompes, posez-vous la question : si on vous donnait le choix, préféreriez-vous flotter dans une barque, ou couler avec le Titanic ?

Se connaître

Mais dans la majorité des cas, des raisons bien plus profondes que le snobisme déterminent le choix de la psychanalyse. L'une d'elles est l'espoir de mieux se connaître :

> « La psychanalyse est une introspection assistée. »

> « Faire une psychanalyse, c'est réaliser l'une des plus grandes aventures de son existence en partant à la découverte et à la rencontre de soi-même. »

> « Une psychanalyse, on peut l'envisager par curiosité de soi-même, par envie de se connaître mieux, ou de se connaître tout court… La psychanalyse nous permet de découvrir qui nous sommes. »

Mais le miroir de la psychanalyse est-il fidèle ?

Y découvre-t-on son véritable reflet, comme on découvre la vérité de son visage dans l'eau pure d'un lac de montagne touchant au ciel, ou une version défigurée et méconnaissable de soi-même, portrait cubiste revu et corrigé par le docteur Frankenstein ?

Selon Alice Miller, ex-psychanalyste, « si l'on ne *veut pas* savoir la vérité sur sa propre vie, on peut trouver de l'aide auprès de la psychanalyse ». Le sens de cette remarque énigmatique s'éclaircira bientôt.

De l'aide

Troisième et principale raison de commencer une analyse : l'aide qu'on espère y trouver.

> « Je fais une psychanalyse pour pouvoir aimer et travailler – et accessoirement, pour sortir de la dépression. »

> « Je fais une psychanalyse pour ne plus me sentir inférieure aux autres, pour apprendre à aimer les autres, à m'aimer moi-même, et à me respecter tel que je suis. »

> « Je vois dans la psychanalyse un moyen de me sortir des comportements névrotiques qui me handicapent au quotidien. J'en attends de pouvoir vivre et aimer plus tranquillement, sans me prendre la tête. »

La psychanalyse est-elle à la hauteur de ce qu'on attend d'elle ? Nous verrons tout à l'heure si les espoirs placés en elle sont comblés ou déçus.

Ignorance

La quatrième et dernière raison pour laquelle les gens se tournent vers la psychanalyse est le manque d'informations.

En France, le discours psychanalytique diffusé par les médias est trop obsédant pour que les alternatives soient audibles. Confondant « psychanalyse » et « psychothérapie », les honnêtes gens croient que la psychanalyse est le seul moyen de se faire aider.

À retenir

- Mieux vaut flotter dans une barque que couler avec le Titanic.
- On commence une analyse par snobisme, volonté de se connaître, dans l'espoir de trouver de l'aide, et parce qu'on ignore l'existence des autres psychothérapies.

Conseil

► Si, après un ou deux mois d'analyse, vous vous apercevez que vous n'y trouvez pas ce que vous êtes venu y chercher, ne vous remettez pas en cause – remettez la thérapie en cause.

Arrêter

Voyons maintenant quelles sont les raisons *d'arrêter* une analyse.

On s'attend logiquement à ce que la principale soit le succès de l'analyse. Quand l'objectif premier est atteint, on n'a a priori plus de raison de continuer – surtout compte tenu du prix élevé des séances.

Mais d'après les témoignages, c'est rarement cette raison-là qui détermine les analysants à interrompre leur analyse...

Flou

Une cause d'abandon fréquemment invoquée est le flou.

> « Quand je lui pose des questions, mon psy ne répond pas, répond par une autre question, ou reste dans le vague. Je n'ai plus envie d'aller le voir. »

> « Mon psy ne retient rien de ce que je dis, il est très évasif... Face à lui, je me sens comme dans ces cauchemars où l'on pédale dans la semoule contre un vent de 180 km/h. »

> « Flou, mon psy perdait son crédit. Aurais-je dû attendre une hypothétique levée du brouillard ? Je ne pense pas. J'ai cru à cette intuition : “la vraie vie est ailleurs”. J'ai réussi à m'y fier et à ne pas me perdre en atermoiements. »

On pourrait bien sûr objecter que cette imprécision est délibérée, que c'est une manière de ne rien imposer, de laisser à l'analysant la liberté de ses analyses, que c'est une forme de respect...

Admettons.

Il n'empêche que lorsqu'on veut des réponses intelligibles et univoques à ses questions, on ne fait pas de vieux os sur le divan. Certaines personnes apprécient la précision et la rigueur, et ne supportent pas les réponses évasives : c'est au moins aussi légitime que d'aimer le flou dit artistique et d'être allergique à la logique.

Indifférence

Une autre raison d'arrêter que les analysants invoquent souvent est l'absence de sympathie et de chaleur humaine qui caractérise leur psy, et le manque d'intérêt qu'il manifeste à leur égard.

> « J'ai l'impression que mon psy s'ennuie ou qu'il dort les yeux ouverts... J'ai décidé de tout stopper. »

> « Je ne retournerai plus chez la psy. Je n'arrive pas à passer par-dessus le fait qu'elle se soit endormie pendant que je lui parlais. »

> « J'aurais aimé que ma psy ait un peu d'estime ou de sympathie pour moi... C'est trop horrible de se confier à quelqu'un qui s'en fiche et qui n'éprouve pour vous que de l'indifférence. »

> « La dernière fois que j'ai vu mon psy avant d'arrêter de le voir, il passait son temps à bâiller. Je sais que lorsqu'on est dépressif on parle lentement et qu'on est mou à souhait, mais de là à faire l'effet d'un somnifère... »

> « Souvent, quand je raconte ma vie, je surprends le regard de mon psy dans le vide et je prends conscience que je l'ennuie. J'aurais souhaité qu'il montre un peu de compassion devant les épreuves que je traverse. »

> « Il y a deux ans, ma psy s'est carrément endormie derrière moi, ce qui m'a vraiment chamboulée ! J'avais décidé la séance d'après de lui parler des choses les plus graves pour attirer son attention. Aujourd'hui, je suis sûre qu'elle s'est assoupie encore une fois... »

Vider son cœur et dénuder son âme devant quelqu'un qui écoute nos confidences comme s'il s'agissait du bruit de la pluie – ou qui ne les écoute pas du tout – est en effet frustrant et déstabilisant. Si les clients de Freud respectaient sa sieste, tout le monde n'est pas aussi tolérant à l'égard des flottements de « l'attention flottante ». Ça peut se comprendre.

Coût et bénéfice

Quatrième raison souvent invoquée : le rapport coût/bénéfice n'est pas satisfaisant du tout.

> « L'analyse prend mon temps et vide mon porte-monnaie : je l'arrête. »

> « Je trouvais que mon psy ne m'apportait rien... Aller le voir était devenu une corvée. J'ai donc arrêté. »

> « Mon suivi psy ne m'apporte pas grand-chose, et me coûte très cher. Je préférerais employer mon temps et mon argent à quelque chose de plus constructif, comme le sport ou la musique. »

> « Je n'ai plus envie de faire cette psychanalyse, même si ça se passe bien avec ma psy. Je paye soixante euros par séance. Quand je pense à tout ce que je pourrais m'acheter avec cet argent ! »

> « Je consulte un psy depuis deux mois, et rien de positif ne ressort des séances. J'ai l'impression de tourner en rond. Il y a de grands blancs, parfois je bloque et j'attends en vain qu'il m'aide ou relance la discussion. J'envisage d'arrêter ; l'analyse me coûte cher compte tenu de ce qu'elle m'apporte. »

Une analyse qui se prolonge quelques années coûte l'équivalent d'une petite maison à la campagne ; un investissement aussi conséquent se doit d'être rentable, c'est une question de bon sens.

On pourrait objecter que ce calcul est mercantile... que lorsqu'on cherche la vérité sur soi, on doit donner sans compter... sans rien attendre en retour...

Mais cette objection n'est pas valable.

Un chercheur d'or ne s'obstine pas à piocher pendant des années le même lopin de terre désertique, s'il n'y trouve que des cailloux sans valeur. Pourquoi continuerait-il ?

L'objet de sa quête n'est pas là.

Quand on ne trouve pas ce que l'on cherche, il faut continuer à chercher, mais ailleurs.

Renoncer à une analyse qui coûte plus qu'elle ne rapporte, ce n'est pas renoncer à se connaître, ni renoncer à aller mieux, ni renoncer à se battre, ni renoncer à être heureux ou à réaliser ses rêves. C'est juste se détourner d'un moyen qui n'est tout simplement pas le bon pour atteindre l'objectif que l'on poursuit, rien de plus.

En d'autres termes, c'est faire preuve d'intelligence.

Plus mal

Enfin, évoquons la raison la plus récurrente de toutes pour arrêter une analyse : après les séances, l'analysé se sent plus mal qu'avant.

Les témoignages à ce sujet sont innombrables :

> « Mes séances chez le psy ne m'ont pas redonné confiance en moi ; elles m'ont plutôt fragilisée. »

> « Je suis en psychanalyse depuis presque six mois. C'est très douloureux et je me sens très déprimée. »

> « Chaque fois que je sors de séance avec mon psy, je me sens complètement démoralisée pendant deux jours. »

> « La dernière séance, comme d'autres avant, m'a déprimée. Je me suis sentie dans une impasse, et la psy ne me proposait aucune issue. »

> « Ça n'allait pas avant de consulter ma psy et maintenant c'est encore pire... Idées suicidaires, dévalorisation, envie de rien... la souffrance est trop grande pour que je puisse continuer. J'ai décidé d'arrêter. »

> « Ce qui me tire vers le bas et me plombe ma semaine, c'est ma séance avec ma psy. Elle a pris trois semaines de vacances, et pendant ce temps, je n'allais pas si mal. Depuis son retour, plus rien ne tourne rond : je rumine, je suis agressive, je n'arrive plus à travailler. »

> « J'étais sujet à des crises d'angoisses qui survenaient sans que je sache pourquoi. Je sentais que je n'allais pas réussir m'en débarrasser comme ça ; je me suis dit qu'il fallait que je consulte. J'ai vu un psy. En un mois, mes angoisses sont devenues ingérables et je suis tombé en dépression. »

> « Quand je sors de chez mon psy, je suis souvent en larmes. J'ai besoin d'un verre pour m'en remettre, et dans les jours qui suivent ça ne va pas du tout. J'en ai marre de me forcer à essayer de parler de ma vie et de mes nombreux défauts... ça me fait juste prendre conscience de ma nullité. »

D'autres témoignages sont encore plus nets, si c'est possible :

> « Avec la psychanalyse, je pensais trouver un soulagement, effacer un traumatisme. En fait, c'est un second traumatisme qui m'attendait. »

> « Les psychanalyses peuvent avoir des effets dévastateurs. Un an de psychanalyse m'a fait passer d'un état dépressif à un état désespéré. »

> « Je n'ai jamais été aussi mal. Je me laissais mourir, je ne faisais plus rien, je ruminais jour et nuit... J'ai (entre autres) perdu près de 10 kg, abandonné mes études, commencé à nourrir des sentiments de rancœur envers à peu près tout le monde. Mais bien sûr mon psy était là... pour prendre mon argent. »

Dans ma boîte mail se trouve le message d'un homme d'une cinquantaine d'années qui est resté en analyse pendant quinze ans. Les séances pour lesquelles il payaient s'apparentaient à du harcèlement moral :

> « Pendant quinze ans, deux fois par semaine, ce psy m'a expliqué combien j'étais un mauvais analysant, combien je ne savais pas *associer*, combien j'étais névrosé jusqu'au bout des ongles, combien je faisais et pensais tout faux, combien j'étais totalement fourvoyé dans l'erreur et l'illusion, combien je ne

savais pas ce que je disais et faisais. Par contre lui savait, voyait, comprenait et, en gros, derrière le moindre de mes faits et gestes, il me voyait à la poursuite d'une illusion et tout le temps en train de vouloir *baiser ma mère et couper les c... à mon père* (sic). J'ai appris pendant quinze ans de suite que quoi je pense, quoi que je dise et quoi que je fasse, je suis sadique ou masochiste. »

Torture mentale de la pire espèce. À force de se faire ainsi malmener, déchiffrer et éplucher, mon correspondant a perdu ce qu'il possédait de plus précieux :

« Cette soi-disant analyse a tout détruit, tordu, faussé, cassé, intoxiqué en moi. J'y ai perdu mon âme. Et ma sensibilité. Elle m'a enterré vivant. Je n'arrive plus, depuis, à être naturel ; ça a abîmé quelque chose. Là où était mon âme, il n'y a plus qu'une blessure béante, une blessure qui pue et qui repousse tout le monde ; le monde a perdu son charme et j'ai perdu le mien, il ne reste plus que la laideur. »

Cette analyse l'a en quelque sorte privé de son âme.

Bien sûr, la plupart du temps la psychanalyse n'est pas nocive à ce point-là. Mais comme vous pouvez le constater, ce cas extrême s'inscrit dans un continuum de témoignages qui vont tous dans le même sens.

Effets paradoxaux

L'aide attendue et espérée par ceux qui commencent une analyse vient rarement au rendez-vous. À la place, ils découvrent les nombreux effets paradoxaux de la psychanalyse... citons-en quelques-uns.

Des amitiés prennent fin :

« Je suis en psychanalyse depuis presque six mois. C'est très douloureux et je me sens très déprimée. De plus, depuis que j'ai commencé mon analyse je perds mes amis un par un. »

« Huit mois de masturbation cérébrale, c'est ça ma psychanalyse, mais huit mois sans amour, sans flirt, sans amis mis à part un copain que je vois peu, huit mois sans projet, sans sortie, car la psychanalyse fatigue et coûte cher. »

La rancœur s'installe à l'égard des parents diabolisés, les liens familiaux sont rompus :

« Je suis allée voir une psychanalyste, car j'ai un problème de poids. Je voulais qu'elle m'aide à comprendre où était le blocage. J'ai fait quatre séances qui m'ont fait plus de mal que de bien. La psy a mis mon problème de poids une semaine sur mon père, l'autre ma mère, et a fini par la grand-mère... elle

> m'a braqué contre toute la famille. Du coup, je suis devenue nerveuse, méfiante, et en colère. Ça n'a pas du tout arrangé ma situation. »
>
> « Je suis allé voir un psychanalyste ; j'ai aussi lu de nombreux livres de psychologie tous aussi débiles les uns que les autres. Résultat ? Le psy et ces livres m'ont font rentrer dans le crâne que mes parents m'avaient fait subir des trucs très graves. J'ai commencé à leur en vouloir. J'ai harcelé ma mère de questions sur la manière dont elle m'avait éduqué, ce qui a créé beaucoup de tensions dans la famille. Au final, mes relations au sein de ma famille se sont dix fois empirées. »

L'amour s'en va, chassé par la zizanie, le divorce.

> « Les dix séances avec un psy que j'ai payées à ma copine pour qu'elle se sente mieux ont porté leurs fruits : il a réussi à lui faire comprendre qu'elle serait mieux sans moi. »
>
> « Ma femme a commencé une psychanalyse. Dès les premières séances, notre vie de couple a explosé. Fin de la première séance : “je ne t'aime pas”. Fin de la deuxième séance : je la retrouve à dormir sur le bord du lit évitant que nos pieds ou nos mains se touchent par inadvertance. Depuis, chaque séance nous éloigne un peu plus l'un de l'autre. »
>
> « Ayant des difficultés dans mon couple – des difficultés qui viennent surtout de moi — j'ai décidé d'aller voir un psy. Le premier rendez-vous s'est bien passé, mais le deuxième a été assez bizarre ! À partir du moment où je lui ai dit que mon mari était largement plus âgé que moi, la psy a changé de comportement. Elle m'a dit qu'il fallait que je sorte de cette relation, que ce n'était pas normal. »
>
> « J'avais des phases d'angoisse et de dépression depuis longtemps, et je souhaitais creuser au fond de moi avec un expert pour y mettre fin. Dès les premières séances, ma vie de couple a explosé. Avec ses questions orientées, mon psychanalyste mettait en avant le côté sombre de ma personnalité, et je me suis mise à rejeter tout ce qui était stable autour de moi. Je ne manifestais plus aucune affection à mon mari, ni à mes enfants, j'étais uniquement centrée sur moi et sur mon malheur. Je suis devenue de plus en plus renfermée et haineuse. »

La psychanalyse agit comme un dissolvant sur les relations humaines. Amis, parents, conjoints... s'envolent au loin comme feuilles mortes quand il vente devant la porte. Ce vent glacial auquel l'amitié, la tendresse et l'amour ont tant de mal à survivre, c'est une entité puissante quoiqu'invisible, une ombre malfaisante, un spectre ricaneur et sarcastique : l'esprit de Freud.

En vrac, et sans détailler, voici quelques autres effets paradoxaux de la psychanalyse : l'arrogance et l'égoïsme (l'analysant s'obnubile sur son nombril, qui prend à ses yeux des proportions gigantesques), le découragement et l'apathie, la confusion mentale et la folie, le suicide.

Une fausse alternative

Quand on l'examine de près, l'opposition apparente entre le divan et les cachets se résorbe.

Les antidépresseurs aggravent la dépression ou la suscitent ? La psychanalyse aussi. Les antidépresseurs ratatinent l'intelligence ? La psychanalyse aussi. Les antidépresseurs figent les sentiments, rendent indifférent à tout et à tous ? La psychanalyse aussi. Les antidépresseurs créent une dépendance ? La psychanalyse aussi. Les antidépresseurs poussent au suicide ? La psychanalyse aussi.

En fin de compte, l'alternative « divan ou cachets » n'offre qu'une illusion de choix. Arrêter les antidépresseurs pour commencer une psychanalyse, c'est sauter hors de la poêle pour tomber dans le feu.

Le cas des psychanalystes efficaces

Mais – me direz-vous – que faites-vous de ceux que la psychanalyse a aidés ? Ne faut-il pas faire la différence entre les bons psychanalystes et les mauvais ? Tout ne peut pas être à jeter dans la plus illustre des psychothérapies, tout de même !

Excellente question.

C'est vrai, certains psychanalystes aident leurs patients.

Mais vous découvrirez bientôt que lorsqu'ils le font, ce n'est pas *grâce* à la psychanalyse, mais *malgré* elle. Aussi stupéfiant et anormal que cela puisse paraître, *un psychanalyste efficace est un mauvais psychanalyste* : en aidant ses patients, il tourne le dos à la psychanalyse.

Lorsqu'un thérapeute réussit à faire de la psychanalyse quelque chose d'utile, il la trahit en faisant sa propre cuisine. Et inversement, tant qu'un psychanalyste reste fidèle à l'esprit dans lequel la psychanalyse a été créée, tant qu'il respecte son idéologie et ses valeurs, il ne peut que nuire à ses clients.

Ça aussi, c'est difficile à croire.

Mais poursuivez votre lecture, et ça deviendra limpide.

Le meilleur moment du traitement ?

En fin de compte, la psychanalyse présente une certaine similitude avec les coups de marteau sur la tête : bien souvent l'apothéose, le moment le plus jouissif, c'est quand ça s'arrête.

> « Après avoir quitté le cabinet de mon psy pour la dernière fois, j'ai retrouvé mon indépendance et une certaine liberté ; je ne me suis jamais sentie aussi libre qu'à ce moment-là de ma vie. »

> « Depuis que j'ai arrêté, je me sens beaucoup plus saine de corps et d'esprit. Même si la vie n'est pas toujours facile, j'ai l'impression de me reconstruire. Vraiment, c'est ahurissant... La plupart des difficultés qui ont éclos lors de mon analyse se sont fortement atténuées. Je ne suis plus constamment sur la brèche. Quelle perte de temps, d'argent... Tant d'espoirs déçus, de souffrance inutile. »

> « Un mardi de septembre 1992, je mis un terme à sept années de thérapie d'inspiration psychanalytique... Je me souviens de l'immense soulagement que j'ai ressenti ce jour-là : j'avais l'impression de m'extirper d'une sorte de labyrinthe où j'errais depuis des années sans but précis, sans être sûre de trouver un jour la sortie. J'étais libérée, même si je n'avais résolu aucune de mes difficultés. »[2]

Je me rappelle la joie pure qui m'a inondée, lorsque je suis sortie pour la dernière fois du cabinet du psychanalyste où m'avaient envoyée mes parents, inquiets de ma mine renfrognée d'adolescente introvertie et inadaptée.

Ce psy, je l'ennuyais. Mais nous étions quittes, car lui il me barbait.

Nos séances étaient consacrées à un petit jeu idiot : « Celui qui parle le premier a perdu ». Comme il avait des années d'entraînement, c'était toujours lui qui gagnait... Il pouvait rester plus d'un quart d'heure sans rien dire, à regarder le vide ou sa montre, exhibant un ennui placide et des bâillements. Moi, j'étais trop mal à l'aise pour me taire aussi longtemps : je finissais par craquer et par dire quelques phrases insignifiantes.

Après ça, on commençait une autre partie.

À la fin de la séance, le psy empochait sans complexe les billets que je lui donnais sans enthousiasme, ouvrait la porte et me faisait sortir d'une main ferme. Je me sentais flouée.

Le dernier jour avec lui, qui était aussi le premier jour du reste de ma vie, c'est moi qui ai poussé la porte qui me séparait du soleil. Quel soulagement j'ai ressenti à cet instant-là.

---

[2] Annie Gruyer, témoignant dans *Le livre noir de la psychanalyse.*

À retenir

• En général, on arrête une analyse non parce qu'on a atteint son objectif, mais parce qu'on ne supporte plus l'indifférence évasive de son psy, ainsi que la disproportion entre le coût financier et émotionnel de l'analyse et les bénéfices maigrelets qu'on en retire.

• La psychanalyse a tant d'effets paradoxaux qu'elle fait beaucoup de bien quand elle s'arrête.

Conseil

► Le moyen que vous avez choisi pour régler vos problèmes n'est pas le bon ? Changez de moyen sans changer d'objectif.

Lectures recommandées

□ ***Le livre noir de la psychanalyse : Vivre, penser et aller mieux sans Freud***.

Continuer envers et contre tout

La plupart des clients entrent en analyse parce qu'ils cherchent une solution à leurs problèmes. Contrairement à leurs espérances, beaucoup se retrouvent en plus mauvais point qu'avant.

Dans une situation pareille, la seule réaction rationnelle consisterait à dire « bye, bye » à son psy : quand l'analyse complique les choses au lieu de les simplifier, sa fin s'impose comme une évidence...

Or, bizarrement, beaucoup de patients qui ont toutes les raisons du monde d'arrêter leur analyse la poursuivent envers et contre tout :

> « J'en ai marre de l'analyse, mais bon j'en ai marre de tout... J'y crois quand même encore et je suis prêt à faire des sacrifices. »

> « Tous les jours, je veux arrêter l'analyse, mais pour l'instant les raisons ne sont pas encore suffisantes pour que je passe à l'acte. »

> « Depuis quelque temps, je me demande à juste titre ce qui peut encore sortir de ma cure... Le temps tourne doucement, et des fois je me demande où on va... L'analyse c'est du temps, du temps, du temps, du temps... parfois je me dis que j'aimerais raconter cette histoire un jour, si je m'en sors... mais personne ne s'en sort. »

Ces analysants se cramponnent à leurs séances douloureuses et stériles avec une ténacité surprenante... Pourquoi s'obstinent-ils à marcher sur une route qui, ils le disent eux-mêmes, ne mène nulle part ? Pourquoi persistent-ils dans un chemin plein de ronces ?

Masochisme ?

Même si de loin ça y ressemble un peu, ce n'est pas du masochisme. De même que personne n'aime avoir chaud pour avoir froid, personne n'aime souffrir pour le plaisir, personne n'est masochiste au sens strict. Souffrance et plaisir sont des contraires : quand quelqu'un semble chercher la souffrance, c'est toujours autre chose qu'il cherche à travers elle.

Mais alors, qu'est-ce que c'est ?

Qu'est-ce qui retient les analysants sur leur divan de souffrance ?

Cohérence mal avisée

Ce qui les retient c'est ce qui, d'une manière générale, fait persister dans de mauvais choix en dépit de l'évidence.

Le grand philosophe américain Ralph Waldo Emerson (1803-1882) a baptisé cette force maléfique *foolish consistency*, expression qu'on peut traduire par « cohérence mal avisée » ou « stupide souci de cohérence ».

Cet entêtement est aussi connu sous le nom d'*effet Concorde*. Dans les années 1950 et 1960, les gouvernements français et britanniques ont continué à financer le développement de l'avion supersonique Concorde alors même qu'il était devenu parfaitement clair que son avenir économique était nul.

Exemple classique de cohérence mal avisée : les personnes qui subissent des rites d'initiation douloureux et humiliants pour appartenir à un groupe tendent, par la suite, à valoriser cette désagréable expérience et à approuver ce qui les a fait souffrir, empilant justification sur justification pour confirmer la pertinence de leur décision antérieure. Plus un choix s'est révélé coûteux, plus il est difficile de faire marche arrière.

La psychanalyse coûte cher à plusieurs niveaux. Quand on a investi tant d'argent, de temps et de larmes dans quelque chose, il est difficile de s'avouer qu'on a fait fausse route... Certains analysants victimes de leur cure sont incapables de se dire « Je me suis fait avoir ; laissons tomber et passons à autre chose ». Un tel aveu ébranlerait trop profondément l'image qu'ils se font d'eux-mêmes.

Il ne leur reste donc plus qu'à continuer sur leur lancée en chantant sur le même ton pathétique qu'Édith Piaf : « Non, rien de rien, non, je ne regrette rien... »

> « Je suis en psychanalyse depuis quinze mois maintenant et je suis dans une période douloureuse, difficile... Pourtant, je ne regrette pas de m'être lancée là-dedans, et je crois que je ne le regretterai jamais. Pour moi, ça vaut largement ce que je paye, avec mes moyens. Je ne regrette pas. J'ai parfois, souvent, envie de tout lâcher, mais je ne regrette pas. »

Si vraiment il n'y a rien à regretter, pourquoi tant d'insistance sur le mot *regret* ? Quand on est vraiment satisfait de son choix, on éprouve rarement le besoin de le répéter de cette manière.

Inversement ceux qui sont sortis d'analyse, ou sur le point de claquer la porte, confessent franchement leur déception :

> « Comme je regrette d'avoir poussé, un jour maudit, la porte d'un psy. Quelle bêtise, quel enfer ! »

Cette porte, il est bien plus facile de l'ouvrir que de la fermer...

Dépendance affective

En plus de la cohérence mal avisée, un autre facteur très important ligote les analysants au divan de leur psy : la dépendance affective.

Cette dépendance est comparable à l'attachement d'un petit enfant à ses parents :

> « Ma psy est comme la maman que je n'ai jamais eue. Ça me fait du bien d'avoir une maman psy. »

> « Mon psy, c'est en quelque sorte papa, celui qui m'a manqué dans mon enfance et mon adolescence... »

Mais autant il est naturel et normal qu'un bambin de cinq ans ait un besoin vital de ses parents, qui l'ont mis au monde, l'aiment et subviennent à tous ses besoins, autant il est étrange et inquiétant qu'un adulte soit ainsi lié à un autre adulte qui l'écoute en échange d'une certaine somme d'argent, et qui sans cet argent, ne lui ouvrirait même pas sa porte.

Sans parler du fait qu'il ne lui offrirait même pas un café – mais ça, c'est logique, puisque même en payant le client n'y a pas droit. Et en ce qui concerne les toilettes, ce n'est pas toujours mieux : beaucoup de psys en refusent l'accès à leur clientèle. Si le patient a trop envie de faire pipi, tant pis pour lui.

Mais revenons aux sentiments qui ligotent l'analysant au divan de son psy.

Voici d'autres témoignages qui permettent de mieux cerner la nature de sa dépendance affective :

> « Je suis hyper-dépendante de mon psy, quand je ne le vois pas je me sens en manque et c'est extrêmement douloureux... Je ne sais pas comment me défaire de ça. »

> « Est-ce que c'est normal d'être obsédée par son psy, d'y penser tout le temps ? Je suis accro à mon psy et ça me bouffe la vie. J'attends tout de lui. C'est tellement douloureux... je ne sais vraiment pas comment gérer ça. »

> « Pendant longtemps, je me suis sentie très dépendante de mon psy et cela me posait problème : je me faisais l'effet d'une droguée... Je me demandais

> dans quel processus j'étais entrée ; je voyais difficilement ce qui pouvait en sortir de positif. »

Dépendance, manque, accro, droguée... les mots choisis le révèlent : il s'agit d'une toxicomanie.

Beaucoup d'analysants poursuivent donc leur analyse non parce que sa continuation leur fait du bien, mais parce que son arrêt leur ferait trop de mal. Ils ne payent pas pour aller mieux, ils payent pour éviter la souffrance atroce du manque, qui se fait sentir dès que les séances (la dose) s'espacent (diminue).

Si vous êtes encore tenté de vous lancer dans l'aventure analytique, lisez avec attention les témoignages suivants, ils vous ouvriront les yeux sur ce qui constitue le principal risque de la cure :

> « Une véritable obsession. 24 h sur 24 le psy dans la tête. J'ouvre les yeux le matin, et il est là... ça me saoule ! »

> « Il me faut toujours un temps d'adaptation quand ma psy part en vacances... Si son absence dure trop longtemps, je suis envahie par un sentiment d'abandon. »

> « Ce sentiment est trop intense, démesuré et soudain pour que je puisse le comparer au sentiment normal que je ressentirais envers quelqu'un qui m'aurait fait du bien. C'est un sentiment qui m'insécurise. Il me fait mal. »

> « Pour moi, cet amour représente tout pour le moment ; il a donné un sens à ma vie et je ne veux pas qu'il se termine malgré toute la souffrance qu'il me cause. Je préfère déprimer plutôt que mettre fin à la thérapie ; en ce sens, mon transfert bloque ma guérison. »

> « J'aime mon psy, je ne vis que pour lui, je le veux dans ma vie, c'est une obsession intenable. Je crève d'envie d'aller le voir, mais ça me fait trop mal de ne le voir qu'en séance... ça s'amplifie de plus en plus et c'est un véritable cauchemar... je suis possédée. »

> « Au début, j'avais un attachement pour lui, mais je me sentais libre de le briser. Maintenant, je sens cet attachement comme si j'étais une handicapée qui aurait besoin de lui pour marcher, et même pour vivre. Quand j'y pense, je ressens une douleur énorme. »

> « Je revois mon psy dans deux semaines. Je devrais m'estimer heureuse qu'il n'ait pas pris davantage de vacances… Cette attente m'est littéralement insupportable. Il me manque, oui. Je me moque que l'on me prenne pour une folle ; je sais que je le suis. »

> « Je suis en thérapie depuis cinq ans avec un psy à raison de deux, voire trois séances par mois. Il m'est arrivé de devoir reporter une séance, ou c'est lui qui a dû reporter une séance. À chaque fois c'est une catastrophe : je supporte très mal le fait de ne pas pouvoir aller à une séance. Comme j'ai déjà beaucoup progressé, je pensais être moins attachée, mais non, je suis toujours dépendante de lui, de cet inconnu qui n'en a rien à faire de moi. »

> « J'ai rencontré mon analyste actuel il y a deux ans, après en avoir déjà vu un nombre incalculable. Je l'aime. Je ne survis que pour le voir. Il me berce, je ne parviens à m'endormir qu'en visualisant son visage. Je l'aime, je meurs d'amour. J'ai peur, peur qu'il m'abandonne, peur qu'il meure, peur de mal faire, de mal dire. De lui déplaire. Je sais que c'est un amour vain et factice... Mais je suis prête à tout pour lui. J'ai choisi mon lieu d'études pour lui, pour continuer à le voir autant. Je fais des trajets en train épuisants tous les jours pour lui. Je ne pars plus en vacances pour lui parce que manquer ne serait ce qu'une séance me tue. Littéralement. J'ai peur, peur que ça s'arrête... Je suis mal avant la séance, car j'ai peur que la séance finisse trop vite... J'ai peur tout le temps. Je ne pense qu'à lui. Il est ma seule relation sociale. »

Obsession, possession, handicap, folie, douleur, souffrance... les termes peu réjouissants employés par les patients, ou victimes, pour décrire le lien affectif qui les enchaîne à leur psy sont hautement significatifs. L'attachement de l'analysant à son psy est un sentiment dégradant, une passion aliénante et destructrice, un truc malsain, quelque chose de pathologique.

Le mythe du transfert

Cette douloureuse dépendance est-elle l'exception ?

Plutôt est la règle. La psychanalyse lui a d'ailleurs donné un nom : elle l'a baptisée *transfert*. Ce mot donne l'illusion qu'un sentiment préexistant a seulement été déplacé d'une personne (la mère ou le père) sur une autre (le psychanalyste), alors que, comme on vient de le voir, c'est bien plus que ça... et bien pire aussi.

Mais le plus grave, c'est que ce *transfert* est présenté comme crucial au bon déroulement de la cure analytique. Du coup, des patients endoctrinés l'acceptent comme normal, et l'appellent même de leurs vœux !... Eh oui : dans le gouffre sans fond du transfert, beaucoup d'analysants se laissent couler sans broncher, persuadés que c'est « bon pour eux ».

Prenons le cas de cette analysante :

> « J'ai éprouvé de l'amour pour mon psy, ou du moins, c'est ce que j'ai cru. Ce pseudo-amour me bouffait énormément ; j'en devenais malade. Ça m'a vraiment fait peur. Du coup, j'ai pris de la distance, par exemple en pensant à lui avec une autre femme. Finalement j'en suis arrivée à un stade où je le haïssais, tout en souhaitant qu'il pense à moi. Mais après avoir lu quelques bouquins et envisagé ma psychanalyse d'un point de vue psychopathologique, j'ai cessé de voir le psy comme un être à aimer pour le voir comme un toubib... Du coup, là, je ne ressens plus d'amour pour lui. Le problème, c'est qu'avant je ne savais pas que j'étais en plein transfert ; j'ai donc pris l'habitude d'éviter que ce sentiment me submerge complètement pour finalement arriver à ne plus l'aimer, et là je me rends compte que si je n'affronte pas correctement ce problème, je n'en ressortirai pas fortifiée... Est-ce que j'ai annulé le transfert ? Est-ce que j'ai fait une grosse erreur ? Un re-transfert (si je puis m'exprimer ainsi) est-il encore possible ? Cette fois-ci je me laisserai aller cette fois-ci. »

Voici donc une femme qui a réussi à se guérir elle-même de la passion malsaine qu'elle nourrissait pour son psy, et qui le regrette ! Après s'est dépêtrée par miracle de sa dépendance, elle s'apprête à re-sauter à pied joint dans le piège parce qu'elle a « appris » que celui-ci est un « transfert » bénéfique par essence...

Pour être à l'origine de raisonnements aussi tordus, il faut avoir un problème. Freud en avait-il un ?

René Pommier répondrait oui. D'après l'auteur de *Sigmund est fou, Freud a tout faux* Freud présentait une certaine ressemblance avec un verre à cocktail givré sur les bords. Mais nous verrons plus loin que c'est un peu plus compliqué que cela.

Des inconvénients déguisés en avantages

La psychanalyse ne se contente pas de nuire : elle dissimule aussi très habilement les dégâts qu'elle cause.

Comment ?

Soit en se vantant effrontément de ses effets les plus nocifs (la dépendance pathologique passe ainsi pour un transfert salvateur, on vient de le voir), soit en les présentant comme des difficultés antérieures que l'analyse se contenterait d'exhumer.

Ainsi quand des patients se sentent mal parce que leur psy leur manifeste son indifférence, son impatience ou son dédain, ils croient que celui-ci n'est pour rien dans leur malaise, qui ne serait que la réédition d'une vieille souffrance.

> « J'ai souvent ressenti que mon psy me rejetait. De ces séances, je ressortais déboussolée et anxieuse. En larmes. En parler par la suite en séance m'apportait bien des réponses. Ce n'était pas le psy qui était à l'origine de mon malaise. À vrai dire, j'avais déjà ressenti cela vis-à-vis de plein de gens ! Ce qui resurgissait grâce à l'analyse me permettait de le comprendre ; ainsi je découvrais mes croyances. »

Face à un psy probablement polaire, l'auteure de ces lignes se sent rejetée. Puis, elle découvre comme si c'était une révélation inédite qu'elle a déjà ressenti ce genre de souffrance. En partant de là, elle arrive à la conclusion que l'analyse la révèle à elle-même.

Mais moi aussi, j'ai déjà senti qu'on me rejetait. Et vous aussi, peut-être. On a tous été confrontés à des personnes antipathiques un jour ou l'autre. Aurait-il fallu les payer pour les remercier de nous avoir fait prendre conscience qu'elles n'étaient pas les premières à nous maltraiter ?

Et ne croyez pas que c'est la patiente qui, seule, s'est forgé l'idée que, par son comportement désagréable, son psy l'aide à identifier la racine de ses souffrances. C'est la psychanalyse en général, et son psy en particulier, qui lui souffle cette interprétation qui n'a rien d'original.

En déguisant ses (gros) inconvénients en avantages, la psychanalyse prive les analysants de la lucidité qui leur permettrait de s'y soustraire.

Ferveur religieuse

Lorsque j'étais étudiante en thèse, j'admirais tant la femme de lettres qui était mon sujet d'étude qu'un jour, je me rendis dans un magasin de bondieuseries, j'y achetai un cadre entouré d'ampoules scintillantes et multicolores, et je mis son portrait dedans.

Posée seule sur une table basse ainsi changée en autel, cette image encadrée et illuminée d'une femme morte il y a quatre siècles devint l'objet de ma pieuse adoration. En contemplant le portrait de cette femme admirable, de cette déesse que je m'étais donnée, je me recueillais, je priais.

J'en conviens volontiers avec vous : c'est ridicule.

C'est même grotesque si vous y tenez absolument.

Mais est-ce que nous n'éprouvons pas presque tous le besoin d'aimer quelque chose ou quelqu'un avec ferveur ?

Quand ce n'est pas une femme de lettres, c'est Johnny Hallyday, ou l'Art, ou la Science, ou les Traditions, ou le Foot, ou la Gastronomie, ou le Cheval... ou la Psychanalyse.

Le comble de la foi, n'est-ce pas de croire sans preuve ? « Je crois parce que c'est absurde », disait Saint Augustin. Beaucoup d'analysants sont fiers de croire aveuglément, en dépit du bon sens, que la psychanalyse les mène au salut :

> « On sait qu'il y a un bout au tunnel. On ne le distingue pas. On ne le devine pas. Mais si on a foi en sa thérapie, on sait que le bout du tunnel existe. »

Mais peut-être que le comble de la foi, c'est plutôt de croire jusqu'au supplice. Par amour pour la psychanalyse, qui serait prêt à mettre sa vie en jeu lors d'une opération à cœur ouvert sans anesthésie ?

Réponse : un psychanolâtre.

> « Je dis toujours que l'analyse est une opération à cœur ouvert sans anesthésie, alors, évidemment, ça fait mal... Si on n'a pas l'impression de mettre vraiment en jeu sa vie, ce n'est pas vraiment une analyse. »

Quand on croit avec ferveur, la souffrance cesse d'être une raison d'arrêter pour se métamorphoser en son contraire : une raison de continuer. La souffrance supportée avec constance par le psychanolâtre lui permet de prouver la profondeur et l'authenticité de son engagement psychanalytique au cours d'un martyre qui ne dit pas son nom.

Il est à noter que cette dimension religieuse, la psychanalyse l'a toujours eue. Freud lui-même a dit :

> « L'analyse est comme le Dieu de l'Ancien Testament, elle ne peut tolérer qu'il y ait d'autres dieux ».

À partir du moment où l'on commence à adorer ce dieu jaloux, arrêter l'analyse n'est plus envisageable. Ce serait de l'apostasie.

La foi religieuse est une raison majeure de continuer l'analyse malgrétout... même envers et contre le plus élémentaire bon sens.

Peur de souffrir

Quand les analysants ne sont pas rivés au divan par un amour mystique pour la psychanalyse et une confiance fanatiquement aveugle en ses arrêts pseudo-divins, ils le sont par la frousse.

Une peur soigneusement entretenue par l'alarmisme de leur psy et ses prophéties de Cassandre :

« Le psy m'a fait comprendre que si je partais maintenant je souffrirais beaucoup et c'est bien ce qui me retient... Sauf que je me demande si ce n'est pas une manipulation de sa part pour me faire rester ? »

« J'ai terriblement envie d'arrêter, mais le psy m'a dit : “Si vous quittez maintenant, vous risquez de tout oublier, de perdre tout le travail et les acquis de ce qu'on a fait ensemble, etc.” il ne cesse de me dire que si je ne vais pas jusqu'au bout je vais le payer, en sous-entendant que je vais souffrir énormément... Alors je me dis qu'il a sans doute raison – et pourtant je n'en peux plus... Il me fait vomir, ce type ! »

« J'ai l'intention de quitter mon psy... Je sais que mon travail n'est pas terminé, mais je suis terriblement bloquée. Je lui ai souvent dit qu'avec une femme, le problème se réglerait en moins de deux, ou du moins que je parviendrais à en parler. Il me dit que j'aurais d'autres blocages et qu'en bout de ligne, j'aurais perdu du temps. Ces dernières semaines, il m'a aussi dit : “Si vous partez, je ne peux plus rien pour vous”. Du coup, je doute. Il fait tout pour m'attacher alors que je veux partir sans douleur, sans regret, sans tristesse... Mais voilà, je n'y arrive pas, parce que je crains de me tromper. Je ne voudrais pas regretter mon départ et souffrir d'un transfert non liquidé. »

Parce que le psy est censé avoir des lumières spéciales sur le psychisme de son analysant, il peut se permettre de l'avertir, ou menacer, à demi-mot : s'il s'en va, il va déguster...

Mais ce sombre pronostic n'est pas confirmé par les faits.

En effet lorsqu'un analysant est démoli par la fin de son analyse, ce qui arrive, c'est presque toujours parce que cette fin lui a été imposée : le psy déménage, prend sa retraite, meurt, ou pour une raison ou une autre refuse de continuer.

Dans les cas de ce genre, le patient vit effectivement très mal la rupture :

« En février dernier, j'ai eu un moment de résistance. J'ai manqué onze séances et j'ai dit à mon analyste que j'arrêtais le travail – alors que je ne le pensais pas du tout. Bien sûr, j'ai aussitôt regretté ce que j'ai dit. Le problème c'est que lorsque je l'ai rappelée une semaine après, elle a refusé de reprendre le travail. Elle n'a jamais voulu comprendre que j'avais dit “j'arrête le travail” parce que j'avais peur et que j'étais envahie par une tonne de résistance. Elle n'a jamais voulu entendre que je ne pensais pas ce que j'avais dit. J'ai alors plongé dans une grande dépression et j'ai même failli faire une grosse, très grosse bêtise ! »

« Mon psy déménage et je ne peux pas surmonter l'arrêt de ma thérapie, je ne peux pas accepter cette situation. Son déménagement vient raviver l'abandon de ma mère. C'est un cauchemar que je vis. Lorsqu'un psy s'engage avec un patient, a-t-il le droit de le planter pour cause de déménagement ?

> C'est un peu facile. En plus c'est la deuxième fois que cela m'arrive ! Est-ce normal ? Est-ce malhonnête ? Quels sont mes recours ? Je dois m'aider moi-même, mais je ne peux pas, c'est mission impossible. Je ne supporte ni abandon ni deuil, je me ressens en quelque sorte comme écorchée vive. C'est comme un bras arraché. »

C'est indéniable : se faire quitter par son psy est une souffrance. Une grande souffrance. Mais lorsqu'on interrompt *volontairement* une analyse, la situation est très différente... et les émotions qui en résultent aussi. Dans ce cas, on est en effet soutenu dans son choix par l'impression agréable et réconfortante de prendre son destin en main.

Dès que vous vous saisissez du gouvernail de votre existence pour diriger votre barque, vous ressentez immanquablement un mélange d'excitation et de plaisir. Les embruns vous rafraîchissent ; l'air du grand large vous fouette le visage. Vous vous sentez vivant et indépendant ; vous vous sentez libre.

Ces sensations sont revigorantes, presque exaltantes.

Et n'est-ce pas logique ?

La douleur d'un enfant qui se retrouve orphelin ou d'un adulte qui se fait plaquer par son conjoint est sans commune mesure avec celle d'un jeune qui, par choix, quitte le pavillon de ses parents pour s'installer dans son propre logement ou se sépare de sa copine parce qu'il ne l'aime plus. (Et qu'il a rencontré Gudule.)

Celui qui part est toujours en bien meilleure posture que celui qui reste ; il est infiniment plus roboratif de prendre l'initiative que de s'adapter aux décisions de l'autre.

C'est d'ailleurs l'une des raisons pour lesquelles les psychanalystes font des pieds et des mains, ou du moins de la langue et de la glotte, pour retenir leurs patients désireux de prendre leur envol : ils ne veulent pas se faire plaquer, ils ne veulent pas *subir*. Sans parler du vide nullement sentimental qu'un tel départ laisserait dans leur compte en banque.

Le piège

Pour toutes les raisons que nous venons d'évoquer, une fois happé par la psychanalyse, il est très difficile de s'en dégager :

> « Je n'arrive pas à m'en détacher, et pourtant la psychanalyse n'est pas faite pour moi. »

> « Une analyse est tout sauf une partie de plaisir. Oui c'est facile de la commencer, mais il y a des moments où l'on aimerait ne jamais avoir mis l'orteil dans l'engrenage. »
>
> « La psychanalyse n'est qu'un palliatif... je vois à présent qu'elle ne m'apporte pas grand-chose. Cet engrenage m'a protégé, a retardé les échéances, mais n'a jamais rien changé. Trouverai-je jamais la force d'en sortir ? »
>
> « J'ai eu une première séance et j'ai mis le doigt dans l'engrenage... Le psy ne m'a pas vraiment donné le choix. Il ne m'a pas demandé : "On se revoit ou pas ?" Devrais-je dépasser le transfert ? Peut-être, peut-être pas. Je suis pris dans un carcan insupportable, ce que je déteste... Rester comme partir me paraît être une fuite... Rester en dépassant tout ça est probablement la solution, même si c'est un risque. Tant que le psy ne commet pas de véritable erreur, je ne peux pas vraiment lui en vouloir, et donc j'accepte de rester dans cette soumission. »

Le divan est recouvert de super glu. L'analyse est un piège à désespérés. Encore un. Tout se conjugue pour retenir l'analysant :

- la force de l'habitude,
- la peur du changement,
- la peur de faire une erreur,
- la peur de se retrouver seul face à lui-même,
- la difficulté de s'avouer qu'il s'est trompé de route,
- la peur de perdre « le seul moyen » qu'il lui reste (croit-il) d'aller mieux,
- la crainte d'être submergé par la souffrance et accablé par un « transfert non liquidé »,
- la peur de perdre les fruits d'un investissement de plusieurs mois ou pire de plusieurs années,
- la peur de faire preuve de « lâcheté » en « fuyant » – comme s'il était plus courageux de payer pour se faire démolir...
- la peur de ce que le psy lui dira, la peur de l'affrontement, la peur de rater sa sortie : comment tirer sa révérence avec classe ?
- Un attachement démesuré à son psy, qui est parfois la seule personne à qui il ouvre son cœur, et un sentiment de fidélité qui l'empêche de le « trahir » en le quittant,
- le souci de faire preuve de cohérence dans ses choix, la volonté d'aller « jusqu'au bout » (de ses ressources financières ? De sa vie ? De celle de son psychanalyste ? Ce bout-là n'ayant jamais été déterminé, il recule à mesure qu'on avance, comme l'horizon) et la peur de passer pour velléitaire.

Comme vous pouvez le constater, derrière la plupart des idées fausses qui enchaînent les analysants à leur divan de souffrance, on retrouve la peur. Une peur qui prend tant de visages qu'ils ne la reconnaissent pas pour ce qu'elle est, et trouvent donc rarement la force de la surmonter.

Mais vous, vous n'êtes pas, ou vous n'êtes plus, dans leur situation. À l'instar de l'illustre Jules César, vous pouvez dire : « Veni, vedi, vici le psy. » Vous êtes venu, vous avez vu, et vous avez vaincu. Ou vous vaincrez bientôt. (Passé, futur... au bout du compte, il n'y a que la date qui change ; nous sommes le passé de demain.)

À retenir

• Ce qu'on appelle « transfert » mériterait mieux le nom de « dépendance affective » ou de « toxicomanie freudienne ».

• Conditionnés par les mensonges freudiens, les analysants s'imaginent que leurs nouveaux problèmes, qui sont dus à la psychanalyse, sont en réalité des solutions que celle-ci leur apporte.

• Parce qu'ils ont foi en la psychanalyse, certains analysants seraient prêts à se faire crucifier pour elle. Il n'est pas certain que ce soit le moyen de ressusciter à Pâques.

• La peur de faire une erreur et d'en payer le prix est parfois excessivement coûteuse.

Conseils

▶ N'ayez pas peur.

▶ Décidément, c'est plus fort que vous, vous éprouvez de la crainte ? Un sage (Sénèque) a dit : « Ce n'est pas parce que c'est difficile que nous n'osons pas, c'est parce que nous n'osons pas que c'est difficile »... Alors, osez malgré la peur.

Conditionnement

Après plusieurs mois ou années de cure, le patient ou client n'est plus le même.

C'est le but, dites-vous ?

Tout à fait.

Mais si l'analysant qui commence savait à l'avance ce qu'il allait devenir, il serait probablement moins motivé qu'il ne l'est.

Il espérait une transformation, une illumination, un épanouissement de sa personnalité profonde, mais au bout du compte, au lieu de déplier ses pétales telle une radieuse fleur de lotus, son Moi se retrouve réprimé et comprimé. Emballé sous vide comme un saucisson.

Examinons la forme que prend ce conditionnement.

Une influence invisible

Parce que son psychanalyste parle peu, le patient a l'impression de tirer de son propre fonds les idées qui surgissent au cours des séances :

> « Une thérapie est avant tout un travail sur soi ; le psy n'est qu'un outil. »

> « Mon psy m'aide, mais seulement comme un support. Il ne me dirige pas. À travers son questionnement il m'amène à chercher là où je ne pensais pas à chercher, ce qui me permet d'extraire mes propres opinions. »

> « Le rôle d'un psy n'est pas de nous dire ce qui ne va pas chez nous, mais de nous aider à le trouver nous-mêmes. Toutes les réponses sont en nous ; il ne les détient pas à notre place. Il est juste le catalyseur qui va nous permettre de découvrir ces réponses. »

Cette non-influence à laquelle tant de patients croient dur comme fer est un mirage qui contribue à renforcer le pouvoir occulte de leur psy : on se fait d'autant plus influencer qu'on croit ne pas l'être.

Les effets du dispositif psychanalytique

Dans le dispositif freudien classique, le patient est couché sur un divan et le psy est placé derrière lui. Pourquoi derrière ? Est-ce pour mettre le patient à l'aise ? Ce serait un moyen bien paradoxal d'y parvenir, mais passons.

Tandis que le patient parle de sa vie la plus intime, le psy invisible reste muré dans le silence, sphinx indéchiffrable. De temps en temps, il lâche seulement un « hum », un « oui », un « et ? », ou une petite remarque ambiguë.

Comme tout autre rituel au protocole immuable, ce dispositif a des effets bien précis sur ceux qui le suivent. Voyons lesquels.

Déstabilisation

Raconter sa vie et ses souffrances à un inconnu invisible et silencieux, c'est un peu comme se montrer en sous-vêtements devant un inconnu boutonné jusqu'au cou. Même si on ne se rend pas compte qu'elle a cet effet-là, la situation est déstabilisante. Elle a quelque chose d'humiliant :

> « J'hésite beaucoup à retourner voir quelqu'un. Le caractère intime à sens unique me dérange. Lorsque je dois me confier et me dévoiler à un étranger, je suis mal à l'aise... Je trouve cette situation embarrassante et en quelque sorte affaiblissante. »

Affaiblissante, c'est bien le mot. L'asymétrie de la relation psychanalytique fragilise ceux qui y entrent. Bien sûr, c'est encore pire quand le psy profite de la situation :

> « Ce psy m'a vraiment aidée. Mais il y a quelques semaines, il m'a dit : "Ça ne doit pas être désagréable de dormir avec vous toute nue...", puis d'autres petites phrases de ce genre. Depuis je ne me sentais plus très à l'aise en séance, et je faisais des rêves où il faisait intrusion dans mon intimité. Après lui en avoir parlé et lui avoir expliqué mon malaise, il m'a dit que je faisais un transfert, que dès que je voyais un homme j'étais en état de surprotection, qu'il n'était pas un danger pour moi, que je pouvais me "mettre à nue" devant lui sans rien craindre. »

Si ce psy s'est permis d'introduire la limace de ses désirs gluants dans la relation thérapeutique, c'est parce que l'intimité « à sens unique » qui caractérise la psychanalyse l'y invite. Cette intimité unilatérale autorise tous les abus et y incite.

De patient à croyant

Quand un patient entre dans le cabinet du psy, il est souvent déjà convaincu que celui-ci est doté d'un savoir spécial, d'une puissance de pénétration psychologique presque surnaturelle qui le rendrait capable de lire au fond de sa personnalité par des moyens inconnus.

Ce préjugé facilite l'instauration d'une relation d'adorateur à adoré : petit à petit le psy se retrouve investi du rôle de Dieu le Père, tandis que son patient se change, comme on l'a vu, en dévot fervent.

La divinisation du psy n'est cependant pas imputable au seul patient ; elle lui est aussi imposée par les règles du jeu psychanalytique. C'est la logique de la situation qui le conduit à idéaliser d'abord, puis petit à petit à idolâtrer son psy.

Le patient joue dans le cabinet le rôle d'un adorateur soumis qui fait entièrement confiance à son dieu – et petit à petit, c'est ce qu'il devient : un analysant soumis qui fait entièrement confiance à son psy.

Comment le dispositif psychanalytique induit-il une telle métamorphose ?

Souvenez-vous qu'un croyant confie ses pensées les plus secrètes à Dieu, qui est invisible et qui ne lui répond pas – ou qui lui répond d'une manière allusive et énigmatique.

La relation patient-psy est comparable, puisque le patient confie ses pensées les plus secrètes à son psy, qui est invisible et qui ne lui répond pas – ou qui lui répond d'une manière allusive et énigmatique.

Autre similitude : un croyant s'agenouille ou se prosterne devant Dieu, tandis que le patient se couche devant son psy : dans les deux cas, une attitude de soumission.

Sur l'île de Pâques et ailleurs, des peuples indigènes ont longtemps adoré des statues auxquels ils offraient des objets de valeur, de la nourriture, etc., et dont ils craignaient les réactions et les décisions, malgré leur silence et leur immobilité de pierre.

Le psy lui non plus ne dit pas grand-chose, ne fait pas grand-chose, et pourtant son patient le craint, le respecte, et lui offre de l'argent, non comme un salaire auquel il aurait droit en échange d'un service qu'il rendrait, mais plutôt comme une offrande visant à apaiser une divinité potentiellement courroucée, ou comme un sacrifice à un dieu qu'il voudrait se rendre propice.

Pour le psy, avoir affaire à un patient qui le vénère est fort agréable. Pour l'analysant, beaucoup moins.

En général, on va chez un psy pour devenir psychologiquement plus fort, moralement plus robuste. S'illusionner sur la nature de son thérapeute en le prenant pour une incarnation divine, un dieu fait homme, n'est pas le meilleur moyen d'atteindre ce but.

Si le psy était réellement doté de qualités divines – s'il avait réellement la sagesse et l'omniscience dont son patient le croit doté –, ce ne serait pas si grave... Mais le psy n'est qu'un être humain ordinaire, et lorsqu'on se prosterne physiquement ou mentalement devant quelqu'un qui ne le mérite pas (et qui le mérite ?) on en paye toujours le prix.

De patient à enfant

Nous avons aussi vu que l'analysant considère son psy comme un « papa » ou une « maman ». Dominique Fisher, auteur d'une enquête sur la psychanalyse, remarque :

> « On dirait que tout est fait pour maintenir les analysés dans un état d'infantilisation, d'absolue dépendance et d'insécurité pathologique. »

En jargon psychanalytique, cette métamorphose du patient en bambin admiratif, craintif et soumis s'appelle une « régression ». Régression nécessaire, bien sûr.

Dans cette infantilisation, le dispositif psychanalytique joue un rôle essentiel.

À l'image d'un bébé trop petit pour se tenir assis tout seul, l'analysant est à l'horizontale. Il « associe » – en d'autres termes, il babille sur tout et sur rien. Parfois, il pleure. Pendant ce temps, son psy, qui reste invisible, l'écoute d'une oreille distraite ou somnole, telle une jeune mère près d'un berceau.

Bref, la situation est intrinsèquement infantilisante.

De plus, le psychanalyste se pose souvent en père ou mère de substitut : les vrais étaient ratés, dit-il ou insinue-t-il, mais lui est le père (ou la mère) idéal : il comprend tout, il sait tout... et en dit le moins possible, pour que son patient continue à le croire omniscient.

Si les psys jacassaient comme des pies, cette illusion se dissiperait bien vite. C'est pour cela qu'ils sont si radins de leurs mots.

Pour le psy, avoir affaire à un simili-enfant plutôt qu'à un adulte éventuellement rétif est plus facile, confortable et valorisant. Mais pour le patient ?

Qu'a-t-il à gagner à redevenir ce qu'il était ?

Quand bien même il serait acquis que tous nos problèmes actuels soient des résurgences ou des résidus d'enfance, nous aurions encore intérêt à conserver notre lucidité d'adulte. On ne peut pas construire une existence satisfaisante avec une mentalité de marmot : pour mettre de l'ordre dans son esprit et dans sa vie, il faut plus de clairvoyance et de volonté qu'on n'en avait à la maternelle.

Le but ultime de tout thérapeute devrait être d'aider ses patients à accéder à plus de sagesse et de force. Pas de leur faire réintégrer leurs couches Pampers. (Qui sont retournées à la Nature d'une manière ou d'une autre depuis longtemps, espérons-le pour la planète.)

Les effets des associations psychanalytiques

Couché sur le divan, le patient se doit « d'associer » selon la technique inventée par Freud : il parle à bâtons rompus, passant du coq à l'âne en se laissant guider par des associations d'idées. Cette technique, quand on la pratique avec persévérance, n'est pas sans causer des dommages collatéraux.

Dispersion mentale

C'est évident, mais parfois on l'oublie : dans les études, mais aussi dans la vie, on a besoin de faire preuve de concentration. C'est vrai pour vous comme pour moi, comme pour tout le monde.

C'est en concentrant les rayons du soleil qu'on obtient une étincelle, et c'est en concentrant son esprit qu'on le rend perçant et efficace. Pour comprendre et résoudre n'importe quel problème, il est nécessaire de fixer son attention dessus pendant un certain temps sans s'en laisser distraire. Il n'y a pas d'autre moyen, pas de méthode alternative.

Or lorsqu'on pratique les associations libres, on s'entraîne à faire exactement le contraire.

Au lieu de focaliser son attention sur un seul sujet, on l'incite à se disperser, à dériver et zigzaguer en tous sens comme une abeille ivre. La technique des libres associations défait et disperse le mental de ceux qui s'y livrent ; elle émousse leur intellect en les rendant plus distraits et tête-en-l'air.

Et même pire.

D'après Jacques Van Rillaer, ex-psychanalyste, « appliqué avec rigueur, le procédé des associations freudiennes devient vite affolant. Il désagrège, il pulvérise la vie psychique. » Les surréalistes, qui dans les années vingt pratiquaient les associations libres par écrit, ont eu l'occasion de s'en apercevoir. Ils ont arrêté de justesse, avant de sombrer dans la déraison ou le suicide.

L'analysant qui « associe » avec zèle travaille contre lui-même. Il sabote ses facultés mentales. Il abîme sa raison. À défaut de l'y conduire, les associations psychanalytiques le rapprochent de la folie.

Bref, quand on dépasse le cadre étroit de l'analyse pour envisager les choses dans une perspective la plus large, celle de la vie dans son ensemble, les « associations » apparaissent comme contre-productives. Elles sont nocives.

Les effets du ressassement psychanalytique

Vous le savez si vous en faites une : en analyse, on ressasse beaucoup.

Si un psy encourageait son patient à se remémorer ses meilleurs souvenirs d'enfance – le moment où il a placé pour la première fois l'étoile à la cime du sapin scintillant, le moment il a découvert qu'une gaufre, c'est vingt fois plus gros et plus charnu qu'une gaufrette, que la mer, c'est mille fois plus grand et plus beau qu'un lac, que la vie, c'est plein de possibilités fantastiques qu'on n'avait même pas imaginées –, le patient sortirait des séances avec la patate.

Mais l'enthousiasme et la joie n'intéressent pas les psychanalystes ; ce qu'ils veulent, ce qu'ils cherchent et donc ce qu'ils trouvent, ce sont des drames et des larmes.

Lors des séances, les patients rabâchent donc leurs souvenirs les plus amers. Ils repassent leurs malheurs au ralenti, appuyant sur la touche « pause » pour examiner de plus près une image particulièrement pénible, revoyant et revivant le pire de leur existence à la recherche de ce qui leur permettra de le comprendre :

> « Lorsque j'étais petite, on m'a contrainte à consulter ; ce fut un fiasco total. À mes yeux la parole n'est pas synonyme de délivrance, surtout lorsqu'il s'agit

de monologues interminables qui ne servent qu'à ressasser une réalité grisâtre et une forme de désespoir. »

Des plaies qui s'enveniment

Est-il vraiment étonnant que les analysants sortent démoralisés d'un tel exercice – surtout quand celui-ci se répète pendant des mois, voire des années ?

Des découvertes en neuroscience ont montré que plus on se remémore un souvenir, plus celui-ci se renforce. Un peu comme lorsqu'on passe et repasse dans un champ de blé en suivant toujours le même trajet : petit à petit un chemin s'y dessine. Ou comme une boule de neige : plus on la fait rouler, plus elle augmente. Ce n'était d'abord qu'une poignée de flocons ; elle sera bientôt assez grosse pour figurer la bedaine d'un bonhomme de neige.

Lorsqu'ils ressassent à haute voix leurs malheurs devant leur psy, comme celui-ci les incite à le faire, les analysants leur accordent une attention qui les fait croître, qui les rend plus considérables, plus significatifs, qui les grave plus profondément dans leur cerveau.

Ils s'engluent ainsi dans de vieilles rancœurs, des griefs poussiéreux et moisis contre leurs conjoints, ex-conjoints, amis, parents, collègues, voisins, chiens, chats, poissons rouges. La plaie qu'ils grattent s'envenime : en cherchant à expliquer leur infortune, ils la justifient et l'approfondissent, jusqu'à ce qu'elle les ensevelisse.

Un avenir plus sombre

Autre conséquence inattendue, mais logique : ce triste passé se change en projet et ces mauvais souvenirs, en avenir.

En effet un objectif, c'est ce que l'on regarde, ce que l'on voit dans son objectif. Du coup se concentrer sur ce qu'on n'aime pas, c'est se diriger vers ce qu'on ne veut pas. Lorsque, guidés par leur psy, les analysants focalisent toute leur attention sur ce que l'existence leur a réservé de pire, le malheur devient leur point de mire et en quelque sorte, leur cible.

Les effets de l'idéologie psychanalytique

Les psychanalystes sont imprégnés des idées de Freud, idées qu'ils communiquent délibérément ou non à leurs patients. Voyons quels sont les effets, peu réjouissants, de cette idéologie freudienne.

Trouble dissociatif de la personnalité

Suivre une thérapie d'inspiration freudienne, c'est couler son esprit dans un moule bien particulier : un moule polycéphale.

Un beau matin, quand la pâte a fini de cuire, c'est-à-dire quand le patient est complètement conditionné par la pensée psychanalytique, il se réveille avec trois têtes – ou plus.

Quand il se regarde dans le miroir de la salle de bains, son visage n'est plus tout à fait le même, car ce qu'il devine, ou croit deviner, en dessous ou à l'intérieur est différent : il ne se sent plus vraiment lui-même. Plutôt la somme abstraite des sous-personnalités dont son psy lui a révélé l'existence : une hydre vaguement monstrueuse qui ne sait plus qui dit « je » quand elle parle.

Il y a le moi ; il y a le surmoi ; il y a le ça. Il y a le conscient ; il y a l'inconscient... Il y a beaucoup trop de monde.

Notons au passage que la psychanalyse n'est pas la seule psychothérapie à diviser le Moi en diverses instances. L'analyse transactionnelle le fragmente en enfant, adulte, et parent. Et pour ceux à qui ça ne suffirait pas, ceux qui auraient peur de se sentir seuls, il y a le parent critique positif, le parent critique négatif, le parent nourricier positif et le parent nourricier négatif. Qui plus est, l'enfant, l'adulte et le parent ont eux-mêmes chacun un enfant, un adulte ct un parent – un peu comme la Vache qui rit aux boucles d'oreille en Vache qui rit...

Mais au fond, la manière dont on divise le Moi importe moins que le fait qu'il soit divisé. Fragmenté.

Une scission qui suscite malaise et impuissance.

Malaise, car même si, d'après les psys, nous fonctionnions tous sur cet étrange modèle, il est difficile d'accepter sereinement ce début de trouble dissociatif de la personnalité.

Le bon sens et l'instinct persistent à clamer haut et fort qu'avoir plusieurs têtes (ou plusieurs personnalités, ce qui en un sens revient au même) n'est pas vraiment normal : il n'y a que les hydres, les cerbères et les autres créatures bizarres de ce genre qui en ont plus d'une…

Impuissance, car l'individu ainsi divisé est de plus en plus fasciné par le mélodrame intérieur dont son psy lui a appris l'existence et les protagonistes.

Le parent intérieur gronde l'enfant intérieur, qui riposte en lui tirant la langue et en allant bouder dans un coin de la psyché ; le ça intervient niaisement en disant « ça parle ! ça parle ! » ; l'adulte hausse les épaules et se demande ce qu'il est venu faire dans cette galère ; le sale gamin intérieur (lui-même issu de l'enfant intérieur) revient pour donner un coup de pied au parent intérieur, qui immédiatement se change en Grand Méchant Loup intérieur et bouffe tout cru le ça, dont un bout tombe dans l'Inconscient qui se referme avec un bruit effrayant...

Et pendant ce temps, ailleurs, dans une autre dimension, l'individu ainsi divisé ne fait rien.

Il est juste couché sur son lit, les yeux dans le vide.

Lorsque l'attention se focalise sur les conflits du dedans, il n'en reste plus assez pour étudier et comprendre le monde du dehors, ni pour surmonter les défis complexes qu'il nous lance. La personne qui se laisse fasciner par ses chicanes intérieures, dissensions que son psy lui a appris à mettre en scène, est paralysée. Et même si on peut résumer ses conflits intra-psychiques sous une forme humoristique, ce qu'elle vit n'a vraiment rien de drôle.

La preuve :

> « En psychanalyse, on dit que “le Moi est tourmenté par le Surmoi. Et que du même coup, il se défend contre le ça qui, lui, cherche à contourner la censure.” Or trois instances se sont effectivement développées en moi, trois instances qui ressemblent étrangement à celles-là. Elles ont toutes trois une emprise sur mon corps et se remplacent tour à tour pour penser. Le Surmoi, que j'appelle Élodie (de mon vrai prénom), est, effectivement, comme le disent tous livres sur le sujet “l'héritière de toute la morale”. C'est elle qui a le plus souvent le contrôle du corps et qui y a vécu le plus longtemps sans la présence des deux autres. Elle n'a aucun a priori contre Maab qu'elle pense être un bon compromis, mais trouve le comportement de Kath dégoûtant. Le Moi, Maab, n'approuve pas forcément Kath, mais ne la réprime pas pour autant. Par contre, elle dénigre constamment Élodie cherchant même à la pousser au suicide (et elle n'est pas loin d'y arriver). Elle ne prend que très rarement possession du corps voire jamais, mais donne son avis sur les actions d'Élodie. Enfin, le ça, Kath, représente toute les pulsions sexuelles d'Élodie. Kath n'a aucune limite et, contrairement à Élodie et Maab, ne se soucie jamais des autres. Elle prend possession du corps pendant des intervalles de plus en plus longs... Ces trois personnalités s'entre-déchirent, car aucune ne se comprend. L'une d'elles vient même de me menacer de me tuer dans six jours. Est-ce que sous l'emprise d'une forte névrose mon ça, mon moi et mon surmoi sont devenus indépendants ? Ou est-ce une psychose qui fait que ma personnalité s'est

triplée ? Est-ce un début de folie ? Que dois-je faire ? J'avais commencé une psychanalyse, mais on n'avait pas vraiment d'atomes crochus alors j'ai dû arrêter... »

À fréquenter un psy et à potasser des livres de psychanalyse, tout ce qu'Élodie a gagné, c'est une sous-personnalité qui veut la tuer ! Si c'était ça la cagnotte du loto, qui voudrait encore y jouer ?

Unicité

La réalité est heureusement plus simple que ces théories embrouillées et embrouillantes.

La division du Moi est une illusion parfois tenace, mais en fin de compte, c'est une illusion. On peut se comporter comme si on était différents individus, on peut se sentir partagé entre différentes personnalités (surtout quand on commet, comme Élodie, l'erreur de leur donner des noms différents), mais en réalité on n'est jamais qu'un seul être.

Une personne est une personne, avec une volonté, une identité, une date de naissance et une date de mort. Nos sous-personnalités ne sont que des exagérations de la diversité de nos émotions et de nos compétences : ce sont nos croyances, nos états d'âme et nos souvenirs qui sont multiples, comme les facettes d'un diamant unique.

Le poison du doute

L'idéologie psychanalytique ne se contente pas de fragmenter la psyché ; elle y instille aussi le poison du doute. Corrompant l'atmosphère, elle fait régner la suspicion à différents étages.

Quoi de plus naturel, quoi de plus innocent et pur, que l'amour d'un petit poussin joufflu pour sa maman ?

Selon les psychanalystes, cet amour n'est pas de l'amour.

Si vous lisiez ce que dit la fameuse psychanalyste Melanie Klein (1882-1960) à propos de ce qui se passe dans la tête d'un nourrisson quand il pense à sa mère (car selon elle, il pense, il calcule, il complote, ce Marquis de Sade miniature) vous seriez étonné... Ce n'est qu'excréments, que haine et que sang.

D'après Melanie Klein, le nourrisson voit sa mère comme un « objet » qu'il hait et à qui il rêve de faire subir les pires sévices.

Et il n'y a pas que l'amour des bébés qui est ainsi radicalement réévalué. Quand les psychanalystes épluchent les sentiments tendres, ils font les épluchures si épaisses qu'il n'en reste rien.

L'amitié ? De l'homosexualité qui ne dit pas son nom.

L'amour filial ? Une pulsion homicide recouverte par des couches d'inconscience et de culpabilité.

L'amour maternel ? Un égoïsme forcené et dévorant qui frise le cannibalisme.

L'amour conjugal ? Un besoin malsain, une dépendance toxique.

Le dévouement, la tendresse, la gentillesse ? Ça n'existe pas, ou c'est le contraire.

Dans la perspective psychanalytique, ce qui semble positif est en réalité négatif, et ce qui semble négatif est en réalité pire. Les sentiments, pensées et comportements naturels et normaux sont considérés comme l'expression détournée de désirs malsains et/ou d'une haine destructrice.

Un psychanalyste ne supposera que très exceptionnellement que vous refoulez le désir de repeindre votre chambre en blanc, de faire une déclaration d'amour ou de planter des groseilliers au fond de votre jardin.

D'après lui ce qui mijote dans les profondeurs obscures de notre Inconscient, c'est plutôt l'envie d'étrangler notre frère avec les intestins de notre belle-mère – ou tout autre projet convivial et bon enfant de ce genre.

Bref, la psychanalyse promeut une vision cauchemardesque et horrifique de la nature humaine : c'est un nid de serpents qui sifflerait dans nos têtes, un entrelacs de crapauds à pustules qui grouillerait dans nos âmes...

Du coup, l'analysant se met à douter des autres et de lui-même : il devient de plus en plus cynique, voire paranoïaque, tout en s'interrogeant avec angoisse sur la nature de ses « désirs inconscients ».

Parenthèse sibérienne

Je change de sujet deux minutes, mais c'est pour mieux y revenir.

Avez-vous déjà rêvé de partir loin, très loin, dans un endroit vraiment sauvage ?

Quitter ce monde obscur pour rejoindre son âme purifiée par la pluie et la grêle, nettoyée de toutes les théories qui la salissent, de tous les mensonges qui l'engluent, de tout le mal dont injustement on l'accuse...

Dans le Grand Nord, loups et caribous n'ont jamais été psychanalysés, n'ont jamais été approchés par le moindre psychanalyste. Là tout est encore vierge, naturel, vrai, immaculé comme la neige et le vent. Et les nuages bougent dans le silence, voilant et dévoilant l'éclatante lumière du soleil, comme s'ils voilaient et dévoilaient une vérité première, essentielle.

Là, la civilisation est réduite au minimum : elle est seulement un moyen de vivre. Ce n'est pas une agression contre l'humanité, mais le contraire : un abri pour l'humanité.

Une maison isolée.

Un feu de bois.

Une route que l'on prend avec gratitude.

Là, la civilisation c'est le don d'hommes à d'autres hommes, l'ingéniosité au service de la survie. Ce n'est pas une panoplie mortelle, subtilement mortelle, mise au point pour tuer l'âme bien avant le corps.

Là, la civilisation est seulement ce qu'elle devrait être : un effort de chacun pour faciliter la vie de tous.

Une hypothèse

Après cette bouffée d'oxygène, revenons à la psychanalyse. Elle suppose notre perversité foncière, et le caractère immoral de nos désirs secrets. Mais si ce qu'on avait refoulé, trop profond pour en garder conscience, ce n'était pas la perversion, mais l'altruisme ?

Pas la haine, mais le dévouement ?

Pas l'envie de tuer-son-père-pour-coucher-avec-sa-mère, mais celle d'aider sa mère à préparer une tarte aux pommes, ou d'offrir à son père le catamaran dont il a toujours rêvé (ou l'inverse) ?

Dans une société individualiste qui prône le coupage de cordon, l'autonomie à tout prix et une relative indifférence à l'égard de nos géniteurs, bouc-émissaires de tous nos problèmes psychologiques, ce serait assez logique...

Ce qui est sûr, en tout cas, c'est que sous l'influence de la psychanalyse, des millions de gens se croient plus pervers qu'ils ne le sont, plus mauvais que nature.

À retenir

- La psychanalyse mène à la psychanolâtrie.
- Elle ramène aussi au stade « areuh, areuh ».
- Confier tous ses secrets à un inconnu mutique est une stratégie qui ne donne pas de très bons résultats.
- Mâcher de la viande la réduit en bouillie, mais remâcher un souvenir lui donne plus d'épaisseur et de consistance.
- Un esprit dispersé s'affaiblit.
- Nous sommes moins divisés, et aussi moins méchants, que la psychanalyse ne le prétend.

De la drogue à la drogue

Même si c'est difficile à croire à première vue, le mythe psychanalytique de l'Inconscient joue un rôle non négligeable dans l'alcoolisme et d'autres formes de toxicomanie.

Vous ne voyez vraiment pas pourquoi, ni comment ?

Lisez la suite pour le découvrir.

Ouvrir l'Inconscient

L'alcool permettrait-il de libérer l'inconscient ?

C'est ce que croit la femme qui a écrit ces lignes :

> « Quand je bois trop d'alcool, je suis capable de passer toute une nuit à faire la fête avec des gens sans me rendre compte de ce que je fais. Dans ces circonstances je suis aussi très agressive avec mon ami, alors que je l'adore. Je pense avoir compris pourquoi : mon comportement est celui de mon Inconscient… l'alcool ouvre mon Inconscient. »

La cause principale de son comportement quand elle a bu, ce ne serait pas l'alcool, mais les forces obscures de son Inconscient... Cette idée est-elle uniquement le fruit suspect et biscornu d'une imagination déréglée par la bibine ?

Pas du tout.

Beaucoup de gens qui ne sont pas alcooliques (enfin... pas encore) pensent la même chose :

> « L'alcool ouvre l'inconscient. »

> « Sous l'emprise de l'alcool, on est dans un état où l'inconscient est complètement ouvert, un peu comme lorsqu'on rêve. »

Permettez-moi de poser une question futile : si l'alcool est comparable à un ouvre-boîte, comme ces citations le laissent penser, à quoi l'Inconscient est-il comparable ?

Peut-être à une boîte de conserve. Du poulpe dans son encre. Ou du crabe.

Vérifiez si elle n'est pas périmée : l'Inconscient est plein de désirs archaïques.

Cette conception de l'alcool comme « ouvre-inconscient », on la trouve même chez des médecins. D'ailleurs dans les années trente, et jusqu'aux années cinquante, des psychiatres droguaient leurs patients aux barbituriques dans le but avoué d'accéder à leur inconscient. Ils avaient même donné un nom à cette pratique hallucinante à tous les sens du terme : ils appelaient ça une *narco-analyse*.

De nos jours, on peut lire sur un site médical :

> « Les patients alcooliques ont de fréquentes irruptions de l'inconscient : rêves, hallucinations, crises de delirium. »

Sous une forme ou sous une autre, c'est toujours la même thèse : l'alcool ou la drogue libérerait l'Inconscient qui ferait ainsi irruption (en rugissant) dans la réalité...

Une idée fausse

Quoiqu'elle séduise jusqu'à des médecins, cette idée est erronée. Le psychiatre Joseph Wortis (1906-1995) l'a souligné à juste titre :

> « En état d'ébriété, l'homme ne dévoile pas sa vraie nature : il révèle uniquement la personnalité qu'il a quand il est ivre. »

Si vraiment l'alcool permettait de libérer « le psychique lui-même et son essentielle réalité », pour reprendre les mots utilisés par Freud pour parler de l'Inconscient, le comportement et les propos d'une personne alcoolisée refléteraient sa nature profonde, a priori différente de celle de toute autre personne. Or, il n'en est rien : le comportement et les propos d'un individu intoxiqué ressemblent fort au comportement et aux propos d'un autre individu intoxiqué. C'est toujours le même genre de logorrhée, de vantardise, de sentimentalité débordante, d'agressivité ou de mélancolie.

Quand on rencontre un pochard, on a beaucoup moins l'impression de rencontrer un être humain pleinement réalisé qu'un être hébété, zombi qui a laissé sa personnalité singulière et unique au fond d'une bouteille.

L'alcool n'ouvre pas les portes de l'Inconscient : il plonge dans l'inconscience. L'alcool ne libère pas les pulsions agressives refoulées dans l'Inconscient : il rend impulsif et agressif. L'alcool ne permet pas de mieux se connaître ni de devenir soi-même : il abrutit et dépersonnalise.

Les hallucinations, les crises de délire, l'agressivité et l'inconscience qui font suite à la consommation d'alcool ou de stupéfiants ne sont pas des manifestations de l'inconscient, mais les tristes effets de ces substances... rien de plus.

Une idée pernicieuse

Les idées fausses font toujours des dégâts, mais celle selon laquelle l'alcool ou la drogue libérerait l'Inconscient est particulièrement pernicieuse.

Quand on est aveuglé par cette illusion, on sous-estime ou on nie les effets dévastateurs de ces substances sur le cerveau. Comme on prend toutes les conséquences de leur consommation pour des manifestations de son Inconscient, on ne se rend pas compte que ces substances détruisent l'intelligence et la logique, engourdissent la conscience et désorganisent le cerveau.

Certains vont même encore plus loin en mettant les choses à l'envers :

> « L'alcool développe l'inconscient... et donc peut-être une partie des 90 % du cerveau qui ne sont pas utilisés. »

Voyez-vous à quel point le mythe de l'inconscient fausse l'esprit de ceux qui y croient ? À cause de ce mythe, l'auteur de lignes ci-dessus s'imagine que l'alcool stimule et développe les capacités cérébrales ! Quelqu'un qui croirait qu'en allant vers le Nord on se dirige vers le Sud ne serait pas plus à l'Ouest.

Incitation retorse

Croire à l'existence de l'Inconscient freudien n'amène pas seulement à nier les ravages de la drogue. Cette croyance illusoire incite aussi plus directement à en consommer. Pour comprendre comment, imaginons quelques instants que vous adhériez à cette théorie fuligineuse, pour ne pas dire fumeuse, ce qui j'espère n'est pas le cas... (Si vous y croyez encore, ne vous inquiétez pas : bientôt vous en serez libéré.)

Étant d'un naturel curieux, vous avez envie de savoir ce qui se cache dans votre Inconscient. C'est légitime. Ce gouffre où tourbillonnent des pulsions inconnues, c'est vous, c'est une partie de vous. Et qui n'a pas besoin ou envie de se connaître mieux ?

Vous voilà donc motivé pour explorer votre Inconscient, tel un valeureux spéléologue désireux d'explorer une grotte sous-marine encore inconnue. Mais comment ?

Bien sûr, vous pourriez vous lancer dans une analyse, mais ça coûte cher et d'ailleurs, ça ne vous dit rien.

Vous pourriez noter vos rêves... mais ceux-ci n'ont ni queue ni tête, et la plupart du temps, vous les oubliez au réveil.

Vous voilà dans une impasse... mais non, car vous avez soudain une idée de génie : vous allez entrer dans un état altéré de conscience et observer ce qui alors fait surface !

Et voilà comment le mythe de l'inconscient conduit à la consommation de stupéfiants. Un jeune consommateur de drogue hallucinogène écrit ainsi à propos de son dernier « trip » :

> « J'ai vraiment hâte d'y retourner, surtout que j'ai l'impression d'être passé a coté d'un élément essentiel de mon voyage, une idée très importante que je n'arrive plus à cerner... J'ai hâte d'y retourner pour explorer plus profondément mon Inconscient et ainsi me découvrir sous un autre jour. »

Le malheureux.

Sa prétendue exploration n'est qu'une décomposition. Comme les appâts lumineux que les hideuses baudroies abyssales balancent dans l'obscurité des profondeurs pour attirer dans leur gueule hérissée de dents aiguës des petits poissons, cette « idée très importante », mais impossible à cerner n'est qu'un leurre. Clarté trompeuse.

Si ce pauvre jeune homme s'entête à chercher cette soi-disant « idée » prétendument « très importante » qu'il n'arrive pas à ressaisir, elle le mènera à sa perte.

Pauvre délire

En réalité lorsqu'on se drogue, on n'explore rien du tout. Ni son inconscient, ni le monde de Narnia, ni le pays des Merveilles, ni la faille entre deux mondes – rien de rien.

Pour mener à bien une exploration, quelle qu'elle soit, il faut tous les sens en éveil et un esprit lucide. J'ai honte de le dire tellement c'est évident, mais pour voir, on doit avoir les yeux ouverts. C'est pourquoi les soldats en mission de reconnaissance s'abstiennent de tout ce qui pourrait amoindrir leur vigilance... Ils ont besoin de toute leur tête.

Se droguer, c'est se condamner à voir et penser flou, engourdir et émousser ses sens, et d'une manière générale s'amputer de toutes les nobles facultés qui permettent d'observer, explorer et comprendre.

Le « voyage » du toxicomane n'est qu'un tissu d'hallucinations sans valeur issu de son cerveau perturbé par les substances chimiques qui l'empoisonnent. Les « idées très importantes » et autres illuminations qu'il poursuit ne sont que les bribes incohérentes d'un pauvre délire.

C'est en se servant de sa logique qu'on obtient des prises de conscience. De même que pour voir à travers une fenêtre, il faut que celle-ci soit propre, pour découvrir une nouvelle vérité, même une petite, il faut un esprit clair et lucide – comme du cristal.

Freud responsable ?

Nous avons vu que le mythe de l'Inconscient incite à la toxicomanie, mais il reste un point crucial à éclaircir : comment diable se fait-il que les théories de Freud ont cet effet-là ?

S'agit-il d'un malentendu, ou au contraire, d'une conséquence inévitable de son point de vue sur le fonctionnement de l'esprit humain ? Le concept freudien d'Inconscient a-t-il été mal interprété, ou est-il intrinsèquement toxique ?

Bref, Freud a-t-il une part de responsabilité dans tout ça ?

Pour répondre à cette question passionnante, nous devons prendre en compte la manière dont Freud décrit l'inconscient.

D'après Freud, l'inconscient est rempli de pulsions incontrôlables, d'idées incohérentes et d'agressivité. Le contenu de l'inconscient freudien présente donc une troublante similitude avec l'esprit perturbé d'un drogué...

Dans ces conditions, n'est-il pas logique de confondre effets de la drogue et exploration de l'inconscient ?

Croire à l'Inconscient freudien conduit presque inéluctablement à croire que la drogue est un moyen d'y accéder : cette idée dangereuse est la fille légitime de la théorie freudienne.

La réponse est donc oui.

Oui, Freud est responsable.

L'œuvre est l'homme

À mesure que ses biographies objectives se multiplient, Freud apparaît de moins en moins comme un savant, un penseur d'une rigoureuse honnêteté intellectuelle, un audacieux explorateur de territoires inconnus, et de plus en plus comme un arriviste sans conscience, un névrosé bourré de superstitions, un type aigri et même haineux, un escroc à longs crocs.

Tentant de sauver ce qui peut l'être encore, les freudiens concèdent que Freud n'était qu'un vulgaire petit bourgeois avide d'argent pour mieux affirmer que ses écrits sont, eux, grandioses. L'œuvre du médecin viennois se serait révélée plus grande que l'homme qui l'a conçue : la souris aurait enfanté d'une montagne.

Mais est-ce possible ?

Chacun crée selon sa mesure, chacun agit selon ses capacités. Ainsi un arbre ne produit pas des fruits plus grands que lui, et un chimpanzé est incapable d'écrire *Guerre et Paix* sur un ordinateur, même si ses doigts sont assez agiles pour taper les touches.

On ne peut opposer une création à son créateur, car l'œuvre est toujours proportionnée à celui qui l'a conçue.

En un sens, on peut même dire que l'œuvre *est* l'homme : toute théorie reflète la personnalité de celui qui l'a mise au point comme un miroir inévitablement, fatalement fidèle. Les théories d'un penseur sont toujours à l'image de ses choix existentiels et quotidiens.

Ça ne saute pas toujours aux yeux des lecteurs, parce qu'ils ne connaissent pas toujours la vie privée de l'auteur, mais ça n'en est pas moins une loi.

Un individu qui dissèque, pour le plaisir, une grenouille vivante le matin n'a qu'une très faible probabilité, voir aucune, d'écrire l'après-midi une ode lyrique à la Nature, ou de faire un pastel représentant une fontaine au cœur d'un jardin fleuri.

Cette image azurée peut toucher ses rétines, mais elle ne pénètre pas assez avant dans son âme pour qu'il ait l'envie ou la capacité de la reproduire.

Vous pourriez m'objecter qu'Hitler peignait de jolis bouquets de coquelicots et de lilas...

C'est vrai.

Mais c'était avant son ascension et tout ce qui s'ensuivit.

Et de la même manière qu'un disséqueur de grenouille matinal ne peut pas créer de la beauté ni de la fraîcheur, un auteur ne peut pas se bourrer le nez de poudre de cocaïne le matin et, l'après-midi, élaborer une théorie qui aide ses lecteurs à se construire.

Voyez-vous où je veux en venir ?

Freud drogué et dealer

Je vous en ai déjà touché deux mots dans la partie sur les antidépresseurs : Freud était un grand consommateur de cocaïne.

Il était aussi très dépendant au tabac. D'après certains chercheurs, le cancer à la mâchoire qui est à l'origine de sa mort est la conséquence directe de ses quarante ans de tabagisme et de la cocaïne qu'il a consommée pendant des années... Y compris lorsqu'il élaborait ses théories et rédigeait son œuvre.

Car c'est une information peu connue, mais un fait avéré : la psychanalyse est née sous le signe de la drogue.

Tabac, oui, mais aussi et surtout cocaïne. Dès 1895, Freud était dépendant à la cocaïne, et il en consomma pendant au moins douze années.

E.M. Thornton, historienne spécialisée dans l'histoire de la médecine, a démontré que les conceptions théoriques de Freud sont marquées par l'état d'esprit paranoïaque et halluciné caractéristique de la cocaïnomanie à ses stades les plus graves. La psychanalyse a été mise au point sous l'influence directe de cette drogue dure.

Et comme vous le savez déjà, Freud ne s'est pas contenté de consommer dans son coin comme un drogué sans histoire. Il a aussi fait la promotion de la cocaïne avec un énergique enthousiasme... Puisque c'était bon pour lui, c'était bon pour tout le monde.

Ainsi Freud recommandait et prescrivait la cocaïne pour les problèmes les plus variés. Mal à la tête ? Cocaïne. Neurasthénie ? Cocaïne. Manque de tonus ? Cocaïne. Hystérie ? Cocaïne. Mal des transports ? Cocaïne. Diabète ? Cocaïne. Mal de mer ? Cocaïne.

Dans ses articles « De la coca (1884) », « Addenda à la coca (1885) » et « Cocaïnomanie et cocaïnophobie (1887) », Freud célèbre l'euphorie « naturelle » induite par la cocaïne et défend passionnément la coca contre ceux qui l'accusent de ne pas présenter que des avantages.

Voici ce que dit à ce propos Eric Miller, journaliste d'investigation et spécialiste de Freud :

> « Non seulement Freud se mit sous la dépendance de la cocaïne, mais il y mit aussi les autres. Il a causé de nombreux décès en prétendant que la cocaïne était un remède contre le morphinisme. Dans le cadre juridique actuel, ça fait de lui non seulement un revendeur de drogue, mais un meurtrier... Le but sous-jacent de Freud lorsqu'il lançait toutes ces affirmations frauduleuses était de devenir riche et célèbre, au prix de la vie des autres. »

Vous avez peut-être du mal à accepter Freud sous ce jour patibulaire, mais faites un petit effort, car bientôt, vous devrez en fournir un autre plus important dans le même sens.

Autoportrait caché

Lorsqu'il décrit l'Inconscient, Freud exprime sous une forme détournée son propre vécu de cocaïnomane.

Le concept d'Inconscient que Freud a inventé doit être lu comme une métaphore de son propre esprit dérangé par la drogue : l'inconscient freudien se confond avec le mental freudien. En présentant les effets de la cocaïne sur son propre cerveau comme un principe psychologique universel, Freud généralise son cas.

Ce n'est d'ailleurs pas que la notion d'Inconscient qui a une dimension autobiographique... La psychanalyse tout entière est une espèce d'autoportrait caché, d'autobiographie qui ne dit pas son nom. Le philosophe Michel Onfray a souligné avec justesse que la psychanalyse « relève de l'autobiographique de son inventeur et fonctionne à ravir pour le comprendre, lui et lui seul. »

En tant que description scientifique du fonctionnement de l'esprit humain, la psychanalyse ne vaut pas un clou, mais en tant qu'évocation de la vie intérieure de Freud et justification indirecte de ses choix, elle est chargée de sens. Mise en rapport avec sa vie, les théories de Freud permettent d'entrer dans les rouages secrets de sa personnalité compliquée... Nous en reparlerons.

De la drogue à la drogue

Parce que leurs œuvres leur ressemblent, les écrivains incitent consciemment ou inconsciemment leurs lecteurs à faire des choix similaires aux leurs. C'est particulièrement vrai de Freud, dont l'œuvre véhicule et propage les principes qui guidèrent sa vie privée.

Hélas, ses principes étaient malsains, ses choix n'étaient pas bons.

Ayant opté pour la toxicomanie, Freud pousse ses lecteurs à se droguer comme lui, même lorsqu'il ne fait pas ouvertement la promotion de la cocaïne. La théorie psychanalytique n'est pas seulement née sous le signe de la drogue ; elle y conduit aussi, ramenant ainsi vers son point de départ.

À retenir

- Croire que l'alcool « ouvre l'Inconscient » conduit à sous-estimer ou à nier la toxicité de ce produit.
- Dans la perspective freudienne, la drogue apparaît comme un bon moyen d'explorer le gouffre de l'Inconscient.
- Un auteur écrit avec ce qu'il est, et incite consciemment ou inconsciemment ses lecteurs à faire les mêmes choix que lui.
- Freud, cocaïnomane, a mis au point ses théories sous l'influence de la cocaïne. L'Inconscient qu'il décrit est une représentation secrètement autobiographique de son propre esprit perturbé par la drogue.

Conseils

► Ne cherchez pas dans la drogue (légalc ou illégale) une porte d'accès à votre Inconscient. La drogue n'ouvre sur rien, elle se contente d'abîmer le cerveau.

Lectures recommandées

□ ***Freudian fallacy : an alternative view of freudian theory*, de E.M. Thornton**. Pour en savoir plus sur le rôle de la cocaïne dans l'œuvre freudicnnc.

De l'homosexualité à l'homosexualité

Vous n'en avez jamais entendu parler, mais l'idéologie freudienne a encore une autre conséquence inattendue et indésirable...

Une nouvelle angoisse

Longtemps, l'homosexualité n'a été un sujet d'angoisse que pour ceux qui cherchaient à dissimuler leurs goûts et leurs pratiques à une société qui les désapprouvait. Certains avaient honte de leurs attirances et de leurs choix ; tous souffraient de devoir se cacher et mentir. Ce type d'angoisse est en voie de disparition, et ce n'est pas elle dont je veux vous parler ici.

Depuis que les théories de Freud passent pour des faits avérés auprès d'une grande partie de la population, une nouvelle angoisse ayant trait à l'homosexualité a vu le jour. Cette angoisse touche des personnes qui :

– n'ont pas fait le choix de l'homosexualité ;

– n'éprouvent aucune attirance pour les personnes de leur sexe.

Ces hommes et ces femmes sont dégoûtés, déstabilisés et désespérés à l'idée qu'ils sont peut-être homosexuels :

> « Je suis un jeune homme d'une trentaine d'années. Mes questions les plus courantes : “Et si les hommes te plaisaient ? Et si, au fond, tu te mentais à toi-même ? Et celui-là, tu ne le trouves pas à ton goût ? Et si tu essayais pour être enfin fixé ?” Ces questions me pourrissent mon quotidien. Elles me mettent mal à l'aise ; elles me répugnent. Je pense à ça au moins douze heures par jour. Il y a de quoi devenir dingue ! »

> « Je ne peux m'empêcher de me dire que ma peur des homos vient du fait que je me mens à moi-même. Dès que je regarde mes collègues homos ou même hétéros dans les yeux, je me sens mal, surtout s'ils sont beaux gosses. J'imagine des scènes assez explicites qui m'empêchent de dormir et me prennent aux tripes comme l'annonce d'un décès où d'une maladie incurable. Des questions m'assaillent à longueur de journée... Je n'en peux plus... »

> « J'angoisse énormément à l'idée d'être un homo refoulé ou de le devenir. Cette question m'obsède et tourne en boucle dans ma tête. J'essaye de me raisonner en me disant que si je l'étais réellement, je m'en serais aperçu avant, mais je retombe toujours dans le même schéma de pensée... Quand j'arrive à

me raisonner en me disant que c'est stupide de penser à ça, car je n'ai jamais été attiré par les garçons, seulement par les filles, l'espace d'un instant, ça se calme. Mais la question revient et hop, c'est reparti... Cette pensée me pourrit l'existence. »

« Mon angoisse d'homosexualité a commencé peu de temps après m'être coupé les cheveux. J'avais les cheveux très longs ; il y a trois mois j'ai eu envie de tester une coupe très courte. Je l'ai fait, et un beau matin, je me suis réveillée angoissée... D'une certaine façon, je ne savais plus si j'étais un homme ou une femme... Je m'observais dans la glace et une petite voix diabolique me disait : “Regarde comme tu ressembles à un homme maintenant, tu as aussi une voix d'homme, une attitude d'homme, etc.” C'est comme ça que mon angoisse d'homosexualité a commencé, et depuis ce jour-là elle ne m'a pas quittée. Elle me ronge, mais en aucun cas je ne voudrais franchir le pas ! Et pourtant ça me bouffe, d'autant plus que j'aime mon fiancé à la folie et que je culpabilise d'avoir de telles pensées ! »

Ce n'est pas drôle, d'être persécuté par un doute de cette nature. Mais il y a pire, car souvent cette angoisse, qui commence comme une crainte invraisemblable déconnectée de toute réalité, n'en reste pas à ce stade. Au fil des jours elle mène pas à pas, petit à petit, celle ou celui qui la subit vers la réalisation de son cauchemar. Voyons comment.

De l'angoisse à l'acte

1/ D'abord, il y a l'étape de la visualisation : l'angoissé s'imagine délibérément dans des situations homosexuelles. Ce n'est pas que de telles images lui fassent plaisir – au contraire, elles lui donnent la nausée et des sueurs froides –, mais il éprouve le besoin de tester son orientation sexuelle : est-il excité par ces images mentales ?

2/ Ensuite, il y a l'étape des films pornographiques gay ou du flirt avec des personnes du même sexe, toujours dans le but de se rassurer en vérifiant son orientation sexuelle ;

3/ Enfin dans certains cas il y a l'étape du passage à l'acte, toujours dans le même but. Quand elle se concrétise, cette décision toujours désastreuse alimente et confirme les pires craintes de l'angoissé :

« J'ai beau aimer passionnément les femmes, je suis terrorisé à l'idée de préférer les hommes... Je rumine tout le temps, je scrute mes idées, etc. Cet hiver, dans un moment de doute intense j'ai décidé de vérifier une fois pour toutes en allant à un sauna. J'ai eu une expérience homosexuelle. Après cette expérience, je suis tombé en profonde dépression. Je suis passé tout près du

> suicide. J'ai dû aller aux urgences psychiatriques. Mon psy m'a donné un cocktail d'antidépresseurs pour soigner mes obsessions. Mais la question demeure : suis-je homo ? »

D'une manière paradoxale, mais logique, la peur d'être homosexuel mène à la fois vers l'homosexualité et vers la dépression. À force de se « tester », les malheureuses victimes de ce qu'on appelle parfois « le trouble obsessionnel compulsif d'homosexualité » en viennent parfois à se comporter comme si elles étaient homosexuelles. Et quelle différence y a-t-il entre un homosexuel qui s'assume, et un hétérosexuel qui s'est trompé de route ?

De l'extérieur, aucune.

De plus, notre image-de-soi est le modèle sur lequel notre comportement se façonne, le plan que nous mettons inéluctablement en pratique : dès que cette image est modifiée dans un sens ou dans un autre, notre comportement change aussi. Ainsi on a vu que lorsqu'on se croit bipolaire, on adopte un comportement de plus en plus bipolaire, même si on préférerait infiniment être stable et équilibré. De la même manière, lorsqu'on se croit homosexuel, ou qu'on est hanté par l'idée qu'on pourrait l'être, on fait des choix de plus en plus homosexuels, même si on les fait en détestant ça...

D'ailleurs, l'appétit vient en mangeant : même quelqu'un qui déteste les escargots finira par les aimer, ou du moins par les tolérer, s'il ne mange plus que ça. Un hétérosexuel qui se croit homo peut très bien finir par prendre goût à cette homosexualité qui, croit-il, lui est destinée. Cela ne veut pas dire qu'il était « un homo refoulé » dès le départ, cela veut dire qu'on s'habitue à tout quand on n'a pas le choix... ou quand on croit qu'on n'a pas le choix, ce qui revient au même.

Le rôle de la psychanalyse

Mais, me direz-vous, que vient faire la psychanalyse dans tout ça ?

Dans l'angoisse d'homosexualité, la théorie psychanalytique joue un rôle majeur – on peut même dire qu'elle joue le rôle principal. (Et il n'y a pas de quoi être fier.)

Ce sont en effet plusieurs idées freudiennes qui sont l'origine de cette nouvelle angoisse, de cette peur d'être inconsciemment homosexuel :

1/ L'idée selon laquelle notre *Inconscient* serait rempli de *désirs inconscients* stockés là depuis longtemps, voire depuis toujours, parce que notre sens moral les jugerait inacceptables ;

2/ L'idée selon laquelle quelque chose qui aurait pour nom *homosexualité refoulée* serait à l'origine de nombreux problèmes psychologiques ;

3/ L'idée selon laquelle nous naîtrions tous androgynes et bisexuels par nature et par essence, avant d'acquérir progressivement un sexe et une orientation sexuelle définis (oui, Freud prétend cela) ;

4/ L'idée selon laquelle tout homme garderait un côté féminin et toute femme garderait un côté masculin, vestiges de sa nature androgyne originelle ;

5/ L'idée selon laquelle tout homme et toute femme garderaient des tendances homosexuelles, vestiges de sa bisexualité originelle ;

6/ Et enfin l'idée selon laquelle nos cauchemars et angoisses seraient en réalité l'expression détournée de désirs, que nos dégoûts dissimuleraient des attirances.

Toutes ces idées freudiennes constituent un terrain propice à la germination et au développement d'une angoisse portant sur l'orientation sexuelle. Freud a mis au point une théorie qui a pour effet de faire douter les personnes hétérosexuelles de leur hétérosexualité. Sa théorie donne l'impression que non seulement on peut être homosexuel sans le savoir, mais qu'on a d'autant plus de probabilité de l'être qu'on trouve l'idée franchement répugnante.

Six idées fausses

Si vous étiez inquiet, vous pouvez vous rassurer, car toutes ces élucubrations freudiennes ne sont rien de plus que cela : des élucubrations freudiennes.

Reprenons-les l'une après l'autre.

1/ Tous nos désirs sont conscients, ou le deviennent très vite : quand on a envie d'une chose, on le sait. Ce sont les besoins qui, dans certains cas rares, restent inconscients – par exemple une anorexique peut ne pas se rendre compte qu'elle a faim, mais elle sait toujours très bien ce qu'elle désire : être la plus mince (en réalité, squelettique) possible.

Les désirs inconscients postulés par Freud n'existent pas ; ce qui s'en approche le plus, ce sont les désirs tabous qu'on passe sous silence. Tous ceux qui ont des envies de meurtre sont au courant ; tous ceux qui ont des désirs d'inceste sont au parfum – mais pour des raisons évidentes, ils n'abordent pas le sujet entre la poire et le fromage, lors des repas de famille...

2/ Le concept d'*homosexualité refoulée* est frivole, inconsistant et creux : puisque tous nos désirs sont conscients, nous savons forcément quels sont nos goûts sexuels, que nous vivions ou non la sexualité qui leur correspond.

En d'autres termes, on peut être attiré par les hommes ou par les femmes sans passer à l'acte, mais on ne peut pas être attiré par les hommes ou par les femmes sans le savoir, à moins d'être complètement stupide. (Et encore...)

3/ Notre identité sexuelle n'est ni artificielle, ni fragile, ni tardive. La détermination du sexe se fait dès la fécondation, lorsque le spermatozoïde entre dans l'ovule. Il n'y a donc pas d'androgynie originelle. Dès le départ, l'embryon est soit féminin, soit masculin, puisque le sexe de l'embryon est déterminé par la présence des chromosomes X et Y *dès la fécondation.* Et dès la naissance, les bébés filles ont un comportement et une sensibilité différente des bébés garçons. (Les bébés garçons regardent les objets avec autant intérêt que les gens, alors que les bébés filles sont surtout intéressées par les personnes.)

4/ Affirmer que *tous* les hommes ont un « côté féminin » et *toutes* les femmes ont un « côté masculin » est une supposition gratuite. Si le dogme freudien était vrai, *tous* les hommes seraient efféminés et *toutes* les femmes seraient masculines et hommasses. Ce n'est pas le cas. Bien sûr, Freud et ses disciples répondraient que dans le cas de la femme féminine et de l'homme viril, la composante de l'autre sexe est tout simplement plus enfouie, mieux cachée. Mais avec une telle manière de raisonner, quelle thèse ne peut-on soutenir ? On pourrait par exemple affirmer que la terre repose sur le dos d'une tortue géante invisible. Impossible de prouver que ce n'est pas le cas, puisque la tortue en question est invisible. La part masculine des femmes et féminine des hommes est du même genre : rien ne permet de démentir son existence, puisqu'on peut toujours supposer qu'elle est bien cachée, latente, refoulée, etc.

5/ Comme l'androgynie originelle, la bisexualité originelle est une supposition gratuite. Sa survivance sous forme de tendance homosexuelle est une hypothèse encore plus fragile. Certaines personnes ont une attirance pour les personnes de leur sexe ; cela ne signifie pas que tout le monde est dans ce cas... Il n'y a vraiment aucune raison de généraliser à ce point.

6/ Nous désirons ce que nous désirons et nous détestons ce que nous détestons, pourquoi supposer que c'est plus compliqué que ça ?

Quand on aime le pain, on aime le pain, et le fait de détester le camembert ne signifie pas qu'on refuse de s'avouer qu'on l'adore. Ces goûts et dégoûts n'ont pas une signification cachée inverse de leur signification apparente. Un cauchemar n'est pas un rêve agréable déguisé en son contraire, et ce n'est pas parce que, endormi ou éveillé, une idée bizarre nous passe par la tête qu'elle correspond à un désir profond dont nous n'aurions pas encore pris connaissance. Nos désirs ne dissimulent pas des dégoûts inconscients, et nos répugnances ne servent pas de masque aux envies inconscientes supposées par Freud.

C'est du moins ce qu'on doit croire en attendant la preuve du contraire, qui n'est pas encore venue. Je vous préviendrai si elle se présente un jour.

Ce que voudrait le renard

Il ne suffit pas de croire aux idées de Freud pour changer d'orientation sexuelle, mais la théorie psychanalytique n'en joue pas moins un rôle dans certaines conversions éphémères, provisoires ou même définitives à l'homosexualité et à la bisexualité.

Comment se fait-il que Freud ait mis au point une théorie qui promet si efficacement l'homosexualité – une véritable campagne de publicité pour cette préférence sexuelle ?

Freud n'a jamais fait aucune découverte scientifique qui aurait pu le persuader d'aller dans ce sens, puisqu'il n'a jamais fait aucune découverte scientifique... Mais alors, qu'est-ce qui l'a poussé à pousser toute l'humanité dans les bras de Sapho et de Giton ?

Sa vie privée, tout simplement.

D'après un vieux proverbe plein de bon sens, *le renard voudrait que tout le monde mange des poules*. Effectivement nous avons tendance à souhaiter que les autres fassent les mêmes choix que nous...

Le fait est peu connu mais parfaitement avéré : Freud avait des pulsions homosexuelles tout à fait conscientes.

Ses pulsions ne sont pas restées au stade du fantasme.

Le médecin allemand Wilhelm Fliess (1858-1928) était un grand ami de Freud. C'était aussi plus qu'un ami. Les lettres que Freud lui a écrites sont empreintes d'une passion dévorante et d'une intensité sexuelle à peine voilée.

Ce qui n'a pas empêché Freud de se marier et de tromper sa femme avec la sœur de celle-ci... Freud ratissait large.

En élaborant la psychanalyse, Freud cherchait à la fois à se rassurer sur son propre cas (en prétendant que la bisexualité est innée, et donc normale), et à faire des émules.

De la même manière que la toxicomanie de Freud sert de modèle invisible à tous ceux qui, croyant à ses idées, lui emboîtent le pas sans le savoir, sa bisexualité influence la vie sexuelle de tous ceux qui, croyant à ses théories, sont poussés par elles à avoir des rapports homosexuels comme il en a eu lui.

Nous reparlerons de la vie sexuelle de Freud ; il y a, hélas, encore beaucoup à en dire. Vous comprendrez tout à l'heure pourquoi je dis hélas.

À retenir

- Nos désirs sont conscients.
- Bisexualité et ambiguïté sexuelle constituent l'exception, pas la règle.
- De même que le plaisir ne se confond pas avec la douleur, le désir n'est pas interchangeable avec le dégoût.
- Freud, bisexuel pratiquant, a forgé une théorie qui promeut l'homosexualité et la bisexualité.

Conseils

► Ne vous laissez pas manipuler par l'idéologie de Freud : il en ricanerait dans sa tombe.

Freud et le diable

Freud n'a jamais été un luron très gai ; sa vie a été ponctuée d'épisodes dépressifs d'une rare intensité. Sans être fou à enfermer, il était aussi sujet à des accès psychotiques assez gratinés.

Comment Freud a-t-il lutté contre la dépression et la folie ?

Stratégie freudienne numéro un : la cocaïne.

Mais la cocaïne ne soigne pas plus la dépression et la folie que l'alcool n'éteint le feu.

Stratégie freudienne numéro deux : analyser son passé pour y chercher la cause de son mal-être.

Freud l'a fait au cours de sa célèbre « auto-analyse » et ça ne l'a pas soulagé.

Stratégie freudienne numéro trois : passer un pacte avec le diable.

À vrai dire, à long terme cette méthode ne s'est pas révélée plus efficace que les précédentes.

Pacte

Vous avez du mal à croire que Freud ait conclu un pacte avec le démon ?

L'idée a quelque chose de quelque peu farfelu et exotique, je l'avoue.

Et pourtant... c'est bien le cas.

Dans un article qu'il a écrit en 1923, *Une névrose démoniaque au dix-septième siècle,* Freud raconte comment, à cette époque, un artiste du nom de Christoph Haizmann aurait signé un pacte avec le diable. Ce peintre aurait donné au diable son corps et son âme, à venir retirer au bout de neuf ans, en échange du succès de sa peinture et de la fin de sa dépression.

D'après Freud, ce ne serait pas un marché de dupe :

> « Voilà donc un individu qui s'adonne au Diable dans le but d'être délivré d'une dépression psychique. À coup sûr un excellent motif ! Quiconque peut se mettre à la place d'un homme souffrant les tourments d'un pareil état et qui, de plus, sait combien peu l'art médical s'entend à soulager ce mal, le comprendra. »

Divers critiques ont souligné la similitude entre la situation de Haizmann et celle de Freud à l'époque où il écrivit cet article. Comme Haizmann, Freud était très déprimé par le décès de son père ; comme lui, il avait des difficultés financières ; comme lui encore, il n'arrivait plus à travailler.

Autre fait significatif : en épigraphe de son grand livre, *L'interprétation des rêves*, qui date aussi de 1923, Freud a placé cette citation : « Flectere si neque superos, Acheronta movebo ».

Cette citation extraite de l'Énéide signifie : « Si les dieux d'en haut ne m'aident pas, alors je mettrai tout l'Enfer en branle. » C'est ce que dit la déesse Junon furieuse et bafouée alors qu'elle s'apprête à tirer vengeance de ses ennemis.

Ça ne vous suffit pas ?

Fritz Wittels (1880-1950), un disciple de Freud, rapporte une parole extrêmement révélatrice de son maître. Un jour, Freud lui confia qu'il agissait en tant qu'*avocat du diable*. Immédiatement, Freud ajouta en toute hâte : « Mais ça ne signifie pas que je me suis vendu au diable... » *Qui s'excuse sans en être requis s'accuse réellement*, dit un proverbe.

En se basant sur ces faits et sur beaucoup d'autres que je n'ai pas la place de rapporter ici, plusieurs chercheurs et biographes attentifs ont conclu que Freud a passé un pacte, ou plus probablement deux pactes, avec le Démon. Certains biographes pensent qu'il s'agit de pactes purement métaphoriques, d'autres pensent que Freud a carrément signé des parchemins.

« Mais alors, Freud croyait donc au Diable ? » vous demandez-vous avec perplexité.

Il n'y a pas de réponse simple à cette question. Il y croyait un peu sans y croire vraiment – tout en y croyant beaucoup.

En pactisant avec le Malin, Freud espérait triompher de la dépression, mais aussi prolonger sa vie de plusieurs années. Quand le premier contrat arriva à échéance, il fut envahi par l'angoisse, et fit un nouveau pacte dans l'espoir de prolonger sa vie. Or il est à noter que ce second et dernier pacte eut l'effet inverse. En effet lorsqu'il arriva à son terme, Freud, convaincu que le Diable réclamait son dû, intensifia sa tabagie, ce qui déclencha le cancer à la mâchoire qui est à l'origine de sa mort.

Faust

Cause ou conséquence du pacte qu'il a passé avec le Diable, Freud s'identifiait à Faust.

Faust est d'abord une figure historique : un alchimiste, astrologue et nécromancien qui vécut au seizième siècle. Ce personnage inspira diverses œuvres littéraires ; la plus célèbre est le *Faust* de Goethe.

Dans cette pièce de théâtre, Faust signe un pacte avec Méphistophélès. Celui-ci lui offre les jouissances terrestres ; en échange, Faust s'engage à lui livrer son âme.

Freud ne se séparait jamais de son exemplaire de *Faust* ; il l'amenait partout avec lui et citait souvent les paroles de Méphistophélès. Il ne s'agissait pas seulement d'une admiration littéraire : Freud a calqué toute sa vie sur le modèle faustien. Des critiques l'ont démontré en détail.

Identité secrète

Plusieurs disciples de Freud ont rapporté l'anecdote suivante.

Un soir, les disciples de Freud s'étaient rassemblés chez lui pour écouter Nunberg, l'un des leurs, lire à haute voix son dernier manuscrit sur les névroses.

Freud interrompit Nunberg dans sa lecture pour évoquer un célèbre tableau de la Pinacothèque ; ce tableau représente Saint Jérôme édifiant une cathédrale avec des blocs de pierre qu'à l'arrière-plan, un démon lui apporte.

Freud demanda alors à ses invités : « Qui est le diable ici ? Moi, ou Nunberg ? »

Naturellement, tout le monde répondit que Nunberg était le diable et que Freud était le saint.

« Vous ne savez donc pas que je suis le diable ?! s'exclama Freud avec une étrange véhémence. Ma vie durant j'ai du jouer le rôle du diable pour que d'autres construisent de magnifiques cathédrales avec les matériaux que j'ai apportés. »

« Je suis le diable » : quelle est bizarre, cette déclaration.

À prendre avec des pincettes ?

Est-ce seulement une figure de style ?

Voici un pot-pourri de citations freudiennes qui en éclairent la portée :

> « L'éthique m'est étrangère »

« Le rire diabolique de l'Enfer hurlait à mes oreilles »

« Je leur tordrai bien le cou, à tous » (il s'agit de ses patients)

« Tout ce qu'il y a de bilieux et de vénéneux en moi s'est mis à bouillir. »

« Dans des moments pareils, on est tenté de devenir un poseur des bombes. »

« Je crois que je suis un cocon, et Dieu seul sait quel genre de bête va en sortir en rampant. »

Ne prenez pas ces phrases à la légère, et ne supposez pas trop vite que si Freud était aussi pervers qu'il le prétend, il ne s'en vanterait pas...

Ces petites phrases freudiennes sont comme les petites bulles d'air qui remontent irrésistiblement à la surface, après qu'un énorme pétrolier se soit abîmé en mer : ce sont des petites bulles de vérité qui éclatent malgré lui sur ses lèvres et sous sa plume, en raison de l'énorme masse de méchanceté et de haine cachée en-dessous.

Image-de-soi et conséquences

On l'a vu à propos des étiquettes psychiatriques comme de l'angoisse d'homosexualité : on finit par devenir ce que l'on croit être.

Freud se prenait pour Faust et pour le Diable. Il s'identifiait aussi à divers personnages illustres telles que Macbeth, Œdipe, Hamlet, Brutus, Don Juan, Caïn – autant des meurtriers. À quelle ressemblance objective ces identifications l'ont-elles conduit ?

En quoi Freud se comportait-il comme les personnages qu'il prenait pour miroir ?

C'est ce qu'on verra dans le chapitre suivant.

À retenir

- Freud n'a pas su triompher de son spleen : comment ses idées pourraient-elles en aider d'autres à triompher du leur ?
- Le Diable promet la lune, mais ne donne que du vent. Contre la dépression, il n'a rien de valable à proposer... Ce n'est qu'un charlatan de plus. La vie de Freud en témoigne.
- Freud, serviteur du Diable et quelque peu mégalo, se prenait pour son

patron.

Conseil

► Ne suivez l'exemple de Freud sur aucun point.

Six squelettes dans le placard

La psychanalyse est enveloppée par un voile obscur tissé d'innombrables petits secrets. Voile qui se dénoue lorsqu'on connaît son plus grand secret, celui qui donne la clef de tous les autres...

En attendant le goûter

Nous sommes à nouveau dans le phare.

Le soleil oblique de l'après-midi dore les tasses de porcelaine. Le chat fixe un point dans l'espace, ses prunelles translucides dilatées par une attention vigilante. Il observe quelque chose d'invisible.

Dehors, sur la plage, des mouettes marchent à la recherche de quelque chose à se mettre sous le bec. Sous son froid friselis d'écume, la mer a pris une teinte chaude, presque rose.

Pendant que je prépare notre goûter – thé à la cannelle, épais chocolat chaud selon une recette italienne, biscuits en forme de cœur et cake biologique riche en cerises –, vous consultez des magazines et un grand livre illustré de photographies posé sur une table basse.

Le livre que vous feuilletez d'une main négligente, en bâillant de faim, est intitulé *Les tueurs en série du vingtième siècle*.

Il y est question d'Henri Désiré Landru, surnommé « Barbe-bleue ».

Du sinistre docteur Petiot, qui promettait à des personnes menacées par la Gestapo de les faire passer clandestinement en Argentine avant de les enfermer dans une chambre à gaz et d'observer leur agonie à travers un judas.

De Charles Manson, qui commandita des meurtres pour en faire accuser la communauté des Noirs, d'Andreï Tchikatilo, tueur, violeur et anthropophage, de l'infirmier Roger Andermatt, qui tua vingt-sept patients « par compassion », du docteur Harold Shipman, qui en tua deux cent quinze ou plus, du docteur Sigmund Freud...

Hein ?

Comment ?

Sigmund Freud ?

Sigmund Freud, le père de la psychanalyse ?!

Non, ce n'est pas possible. Et pourtant, deux pages après Albert Fish, surnommé « le vampire de Brooklyn », c'est bien le nom de Freud et sa photo dans le livre. Le regard hostile et torve, c'est vrai qu'il n'a pas l'air commode... Une femme seule n'aimerait pas le croiser dans une rue mal éclairée.

Mais comment ce penseur si respecté pourrait-il être un tueur en série ?

D'accord, il manquait de rigueur intellectuelle ; d'accord, il a poussé bien des gens au suicide ; d'accord, il se droguait ; d'accord, il a fait de la publicité pour la cocaïne et l'homosexualité ; d'accord, il a passé un pacte avec le Diable et se prenait pour lui... Mais de là à l'imaginer comme un tueur en série, il y a un monde !

Ou pas ?

Freud, tueur en série : est-ce inouï, inconcevable, inimaginable – ou au contraire naturel, prévisible, presque inévitable et en tout cas logique ?

Votre curiosité est surexcitée. Vous oubliez le goûter qui se prépare, le monde qui vous entoure, et vous vous plongez dans le livre...

Un tueur très influent

De tous les tueurs en série du vingtième siècle, le docteur Sigmund Freud est probablement celui dont la psychopathie, la perversité et les idées tordues ont eu l'impact le plus profond, le plus large et le plus durable.

Pendant des générations (quatre pour être précis), Freud a été considéré comme un grand penseur, un grand psychologue et même un grand scientifique.

D'innombrables psychanalystes se réclamant de Freud ont appliqué ses théories et ses conseils à des patients inconscients de ce à quoi ils s'exposaient. Les livres de Freud ont été étudiés dans les universités ; on a longuement disserté sur la manière dont il convenait d'interpréter ses idées ; on a célébré son anniversaire dans la presse ; on a fait des films inspirés par ses théories ; des psychothérapeutes, des philosophes, des penseurs se sont imprégnés de ses idées et ont écrit d'autres livres les disséminant plus largement. Dans certains pays, les théories de Freud ont même été enseignées aux jeunes dans les écoles comme des vérités indiscutables.

Les idées du tueur Freud se sont ainsi répandues dans le monde entier, teintant et contaminant l'imaginaire de millions de personnes sur tous les continents.

La vérité fait enfin surface

Très tôt, des biographes ont repéré chez Freud des tendances homicides et un « complexe de Caïn ».

Mais c'est seulement en 1983 que la vérité complète commença à émerger.

Cette année-là, parut *Passion for murder, The Homicidal Deeds of Dr Sigmund Freud*, d'Eric Miller, le premier livre écrit sur les meurtres commis par Freud. Ouvrage très rigoureux comportant plus de cinq cents notes et une documentation solide et minutieuse à l'appui de la vérité enfin dévoilée : Freud a tué six personnes, dont son demi-frère John et certains de ses amis, Freud ayant une définition toute personnelle de l'amitié.

Eric Miller, écrivain au parcours atypique et brillant et journaliste sérieux et intègre, fait preuve de beaucoup de rigueur dans son analyse. Il est arrivé à la conclusion que Freud a six meurtres sur la conscience après avoir étudié de très près l'enchaînement historique des faits, les nombreux témoignages disponibles, la correspondance de Freud, ainsi que ses œuvres publiées, où Freud a glissé de nombreuses allusions à ses crimes. En recoupant ces différentes sources, Miller prouve de la manière la plus convaincante que Freud a six meurtres à son actif, ou plutôt à son passif.

Et il ne s'agit là que des meurtres avérés. Aux dernières nouvelles (2012) il faudrait, dit Miller, revoir ce chiffre à la hausse.

En 1994 paraît un deuxième livre sur les meurtres de Freud : *Deadly Dr Freud*, de Paul Scagnelli, titulaire d'un Doctorat d'État et professeur de Psychologie. Paul Scagnelli affirme que Freud a tué son vrai père, Emmanuel, qui était officiellement son demi-frère.

Parallèlement, de nombreux biographes non informés des meurtres commis par Freud, mais plus curieux et objectifs que ses premiers hagiographes, exhumaient d'autres événements sordides de la vie de Freud.

Toute une kyrielle d'escroqueries, de mensonges, de petites et de grandes trahisons et de fautes professionnelles graves a ainsi fait surface. À mesure que le portrait du docteur Sigmund Freud devenait plus ressemblant, l'image du savant génial et intègre laissait place à celle d'un scélérat, d'un gibier de potence.

Les victimes de Freud

À l'époque où Sigmund Freud était seulement considéré comme un théoricien, on lui a souvent reproché une certaine misogynie. La connaissance de ses crimes permet de corriger ce point de vue.

Freud, sexiste ?

Pas du tout : il ne faisait aucune discrimination, et tuait tout aussi volontiers les femmes que les hommes. Voici, d'après Eric Miller, la liste (très probablement incomplète) de ses victimes :

John Freud
Tué par Freud en 1875, en été,
probablement peu après l'anniversaire des 20 ans de John, le 13 août 1875,
probablement avec un couteau, probablement castré et violé aussi.

Mathilde S.
Tuée par Freud le 24 septembre 1890
par une injection de drogue.
Freud a beaucoup expérimenté sur elle
avant d'en arriver là.

Le Docteur Joseph Paneth
Tué par Freud en 1890.

Pauline Silberstein
Poussée par Freud du 4e étage
de l'immeuble de son cabinet médical
le 14 mai 1891.

Le docteur Ernst Von Flieschl
D'abord rendu dépendant à la cocaïne puis tué par Freud
le 22 octobre 1891,
par des injections massives de cocaïne et de morphine.

Nathan Wise
Tué par Freud en 1883, probablement par strangulation.
Son corps a été retrouvé pendu dans des toilettes publiques.

Les mobiles des meurtres

Pourquoi Freud tuait-il ?

Tout d'abord parce qu'il était dévoré par le sadisme et la haine, une haine qui s'étendait à toute l'humanité. C'est ce qui ressort de sa correspondance, où il exprime avec violence l'hostilité qui le dévore. Quand Freud « aimait » (si on peut dire), sa passion se doublait toujours d'une violente envie d'assassiner l'objet de sa haineuse et envieuse adoration.

Mais l'appât du gain était aussi un mobile puissant. Ainsi Joseph Paneth était un très riche ami de Freud qu'il avait inscrit sur son testament : en l'assassinant, Sigmund visait son héritage. Freud était assoiffé d'or, de pouvoir et de gloire, et dans sa correspondance il ne s'en cachait pas.

Il faut aussi savoir que – d'après Miller qui apporte des arguments extrêmement convaincants pour soutenir cette thèse – comme beaucoup d'autres tueurs en série, Freud cumulait les perversions.

Ses principales étaient l'inceste (avec ses sœurs et peut-être sa mère, d'où le complexe d'Œdipe), la coprophagie (beurk) et la nécrophilie (re-beurk). Pas de viol sans victime et pas de nécrophilie sans cadavre : tuer donnait à Freud l'occasion de satisfaire certains de ses goûts pervers.

Entre silence et aveu

En mentant sur sa vie et en détruisant ses documents privés au cours d'autodafés répétés, Freud a cherché à mettre ses sordides secrets à l'abri des biographes trop curieux.

Mais l'envie de se confesser le démangeait aussi. D'une manière plus ou moins voilée, dans sa correspondance et ses ouvrages, Freud évoque sa haine de l'humanité et fait allusion à ses pulsions homicides et aux meurtres qu'il a commis, avouant ainsi à demi-mot ses actes les plus inavouables.

Cette ambivalence est classique. Les tueurs en série aiment tuer ; pour eux l'assassinat est une victoire, un accomplissement. Ils sont très fiers de leurs « exploits » et voudraient bien que tout le monde soit au courant... tout en craignant la prison et la peine capitale qui leur pend au nez.

Ambivalence qui les condamne à dire sans dire.

L'enfance d'un tueur en série

Comme beaucoup de tueurs en série, Sigmund a eu une enfance difficile. Son milieu d'origine laissait vraiment à désirer, et c'est peu de le dire.

Sigmund Freud naît le 6 mars 1856 à Freiberg en Moravie, dans l'Empire austro-hongrois. Mais voilà que les complications commencent déjà En effet Freud prétendait être né le 6 *mai* 1856 – et ce, pour une excellente raison : sa véritable date de naissance révèle que sa mère était enceinte de lui avant la date de son mariage.

La famille de Freud n'avait rien à envier à celle des Atrides. Sa mère a couché avec son beau-fils, ou peut-être avec ses beaux-fils. Le père officiel de Sigmund (qui était son grand-père) a tué sa deuxième épouse et peut-être aussi la première ; il a aussi violé ses propres enfants.

Serait-ce en généralisant son propre vécu que Freud a mis au point sa première théorie de la séduction ? Peut-être. D'après cette théorie, tous les problèmes psychologiques, toutes les névroses, auraient pour origine des viols subis dans la petite enfance. Toujours est-il que de victime, Freud est très vite devenu bourreau. Enfant, il prenait déjà plaisir à torturer les animaux...

Vous en avez assez.

Vous refermez le livre où vous avez découvert toutes ces informations déstabilisantes et reprenez contact avec la réalité qui vous entoure : la réconfortante odeur du chocolat chaud, le ronronnement du chat, les rayons dorés du soleil. Rien n'a changé depuis tout à l'heure.

Vous sentez pourtant une différence...

C'est peut-être vous qui avez changé.

La fin du mystère

Beaucoup de chercheurs et de biographes se sont interrogés sur l'incroyable omerta qui pèse sur les archives Freud.

Les archives *Bernfeld* sont inédites et jalousement gardées, les *Jones' Papers* sont interdits d'accès, et une immense part de la correspondance de Freud est inaccessible, toute consultation en étant strictement prohibée. Imaginez : certains documents ne seront consultables qu'en 2113 !

Censure inouïe que les nombreux chercheurs qui se sont intéressés à Freud ont qualifiée de *ridicule, grotesque, incompréhensible, absurde, suspecte, louche, bizarre*, etc. Jacques Bénesteau résume leurs interrogations :

> « Maintenant, la question est la suivante : quels sont donc les renseignements qu'il faudrait soustraire à la curiosité morbide du monde extérieur ? »

La réponse à cette question, maintenant, vous la connaissez.

Vous savez ce que tant de gens ignorent encore. Vous savez quels sont les renseignements que le cercle des freudiens initiés cherche à soustraire à la curiosité naturelle et légitime du monde extérieur. Car ce n'est pas la curiosité qui est *morbide*, mais bien les informations cachées...

Quelle crédibilité conservera la psychanalyse, lorsque tout le monde sera au courant que son fondateur était un pervers polymorphe et un tueur en série ayant au strict minimum six meurtres à son actif ?

À retenir

- Freud était un tueur en série et un pervers.
- Il a quelques circonstances atténuantes : son père officiel était lui-même un assassin et un pédophile.
- Les meurtres de Freud expliquent l'omerta qui pèse sur les archives freudiennes.

Conseils

► N'accordez aucune confiance aux tueurs en série en général, et au docteur Sigmund Freud en particulier.

Lectures recommandées

☐ ***Passion for murder, The Homicidal Deeds of Dr. Sigmund Freud*, d'Eric Miller**. Excellent livre. À lire pour savoir tout ce qu'il y a à savoir sur la personnalité gravement perturbée de Freud et sur ses actes, et pour découvrir toutes les preuves de ses meurtres.

☐ ***Mensonges freudiens, histoire d'une désinformation séculaire* de Jacques Bénesteau.** Cette excellente biographie démystificatrice permet de cerner le personnage de plus près.

☐ ***Le crépuscule d'une idole, L'affabulation freudienne,* de Michel Onfray.** Intéressant aussi.

Comment dire adieu

En fin de compte, la psychanalyse est le *nec plus ultra* de la désorganisation intérieure, une *Rolls* sans moteur garée sur des sables mouvants, une *voie royale* qui mène en tapis rouge jusqu'à un gouffre.

Mais quand on a vécu longtemps avec quelqu'un ou quelque chose, il n'est jamais évident de lui dire adieu. Comment se séparer pour de bon de Freud, de la psychanalyse, de son inconscient et de son psy ?

Lisez ce chapitre et suivez le mode d'emploi.

Comment dire adieu à Freud

Freud pervers, Freud assassin, Freud tueur en série... ça semble trop sensationnel pour être vrai.

Comment intégrer ces révélations bouleversantes ?

Comment assimiler les faits ?

L'image officielle de Freud, celle du chercheur désintéressé, de l'explorateur de nouveaux territoires mentaux, est en complète dissonance avec la réalité de Freud-Landru, de Freud-Petiot, de Freud-Fish, c'est pourquoi il nous est difficile d'accepter l'idée que Freud est un tueur en série.

Je dis « nous » parce que moi aussi, j'ai eu du mal.

Après avoir fait cette découverte, je me suis sentie troublée... déstabilisée.

Un peu comme le professeur Paul Scagnelli.

La première fois qu'il a lu *Passion for murder*, le professeur Scagnelli s'est senti barbouillé :

> « Émotionnellement, j'étais incapable d'accorder vraiment crédit aux idées de Miller... L'idée paraissait bizarre, et elle suscitait en moi un rejet nauséeux. »

Ce qui ne l'a pas empêché, par la suite, d'écrire *Deadly Dr Freud.*

Il est normal de passer par le stade du doute et du mal de mer. Pour vous aider à le dépasser, je voudrais partager avec vous une pensée qui m'a aidée à accepter la réalité...

Pas si étonnant

Des tueurs en série, il y en a toujours eu. Freud trouve sa place dans une longue ribambelle de criminels célèbres.

La seule chose qui le distingue d'un Landru ou d'un Petiot, c'est qu'on l'a pris pendant longtemps pour quelqu'un d'autre : on lui a accordé une confiance qu'il ne méritait pas.

Mais après tout, ce n'est pas le seul quiproquo de ce genre... Freud n'est qu'un exemple parmi d'autres de confiance mal placée.

Si notre civilisation avait pris pour guides et modèles des gens qui le méritaient, si elle avait accordé son respect et son admiration à de véritables bienfaiteurs de l'humanité (géniaux, mais aussi intègres et altruistes) en serions-nous où nous en sommes ?

Pour en être arrivée au point où elle en est, notre civilisation a forcément dû rater quelque chose quelque part.

Il n'est donc pas si étonnant que parmi les « grands hommes » on trouve des menteurs, des escrocs, des criminels et des pervers sexuels, ou encore des individus qui, comme Freud, sont tout cela en même temps.

Une nouvelle, trois réactions

Freud avait une double vie : derrière la façade du savant intègre se cachait un psychopathe avide de meurtres et de galipettes macabres. À cette nouvelle plus que troublante, il y a trois réactions possibles, trois réactions que j'ai pu observer.

Certains refusent l'information en bloc. Leur réaction de rejet est épidermique et irrationnelle :

« Non, Freud n'était pas un tueur en série. Vous mentez ! Et si vous dites la vérité, je m'en fiche : vous mentez quand même ! Ou plutôt, vous délirez ! Vous êtes fou et il faut vous enfermer ! »

Ce déni est parfois assaisonné d'un curieux retournement de l'information :

« Si vous dites que Freud est un tueur en série, c'est que vous avez tué quelqu'un ou que vous comptez vous y mettre ! Vous me faites peur ! »

(Vous avez remarqué ? Le spectacle de quelqu'un qui se cramponne à des illusions auto-infligées a quelque chose d'un peu pathétique, mais aussi de curieusement réconfortant... on se sent soulagé d'avoir dépassé ce stade.)

D'autre admettent superficiellement les faits, mais pour mieux les balayer d'un revers de la main avec une aristocratique désinvolture :

« Oui, d'accord, Freud était un tueur en série, et alors ? Il n'en est moins génial... Ne nous perdons pas dans les détails. La vie privée de Freud n'a aucune espèce d'importance, c'est son œuvre qui compte. »

Définir le meurtre comme un hobby appartenant à la sphère privée, un hobby où personne – et donc pas la police – n'aurait le droit de fourrer son nez... voilà un point de vue qui plairait certainement à Freud, et à tous ceux qui, comme lui, ont des squelettes dans leurs placards.

Il y a enfin la manière intelligente et adulte de réagir. Après l'inévitable période de doute, on accepte les faits :

> « Quand j'ai appris ça, ma réaction a été “Oh Mon Dieu !” Puis du soulagement, parce que je n'adhérais absolument pas à sa vision plus que spéciale des choses. Je me suis toujours dit que Freud était un grand malade, un pauvre type complément taré, mais je ne le voyais pas revêtir le costume de tueur en série. Il devait être sacrément déraillé. Dire que ce psychopathe est considéré comme la référence dans des domaines importants m'écœure profondément ! »

Cet écœurement est sain.

Choisir son camp

Mais au fait, pourquoi accepter les faits ?

Eh bien, tout simplement parce que ce sont les faits, et que si on ne veut pas croire à la vérité, on croira inévitablement au mensonge.

Deux professions de foi contradictoires

Une vérité, même inconfortable et amère, aura toujours plus de valeur qu'une illusion, même dorée à l'or fin.

À ce propos, le philosophe Jean-Marie Guyau (1854-1888) est l'auteur d'une magnifique profession de foi, probablement la plus belle jamais écrite sur l'amour de la vérité et sur les sacrifices à consentir pour elle :

> « Quoi que je trouve au bout de la voie où je m'engage, quand cela serait contraire à toutes mes prévisions et à tous mes désirs, à tout ce que je croyais et à tout ce qu'on croit autour de moi, quand ce serait contraire à tout ce que j'ai dit moi-même ; quand cela déferait toutes mes associations d'idées, dérangerait toutes mes combinaisons, tout le système que mon intelligence avait échafaudé jusque-là, quand cela anéantirait enfin tout le travail de ma vie

> passée, — si c'est la vérité, quelque pénible qu'elle soit, je veux la trouver, je veux y croire, parce que la vérité est digne d'amour et que je l'aime. »

Comparons cette admirable profession de foi avec celle de Freud :

> « Gardons-nous de laisser faussement croire à certains que la complexité du monde est telle que toute explication doit nécessairement comporter une parcelle de vérité. Non, notre esprit a conservé la liberté d'inventer des rapports, des relations qui n'ont aucun équivalent dans la réalité et il attache un grand prix à cette faculté en en faisant, dans la science et ailleurs encore, un important usage. »

Freud revendique la liberté d'inventer, la liberté d'avancer des théories qui ne contiennent aucune parcelle de vérité et « qui n'ont aucun équivalent dans la réalité ». D'après lui, peu importe les faits : une « explication » n'a pas besoin de comporter ne serait-ce qu'une parcelle de vérité. En clair, c'est le droit de mentir en toute impunité que Freud s'arroge sans vergogne...

Le moins qu'on puisse dire c'est qu'il en a bien profité.

Quant à nous, laissons-nous le droit de chercher la vérité et d'y croire quand nous l'avons trouvée. Lorsqu'on a *compris* que Freud est un menteur, un pervers et un meurtrier, il faut le *croire* – quand bien même cela serait contraire à tout ce qu'on a cru et à tout ce que les autres croient autour de soi, quand bien même cela bouleverserait notre vision du monde, démolirait tout le système auquel on aurait adhéré jusque-là.

Il le faut, car autrement, on se retrouverait par la force des choses dans le même camp que Freud : son complice.

Le menteur est soutenu par tous ceux qui préfèrent le goût de ses bobards à l'amertume salutaire de la vérité ; l'assassin, protégé par tous ceux qui n'osent pas soulever le voile qui dissimule ses crimes.

Comment dire adieu à la psychanalyse

Maintenant que nous avons dit adieu à Freud, disons adieu à la psychanalyse. La tâche est assez facile : il suffit de mettre en lumière le lien organique qui la relie à son père.

La psychanalyse cesse d'être mystérieuse et fascinante dès qu'on l'inscrit dans la continuité de la vie de son auteur – pas la version censurée et idéalisée des hagiographes, mais la version originale avec son lot d'incestes, de perversions et de meurtres.

La biographie freudienne est la pièce centrale du puzzle psychanalytique, celle qui permet de découvrir l'image générale et ainsi, de s'en détacher, l'image en question n'ayant rien d'attrayant.

De qui parle la psychanalyse ?

Vous voulez savoir pourquoi la psychanalyse voit des symboles phalliques jusque dans les lacs de montagne ? Parce que Freud était lui-même un obsédé sexuel. Pourquoi elle décèle des pulsions homicides, incestueuses et homosexuelles (quand ce n'est pas des tendances coprophiles) derrière le moindre lapsus ? Parce que Freud débordait de telles pulsions lui-même.

La psychanalyse ne parle pas de vous ; elle parle de lui.

Projection

Vous connaissez le test de Rorschach ?

On regarde des taches d'encre et on dit ce qu'on y voit.

Comme les taches d'encre peuvent recevoir mille et une interprétations, notre réponse révèle notre état d'esprit et un peu de notre personnalité.

Freud a utilisé les libres associations de ses patients de la même manière : comme un matériau brut où projeter ses propres pensées, obsessions et fantasmes. Puis, il a voulu convaincre le monde entier que ce qu'il voyait dans les taches d'encre s'y trouvait réellement. Cette entreprise hasardeuse a pour nom *psychanalyse*.

Extrapolation

Eric Miller l'a magistralement prouvé : tel un renard persuadé que tout le monde fait comme lui ses délices des coqs et des poulettes, Freud extrapole à partir de son cas.

Ayant été un enfant, il affirme que tous les enfants veulent tuer leurs pères.

Ayant été un père, il affirme (dans sa correspondance) que tous les pères veulent abuser sexuellement de leurs enfants.

Ayant désiré la mort de ses supérieurs, il affirme que c'est là un désir tout à fait normal.

Ayant eu des goûts sexuels plus que bizarres, il affirme (dans *Trois essais sur la sexualité*) que le désir de manger des excréments et de copuler avec des cadavres peut être le fait de gens normaux, pervers uniquement sur ce point.

Freud a élaboré la psychanalyse pour que tout le monde regarde dans son âme compliquée et malsaine et la prenne pour un miroir : il voulait nous faire croire que nous sommes tous des meurtriers incestueux et coprophages en puissance – comme lui l'était en actes. Avec la psychanalyse, Freud étend sa culpabilité au monde entier et cache sa noirceur dans un océan de noirceur.

Inversion

Qu'une femme ait envie d'avoir un enfant, c'est ce qu'on appelait avant Freud « l'instinct maternel » ou qu'on n'appelait même pas, tellement on trouvait ça normal. Mais qu'une femme ait envie de se faire greffer un pénis, c'est pour le moins inhabituel et bizarre.

Je suis sûre que si on faisait un sondage, on trouverait que les femmes qui ont cette envie étrange sont extrêmement rares...

Je pense que vous serez d'accord avec moi : s'il y a une de ces deux envies qui a besoin d'être expliquée, ce n'est pas que les femmes veuillent des enfants, mais plutôt que certaines femmes aient envie de se faire greffer un pénis.

Freud ne voit pas les choses ainsi.

Il part du principe que ce qui est bizarre, anormal, c'est que les femmes aient envie de faire des enfants. Inversement, ce qu'il juge normal et naturel, c'est que les femmes rêvent de devenir des hommes.

Dans sa perspective, si une femme veut un enfant, c'est parce qu'elle veut un pénis. Son bébé est un substitut de phallus. L'envie originelle, naturelle, est celle du phallus ; le désir d'enfant n'est qu'une perversion de ce désir inné.

Si on poussait le raisonnement jusqu'au bout, il faudrait donc croire que les femmes vraiment normales ne désirent pas d'enfant – elles veulent juste se faire opérer...

Cet exemple est tout à fait significatif de la manière dont Freud procède.

Il renverse l'ordre des choses en faisant de ce qui est inhabituel et contre nature l'explication ultime de ce qui est naturel et normal. Il décrit la nature humaine dans les termes de la perversion pour donner l'impression qu'il est naturel et normal d'être pervers, et qu'inversement, ce que l'on considère comme naturel et normal est en réalité pervers.

Cette démarche, qui est typique de la mentalité psychopathique, irrigue secrètement toute la psychanalyse et, en grande partie, l'explique.

Un alibi

En tant que meurtrier, Freud souffrait d'un sentiment d'infériorité et de solitude par rapport aux personnes normales (celles qui n'ont tué personne). Pour lutter contre ce sentiment d'infériorité, il éprouvait le besoin de s'innocenter. La psychanalyse joue ce rôle : elle est un alibi pour les criminels en général, et pour Freud en particulier.

Dans un article de journal récent, il est question d'un meurtrier « qui a perdu toute possibilité de se maîtriser, débordé qu'il est par des forces obscures ». La conclusion implicite du journaliste est que le meurtrier n'est pas vraiment coupable de son meurtre : les forces obscures de son *inconscient* portent le chapeau…

En 2008 un avocat plaida pour son client, coupable d'un meurtre, en invoquant « l'inconscient collectif tzigane » qui l'aurait rendu paranoïaque. L'avocat mit ainsi le crime de son client sur le dos de l'Inconscient. Il peut dire merci à Freud, sans qui cette stratégie n'aurait pas été possible.

La notion freudienne d'inconscient est un certificat d'irresponsabilité fort commode. L'assassin qui croit un tant soit peu à la psychanalyse peut se dire : « Ce n'est pas moi qui ai tué, c'est mon Inconscient qui a fait le coup... Au fond, je n'y suis pour rien ! »

Un acte d'accusation

Le renard se plaît à croire que tout le monde, même les agneaux, aime le poulet... Pour lutter contre son complexe d'infériorité et son sentiment de solitude, Freud ne se contente pas de fournir un alibi aux meurtriers, il calomnie aussi l'immense foule de ceux qui n'ont pas de sang sur les mains. Manière de se convaincre lui-même, et de convaincre les autres, qu'ils sont coupables comme lui.

Après avoir lu Freud, l'individu normal se dit : « Je ne m'en rends pas compte, mais je veux tuer mon père et coucher avec ma mère... C'est horrible : je suis un tueur et un pervers en puissance ! »

La psychanalyse a été conçue pour générer un sentiment d'irresponsabilité chez les coupables en même temps qu'un sentiment de culpabilité chez les innocents.

Publicité pour les perversions sexuelles

Avec la psychanalyse, Freud ne se contente pas de promouvoir l'homosexualité, ou pour mieux dire, la bisexualité ; il fait aussi de la publicité pour les perversions sexuelles : inceste, pédophilie, nécrophilie, coprophagie, etc.

Comment ?

Tout simplement en les associant à des valeurs positives telles que le plaisir, la vitalité ou l'audace et en soutenant que la mise en acte des pulsions est nécessaire à la guérison. À ce sujet, voici deux citations freudiennes très significatives :

> « S'il pouvait être pervers, il serait en bonne santé »

> « L'homme était un pervers et par conséquent, en bonne santé. »

Ce que Freud veut dire par là, c'est que pour retrouver la santé mentale ou physique, il est nécessaire de vivre les perversions qu'on a refoulées, c'est-à-dire d'agir conformément aux désirs inconscients dont lui, Freud, nous a révélé l'existence avec tant d'empressement et d'obligeance.

Publicité pour le meurtre

La psychanalyse fait aussi de la publicité pour le meurtre.

Certes, tous ceux qui passent sur le divan ne deviennent pas Hannibal le Cannibale, mais qu'est-ce que ça prouve ? Tous ceux qui prennent l'anglais en première langue vivante à l'école n'en sortent pas bilingues non plus. Un internaute qui fait une analyse et qui (circonstance aggravante) lit assidûment Freud et le vénère tient des propos fort inquiétants :

> « Assumer est dur... il faut sans cesse tuer les autres, ou soi. »

> « La colère est une forme de désir de liberté, je pourrais tuer pour être libre... Même si au fond je ne veux pas l'être, je sais que la liberté est la solution. »

> « Je crois parfois que je deviendrai un assassin afin de tuer ce qui m'empêche de vivre ! Qui sait si ça ne finira pas comme ça. J'ai perdu trop de temps, il est temps d'avancer, de tuer les adversaires. »

« Même quand je fais des photos, chose que j'aime beaucoup, je vire le peuple de mon cadre comme pour détruire l'individu, et puis je n'aime pas les portraits, je les fais pour me souvenir sans rien ressentir... »

« Je veux juste dormir, haïr les autres, et regarder la télé. Je ne suis pas un héros, j'ai écrit un livre, mais personne n'a voulu l'éditer, dommage, il est bien écrit... Je l'emporterai au diable, il en voudra, lui. Je suis né pour pourrir ce monde, pour cracher dessus, l'enfer c'est moi. »

« J'ai des doigts de couteaux, des mains d'aciers qui pourraient tuer parfois, mais c'est moi qu'elles tuent. Parfois je me dis qu'être est suffisant et d'autres fois je voudrais crier le bruit de ma vie sur une place, faire la révolution, devenir ultra, lancer une guerre civile, la force de l'âme est énorme, je crains que l'analyse ne révèle une puissance incendiaire. Un monstre sans dépendance. »

« Si je grandis, comme je suis responsable de mon père, aux dires du psy ça me ferait le tuer ! Les morts sont des objets et ma relation avec les gens est souvent une relation exclusive d'objet : un objet est un désir unilatéral, l'objet est désiré, et ne peut choisir, en un sens c'est un désir pervers. Je ne veux pas de relations bilatérales, ou j'ai à rendre en quelque sorte, de l'amour par exemple, pourtant j'ai envie d'aimer. »

S'il continue dans sa route, cet analysant finira probablement par zigouiller quelqu'un. Il a l'air d'un cas à part, mais ses propos sont d'une certaine manière exemplaires – exemplaires des effets de Freud sur ceux qui le prennent pour gourou et maître. Effets logiques : comment un tueur en série pourrait-il former autre chose que des tueurs en série ?

Un jargon de psychopathe

Le vocabulaire de la psychanalyse est un jargon de psychopathe : en l'adoptant, on adopte du même coup la mentalité tordue qui va avec.

Prenons juste trois exemples, trois expressions typiquement psychanalytiques : *complexe d'Œdipe, tuer le père* et *objet*.

En jargon psychanalytique, *complexe d'Œdipe* signifie : « envie naturelle et universelle de tuer son père et de coucher avec sa mère ». Mais si c'est naturel, en quoi est-ce un problème, un *complexe* ?

Le problème n'est pas d'avoir envie de tuer son père et de coucher avec sa mère, mais *de ne pas avoir conscience* qu'on en a envie. Point de vue de psychopathe, pour qui l'inceste et le parricide sont normaux – et leur absence, problématique.

Tuer le père est le conseil ouvertement criminel, et théoriquement métaphorique, que beaucoup de psychanalystes donnent à leurs patients.

Ce meurtre du père est censé représenter le passage à l'âge adulte et la fin de l'autorité paternelle. Mais que si c'est là tout le sens de l'expression, pourquoi ne pas parler de *grandir,* de *prendre son indépendance* ou de *couper le cordon* plutôt que de *tuer le père* ?

En tout état de cause, l'expression confère au parricide des connotations extrêmement positives. On est bien dans la tête d'un psychopathe.

Quant à *objet,* c'est un mot banal et innocent... quand on l'applique à un objet. Mais dans le jargon de la psychanalyse, *objet* s'applique toujours à une personne. Les tueurs en série considèrent les gens en général, et leurs victimes en particulier, comme des choses : la psychanalyse ne fait pas mieux.

Aveux indirects

La psychanalyse est enfin une confession voilée, un corpus de textes secrètement autobiographiques où Freud se livre à une espèce de danse des sept voiles, montrant et cachant tour à tour les secrets crapuleux qui le démangent.

Parfois c'est au détour d'une citation latine qu'il glisse une allusion à ses crimes, parfois, comme dans *L'interprétation des rêves*, il déguise un aveu grave en rêve sans conséquence.

Lisez si vous voulez le récit du rêve intitulé « Non vixit » (« Il n'a jamais vécu ») : dans ce rêve, Freud rencontre son ami Paneth, que dans la vraie vie il avait déjà tué. Toujours dans le rêve, Freud pose sur Paneth un regard perçant qui le fait pâlir et disparaître, ce qui le réjouit beaucoup. Dans son commentaire de ce rêve, Freud dit qu'il a « annihilé » Paneth et se compare à Brutus éliminant César. Puis il se réjouit ouvertement de survivre à ses amis, ce qui lui permet de rester « seul maître du champ de bataille ».

Bilan

Miroir d'une âme noire, entreprise d'insalubrité publique, alibi pour meurtriers, acte d'accusation virulente portée contre des innocents, publicité agressive pour la perversion et le meurtre, confession indirecte d'un tueur en série... la psychanalyse est tout, sauf une étude objective de l'âme humaine. Tout, sauf un moyen de découvrir qui vous êtes. Lui dire adieu, c'est dire adieu à un mensonge compliqué et malsain qui infecte l'imaginaire de ceux qui y croient.

Comment dire adieu à son Inconscient

Et la célèbre notion d'inconscient ?
Ce gouffre obscur où mijotent tant de pulsions malsaines ?
Comment s'en débarrasser ?

Un concept bidon

Tout d'abord en prenant conscience que l'Inconscient freudien est un concept grossièrement illogique.

En effet Freud décrit l'inconscient comme composé de trois parties :
1/Le ça ;
2/Le Moi ;
3/Le Surmoi.

Le Moi correspond à la personnalité consciente, et le Surmoi, qui fait la différence entre le bien et le mal et peut éprouver des remords, correspond lui à la conscience morale. Quant au ça, c'est un réservoir à désirs inconscients.

Jusque-là, vous êtes d'accord ?
Ou du moins, vous ne voyez rien d'inadmissible ?
C'est peut-être parce que le prestige de Freud dissimule sa royale nudité...
Mais imaginez qu'un quidam ordinaire divise le genre féminin en :
1/femmes ;
2/hommes ;
3/petits garçons.
Cette pseudo-analyse vous ferait-elle l'effet d'une découverte ?
J'espère bien que non.

Eh bien, diviser l'inconscient en trois parties, dont deux correspondent à la conscience, a autant de sens que de ranger les hommes et les petits garçons dans le genre féminin, pour décréter ensuite que l'humanité n'est composée que de femmes. Et si on transpose, c'est précisément ce que fait Freud... Après avoir fourré la conscience de soi et la conscience morale dans l'Inconscient, il « constate » que « L'inconscient est le psychique lui-même et son essentielle réalité ».

Effectivement, l'inconscient est le psychique lui-même et son essentielle réalité – mais uniquement si on décrète que la conscience est une partie de l'inconscience ! Perspective aberrante, insoutenable d'un point de vue logique.

Le plus étonnant dans cette histoire, c'est que Freud a réussi son coup : des générations et des pays entiers l'ont suivi dans son révisionnisme sémantique, comme s'il avait fait une grande découverte scientifique plutôt que falsifié sans vergogne le sens des mots.

Ainsi dans les cours de philosophie, on rend souvent hommage à Freud de cette manière :

> « Freud a découvert que l'essentiel de l'homme, c'est-à-dire l'essentiel des tendances expliquant sa conduite, réside dans l'inconscient. »

Vous comprenez maintenant que ce genre de pseudo-découverte est à la portée de n'importe qui...

Pour « découvrir » qu'il y a des hippopotames à tous les coins de rue, il suffit d'adopter une définition très large d'*hippopotame* (par exemple, « être vivant »). Pour « découvrir » que tous les fruits sont des oranges, il suffit de diviser l'ensemble des oranges en pommes, poires, oranges, bananes, etc. Et pour « découvrir » qu'il fait nuit en plein jour, il suffit de prétendre que la lumière est une sous-partie de l'obscurité.

Par chance, malgré les mystifications de ce genre, le soleil persiste à se lever à l'est tous les matins sur un monde doté d'une faune et d'une flore extrêmement variées...

Une métaphore tenace

L'inconscient n'est donc pas un concept scientifique – c'est tout au plus un concept philosophique. Et encore... quelle piètre philosophie.

Mais l'image est tenace.

Si vous avez cru à l'inconscient psychanalytique et aux pulsions malsaines qui y tournent en rond comme des sternoptyx abyssaux au fond des ténèbres, il vous est peut-être difficile de vous détacher de cette image, même si vous avez maintenant pleinement conscience qu'elle n'est qu'un symbole sans substance, une métaphore qui ne correspond à rien.

On dit qu'un clou chasse l'autre. Puisque l'inconscient est une image, pour l'effacer définitivement nous allons passer par une autre image...

Vider

Première étape : vider l'inconscient.

Comment ?

D'après le poète et résistant René Char (1907-1988), la lucidité est la blessure la plus rapprochée du soleil. Alors, imaginez que le soleil de la lucidité tape si fort que le contenu de l'inconscient s'évapore, comme celui d'une piscine gonflable sous la canicule provençale…

Et là, surprise-surprise, vous constatez que l'inconscient est vide.

Complètement vide.

Aucun désir immoral et malsain aux yeux glauques, aucune pulsion inavouable aux dents pointues, aucune envie poisseuse, rien de rien...

L'inconscient n'était ni le loch profond où Nessie barbote, ni une faille au fond de l'océan remplie de calmars géants, ni même une mare pleine de têtards.

Juste une cuve ou un réservoir.

C'est à la fois un grand choc et un immense soulagement.

Finalement, vous n'êtes pas mauvais à la base… Finalement, aucune pulsion inconnue ne peut décider de vos actes à votre place… Finalement, vous êtes vous, et personne d'autre.

Remplir

Passons maintenant à la deuxième phase de l'opération.

Ce réservoir vide, il est temps de le remplir.

Pourquoi pas avec de la bonne terre fertile ?

Vous y plantez des glaïeuls, des narcisses, des framboisiers, des lilas, des amandiers, des acacias et des pins méditerranéens. Et comme en imagination, tout est possible, au bout de cinq minutes à peine vous disposez d'un magnifique jardin, que vous saupoudrez de papillons, de colibris et de tourterelles.

Ce jardin représente votre for intérieur.

Un lieu protégé où vous pouvez méditer dans la plus grande lucidité, la plus grande sérénité. Si vous avez déjà visité un monastère, pensez au jardin du cloître, en plus paradisiaque.

Les tourterelles roucoulent, le ciel est pur et bleu, tout est merveilleusement tranquille, comme par une après-midi de vacances et d'été.

Mission accomplie : l'inconscient est conscient et le gouffre est comblé... Vous êtes en paix dans votre jardin secret.

Freud, et d'autres, ont voulu et voudront encore saccager ce sanctuaire, mais ils n'y parviendront jamais parce que personne n'y a accès – si ce n'est vous. Votre jardin vous appartient ; personne ne peut vous en priver, personne ne peut s'y installer sans votre autorisation explicite et consciente. Charbonnier est maître chez soi : vous êtes le maître de votre intérieur, le souverain de votre Moi.

Comment dire adieu à son psy

Vous voyez un psychanalyste depuis plusieurs mois. Vous n'avez constaté aucun mieux, aucun progrès – ce que vous avez constaté, c'est une recrudescence de vos angoisses. Vous pensez qu'il vaut mieux que vous mettiez un terme à cette thérapie qui n'a rien de thérapeutique. Mais voilà... Il y a quelque chose – quelque chose d'indéfinissable – qui vous empêche de quitter votre psychanalyste. Quelque chose qui vous ligote à son divan, à son quasi-silence... une espèce de charme, ou de sort, ou de mauvais sort.

Comment le briser ?

Comment couper le cordon ?

Comment dire adieu à son psy ?

Un étranger dans votre for intérieur

En vous livrant au jeu des libres associations devant votre psy, c'est-à-dire en pensant à haute voix, vous lui avez donné accès à l'intimité de votre conscience. Soit vous refusiez de jouer le jeu, soit vous le jouiez selon les règles établies par Freud. Vous avez accepté de jouer le jeu, et la conséquence, que vous n'aviez pas prévue mais qui était inévitable, c'est que vous avez fait entrer votre psy dans une zone qui, en principe, doit rester strictement privée.

Votre conscience est votre for intérieur, et ce for est aussi un fort : vous avez fait entrer un étranger dans votre château. Vous l'avez laissé pénétrer au cœur même de vos processus mentaux. Le tableau de bord dont vous êtes le seul maître, le gouvernail dont vous êtes le seul capitaine, vous les lui avez confiés.

Dire adieu est difficile, parce que cette personne, ce psy, est devenue une partie de vous.

Une relation asymétrique

L'inverse n'est pas vrai.

Vous n'êtes pas devenu une partie de votre psy. Vous ne l'avez pas écouté penser à haute voix pendant des heures. Vous ne savez rien de sa vie personnelle, rien de sa vie sexuelle. Vous n'avez aucun accès à ses rêves. Vous n'avez aucune influence sur ses choix. Et il ne se sent pas du tout lié à vous.

Regarder en face l'asymétrie de la relation va, je l'espère, vous aider à vous en libérer.

Une relation commerciale

Et maintenant, étonnons-nous. Lorsqu'un plombier aggrave la fuite qu'il était censé réparer, vous n'êtes pas tenté, même une minute, de lui confier encore une fois vos robinets et vos tuyaux. Alors comment se fait-il que vous soyez tenté de confier encore une fois vos états d'âme et vos pensées à un professionnel qui abîme ce qu'il est censé réparer ?

Vous allez me dire que ce n'est pas du tout la même chose – et c'est vrai, ce n'est pas du tout la même chose.

Sauf que c'est quand même un peu la même chose.

La relation qui vous unit à votre psy est commerciale. Vous lui donnez votre argent, il vous donne un peu de son temps et (en théorie) beaucoup de son aide. Vous lui achetez quelque chose, il vous vend quelque chose. Donc s'il ne remplit par sa part du contrat, c'est-à-dire s'il ne vous aide pas, vous n'avez aucune raison de continuer à remplir la vôtre, au moins que vous ne vous considériez comme son mécène – et encore, en tant que mécène, vous pourriez lui envoyer des chèques par la poste sans lui rendre visite.

Mais peut-être que vous ne voyez pas les choses ainsi... peut-être qu'à vos yeux, la relation qui vous unit à votre psy n'est pas commerciale.

Dans ce cas, je vous propose de faire un test : confrontez votre perception de la situation à la réalité en cessant de payer votre psy.

Arrêtez de payer votre psy, et voyez comment la relation évolue : si elle reste exactement la même, c'est qu'elle n'est pas commerciale. Si elle se dégrade brutalement et s'interrompt, c'est qu'elle était commerciale.

Si vous n'arrivez vraiment pas à couper le cordon, c'est un excellent moyen pour que psy le fasse à votre place.

Concrètement...

Mais tout ceci ne nous dit pas comment procéder concrètement pour dire adieu à son psy...

Des analysants vous diraient : « Si tu as envie d'interrompre l'analyse, parles-en avec ton psy ! » – autrement dit : « Si tu as envie d'interrompre l'analyse, continue l'analyse ! » Mais ce n'est pas comme ça qu'il faut procéder. Vous n'avez pas à payer pour faire passer le message que vous ne voulez plus payer, ni à parler pendant des heures pour faire comprendre que vous ne voulez plus parler pendant des heures.

Alors, comment dire adieu à son psy ?

Vous pouvez lui écrire une lettre. Vous pouvez laisser un message sur son répondeur. Vous pouvez même lui poser un lapin – mais ce n'est pas élégant.

Au fond, l'essentiel n'est pas de dire adieu.

L'essentiel est de reprendre ses cliques et ses claques et sa liberté.

L'essentiel est d'être ailleurs et de faire autre chose.

L'essentiel est de rompre cette pseudo-relation de couple où l'un s'ennuie à devenir riche et l'autre s'appauvrit à parler dans le vide.

À retenir

- Un certain nombre de « grands hommes » sont en réalité de gros pourris ou de petits pervers. Ce qui permet de comprendre un peu mieux pourquoi le monde va si mal.
- Tout se passe comme si, en élaborant la psychanalyse, Freud cherchait à généraliser ses propres vices et à salir la nature humaine. (Si *vices* vous dérange, vous pouvez remplacer par « comportements sexuels inhabituels et pulsions homicides », mais comme cette dernière expression est longuette, pour ma part j'en reste à *vices*.)
- Après avoir fourré la conscience dans l'Inconscient, Freud prétend découvrir que tout est inconscient.
- Toute relation payante est une relation commerciale. Y mettre trop de sentiments est une erreur, comme de tomber amoureux d'une prostituée (ou d'un gigolo) dans l'exercice de ses fonctions.

Conseils

► Laissez-vous le droit de chercher la vérité et d'y croire quand vous l'avez trouvée.
► Ne vous focalisez pas sur la psychanalyse. Cet écran de fumée noire ne bouche l'horizon que lorsqu'on garde le nez dessus. Prenez du recul et regardez le paysage au-delà : vous verrez qu'il est infiniment vaste.

Partie XI

Les électrochocs

Puisque ni les antidépresseurs, ni la psychanalyse ne sont efficaces contre la dépression, peut-être faut-il se tourner vers des méthodes plus énergiques ?

Plus radicales ?

Beaucoup de livres ayant la dépression pour sujet consacrent un paragraphe élogieux aux électrochocs. Que vous les considériez comme barbares et archaïques ou que vous n'excluiez pas la possibilité de faire un jour appel à ce qu'on appelle parfois « la solution de la dernière chance », en lisant cette partie vous serez intéressé, mais aussi choqué (sans avoir besoin d'être branché à la machine) par la moins caressante de toutes les thérapies.

Et comme savoir, c'est pouvoir, vous aurez un atout de plus dans votre main.

Pourquoi pas ?

Électrochoc : le mot a quelque chose de vieillot et d'inquiétant.

Comme *guillotine, électrochoc* suscite un léger frisson, tempéré par la pensée rassurante que « Dieu merci, nous vivons à une autre époque ! » D'ailleurs, de nos jours, on n'entend plus parler d'*électrochocs*... Mais ce n'est *pas* parce que les électrochocs sont en voie de disparition. Très loin de là.

Évolution

En France, 70 000 séances d'électrochocs ont lieu chaque année. Au Québec, l'utilisation des électrochocs a doublé entre 1988 et 2001. Aux États-Unis et en Europe aussi, le nombre des électrochocs effectués ne cesse d'augmenter.

Qui plus est, en France la loi évolue en leur faveur. Une réforme de la loi a mis en place les « soins sous contrainte en ambulatoire ». Concrètement, cela signifie que, sans être internée en hôpital psychiatrique, une personne peut être *obligée* de s'y rendre régulièrement pour recevoir une injection de médicaments ou une séance d'électrochocs. Merveilleux programme.

Cette évolution n'est pas plus le fait du hasard que tous les phénomènes dont nous avons parlé jusqu'ici. Depuis plusieurs dizaines d'années, les psychiatres électrocuteurs et les journalistes et médecins qui relaient leur message auprès du grand public s'emploient sans relâche à redorer le blason des électrochocs.

Si on n'entend plus tellement parler des électrochocs, c'est donc pour une tout autre raison que leur disparition.

De nouveaux noms

À l'image des stars voulant rester discrètes et des criminels en fuite (à vous de décider laquelle des deux comparaisons est la plus appropriée), les électrochocs ont changé de nom.

Sismographie, *sismothérapie*, *électronarcose, thérapie électroconvulsive, électroconvulsivothérapie* : de nos jours, ce sont ces mots-là qui sont utilisés de préférence. Pourquoi un tel foisonnement de nouveaux termes ?

Oui, vous avez deviné : pour faciliter le recours aux électrochocs. Un docteur peut proposer une *sismographie*, une *sismothérapie*, une *électronarcose* ou une *électroconvulsivothérapie* à son patient sans que celui-ci prenne peur et se braque.

Sismographie fait vaguement penser à *géographie* et à *sismique* et dans *sismothérapie* et *électroconvulsivothérapie* on entend *thérapie*, mot dont la bouille est bien sympathique. Quant à *électronarcose*, il remplace la violence originelle du *choc* d'*électrochoc* par le sommeil profond *de la narcose*.

À la différence d'*électrochocs,* tous ces nouveaux noms n'évoquent aucune image traumatisante, aucune idée pénible. Leurs connotations sont neutres, ou positives. Ainsi rhabillés, les électrochocs paraissent beaucoup plus respectables, et même fréquentables.

De plus, le patient aura tendance à supposer que cette *sismographie*, *sismothérapie*, *électronarcose,* *thérapie* *électroconvulsive* ou *électroconvulsivothérapie* n'a pas grand-chose à voir avec les anciens électrochocs : à nouveau nom, nouvelle réalité... Du moins, c'est ce qu'il suppose.

À tort, ou à raison ?

C'est ce qu'on va voir.

Un discours séduisant

D'après ses partisans, l'électrochoc est un traitement à part entière, très efficace contre certaines formes de dépression, rendu confortable grâce à l'anesthésie générale, et ne présentant aucun danger.

Dans le cas de dépression sévère, résistante aux traitements, les électrochocs seraient efficaces dans plus de 80 % des cas :

> « Les électrochocs ont plus que jamais leur place, surtout maintenant que les indications sont connues, certaines et évaluées. Rien ne les remplace en matière de mélancolie, surtout anxieuse ou délirante, et d'autres indications (catatonie, agitations, dépressions résistantes, dépression chez la femme enceinte) ont des résultats extrêmement spectaculaires, là où justement les psychotiques ou les antidépresseurs ont échoué. »

Mais alors, pourquoi les électrochocs ont-ils si mauvaise réputation ?

Pour des raisons sociales, politiques et cinématographiques qui n'ont rien à voir avec leur réalité propre :

> « Mai 68, *Vol au-dessus d'un nid de coucou* et l'antipsychiatrie : "la maladie mentale n'existe pas, elle n'est que le symptôme d'une société (capitaliste) toxique" ont anéanti la technique des électrochocs. Il fallait donc bannir l'asile et ses avatars et le plus "répressif et violent" d'entre eux, l'électrochoc. »

Malgré la mauvaise réputation qu'ils traînent, les électrochocs n'ont rien de cruel :

> « Cette méthode n'est pas aussi barbare qu'elle en a l'air. La réalité est très différente de la fiction ! »

Ils sont administrés dans des conditions de confort qui n'ont rien à voir avec les électrochocs d'autrefois... Nous ne sommes plus au temps de *Vol au-dessus d'un nid de coucou* :

> « La traumatologie a disparu depuis l'avènement de l'anesthésie sous curare : le patient ne bouge presque plus, la crise n'est plus qu'électrique corticale. Restent alors les troubles mnésiques, toujours existants, bien que réduits par l'arrivée des "courants carrés" et non plus ondulatoires et éventuellement le placement unilatéral des électrodes. »

Ces « troubles mnésiques » ne seraient que des petits trous de mémoire insignifiants qui s'estomperaient spontanément au bout de quelques jours. Rien de bien grave, donc...

> « Il faut souligner que les chocs électriques ne provoquent pas de dommages cérébraux : cela a été confirmé par les différentes techniques d'imagerie cérébrale. »

Quant à expliquer les effets miraculeux des électrochocs sur la dépression, les spécialistes ne s'y risquent pas. Les mécanismes de l'action des électrochocs gardent une grande part de mystère :

> « On ne sait toujours pas comment cela marche ! »

Seule explication proposée :

> « Le cerveau fonctionne grâce à des milliers d'impulsions électriques échangées par les neurones (on peut les mesurer grâce au fameux électro-encéphalogramme). La décharge va ainsi stimuler les neurones et favoriser la mise en place de nouvelles connexions. Ce qui va avoir un impact direct sur certains troubles de l'humeur. »

La décharge d'électricité envoyée dans le crâne au cours d'une séance d'électrochoc aurait ainsi le même genre d'effet que l'apprentissage d'une nouvelle langue.

C'est dans ce style rassurant et engageant que s'expriment les promoteurs des électrochocs... leur discours est bien rodé.

Tentation

Lorsqu'on a la sensation d'être au bout du rouleau, d'avoir tout essayé, tout tenté, d'être à deux doigts du suicide, et qu'on tombe sur le discours dont vous venez d'avoir un aperçu, on peut penser que les électrochocs valent la peine d'être tentés. Après tout, quand on a déjà tout essayé, qu'a-t-on encore à perdre ?

Et si c'est ça ou la mort, est-ce qu'il ne vaut pas mieux ça ?

Même si ce n'est qu'une mince lueur d'espoir, même si le résultat n'est pas garanti… Pourquoi pas ?

80 % de réussite, quand même !

Et si, pour une fois, on avait de la chance ?

Et si on faisait partie de la majorité, pour une fois ?

Il y a de quoi hésiter, il y a de quoi y penser sérieusement, vous ne croyez pas ?

À retenir

- De nouveaux noms modernes et rassurants et une efficacité claironnée : les électrochocs ont pris un coup de jeune.
- Quand on lit le discours lisse et séduisant des pro-électrochocs, on est tenté de se dire : « pourquoi pas ? »

ENCORE UN PIÈGE

Seulement voilà, ce discours engageant est un leurre, un appât. Y croire, c'est mordre à l'hameçon. Et quand on mord à l'hameçon, on finit en papillotes.

Sur le grill électrique.

Électrocution

Si vous avez été séduit par le discours enjôleur des pro-électrochocs, vous aurez peut-être du mal à croire à leur nocivité... Mais au fond, n'est-elle pas inévitable ?

Le principe d'action des électrochocs est le même que celui qui est en œuvre lorsqu'on met ses doigts dans une prise, ou qu'on prend un bain avec son sèche-cheveux : les électrochocs électrocutent. Étant donné leur nom, cela ne devrait être un *choc* pour personne.

Mais, comme on l'a vu, leur vrai nom est si souvent dissimulé par d'autres, plus rassurants, qu'on peut s'y laisser prendre...

Technique de soin, ou séance de torture ?

Les partisans des électrochocs s'emploient à donner d'eux une image lisse, abstraite et désincarnée, alors voyons tout de suite comment les choses se passent concrètement, dans la réalité.

On amène le patient dans une salle spéciale et on le couche.

On lui installe des appareils de mesure de la tension artérielle, des battements du cœur et de l'oxygénation du sang. On enregistre aussi son électroencéphalogramme.

On lui injecte un anesthésique général par voie intraveineuse.

Puis, on lui injecte un poison de type « curare » qui l'immobilise. Tout son corps est paralysé : il ne peut plus battre des paupières, ni même respirer de lui-même.

On lui fourre un gros bâillon dans la bouche.

On lui met un masque et un ballon.

On serre sa tête entre deux électrodes.
On envoie l'électricité d'une tempe à l'autre : 200 volts, et souvent plus.
La mâchoire du patient se crispe.
Souvent, sa vessie lâche et il urine sur lui.
Ça ne se voit pas étant donné qu'il est paralysé, mais il est en train de traverser une violente crise d'épilepsie – c'est cette crise qui est le but officiel de la séance... (Les médecins cherchent à empêcher les crises d'épilepsie chez leurs patients tandis que les psychiatres leur en infligent. Faut-il en déduire que les psychiatres sont des anti-médecins, et la psychiatrie une anti-médecine ?)
Sans la curarisation qui le paralyse, le patient se tordrait dans des convulsions si violentes qu'elles risqueraient de briser ses dents et ses os... le bâillon dans sa bouche est d'ailleurs là pour l'empêcher de se sectionner la langue avec les dents.
Bâillon, électricité, convulsions : au fond, même si les personnes qui s'affairent autour du patient portent des blouses blanches, la scène ressemble fort à une séance de torture travestie en traitement médical. Assister à une séance d'électrochocs est d'ailleurs traumatisant :

> « Durant mes études et mes stages de psychiatre, j'ai vu des séances de sismothérapie... Cela m'a profondément choquée. »

Ce que disent les infirmiers qui sont aux premières loges est encore plus révélateur :

> « Technique de soin, ou séance de torture ? La question ne saurait se poser en ces termes. »

Que les infirmiers eux-mêmes se posent la question en ces termes, pour dire juste après qu'il ne faut pas se poser la question en ces termes, révèle que, pour ceux qui assistent et participent aux séances d'électrochocs, la question se pose effectivement en ces termes.
Dans ces conditions, comment s'étonner que les électrochocs esquintent ceux qui les subissent ?
Eh oui, les électrochocs sont un piège à déprimés... Encore un.

Électrochocs vs antidépresseurs

La grande différence entre les antidépresseurs d'une part, et l'électrochoc de l'autre, c'est que les dégâts causés par les premiers sont (dans la plupart des cas) réversibles, tandis que ceux causés par l'électrochoc ne le sont pas. C'est ce caractère irrémédiable qui fait la spécificité des électrochocs.

À retenir

- Les électrochocs électrocutent.
- Une séance d'électrochocs présente de nombreux points communs avec une séance de torture.
- Le labyrinthe psychiatrique comporte de nombreux pièges.

Conseils

► Ne vous dites pas que vous n'avez plus rien à perdre. Vous risqueriez de découvrir plus tard, et trop tard, que ce n'était pas le cas.

► Regardez bien où vous mettez les pieds.

Traumatisme cérébral

Les électrochocs bousillent le cerveau.

Un cerveau électrocuté est définitivement abîmé.

Lors de l'autopsie – si un jour il y a autopsie –, le médecin pourra constater les lésions cérébrales causées par les électrochocs, même si ceux-ci ont été infligés quarante ans plus tôt.

Le témoignage des experts

Ce fait est bien connu des spécialistes.

Le Docteur Peter Sterling, professeur de Neurobiologie de la Faculté de médecine de Pennsylvanie, a écrit un article intitulé « Les dommages causés au cerveau et les pertes de mémoire dues aux électrochocs ».

Le Docteur John Friedberg, neurologue, a lui écrit tout un livre sur le sujet. Son titre : *Les électrochocs sont mauvais pour votre cerveau.* Devant le comité de la santé mentale de l'assemblée de New York, ce courageux docteur a dit :

> « Si vous voulez des lésions cérébrales, il n'y a pas de moyen plus efficace que l'ETC. »

Kart Pribram, directeur du Laboratoire de Neuropsychologie de l'Université de Stanford, confirme :

> « Je préférerais subir une lobotomie mineure plutôt qu'une série de chocs électroconvulsifs. Je sais très bien à quoi ressemble le cerveau après une série de chocs, et ce n'est pas très agréable à voir. »

Bref, les spécialistes du cerveau sont unanimes : les électrochocs causent des ravages.

Dommages

Que se passe-t-il dans le cerveau juste après un électrochoc ?

L'orage électrique cérébral déclenché dure plusieurs minutes, épuisant les réserves du cerveau en oxygène et en éléments nutritifs.

Le sang afflue en grande quantité dans le cerveau, où la pression sanguine s'élève de 200 %, ce qui provoque l'éclatement de petits vaisseaux sanguins, et parfois de gros.

Ces hémorragies cérébrales sont d'ailleurs à l'origine de nombreux décès.

Le choc électrique endommage aussi la protection sanguine du cerveau, le mettant ainsi à la merci de divers composants du sang : protéines, toxines, et diverses petites molécules qui dans des circonstances normales seraient arrêtées par cette protection, mais qui suite au choc la traversent et portent atteinte à l'intégrité du cerveau en altérant sa structure délicate.

Suite à l'élévation de la tension artérielle, aux hémorragies et à la rupture de la barrière de protection sanguine, le cerveau gonfle.

Il y a bien d'autres effets, mais je vous passe les détails, peu ragoûtants.

Conséquences de tout ça ?

Un cerveau ayant subi des électrochocs est blessé, déformé, atrophié, partiellement détruit. On y trouve :

— des œdèmes ;
— les hémorragies cérébrales dont je viens de vous parler ;
— la raréfaction et la destruction d'une partie des tissus ;
— une atrophie du cortex ou des couches externes du cerveau ;
— l'épaississement de certains tissus et l'apparition de cicatrices ;
— une dilatation des espaces qui entourent les vaisseaux sanguins.

Rien de neuf

Vous pensez peut-être qu'on a découvert tout récemment les effets désastreux des électrochocs, grâce aux nouvelles techniques d'imagerie cérébrale...

Pas du tout.

Peu de temps après leur invention en 1938, des études d'autopsies menées sur les victimes d'électrochocs prouvaient déjà les dommages que ceux-ci causent au cerveau.

Puis dans les années quarante et cinquante, des recherches ont été menées sur des chiens, des chats et des singes – pauvres bêtes. Elles confirmèrent que les électrochocs, même de faible intensité, causent des dégâts majeurs.

Après une période où ces études ont été soigneusement... oubliées, récemment d'autres études ont vu le jour.

Que les sujets d'études soient des animaux ou des êtres humains, les résultats ont toujours été les mêmes : les électrochocs abîment de cerveau, et ils l'abîment d'une manière irréversible.

À retenir

• Le consensus visant à redorer le blason de l'électrochoc porte des fruits rabougris : de plus en plus de cerveaux atrophiés et grillés. Les cerveaux de ceux qui ont subi des électrochocs sont tout simplement et tout bêtement ratatinés.

• Il suffit d'une séance d'électrochocs pour commencer à faire des quenelles cérébrales.

Des vies brisées

Les conséquences des électrochocs sont plus ou moins les mêmes que celles d'un traumatisme crânien accidentel. Logique : qu'il soit volontaire ou involontaire, fait dans une « bonne » intention ou dans une mauvaise, un choc à la tête a toujours le même genre de conséquences.

Amnésies

100 % des personnes ayant subi des électrochocs perdent une partie de leurs souvenirs.

Ces amnésies sont très souvent irréversibles et définitives. L'amnésie peut s'étendre jusqu'aux noms des enfants, jusqu'à la vie de couple, jusqu'au conjoint lui-même.

Voici quelques témoignages pris au hasard parmi des centaines :

> « Je parlais couramment cinq langues ; il va falloir que je les réapprenne... si j'en suis encore capable. »

> « Depuis l'ECT, mon premier mari est mort. Nous avons été mariés pendant dix ans et pourtant je n'ai presque aucun souvenir de lui. »

> « J'ai subi l'ECT il y a quatre ans et depuis j'ai des trous de mémoire, y compris à propos de mes enfants, ce qui me désespère. »

> « Il y a de cela vingt ans, j'ai subi trente électrochocs. J'ai une fille, et deux années irremplaçables ont été effacées de ma mémoire : celles où elle avait deux et trois ans. »

> « J'ai perdu définitivement 95 % de mes souvenirs d'avant les électrochocs. De retour au lycée, c'était affreux : je ne me souvenais plus de mes camarades et je ne trouvais plus mes salles de classe. »

> « J'ai subi pas mal de séances de sismo et je souffre encore aujourd'hui de leurs effets secondaires. Je ne me souviens plus de certains événements de ma vie — mais seulement les agréables, car les mauvais souvenirs sont toujours là. La sismo n'a eu aucun effet positif sur moi. »

« J’ai une amie qui a été dépressive pendant dix ans, elle a subi plusieurs hospitalisations et quinze électrochocs. Elle n'a pas été guérie de sa dépression, mais par contre elle a perdu une grande partie de sa mémoire. »

« Je ne me souviens plus d'événements que je ne voulais oublier à aucun prix, comme le jour de mon mariage et les personnes qui y étaient présentes. Un ami m'a conduite à l'église où je m'étais mariée, mais cela n'avait plus aucune signification pour moi. »

« J'ai perdu mes souvenirs d'enfance et j'ai souvent l'impression qu'une part vitale de mon existence est morte suite aux électrochocs. Quand ma famille fait référence à des événements passés, je suis envahie par la tristesse et le deuil... je ne peux partager leurs souvenirs. »

« Je suis victime d'une grave amnésie. Des gens viennent à ma rencontre dans les lieux publics ; de toute évidence ils savent très bien qui je suis et me parlent comme si nous étions les meilleurs amis du monde. Ce n'est pas comme si j'avais seulement oublié leur nom ; je n'ai aucun souvenir d'eux, je ne les connais pas. »

« Il y a de cela cinq ans et demi, j'ai vécu l'horreur lorsque je me suis réveillée dans un hôpital après une séance d'ECT, la mémoire vide. Qui est-ce que j'étais ? Où est-ce que j'étais ? Qui était mon mari ? Mes enfants ? Qu'est-ce que j'aimais ? Qu'est-ce que je n'aimais pas ? Quel genre de famille était la mienne ? Quelle était ma place dans cette vie que j'étais censée vivre ? Je ne savais plus rien. »

« Je suis totalement contre les électrochocs et je sais de quoi je parle, en ayant subi moi-même. Maniaco-dépressive, je souffrais d'une très grave dépression. Après divers cocktails en perfusions, il ne restait plus que les électrochocs à tenter. Ce traitement m'a mise dans un tel état que mon mari a pris peur et m'a sortie de l’hôpital contre avis médical. Cela remonte maintenant à quatorze ans. Depuis, je suis très handicapée dans la vie de tous les jours et je souffre de troubles de la mémoire. Sans compter tout ce que j'ai oublié... »

« J'ai subi huit séances de sismothérapie il y a plus d'un an déjà. J'ai vingt-sept ans aujourd'hui. Le gros problème est que depuis, j'ai le cerveau comme une éponge. Gros trous de mémoire. On m'a dit que cela passerait rapidement, mais ce n'est pas le cas. Du coup, je me sens handicapée dans la vie de tous les jours... Il y a même des épisodes de ma vie dont je ne me rappelle plus du tout. Quand mon entourage me raconte des événements du passé, je tombe des nues : je ne me souviens d'absolument rien. J'ai le cerveau bousillé. Ça me fait vraiment peur. Moi qui pouvais retenir des pages entières auparavant... »

« J'ai eu onze séances d'électrochocs et je suis restée hospitalisée neuf semaines. Je ne me souviens presque plus de rien. J'avais quelques souvenirs, une ou deux images de l'enterrement de mon père, je ne savais même plus comment j'avais organisé la garde de ma fille durant mon hospitalisation. Je sais que j'ai reçu des visites à l'hôpital, mais je ne m'en souviens pas. Le médecin a dit que retrouver mes repères m'aiderait à me souvenir ; je suis donc retournée à la maison. L'horreur : je ne reconnaissais rien. Je me suis rendue compte que je ne me souvenais pas de l'année précédant mon hospitalisation, à part quelques images fortes. Par exemple, j'ai trouvé un ticket d'avion pour l'Angleterre, j'étais paraît-il allée voir mon fils qui venait d'être amputé d'un bras. Je ne m'en souvenais pas. Ma mémoire était définitivement atteinte. Non seulement j'étais amnésique concernant l'année précédente, mais je n'arrivais plus à fixer les faits. Ma psychologue m'a fait écrire tout ce que je faisais, pour pouvoir relire le lendemain matin. Ça m'est arrivé de téléphoner à des proches plusieurs fois pour dire exactement la même chose parce que je ne savais plus ce que j'avais fait la veille. Maintenant, un an et demi plus tard, je vais enfin mieux, mais ma mémoire est définitivement altérée. »

Certaines personnes (vraiment très rares) disent pourtant qu'elles n'ont subi aucune perte de mémoire après leurs électrochocs. Elles sont certainement sincères, mais sont-elles lucides ?

Rien n'est moins sûr.

En effet, quand on oublie, on ne le sait pas forcément. Il faut des circonstances bien précises pour prendre conscience que tel ou tel souvenir manque à l'appel. L'amnésie étant une absence, elle ne se signale pas elle-même.

Atrophie cognitive

Les électrochocs entraînent aussi un amoindrissement significatif du quotient intellectuel ; cette diminution est souvent d'une trentaine de points. Les électrochocs atrophient les facultés cognitives et altèrent les capacités de raisonnement. Bref, ils abrutissent :

« Cela m'a changée en zombie pendant une année entière. »

« Sans l'ECT, aujourd'hui j'aurais une thèse ou un doctorat. »

« Je ne suis plus ce que j'étais… j'ai perdu une partie de mon intelligence. »

« Je ne peux plus me concentrer ; je ne peux plus me souvenir de mes lectures. »

« Ça a détruit une partie de mon cerveau ; je suis incapable de me débrouiller tout seul. »

« Mon QI était de 120 avant les séances et maintenant, il en est loin. J'ai même du mal à préparer un repas. »

« J'ai perdu beaucoup de mes facultés d'attention, de concentration, sans avancer d'un pouce dans mes problèmes. »

« Ma pensée s'est obscurcie, mon raisonnement s'embrouille, je n'arrive plus à être logique, j'ai perdu ma créativité. »

« J'ai subi l'ECT. Je sais ce que c'est. Inutile de tourner autour du pot : l'ECT peut causer, et cause souvent, des déficits cognitifs. Je ne suis pas la même personne que j'étais avant l'ECT »

« Après la sismo je ne savais plus rien faire, je ne savais même plus lire ou regarder la télé, plus rien n'avait de sens et je ne comprenais plus vraiment ce que les gens me disaient. Un an et demi plus tard, je vais enfin mieux, mais mes capacités mentales ne sont plus les mêmes — des tests médicaux poussés l'ont prouvé. »

« Je ne sais plus coudre et je ne peux plus me concentrer sur quoi que ce soit. J'ai des problèmes cognitifs, des problèmes pour penser. Je crois que j'ai des lésions permanentes au cerveau à cause de l'ECT ; je pense que je ne pourrai jamais être une personne aussi intelligente que je l'étais avant le traitement par électrochocs. »

« Je ne suis plus capable de me souvenir de quoi que ce soit. Je lis et une minute après, j'ai oublié. Je ne peux pas suivre des instructions écrites, mon esprit s'embrouille. L'autre jour je devais remplir un formulaire pour obtenir des tickets d'alimentation. Je n'y arrivais pas. J'ai commencé à pleurer... C'était quelque chose de si simple et de si banal, et je n'étais pas capable de le faire. »

Après avoir lu tous ces témoignages, vous avez peut-être l'impression que les électrochocs sont un désastre après lequel l'électrocuté est condamné à végéter à un niveau cognitif inférieur...

Ce n'est pas faux.

Mais même en cas de dommage cérébral, il y a toujours quelque chose à faire pour améliorer son sort. Les rescapés des électrochocs sont souvent exemplaires par la ténacité dont ils font preuve pour se hisser plus haut que le niveau où les électrochocs les ont fait descendre.

Isolement

Conséquence de tout ce qui précède : les électrocutés perdent leurs proches, leurs amis. Soit ils s'isolent volontairement de plus en plus, soit ils sont de plus en plus isolés par la force des choses :

« Je suis devenue un légume. Je ne vois plus que mes voisines et un ami. »

« J'ai peur des rencontres, peur de faire face aux gens ; je vis comme un ermite. »

« L'ECT a détruit ma vie ! Socialement, je suis devenu stupide et inadapté, alors je reste isolé autant que possible pour ne pas me couvrir de honte. »

Parfois, leur conjoint et leurs enfants s'éloignent aussi :

« Les électrochocs n'ont pas seulement détruit ma vie, ils ont aussi failli détruire ma famille et mon mariage. »

Quelle tristesse.

Chômage et pauvreté

Quand on perd une bonne partie de sa mémoire et de son intelligence, on perd aussi très souvent son travail.

Les électrocutés ont rarement les moyens de conserver leur emploi. Petit à petit, ils sombrent dans le chômage. Leur déchéance sociale se poursuit, lente, mais irrésistible : après le chômage vient la pauvreté. Après la pauvreté, la précarité.

« Quand j'ai la chance de trouver du travail, en général ça ne dure pas longtemps. »

« Je ne travaille pas. Je fais des listes pour essayer de me rappeler de ce que je dois faire. »

« J'ai 50 ans et je suis en invalidité depuis que j'ai quarante-quatre ans. Mon salaire ne suffit pas à me faire vivre : pour la première fois depuis que j'ai dix-sept ans, j'ai du demander de l'argent à ma mère ! »

« J'ai subi des ECT il y a quatre ans. Je n'ai pas pu reprendre mon travail à cause des trous de mémoire, car ils auraient pu avoir des conséquences graves sur les gens dont je m'occupais (j'étais dans le médical). »

« J'étais jeune, environ vingt ans, et j'ai dû faire face à une déception amoureuse. J'étais malheureuse. J'ai atterri chez un psychiatre. C'était horrible : tous les matins on venait me chercher pour la séance d'électrochocs. Cela a duré des semaines. Inutile de vous dire que quand je suis sortie au bout de plusieurs mois, j'étais vidée. J'ai eu un mal fou à retrouver une activité salariée. »

« Je suis un scientifique et je souffre d'un trouble bipolaire. Très dépressif, j'ai subi environ soixante séances d'électrochocs. Cela m'a soulagé d'une grande partie de ma dépression, mais j'ai perdu le travail de mes rêves et à cause de mes amnésies, je ne peux pas passer de nouveaux concours. »

« J'ai eu une vingtaine de séances d'ECT. Depuis, je n'ai toujours pas retrouvé la mémoire rétrograde (tous mes souvenirs anciens). J'ai des problèmes de concentration, d'orientation et même des problèmes de mémoire récente. J'ai peur que cela ne revienne pas ; peur d'avoir perdu des capacités intellectuelles. Je n'arrive plus à me concentrer pour lire. J'en ai parlé à mon psychiatre qui me dit que cinq mois plus tard il est étonnant que les choses ne se soient pas améliorées. Rien de bien rassurant... J'ai peur de ne pas pouvoir retravailler un jour. »

Inexorablement, ceux qui exerçaient un métier intellectuel doivent y renoncer :

« Sans l'ECT, j'enseignerais encore. Les médecins électrocuteurs m'ont volé ce qui, dans la vie, me procurait le plus de satisfaction. J'avais toujours rêvé d'être enseignant : c'était mon idéal... J'ai été viré et j'ai perdu poste après poste à cause des conséquences directes ou indirectes de l'ECT Je survis avec une petite pension d'invalidité. »

Combien, comme cet homme, ont eu le cœur brisé de ne plus pouvoir enseigner, écrire, etc. ?

Désespoir

Les pertes de mémoire, la destruction des capacités mentales, l'isolement, le chômage et la pauvreté conduisent bien souvent au désespoir. Ernest Hemingway ne voulut pas survivre à son talent d'écrivain, détruit par les électrochocs : il se suicida. Il n'est pas le seul à avoir mis fin à ses jours à cause des électrochocs, ou à avoir pensé à le faire :

« Cinq mois après l'ECT,.j'ai tenté de me suicider. »

« Les électrochocs ont amené mon frère à se suicider — il avait vingt ans. »

« J'ai subi l'ECT il y a 4 ans. Ma dépression est revenue très vite après les séances – en partie parce que j'étais démolie par les électrochocs que j'avais subis. »

« Je fais partie de ces nombreuses personnes qui ont subi des électrochocs dans l'espoir de soulager une dépression sévère. Résultat du traitement : aggravation de la dépression et tentative de suicide. »

« Les effets à long terme de l'ECT sur moi ont été si handicapants que maintenant, plus que jamais, je veux mourir ! Avant les électrochocs j'avais des

> idées suicidaires de temps en temps, mais depuis, mes idées suicidaires se sont intensifiées au point que chaque minute ou presque, je pense à mourir. Les effets dits secondaires sont si dévastateurs que cette thérapie pousse au suicide ! »

Des effets « secondaires » d'une importance cruciale et une « thérapie » qui pousse au suicide : comme les mots peuvent être trompeurs...

Âmes en péril

Dans bien des cas, les électrochocs entraînent aussi une destruction de la personnalité profonde, une sorte de perte spirituelle :

> « J'ai perdu mon âme. »
>
> « J'ai perdu mon identité. »
>
> « Je suis une coquille vide. »
>
> « Ça m'a changée en épave. »
>
> « Il me manque des morceaux. »
>
> « J'ai perdu une partie de moi que je ne pourrai jamais récupérer. »

Les témoignages de ceux qui ont rencontré des victimes d'électrochocs vont dans le même sens :

> « Ayant été hospitalisé cette année dans une clinique qui pratiquait les sismos, j'ai pu parler à des patients et voir leur état après les séances... J'étais terrifié... Ils avaient l'air de zombies et se lamentaient de souffrir d'absences et d'un sentiment de vide. »
>
> « J'ai une amie de classe (qui d'ailleurs était plutôt bonne élève) qui s'est farci trois électrochocs par semaine pendant plusieurs semaines. Elle en est ressortie complètement shootée, le sourire aux lèvres, un sourire de zombie qui vous glace les sangs. »

Le psychiatre Ronald David Laing (1927-1989) a noté :

> « De tout temps, les docteurs ont tué leurs patients en leur appliquant leurs traitements, et se sont ainsi enrichis. Mais dans la psychiatrie, c'est l'âme qui meurt. »

Il pensait probablement aux électrochocs, qui abîment l'esprit autant que le corps.

Ceci dit, il faut nuancer ce dernier point. Certains rescapés des électrochocs ont prouvé qu'ils ont gardé toute leur force morale. Ils se sont battus pour faire connaître la vérité sur les électrochocs avec un héroïsme qui n'a pas été récompensé à leur juste valeur, mais qui témoigne largement de leur force d'âme. Même amoindri par la torture ou meurtri par des électrochocs, l'être humain reste libre de ses choix ; c'est ce qui fait sa grandeur.

Mort prématurée

Parlons enfin de la plus définitive de toutes les conséquences. Les électrochocs provoquent une détérioration cérébrale qui, parfois, tue.

> « Se trouvant dans une période de mal-être, mon compagnon a rendu visite à son psy et a accepté une hospitalisation. Le psy nous a proposé Sainte-Anne. Nous ne voulions surtout pas cet endroit, mais il nous a vanté les changements dans cet établissement. Nous avons fini par accepter. Lorsque les portes se sont refermées, nous avons compris que nous étions piégés. Pendant deux semaines nous avons subi un système d'abus de pouvoir terrifiant dans des conditions inhumaines. Au bout de deux semaines d'attente, on a proposé une série d'électrochocs que mon compagnon a refusée pour différentes raisons, parmi lesquelles son âge (80 ans). On nous a répondu que nous avions de fausses idées sur ce traitement qui, paraît-il, remplace les produits chimiques... Pour s'en sortir, il fallait au moins faire une séance. C'était la période des fêtes et je n'ai trouvé aucune aide extérieure. Deux heures après cette séance, sans surveillance, mon compagnon mourait. »

Le taux de décès causés par les électrochocs est incertain. D'après certaines sources, il serait d'environ 1 sur 200. D'après le ps... [compléter] Selon une étude de 1993, le taux de décès serait de plus de 25 % parmi les personnes âgées, l'année suivant leurs traitements par électrochocs (il est de moins de 4 % chez ceux qui n'ont pas subi ce traitement).

Bilan

Voici, en résumé, ce que disent des électrochocs celles et ceux qui y ont survécu : que c'est la pire décision qu'ils aient prise dans leur vie, mais qu'on ne les avait pas prévenus des effets réels ; qu'ils avaient besoin d'aide et d'amour, pas qu'on leur saccage le cerveau d'une manière barbare ; qu'ils ont reçu un gros coup de poing dans la cervelle ; qu'on leur a menti, qu'on les a trompés et trahis ; que c'est une décision qu'ils regretteront toute leur vie ; que c'est horrible de faire subir ça à quelqu'un ; que ça devrait être interdit ; que ceux qui infligent des électrochocs devraient être obligés d'en subir ; que c'est humiliant et dangereux ; que ce n'est pas un traitement médical ni un soin, mais de la torture.

Vous êtes indigné ?

Il y a de quoi.

Des personnes vulnérables et désorientées se tournent vers la psychiatrie pour lui demander de l'aide. L'aide qu'elle est censée leur donner et qu'elle leur a promise. Résultat ?

La psychiatrie les saisit, les broie entre ses mâchoires d'acier et finalement les rejette, brisés. C'est une trahison de la pire espèce, et on ne peut même pas identifier un responsable... Il y en a mille, car c'est tout le système qui est pervers.

À retenir

- Les électrochocs anéantissent irrémédiablement les plus précieux souvenirs.
- Ils auraient pu changer Einstein en crétin des Alpes.
- Ils mènent à l'isolement à la pauvreté.
- Ils abîment l'âme.
- Ils tuent.
- Les rescapés en parlent comme d'une forme de torture particulièrement barbare.

Conseil

► Avant de commencer n'importe quel traitement, cherchez les témoignages de ceux qui sont passés par là avant vous.

Lectures recommandées

☐ ***Les étonnants pouvoirs de transformation du cerveau : Guérir grâce à la neuroplasticité* de Norman Doidge**. Si vous avez été victime d'électrochocs, cette lecture vous redonnera espoir.

Électrocutés et contents ?

Aussi stupéfiant que cela puisse paraître compte tenu de tout ce que nous venons de découvrir sur les électrochocs, un petit nombre de rescapés sont satisfaits du traitement qu'ils ont reçu. En tout cas, c'est ce qu'ils disent. Voici deux témoignages de ce genre :

> « Après presque dix ans de traitements psychiatriques pour mon trouble bipolaire, traitements qui ont épuisé toutes les ressources de la psychiatrie et n'ont eu aucun effet bénéfique, je me suis finalement tourné vers l'ECT Je me suis retrouvé : pour la première fois depuis dix ans, je me suis senti en contrôle et motivé. Les effets sur ma mémoire sont négligeables comparés aux effets secondaires des médicaments, qui interféraient avec ma mémoire de toute façon. »

> « Suite à un épisode dépressif majeur, médicaments et autres prescriptions n'ont pas réussi à me sortir de cet état. Étant hospitalisé, j'en suis venu à la sismothérapie, une dizaine de séances en tout. Je ne m'en souviens pas ; ce sont d'anciens patients qui m'ont raconté. Apparemment je me demandais ce que je faisais à l'hôpital. Ça m'a sorti de mon épisode dépressif et maintenant, deux ans après, je ne regrette pas. Il est vrai que j'ai quelques trous de mémoire de temps en temps, mais ça m'a sauvé la vie, et ça ne m'empêche pas de m'épanouir. Ça m'a permis de repartir sur la bonne voie. »

Quand on confronte ces rares, très rares, témoignages positifs avec le raz-de-marée des témoignages négatifs sur les électrochocs, on éprouve une certaine perplexité, et même une perplexité certaine. Comment ces personnes-là peuvent-elles être satisfaites de ce qui a détruit la vie de tant d'autres ?

Les électrochocs abîment le cerveau : comment expliquer qu'ils soient aussi, dans certains cas rarissimes, efficaces contre la dépression ?

Euphorie post-traumatique

La réponse à cette question a de quoi surprendre. Les électrochocs ont une certaine efficacité contre la dépression *précisément parce qu'ils abîment le cerveau.* Oui, vous avez bien lu. L'euphorie est souvent présente dans le syndrome frontal post-traumatique. Autrement dit, une joie débordante est l'une des conséquences possibles et probables d'un choc à la tête.

C'est pourquoi la victime d'électrochocs se sent parfois euphorique et exaltée. Elle interprète cet état comme une amélioration, mais son entourage est souvent effrayé et consterné par cette gaieté étrange, révélatrice d'une personnalité amoindrie et d'une conscience en berne :

> « Après cette séance d'électrochocs, ma famille vint me rendre visite. J'étais si heureuse, si excitée ! J'avais acheté quatre cadeaux pour les enfants. J'ai décidé de donner à mon fils celui qui lui était destiné. Mon fils aîné (de 13 ans) entra dans la chambre avec son père. Quand il m'a vue, mon fils a eu un temps d'arrêt, puis il est entré dans la pièce et il m'a embrassée. J'ai sorti les cadeaux et je lui ai dit de prendre le sien et de donner les autres aux enfants. Il en a choisi un, puis il a dit qu'il descendait à la salle d'attente pour quelques minutes. Pendant plusieurs années je n'ai pas su qu'il était descendu pour pleurer, en serrant contre lui le jouet en plastique bon marché qui aurait mieux convenu pour un enfant de cinq ou six ans. Il a pleuré pour moi. Pendant plusieurs années je n'ai pas su qu'il avait été terrifié comme jamais. Lors de la visite précédente, j'avais été léthargique, les yeux vides ; cette fois-ci je semblais heureuse, mais je ne me rappelais pas qu'il était déjà venu me voir et j'agissais comme s'il avait cinq ou six ans. Après ça, mes enfants avaient l'air triste ou perturbé, et je ne comprenais pas. Je me sentais si bien, pourquoi est-ce qu'ils ne pouvaient pas être heureux ? Puis je suis redescendue de mon petit nuage. Mes problèmes étaient toujours là et maintenant mes enfants souffraient, je ne pouvais plus me souvenir des choses, etc. »

Ce bien-être-là est éphémère. Quelques jours, au maximum quelques semaines — quatre semaines, pour être précis. Parmi les témoignages positifs écrits sur les électrochocs, beaucoup ont été écrits pendant ce court laps de temps. On le sait parce que l'auteur du témoignage précise par exemple qu'ils a reçu un traitement par électrochocs « il y a deux semaines ». Dans les cas de ce genre, l'euphorie post-traumatique dure encore.

Quatre explications

Mais cette euphorie n'explique pas les témoignages élogieux écrits beaucoup plus tard... Comment les concilier avec tous les constats amers qu'on a lus sur les électrochocs ? Comment penser à la fois les uns les autres ?

Plusieurs explications sont envisageables.

Punition

D'après les psychiatres Peter R. Breggin et E. Miller, parmi les rares témoignages positifs sur les électrochocs certains s'expliqueraient par l'allègement d'un fort sentiment de culpabilité. Les patients qui se détestent sentent qu'ils ont enfin reçu un châtiment à la mesure de leurs fautes plus ou moins imaginaires : l'électrochoc est une punition suffisamment sévère pour qu'ils se sentent libérés de leur culpabilité.

Je ne crois pas beaucoup à cette explication, mais peut-être qu'elle est vraie, après tout.

Nouveau départ ?

Deuxième hypothèse : de la même manière qu'un accident grave est parfois l'occasion d'un changement de vie, il se pourrait que dans certains cas rarissimes, les électrochocs soient l'occasion d'un nouveau départ, l'euphorie post-traumatique débouchant sur un changement d'humeur durable.

Par chance, il y a des manières infiniment plus efficaces et respectueuses de l'intégrité physique et mentale de divorcer de son passé et d'épouser son avenir. Vous les découvrirez dans la dernière partie de ce livre.

Anosognosie

La troisième explication possible, qui est d'ailleurs compatible avec la précédente, c'est que la victime d'électrochocs souffre d'anosognosie.

Enfin, souffre ce n'est pas le mot, puisqu'elle ne souffre pas, justement...

L'anosognosie est la méconnaissance par l'individu de sa maladie ou de son état. Elle est considérée comme un trouble neuropsychologique. Le cerveau est parfois si sérieusement abîmé que la victime n'a plus conscience des facultés qu'elle possédait auparavant : elle n'est plus assez intelligente pour s'apercevoir qu'elle l'est moins. En perdant une partie de ses facultés intellectuelles, elle a perdu les points de repère qui lui permettraient de s'en rendre compte.

Dans ce cas, la victime des électrochocs se sent bien dans sa peau, mais ce n'est plus vraiment la sienne : elle n'est plus la personne qu'elle était. Elle a troqué sa capacité à comprendre des situations complexes et à prendre de bonnes décisions contre une insouciance joviale et des sentiments superficiels.

Cet état est comparable à l'euphorie post-traumatique, mais il est définitif.

Raisonnement contrefactuel

Y a-t-il d'autres explications possibles aux témoignages positifs sur les électrochocs ?

Une troisième hypothèse est que le rescapé des électrochocs tient un raisonnement contrefactuel : il compare ce qui fut avec ce qui aurait pu être. Plus précisément, il compare ce qui fut avec *le pire* qui aurait pu être. Tout dépend en effet de la perspective dans laquelle on se situe, du contexte que l'on imagine.

Si on compare les effets des électrochocs avec ceux d'une thérapie douce (par exemple l'hypnose), les ravages qu'ils causent paraissent graves et inacceptables, mais si on compare les électrochocs avec l'éventualité d'un suicide, les dégâts qu'ils induisent paraissent un prix raisonnable à payer pour échapper à la mort.

La victime des électrochocs se déclare satisfait de son traitement quand il met en balance l'hypothèse de son suicide avec les inconvénients induits par les chocs dont il a été victime : du coup, ceux-ci lui paraissent négligeables.

Dans une certaine mesure, ce raisonnement est valable – mais il fait l'impasse sur un point essentiel dont nous allons parler maintenant.

Les pompiers pyromanes

Pourquoi certains survivants pensent-ils que, s'ils n'avaient pas fait d'électrochocs, ils se seraient tués ?

Parce qu'à l'époque, ils étaient gravement déprimés, mais aussi parce qu'à l'époque, ils étaient convaincus qu'ils étaient arrivés au bout de leurs ressources, qu'ils avaient épuisé toutes leurs options et qu'il ne leur restait plus aucun espoir – si ce n'est les électrochocs...

Mais pourquoi voyaient-ils les choses ainsi ?

Parce que les docteurs et les psychiatres qu'ils avaient consultés les leur avaient présentées de cette manière.

En présentant la dépression comme une maladie grave et chronique et les traitements psychiatriques comme la *seule* manière de soigner efficacement cette maladie, les psychiatres électrocuteurs acculent les déprimés pour qui les antidépresseurs ne marchent pas dans une impasse.

Dans ce cul-de-sac, il ne leur reste plus que deux possibilités : les électrochocs ou le désespoir...

Même si la situation est très différente, on peut la rapprocher de ce que vivent les femmes qui accouchent par césarienne à cause d'une souffrance fœtale qui a été induite par le protocole hospitalier.

Elles aussi doivent faire face à deux possibilités dont aucune n'est satisfaisante : perdre leur enfant ou se faire ouvrir le ventre.

Après l'opération, certaines sont pleines de reconnaissance pour l'équipe médicale. Elles sont persuadées que la césarienne a sauvé la vie de leur bébé...

Et ce n'est pas faux.

Mais ce qu'elles ne voient pas, c'est que la souffrance fœtale qui a rendu la césarienne nécessaire a été causée par leur immobilisation sur le dos, par les multiples touchers vaginaux qu'on leur a imposés, par le monitoring en continu du cœur du bébé, par le déclenchement de l'accouchement, par la péridurale, etc.

De même, ce qui accule les déprimés à choisir entre suicide et électrochocs, c'est bien souvent la psychiatrie qui est sensée les sauver. Avec ses diagnostics accablants, ses antidépresseurs pathogènes, son discours négatif et alarmiste sur toutes les méthodes alternatives (« Attention aux sectes ! Attention aux arnaques ! »), c'est elle, la psychiatrie, qui les a réduits à ce choix.

En un sens, les psychiatres électrocuteurs sont comparables à des pompiers pyromanes : ils frottent une allumette à l'abri des regards, puis quand on réclame de l'aide à cor et à cri, ils arrivent avec leur matériel dernier cri pour éteindre l'incendie qu'ils ont allumé eux-mêmes.

En résumé, ceux qui pensent que les électrochocs leur ont sauvé la vie ne se rendent pas compte que cette même psychiatrie qui leur a permis d'échapper au suicide les a enfermés dans un dilemme cornélien : renoncer à tout espoir de guérison, ou se soumettre à des séances de torture électrique.

À retenir

• Les chocs au cerveau induisent souvent une euphorie post-traumatique. Le « bonheur » éphémère suscité dans certains cas par les électrochocs est une euphorie de ce genre.

• Parce que les dégâts portent sur le cerveau, les victimes d'électrochocs ne sont pas toujours capables de prendre conscience qu'elles ont été abîmées par cette « thérapie ».

• La gratitude est un noble et doux sentiment. Toutefois, les pompiers incendiaires et les médecins électrocuteurs n'en méritent aucune.

Contrainte, consentement et choix

Comment les électrocuteurs parviennent-ils à leurs fins ?

Car ce n'est pas comme s'ils essayaient de persuader leurs patients de manger de la charlotte aux fraises ou de faire du patin à roulettes... Comment font-ils pour trouver des victimes à coucher sur leur table de torture ?

Y a-t-il vraiment des volontaires pour l'électrocution, le traumatisme cérébral et l'atrophie cognitive ?

Par la force

Sans surprise compte tenu de leur irrémédiable manque d'attrait, les électrochocs sont bien souvent imposés aux patients par la contrainte.

Par la force bête et méchante.

L'individu qualifié de « malade mental » n'en veut pas (ce qui prouve qu'il n'est pas si fêlé que ça). On les lui fait subir quand même.

Brutalement.

Impitoyablement.

Avec une indifférence ou un sadisme qui veulent passer pour leurs contraires. À ce sujet, le psychiatre et électrocuteur Jean Thullier raconte ses souvenirs avec un naturel étonnant :

> « Si le malade n'est pas coopérant, comme c'est souvent le cas lors de la première séance [...] il faudra se battre ; les électrodes glissent, une partie du courant diffuse et la crise rate ; on recommence mais il faut augmenter le voltage et le temps de passage, comme si une résistance s'était installée. La reprise respiratoire est alors plus lente à se manifester... »

Depuis l'arrivée de l'anesthésie, la violence est plus feutrée mais elle reste de mise : aujourd'hui comme hier des électrochocs sont imposés à des gens qui les refusent. On peut s'étonner qu'au pays des droits de l'Homme une telle atteinte aux droits de l'Homme soit légale, mais c'est ainsi. La loi a de ces contradictions.

Évidemment, les tortionnaires ont une réponse toute prête : les électrochocs sont intrinsèquement bénéfiques et eux, les spécialistes, savent mieux que leurs patients ce qui est bon pour eux... Bref, c*'est pour leur bien !*

Sauf que ça ne marche pas comme ça.

On ne fait pas le bonheur des gens malgré eux. Ce qu'on fait malgré eux, c'est toujours leur avilissement et leur malheur. Quand une « thérapie » n'est pas choisie mais imposée elle cesse d'être une solution pour devenir un problème supplémentaire et un facteur pathogène : toute atteinte portée à la liberté et à la dignité d'une personne est une lourde taxe grevant sa santé mentale. Soigner les gens contre leur gré, ce n'est pas les soigner.

— Mais alors, c'est quoi ?

C'est les violer.

La seule différence entre un rapport amoureux et un viol, c'est que les *deux* personnes qui participent au premier le font par choix : le respect du libre arbitre trace la limite entre amour et violence, thérapie et torture.

Il est d'ailleurs étonnant que les psychiatres, qui sont censés connaître tous les recoins de l'âme humaine, n'aient pas conscience de cette évidence. Mais après tout, peut-être que cet aveuglement est inévitable. De l'agneau, le loup trouve toujours mille et une excellentes raisons de faire un méchoui : depuis que le monde est monde, l'usage de la force paraît légitime à ceux qui l'exercent.

Par le harcèlement

Dans d'autres cas, le patient consent aux électrochocs – mais que vaut ce consentement, quand le psychiatre le lui arrache par l'intimidation ou une insistance à la limite du harcèlement ?

> « Mon psychiatre a essayé une myriade de traitements et de médicaments combinés de diverses manières, mais ça n'a eu aucun effet d'aucune sorte. Je ne voulais pas subir d'électrochocs, car j'avais vu leurs effets sur mon père, qui avait été "soigné" de cette manière dans les années soixante. Cela faisait dix-huit mois que j'étais suivi par mon psychiatre, et il était frustré de constater que je ne faisais aucun progrès notable. Au final, il passa beaucoup de temps avec moi pour me faire changer d'avis et me convaincre de subir des électrochocs. J'étais désespéré, suicidaire : je n'ai pas eu la force de m'opposer plus longtemps à lui. »

Insister de cette manière auprès de quelqu'un qui est au bout du rouleau, c'est immoral.

Et ce n'est pas moins contre-productif que le recours à la force. Du moins si le but est bien d'aider... ce dont il est permis de douter.

Une étude a montré qu'un sourire, même artificiel, avait des effets positifs sur l'humeur (le taux d'endorphine, etc., je vous passe les détails). Mais, et c'est ce point qui est le plus intéressant, il n'y a aucun effet positif si la personne sourit en raison d'une pression extérieure, parce qu'elle a la sensation qu'on ne lui laisse pas le choix.

Qu'est-ce que cela signifie ?

Que les actions qu'on s'impose à soi-même parce qu'on en a décidé ainsi ont de bien meilleures conséquences que celles auxquelles on se sent forcé par quelqu'un d'autre.

Indépendamment des effets biologiques objectifs des électrochocs, un patient qui se soumet à son psychiatre par faiblesse, crainte, timidité ou manque de courage perd quelque chose de précieux. Son incapacité à résister à la pression entame sa confiance en lui et son amour-propre.

Par le mensonge

Pour qu'un patient choisisse en toute liberté les électrochocs, il faudrait qu'il soit renseigné sur tous ses effets ainsi que sur toutes les thérapies alternatives.

Ce n'est *jamais* le cas !

La fiche d'information donnée aux patients est bourrée d'approximations, de sophismes, d'euphémismes et de mensonges. Elle donne l'illusion que l'ECT est un traitement peu intrusif et très efficace dont il serait idiot de se priver, tout en occultant ses conséquences réelles sur le cerveau, l'intelligence et la mémoire :

> « On ne m'avait pas dit qu'il pouvait y avoir des pertes définitives de mémoire. »

> « Je ne peux plus me concentrer ; je ne peux plus me souvenir de mes lectures. Personne ne m'avait prévenue de ce risque-là. »

> « Si c'était à refaire, je ne le referais pas. Mon médecin a minimisé les risques, de sorte que j'ai été une victime consentante de ce traitement. »

> « Quand on m'a demandé de consentir à cette procédure, on m'a dit qu'il pourrait y avoir une petite perte de mémoire, mais que mes souvenirs

reviendraient au bout de deux semaines. J'ai signé le papier et j'ai accepté le traitement. La suite a montré qu'on m'avait menti. »

« Lorsqu'on m'a prescrit l'ECT pour la première fois, on m'a posé un dépliant sur les genoux… C'est toute l'information à laquelle j'ai eu droit. On m'a prévenu que des pertes de mémoire étaient possibles, mais on ne m'a pas dit que j'oublierais tous mes souvenirs d'enfance. »

« Je n'ai jamais été prévenue que l'ECT pouvait entraîner des pertes de mémoire significatives. On a glissé sur le sujet en évoquant des "petits trous de mémoire concernant la période du traitement". Si j'avais su que c'était une possibilité, j'aurais probablement pris une autre décision. »

« Les pertes de mémoire sont à peine mentionnées sur le papier qu'ils nous font signer. De plus, les docteurs profitent du fait que nous sommes au fond du trou pour nous persuader d'accepter leur traitement. On peut dire qu'ils abusent de la situation ; ils frappent des hommes à terre. Et puis quand on est en pleine dépression, il est difficile de prendre une décision de cette importance en toute connaissance de cause. »

Que vaut l'accord du patient, quand toutes les informations qu'on lui donne sont biaisées, tronquées ou carrément fausses ? Son consentement mal éclairé n'a aucune valeur : on le lui a extorqué.

Les électrocuteurs sont de grands traîtres, de grands menteurs. L'abus de confiance est leur gagne-pain. S'il y avait des Jeux olympiques de la trahison, ils gagneraient la médaille d'or.

À retenir

• Quand les électrochocs ne leur sont pas imposés par la force, les patients les acceptent sous le coup de l'intimidation et d'informations incomplètes et mensongères.

Conseils

► Quand on vous propose un traitement, quel qu'il soit, ne vous renseignez pas seulement auprès de ceux qui vous le proposent, car il est probable qu'ils en minimisent les inconvénients.

► Ne vous laissez jamais intimider au point de faire ce que vous ne voulez pas faire.

Propagande

Faisons maintenant un petit bilan des mensonges, demi-vérités, sophismes et phrases trompeuses mis en avant par les électrocuteurs pour appâter la friture.

- *Rien ne remplace les électrochocs.*

  Mais si : un bon coup de marteau sur la tête.

- *Les électrochocs sont efficaces dans plus de 80 % des cas.*

  Peut-être, et encore ça reste à prouver, mais pour combien de temps ?

  Passées quatre semaines, ce pourcentage chute vertigineusement.

- *En cas de dépression chez la femme enceinte, rien ne remplace les électrochocs.*

Dans une perspective eugéniste, certainement.

La *Revue du praticien gynécologie et obstétrique* de mai 2008 fait en effet état, lors de l'utilisation d'électrochocs, d'anomalies du RCF (rythme cardiaque fœtal), de métrorragies (saignement génital), de contractions utérines, de fausses couches, d'accouchements prématurés, et dans un cas de lésions cérébrales chez le bébé.

Puisqu'on vous dit qu'ils sont irremplaçables...

- *Les électrochocs ont fait l'objet d'une conférence de consensus.*

Quand des fabricants de machines à électrochocs et des électrocuteurs se rassemblent, l'harmonie règne entre eux : pour les uns comme les autres, les cerveaux des patients constituent un marché juteux — il suffit de presser.

Un consensus de ce genre ne constitue une preuve de rien.

- *Les électrochocs ont une mauvaise image à cause de Mai 68, de* Vol au-dessus d'un nid de coucou *et de l'antipsychiatrie, mais la réalité n'a rien à voir avec la fiction.*

Primo, *Vol au-dessus d'un nid de coucou* n'a rien d'un film de science-fiction. À la fin des années cinquante, le romancier Ken Kesey (1935-2001) a embauché comme aide de nuit dans un hôpital psychiatrique. Ce travail lui a permis de discuter avec les patients et d'écouter leurs témoignages. Son roman *Vol au-dessus d'un nid de coucou*, dont est tiré le film, lui a été inspiré par cette expérience vécue. La réalité a donc bien quelque chose à voir avec la fiction, puisque la fiction est née de la réalité.

À vrai dire, la réalité dépasse même la fiction, puisque l'image des électrochocs donnée dans *Vol au-dessus d'un nid de coucou* est édulcorée : du film on retire l'idée que les électrochocs sont une punition douloureuse, mais qu'ils laissent la personnalité intacte, ce qui, on l'a vu, est loin d'être le cas.

Secundo, si la psychiatrie n'a pas que des amis, ce n'est pas en raison d'une idéologie aujourd'hui périmée (celle de soixante-huit), mais parce que des victimes de la psychiatrie et des psychiatres humains se sont mobilisés pour dénoncer le caractère inhumain, destructeur et cruel des « traitements » psychiatriques.

Ce n'est donc ni à cause de Mai 68, ni à cause de *Vol au-dessus d'un nid de coucou* ou de l'antipsychiatrie que les électrochocs ont une mauvaise image.

Mais alors, pourquoi ?

Les électrochocs ont une mauvaise image parce qu'ils ont une mauvaise réalité. Tout simplement. C'est un peu comme les requins mangeurs d'hommes : leur aileron, leur gueule patibulaire et leurs dents pointues leur confèrent une image peu rassurante qui est parfait accord avec leur goût pour la chair humaine. Les apparences ne sont pas toujours trompeuses.

➢ *Nous ne sommes plus au temps d'un Nid de coucou !*

C'est littéralement vrai, mais en ce qui concerne les électrochocs, il n'y a pas eu changement vers le mieux, mais vers le pire. En effet l'introduction de l'anesthésie et de la curarisation ont élevé le seuil épileptique : il faut plus d'électricité pour déclencher une crise. La décharge électrique étant beaucoup plus puissante, les électrochocs actuels font plus de ravages que ceux des années soixante.

➢ *Les électrochocs donnent des résultats extrêmement spectaculaires.*

Ça aussi, c'est littéralement vrai. La métamorphose d'une personne suicidaire et émotionnellement instable en zombi souriant ayant oublié jusqu'au nom de ses enfants est en effet spectaculaire. Mais quel spectacle !...

➢ *La traumatologie a disparu depuis l'avènement de l'anesthésie sous curare.*

Que signifie cette phrase délibérément ambiguë ? Que « l'étude et le traitement des traumatismes, des blessures » (c'est la définition de *traumatologie*) a disparu depuis l'anesthésie sous curare. Autrement dit, on ne cherche plus à savoir quels sont les traumatismes et blessures que les patients et leurs cerveaux subissent... En quoi est-ce une bonne nouvelle ?

➢ *Les troubles mnésiques sont réduits par l'arrivée des « courants carrés » et non plus ondulatoires et éventuellement le placement unilatéral des électrodes.*

Les courants carrés sont tout aussi destructeurs que les courants ondulatoires et le placement unilatéral des électrodes (qui de toute façon ne se pratique quasiment jamais) n'a p as pour effet de diminuer les troubles de la mémoire, juste de les rendre plus difficiles à évaluer.

➢ *Les trous de mémoire s'estompent en quelques jours.*

Ce n'est pas ce que disent les électrocutés.

➢ *Les chocs électriques ne provoquent pas de dommages cérébraux : cela a été confirmé par les différentes techniques d'imagerie cérébrale.*

Les différentes techniques d'imagerie cérébrale ont prouvé au contraire que les électrochocs provoquent toujours des dommages cérébraux.

➢ *On ne sait toujours pas comment ça marche !*

Si, on sait très bien – mais on ne veut pas le dire, car si les patients savaient, ils n'accepteraient plus de se faire griller la cervelle.

➢ *La décharge stimule les neurones et favorise la mise en place de nouvelles connexions.*

Et les baffes en pleine poire, elles rendent la peau plus satinée ?

À retenir

● Les électrocuteurs ne reculent devant aucun mensonge et aucun à-peu-près pour promouvoir leurs chocs prétendument thérapeutiques.

Conseil

► Écoutez les spécialistes, mais écoutez aussi et surtout votre bon sens : il vous éclairera sur la valeur des traitements qu'ils vous proposent. Vous êtes la personne qui récoltera les conséquences et paiera les pots cassés si des pots sont cassés (ou des cafetières fêlées), alors soyez aussi celle qui se fie à ses propres facultés mentales pour juger souverainement... Autrement dit, faites en sorte que votre choix soit vraiment le vôtre.

Aucun amour

Aucun heureux propriétaire d'un chien ne penserait à appliquer l'ECT à son fidèle ami à quatre pattes. Si votre épagneul avait le poil terne, les yeux las, et semblait en proie à une mélancolie profonde, vous n'auriez pas l'idée de lui électrocuter la truffe pour lui remonter le moral – même sous anesthésie.

Pourquoi cette idée ne vous effleure-t-elle même pas ?

Parce que vous l'aimez.

Si les psychiatres (et les infirmiers psychiatriques) avaient autant de tendresse pour leurs patients que vous pour votre chien, ils n'auraient même pas l'idée de le faire subir des électrochocs.

Années cinquante

Dans un article paru en janvier 1956 dans le *Journal of Nervous and Mental Diseases*, deux psychiatres connus, David Abse et John Ewing, ont étudié les motivations des psychiatres pratiquant les électrochocs.

Selon Abse et Ewing, il y a souvent quelque chose de hargneux dans les propos de ces psychiatres. L'un d'eux parlait des électrochocs comme d'une « fessée mentale », l'autre disait d'une patiente qu'elle était « trop gentille pour qu'on lui fasse des électrochocs »…

Ces petites remarques en disent long sur la mentalité des psychiatres électrocuteurs des années cinquante.

Mais, me direz-vous, depuis les années 50, de l'eau a coulé sous les ponts... nous ne sommes plus au temps d'*Un nid de coucou*, que diable ! La mentalité des électrocuteurs a changé... N'est-ce pas ?

Peut-être.

Années soixante

Voici maintenant un témoignage sur les électrochocs dans les années soixante :

> « En 1962, suite à une grave dépression, j'ai été hospitalisée et alimentée par intraveineuses. J'étais inconsciente, alitée en sous-sol, seule. Je me suis réveillée très affaiblie. Je ne le savais pas, mais derrière mon lit se trouvait une prise de courant. J'ai vu deux infirmiers à l'air sadique brancher un appareil et me mettre une bourre de coton dans la bouche. L'électrochoc a vrillé mon cerveau à la manière d'une scie partant de la nuque et montant en cercles concentriques jusqu'à un point central du cerveau, et j'ai perdu à nouveau connaissance. »

Ces infirmiers avaient l'air sadique... Avaient-ils seulement l'air ?

Il est permis d'en douter.

Mais, me direz-vous, depuis les années 60, beaucoup de choses ont changé... Les chignons des sixties ont laissé place aux tignasses hippies, qui ont laissé place aux bouclettes permanentées, qui ont laissé place aux brosses gluantes de gel, qui ont laissé place à... tout le toutim. Les idées qui s'agitaient sous toutes ces chevelures ont dû évoluer, elles aussi... La mentalité des psychiatres n'a pas pu rester la même, n'est-ce pas ?

Peut-être.

Années quatre-vingt

Dans les années quatre-vingt, Gary Aden, qui fut le fondateur et le premier président d'une association promouvant les électrochocs — International Psychiatric Association for the Advancement of Electrotherapy — a été accusé d'avoir eu des rapports sexuels avec six de ses patientes en profitant de leur fragilité psychologique, de les avoir battues et d'avoir marqué au fer rouge deux d'entre elles de ses initiales. Les électrochocs qu'il leur imposait effaçaient opportunément les souvenirs de ses violences.

Ce comportement dénote au strict minimum (vraiment le plus strict) un singulier manque d'empathie à l'égard de ces femmes, ses patientes.

Mais, me direz-vous, vues d'ici les années 80, c'est le Moyen Âge !

La société évolue de plus en plus vite, nous emportant tous dans un tourbillon de changements toujours plus radicaux... Comment la mentalité des électrocuteurs aurait-elle pu résister à cette force centrifuge ?

Elle a forcément changé, elle aussi...

Peut-être.

Années quatre-vingt-dix

Dans les années quatre-vingt-dix, pour être précis en 1998, un psychiatre partisan des électrochocs, Patrick Delbrouck, fit paraître un article intitulé : « ECT : plus c'est long, plus c'est bon ? » dans un numéro de la revue Dépression.

Plus c'est long, plus c'est bon... Est-ce que c'est moi qui ai les idées mal placées, ou est-ce qu'il y a quelque chose de graveleux dans ce titre accrocheur ? Dans le corps de l'article, l'auteur prétend démontrer que de longues séances d'ECT sont bénéfiques aux patient(e)s, mais la manière dont il a formulé son titre révèle autre chose. Qui comparerait des séances d'électrocution à un rapport sexuel, si ce n'est quelqu'un que celles-ci émoustillent ?

Mais, me direz-vous, les années 90 c'est terminé... Avez-vous une preuve plus récente ?

Sans date

Hélas, non... Juste celui-ci, qui est sans date, tiré du livre *Pour en finir avec la psychiatrie : Des patients témoignent* (2008).

> « Au bout de huit jours, le docteur C. qui suivait Salomé durant son séjour étant absent, un interne emmène Salomé dans une salle sombre et lui fait signer un papier dont elle ignore le contenu, étant narcosée par les médicaments. Elle a juste entendu : « On ne va pas faire venir le mari pour si peu ». L'interne l'entraîne en la tirant par la main, mais elle résiste, pressentant que ça allait être grave pour sa santé. Elle subit alors le même type de méchanceté que ce qu'elle avait bien connu dans son enfance marquée par la maltraitance : on l'engueule, on la fait asseoir de force dans un fauteuil près d'un appareil avec plein de boutons et de manettes, on lui dit d'être sage, on lui met plein d'électrodes sur la tête avec des fils, il y a des lanières au fauteuil. Elle prend peur, commence à pleurer, on veut l'attacher, mais elle s'y oppose fermement, crie, hurle de douleur, car elle sent du courant électrique entrer dans son cerveau, elle se débat pour échapper à son tortionnaire qui, ayant peur que les cris s'entendent dans le couloir, baisse l'intensité, puis l'augmente plusieurs fois jusqu'à ce que Salomé, n'y tenant plus, veut partir, s'enfuir. Alors là, le tortionnaire arrête tout. »

Pourquoi cet interne a-t-il électrocuté Salomé en douce ? (En douce, si on peut dire.) Pourquoi lui a-t-il infligé des électrochocs sans l'aval de ses supérieurs, au risque de se faire surprendre et d'encourir une sanction ? Qu'avait-il à gagner dans cette histoire ?

Rien.

Rien, si ce n'est du plaisir. Le plaisir sadique de faire souffrir une femme sans défense. À moins que vous ne voyiez une autre explication ?

Moi je n'en trouve pas d'autres.

Ce qu'il faut pour aider ses semblables

Les gens qui aident leurs semblables n'ont pas toujours des diplômes de psychologie ou de médecine. Mais ce qu'ils ont toujours, c'est de l'empathie. L'ingrédient essentiel et primordial pour venir en aide à quelqu'un, c'est la volonté de le faire, et cette volonté se fonde sur une forme d'amour (au sens large)... entre *aider* et *aimer*, il n'y a qu'une lettre de différence.

Et tout comme un soupçon d'empathie suffit pour rendre n'importe quelle personne apte à tendre une main secourable, un soupçon de sadisme suffit pour rendre n'importe quelle personne inapte à aider ses semblables, même si cette personne a un diplôme qui garantit – théoriquement – ses compétences de thérapeutes.

À retenir

- Les électrocuteurs n'ont aucun amour à offrir à leurs patients.
- Certains éprouvent un plaisir sadique à appuyer sur le bouton.

Conseil

► Tournez-vous vers les personnes qui ont de la sympathie et de l'empathie pour vous quand vous cherchez de l'aide. Ce sont elles qui vous en donneront, même si elles n'ont aucun titre garantissant leurs compétences.

Rédemption

En laissant le sadisme de côté, voici la liste des motifs qui peuvent les déterminer un psychiatre à appuyer sur le bouton de la machine à électrochocs :

– Il veut calmer un patient agité ou dompter un patient insoumis ;

– Il veut dissimuler son impuissance : quand il n'arrive à rien avec son patient, il lui reste toujours cette ultime « thérapie » à proposer – et tant pis pour le principe d'Hippocrate (« Premièrement, ne pas nuire »). Le Dr Henri Grivois, psychiatre à l'Hotel-Dieu à Paris, souligne : « Certains ont l'électrochoc facile et le prescrivent quand ils ne savent pas quoi faire. »

– Ou encore, comme beaucoup de tire-au-flanc sur cette planète, le psychiatre en question veut gagner un maximum d'argent avec un minimum d'efforts. Car les électrochocs sont extrêmement rentables pour ceux qui les infligent. En France, l'hôpital facture plus de 300 euros par électrochoc ; aux États-Unis, entre 1000 et 2500 dollars. Tout ça juste pour appuyer sur un bouton – et détruire la vie de quelqu'un, en commençant par son cerveau.

Tristes motifs.

Pour finir et pour nous aérer un peu, tournons-nous vers ceux qui se sont repentis d'avoir torturé leurs patients.

Peter R. Breggin

Peter R. Breggin, psychiatre, raconte :

> « Je n'ai pas osé risquer ma carrière naissante en refusant d'administrer des électrochocs lors de mes stages hospitaliers. J'ai passé plus de dix ans à regretter cette lâcheté. »

Par la suite il s'est bien racheté, puisqu'il est devenu un des adversaires les plus actifs des électrochocs. Non seulement il a écrit un livre dénonçant leurs effets (*L'électrochoc : ses effets invalidants sur le cerveau*), mais il a témoigné à mainte reprise dans des procès, mettant en avant les dégâts irréparables qu'ils causent.

Michael Chavin

Évoquons aussi le Docteur Michael Chavin, Directeur d'Anesthésiologie dans un hôpital en Amérique, qui, pendant sept ans, pratiqua deux mille anesthésies sur des patients à électrocuter.

En 1992, Michael Chavin décida finalement d'arrêter :

> « J'ai finalement pris conscience que prendre part à cette procédure était une violation absolue du serment d'Hippocrate de ne pas nuire... il s'agit d'un barbarisme médical sous couvert de soins médicaux. »

Les électrocuteurs endurcis soutiennent que les électrochocs sont une thérapie qui passe pour une torture ; ils n'ont ni foi ni loi. Ceux qui comme Michael Chavin ont confessé leurs fautes disent que c'est une torture qui passe pour une thérapie – et les victimes confirment.

Ronald D. Laing

Ronald D. Laing (1927-1989) est un psychiatre écossais atypique qui s'est peu à peu éloigné de la psychiatrie telle qu'elle se pratiquait à son époque pour aller vers une approche plus humaine des maladies mentales. (Traiter humainement les problèmes humains : quoi de plus logique ?)

Dans son autobiographie intellectuelle, *Sagesse, déraison et folie : la fabrication d'un psychiatre*, il raconte les différentes étapes de son cheminement :

> « Jeune psychiatre des hôpitaux généraux et psychiatriques, j'ai exercé dans des salles fermées à clef, prescrit médicaments, tranquillisants, cellules capitonnées et camisoles de force, électrochocs, comas à l'insuline, et j'en passe. Les lobotomies me mettaient mal à l'aise, mais je ne savais pas très bien pourquoi. Tous ces traitements intervenaient d'ordinaire contre la volonté de leurs destinataires. J'allais et venais en blouse blanche, le stéthoscope, le marteau à réflexes et l'ophtalmoscope dépassant de mes poches, comme n'importe quel médecin. [...] Extérieurement, cela ressemblait au reste de la médecine, et pourtant c'était différent. J'étais perplexe, mal à l'aise. Presque aucun de mes collègues psychiatres ne semblait, en revanche, perplexe ou mal à l'aise. Cela me rendait encore plus perplexe et mal à l'aise. »

Jeune psychiatre, Ronald D. Laing était mal à l'aise d'infliger des « traitements » destructeurs à ses patients, et encore plus mal à l'aise de constater qu'il était le seul psychiatre que ça dérangeait. Les autres lobotomisaient et électrocutaient comme d'autres repiquent des poireaux. On peut siffloter gaiement quand on jardine, mais quand on ampute le cerveau de quelqu'un qui n'est pas d'accord ?

En pire, Ronald se trouvait dans la même situation inconfortable que quelqu'un qui est turlupiné par des questions existentielles, quand il constate qu'autour de lui, tout le monde vit dans la plus parfaite insouciance, sans avoir de réponse à ses questions, et sans même se les poser.

Ce quelqu'un est forcément en proie au doute : est-ce que c'est lui qui a tort de se « prendre la tête » sur les raisons de sa présence sur terre et sur le sens de la vie, ou est-ce que ce sont les autres, tous les autres, à qui il manque une case ?

Petit à petit, Ronald D. Laing comprit quelque chose *d'important.*

> « Après deux ans d'exercice comme psychiatre clinicien, j'ai fini par comprendre que je n'aimerais pas recevoir le même traitement que mes propres patients. »

On peut trouver que pour arriver à une telle prise de conscience, deux ans, c'est long, mais c'est toujours mieux que jamais. Il découvrit aussi que la psychiatrie participe aux problèmes qu'elle a pour mission de soigner :

> « Notre façon d'examiner un patient pour élucider les signes et les symptômes de son état mental est une bonne manière de le rendre fou, ou encore plus fou. »

Mais Ronald D. Laing manquait trop de confiance en son jugement pour croire qu'il avait raison contre tous ses collègues. Au lieu de conclure sans autre forme de procès que les traitements psychiatriques sont plus nuisibles qu'utiles, il se mit à nourrir des doutes sur sa propre santé mentale :

> « Je savais ce que, en bon psychiatre, je devais conclure de l'état mental de mon patient s'il me disait que mon traitement le détruisait. Pourtant, j'étais d'accord avec lui. Étaient-ce les premiers symptômes bizarres d'une psychose paranoïaque ? [...] Ma formation m'amenait à diagnostiquer en moi une schizophrénie. »

S'il avait le même point de vue que ses patients, cela ne signifiait-il pas qu'il était lui aussi victime d'un trouble mental ? N'était-ce pas le signe qu'il était du mauvais côté de la frontière ?

La question le hantait.

Aussi longtemps que la crainte d'être fou ou de le devenir le tint, Ronald D. Laing continua à jouer son rôle stéréotypé de psychiatre et à pratiquer des électrochocs. Et puis, un jour, il trouva je ne sais où le courage d'obéir à sa conscience :

> « La perte d'un esprit de solidarité humaine, de camaraderie et de communion affecte les gens de diverses manières. Certains ne semblent jamais en souffrir. D'autres ne peuvent s'en passer. Ce n'était pas facile de réprimer ce sentiment quand j'appuyais sur le bouton pour administrer un électrochoc à quelqu'un. Je n'avais pas l'impression de faire ce que j'aurais attendu de lui s'il avait été à ma place. J'ai donc arrêté d'appuyer sur le bouton. »

Par la suite, Ronald D. Laing créa des lieux d'accueils (le plus connu est Kingsley Hall) pour des patients schizophrènes. Là, ni électrochoc, ni camisole de force. Laing devint ainsi une des figures phares de ce qu'on a appelé « l'antipsychiatrie ».

Changer de voie

On peut se sentir soulagé de constater que les êtres humains ne sont pas comme les trains : quand ils quittent leurs rails, ce n'est pas toujours une catastrophe... Parfois même, comme pour Peter R. Breggin, Michael Chavin ou Ronald D. Laing, c'est tout le contraire d'une catastrophe.

Comment se fait-il qu'eux aient changé de route, quand tant d'autres restent fidèles à la torture « thérapeutique » qui leur remplit les poches ?

Peut-être parce qu'ils faisaient le mal par inconscience plus que par choix... quand ils ont ouvert les yeux sur la nature de leur activité, ils ont dit « stop ».

Ou peut-être parce qu'ils n'ont jamais complètement oublié le bon vieux précepte : « Ne fais pas à autrui ce que tu ne voudrais pas qu'on te fasse ». Cette petite flamme de compassion, cette étincelle d'humanité qu'ils ont su préserver leur a permis de changer de voie quand ils en ont trouvé la force.

En tout état de cause, il y a quelque chose de réconfortant à penser que tous les psychiatres ne sont pas taillés dans la même étoffe et que, parmi ceux qui font le mal, certains le regrettent et arrêtent.

Deux histoires de rédemption

À propos de repentir, et même ça n'a plus rien à voir avec les électrochocs, permettez-moi de vous raconter deux histoires significatives.

En les lisant vous prendrez conscience que même si votre passé pèse dix tonnes, vous êtes libre de votre avenir : la rédemption n'est pas plus éloignée du coupable que le lacet de ses chaussures.

La première histoire est une légende très ancienne ; si vous êtes athée, tirez-en profit en faisant abstraction de sa dimension naïvement religieuse. La seconde histoire est, elle, radicalement moderne, puisqu'elle sort des studios Dreamworks : c'est celle du film d'animation *Megamind* (2010).

L'homme aux cent meurtres

Il était une fois un homme qui avait tué quatre-vingt-dix-neuf personnes et qui voulait tourner la page. Il en avait assez d'être un assassin, assez d'être un criminel ; il voulait commencer un nouveau chapitre et retrouver son innocence. Il voulait être pardonné.

L'homme aux quatre-vingt-dix-neuf meurtres alla trouver l'homme qui avait la réputation d'être le plus grand sage de la terre, et lui expliqua sa situation : est-ce qu'il lui restait quelque possibilité de changer de voie ?

« Pour les regrets, c'est trop tard, lui rétorqua le sage. Enfin, voyons : après quatre-vingt-dix-neuf meurtres ! Et puis quoi encore ?! Ne rêvez pas ! »

L'homme aux quatre-vingt-dix-neuf meurtres n'apprécia pas beaucoup cette réponse désespérante. Et malgré sa soif de rédemption, il compléta à cent le nombre de ses victimes en tuant le grand sage.

Rongé par l'amertume et le remords, l'assassin se rendit alors chez le numéro deux de la sagesse : l'homme qui avait la réputation d'être juste un tout petit peu moins sage que celui qu'il venait de tuer. Il lui avoua qu'il avait tué cent personnes : avait-il encore quelque possibilité de se repentir ? ...

Le deuxième sage répondit : « Oui, tout à fait. Va dans tel pays : là, les gens font le bien. Et ne retourne plus jamais dans ton pays natal... C'est pour toi une terre malsaine. »

L'homme aux cent meurtres se mit donc en marche vers le pays où l'attendait une nouvelle vie. Il était plein d'espoir, et marchait d'un bon pas. Il était décidé à faire ce qu'il faut – décidé à ne pas faire marche arrière et à ne plus jamais revenir dans son pays natal et à ne plus jamais retomber dans sa mauvaise habitude (qui consistait, vous l'avez compris, à tuer les gens).

Mais il était écrit qu'il n'atteindrait jamais le pays vers lequel il se dirigeait, car lorsqu'il fut à la moitié du chemin, il trébucha et tomba tête la première sur un gros rocher pointu qui mit fin à ses jours.

Fin de l'histoire ?

Pas du tout.

Son destin sur cette terre était réglé, mais il n'en allait pas de même de son destin post mortem.

Destin éminemment problématique.

Quand les anges de Miséricorde arrivèrent sur les lieux, les anges de l'Enfer étaient déjà sur place pour embarquer leur client. Une querelle s'ensuivit. Les anges de Miséricorde plaidaient : « Allez, laissez-le-nous… Il est venu plein de repentir, désirant de tout son cœur que Dieu lui pardonne… »

« Hors de question ! répliquaient avec véhémence les anges de l'Enfer. Il mérite de rôtir ! Non seulement il n'a jamais fait aucun bien, mais il a assassiné cent personnes ! »

Chaque camp restait sur sa position ; la situation était bloquée.

C'est alors qu'un ange de Justice vint comme arbitre. Il leur dit : « Mesurez la distance qui le sépare de la terre du Mal et celle qui le sépare de la terre du Bien. Destinez-le ensuite à celle dont il est le plus proche ».

Les anges mesurèrent et trouvèrent qu'il était un tout petit plus près (d'un demi-centimètre à peine) de la terre qu'il voulait rejoindre... Ce furent donc les anges de Miséricorde qui emportèrent son âme au Paradis.

Megamind

Quoiqu'il relève d'un tout autre genre, le film *Megamind* véhicule un message comparable.

Megamind est un extraterrestre de couleur bleue au crâne surdimensionné. Son intelligence est proportionnelle à sa grosse tête, mais il n'en fait pas moins des lapsus ridicules. Et ses plans « de génie » échouent toujours.

Arrivé sur terre alors qu'il n'était encore qu'un bébé innocent au teint de lapis-lazuli, Megamind a été élevé en prison par des criminels. Ce sont eux qui lui ont appris – à leur manière – la différence entre le Bien et le Mal.

À l'école, Megamind ne s'est jamais intégré. Le mouton noir, le mouton bleu, c'était lui. Toutes ses tentatives pour se faire aimer par ses camarades ont lamentablement échoué, quand elles n'ont pas viré à la catastrophe.

À force de rebuffades, le petit Megamind en est arrivé à penser que son destin était d'être « le méchant », et tant qu'à faire, il a décidé d'être le plus grand, le plus génial, le plus brillant de tous les méchants...

Finalement je ne vais pas vous raconter le film, ce serait dommage.

Sachez seulement que Megamind changera de voie.

Il en changera parce qu'en réalité, ça n'a jamais été *sa* voie – juste celle que son passé lui a tracée. Des circonstances inattendues, ses propres gaffes, et l'amour, l'amèneront à prendre conscience qu'au fond il ne veut pas, ou il ne veut plus, être méchant.

Megamind deviendra donc un vrai gentil.

Il se repentira du mal qu'il a fait, troquera sa cape noire contre une cape blanche, sauvera la femme de ses rêves et la ville qu'il avait voulu asservir. Ses concitoyens l'avaient détesté et craint ; ils finiront par l'acclamer.

« Finalement, dit-il à la fin du film, ce n'est peut-être pas le destin qui décide de notre parcours dans la vie, mais nous-mêmes qui choisissons notre chemin. J'avoue franchement que c'est bien d'être le gentil – ça a ses bons côtés. »

À retenir

- Un jour ou l'autre, les médecins et psychiatres qui ont un bon fonds (c'est-à-dire de l'humanité ou un minimum de principes) renoncent aux électrochocs.
- On peut toujours changer. La route qui mène du mal au bien n'est jamais barrée.
- La terre que l'on décide de rejoindre compte plus que celle l'on quitte. Ce n'est pas le pays dont nous venons ni le passé qui nous a façonnés qui déterminent notre futur, mais la direction qu'aujourd'hui, nous choisissons de prendre. Il n'est jamais trop tard pour devenir ce qu'on aurait pu être.

Film recommandé

☐ ***Megamind***. Si vous avez déjà eu l'impression d'être prisonnier de votre passé ou si vous êtes fatigué d'incarner le méchant, ce film vous mettra le sourire aux lèvres.

Entre ailleurs et ici

Une brise frisquette ébouriffe les vagues ; les mouettes blanches s'inscrivent dans l'azur lavé par l'orage comme autant de signes.

Antidépresseurs, psychanalyse, électrochocs : les « solutions » officielles sont en réalité des problèmes, des impasses et des gouffres...

Cela signifie-t-il qu'il n'y a rien à faire contre la dépression ?

Cela signifie-t-il qu'il n'y a aucun espoir ?

Dans le phare, ces questions n'ont pas l'urgence qu'elles auraient ailleurs ; elles ne troublent en rien sa sérénité.

Là, vous êtes trop loin des angoisses ordinaires, trop près du ciel et de la mer, pour que votre vie vous apparaisse autrement que comme une équation mathématique que vous allez tranquillement résoudre. Vous avez l'intelligence et la sagesse nécessaires ; c'est juste une question de temps.

L'écume s'enfuit et s'efface ; ce qui est utile reste sur la plage.

Partie XII
La dépression sans nom

Les spécialistes ont identifié la dépression masquée, la dépression endogène, la dépression bipolaire, la dépression unipolaire, la dépression atypique, la dépression agitée, la dépression douce, la dépression névrotique, la dépression postnatale, la dépression post-traumatique, la dépression blanche, la dépression réactionnelle, la dépression saisonnière, et tutti quanti, mais ils n'ont pas donné de nom à la plus sournoise de toutes les dépressions – celle dont ils sont eux-mêmes la cause.

La dépression sans nom n'a que trop sévi en silence ; elle n'a que trop torturé en secret. Sortons-la de l'ombre.

Une maladie

La dépression sans nom est une maladie.

Mais pas au sens littéral.

C'est un état anormal de faiblesse, d'humiliation, d'angoisse, de confusion et de doute. Elle courbe la volonté, engourdit la conscience, humilie et abaisse ; elle abrutit et démoralise, elle rend malheureux et bête.

Sous sa coupe, on se sent petit et insignifiant, faible et impuissant comme un ver de terre. Glissant à la surface des choses, on tente de se retenir à la branche fragile d'une normalité de plus en plus problématique, mais rien, semble-t-il, ne coïncide exactement avec rien.

Vues de l'extérieur, les victimes de la dépression sans nom n'ont aucun ressort, aucune vitalité ; on dirait qu'un mystérieux sortilège les écrase, les réduit psychologiquement en compote.

Ces pauvres êtres errent de cabinet médical en cabinet de psychiatre, dérivent d'hospitalisation courte en hospitalisation prolongée, rongée par un mal invisible que les spécialistes diagnostiquent comme étant une « schizophrénie », un « trouble bipolaire », un « trouble borderline »... ou une « dépression ».

En effet, ça en est une.

Mais pas celle que les spécialistes disent.

Une maladie iatrogène

La dépression sans nom est une maladie iatrogène.

On l'attrape en cherchant à se soigner. Les psychiatres et les écrits consacrés à la dépression sont presque tous porteurs de son virus.

Vous connaissez peut-être le proverbe : *qui a dit A, devra dire B.*

Qui a cru que la dépression est une maladie consultera un docteur en raison de ses idées noires... Qui a consulté un docteur en raison de ses idées noires prendra les antidépresseurs que celui-ci lui aura prescrits... Qui a pris les antidépresseurs qu'un docteur lui a prescrits se retrouvera plus mal en point qu'avant... Qui se retrouvera plus mal en point qu'avant retournera chez son docteur qui l'enverra chez un psy... Qui ira chez un psy recevra une étiquette et un traitement plus percutant... Qui est percuté de plein fouet par son traitement ne se relèvera pas forcément.

> « Le cercle vicieux de la psychiatrie : tu vas mal, tu vas voir un psychiatre, tu vas encore plus mal à cause de lui, tu souffres, tu prends des neuroleptiques, tu souffres, tu fais une tentative de suicide, tu vas en hôpital psychiatrique, tu en ressors dans un état encore pire - et ainsi de suite. »

La dépression sans nom est la somme des effets psychologiques et physiques désastreux qu'ont sur quelqu'un les idées, les diagnostics et les traitements qui lui sont directement ou indirectement fournis avec obligeance, ou imposés avec violence, par la psychiatrie et les psys.

Ces effets forment une espèce d'association de malfaiteurs : ils se renforcent les uns les autres et jouent tous dans le même mauvais sens, induisant atrophie de volonté et de conscience, irresponsabilité, diminution des capacités intellectuelles, confusion mentale, fatalisme, idées noires, faiblesse, etc.

Le cas d'Antoine

Prenons le cas d'Antoine, qui broie du noir pour des raisons qu'il ne nous appartient pas d'approfondir ici.

Parce qu'il se sent concerné, Antoine se renseigne sur la dépression. Au cours de ces lectures, il découvre les idées dont vous avez déjà pris connaissance : « la dépression est une maladie, ce n'est pas de votre faute, c'est génétique, chimique », etc. De cette manière, Antoine entre en contact avec le virus.

À force de lire et relire des phrases de ce genre, il se met à y croire : les idées pénètrent son esprit et s'y installent durablement. C'est ainsi qu'il se retrouve contaminé.

Au début, cependant, Antoine ne ressent aucun symptôme particulier.

Mais le temps passe, et Antoine se sent de plus en plus patraque... De plus en plus impuissant, tracassé, anxieux, malheureux et inquiet. Petit à petit, il prend conscience de l'affreuse réalité : sa « déprime » est en réalité une dépression !...

Cette prise de conscience déferle sur lui comme une marée noire sur une côte bretonne. Antoine « sait » maintenant qu'il fait une dépression, c'est-à-dire « une pathologie psychiatrique à part entière, chronique et récidivante ».

Que faire ?

Parce qu'il a été en contact prolongé avec le virus, qu'il a nourri son esprit d'articles et de livres hautement contaminés, Antoine se dit qu'il « vaut mieux consulter trop tôt que trop tard. »

La consultation lui apparaît comme une étape obligée, un passage inéluctable : son seul espoir de guérison en même temps qu'une espèce d'épreuve initiatique à laquelle il n'a pas le droit de se soustraire – un peu comme la vaccination pour les nouveau-nés ou le permis pour les jeunes…

Un jour, Antoine se décide à franchir le Rubicon, quoiqu'un instinct secret lui signale par une appréhension diffuse et un nœud à l'estomac que sa décision n'est peut-être pas la bonne. Il va consulter.

En allant voir un docteur ou un psychiatre pour lui parler de ses émotions, Antoine entre dans la deuxième phase de sa maladie : jusque-là elle couvait ; maintenant elle se déclare.

Le spécialiste diagnostique Antoine « borderline » et lui prescrit des antidépresseurs. Antoine accepte l'idée qu'il souffre d'une maladie mentale et prend son traitement. Sa santé se détériore et son cerveau s'embrume. Il se dit que c'est à cause de sa maladie. Et en effet, c'est à cause de sa maladie... mais pas celle qu'il croit.

Un jour, sur les conseils insistants de son psy, Antoine se décide à passer au niveau supérieur, celui de l'ETC. Quand il s'aperçoit que les électrochocs ont abîmé sa mémoire et amoindri sa clairvoyance, Antoine ne remet pas en cause la psychiatrie, il se remet en cause, lui : puisque même la « thérapie de la dernière chance » (une méthode qui obtient d'excellents résultats dans 80 % des cas) ne marche pas sur lui, c'est que son cas est désespéré... alors à quoi bon vivre ?...

Espérons que, dans le dédale de ténèbres où il s'est perdu, Antoine trouvera une raison de ne pas se donner la mort.

À moins que les choses ne se déroulent autrement... Parce qu'il se sent concerné, Antoine lit ce qu'écrivent les psychanalystes sur la dépression. Ou se plonge directement dans l'œuvre de Freud, convaincu que ce grand homme pourra l'aider à comprendre ses états d'âme.

Le ver freudien est dans le fruit.

Le mal-être d'Antoine devient de plus en plus complexe : c'est maintenant un panier de crabes où son inconscient, son Moi, son ça, son

Désir, une mère dévorante et un père à tuer grouillent en une obscure et répugnante mêlée.

Un jour, convaincu que « c'est le moment », Antoine commence une thérapie d'inspiration psychanalytique.

Sept ans plus tard, il est toujours en thérapie, et prend des anxiolytiques pour supporter les séances.

À retenir

- La dépression sans nom est une maladie iatrogène causée par la psychiatrie, la psychanalyse et les psys.

UNE MALÉDICTION

Qu'est-ce qu'une malédiction ?

1/ Des formules magiques utilisées à l'encontre d'une personne dans le but de causer la ruine, la maladie ou la mort ;

2/ Des paroles par lesquelles on souhaite avec véhémence tout le mal possible à quelqu'un.

Comme souhaiter à haute voix du mal à quelqu'un, c'est déjà lui en faire, ces deux définitions se rejoignent. En les fusionnant, on peut définir une malédiction comme « un ensemble de paroles et de formules par lesquelles on fait intentionnellement ou non tout le mal possible à quelqu'un ».

La dépression sans nom n'est pas seulement une maladie ; c'est aussi une malédiction.

Encore Antoine

Selon la légende, la malédiction de Toutankhamon frappait tous ceux qui osaient profaner son tombeau. La dépression sans nom est, elle, tapie derrière des phrases faussement anodines qu'on trouve éparpillées un peu partout :

> « La dépression est une vraie maladie. »
>
> « La dépression est une pathologie chronique et récidivante. »
>
> « La dépression frappe au hasard, vous n'êtes pas responsable... »
>
> « Ce n'est pas une question de volonté : c'est plus fort que vous ! »

Antoine fourre son nez dans l'une de ces phrases et la malédiction l'empoigne par le col, telle une momie ressuscitée agrippant la gorge d'un archéologue imprudent... Mais il ne s'agit pas encore de la malédiction complète, intégrale. Juste d'un petit avant-goût de celle-ci.

La situation d'Antoine s'aggrave lorsque cet imprudent - qui a déjà perdu une partie de son discernement - confie son sort à un jeteur de sorts, que celui-ci soit un psychanalyste tissant ses sortilèges de réticences et de non-dits ou un psychiatre aux formules plus brutales.

Les mots affreux qui tournent autour d'Antoine l'enferment dans un cercle de plus en plus étroit ; l'étau se resserre. Et finalement le « verdict » tombe : ce n'est plus une menace générale qui plane en rond au-dessus de la tête d'Antoine, mais une malédiction sur mesure qui, du haut du ciel, lui fond dessus, tel un faucon pèlerin sur un petit lapin.

Antoine est décrit, défini, diagnostiqué, étiqueté, stigmatisé, maudit.

Enserré par des serres invisibles et immatérielles.

Emprisonné dans un sinistre cachot virtuel.

Comme d'autres se retrouvent, dans les contes, changés en batraciens sous l'effet d'incantations et de formules magiques, Antoine se retrouve changé en « dépressif », en « schizophrène », en « borderline » ou encore en « névrosé » - en tous les cas, en une créature inquiétante et vaguement subhumaine.

Et de même qu'un prince métamorphosé en crapaud ne peut plus s'exprimer que par des « Croâ ! Croâ ! » que personne ne comprend, le pauvre Antoine ne sait plus comment communiquer ses émotions et ses pensées : dès qu'elles franchissent le seuil de sa bouche, elles se changent en symptômes.

Les mots maléfiques de la psychiatrie l'ont privé de ses mots à lui.

Sinistre sorcellerie.

À retenir

- à l'aide de mots savants et d'idées fausses, la psychiatrie trame des malédictions efficaces qui changent leurs victimes en pauvres crapauds aphasiques.

Fausse route

La dépression sans nom est une maladie et une malédiction, mais c'est aussi une douloureuse errance, un fourvoiement qui mène dans une impasse. D'une manière progressive mais inéluctable, elle conduit inexorablement au beau milieu de nulle part.

Toujours Antoine

Reprenons l'histoire d'Antoine à son début.

Antoine faisait son petit bonhomme de chemin sans se poser trop de questions. Un jour, une tuile lui est tombée sur la tête.

Cherchant de l'aide, il a regardé autour de lui. Là, au beau milieu d'un rond-point, en gros caractères, sur un panneau indicateur, il a lu : « Vous êtes malheureux ? Déprimé ? C'est par là ! » Il a hésité quelques minutes, et puis, comme il a vu que beaucoup d'autres voyageurs à l'air lugubre prenaient cette direction, il leur a emboîté le pas.

La route était large. Si large qu'on aurait pu parler d'autoroute.

Mais en réalité ce n'était pas vraiment une route.

Plutôt un tapis roulant.

Antoine et les autres déprimés n'avaient pas besoin de mettre un pied devant l'autre pour avancer... juste de se laisser faire.

Et Antoine s'est laissé faire.

De consultation en diagnostic...

De diagnostic en prescription...

De prescription en prescription plus forte...

De prescription plus forte en hospitalisation...

De séance ponctuelle en analyse interminable...

Il s'est laissé porter et emporter sans réagir, en proie à une torpeur étrange.

Petit à petit le paysage est devenu plus inquiétant. Le ciel n'était plus le ciel, mais une voûte sombre qui ressemblait au palais d'une immense gueule – comme si Antoine et les autres déprimés s'étaient, depuis longtemps déjà, jetés dans la gueule du loup.

À un moment le tapis roulant a ralenti en grinçant, puis il s'est arrêté en couinant. Il était trop tard pour faire marche arrière, alors Antoine a continué en marchant sa route, toujours en quête de guérison.

Il a marché longtemps.

Et maintenant il marche encore, fourbu, habitué maintenant à donner sa foi contre… pas grand-chose. Le voilà un peu plus fourvoyé que tout à l'heure – ou plus près du but ?

Cela fait longtemps qu'il avance, ou plutôt qu'il erre, parmi des ronces qui le déchirent, et plus ça va, plus le sentier est détestable. Est-ce vraiment un chemin, d'ailleurs ? Le discours que lui tiennent les panneaux indicateurs qu'il a pris pour guides est-il vrai ?

Il est écrit : « Vous êtes sur le bon chemin », « Il faut souffrir pour être heureux », « Les maladies mentales sont incurables : soignez-vous quand même », « C'est long mais libérateur », « Vous avez fait le bon choix » et : « C'est la seule solution ».

Mais si vraiment, il avance sur le bon chemin, pourquoi toutes ces ronces ?

Pourquoi ce qui avait commencé comme une large route n'est plus qu'une piste indistincte entre des arbres noirs, aux troncs rongés par la mousse ?

Les autres déprimés ont disparu, absorbés par les profondeurs de la forêt. Il semble que personne ne soit venu ici depuis bien longtemps.

Antoine se serait-il trompé de route ?

Mais où, mais quand ?

Il y a certainement eu un moment, un moment bien précis même s'il l'a oublié, où il s'est retrouvé face à un embranchement, et où il a pris à gauche alors qu'il aurait du prendre à droite, ou le contraire... Mais maintenant il est trop tard, et Antoine doit faire confiance aux panneaux, confiance aveugle. Il n'a aucun ami chaleureux pour l'épauler, aucun conseilleur véridique et sincère pour le guider.

Alors il continue à avancer et à errer parmi les ronces, la mort dans l'âme…

L'hôpital au fond de l'impasse

Qu'y a-t-il au bout de l'impasse lugubre où chemine Antoine ?

Un grand bâtiment délabré et sinistre dont la peinture verdâtre s'écaille. Ce lieu, que hantent des zombis aux yeux vides dont la bouche entrouverte dégouline de bave, est un HP : un hôpital psychiatrique.

L'hôpital psychiatrique est l'aboutissement logique de la dépression sans nom, le bout de l'impasse, le terminus où elle mène et ramène. Voyons de quelle manière elle y conduit...

1/ Primo, la dépression sans nom conduit à l'hôpital psychiatrique parce qu'elle suscite le désir d'y entrer.

À force de faire confiance aux médecins et aux psys, à force de s'en remettre à la médecine et à la psychiatrie, et lorsqu'on se sent arrivé au bout du rouleau, on pense à l'institution qui matérialise le mieux l'autorité médicale : l'hôpital. Là, s'imagine-t-on, on trouvera une forme d'aide plus efficace... on fera une pause... on prendra un nouveau départ.

2/ Mais la dépression sans nom conduit aussi à l'hôpital psychiatrique parce qu'elle donne à un psychiatre la possibilité d'imposer à son patient sa conception des choses, sa « solution ».

En effet beaucoup de personnes entrent à l'hôpital psychiatrique par la volonté de quelqu'un d'autre. Dans ce second cas, la dépression sans nom n'est pas à l'origine du désir d'aller à l'hôpital, elle est à l'origine de la situation de faiblesse où l'on se fait emprisonner à l'HP contre son gré.

Il faut en effet que vous sachiez qu'à partir du moment où vous posez *volontairement* un orteil chez un psychiatre, il peut vous envoyer à l'hôpital psychiatrique *sans vous demander votre avis*...Hôpital où vous risquez de rester enfermé un temps indéterminé, sans aucun recours légal pour en sortir.

Qui plus est, les conséquences d'un emprisonnement prolongé à l'HP sont rien moins que bénéfiques. Après avoir passé plus de quatre ans dans un hôpital psychiatrique, une personne n'est généralement plus capable de vivre de manière autonome à l'extérieur de l'hôpital. Habituée à être prise en charge de l'aube au crépuscule, et la nuit aussi, elle perd l'habitude de faire sa vaisselle et de régler tous les problèmes de son quotidien, qu'ils soient grands ou petits. La psychiatrie lui vole ainsi toute vie de famille comme tout espoir de réaliser un jour ses rêves. Une dépression ordinaire, naturelle, ne rend pas inapte à la vie normale, tandis qu'une dépression sans nom finit, si elle aboutit à un emprisonnement prolongé à l'hôpital psychiatrique, par priver la personne concernée de toute velléité d'indépendance.

L'individu ainsi psychiatrisé n'est plus que l'ombre de lui-même : un pantin sans ressort dont la vie est réglée par d'autres jusque dans les moindres détails. Un mort-vivant dont la liberté n'a plus d'espace pour se déployer.

Ah mais si, quand même : à l'atelier d'ergothérapie, il fait des colliers de nouille et pétrit de la glaise. C'est dans les limites de cet atelier parfaitement adapté aux enfants de trois ans que ce qui lui reste de liberté et de créativité se déploie... Mais les cachets qu'on lui impose sont assez abrutissants pour que ça lui suffise :

> « Le petit copain de ma sœur est parti en cure à l'hôpital pour se désintoxiquer de l'héroïne. Deux mois après, il revient passer dix jours chez sa mère, et il est beaucoup plus mal qu'auparavant. Bourré de médicament, c'est un légume. Il passe son temps à dormir, n'a pas d'émotion, pas de discussion, et bave. Avant de rentrer en cure il prenait de la méthadone, ne touchait plus à l'héroïne, et menait une vie plus ou moins normale. Debout pendant la journée, il était bien vivant, ne bavait pas, faisait preuve d'humour, aimait la musique, et discutait avec nous. Il était content (c'était ses mots) de rentrer en cure car il allait se soigner et faire du sport... il m'a même montré les programmes sportifs. Et maintenant, le psy dit qu'il est schizophrène et qu'il faut l'interner à l'hôpital psychiatrique à vie ! Avant ni ma sœur, ni sa mère, ni moi, ni personne n'avait vu ce jeune homme délirer, décrocher de la réalité, ni présenter un quelconque symptôme de schizophrénie... rien qui s'en approche. Nous sommes plus que choqués de le voir revenir dans cet état ! Comment dénoncer une erreur médicale et un traitement qui détruit le patient ? Peut-on l'empêcher de retourner à l'hôpital ? Arrêter ou diminuer les médicaments ? Lui n'est plus en état de donner son avis... »

Les zombis qui hantent les couloirs de l'hôpital psychiatrique ne sont pas fous. Leur abrutissement, leur air hagard, leur bouche entrouverte, le filet de salive qui mouille en permanence leur menton ne sont que les effets des neuroleptiques (et des autres antidépresseurs, au sens large) qu'on leur met de force dans la bouche. Même le plus fringant des ministres de la Culture aurait, au bout de quelques jours, l'air d'un escargot trop cuit si on le contraignait à avaler ce que les prisonniers de l'hôpital psychiatrique doivent ingurgiter tous les jours.

À retenir

• Suivre les conseils de la psychiatrie, c'est s'enfoncer dans une impasse de plus en plus sinistre.

Conseil

► Évitez l'hôpital psychiatrique comme vous évitez la prison.

Contraste

Cette dépression sans nom dont vous connaissez maintenant l'existence est très différente des dépressions naturelles.

Les dépressions naturelles sont (comme leur nom l'indique) naturelles. On s'y expose en sortant du ventre de sa mère. Par contre la dépression sans nom est artificielle. Elle ne concerne que ceux qui se font happer par la psychiatrie. Elle n'existe que depuis que la psychiatrie existe. Quand la psychiatrie disparaîtra – tout a une fin en ce monde, même s'il est difficile d'imaginer celle d'une institution écrasante telle que la psychiatrie –, la dépression sans nom disparaîtra elle aussi corps et bien, sans laisser de trace.

Parmi toutes les dépressions naturelles, c'est avec la dépression existentielle que la dépression sans nom présente le plus de contraste.

Lorsqu'Antoine interroge anxieusement son psychiatre pour que celui-ci lui révèle enfin le vrai nom de notre mal-être, c'est la dépression sans nom qui le persécute. Mais lorsque ce même Antoine se demande pourquoi il est né, pour quelles raisons il fait tant d'efforts pour vivre et être heureux alors qu'il devra de toute façon mourir, et que ces questions tournent en rond dans sa tête comme des chauves-souris dans un beffroi, c'est la dépression existentielle qui le fait souffrir.

Lorsqu'Antoine se demande avec angoisse s'il doit arrêter son analyse ou continuer sa torture hebdomadaire dans l'espoir qu'elle le mènera jusqu'à la lumière, c'est la dépression sans nom qui le prend pour cible. Mais lorsqu' Antoine pleure sur une tasse qu'il vient de briser malencontreusement parce que ses débris lui rappellent que tout passe, tout casse et tout lasse, c'est la dépression existentielle qui lui fait des misères.

S'il fallait les représenter sous une forme allégorique, la dépression existentielle serait une grande femme recouverte d'un voile de mystère et désignant d'un bras marmoréen une direction inconnue, tandis que la dépression sans nom serait un épouvantail à corbeaux affublé d'une blouse blanche et d'une barbe freudienne en épis de maïs – épouvantail brandissant vers le ciel, comme si c'était une torche, une électrode à électrochocs.

À retenir

• à la différence de la dépression existentielle, la dépression sans nom est un mal-être artificiel. Cette dépression anonyme ne survivra pas à la psychiatrie qui en est la cause.

• La dépression existentielle nous met sur la piste de quelque chose d'inconnu, tandis que la dépression sans nom n'est qu'un épouvantail grotesque.

L'EMBROUILLAMINI

Lorsque Antoine (ou n'importe qui d'autre) attrape une dépression sans nom, celle-ci ne remplace pas la dépression naturelle dont, en général, il souffre déjà : elle s'y ajoute. En cherchant à résoudre son problème, Antoine l'a donc multiplié par deux. Il se retrouve avec deux dépressions :

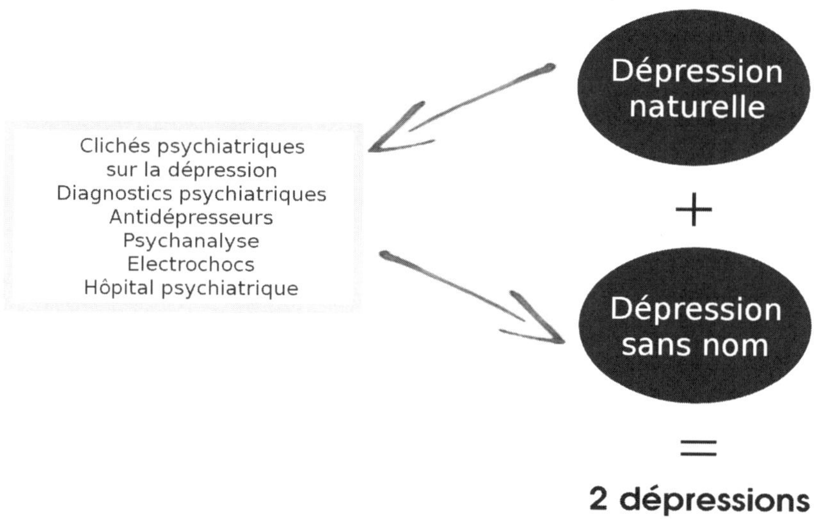

Antoine sait-il qu'il souffre d'une dépression sans nom ?

Non.

Mais alors, à quoi attribue-t-il ses nouveaux doutes, nouvelles angoisses, nouveau sentiment d'impuissance et d'humiliation, capacités intellectuelles en berne, etc. ?

À sa dépression naturelle initiale, celle qui l'a poussé à se renseigner en premier lieu sur la dépression et à consulter. Toutes les souffrances de la dépression sans nom, Antoine en blâme sa dépression originelle.

C'est aussi ce que fait son psy.

Autrement dit, on met sur le dos de la dépression naturelle tous les effets de la dépression sans nom. Et c'est ainsi que la psychiatrie est inlassablement innocentée de ses innombrables méfaits, tandis que la dépression naturelle se retrouve injustement sur le banc des accusés...

Vous comprenez maintenant pourquoi Antoine traîne son mal-être depuis des années sans amélioration notable. Des années à errer de cabinet médical en cabinet de psychiatre dans l'espoir continuellement déçu de trouver une solution.

Comment Antoine pourrait-il triompher de sa dépression sans nom ?

Il la prend pour sa dépression naturelle.

Et comment Antoine pourrait-il triompher de sa dépression naturelle ?

Il la prend pour une « vraie maladie biologique » et la soigne en tant que telle.

Il est déjà difficile de lutter contre deux adversaires, alors se battre contre deux adversaires quand on n'en voit qu'un, et qu'on le prend pour quelqu'un d'autre... Le combat, qu'Antoine prend pour un duel, est vraiment trop inégal. Parce qu'il n'a pas conscience de la duplicité de sa souffrance et de la véritable nature de ses deux dépressions, Antoine a embarqué pour un périple plus sinistre et circulaire encore qu'un tour en train fantôme. Son combat est perdu d'avance.

Mais, heureusement, pas le vôtre.

Car vous n'êtes pas comme Antoine. Antoine est prisonnier d'un double quiproquo, tandis que vous, vous voyez clair dans l'embrouillamini qui le ligote.

Vous savez que la dépression naturelle et la dépression sans nom ne se confondent pas. Vous savez que la dépression sans nom passe pour la dépression naturelle, qui est accusée à sa place. Vous savez que la dépression naturelle passe pour une vraie maladie biologique, alors qu'elle est un état d'âme.

Vous êtes cet homme ou cette femme dont on dit qu'il en vaut deux... Vous êtes *bien informé*.

À retenir

- En cherchant une solution à ses problèmes psychologiques dans la psychiatrie, on multiplie lesdits problèmes par deux. En faisant confiance à la psychiatrie pour se fait soigner, on attrape une dépression sans nom.

►Comme l'angle mort, la dépression sans nom est d'autant plus dangereuse qu'on ne la voit pas : les gens qui souffrent d'une dépression sans nom ne savent pas qu'ils en souffrent.
►La dépression sans nom passe pour la dépression naturelle, ce qui lui permet de sévir en toute impunité pendant que la dépression naturelle porte le chapeau.

ÉCHAPPER À LA DÉPRESSION SANS NOM

Comment échapper à l'engrenage de la dépression sans nom ?

Que faut-il faire pour éviter de retomber dans la psychiatrie (idéologie, traitements, hôpitaux) après en être sorti, ou pour éviter d'y entrer quand on n'y a encore jamais mis les pieds ?

Retour à l'embranchement

La psychiatrie est un monstre mécanique à la gueule immense, démesurément ouverte. En guise de langue, un tapis roulant y conduit.

Si vous restez sur ce tapis, vous serez avalé et digéré en entier, la tête la première. Dissoute, votre volonté ne pourra plus diriger votre corps, devenu trop grand et trop lourd pour elle, et vous obéirez alors à n'importe quel spécialiste de la santé mentale, pourvu qu'il ait les diplômes.

Pour échapper à ce triste sort, il n'y a pas mille possibilités mais une seule : revenez sur vos pas jusqu'à l'embranchement initial et prenez cette fois-ci l'autre route, celle qui ne mène pas au tapis.

Quel embranchement ?

En guise de réponse, permettez-moi de vous raconter une petite histoire.

Conquistadors et cocotiers

Il était une fois un pays sauvage où n'habitaient encore que quelques tribus.

Des gens pacifiques qui pêchaient le poisson.

Un jour, un bateau chargé de conquistadors arrogants débarqua sur la côte. Ils décrétèrent que tout le pays leur appartenait, et que quiconque y poserait les pieds devrait payer l'impôt en poissons, en travail gratuit, et pour les femmes en services sexuels. Les habitants se réfugièrent alors dans les arbres (de grands cocotiers), mais souvent, ils étaient obligés de mettre pied à terre - et dans ce cas ils devaient payer.

N'ayant ni les stratégies ni les technologies nécessaires pour organiser leur résistance, ils n'avaient pas vraiment le choix...

La déprime, le malheur, la mélancolie, etc., sont les cocotiers ; la dépression, c'est le sol. Comme la dépression a été accaparée par des colons déterminés et intelligents face auxquels les indigènes du cru ne font pas le poids, avant de descendre de son arbre mieux vaut y réfléchir à deux fois.

La plus grosse déprime, le plus grand malheur, la plus douloureuse crise existentielle valent mieux que la plus riquiqui des dépressions. En effet tant que vous n'êtes que déprimé ou malheureux, tout va bien pour vous : vous êtes normal, vous restez libre de vous occuper de vous comme vous l'entendez, vous faites ce que vous voulez.

Mais si vous posez un orteil par terre, si vous dites que vous faites une dépression, c'est fini : vous n'êtes plus chez vous, vous êtes chez eux. La dépression est le territoire des conquérants ; c'est leur royaume, leur pays : lorsque vous y mettez les pieds, il faut faire ce qu'ils vous disent de faire.

En cas de dépression, il y a qu'une seule route, une autoroute avec péage :

— Vous prendrez trois cachets d'Effexor tous les soirs… et si ça ne suffit pas, on augmentera les doses. Les effets secondaires ? Quels effets secondaires ? Ne vous occupez pas de ça, ça ne vous regarde pas.

— …

— Vous ne voulez pas prendre de cachets ? Et vous ne voulez pas de l'ECT non plus ?!... Alors, ne venez pas vous plaindre, car au fond, vous ne voulez pas aller mieux ! Vous vous complaisez dans votre malheur, et puisque vous ne voulez rien faire pour vous, on ne peut rien faire pour vous. Vous êtes in-cu-ra-ble ! [*Allez, dégage, ton malheur on s'en fout !*]

L'autre route

L'embranchement initial, c'est le moment où vous avez décidé du nom qu'allaient porter vos états d'âme. Revenez à cet embranchement et prenez l'autre route. Au lieu de baptiser votre mal-être *dépression*, donnez-lui un autre nom.

Vous voulez savoir lequel ?

Mélancolie, tristesse, spleen, problème spirituel, sentiment d'absurdité, crise existentielle, coup de blues, passage à vide, remise en question, vous avez le choix... mais pas *dépression*. Surtout pas *dépression*.

Voici le conseil d'un jeune homme avisé :

> « Après réflexion je crois que le mot *dépression* doit être banni... Oublions ce mot ! Cette épine ! Ce coup de poignard ! »

C'est précisément ce qu'a fait Anthony Robbins, le célèbre coach. Il a supprimé le mot *dépression* de son vocabulaire personnel :

> « Y a-t-il un mot que je n'utilise jamais pour décrire mes états d'âme ? J'ai découvert que c'était *dépression*. Je peux me sentir frustré, en colère, curieux, irritable ou surchargé, mais je ne me sens jamais déprimé... Sans en être vraiment conscient, j'ai banni ce mot de mon vocabulaire, si bien que je ne peux plus me représenter la dépression ou même la ressentir. En une seule fois, j'ai éliminé de mon vocabulaire un mot qui m'enlevait du pouvoir et j'ai fait disparaître un sentiment qui peut tout anéantir, même les sentiments les plus forts. »

Parce qu'il est difficile de faire l'expérience d'une chose quand on n'a pas de mot pour se la représenter, en supprimant la dépression du vocabulaire qu'il utilise pour parler de lui-même, Anthony Robbins l'a du même coup supprimé de sa vie.

Pourquoi ne feriez-vous pas comme Anthony Robbins ?

Cette mesure ne vous mettra peut-être pas à l'abri de la dépression naturelle, mais elle vous protégera à coup sûr contre la dépression sans nom.

Si vous vous en sentez capable, je vous conseillerai même de ne pas baptiser votre mal-être du tout... Car vous pouvez très bien le laisser sans étiquette. Au fond, ce serait le plus sage. Un mal-être anonyme est infiniment plus léger à porter qu'un mal-être nommé : pour vivre heureux, vivons cachés...

Déplacement de confiance

La psychiatrie n'est pas l'institution philanthropique, altruiste et bienveillante qu'elle serait si nous vivions dans un monde idéal. On dit souvent que le manque de confiance en soi est source de tous les maux... L'excès de confiance en la psychiatrie n'est pas moins nocif. Et il se pourrait que toute confiance en la psychiatrie soit excessive... il se pourrait qu'une miette, ce soit déjà trop. La seconde mesure à prendre pour vous protéger contre la dépression sans nom, c'est donc de déplacer votre confiance.

Vous l'aviez donnée aux professionnels de la santé mentale, aux psys, aux médecins qui agissent comme les psys en prescrivant antidépresseur sur antidépresseur ?

Reprenez-la, ils ne la méritent pas.

Reprenez-la et placez-la en vous-même.

Personne n'est mieux placé que vous pour prendre les meilleures décisions pour vous. Personne n'a autant que vous votre intérêt à cœur. De plus, vous avez, entre les oreilles, une machine à résoudre les problèmes d'une puissance extraordinaire. Votre cerveau est un ordinateur hyper-sophistiqué, ordinateur capable de vous faire atteindre n'importe quel objectif. Il faut seulement que vous lui fournissiez les données nécessaires.

Vous êtes l'expert de votre vie, ou vous le deviendrez bientôt, si vous choisissez de vous faire confiance et de faire confiance à votre intelligence.

À retenir

• Prenez votre vie en main, car sinon d'autres la prendront en griffe.

Conseil

▸ Pour échapper à la dépression sans nom, ne mettez pas de nom à votre mal-être. À tout le moins, ne lui donnez pas celui de « dépression »

Partie XII

Le piro-optimisme

Le véritable amour construit toujours.
Il ne détruit jamais.
Leo Buscglia

Le piro-optimisme est une mentalité peu connue, voire inconnue, mais très répandue. Un état d'esprit énergique, mais funeste. La racine de nombreux maux. Lisez cette (petite) partie pour l'identifier et vous en libérer.

Présentation

S'il fallait une devise au piro-optimisme, la phrase lapidaire du révolutionnaire et anarchiste russe Michel Bakounine (1814-1876) serait sans doute élue : « Détruire, c'est construire ».

Cette formule résume à merveille l'état d'esprit piro-optimiste, car dans la perspective piro-optimiste, empirer les choses va les améliorer d'une manière ou d'une autre.

Optimisme et piro-optimisme

Le piro-optimisme ressemble de loin au véritable optimisme, capacité à voir le bon côté des catastrophes, à tirer les leçons des désastres et à chercher les opportunités sous les crises. Mais dès qu'on l'examine de plus près, la ressemblance disparaît.

Il y a en effet une grande différence entre trouver le bon côté des ennuis quand ils sont déjà là (optimisme) et chercher des ennuis supplémentaires parce qu'on s'imagine que quelque chose de bon en sortira (piro-optimisme).

Par exemple, on peut très bien accepter une inondation comme une fatalité météorologique, on peut même lui reconnaître après coup des aspects bénéfiques, sans être tenté d'inonder son salon au jet d'eau…

Mais dans la perspective piro-optimiste, pourquoi pas ?

Ça nous motiverait pour le repeindre.

Réfutation

Détruire, c'est construire... l'idée a quelque chose de séduisant. Elle est tellement paradoxale. Mais il ne suffit pas qu'elle soit bizarre pour être vraie.

Est-ce qu'on bâtit des immeubles avec de l'explosif ?

Est-ce qu'on construit un couple solide à coups de canif dans le contrat ?

Ou est-ce qu'il faut plutôt un plan, des matériaux, de l'amour, de la persévérance, des efforts ?

Alors certes, détruire une maison vermoulue est le premier pas vers la construction d'une neuve, et s'il n'y a pas d'espace libre ailleurs c'est même une condition nécessaire. Mais quand on s'imagine que « détruire, c'est construire », on oublie qu'après l'explosion de la vieille baraque, il reste encore l'essentiel à faire... Détruire, ce n'est jamais que passer à l'étape « champ de ruines et tas de gravas ».

Au piroptimisme dont Bakounine s'est fait le héraut, voici ce qu'un vieux proverbe chinois répond : *on ne fuit pas l'inondation en s'accrochant à la queue du tigre*. En d'autres termes, on n'échappe pas à une catastrophe par une autre.

La réponse de George Sand, qui connaissait Bakounine, n'est pas moins percutante :

> « Je ne veux plus de cette thèse : *Faisons le mal pour amener le bien ; tuons pour créer...* Maudissez tous ceux qui creusent des charniers. La vie n'en sort pas. C'est une erreur historique dont il faut nous dégager. Le mal engendre le mal. »

Sand a raison. On ne va pas à Moscou ou à Rome en prenant la direction contraire. Détruire n'est pas construire ; le mal n'engendre pas le bien. Si besoin était, cette réflexion de Winston Churchill (1874-1965), qui dirigea avec maestria le Royaume-Uni pendant la Seconde Guerre mondiale, apporte encore de l'eau à notre moulin :

> « Construire peut être le fruit d'un travail long et acharné. Détruire peut être l'œuvre d'une seule journée. »

C'est très vrai. Détruire est facile. Construire ne l'est pas. Pour salir un vêtement, une demi-seconde suffit, mais pour le laver et le sécher il faut plusieurs heures. De même, tuer un être humain ne prend qu'un instant, tandis qu'il faut neuf mois pour en faire un – sans compter toutes les années de patience nécessaires ensuite...

À retenir

- S'il est bon de garder une attitude positive face aux catastrophes (optimisme), il ne l'est pas de les chercher activement (piro-optimisme).
- L'idéologie piro-optimiste prétend que « détruire, c'est construire », mais le mal n'engendre pas le bien.
- Les paradoxes sont parfois aussi faux qu'ils en ont l'air.

Renaître de ses cendres tel un phœnix ?

Le phœnix est un oiseau extraordinaire. Son plumage est d'une incomparable beauté, mais le plus remarquable, c'est sa manière de se régénérer.

Quand l'heure de sa mort approche, le phœnix rassemble des brindilles, construit un bûcher et se jette dans le feu… Puis renaît miraculeusement rajeuni des cendres de son suicide.

Problème : le phœnix n'existe pas et n'a jamais existé. Il n'y a pas plus de phœnix que de père Noël.

Deuxième problème : cet oiseau mythique donne une image trompeusement positive des comportements suicidaires. Ce qui fait du phœnix la mascotte du piro-optimisme.

En réalité la mort n'est pas une résurrection mais une mort. D'où son nom.

Vous trouvez ça trop évident, trop… premier degré ?

Peut-être. Mais la plupart des vérités ont cette même allure prosaïque de paysan du Danube ou de l'Ardèche.

Bref, le mythe du phœnix n'est qu'un leurre (d'ailleurs étymologiquement *mythe* signifie « mensonge »). Certes, on peut monter très haut après être descendu très bas et se relever après une longue déchéance, mais il n'est pas nécessaire de se consumer dans les flammes ou d'avaler un flacon de somnifères pour revivre. C'est même contre-productif.

Renaître

D'ailleurs dans la Nature, aucun animal ne procède ainsi.

Pour renouveler son être, le serpent ne se jette pas dans le feu, la chenille ne se fait pas hara-kiri, le homard ne se fracasse pas la tête contre les rochers.

Tout au contraire, ces animaux s'efforcent par un long, lent et minutieux travail, de s'extraire de leur ancienne peau devenue trop étroite.

La manière dont ils procèdent nous enseigne que ce n'est pas par la précipitation, le désespoir et l'autodestruction qu'on se renouvelle, mais bien par la patience et l'effort ; lorsqu'on veut remonter, renaître, faire surface, vivre... le plus sûr reste encore de prendre la direction qui est la plus évidente, et en même temps la plus difficile : celle qui monte.

Alors ne vous dites pas : « Je vais aller jusqu'au bout... il faut toucher le fond pour remonter à la surface ». C'est un sophisme.

Pour monter, il faut monter.

L'aigle et la poule

L'humoriste américain Arnold H. Glasow (1905-1998) l'a souligné avec beaucoup de sagesse : « La clef de tout est la patience. On obtient une poule en couvant des œufs, pas en les écrasant. »

Ce n'est pas par la violence et l'impatience que l'on construit sa vie ou qu'on aide les autres à construire la leur, mais tout au contraire par une attention vigilante et des soins assidus.

Si vous voulez prendre un oiseau pour modèle, suivez l'exemple de n'importe quel oiseau réel, plutôt que celui du phœnix.

Si vous voulez, prenez exemple sur l'aigle royal, qui vole haut dans le ciel, jouissant ainsi d'un très large panorama. Comme lui, prenez de la hauteur. Ne vous laissez pas déstabilisé par des soucis éphémères, des tracas anecdotiques ; replacez-les dans l'image générale. Les détails ne sont que des détails ; pensez à la forêt plutôt qu'à l'arbre.

Ou inspirez-vous de la poule, puisqu'il est question d'elle.

Certes, la poule n'est pas capable de voler, et elle n'a pas la réputation d'être très futée. Mais elle prend le plus grand soin de ses poussins, ce qui n'est pas si bête.

Ne serait-il pas beau de faire preuve, à l'égard de vous-même comme à l'égard de ceux qui vous sont chers, de la même sollicitude maternelle ?

De les entourer du même dévouement tendre et nourricier ?

À retenir

- Le phœnix, qui renaît rajeuni des cendres de son suicide n'est qu'un leurre. Dans la réalité, la mort est la mort.
- Pour faire peau neuve, les animaux ne se jettent pas frénétiquement dans l'autodestruction ; ils font au contraire preuve de patience et de persévérance.

Conseils

► Vous voulez monter ? Montez.

► Ne prenez pas exemple sur un oiseau inexistant ; inspirez-vous plutôt de l'aigle, pour son point de vue surplombant, ou de la poule, pour la sollicitude maternelle qu'elle témoigne à ses poussins.

Soigner le mal par le mal ?

En cette phrase, le piro-optimisme s'exprime à l'état pur : « Il faut soigner le mal par le mal. »

Le génial Albert Einstein (1879-1955) a dit que la folie consiste à procéder toujours de la même manière en s'attendant à un résultat différent. Lorsqu'on soigne le mal par le mal, on fait encore mieux et encore pire : on ajoute un problème à un problème en s'attendant à une solution.

Un homme se sent au bord du coma éthylique. S'il « soigne le mal par le mal », il passera de la vodka au whisky. Ainsi il finira à l'hôpital au lieu de se contenter de vomir dans les toilettes.

Soigner le mal par le mal, c'est se laisser aspirer dans un tourbillon descendant en croyant qu'on monte, accélérer dans les virages en s'imaginant qu'on freine, et se griser d'une surenchère de difficultés dans l'espoir qu'un miracle surgira de leur entassement, telle une cellule vivante des conditions primitives de l'univers, selon la théorie de l'évolution...

En réalité, on ne *soigne* pas le mal par le mal. On l'empire.

Mais alors, par quoi soigne-t-on le mal ?

Par son contraire.

La romancière américaine Elizabeth McCracken, qui comme nous tous a eu sa part d'épreuves, fait preuve de bon sens : « On dira ce qu'on voudra, mais le remède contre le malheur, c'est le bonheur. »

Très juste.

Pour vaincre une polarité, quelle qu'elle soit, il faut davantage de son contraire : quand il fait froid, on allume le chauffage ; quand il fait nuit, on allume la lumière. On triomphe de l'illusion par la vérité, de la peur par la certitude, de la rancune par le pardon, de l'impatience par la patience, du désespoir par l'espoir, du manque par l'abondance, etc. Chaud contre froid, raison contre folie, joie contre tristesse : le seul moyen de remédier à une polarité négative, c'est de la contrebalancer par son contraire.

Bref, on soigne le mal par le bien.

À retenir

- On aggrave le mal par le mal.
- Le remède à une polarité, c'est la polarité contraire.
- On soigne le mal par le bien.
- Pour faire peau neuve, les animaux ne se jettent pas frénétiquement dans l'autodestruction ; ils font au contraire preuve de patience et de persévérance.

Conseils

► Ne persistez pas dans un comportement autodestructeur sous le prétexte fallacieux et piro-optimiste qu'on « soigne le mal par le mal ».

Ce qui ne nous tue pas…

« Ce qui ne nous tue pas nous rend plus fort » : qui ne se l'est pas dit un jour ou l'autre, pour se donner du courage ?

Alors on sert les dents et on supporte.

Pour saisir la pleine signification de cette petite phrase célèbre, penchons-nous sur ses origines. Avant de devenir un lieu commun, ce fut d'abord une citation du philosophe allemand Friedrich Nietzsche (1844-1900).

Nietzsche a été une source d'inspiration pour Hitler, même si les amoureux de Nietzsche n'aiment pas qu'on évoque le sujet. Nietzsche a aussi inspiré un groupe bien particulier : les satanistes.

Certes, Nietzsche n'a pas fondé une organisation sataniste internationale, mais il lui a pavé la route au niveau philosophique – les satanistes en conviennent eux-mêmes.

Y a-t-il un rapport entre « ce qui ne nous tue pas nous rend plus fort » et le nazisme ou le satanisme ?

Peut-être.

Si ce qui ne nous tue pas nous rend plus fort, alors la souffrance la plus extrême est intrinsèquement bénéfique, et la violence un excellent moyen de rendre les forts encore plus balèzes.

Le sataniste le plus connu du vingtième siècle, Aleister Crowley (1875-1947), a d'ailleurs des théories qui complètent à merveille celles de Nietzsche :

> « Le magicien devrait mettre au point une technique précise pour détruire *le mal*. Par cette technique, il entraînera son esprit et son corps à se confronter à des choses qui lui causent de la peur, de la souffrance, du dégoût, de la honte, etc. Il doit apprendre à les supporter. »

Se confronter au mal pour devenir plus fort… La thèse peut paraître séduisante. Elle justifie fort bien les films d'horreur et les snuff movies, films dans lesquels une ou plusieurs personnes sont réellement torturées et tuées.

Si on adhérait à la pensée de Nietzsche jusqu'au bout, on ferait des trucs idiots comme se forcer à tripoter des serpents ou à déterrer des cadavres, juste pour devenir plus fort. Et justement, les satanistes s'adonnent à ce genre de passe-temps.

Mais le plus important n'est pas tant de savoir si l'idée de Nietzsche a des conséquences néfastes (elle en a) que de découvrir si elle est vraie. Alors posons-nous sérieusement la question : est-ce que ce qui ne nous tue pas nous rend plus forts ?

C'est difficile à dire, car la catégorie « ce qui ne nous tue pas » est très vaste. Une foultitude de choses ne nous tuent pas : recevoir un compliment ne nous tue pas. Chasser les papillons ne nous tue pas. Manger des tartines à la confiture de fraise le matin, dans une villa près de la mer, ne nous tue pas. Passer le balai, faire une lessive ou consoler un enfant qui pleure ne nous tue pas non plus.

Mais bien sûr, ce n'est pas à ce genre d'activités innocentes que Nietzsche fait allusion. Il fait plutôt référence à des événements qui pourraient être mortels, ou qui le sont à un niveau ou à un autre (émotionnel, par exemple). En d'autres termes, ce que Nietzsche veut dire, c'est : « Ce qui ne nous tue pas, *mais presque*, nous rend plus forts ».

Or, ce n'est pas vrai.

Un grave accident de la route laisse un sportif avec quatre côtes brisées : le match est reporté à plus tard. Une humiliation publique ou la trahison d'un ami laisse un chef d'entreprise traumatisé : il n'est plus capable d'assumer son rôle.

Inutile de multiplier les exemples, vous avez compris : ce qui ne nous tue pas, mais presque, nous tue presque.

Idée qu'on peut juger évidente, triviale, et terriblement redondante… mais qui n'en est pas moins vraie, à la différence de l'énoncé nietzschéen.

Mais alors, comment se fait-il que tant de gens croient malgré tout que ce qui ne nous tue pas nous rend plus forts ?

Peut-être parce que cette idée est fascinante dans son stoïcisme spartiate…

Ou peut-être parce qu'elle ressemble à d'autres idées qui, elles, sont justes... Par exemple : un bonheur peut se présenter sous la forme d'un malheur. Même une catastrophe a de bons côtés. Quand on fait preuve de patience et d'une attitude constructive face aux épreuves, on en sort renforcé. Etc.

Il n'en serait pas moins sage de laisser aux satanistes et aux nazis la maxime de Nietzsche, idée biscornue qui idéalise le mal, celui que l'on subit mais aussi, indirectement, celui que l'on fait. Nietzsche est un philosophe piro-optimiste.

À retenir

- Ce n'est pas en s'exposant à la souffrance qu'on se renforce.
- Ce qui nous tue presque nous tue presque.

Conseil

► Jetez aux oubliettes Nietzsche, ses livres et ses idées : un penseur aux moustaches hypertrophiées qui mourut fou et inspira nazis et satanistes ne saurait être de bon conseil.

Partout

Le piroptimisme n'est pas le triste privilège des individus suicidaires et déprimés. Depuis le dix-neuvième siècle, notre société n'est pas arrivée à se dégager de cette erreur historique. Elle n'a fait, au contraire, que s'y enfoncer...

Nous en avons déjà eu maint exemple au cours de ce livre :

- Des psychanalystes font régresser leurs patients pour les faire progresser.
- Des psychiatres soignent l'âme troublée de leurs « malades » en leur faisant subir des crises d'épilepsie et en grillant le cerveau (électrochocs).
- Ou encore en leur découpant le cerveau (lobotomie).

Autant de thérapies furieusement piro-optimistes...

Et le piro-optimisme est aussi présent dans la tête des victimes de ces simili-thérapies. Sinon, pourquoi donneraient-elles une interprétation positive aux souffrances que leur psy leur inflige ? Ainsi des patients disent le plus sérieusement du monde à d'autres patients :

> « Tu souffres beaucoup. C'est bon signe. »
>
> « Le fait que tu pleures en sortant révèle que ton travail sur toi-même agit fort. »
>
> « On dirait que ça se passe bien pour toi : c'est dur, tu pleures, donc continue… »
>
> « C'est tout à fait normal que tu te sentes mal après une séance. C'est même bon signe. »

Non-sens.

Lorsque, après deux mois de thérapie, on se sent nettement plus mal que lorsqu'on a commencé à se soigner, il ne faut pas chercher midi à quatorze heures. Un mal-être qui s'installe ne présage rien de bon. Le pire n'est pas un masque pour le mieux ; le pire *est* le pire.

Et le piro-optimisme ne règne pas seulement sur la psychiatrie, la psychanalyse et diverses psychothérapies ; il sévit aussi dans la médecine.

C'est à cause de lui que des docteurs soignent la dépression avec du raticide (le fluor, principe actif des antidépresseurs). À cause de lui que tout poison est sensé se changer miraculeusement en médicament à une certaine dose : on « soigne le mal par le mal »...

Et le piro-optimisme ne s'est pas arrêté là. Sur la tête des scientifiques, il a planté son vilain drapeau verdâtre.

Quand Charles Darwin affirme que c'est en éliminant les faibles que les espèces évoluent et progressent, il fait preuve de piro-optimisme.

Même la cosmologie n'est pas à l'abri.

Sinon, pourquoi les scientifiques qualifieraient-ils de « big-bang », c'est-à-dire d'explosion, la naissance de l'univers ?

Une explosion est un « phénomène de désintégration violente et instantanée ». Ce n'est pas un début, c'est une fin. Ce n'est pas une création, c'est une destruction. De plus pour qu'il y ait explosion, il faut que quelque chose explose. Pas de bombardement sans bombe. Pas de feux d'artifice sans explosifs déflagrants. Or avant l'apparition de l'univers, il n'y avait ni bombe, ni explosif... Le choix du mot « big-bang » pour parler de la naissance de l'univers n'est pas logique. Il est juste... piro-optimiste.

Et n'oublions pas le piro-optimisme cinématographique, le plus spectaculaire de tous.

Combien de films hollywoodiens font passer le message que c'est en explosant à grand bruit des autos, des avions, des paquebots et des gratte-ciels et en envoyant une flopée de gaillards musculeux brouter les pissenlits par la racine qu'on résout tous ses problèmes, voire qu'on sauve le monde ?

Sans parler des jeux vidéos : il y aurait trop à en dire.

Bref, le piroptimisme est partout.

Vraiment partout.

Mais ce n'est pas une raison pour que vous tombiez dans le piège de cette idéologie folle et mortifère... Croyez-en Alphonse de Lamartine (1790-1869), poète lyrique, homme politique et grand voyageur dont la vie et l'œuvre prouvent amplement le génie et la créativité : « Celui qui peut créer dédaigne de détruire. »

La partie suivante, qui est la dernière, répond à une question cruciale dont vous attendez probablement la réponse avec impatience : quand on se sent mal, que faut-il faire là, maintenant, tout de suite, pour aller mieux ?

À retenir

- Le pire n'est pas un masque pour le mieux ; le pire est le pire.
- Une création n'est pas une explosion.
- Notre monde est fou, mais ce n'est pas une raison pour déraisonner comme lui.

Conseils

► Si après deux mois de thérapie ou de traitement vous vous sentez plus mal qu'avant d'avoir commencé, laissez tomber.

► Ne détruisez pas ; créez.

Partie XIII

Cinq thérapies aussi douces qu'efficaces

En fin de compte, existe-t-il des thérapies vraiment efficaces contre la dépression ? Thérapies ne présentant aucun effet secondaire, n'induisant aucune dépendance, gratuites ou du moins très bon marché, indolores ou même plaisantes, et faciles à implanter ?

Oui, il existe des thérapies qui ont toutes ces qualités en même temps.

Vous n'en avez jamais entendu parler ?

C'est normal. Dans les livres consacrés à la dépression, ces thérapies aussi douces qu'efficaces ne font l'objet d'aucun chapitre.

Surtout, ne vous laissez pas leurrer par leur simplicité. La psychanalyse, qui a l'air si intelligent et si profond, n'est-elle pas une fausse solution et un vrai problème ? Malgré leur air un peu naïf, les cinq thérapies que vous allez découvrir dans cette dernière partie ont un énorme pouvoir.

En les utilisant, vous vous sentirez rapidement plus optimiste et plus confiant. En continuant à les utiliser, vous gagnerez en force et en quiétude. En persistant dans leur utilisation arrivera un jour où vous aborderez la vie et votre petit déjeuner avec un entrain juvénile, une assurance souveraine, un sourire rayonnant et une bonne humeur contagieuse.

Vous croyez que j'exagère ?

Pas forcément. Tout dépend du temps et de la réflexion que vous investirez dans ces thérapies – ainsi que des choix que vous ferez par ailleurs... Mais ça vous l'aviez déjà compris.

Le journal de gratitude

La gratitude peut transformer
votre train-train quotidien en jours de fête.
William Arthur Ward

Si je me fie à ma propre expérience d'ex-dépressive, actuellement vous n'accordez pas assez d'importance à la gratitude.

Avant, je ne me souciais nullement de gratitude. D'ailleurs je n'employais jamais le terme... *Gratitude* et *reconnaissance* végétaient au fond de mon vocabulaire passif, avec *anticonstitutionnellement, surérogatoire* et d'autres mots longs ou superflus de ce genre.

Vous voulez goûter au calme d'une vie sans souffrance ? Vibrer d'une exaltation aussi simple et joyeuse qu'un feu d'artifice du Quatorze Juillet ? Éprouver une satisfaction vaste, tranquille, frémissante et profonde comme l'océan bleu roi sous le soleil d'été ?

Alors il va falloir que vous sortiez la gratitude (chose et mot) des oubliettes où, peut-être, elle s'ennuie et moisit...

Heureux sans raison ?

Avec un enthousiasme un peu trop beau pour être vrai, certains auteurs de développement personnel conseillent d'être « heureux sans raison »... Mais ça paraît difficile. Et artificiel.

Le sourire qu'on affiche sur les photos manque souvent de naturel ; le bonheur totalement gratuit en manquerait aussi, s'il était possible. Mais l'est-il seulement ? Pour être heureux, il faut des raisons de l'être.

Au minimum il en faut une, et le docteur Viktor E. Frankl fait preuve d'un indéniable bon sens quand il affirme :

> « On doit avoir une raison d'être heureux. Une fois cette raison trouvée, le bonheur surgit. »

Je vois que vous hochez la tête en signe d'approbation : vous êtes tout à fait d'accord avec Frankl. Et peut-être que vous ajoutez mentalement : « Le problème, c'est que moi je n'ai aucune raison d'être heureux... je n'ai que des raisons de souffrir. »

Mille et une raisons d'être heureux

Pas si vite.

Quand bien même vous auriez toutes les raisons d'être malheureux décrites dans la partie sur les causes de la dépression, plus beaucoup d'autres, cela ne signifierait pas que vous n'avez aucune raison d'être heureux. On peut avoir de bonnes raisons d'être malheureux et simultanément, de bonnes raisons d'être heureux.

Car les raisons d'être heureux sont partout.

Elles virevoltent autour de nous comme des confettis un jour de fête, ou comme l'invisible poussière qu'un rayon de soleil paillette. Ces raisons ne sont pas seulement nombreuses, elles sont innombrables. Incalculables comme la foule poétique des étoiles quand le ciel est pur et la nuit estivale.

Ouvrir les yeux

Le problème, c'est que les trois quarts du temps nous ne les voyons pas.

On peut comparer ces raisons d'être heureux aux couleurs. Jaune citron, bleu maritime, rouge coquelicot, vert espérance, rose bébé... le monde est bariolé de mille teintes, de mille nuances plus vibrantes les unes que les autres. Mais pour les souris (et autres bestioles), il n'y a que du noir, du blanc et du gris. Les yeux de rongeurs ne sont pas conçus pour voir les couleurs.

Vous trouvez mon rapprochement déplacé ? Si je nous compare à ces petites bêtes, c'est pour souligner tout ce qui nous en sépare.

Les souris n'ont pas le choix. Elles ne pourront jamais voir les couleurs. Nous, par contre, nous avons le choix. Nous pouvons éduquer nos yeux pour apprendre à déceler les innombrables raisons d'être heureux qui nous entourent, à l'image d'un essaim doré ou d'une nuée de papillons multicolores.

Vous avez de la chance

Détendez-vous. Relaxez-vous. Laissez les soucis s'enfuir loin de vous ; vous ne les avez retenus que trop longtemps. Écoutez. Dans le silence limpide et maritime qui vous entoure, un « toc, toc » discret se fait entendre. Il s'agit du bonheur. Il frappe à la porte dans l'espoir que vous lui ouvrirez. Si vous ne déverrouillez pas, il restera dehors. Il est trop poli pour entrer par effraction, et trop gentil pour le vouloir. Détendez-vous. Relaxez-vous.

La porte s'ouvre.

Dites-moi, comment vous sentiriez-vous si vous aviez actuellement une bonne raison d'être heureux ?

Pas trop mal... Mais ce n'est pas encore ça ?

D'accord.

Comment vous sentiriez-vous si vous en aviez trois ?

Ou dix ? Ou vingt ?

Disons... trente ?

Beaucoup mieux ?

Ça tombe bien : vous en avez mille.

Et même beaucoup plus.

Mais comme vous l'avez compris, tant que vous ne prendrez pas conscience de ces raisons (au moins de quelques-unes), vous continuerez à vous sentir comme si vous n'en aviez aucune... Et c'est là qu'intervient le journal de gratitude.

L'efficacité du journal de gratitude

Le journal de gratitude permet de faire passer les innombrables raisons d'être heureux que nous avons déjà de l'inconscience à la conscience. Il nous ouvre les yeux à notre chance. C'est un outil puissant et révolutionnaire. Si vous l'utilisez, il transformera votre vie dans des proportions qu'actuellement vous ne pouvez même pas imaginer.

L'efficacité du journal de gratitude contre la dépression et l'anxiété a été scientifiquement établie par diverses études de psychologie. Vous trouverez le résultat de ces études dans *Merci ! Quand la gratitude change nos vies*, livre écrit par Robert Emmons, grand spécialiste de la gratitude et de ses effets. Mais plus convaincants encore que les études scientifiques, du moins pour moi, sont les nombreux témoignages des personnes qui ont tenu un journal de gratitude :

> « Un journal de gratitude fait des miracles. »
>
> « J'ai tenu un journal de gratitude pendant un an... ça a vraiment changé ma vie. »
>
> « Écrire dans mon journal de gratitude m'a aidé à découvrir le côté lumineux de quasiment n'importe quelle situation. »
>
> « Le journal de gratitude, ça marche. Celui que j'ai tenu m'a permis de mettre ma vie en perspective ; je n'ai plus de jours de cafard. »
>
> « J'ai tenu un journal de gratitude pendant un mois. Ça m'a permis d'apprécier les petits plaisirs de la vie quotidienne, et de vivre davantage dans l'instant présent. »
>
> « Je crois très fort au pouvoir du journal de gratitude. Il fait une énorme différence, parce qu'on prend conscience des innombrables bienfaits dont on a la chance de bénéficier. J'ai compris ça quand je m'occupais de ma mère, lors de la phase terminale de son cancer. Les petites choses, comme le fait de pouvoir marcher ou d'aller seul aux toilettes, sont des cadeaux précieux que beaucoup d'entre nous prennent pour acquis... Le bonheur est une possibilité pour nous tous, il faut seulement regarder la vie et nous-mêmes dans une autre perspective. Tenir un journal de gratitude est vraiment l'une des meilleures choses que vous puissiez faire pour vous. »

La volonté et l'outil

Mais attention.

Comme tous les outils, le journal de gratitude n'est qu'un outil.

C'est évident ?

Ce que je veux dire par là, c'est que le journal de gratitude ne fera une véritable différence dans votre vie que si vous vous saisissez fermement de cet outil et que vous le mettez à votre service : il ne sera efficace que si vous avez la ferme intention – que si vous avez *décidé* – de devenir plus reconnaissant. Souvenez-vous : sans volonté, rien ne suffit.

Il faut donc que vous soyez motivé.

Réellement motivé.

Si vous ne l'êtes pas.... si vous remplissez votre journal de gratitude à contrecœur, en rechignant... il ne sera pas plus utile que ces jolis gadgets de cuisine qu'on achète sur un coup de tête et qu'on relègue au bout d'un mois au fond d'un placard, parce qu'en fin de compte, on préfère découper les ananas à la main.

Alors je vous pose la question : voulez-vous développer une attitude de gratitude ? Voulez-vous déborder de reconnaissance ? Voulez-vous devenir cette personne sympathique à qui tout le monde aime rendre service, parce qu'elle n'oublie jamais les services qu'on lui rend ?

En avez-vous le désir – le désir ardent ?

Ne répondez pas tout de suite ; lisez d'abord l'intégralité de ce chapitre.

Bienfaits de la gratitude

Voici quelques-uns des innombrables bénéfices de la gratitude énumérés par Robert Emmons :

1/ La gratitude renforce les liens sociaux et rend les échanges avec les autres plus fluides.

2/ La gratitude est un contrepoison à l'égoïsme dont nous avons vu qu'il est une cause de dépression. En attirant notre attention sur le bien que les autres nous font, elle nous prédispose à leur en faire.

3/ Parce qu'elle met l'accent sur les bonnes choses dont déborde déjà notre existence, la gratitude nous aide à mieux en jouir.

4/ En détournant notre attention de ce qui nous manque pour la concentrer sur ce dont nous bénéficions, la gratitude nous ancre dans le présent. Elle nous aide à prendre pied dans la réalité.

5/ La gratitude a aussi des effets très bénéfiques sur le corps : elle constitue un remède tant préventif que curatif à de nombreuses maladies. Vous n'y croyez pas ? Lisez le livre de Emmons, ces effets ont été scientifiquement démontrés.

Bref, la gratitude est un merveilleux état d'être, une inépuisable fontaine de bien-être et de paix. C'est à la fois une prise de conscience intellectuelle et un sentiment doux, pur et noble qui améliore la santé, l'humeur, et en définitive toute l'existence.

Éprouver de la gratitude sur une base régulière vous garantira un équilibre tant émotionnel que physique et vous connectera à ce qui est : vous accéderez ainsi au trésor de joie et de sérénité que recèle l'instant présent, trésor qui ne se révèle qu'à ceux qui règlent leur intellect et leur sensibilité sur la fréquence-radio de la reconnaissance.

Dépasser les obstacles

Mais pour arriver à ce stade, il vous faudra peut-être dépasser les émotions qui entravent l'expression de la gratitude, et qui en certains cas défendent même de la ressentir.

Quelles émotions ?

Pour le savoir, observez attentivement la réaction de ce jeune homme à l'idée qu'il devrait éprouver de la gratitude :

> « Quelle bêtise ! Gratitude pour quoi ? Pour cette succession de souffrances et d'absurdités qu'est la vie ? Malgré mes diplômes, je n'ai pas réussi à trouver le travail que je voulais. Je fais depuis deux ans des petits boulots d'intérim, juste pour ne pas être un poids pour mes parents. Juste pour continuer à leur faire croire que je ne suis pas un raté... Aujourd'hui j'ai vingt-cinq ans, et la haine au ventre. Je n'ai plus goût à rien. Ce monde n'a rien à m'offrir. Alors pitié, pas de bien-pensance ! Pas de moralisme gnian-gnian ! »

En proie à un désespoir qui n'a rien de mollasson, l'auteur de ces lignes se rebiffe à l'idée de témoigner de la gratitude. Cette idée le choque, le révolte, l'insupporte : il ne veut pas en entendre parler.

Et vous ?

À l'idée que vous avez plus de chance que vous ne l'imaginez et que pour cette chance, vous devriez peut-être ressentir de la gratitude, comment vous sentez-vous en cet instant ? Calme et détendu... ou furieux et exaspéré ?

Si vous bouillez intérieurement, je vous demande de vous en étonner.

Car au fond, cette réaction est étrange. Disproportionnée. Ce n'est pas l'indignation légitime, mais mesurée, que l'on éprouve devant une proposition déraisonnable. Pour défendre la vérité, on ne se met pas dans ces états-là. Cette fureur, c'est celle qu'on éprouve lorsqu'on est brutalement confronté à une évidence que l'on a fuie toute sa vie. Vérité incontestable, claire comme le soleil, qu'on s'est toujours débrouillé pour ne pas regarder en face, et même pour ne pas voir du tout.

L'invisible évidence

L'évidence invisible, car trop visible, que nous passons parfois une vie entière à fuir, la voici : *nous sommes bénéficiaires d'une multitude de bienfaits, d'une profusion de cadeaux, d'une surabondance de faveurs*.

Même ce jeune qui ne trouve pas de travail à son goût et qui vit dans une chambre de dix mètres a de la chance. Car s'il n'a pas un travail stable, il a du moins à manger tous les jours. Et s'il ne loge pas au château de Versailles, il a du moins un toit au-dessus de la tête quand il dort. Sans parler du fait qu'il a vingt-cinq ans et pas quatre-vingt-cinq.

Tout le monde n'a pas ces chances.

Alors ne refusez pas de réfléchir à votre bonne fortune sous prétexte que ces considérations relèveraient d'un « moralisme gnian-gnian ». Apposer cette étiquette méprisante à une réflexion approfondie sur les bienfaits dont nous bénéficions n'est qu'une manière d'éviter (d'éviter encore une fois) de faire face à la vérité : comme moi, comme nous, vous avez de bonnes raisons d'être reconnaissant.

Et si vous trouvez que je suis mal placée pour vous faire la morale, moi qui aie tellement de chance, imaginez que ce n'est pas moi qui vous sermonne, mais votre mamie qui a connu la guerre ou un tétraplégique. Ils vous diront la même chose que moi : que vous avez mille et une excellentes raisons de vous sentir reconnaissant.

Bref, vous avez largement de quoi remplir votre journal de gratitude.

Mais peut-être que quelques explications supplémentaires s'imposent...

De quoi ?

Tout d'abord, répondons à la question : « Reconnaissant de quoi, exactement ? »

Reconnaissant de tout ce dont vous profitez actuellement.

Mais - me direz-vous peut-être si vous vous sentez spleenétique - je ne profite de rien, puisque je n'ai goût à rien.

Je comprends très bien ce que vous voulez dire... mais c'est faux. Vous avez la sensation, l'impression, de ne profiter de rien, mais vous profitez néanmoins d'innombrables bienfaits. Il faut en effet distinguer entre le fait de profiter objectivement de quelque chose, et le fait d'en profiter subjectivement, d'avoir la sensation d'en jouir.

Prenons un exemple tout simple.

Vous avez des couvertures sur votre lit ?

Je parie que oui. Vous dormez sous vos couvertures. C'est grâce à elles que vous n'avez pas froid la nuit. Subjectivement, vous ne profitez absolument pas de vos couvertures, vous n'y pensez même pas. Mais objectivement, vous en bénéficiez.

La preuve ?

Si vous étiez privé de vos couvertures, vous sentiriez la différence, vous auriez froid, vous dormiriez beaucoup moins bien, vous vous sentiriez dénudé, exposé, sans protection, mal à l'aise. À supposer que vous soyez très malheureux actuellement, sans couverture vous le seriez encore plus. Et dans l'hypothèse où vous habiteriez au Groenland dans une maison mal isolée dotée d'un chauffage central défaillant, vous regretteriez amèrement ces couvertures auxquelles vous n'avez jamais accordé qu'une pensée fugace. (Et je vous en prie, ne venez pas me dire pas que vous n'êtes pas concerné sous prétexte que vous n'avez pas de couverture... ces considérations s'appliquent aussi aux couettes.)

Il y a donc une différence entre la *sensation* de profiter de quelque chose et le fait d'en profiter objectivement, d'en bénéficier.

La gratitude commence avec la prise de conscience que l'on profite objectivement d'innombrables bienfaits dont on pourrait être privé, dont on a peut-être déjà été privé à son grand dam, et dont d'autres, qui ne valent pas moins que nous, sont actuellement privés et en souffrent.

À qui ?

Il reste à répondre à la question : « Reconnaissant à qui ? »

Je vous propose : reconnaissant à la vie, au destin, à la chance, à Dame Fortune, à Dieu, à votre maman pour vous avoir nourri, mouché, aimé, soigné et revêtu de petits manteaux et de petits bonnets quand il faisait grand froid à l'époque où vous étiez incapable de faire quoi que ce soit tout seul, à votre papa, à tel être cher qui vous a fait du bien, au boulanger qui vous vend du bon pain, à l'agriculteur qui cultive le blé dont le boulanger fait son pain, etc. Vous voyez que la liste est longue. Si on cherchait à être exhaustif, on s'apercevrait qu'elle est infinie.

Orgueil

Mais revenons aux sentiments qui entravent la gratitude. Derrière la colère du jeune homme qui a « la haine au ventre » se cache un très vilain défaut : l'orgueil.

C'est l'orgueil qui nous persuade que (1) nous n'avons besoin de rien ni de personne (2) et que tout nous est dû. Ces deux croyances trompeuses mènent à l'ingratitude.

En effet l'illusion que nous pouvons nous passer des innombrables dons que nous recevons nous conduit à les sous-estimer (« Il aurait pu faire l'effort de m'offrir un collier en or plutôt que du plaqué ! ») et l'illusion que tout nous est dû nous fait accepter lesdits dons avec une superbe indifférence qu'on peut traduire ainsi : « La vie me doit bien ça ! C'est la moindre des choses... »

L'orgueil est corrosif. Il ronge la reconnaissance jusqu'à ce qu'il n'en reste rien. Je vous demande de vous livrer une rapide introspection : serait-ce l'orgueil qui vous empêche d'éprouver de la reconnaissance ?

Si vous sentez que vous êtes un tant soit peu concerné, libérez-vous de cette rouille. Comme la gratitude, l'orgueil est un choix.

Superstition

Mais ce n'est pas toujours l'orgueil qui empêche d'être reconnaissants. Parfois, c'est une croyance superstitieuse.

Laquelle ?

Nous craignons que si nous avouons (et pour commencer, si nous nous avouons à nous-mêmes) que notre chance n'est que de la chance, que les cadeaux que la vie nous fait ne sont pas mérités, elle cessera de nous en offrir.

En somme, si nous arrêtons de faire comme si tout nous était dû, nous n'aurons plus droit à rien...

C'est le même genre de crainte irrationnelle qui rend les chats noirs impopulaires.

En réalité, c'est l'inverse : plus on se montre reconnaissant, plus on découvre des raisons de l'être. Tout comme geindre et se plaindre attire à soi les contrariétés, faire preuve de gratitude attire à soi les bénédictions et les bienfaits. Optez pour la gratitude et vous aurez bientôt des raisons supplémentaires d'en éprouver, votre chance devenant habituelle, et votre (éventuelle) sombre déveine se changeant progressivement en radieuse baraka.

Vous n'y croyez pas ?

Essayez quand même : ça ne coûte rien et ça rapporte gros.

Concrètement

Concrètement il vous suffit d'un carnet, d'un stylo, et de cinq minutes par jour – ou de cinq minutes par semaine, si une fois par jour est vraiment trop pour vous. Chaque soir ou chaque matin, notez dans votre carnet cinq raisons (ou plus) d'éprouver de la gratitude.

Voici comment formuler ces causes de gratitude :

> « J'ai beaucoup de chance, car... »
>
> « Je suis très reconnaissant(e), car... »
>
> « Grâce à..., j'ai... »

Pour rendre l'exercice plus complet et plus efficace, vous pouvez ajouter à la fin de chaque cause de gratitude « alors que d'autres... » ou : « alors qu'avant... » mais c'est facultatif. Voici quelques exemples qui vous permettront de bien comprendre la nature de cet exercice profondément transformateur :

> « J'ai beaucoup de chance parce que j'ai un travail, alors qu'il y a un an j'étais au chômage. »
>
> « J'ai beaucoup de chance d'avoir un frère avec qui je m'entends bien, alors que d'autres sont enfants uniques. »
>
> « J'ai beaucoup de chance, car j'ai deux jambes avec lesquelles je marche où je veux, alors que d'autres sont en fauteuil roulant. »
>
> « J'ai beaucoup de chance parce que je vois avec mes deux yeux, alors que d'autres sont aveugles et ne peuvent pas se déplacer sans un chien ou une canne. »
>
> « Je suis très reconnaissant, car j'habite un appartement confortable, alors qu'avant je vivais dans une chambre d'étudiant minuscule et insalubre. »
>
> « Grâce à Dieu/la vie/le destin/l'univers/la personne qui me l'a offert, j'ai un ordinateur performant, alors que d'autres sont obligés de se rendre à un cybercafé pour écrire un e-mail. »

Si vous ne trouvez aucune raison d'être reconnaissant, insistez... Vous découvrirez bientôt que vous en avez beaucoup plus que cinq.

Au début, vous aurez l'impression que cet exercice est artificiel, que vous ne croyez pas vous-même à vos causes de gratitude, ou que vous ne pouvez pas vous empêcher de rajouter mentalement « mais... »

Peu importe.

Ce qui compte, c'est que vous persévériez à accomplir cet exercice, qui devient de plus en plus facile avec le temps. Comme l'intelligence et l'intuition, la gratitude est une faculté qui se développe à mesure qu'on l'exerce.

Il se peut aussi qu'au bout de quelques jours, vous vous disiez quelque chose de ce style : « Mon chat, mon appartement, mes parents... Flûte, c'est toujours la même chose que j'écris dans mon journal de gratitude !... Ça veut dire qu'en fin de compte, je n'ai pas de chance. » Ce raisonnement-là ne tient pas debout et je vous conseille d'y renoncer.

Considérez chaque jour comme une page blanche : aujourd'hui, vous avez la chance d'avoir un Angora à poil long qui adore les caresses ; aujourd'hui, vous avez la chance d'habiter un cinq pièces merveilleusement ensoleillé ; aujourd'hui, vous avez la chance d'avoir une mère tendre et un père aimant, ou qui du moins sont en bonne santé et vous fichent plus ou moins la paix.

Que vous ayez chaque jour la possibilité d'écrire dans votre journal de gratitude ce que vous y avez écrit la veille ne prouve qu'une chose : que votre chance dure, qu'elle se prolonge. Ce qui est, en soi, une raison de plus d'éprouver de la reconnaissance.

Gratitude, ingratitude et volonté

Je vois d'ici un lecteur dubitatif faire la moue. Il n'arrive pas à se faire à l'idée de dire « merci » pour tout... Vous non plus, vous pensez que la gratitude n'est pas pour vous ?

Alors je vous demande de réfléchir à ce qui suit.

Entre la gratitude et l'ingratitude il n'y a pas de milieu, pas de territoire neutre, pas de « ni... ni... » : c'est soit l'un, soit l'autre. N'accorder aucune importance à la gratitude, c'est se situer l'autre côté. Bref, si vous n'êtes pas reconnaissant, vous êtes ingrat.

Cette étiquette ne vous fait ni chaud ni froid ?

Être taxé d'ingratitude ne vous dérange pas plus que ça... en tout cas, ça ne vous empêchera pas de dormir ?

Attendez de lire la suite.

Faire preuve d'ingratitude a des conséquences. Pour découvrir lesquelles, penchons-nous sur la nature de ce vilain défaut.

Avant d'être un travers dénué de grâce et de séduction, l'ingratitude est une tournure d'esprit, une attitude mentale. Elle consiste à ne pas accorder la moindre attention à ce qui nous satisfait, à ne pas prendre en considération ce dont nous bénéficions, et à focaliser toute notre attention sur ce qui cloche et sur ce qui manque.

À noter que l'ingratitude est très, très répandue – au vrai, nous en sommes tous atteints à un degré ou un autre.

Si répandue, qu'on en trouve des traces dans la langue. Ainsi l'expression courante « Rien à dire ! » au sens « Il n'y a rien à redire, tout était bien, tout s'est bien passé, il n'y a rien à critiquer, rien à reprendre... » est une expression révélatrice de l'ingratitude latente en chacun de nous. Elle présuppose en effet qu'il n'y a aucune raison de parler (et donc d'accorder de l'importance) à ce qui nous satisfait pleinement.

Entrons maintenant dans le vif du sujet. Si vous persistez dans l'ingratitude, votre volonté ne sera jamais aussi efficace qu'elle est destinée à l'être. En d'autres termes, vous n'obtiendrez pas ce que vous désirez. Ce serait dommage, ne croyez-vous pas ?

Et comme, sans doute, vous ne distinguez pas encore clairement le rapport entre la gratitude et une volonté efficace, lisez attentivement ce qui suit.

Souvenez-vous de toutes les fois où vous avez obtenu ce que vous vouliez... avant d'atteindre votre but, vous avez cru que vous pouviez l'atteindre, n'est-ce pas ? Vous avez gardé les yeux fixés sur votre but, le regardant sans cesse avec les yeux de l'esprit. Et c'est précisément parce que vous vous êtes obnubilé ainsi sur votre objectif que vous avez agi de manière appropriée et que vous avez fini par atteindre votre but. C'est de cette manière-là – et de cette manière là seulement – que la volonté porte tout ses fruits et qu'on obtient ce qu'on désire.

Or l'ingratitude *conduit à faire l'inverse*.

Réfléchissez : lorsque nous faisons preuve d'ingratitude, nous nous focalisons sur ce qui ne va pas, sur ce qui cloche, nous obnubilant ainsi *sur ce que nous ne voulons pas*. Du coup, nous perdons de vue ce que nous aimons, désirons et voulons. Et quand on se concentre de cette manière sur ce qu'on déteste, que se passe-t-il ?

Rien de bon, comme vous vous en êtes peut-être déjà aperçu.

En gardant les yeux fixés sur ce qu'on ne veut pas, on fait ce qu'il faut pour obtenir encore plus de désagréments et de frustrations. Prendre ses cauchemars comme point de mire, c'est les prendre pour cible : un jour ou l'autre, on met dans le mille.

Bref, l'ingratitude génère la frustration et le manque, et bloque l'accès au succès. Sur la route qui mène à la réalisation de vos rêves, elle constitue un obstacle majeur. Il s'agit là d'une loi universelle qui agit même si vous n'y croyez pas ; vous êtes peut-être actuellement la victime de ses effets sans le savoir.

J'espère que maintenant, vous êtes motivé à 100 % pour troquer l'ingratitude contre la gratitude, et remplir à ras bord votre cœur de ce noble et doux sentiment... L'idéal serait qu'il *déborde* de reconnaissance, telle une élégante vasque de fontaine alimentée par une source pure, fraîche et abondante.

La vérité sur le verre

Pour conclure ce chapitre, je tiens à partager avec vous une information cruciale que je n'ai découverte que tardivement : la vérité sur un récipient utilisé pour boire dont vous avez certainement déjà entendu parler.

Ce verre est illustre et pourtant nul ne sait s'il est en verre, en cristal ou en plastique. Est-ce un hautain verre à pied ? Un robuste verre danois ? Un humble gobelet tel qu'on en trouve dans les machines à café ?

Mystère.

Et d'ailleurs, que contient-il ?

De l'eau ?

Du lait ?

Du jus d'orange ?

Encore une fois, mystère.

De ce verre célèbre dans le monde entier, tout ce que l'on sait c'est qu'il est à moitié vide... ou à moitié plein. Et c'est précisément la question, la grande question, si grande qu'« être ou ne pas être » c'est de la gnognotte à côté :

Le verre est-il à moitié vide, ou à moitié plein ?

Tous ceux qui se sont penchés sur ce problème hautement philosophique ont abouti à une conclusion de ce style : « Tout dépend de qui regarde le verre... pour le pessimiste il est à moitié vide, pour l'optimiste il est à moitié plein. » Mais qui peut se satisfaire de cette réponse de Normand ?

La vérité que j'ai découverte et que je vous révèle aujourd'hui en cette minute solennelle et mémorable qui s'inscrit en relief dans votre lecture et votre vie (je suis sûre que vous ferez bon usage des deux), c'est que...

Le verre est à moitié plein.

En effet, dire que le verre est à moitié vide, c'est partir du principe que le verre *devrait* être plein. Or, personne ne nous a promis un verre entier. En fait, personne ne nous a rien promis. En d'autres termes, rien ne nous est dû.

Étonnons-nous donc qu'il y ait quelque chose alors qu'il pourrait n'y avoir rien.

Au lieu de faire comme ces enfants gâtés qui cassent leurs jouets et trouvent toujours à redire à leurs cadeaux d'anniversaire, faisons comme de pauvres petits orphelins auxquels un philanthrope anonyme et bienveillant offre un somptueux banquet pour Noël : réjouissons-nous avec simplicité de tout ce qui est là.

À retenir

- La gratitude est la clef du bonheur, la source de la joie et du calme, un remède préventif et curatif contre toutes sortes de maux physiques et mentaux.
- L'orgueil et la superstition font obstacle à la gratitude.
- Dans la course-poursuite de nos objectifs, l'ingratitude joue le rôle du saboteur anonyme (celui qui met, du nuit, du sucre dans le réservoir à essence du bolide).

Conseils

▶ Tenez tous les jours un journal de gratitude. Au moins cinq items.

▶ Prenez l'habitude, dans la journée, de chercher mentalement des raisons d'être reconnaissant.

Lectures recommandées

□ ***Merci ! Quand la gratitude change nos vies*** **de Robert Emmons**. Le livre le plus scientifique et le plus complet sur la gratitude.

□ ***La Gratitude un état d'être ; Comment donner et recevoir de la joie chaque jour de votre vie*** **de M-J Ryan**. Enrichissant.

□ ***Le pouvoir de la gratitude*** **de Mike Robbins**. Simple et convaincant.

L'EFT

Ce chapitre sera court car son message est simple : l'EFT, ça marche. Ça marche même très bien. Je vous conseille de vous y mettre.

C'est la première fois que vous entendez parler de l'EFT ?

Alors je vais développer un peu.

Présentation

L'EFT. est l'acronyme de « Emotional freedom technique ». En français, « technique de liberté émotionnelle ».

Significativement, l'EFT. n'a pas été inventée par un psychiatre. Ni par un psychothérapeute. C'est Gary Craig, un ingénieur pragmatique et passionné de développement personnel, qui l'a mise au point en 1991.

Depuis cette date, l'EFT. s'est répandue dans le monde entier et a soulagé ou guéri d'innombrables individus d'innombrables maladies, phobies, traumatismes, etc.

En quoi consiste une séance d'EFT ?

– Tout d'abord on choisit un problème qui peut être de n'importe quel ordre (physique, émotionnel, etc.).

– Puis on élabore une phrase rassurante. Par exemple : « Même si j'ai mal à la tête, je m'aime et je m'accepte profondément », ou : « Même si mon patron m'a parlé sur un ton désagréable, je m'apprécie tel que je suis ».

– Enfin on se tapote du bout des doigts certains points précis du visage, du buste et des mains en répétant cette phrase.

Résultat ?

L'intensité émotionnelle que l'on ressentait face au problème se dissipe, ou du moins diminue.. On ne souffre plus, ou on souffre moins. Le compteur émotionnel est en quelque sorte remis à zéro.

Vous voyez qu'il n'y a pas plus simple.

Facile ?

Simple, donc facile ?

Oui et non.

Que ce soit pour s'initier à un nouveau sport, au théâtre amateur, ou à une thérapie inconnue, il y a toujours un effort à fournir. Le premier pas est le plus dur ; toute « première fois » a un prix.

Elle demande qu'on surmonte les appréhensions vagues et la passivité qui arrêtent tant de gens au seuil de la nouveauté ; elle demande aussi qu'on accepte le rôle maladroit du novice, les commencements étant par définition balbutiants. Et n'oublions pas l'ennemi intérieur, qui interpose ses chuchotements défaitistes (« N'essaie pas, ça ne sert à rien, tu as mieux à faire... ») entre nous et ce qui nous serait utile.

Dans le cas de l'EFT, les difficultés inhérentes au commencement de toute activité bénéfique sont atténuées, ou aggravées, je ne sais, par l'aspect enfantin de la thérapie.

Se tapoter le visage et les aisselles en disant quelques phrases, quoi de plus simple ?

Mais justement, n'est-ce pas *trop* simple ?

Comment croire à l'efficacité d'une méthode aussi simplissime ?

Qu'il suffise de quelques tapotements pour faire la paix avec ses mauvais souvenirs et se libérer de ses émotions négatives paraît trop beau pour être vrai.

Et en effet, c'est trop beau pour être vrai.

Car en en réalité, il y a bien une difficulté... ou plutôt il y en a deux.

La première, c'est la persévérance que l'EFT nécessite si on veut en recueillir tous les fruits. L'EFT n'est pas une baguette magique : il faut être prêt à lui consacrer un certain temps si on veut en tirer tout le parti possible.

La seconde, c'est l'élaboration des phrases clef. Car le problème n'est pas toujours aussi facile à définir qu'un mal à la tête, et l'élaboration d'une phrase rassurante représente parfois un défi. Si Hubert est profondément convaincu qu'il est un perdant, il sera peut-être tenté de tapoter sur le thème « Même si je rate tout ce que j'entreprends, je m'aime et je m'accepte profondément », mais une telle phrase ne peut que l'enfoncer plus avant dans la morosité et le découragement. Il vaudrait beaucoup mieux qu'il dise : « Même si *je me prends* pour un raté, je m'aime et je m'accepte profondément ».

Efficacité

Comme je l'ai déjà dit, l'EFT, ça marche.

Avec l'EFT on peut se libérer d'une foule de problèmes. En voici une liste pas du tout exhaustive : peur des araignées, maux de tête, mauvais souvenirs, dépendance au tabac, anxiété, culpabilité, obésité, tristesse, etc. D'innombrables témoignages enthousiastes venant de nombreux pays prouvent l'efficacité de l'EFT :

> « Je peux en témoigner : l'EFT est une méthode simple, rapide et efficace pour surmonter ses émotions négatives. Du coup, j'avance plus sereinement dans la vie. »

> « Cette méthode permet de gérer ses émotions, ses soucis et donc de mieux vivre avec soi et les autres. J'ai aussi constaté que c'est une aide efficace à l'amaigrissement. »

> « Même si l'on reste sceptique devant la simplicité de cette méthode, il faut bien se rendre à l'évidence : il se passe des choses quand on pratique l'EFT. Des améliorations progressives ou soudaines, c'est selon. L'EFT est vraiment une technique à découvrir. »

> « J'avais mis de côté l'EFT et je ressentais un mal-être diffus... Un jour j'ai réalisé que cela faisait longtemps que je ne l'avais pas fait. Le soir même je m'y suis remise et j'ai dormi comme un bébé. J'ai tiré la leçon : maintenant je pratique l'EFT tous les soirs. »

> « Depuis que je pratique l'EFT, j'ai rangé dans un coin de ma tête toutes mes références psycho : je n'en ai plus besoin ! J'ai obtenu des résultats tellement extraordinaires avec l'EFT que je serais bête de m'en passer... L'EFT m'a permis de libérer vraiment mes patients, et du coup de réussir moi-même, car depuis que je l'utilise le nombre de mes consultations a doublé ! »

> « Je me suis mis à l'EFT dare-dare ! Je ressens aujourd'hui une paix incroyable, c'est comme un espace immense qui s'est libéré dans ma tête et dans mon corps... Tout cela grâce à des petits tapotements ! D'après moi, cela prouve que nous sommes séparés de notre créativité par nos émotions tordues et nos systèmes de croyances obsolètes. Ces perturbations nous éloignent de nous-mêmes et du formidable potentiel de nos émotions réajustées. Au fond, c'est simple, si simple que j'en pleurerais si je n'avais au cœur cette immense joie... L'EFT permet d'aller vite... Oui, il nous appartient par le privilège de notre libre arbitre de guérir nos émotions ! Et c'est une personne en doute permanent et en recherche incessante qui le dit. »

Explication

Pourquoi la technique de l'EFT est-elle efficace ?

Je vous résume ici l'explication donnée par Sophie Merle, spécialiste de l'EFT. Pour plus de détails, vous pouvez consulter son site : http://sophiemerle.com/

L'énergie circule dans notre organisme en empruntant des chemins : les méridiens que l'acupuncture chinoise a identifiés.

Un mauvais souvenir ne produit pas directement une souffrance morale ; la détresse qui l'accompagne est généralement due au blocage d'énergie qui s'est créé lors du choc émotionnel.

En d'autres termes, nos souffrances, angoisses et tourments sont bien souvent causés par des blocages énergétiques, conséquences de chocs émotionnels mal digérés. Lorsqu'on se remémore l'événement désagréable en question, notre énergie s'en trouve perturbée.

Ceci permet de comprendre pourquoi le souvenir d'un événement malheureux ne produit plus ni peur, ni honte, ni tristesse, ni colère dès que le système énergétique en perd la trace. L'équilibre rétabli et le blocage dissous, les sentiments pénibles se dissipent : le souvenir n'est plus douloureux. On peut y penser en toute objectivité, sans stress ni détresse.

C'est le rôle de l'EFT de dissoudre ces blocages énergétiques. Cette technique y réussit à merveille : elle rétablit l'harmonie en agissant sur certains points stratégiques des méridiens chinois. Ainsi, elle libère très rapidement la personne concernée de la geôle de ses traumatismes.

Je cède la parole à Sophie Merle :

> « Vous savez intuitivement qu'une vie florissante est tout à fait possible pour vous, sinon vous ne seriez pas en train de lire ces lignes. Et je vous assure que c'est la plus pure vérité ! Vous pouvez vraiment vivre l'existence profondément agréable que vous désirez. Si vous savez ce que vous voulez, quel genre de bonheur particulier vous attire par-dessus tout, et que vous pratiquez EFT pour vous délivrer de vos peines et déceptions passées, il ne fait aucun doute que vous vivrez la vie dont vous rêvez. Et c'est par la délivrance de vos souffrances émotionnelles (ancrées dans votre système énergétique), que vous y parviendrez. »

EFT et bibliothérapie

À lire Sophie Merle et d'autres adeptes de l'EFT, on pourrait croire que l'EFT est la panacée.

Ce n'est pas tout à fait le cas, même si je suis toute prête à reconnaître l'efficacité quasi miraculeuse de l'EFT dans le domaine qui lui est propre : la gestion (et la digestion) des traumatismes, des soucis, des tourments et des mauvais souvenirs.

Il faut en effet sa voir que la dépression a – au moins – deux versants :

1/ Un versant intellectuel, idéologique : il s'agit de toutes les croyances qui sont directement ou indirectement à l'origine de la dépression.

2/ Et un versant affectif, émotionnel. Il s'agit de tous ces souvenirs enkystés dans la mémoire affective qui nous font mal dès qu'un événement, une parole... y touche. Une espèce de champ de mines où n'importe quel pas malencontreux peut provoquer une douloureuse explosion.

Si l'on nettoie le côté intellectuel en remplaçant les idées fausses par des idées justes, il n'y a plus rien qui puisse accroître le mal-être – mais les souffrances émotionnelles ne se dissipent pas pour autant, car même si on n'est plus dépressif au sens strict du terme, on est encore vulnérable. Émotionnellement précaire. Imaginez une maison attaquée par les termites : si on extermine les insectes qui la parasitent, sa charpente n'en reste pas moins constellée de petits trous.

D'un autre côté si l'on s'attaque seulement au versant affectif de la dépression, en guérissant un par un tous les mauvais souvenirs, le versant intellectuel rouvrira de nouvelles blessures... Bouchez les trous sans chasser les termites, et ceux-ci se remettent aussitôt à l'ouvrage.

Il faut donc agir aux deux niveaux, émotionnel et intellectuel.

Comme son nom l'indique, l'EFT agit surtout sur les émotions, tandis que les livres agissent principalement sur les idées. Bibliothérapie et EFT sont donc complémentaires, et je vous conseille d'avoir recours aux deux.

Vous n'avez qu'une idée très vague de ce qu'est une bibliothérapie ?

Je vous expliquerai tout à l'heure en quoi une telle thérapie consiste.

Et cetera

Il y aurait encore beaucoup à dire sur l'EFT, mais vous trouverez tout ce dont vous avez besoin, et beaucoup plus, sur Internet.

À retenir

• L'EFT est une méthode efficace qui permet de se libérer rapidement de l'emprise de ses émotions négatives et de ses traumatismes.

Conseil

► Allez sur YouTube et tapez « EFT », vous trouverez d'innombrables vidéos qui vous montreront comment procéder.

Lecture recommandée

□ ***Le manuel* de Gary Craig.** À télécharger gratuitement ici : http://www.wisdomofbeing.com/manuelEFT.html

La méthode Coué

Oui, j'en conviens : on dirait que Bécassine est sa cousine tant elle a l'air naïve. N'empêche que la méthode Coué, comme l'EFT, ça marche.

Émile Coué

Mais avant d'aller plus loin, parlons un peu d'Émile Coué (1857-1926).

Comme George Sand, c'est un génie connu et méconnu.

Tout le monde connaît son nom, mais rares sont ceux qui l'ont lu, et encore plus rares ceux qui ont conscience de la valeur incommensurable de sa pensée, qui représente l'une des contributions les plus décisives jamais apportées au domaine de la psychologie.

Émile Coué était pharmacien, et en tant que pharmacien il était bien placé pour observer l'effet que ses paroles encourageantes avaient sur ses clients malades. Leur efficacité lui fit petit à petit prendre conscience de la puissance de la suggestion. À partir de là, il étudia l'hypnose, fit une découverte fondamentale sur la nature de l'autosuggestion, et s'en servit pour mettre au point la méthode qui porte son nom.

Celle-ci se répandit dans le monde entier et eut un impact majeur sur le développement personnel et la pensée positive, qui à l'époque faisaient leurs premiers pas.

Freud vs Coué

Si vous le permettez, et pour mieux saisir leurs personnalités respectives, comparons Freud et Coué.

Freud a tué ; Coué a sauvé des vies.

Freud a écrit une soixantaine de livres tortueux et démoralisants ; Coué en a écrit un seul qui vaut son pesant d'or.

Freud a la réputation d'avoir inventé une thérapie prestigieuse, inquiétante et profonde ; Coué, celle d'avoir inventé une méthode naïve, superficielle et vaguement ridicule.

Freud a mis au point une thérapie qui prive le patient de toute autonomie et lui donne l'illusion que son thérapeute est omniscient et omnipotent ; Coué a mis au point une méthode d'autoguérison qui rend au patient les pleins pouvoirs et lui donne la conscience de sa force.

> « Apprenez à vous guérir, disait Coué, vous le pouvez ; moi je n'ai jamais guéri personne... Le pouvoir est en vous ! En chacun de vous !... »
>
> « Ce n'est pas en moi qu'il faut avoir confiance, mais en vous-même, car c'est en vous seul que réside la force qui vous guérira. Mon rôle consiste simplement à vous apprendre à vous servir de cette force. »

Freud était consumé par une haine dirigée contre l'humanité toute entière ; Coué était un philanthrope qui a fait sans relâche le bien autour de lui. En toute connaissance de cause, cet humaniste a dit : « Plus vous faites de bien aux autres, plus vous vous en faites à vous-même... L'altruiste trouve sans le chercher ce que l'égoïste cherche sans le trouver. » Trouve quoi ? Le bonheur.

Freud a entortillé des sophismes consternants et des absurdités grotesques dans un style sophistiqué et savant qui dissimule leur inconsistance ; Coué a énoncé simplement des vérités primordiales. À ce propos, voici ce que dit Philippe Rémy, disciple de Coué :

> « Coué avait un défaut – en réalité une qualité – c'est qu'il énonçait les idées les plus profondes avec la même simplicité que s'il avait cueilli des marguerites dans un fossé. Il en résulte qu'il est généralement incompris des intellectuels spécialisés, fervents de jargon scientifique. »

Chez Coué il n'y a ni jargon, ni bla-bla. C'est pour ça qu'il n'a aucun succès auprès des spécialistes.

Freud aimait l'argent d'un amour sans borne ; il était à la fois avide et avare. Il a convaincu plusieurs de ses patients de lui faire des dons importants, ou de l'inscrire sur leur héritage. La seule fois où Freud donna de l'argent sans rien attendre en retour, ce fut lorsqu'il paya pour assurer la défense d'un homme accusé d'avoir assassiné son père... significativement, il s'identifiait à ce parricide, qu'il ne connaissait pourtant pas.

À l'autre extrémité du spectre, Coué était aussi généreux que Freud était rapace et radin. Les conférences de Coué étaient généralement gratuites ; quand elles étaient payantes, l'argent était reversé à des œuvres caritatives. En 1910, Coué fonda une « clinique libre ». Il y recevait gracieusement et gratuitement les malades, qui y guérissaient en grand nombre.

Lorsque son cancer à la mâchoire, conséquence de sa toxicomanie, lui causa de trop vives souffrances et se mit à empuantir l'atmosphère, Freud imposa à son médecin et ami Max Schur de l'euthanasier, malgré ses réticences, chargeant ainsi la conscience de ce dernier d'un crime (meurtre ou suicide, au choix). Quant à Coué, il est mort d'une pneumonie liée à l'épuisement, conséquence de son dévouement inlassable aux autres.

Bref, Coué est un anti-Freud.

Quand je vous disais que notre civilisation a mal placé sa confiance... Elle a mis un tueur frappadingue sur un piédestal et prosterne sa raison devant ses élucubrations malsaines, tandis qu'elle traite avec un mépris amusé un authentique génie, véritable bienfaiteur de l'humanité.

Et maintenant, entrons dans le vif du sujet...

Comment se libérer d'une croyance débilitante

Vous vous souvenez que le seul moyen de combattre une polarité, c'est de lui opposer la polarité contraire... le chaud contre le froid, l'amour contre de la haine, le bien contre le mal, etc.

Conséquence ?

L'un des meilleurs moyens de supprimer une croyance, c'est de se mettre à croire le contraire : comme un clou chasse l'autre, une croyance est délogée par une croyance *diamétralement opposée.*

Avec un exemple ce sera plus clair.

Si vous (ou Josette) croyez que vous êtes nul, le meilleur moyen de cesser d'y croire, c'est de vous mettre à croire que vous êtes un être unique, remarquable et précieux qui a une très grande valeur – et ça tombe bien puisque vous l'êtes.

En effet on ne peut pas croire simultanément qu'on est un minable sans valeur et qu'on est, par exemple, un génie qui vaut plus de trois milliards d'euros : c'est soit l'un, soit l'autre. En d'autres termes, si Josette arrive à se convaincre qu'elle est géniale, elle cessera de se croire nulle.

C'est ce que, le premier, Émile Coué a compris, et même si ce n'était que pour cela, nous lui devrions déjà une vive reconnaissance. (D'autant que comme vous le savez, éprouver de la reconnaissance, c'est bon pour le moral.)

La méthode de Coué exposée par lui-même

Émile Coué a résumé sa découverte et sa méthode dans un petit ouvrage : *La Maîtrise de soi-même par l'autosuggestion consciente.* Voici les quatre principes qu'il y expose :

1° quand la volonté et l'imagination sont en lutte, c'est toujours l'imagination qui l'emporte, sans aucune exception ;

2° dans le conflit entre la volonté et l'imagination, la force de l'imagination est en raison directe du carré de la volonté ;

3° quand la volonté et l'imagination sont d'accord, l'une ne s'ajoute pas à l'autre, mais l'une se multiplie par l'autre ;

4° l'imagination peut être conduite.

Coué voit en l'imagination la première faculté de l'homme. Quand on s'imagine faire telle ou telle chose, généralement on parvient sans difficulté à la faire :

> « Si l'on dit : « Je veux et je peux », c'est parfait. »

> « Ayez la certitude d'obtenir ce que vous cherchez et vous l'obtiendrez, pourvu que cette chose soit raisonnable. »

Inversement, quand on se voit échouer dans telle ou telle entreprise, on échoue :

> « Si l'on pense : « Je veux que telle ou telle chose se produise », et que l'imagination dise : « Tu le veux, mais cela ne sera pas », non seulement on n'obtient pas ce que l'on veut, mais encore on obtient exactement le contraire. »

Bien sûr, tout ceci n'est vrai que dans les limites de ce qui est possible. Un grand gaillard à gros biceps qui se répète « Je vole comme superman ! » n'y parviendra jamais, car c'est tout bonnement impossible. Mais le même grand gaillard qui s'autosuggestionne en se répétant : « Je perds mes forces... Je suis faible comme une fillette » n'est bientôt plus capable de soulever ses haltères, n'est plus capable de soulever un sac de courses, n'est plus capable de soulever un crayon à papier, et en définitive n'est plus capable de rien du tout.

Qu'est-ce que cela signifie ?

Que livrée à elle-même, notre imagination nous contrôle. Heureusement, dit Coué, l'imagination peut être éduquée, de même qu'un cheval sauvage peut être bridé. Pour cela, nous devons apprendre à diriger le cours de notre imagination.

Comment ?

Coué propose d'avoir recours à une affirmation toute simple : « Tous les jours, à tous points de vue, je vais de mieux en mieux ». En répétant cette affirmation quotidiennement, on en imprègne son imagination (ou son inconscient, car Coué emploie indifféremment les deux termes) jusqu'à ce qu'on y croit. Dès qu'on y croit, cette idée devient notre vérité, notre réalité.

En résumé, la méthode Coué consiste à agir sur notre imagination pour que celle-ci soutienne inconditionnellement notre volonté. Au lieu de lui mettre des bâtons dans les roues (on *veut* faire ceci, mais on *se voit* faire autre chose), notre imagination devient ainsi notre meilleure amie et notre plus précieuse alliée : on *veut* faire ceci, et comme on *se voit* le faire, on y arrive.

Un malentendu possible

Dans la mesure où Coué insiste beaucoup sur le pouvoir de l'imagination et les limites de la volonté consciente, il est possible d'interpréter sa pensée de travers.

Après avoir lu Coué, et si on est dénué de tout bon sens à la base (ou si on l'a perdu), on peut croire qu'il suffit de répéter assez longtemps « Je suis de plus en plus riche » pour voir se matérialiser un gros tas d'or devant sa porte.

Bien évidemment, ça ne marche pas comme ça.

Rien ne remplace la volonté, l'effort et l'action ; Coué se contente de souligner le rôle crucial de l'imagination *dans* la volonté.

Croire qu'on peut remplacer la volonté par l'imagination, comme certains suppôts du Nouvel Âge et de la pensée positive le prétendent, équivaut à croire qu'on peut remplacer un vélo et son cycliste par la roue avant dudit vélo. Pour parvenir quelque part, il faut un vélo complet doté de ses deux roues – et il faut aussi que *quelqu'un pédale.*

Coué en avait d'ailleurs conscience, puisqu'il reconnaît que l'imagination est l'une des parties de la volonté :

> « Ce n'est pas la volonté qui nous conduit, mais bien l'imagination qui en est d'ailleurs la base. »

L'imagination n'est donc pas une force séparée et distincte de la volonté ; c'est, au contraire, l'une de ses composantes les plus essentielles.

Preuves de son efficacité

La méthode Coué est efficace. Elle permet de se libérer de ses croyances débilitantes, et ainsi de reprendre possession de ses facultés latentes.

Prenons en exemple le cas de John F. Demartini.

Selon ses professeurs, John n'était pas un élève particulièrement doué, loin de là... À 17 ans, il avait laissé tomber les études et vivait l'existence d'un surfeur insouciant. Mais un jour il s'est mis à la méthode Coué.

Il a commencé à répéter :

> « Je suis un génie et je mets ma sagesse en pratique. »

Il a répété, répété et répété cette phrase nuits et jours pendant des années.

Puis, un beau jour, ce sont les autres qui ont commencé à dire qu'il était un génie. Aujourd'hui John F. Demartini est un thérapeute, conférencier et auteur connu aux États-Unis. La phrase qu'ils avaient ressassée quasiment non-stop pendant des semaines, des mois, des années, est devenue une réalité objective.

Bien sûr, Demartini ne s'est pas contenté de répéter – sinon ce serait de la magie, et la méthode Coué n'en est pas. Demartini a aussi *agi* en accord avec la phrase qui l'accompagnait nuit et jour : il a repris ses études, ouvert un cabinet de chiropractie, etc. Rien ne remplace la volonté, je vous l'ai assez dit.

Voici maintenant divers témoignages sur la méthode Coué. Lisez les attentivement, ils sont instructifs et inspirants :

> « En essayant la méthode en mode écoute passive, j'ai vaincu ma dépression avec ma clef mp3 sur les oreilles d'une manière spectaculaire, en à peine quelques semaines. »

> « J'ai utilisé la méthode afin de pouvoir perdre des kilos en trop. Tous les soirs et tous les matins et quelquefois dans la journée je me répétais la phrase suivante : "Tous les jours, je maigris et je suis rassasiée." En quatre mois j'avais perdu mes 20 kilos superflus. »

> « J'ai déjà utilisé cette phrase "Tous les jours et à tous points de vue, je vais de mieux en mieux" dans le passé. J'étais alors déprimée et très fatiguée. C'est un hypnothérapeute qui m'a demandé d'utiliser cette phrase pour aller mieux. Je ne savais pas alors que cette phrase faisait partie de la méthode Coué. Au bout de deux mois, j'étais rétablie. Je dormais mieux et je n'avais plus besoin de ses services. »

« J'ai découvert cette méthode un peu par hasard dans un magasin de livres il y a un peu plus de dix ans. À ce moment ma vie était un échec, du moins je le croyais, et j'étais au bord de la dépression. Je me suis lancé au début sans trop y croire et miraculeusement tout mon univers s'est amélioré (travail, amour, santé). Depuis, régulièrement, dès que j'aborde des phases négatives dans mon existence j'y ai recours. »

« J'ai eu le dos littéralement rempli d'acné à partir de l'âge de 14 ans. Jusqu'au jour où, à l'âge de 25 ans, j'ai lu un truc sur la méthode Coué. Je n'ai donc cessé de me dire à voix haute tous les jours dès que j'en avais l'occasion la phrase suivante : "Mon dos est sain, jour après jour mon dos deviens lisse et net." Je n'ai pas eu à attendre plus de trois semaines pour que cette phrase soit vérifiable. Depuis, plus de bouton. Avec un peu de volonté et de persévérance, le corps finit par y croire. »

« J'ai essayé, et ça marche. J'ai déjà fait une dépression et j'avais tellement peur de retomber là-dedans que je commençais à aller mal. Mais avec la Méthode Coué je vais beaucoup mieux. Il y a deux mois mon copain m'a quitté après un an ensemble, et une semaine après ma grand-mère est décédée. Et j'ai réussi à surmonter tout ça alors que j'aurais dû complètement sombrer. C'est grâce à la méthode Coué j'en suis sûre. À la même période j'ai aussi commencé à faire du sport, je pense que ça m'a aidée à me défouler. Grâce à cette méthode si simple et si efficace, je me sens vraiment changée, plus forte, j'ai l'impression que je peux réaliser tout ce dont j'ai envie. »

« Ma transformation s'est opérée en profondeur... Je ne refoule rien, je ne me voile pas la face. Mes comportements ont changé petit à petit sans effort, sans mal-être, tout naturellement. Progressivement je suis devenu plus joyeux, mieux dans mes baskets, mieux avec les autres. J'ai arrêté de broyer du noir et à présent je respire la joie, je me sens bien. J'aurais pu continuer à consulter des psys et toutes sortes de thérapeutes, car oui je l'ai déjà fait mais jamais personne n'a pu m'aider... J'aurais également pu continuer à réfléchir sur les raisons de mon problème, à chercher... mais chercher quoi ? Cette méthode permet d'enlever la mauvaise herbe et semer de belles fleurs. C'est le sentiment que cela me donne. »

« La méthode Coué est souvent perçue de façon négative, mais l'ayant appliquée pendant trois années au sortir d'un très grave traumatisme psychologique, elle m'a permis d'atteindre un niveau de bonheur et de plénitude exceptionnel pendant plus de 3 ans, ce qui m'a permis d'obtenir un très haut niveau de concentration et de performance intellectuel. Je n'utilisais pas exactement les termes du docteur Coué, mais l'expression "Je suis heureux, j'aurai une journée heureuse, et rien ne m'empêchera d'être heureux". Et ça a marché. Elle permet en effet de casser net le cycle infernal de la dépression et de l'anxiété et de chasser les idées noires. Cependant elle ne suffit pas forcément pour atteindre un niveau élevé de bonheur. Il n'y a pas de paradis artificiel, le bonheur doit être également étayé par des réussites concrètes. De plus à la longue cette méthode finit par perdre de sa force, mais dans les moments durs, quelle détente elle apporte, quel réconfort ! Il est curieux que beaucoup de psys la dénigrent. L'utiliser vaut mieux que des médicaments. »

« Je dois être un des Français qui a le plus répété la phrase magique de Coué : "Tous les jours, à tous points de vue, je vais de mieux en mieux", puisque je me la répète depuis 13 ans, à raison de 300 fois par jour, soit un total de 1 423 500 répétitions ! Alors, est-ce que ça marche ? Réponse : OUI ! Je suis beaucoup plus créatif qu'avant, j'ai par exemple dix idées qui me viennent au lieu de deux avant. Je me suis réellement amélioré dans tous les domaines qui m'intéressaient, et sans m'en rendre compte ! Encore une fois, chez moi, l'amélioration se fait surtout sentir sur le plan mental, je suis réellement plus vivant qu'avant; et plus motivé, aussi ! Est-ce que j'ai des problèmes ? Oui, comme tout le monde, mais je suis beaucoup plus motivé pour les combattre ; c'est-à-dire que je ne me concentre pas dessus, je me concentre systématiquement sur les solutions ! Émile Coué est un Saint Homme ! C'est un humaniste qui a vraiment inventé là, un moyen extraordinaire de se dépasser ! Et pourtant, les gens s'en fichent ! Ils n'y croient pas ! Libre à eux, en tout cas, moi, je sais que ça marche ! Et si mon témoignage peut en inciter certains à pratiquer la méthode, je serai le plus heureux des hommes ! »

La méthode Coué en perspective

Émile Coué a expliqué sa méthode à partir des connaissances de son époque, mais depuis, de nouvelles découvertes en psychologie permettent de la comprendre dans une perspective plus vaste.

L'invisible précède le visible.

Comme des architectes, nous bâtissons nos vies en suivant un plan – un plan invisible. Ce plan qui influence et dirige nos pensées et nos actes (et ainsi, nos résultats) est constitué par l'ensemble des croyances, mais aussi des souvenirs et des rêveries que nous ressassons et qui s'organisent dans notre esprit en fonction de notre conception de nous-mêmes, qu'on peut appeler définition-de-soi ou image-de-soi.

Au cours de ce livre, vous en avez eu maint exemple.

Ainsi nous avons vu que les diagnostiqués ayant reçu l'étiquette « borderline » ou de « schizophrène » se sentent de plus en plus borderline ou schizophrènes et se comportent de plus en plus comme tels ; que Freud, qui se prenait pour le diable, a agi de manière éminemment diabolique ; que ceux qui se croient inaptes au bonheur et condamnés à souffrir se révèlent effectivement inaptes au bonheur, et condamnés à souffrir...

D'une manière à la fois volontaire et involontaire, nous cherchons tous à concrétiser l'image que nous nous faisons de nous-mêmes. Et – dans les limites de ce qui est possible – nous finissons tous par y parvenir, par changer ce que nous pensons de nous-mêmes dans le secret de notre conscience en réalité objective.

Pour bâtir une vie plus belle nous devons donc changer notre image-de nous-mêmes.

Mais de quelle manière ?...

Dans l'idéal, voilà ce qu'il faut faire :

1/ remplacer ses croyances négatives par des positives – par exemple remplacer « je suis un perdant » par « je suis un gagnant » ;

2/ reléguer ses mauvais souvenirs aux oubliettes et se tourner vers les bons – par exemple cesser de s'attarder sur la fois où on s'est couvert de ridicule pour se souvenir de la fois où vous avez gagné un concours, de la fois où vous avez impressionné votre famille par un exploit inhabituel, stupéfait vos amis par votre habileté, votre force et votre savoir ;

3/ Renoncer aux rêveries démoralisantes (où l'on s'imagine échouer) pour se plonger dans des rêveries agréables et même exaltantes : vous vous visualisez en train de mener à bien avec brio telle ou telle tâche ; vous vous imaginez sur l'estrade, applaudi par une foule enthousiaste ; vous vous voyez dans les bras de votre âme sœur, le visage rayonnant de bonheur, etc.

Or la méthode Coué se focalise sur le premier point : le remplacement de croyances. Mais la bonne nouvelle, c'est que lorsqu'on change ses croyances, on procède tout naturellement aux deux autres modifications : on fait le tri dans ses souvenirs et on réoriente ses rêveries dans le bon sens.

C'est ce qui explique la très grande efficacité de la méthode Coué.

Deux objections à la méthode Coué

Les critiques dirigées contre la méthode Coué proviennent les trois quart du temps de ceux qui ne l'ont pas essayée, ce qui rend leurs objections singulièrement peu crédibles. Répondons tout de même aux deux principales que ces détracteurs mal informés opposent à la méthode Coué.

1/ Première objection : la méthode Coué serait superficielle... n'attaquant pas le fond du problème, elle mettrait seulement un mouchoir sur ce qui fait mal.

Cette objection ne tient pas la route, car :

– En agissant sur les croyances, qui sont (nous l'avons vu) l'une des principales causes de la dépression, la méthode Coué agit sur l'une des racines les plus profondes du mal-être.

– La profondeur d'une thérapie se mesure à son efficacité : si elle est superficielle, elle n'apporte qu'un soulagement insuffisant et temporaire. Les effets de la méthode Coué sont satisfaisants et durables : elle est donc profonde.

2/ On reproche aussi parfois à la méthode Coué d'être un « bourrage de crâne ». Avec la méthode Coué, on se ferait subir à soi-même « un lavage de cerveau », portant ainsi soi-même atteinte à sa liberté ou à son intelligence.

Cette objection ne serait valable que dans le cas où l'on utiliserait les affirmations pour se convaincre d'une fausseté définitive, par exemple « 1 + 1 = 3 ». Si quelqu'un répétait en boucle pendant des années « 1 + 1 = 3 », il se ferait effectivement subir un lavage de cerveau au plein sens du terme, avec pour résultat ultime qu'il perdrait la raison.

Mais avec la méthode Coué on utilise des affirmations *qui peuvent devenir vraies,* comme : « J'ai de plus en plus confiance en moi », ou « J'ai de plus en plus de succès », ou « je suis un(e) gagnant(e) ».

Aucune de ces affirmations n'est irrémédiablement fausse. Vous pouvez avoir de plus en plus confiance en vous, vous pouvez avoir de plus en plus de succès, vous pouvez devenir un(e) gagnant(e). Mais pour que cela arrive, vous devez d'abord y croire.

D'où la méthode Coué.

En l'utilisant on fait un usage très intelligent de sa liberté, comme un usage très libre de son intelligence. La méthode Coué n'est pas aliénante mais libératrice : on était hypnotisé par des croyances étouffantes et sclérosantes et on s'en libère en choisissant librement ce qu'on veut désormais croire.

En gravant dans votre esprit une croyance consciemment choisie, vous vous libérez de tout un fatras de vieilles croyances subies qui vous entravaient jusque-là. Par exemple en vous convaincant que vous avez de plus en plus confiance en vous, vous vous déconditionnez de toutes les croyances castratrices qui vous empêchaient d'avoir confiance en vous.

Au fond, la méthode Coué est moins un bourrage de crâne qu'un *dé*bourrage de crâne.

Les mauvais usage de la méthode Coué

Est-il possible de faire un mauvais usage, c'est-à-dire inefficace ou même nocif, de la méthode Coué ?

Tout à fait, car la méthode Coué n'est qu'un moyen, qu'un outil : encore faut-il apprendre à l'utiliser convenablement.

1/ Une première erreur consiste à choisir une suggestion nocive en s'imaginant qu'elle est bénéfique.

Voici une phrase choisie par un novice :

> « Jour après jour, je mérite ce qu'il m'arrive. »

Cette affirmation n'a rien de réconfortant. Pour l'être, elle ressemble un peu trop à « Tu l'as bien cherché ! »

Autre affirmation bancale :

> « Jour après jour, j'accepte la mort de untel »

En focalisant l'attention sur « la mort de untel », cette phrase ne peut que rendre le deuil plus douloureux, plus laborieux. Très mauvaise suggestion.

Encore une suggestion démoralisante :

> « Je ne suis pas nul »

En disant « Je ne suis *pas* nul », on associe « je » et « nul », restant ainsi prisonnier des paramètres fixés par l'idée que l'on cherche à combattre. La route neuronale tracée par « je suis nul » est parcourue en sens inverse par « je ne suis pas nul », mais c'est toujours la même route. Répéter « Je ne suis pas nul, je ne suis pas nul » a donc pratiquement les mêmes effets que de se répéter « Je suis nul, je suis nul ». Si vous vous sous-estimez, ne vous répétez pas « Je ne suis pas... », cela ne ferait que vous ancrer dans l'idée que vous l'êtes.

2/ Une deuxième erreur consiste à utiliser la méthode Coué comme une baguette magique.

La méthode Coué n'est pas de la magie, et quand on cherche à l'utiliser comme un sortilège, le résultat s'avère tout à fait décevant. Inutile de répéter :

> « Untel m'aime passionnément »

Ça ne le fera pas tomber amoureux. Inutile aussi de répéter :

« Je n'ai aucun problème »

Tout le monde a des problèmes, et nier leur existence ne va pas les réduire en confettis. Autres affirmations magiques que je vous déconseille :

« Je suis immortel ! »

« Je suis un Dieu ! »

« Je suis Dieu. »

Il n'est pas totalement impossible de croire à de telles affirmations, et peut-être qu'on peut en tirer un genre bizarre, illusoire et précaire de satisfaction – mais comme ces affirmations n'en sont pas moins d'irrémédiables mensonges, y croire n'est pas constructif, mais nocif, à long terme.

3/ Autre application inefficace de la méthode Coué : celle qui consiste à ressasser une phrase tellement éloignée de la réalité présente qu'elle ne peut être considérée que comme une contre-vérité flagrante.

Complètement fauché, Hubert vit sous les ponts. S'il se dit de but en blanc « Je suis millionnaire », son cerveau freinera des quatre fers devant cette affirmation outrancière que sa vie quotidienne réfute impitoyablement à chaque minute, à chaque seconde.

Chaque fois que Hubert se dira « Je suis millionnaire », il entendra une petite voix flûtée et cinglante riposter : « Menteur ! Arrête de mentir ! Arrête de raconter des bobards ! Regarde la réalité en face : *tu n'es qu'un clochard !...* »

Comment son esprit critique pourrait-il avaler l'idée qu'il est millionnaire ?

Comment son bon sens donnerait-il à l'affirmation « Je suis millionnaire » l'autorisation de se changer en croyance ?

Ça paraît impossible, ou du moins extrêmement difficile. Il faudrait faire preuve d'une obstination frisant l'entêtement pour arriver, à force de répétitions, à dépasser la barrière de son incrédulité.

Notez que cette fois-ci, le problème n'est pas que la phrase ne peut pas devenir vraie. Hubert ne sera jamais Dieu, mais il peut très bien devenir millionnaire. Il ne serait pas le premier millionnaire ex-clochard. Non, le problème est ailleurs.

Le problème, c'est que cette affirmation (« Je suis millionnaire ») contredit de manière trop frontale, trop directe, une réalité indéniable et criante. Ce qui la rend inacceptable – littéralement incroyable.

Parenthèse sur l'ambition et la folie

Permettez-moi d'ouvrir une parenthèse à propos de l'ambition, de la folie, et de la différence entre les deux.

Par la méthode Coué ou par une autre méthode, il serait bon que Hubert arrive effectivement à se convaincre qu'il est millionnaire...

Vous dites que ce serait de la folie – comme lorsque Nietzsche se prenait pour Alexandre le Grand ?

Oui, si Hubert, clochard, se prenait au sens littéral pour un millionnaire. Mais je ne parle pas de ce genre de croyance irrationnelle et délirante... Je parle d'une croyance d'un autre ordre : la conviction intime qu'on est autre chose que ce qu'on paraît, et qu'on réussira un jour ou l'autre à manifester au grand jour l'identité encore secrète à laquelle on croit.

Si Hubert arrivait à croire que, malgré les apparences, sa véritable identité est celle d'un millionnaire – autrement dit qu'il est *destiné* à devenir millionnaire –, cette croyance lui permettrait de le devenir effectivement, ou au minimum de s'extraire de la pénible situation où il se trouve. Car dans ce cas, dans le cas où il se sentirait millionnaire, il ferait des pieds et des mains pour quitter la rue, qu'il n'accepterait plus comme une fatalité. Sa misère abjecte l'indignerait trop pour qu'il y reste.

Se croire, au sens littéral strict, millionnaire quand on est sans domicile, c'est de la folie ; se croire destiné à devenir millionnaire quand on est sans domicile, et agir en conséquence, ce n'est que de l'ambition.

Si tant de clochards restent clochards, c'est parce qu'ils se prennent pour des clochards : leur identité secrète, ou image-de-soi, est en harmonie avec leur réalité présente, et les enchaîne donc au statu quo.

Vous êtes-vous déjà demandé comment le petit Alexandre est devenu Alexandre le Grand ? Comment Napoleone, qui au collège ne jouait pas avec ses petits camarades, est devenu empereur de tous les Français, et de quelques autres peuples ? Ou, pour parler encore de lui, et même si sa réussite n'a rien de réellement enviable, comment le petit Sigismund (c'est son vrai prénom) est devenu l'illustre Docteur Sigmund Freud ?

À l'origine de toute réussite sociale spectaculaire se trouve la conviction bien ancrée, viscérale, qu'on est appelé à jouer un rôle de premier plan sur la scène du monde. Toute personne qui a grimpé l'échelle sociale l'a fait parce qu'elle se croyait destinée à plus. Elle se sentait être, se voyait être, davantage que ce qu'elle paraissait être.

L'image-de-soi est à l'origine de la réussite spectaculaire comme de l'échec retentissant : elle est le plan que nous suivons dans tous nos gestes, tous nos actes. Par nos petites et grandes décisions, nous taillons nos vies sur son patron.

Le bon usage de la méthode Coué

Le bon usage de la méthode Coué nous est donné... par Coué lui-même. (Logique.) La principale affirmation préconisée par Coué est :

> « Jour après jour, à tous points de vue, je vais de mieux en mieux »

Cette affirmation insiste sur un processus se déroulant dans le temps : « jour après jour », « je vais », et « de mieux en mieux » impliquent un changement progressif. Parce que l'affirmation de Coué porte sur une évolution, elle ne contredit pas le bon sens et ne choque pas l'esprit critique, qui peut l'accepter. Même une personne gravement malade peut arriver à croire que « jour après jour, à tous points de vue, elle va de mieux en mieux ».

Revenons à Hubert.

Au lieu d'affirmer de but en blanc « Je suis millionnaire », il pourrait affirmer :

> « Jour après jour, à tous points de vue, je suis de plus en plus riche ».

Ou encore, comme Sandie Forster, l'auteur de *Devenir follement riche rapidement*, à qui cette affirmation a très bien réussi, il pourrait affirmer :

> « Je suis maintenant prête à accepter que je suis engagée dans le processus de devenir une millionnaire sans dette. »

Affirmation que Sandie a ensuite raccourcie ainsi :

> « Je suis maintenant engagée dans le processus de devenir une millionnaire sans dettes. »

Puis ainsi :

« Je deviens maintenant une millionnaire sans dette. »

Et enfin :

« Je suis maintenant une millionnaire sans dette. »

Comme la méthode Coué n'est pas de la magie, répéter mille ans une telle affirmation n'aurait aucun effet, si elle n'était pas accompagnée par des actes appropriés. Mais lorsqu'on combine les affirmations, le savoir, la réflexion et *l'action*, on est en route vers son but, qu'on finit un jour ou l'autre par atteindre si on ne se décourage pas avant.

Émile Coué est aussi l'auteur d'une autre phrase moins connue, mais extrêmement utile :

« Ça passe, ça passe »

Formule à utiliser en cas de douleur.

Cette petite phrase est, sous son apparente simplicité, tout simplement géniale. En effet elle fait allusion à la douleur sans la nommer (en la désignant par « ça »), ce qui permet d'éviter de se focaliser sur la souffrance en question, et elle ne risque pas non plus de susciter l'incrédulité de l'esprit critique, puisqu'elle tient compte de la réalité en insistant, là encore, sur un processus : ça passe, donc ce n'est pas encore passé.

En résumé, le bon usage de la méthode Coué consiste à formuler une affirmation qui insiste sur un changement en cours. Ces affirmations sont plus croyables, et donc plus utiles (au moins dans un premier temps) que les autres : l'esprit critique les juge plus acceptables ; il n'a pas de raison de leur refuser l'entrée. Ce ne sont pas des « mensonges ».

Voici quelques termes utiles pour élaborer des affirmations de ce genre : les verbes *aller, devenir, passer, s'améliorer, être en train de devenir* et les mots *processus, jour après jour, de plus en plus, de mieux en mieux, sur le chemin qui mène à.*

À retenir

- La méthode Coué, ça marche.
- Nous vivons dans un monde qui idéalise ses tueurs et ridiculise ses grands hommes.

Conseil

► Utilisez la phrase de Coué « ça passe, ça passe » pour atténuer une douleur physique. Pour vous aider à supporter avec patience n'importe quelle difficulté ou moment pénible, ayez recours cette variante : « ça passe, *tout* passe ».

Lecture recommandée

□ ***La maîtrise de soi-même par l'autosuggestion consciente*, d'Émile Coué**. Une lecture brève et essentielle qui jette une lumière éblouissante sur le fonctionnement de l'esprit humain en général, et de la volonté en particulier. À lire absolument.

Les afformations

Pour améliorer la qualité de notre vie,
nous devons modifier nos questions habituelles.
Anthony Robbins

La méthode Coué, vous l'avez compris, nécessite du temps. Pour implanter dans son esprit une seule affirmation, il faut des semaines ou des mois de persévérance – et parfois de nombreuses années...

Par chance, depuis Coué, on a découvert un moyen d'accélérer radicalement le processus.

La méthode des afformations (avec un « o ») est à peine différente de la méthode Coué, mais cette petite différence fait une énorme différence. Entre la méthode Coué et la méthode des afformations, il y a le même écart qu'entre un biplan et un Boeing 777 : les deux sont des avions qui permettent de voler où on veut, mais pas à la même vitesse ni à la même altitude. Et de même qu'il n'y aurait pas de Boeing 777 s'il n'y avait pas eu d'abord des biplans, il n'y aurait pas d'afformations s'ils n'y avait pas eu d'abord une méthode Coué... Mais quand on a le choix, on préfère voler en Boeing.

La technique des afformations est plus qu'une technique : c'est une manière de penser et donc de vivre. Elle est tellement simple et efficace... Vous aussi, vous allez être sidéré par sa puissance dès que vous l'aurez essayée.

La découverte de Noah Saint John

En 1991, tandis qu'il prenait une douche, Noah Saint John, alors étudiant en théologie, eut une épiphanie : il comprit soudain pourquoi les affirmations du type « méthode Coué » qu'il avait scotchées partout dans sa chambre et répétées consciencieusement pendant des années ne lui avaient pas apporté le succès dont il rêvait.

Elles n'avaient pas réussi à changer sa manière de penser et de vivre parce qu'elles étaient des réponses – *il manquait les questions !...*

C'est à partir de cette prise de conscience décisive, illumination à faire pâlir Bouddha de jalousie, que Noah Saint John développa la méthode des afformations qui allaient changer sa vie, et celles de milliers d'autres personnes.

Cette méthode très simple consiste à se poser avec insistance des questions qui présupposent acquis le résultat que l'on cherche à obtenir. Coué disait : « Je me sens de mieux en mieux », Saint-John, lui, dit : « Pourquoi est-ce que je me sens de mieux en mieux ?... »

Efficacité des afformations

La méthode des afformations marche extraordinairement bien..Voici quelques témoignages sur son efficacité :

> « Les afformations sont faciles à mettre en œuvre. Elles ont fait une grande différence dans ma vie. »

> « Mon adolescent de fils a des difficultés en Chimie. Nous avons utilisé les afformations pour la Chimie pendant deux jours, et déjà j'ai pu constater une amélioration majeure dans sa manière d'aborder ses problèmes de Chimie. Maintenant, il les trouve faciles ! »

> « Ma belle-fille, qui a dix ans, avait des difficultés en mathématiques. Nous avons décidé que l'afformation serait : *pourquoi est-ce que je trouve les maths si faciles ?* Ses notes en mathématiques ont progressé d'une manière spectaculaire. Notre cerveau cherche toujours à répondre aux questions que nous nous posons. »

> « Toute ma vie, je me suis posé des questions négatives : P*ourquoi est-ce que je gâche tout ? Qu'est-ce qui ne va pas chez moi ? Pourquoi la vie est-elle si dure ?* etc., etc. Je n'avais jamais vraiment réfléchi à ce que ça pouvait avoir comme conséquence sur moi ou sur ma vie. Maintenant je me demande régulièrement : p*ourquoi est-ce que je suis si heureuse ? Pourquoi tout se passe à merveille ?* Et vous savez quoi ? Je suis heureuse. Et tout se passe à merveille. »

> « Les afformations ont changé ma vie ! J'ai toujours été un adepte de la pensée positive, des affirmations, et des autres principes du succès. Mais cette manière de questionner mon cerveau a constitué un progrès considérable. Oui, comme la plupart des gens je posais déjà des questions à mon cerveau, mais des questions négatives. Maintenant, je me pose de bonnes questions... et miracles : de bonnes choses arrivent ! »

« J'utilise les afformations depuis plusieurs semaines, et je les aime. Elles ont marché pour des problèmes à court et à long terme. Pour le long terme, j'ai commencé par *Pourquoi est-ce que je me sens si heureux ces derniers temps ?* Et ces derniers temps, je me suis senti heureux, après des années d'insatisfaction diffuse. J'ai fait : *pourquoi est-ce que je gagne si bien ma vie ?* Et mon salaire a significativement augmenté ces dernières semaines. »

« J'ai remarqué que lorsque je me pose une question comme *Pourquoi est-ce que j'ai tant de succès ?* il n'y a pas de résistance, et je ressens une sorte d'optimisme. Je n'ai pas besoin de faire un effort pour me convaincre. Les affirmations traditionnelles ne marchent pas aussi bien parce qu'alors on dit quelque chose qui n'est pas vrai, mais les afformations laissent la porte ouverte parce qu'elles sont sous forme de question. La différence est subtile, mais essentielle. »

« Les afformations sont simples, puissantes, et amusantes. Les résultats viennent rapidement et facilement. C'est ce que j'avais espéré, sans l'obtenir, en utilisant la méthode traditionnelle des affirmations. Avec les afformations, pas besoin de ressasser sur de longues périodes, on peut simplement explorer toutes les possibilités ouvertes par les questions, et laisser son subconscient faire le reste ! C'est le moyen le plus rapide et le plus facile que je connaisse de changer ses pensées, ses sentiments, ses croyances et son comportement. »

Supériorité des afformations sur la méthode Coué

La supériorité des afformations sur les affirmations est unanimement reconnue par ceux qui ont essayé les deux. Mais pourquoi les afformations sont-elles tellement plus efficaces que les affirmations ?

Pourquoi « passent »-elles tellement plus facilement ?

Il y a au moins deux raisons.

1/ Les afformations sont plus efficaces que les affirmations parce qu'elles sont beaucoup plus stimulantes.

Une affirmation est un énoncé déclaratif et donc statique, qui ne renvoie à rien d'autre que lui-même, tandis qu'une question (surtout une question en « pourquoi ») est dynamique : sollicité par cette question, l'esprit lui trouve, en général assez vite, non pas une mais plusieurs réponses possibles. L'afformation crée ainsi rapidement un réseau d'idées allant toutes dans le même sens.

2/ Autre différence : les affirmations éveillent souvent le sens critique et parfois l'incrédulité dans la mesure où l'idée qu'elles avancent est mise au premier plan, bien en évidence. Ainsi une phrase telle que « Je suis un gagnant » appelle la contradiction : « Non ! Tu n'est pas un gagnant, tu es un perdant ! »

Par contre dans les afformations l'idée, présupposée, est placée à l'arrière-plan. Ainsi dans l'afformation : « Pourquoi est-ce que je suis un gagnant ? », ce qui est ouvert à la discussion, ce n'est pas la réussite, mais seulement ses causes. Ainsi, le message passe d'une manière indirecte et implicite quasi subliminale. On n'est tout simplement pas tenté de le contredire.

Supériorité des afformations sur les autres questions

En tant qu'outil de développement personnel et moyen de transformer ses croyances, les afformations ne sont pas seulement supérieures aux affirmations, elles sont aussi bien supérieures aux autres questions.

« Pourquoi suis-je heureux/heureuse ? » est une excellente question car il est impossible d'y répondre d'une manière négative. En effet même si on répond « Je n'en sais rien », on aura accepté l'idée présupposée selon laquelle qu'on est *déjà* heureux. La seule manière non constructive de répondre à cette question serait de dire : « Mais je ne suis *pas* heureux ! », ce qui ferait sortir du cadre défini par la question.

Par contre, des questions telles que « Qu'est-ce que je fais pour être heureux ? » ou « Comment faire pour être heureux ? » peuvent très bien recevoir des réponses laconiques et décourageantes : « Rien » ou « Je ne sais pas ».

La méthode des afformations en perspective

J'aimerais maintenant attirer votre attention sur le rôle majeur et vraiment crucial joué par les questions que vous vous posez dans le déroulement de votre existence et les résultats plus ou moins que vous obtenez en contre-partie de vos efforts.

Si vous vous mettez à l'écoute de votre monologue intérieur, vous vous apercevrez qu'il épouse le rythme suivant : *Question-réponse-question-réponse...*

Notre cerveau procède comme Google : il cherche dans ses méandres les réponses aux questions que nous lui posons. Et à force de chercher, il finit toujours par trouver quelque chose – une bonne réponse ou une mauvaise, c'est selon, mais, toujours, une réponse. Bref, réfléchir c'est se poser des questions et y répondre.

C'est pour cela que les questions que nous nous posons de manière récurrente déterminent le cours de nos vie. Elles façonnent nos existences, faisant la différence entre une existence terne et une vie vraiment vivante, creusant l'écart entre une survie lugubre et un destin exaltant.

Vous n'arrivez pas à croire que les questions aient un tel pouvoir ?...

C'est pourtant la stricte vérité.

Ceci dit, je comprends que vous ayez des doutes : ni à l'école, ni à la fac, ni à la télé on ne nous parle de leur incroyable pouvoir. Il n'empêche que les questions sont des outils extrêmement puissants. Celles que nous nous posons le plus souvent déterminent la manière dont nous nous sentons ainsi que le plus ou moins de succès que nous obtenons dans notre vie.

Notre attitude détermine notre altitude, et notre attitude est déterminée par nos questions. Il y a des questions hautes de 1000 km... des questions rase-motte... et des questions qui forent des trous vertigineux dans l'écorce terrestre, droit vers le centre de la terre.

Du mauvais usage des questions

La plupart des individus déprimées font un mauvais usage des questions.

N'ayant pas appris à les utiliser dans leur intérêt, ils les emploient contre eux-mêmes, un peu comme quelqu'un qui essaierait de couper du pain en tenant le couteau par la lame. Elles s'interrogent :

« Pourquoi tout est si fade ? »

« Pourquoi la vie fait-elle si mal ? »

« Pourquoi personne ne m'aime ? »

« Pourquoi je manque de courage ? »

« Pourquoi ça ne marche jamais ?

« Pourquoi personne ne m'aime ? »

« Pourquoi est-ce que je n'ai jamais de chance ? »

« Pourquoi j'ai l'impression d'avoir perdu la tête ? »

« Pourquoi la vie est-elle si compliquée pour moi ? »

« Pourquoi est-ce que je me sens tellement déprimé ? »

> « Pourquoi je rêve d'aller mieux, alors que je ne fais rien ? »
>
> « Pourquoi je me sens complètement perdue dans mon existence ? »
>
> « Pourquoi lorsque je me regarde dans le miroir, je sens un vide intérieur ? »
>
> « Pourquoi je suis si fatiguée tout le temps, physiquement épuisée... sans parvenir à dormir ? »
>
> « Pourquoi y a-t-il des jours où je n'arrive pas à me booster, où je n'ai vraiment aucun élan vital ? »
>
> « Pourquoi certains jours je me demande ce que je fais là, j'ai l'impression de ne rien comprendre à la vie ? »
>
> « Pourquoi mon cerveau est déréglé ? Pourquoi il ne fonctionne pas comme celui des autres, qui vivent leur vie et ont l'air heureux ainsi ? »

Autant de questions qui agissent comme du poison sur ceux qui les ressassent. En effet dès qu'on se les pose, notre cerveau – ce fidèle et diligent serviteur – se lance tout de suite à la recherche de réponses plausibles, et ramène :

> « Ça ne marche jamais parce que je n'ai pas de chance... Je suis déprimé parce que ma vie est nulle... Personne ne m'aime parce que je ne suis pas aimable... »

Autrement dit, se demander « Pourquoi je suis dépressif ? » déprime ; se demander « Pourquoi je n'ai pas de chance ? » attire irrésistiblement la poisse ; se demander « pourquoi la vie est-elle si dure ? » la rend infiniment plus cruelle, et se demander « Pourquoi personne ne m'aime ? » chasse la compagnie encore plus sûrement qu'une haleine à l'ail.

Plus on rumine ces interrogations empoisonnées, plus on devient blafard, verdâtre, faible et tremblant – jusqu'à agoniser sur pied sans maladie connue. Toute question en « pourquoi » de ce genre crée, aggrave, ravive ou multiplie le problème qu'elle cherche à expliquer. En s'interrogeant de cette manière on approfondit le sillon dépressif, s'enfonçant toujours plus dans l'ornière de la morosité.

C'est tellement vrai, qu'à quelqu'un qui demanderait « Pourquoi la vie fait-elle si mal ? » on pourrait rétorquer à bon droit : « Parce que vous vous demandez pourquoi la vie fait si mal, *voilà* pourquoi ! »

Ah oui, vraiment, toutes les questions ne sont pas bonnes à se poser...

Du bon usage des questions

Mais avec la méthode des afformations inventée, ou plutôt découverte, par Noah Saint John, il est maintenant possible et même facile d''inverser la vapeur.

Au lieu de se laisser aller à se demander « Pourquoi suis-je tellement déprimé ? » on fait l'effort de se demander : « Pourquoi suis-je tellement heureux ? » ou « Pourquoi est-ce que j'ai tellement de chance ? », et ça change tout.

En effet, comme le bon chien de chasse qu'il est, notre cerveau se lance immédiatement à la recherche de réponses convaincantes à ces questions vivifiantes, et ramène :

> « Je suis tellement heureux parce que j'ai tout ce dont j'ai besoin... parce que quelqu'un m'aime... parce qu'il fait beau... parce que je me sens bien dans mon corps... parce que tout à l'heure, j'irai à la piscine... parce que j'aime mon travail... »

Je ne saurai trop insister sur l'importance de se poser de bonnes questions (ou afformations), et de s'abstenir à tout prix de s'en poser des mauvaises... Je compte sur vous pour approfondir le sujet par vos méditations et lectures personnelles.

À retenir

- Les questions que l'on se pose de manière récurrente ont un immense pouvoir nos vies.
- Les afformations, c'est simple, amusant, et extrêmement efficace !

Conseils

► Si vous vous surprenez à vous demandez pourquoi vous allez mal (ou pourquoi vous n'avez pas de chance, pourquoi personne ne vous aime, etc.) arrêtez. Chaque fois qu'une question négative de ce genre vous traverse l'esprit, chassez-la avec la même impitoyable vivacité que vous chasseriez un moustique porteur du virus du chikungunya.

► Bâtissez-vous un petit nombre d'afformations (par exemple « Pourquoi suis-je de plus en plus heureux, quoi qu'il arrive ? »

« Pourquoi est-ce que j'ai de plus en plus confiance en moi ? ») et ressassez-les le plus souvent possible, à haute voix, mentalement, par écrit, etc. Si vous ne quittez pas des yeux ces questions phares, elles vous guideront là où vous voulez aller.

Lecture recommandée

□ ***Le code secret de la réussite* de Noah Saint John.** Cet ouvrage fondamental, où le génial inventeur des afformations explique leur fonctionnement et sa méthode, est à lire à tout prix.

La bibliothérapie

Bibliothérapie : si le mot est moderne, le concept est lui extrêmement ancien. Sur le frontispice de la bibliothèque d'Alexandrie, il était déjà écrit : « Remèdes de l'âme ».

En lisant le livre qui est entre vos mains, vous avez déjà initié une bibliothérapie ; dans ce chapitre je ne vous propose donc pas d'en commencer une, mais de poursuivre celle que vous avez déjà commencée...

Utopie ?

En sortant de chez votre médecin, vous entrez dans une pharmacie.

L'aimable dame blonde à laquelle vous montrez votre ordonnance revient vers vous avec un sourire radieux et trois livres, dont deux de poche. Elle vous dit : « Vous allez vous régaler… Je les ai lus, ils sont super ! Vraiment géniaux !... Vous allez tout de suite vous sentir mieux… »

Vous rentrez chez vous en serrant précieusement votre butin contre votre cœur : il vous tarde d'être au soir, pour vous glisser dans votre lit et plonger dans vos nouveaux bouquins, autrement dit pour faire connaissance avec vos nouveaux amis…

Quelques heures plus tard, vous vous sentez déjà mieux. Plus serein, plus lucide, plus léger.

Le livre que vous êtes en train de lire avive la douceur de cette soirée estivale et projette un nouvel éclairage sur votre vie… Il vous aide à relativiser. Il vous fait sourire. Il vous fait réfléchir. Il vous amène à reconsidérer ce que vous preniez pour l'essentiel et ce que vous preniez pour de simples détails.

Vous comprenez qu'il y a quelque chose là où vous croyiez auparavant qu'il n'y avait rien... et aussi le contraire. Vous comprenez que vous n'avez pas rangé les choses à leur juste place et que c'est pour ça que vous souffrez, ou plutôt que vous avez souffert, car déjà la douleur s'estompe… Et les possibilités qui s'ouvrent à vous sont si belles et si vastes !

Le lendemain, vous embarquez votre nouveau copain dans votre sac. Il ne vous quittera pas de la journée. Avec lui, le temps d'attente cesse d'être stérile pour se changer en semailles. Au guichet, ce n'est pas encore votre numéro ; les graines (celles du bonheur, celles de l'amour, celles d'un plus beau futur) commencent déjà à germer… la bibliothérapie est en cours.

Utopie ?

Oui, en ce qui concerne l'ordonnance du médecin et la pharmacienne-libraire ; non, en ce qui concerne le pouvoir des bons livres.

Le pouvoir des idées (bis)

Je vous ai déjà parlé du pouvoir des idées, mais permettez-moi de revenir sur le sujet, car je suis sûre que vous ne lui avez pas accordé toute l'attention qu'il mérite.

L'une des grandes découvertes de ce siècle, plus importante encore que celle de l'énergie atomique, est celle-ci : nos pensées récurrentes déterminent le cours de nos vies.

À une époque, une publicité mettait en garde contre l'automédication : on y voyait des petites gélules qui irradiaient une lumière mystérieuse, symbole de leur (dangereux) pouvoir. Une voix sépulcrale annonçait « les médicaments sont des produits *actifs*, ne faites pas joujou avec… », ou quelque chose de ce genre.

Et c'est vrai que lorsqu'on voit une pilule blanche, si petite et si neutre d'aspect, on a du mal à faire un lien entre son apparence anodine et ses effets sur la santé... C'est pourtant avec des petites gélules de ce genre qu'on se soigne – ou qu'on s'abîme la santé, selon le contenu de la gélule.

Les idées aussi se présentent sous une apparence quelconque, inoffensive : paroles entendues ou petits signes noirs sur fond blanc. Rien de spectaculaire ou d'impressionnant ; rien d'effrayant non plus.

Et pourtant, comme les gélules médicamenteuses, les idées ont un pouvoir.

Ce sont des produits actifs.

On les goûte lorsqu'on entre en contact avec elles, on les avale lorsqu'on les croit, et à partir de ce moment-là elles nous transforment petit à petit de l'intérieur. Car les idées travaillent en continu, à la manière de petits maçons invisibles, selon un plan bien précis – le leur. Elles déconstruisent et rebâtissent à leur image la personnalité de ceux qui y adhèrent.

Notre personnalité n'est pas stable. Les idées auxquelles nous croyons la modèlent ; dès que nous changeons d'idées, notre personnalité change avec.

Lorsqu'on croit *ceci*, on se met à militer, à s'habiller d'une certaine manière, à parler de telle ou telle façon. Lorsqu'on se met à croire *cela*, on arrête de militer, on rencontre d'autres gens, on fait d'autres activités, on change la couleur de ses cheveux, on parle d'une tout autre manière.

Si les féministes radicales sont souvent agressives, ce n'est pas parce qu'une agressivité naturelle les a poussées à devenir féministes (comme on pourrait être tenté de le croire quand on discute avec elles) mais inversement parce que leurs idées ont façonné leur mentalité et leur comportement selon un certain schéma, et finalement, les ont durcies. Des idées douces ont l'effet inverse : elles rendent plus compatissant et plus tendre.

Le pouvoir des livres

Or les livres sont le lieu où se trouve concentré le plus grand nombre d'idées dans le plus petit espace.

Ceci explique que, pour le pire comme pour le meilleur, les livres que nous lisons ont une influence déterminante sur le cours de nos existences. Ceux qui nous accompagnent partout, nous les accompagnons partout. Ceux qui nous suivent dans notre sac, nous les suivons dans notre vie.

Quand on veut troquer ses idées noires contre des idées aux couleurs vibrantes et ses idées débilitantes contre des idées fortifiantes, c'est donc vers les livres qu'il faut se tourner.

C’est parmi les livres qu’on trouve les plus riches gisements d’idées précieuses, ces idées puissantes et transformatrices qui changent les vilains crapauds en princes et les grenouilles apathiques en gagnantes (là, je parle pour moi).

Sur amazon.com se trouve le témoignage d'un ex-dépressif qui, grâce aux livres, s'est non seulement sorti de sa dépression mais est devenu un chef d'entreprise prospère, d'employé malheureux et opprimé qu'il était. Qui dit mieux ?

Un thérapeute professionnel vous aidera (peut-être) à écraser votre cafard et à dissiper votre spleen, mais il ne vous rendra pas fort et riche... Les livres ont ce pouvoir.

Mais peut-être que certains lecteurs – pas vous, vous êtes trop intelligent – ont des doutes. Voici par exemple ce qu'un sceptique objecte au principe de la bibliothérapie :

> « Je doute que nous puissions changer notre manière de vivre simplement en lisant des livres. Si c'était le cas, le monde serait plein de gens heureux. Peut-être que les livres peuvent nous faire sentir un peu mieux, mais je ne pense pas qu'ils aient des effets profonds. »

Le monde n'est pas plein de gens heureux parce que :

1/ Tout le monde ne lit pas ;

2/ Les livres vraiment bénéfiques sont comme des perles disséminées au fond d'un immense océan, parmi des algues sans intérêt (les livres creux) et des anémones toxiques (les livres nocifs) ;

3/ Il ne suffit pas de lire. Une bibliothérapie ne consiste pas seulement à lire quelques livres, puis à les ranger pour passer à autre chose. Elle consiste à lire, à relire autant de fois qu'il le faut, et cent fois quand il le faut, à souligner avec un crayon, à réfléchir profondément à ce qu'on a lu... et finalement à appliquer dans sa vie, d'une manière ou d'une autre, ce qu'on a compris, autrement dit à passer à la pratique.

Pourquoi cent fois ? Parce que certains livres sont des agrumes exceptionnellement juteux : ils en ont tellement dans le citron, que pour en extraire tout le suc, il faut effectuer maintes rotations complètes. La première lecture permet de s'en faire une idée ; la seconde, de distinguer l'image générale ; la troisième, de découvrir les détails ; la quatrième, de mettre le tout en perspective ; la cinquième, d'intégrer certains principes à sa vie, etc.

Quant aux « effets profonds », pour constater que les livres en ont, il suffit de prendre en compte les témoignages des survivants :

> « Je n'ai jamais pu le terminer *Le mythe de Sisyphe*, de Camus. Ce livre m'a donné des envies de suicide que j'ai eu du mal à réprimer. »

> « Est-ce que je suis le seul à penser que L'étranger de Camus est terriblement déprimant ? J'ai voulu me jeter sous un bus une semaine après l'avoir terminé. »

Si Camus, pour ne citer que lui, peut avoir de tels effets, pourquoi d'autres auteurs n'auraient-ils pas un effet inverse ?

Certains livres tuent ; *Mein Kampf* a du sang sur les pages. Alors pourquoi, symétriquement, d'autres livres ne seraient-ils pas la bouée de sauvetage qui sauve de la noyade, la bouffée d'air pur qu'on inspire avec un soulagement qui frise la gratitude en sortant d'un local plein de fumée, et quand par une glaciale journée d'hiver le froid, la faim et la soif s'associent pour nous accabler, ce qui fait toute la différence entre la détresse et le bien-être : un grand bol de soupe à l'oignon gratinée avec des croûtons ?

Trois sortes de livres

Dans la perspective pragmatique, et non littéraire, d'une bibliothérapie, il n'y a que trois catégories de livres :

1/ Les livres inutiles ;

2/ Les livres toxiques ;

3/ Les livres nourrissants, bénéfiques, constructifs et salvateurs.

Les livres sont des rencontres. Il y a de bonnes rencontres ; de mauvaises rencontres ; de merveilleuses rencontres ; de très mauvaises rencontres dont on ne sort pas vivant… et il y a aussi des rencontres insignifiantes qui sont de pures pertes de temps.

Faites le vide

Si j'empilais tous les livres que j'ai lus, cela ferait une tour impressionnante.

Mais la plupart ne m'ont pas apporté grand-chose.

Bibliothérapie, première étape : faites le vide.

Si les livres qui trônent dans votre bibliothèque ne sont là que pour faire joli, vendez-les ou jetez-les. Et si vous pensez que vous « devriez » aimer tel livre parce que c'est un chef-d'œuvre, un classique, mais que vous ne l'avez jamais terminé ou même que vous ne l'avez jamais ouvert, alors vendez-le.

Puisque c'est un classique, il trouvera facilement acquéreur. Votre temps est précieux : inutile de le gaspiller à rendre hommage à la littérature en la personne de ses grands écrivains.

Dans votre bibliothèque, ne gardez que les livres que vous aimez, que vous relisez, et dont vous sortez plus fort, plus calme ou plus joyeux.

Peut-être que vous découvrirez avec un certain étonnement qu'il n'y a pas un seul livre de ce genre dans votre bibliothèque... dans ce cas, pas de pitié : videz-la complètement.

Dire adieu à un livre, c'est aussi dire adieu à tout ce qu'il représente : en vous libérant des bouquins qui vous encombrent, vous faites de la place dans votre bibliothèque, mais aussi dans votre tête et dans votre vie... vous serez d'autant plus réceptif à des points de vue printaniers et à des idées fraîches et nouvelles que vous aurez symboliquement renoncé à vos croyances et vos opinions d'antan.

Les deux versants de la bibliothérapie

La bibliothérapie a deux versants : d'un côté, la lecture de livres constructifs ; de l'autre, la non-lecture des livres nocifs.

Ce deuxième aspect de la bibliothérapie est tout aussi important que l'autre, car continuer à lire des livres malsains quand on a commencé à lire des livres bienfaisants équivaut à suivre un régime tout en continuant à manger au Macdo.

Éviter les livres toxiques

La deuxième étape consiste donc à éviter les livres toxiques.

Mais comment ?

Dans les bibliothèques et les librairies, les livres démoralisants gardent le plus strict incognito : aucune étiquette noire et jaune ne met en garde les lecteurs du danger qu'ils encourent en les lisant… On tombe sur eux sans être prévenu, on se met en danger sans le savoir.

Heureusement, vous avez de la chance : je vais vous révéler tout de suite le secret qui vous permettra de reconnaître un livre qui rend dépressif sans même l'ouvrir !

Et donc, sans vous mettre à la merci de son influence pernicieuse…

Vous tenez le livre problématique entre les mains ?

Ne vous souciez pas du titre (sauf s'il est ouvertement pessimiste, dans ce cas jetez-le) mais regardez le nom de l'auteur.

Maintenant, consultez une encyclopédie ou allez sur Internet, et cherchez un résumé de la vie de cet auteur.

Si des mots tels que *folie*, *suicide*, *absurde, tragique,* ou d'autres du même acabit, apparaissent à plusieurs reprises dans cette biographie résumée... Laissez tomber le livre tout de suite, et ne le ramassez pas !

Bravo ! Vous venez de vous débarrasser d'un livre qui rend dépressif sans vous exposer à ses idées démoralisantes.

Une petite explication s'impose...

Dans leurs œuvres, les auteurs n'expriment pas *des* idées mais *leurs* idées, c'est-à-dire celles qui leur ont servi de guide tout au long de leur vie. Les écrivains qui ont fini fous, désespérés ou suicidés sont donc à éviter absolument.

Lire et relire leurs livres, comme certains le font sans se rendre compte de ce qu'ils font, équivaut à les suivre sur le chemin ténébreux qu'ils ont emprunté, avec de fortes probabilités d'arriver non loin du point où ils sont arrivés.

Un programme pas vraiment exaltant, vous en conviendrez…

Quant aux écrivains qui se sont complu dans la tragique absurdité de la vie, même s'ils ne sont pas morts d'une manière particulièrement tragique ils sont à éviter eux aussi.

J'espère que je vous ai convaincu d'éviter les auteurs démoralisants...

Liste noire

Pour vous faciliter la tâche, et en exclusivité, j'ai concocté pour vous une liste d'auteurs très déprimants. Une espèce de top cinquante du désespoir, sauf qu'il y en a un peu moins que cinquante.

Si vous vous offusquez d'y trouver des auteurs que vous considérez comme de très grands écrivains, souvenez-vous que, dans le cadre d'une bibliothérapie, on se fiche totalement de la valeur littéraire (ou même scientifique) des livres : seuls leurs effets sur le moral du lecteur sont pris en compte.

Voici la liste noire en question :

- Artaud, Antonin
- Atwood, Margaret
- Beckett, Samuel
- Bradbury, Ray
- Bukowski, Charles
- Camus, Albert
- Cioran, Emil
- Cunningham, Michael
- Faulkner, William
- Frith, David
- Golding, William
- Hardy, Thomas
- Houellebecq, Michel
- Kafka, Frank
- Keyes, Daniel
- King, Stephen
- Kundera, Milan
- Lautréamont
- Maupassant, Guy de
- McCarty, Cormac
- Montadon, Pat
- Nietzsche, Friedrich
- Orwell, George
- Pelzer, Dave

- Peterson, Dale
- Plath, Silvia
- Schopenhauer, Arthur
- Sebestyen, Ouida
- Selby, Hubert
- Shute, Nevil
- Sigmund, Freud
- Solomon, Andrew
- Steinbeck, John
- Styron, William
- Updike, John
- Vian, Boris
- Wesel, Élie

Si votre auteur favori est dans cette liste, ne cherchez pas plus loin la cause de votre morosité. Je ne vais pas commenter les effets de tous ces auteurs, ce serait trop long. Juste vous parler de deux d'entre eux.

Nietzsche et Cioran

Nietzsche n'est pas devenu fou par hasard : ce sont ses propres idées qui l'ont fait disjoncter.

Il s'est convaincu que le Mal est le Bien, et le Bien, le Mal, détruisant ainsi deux repères essentiels. Quelqu'un qui se convaincrait que le bas est en haut et le haut est en bas serait lui aussi sujet à des accidents graves.

J'ai connu une jeune fille qui s'est retrouvée à l'hôpital psychiatrique à cause de Nietzsche. Voici ce qu'elle raconte :

> « Je suis complètement perdue en matière de morale ; Nietzsche m'a ôté la sécurité des valeurs. Je suis incapable de penser en termes moraux sans qu'immédiatement une petite voix m'arrête en me soufflant que cette morale est intéressée, parce que je ne suis qu'un être faible qui a besoin d'êtres moraux... J'ai aussi lu une biographie de Nietzsche (par Stefan Zweig) qui m'a fascinée. Zweig insiste beaucoup sur l'hypersensibilité de Nietzsche, sur son désir de vérité... Du coup je me suis sentie très proche de lui. Je me suis d'ailleurs convaincue que j'allais devenir folle, ce n'était qu'une question de temps. »

Quant à Cioran, j'ai constaté ses effets de mes propres yeux...

Vous voulez que je vous raconte ?

Je n'ai jamais tenté de me suicider. À l'époque où les prétextes ne me manquaient pas, je vivais avec mon amie Ophélie (je vous ai déjà parlé d'elle), qui elle a tenté de mettre fin à ses jours.

La principale différence que je vois entre Ophélie et moi, et qui explique qu'elle soit passée à l'acte et pas moi, se trouve dans nos lectures : nous n'avions pas les mêmes.

Elle fréquentait Cioran, dont elle me lisait à haute voix des pages dans l'espoir de me le faire aimer, convaincue qu'il recelait un trésor de vérités profondes. Par chance, les longues phrases filandreuses et désespérées de Cioran me laissaient froide.

Cioran écrivait pour ne pas se suicider. Ses écrits l'ont peut-être sauvé lui, mais ils enfonçaient Ophélie, qui montrait une fascination croissante pour le cimetière du Père-Lachaise... jusqu'au jour où je l'ai retrouvée inanimée dans le salon.

Je n'ai plus de contact avec Ophélie. Aux dernières nouvelles, elle a repris goût à l'existence. J'espère que ce fut sa première et dernière tentative de suicide ; j'espère aussi qu'elle a remplacé Cioran par des lectures plus rafraîchissantes.

Des livres bienfaisants

Troisième étape de la bibliothérapie : lisez des livres bienfaisants, nourrissants et constructifs.

Et comme vous brûlez certainement de savoir quels sont ces livres si utiles, si salvateurs, les voici sans attendre...

Psycho-cybernetique

Psycho-cybernetique est le chef d'œuvre du docteur Maxwell Maltz.

Malgré son titre mystérieux, ce livre génial d'un auteur génial est très facile à lire. Paru en 1960, *Psycho-cybernetique* est petit à petit devenu, grâce au bouche-à-oreille, un best-seller dans de nombreux pays. Actuellement, il n'est pas réédité en français, mais vous le trouverez peut-être d'occasion. En anglais par contre, on peut se le procurer facilement. Je ne vais pas vous le résumer : ça risquerait de vous donner l'impression que vous n'avez pas besoin de le lire.

Voici seulement un petit aperçu de ses extraordinaires effets, au travers des témoignages de ses lecteurs :

> « J'avais trop travaillé, m'épuisant tant physiquement qu'émotionnellement, et soudain, je me suis retrouvé en proie à une dépression assez sévère. J'ai changé de travail, et j'ai essayé plusieurs thérapies, qui m'ont aidé dans une certaine mesure. Mais si je m'en suis sorti, c'est essentiellement grâce à *Psycho-cybernetique.* »

> « Si on remettait ce livre en vente, la population compterait moins d'ânes et de moutons. Beaucoup de gens apprendraient les mécanismes secrets à l'oeuvre dans leur existence, et ainsi triompheraient dans leurs combats quotidiens, trouveraient le bonheur, et vivraient ensemble dans l'harmonie. Mais les dirigeants ont besoin d'individus faibles et

crédules qu'ils puissent manipuler. C'est la raison pour laquelle *Psycho-cybernetique* ne sera pas réédité. »

« Ce livre est infiniment plus thérapeutique que beaucoup de thérapies coûteuses, et il a déjà commencé à changer ma vie sous plusieurs aspects, d'une manière extraordinaire... Nous sommes nombreux à attester que *Psycho-cybernetique* permet à ses lecteurs de faire la paix avec un passé douloureux, de dissiper des peurs persistantes et d'accéder à une vie nettement meilleure. Notre civilisation est en train de découvrir que les cachets ne peuvent pas guérir nos croyances meurtries et nos esprits souffrants, mais la médecine contenue dans ce livre le peut. »

« *Psycho-cybernetique* a eu un impact considérable sur ma vie. J'ai appris de ce livre que je pouvais contrôler mes pensées et remplacer par des habitudes mentales encourageantes, revigorantes et créatives les manières de penser peu satisfaisantes qui m'avaient été léguées par ma famille, mes amis, l'école, mon milieu de travail, la société, etc. La manière dont on pense fait toute la différence et *Psycho-cybernetique* clarifie ce point mieux que n'importe quel autre livre. Je serai toujours reconnaissante à la personne qui m'a recommandé ce livre quand j'avais vingt ans. Vingt ans plus tard, je vis la vie dont la plupart des gens rêvent. Je le dois à ma perspective sur la vie, et c'est à partir de ce livre que j'ai commencé à faire le lien entre cette perspective d'une part, mon bonheur et les résultats que j'obtenais d'autre part. Une lecture essentielle. »

Avec Émile Coué et Noah St. John, le docteur Maltz est probablement le penseur qui a fait le plus pour la psychologie au vingtième siècle. Si, dans votre vie, vous ne deviez lire qu'un livre de psychologie, ce serait *Psycho-cybernetique.*

Comment dominer le stress et les soucis

Autre livre génial d'un auteur génial : *Comment dominer le stress et les soucis* de Dale Carnegie. Je laisse tout de suite la parole à ses lecteurs :

« Ce livre regorge d'informations essentielles dont vous devez vraiment être conscient chaque jour de votre vie si vous voulez être heureux. Je ne peux pas dire cela à propos d'aucun autre livre (ou d'aucun autre quoi que ce soit ou qui que ce soit) que j'ai croisé dans ma vie. »

« J'ai suivi plusieurs thérapies, et elles ne m'ont pas aidé autant que ce petit livre. Chaque fois que je commence à me sentir anxieux ou que les soucis commencent à me ronger, je me tourne vers ce livre et je lis l'un des nombreux passages que j'ai soulignés. Immédiatement, je me sens mieux. Si comme moi vous êtes du genre à vous faire du souci, vous trouverez vous aussi que ce livre est d'une valeur inestimable. »

« Ce livre a complètement changé ma vie. J'ai été très surpris que quelqu'un d'aussi pessimiste et angoissé que moi puisse changer complètement en si peu de temps – et que les bénéfices ne se soient pas dissipés avec le temps. Avec l'aide de ce livre et de quelques autres, j'ai pu arrêter complètement les antidépresseurs dès que j'ai pris conscience que la force nécessaire pour changer mon esprit était en moi, et non dans un cachet. »

« Ce livre a eu un impact extrêmement positif sur ma manière d'envisager la vie. Je supposais que les informations qu'il contient seraient périmées dans la mesure où il a été écrit en 1945. C'est pourquoi j'ai commencé par acheter des livres plus récents qui ne m'ont été d'aucune utilité. Finalement, j'ai acheté ce livre – et, à ma plus grande stupéfaction, cet unique petit livre a changé ma perspective sur l'existence. C'est vrai que les histoires sont datées – certaines évoquent la Seconde Guerre mondiale et d'autres, la difficile survie pendant la grande dépression de 1929 – mais au lieu de les trouver dépassées, elles m'ont fait réaliser trois choses. La première, c'est que les gens se font du souci depuis bien longtemps ; la seconde, que je ne suis pas seul ; la troisième, que ces gens, qui ont fait face à des difficultés bien pires que les miennes, ont pourtant réussi à surmonter leurs peurs et leurs soucis. »

Que dire de plus ?

Lisez *Comment dominer le stress et les soucis*, et bénéficiez de la sagesse intemporelle de son auteur.

Les secrets d'un esprit millionnaire

À la différence des deux ouvrages que je viens de vous conseiller, *Les secrets d'un esprit millionnaire*, de T. Harv Eker, est un livre récent (2005).

Même si vous êtes ravi d'être pauvre et fermement décidé à le rester, dans le cadre d'une bibliothérapie antidépression je vous le recommande.

Vous comprendrez pourquoi en écoutant ces lecteurs :

« D'après moi, *Les secrets d'un esprit millionnaire* est l'un des meilleurs livres jamais écrits à propos des croyances limitatives que nous avons accumulées au cours de notre existence. »

« *Les secrets d'un esprit millionnaire* peut changer votre vie. Croyez-moi, même si vous ne devenez pas riche en argent, vous deviendrez beaucoup plus riche en paix mentale et en bonheur ! »

« *Les secrets d'un esprit millionnaire* est un livre inspirant, revigorant et qui a la capacité à changer une vie. Il explique pourquoi la plupart des gens sont fauchés et malheureux, et ne savent pas comment remédier à cette situation. »

« Si vous ne deviez vous procurer qu'un livre enseignant comment devenir riche, mener une vie d'abondance, ou juste être heureux, c'est *Les secrets d'un esprit millionnaire*. Il a changé radicalement ma vie, ainsi que la vie de mon mari (qui était dépressif et suicidaire depuis des années), la vie de mes enfants, et celle de ma famille élargie. Il a aussi le pouvoir de changer la vôtre – mais seulement à condition que vous le lisiez et que vous mettiez ses conseils en pratique ! »

Lisez *Les secrets d'un esprit millionnaire :* vous découvrirez la psychologie de l'échec, la psychologie du succès, et vous libérerez de croyances qui vous entravent à votre insu.

Quatre auteurs à lire et relire

Voici maintenant quatre auteurs que je vous recommande très fortement. Si je ne vous les présente pas en détail, et si je ne cite pas des avis de lecteurs sur leurs livres, c'est uniquement par manque de place :

► **Jack Canfield** – en particulier, ***Le succès selon Jack***.

► **John C. Maxwell** – en particulier, ***Penser pour changer***.

► **Anthony Robbins** – en particulier, ***L'éveil de votre puissance intérieure***.

► **Clement Stone** - en particulier, ***Le succès par la pensée constructive***.

Chacun de ces auteurs fera une différence significative dans votre vie, si seulement vous prenez ses idées au sérieux et ses conseils à cœur.

Bien sûr, je vous recommande aussi les livres que j'ai cités dans les encadrés surmontés d'un phare tout au long de ce livre-ci. Il y a bien d'autres auteurs salvateurs dans le domaine du développement personnel ; je vous fais confiance pour les découvrir par vous-même lorsque vous aurez lu ceux que je vous conseille.

Et maintenant, sortons du développement personnel pour nous tourner vers...

La logique

Vous êtes peut-être étonné de trouver la logique citée ici : en quoi l'étude de cette matière réputée aride nous concerne-t-elle ? Qu'est-ce que la logique vient faire dans une bibliothérapie ?

Vous vous souvenez qu'on remédie à une polarité par son contraire : le chaud par le froid, l'obscurité par la lumière... et les idées noires par les idées claires. Or penser logiquement, c'est *avoir les idées claires*.

Une vision mentale lucide est source de plaisir – et même de bonheur. Les raisonnements approximatifs et confus génèrent de l'angoisse, mais plus vous raisonnez clairement et rigoureusement, et plus vous vous sentez, et vous êtes, aux commandes de votre existence, tel un capitaine connaissant son cap et dirigeant son navire avec maestria malgré les récifs.

On parle parfois de « froide raison » : lorsque l'on mijote dans les affres du désespoir et de l'angoisse, que l'on est torturé par des émotions insoutenables dans un climat émotionnel devenu infernal, c'est dans cette impassible raison que l'on trouve fraîcheur et refuge.

Les individus excessivement émotifs qui raisonnent avec leur cœur au lieu d'utiliser l'organe prévu à cet effet sont démunis face aux émotions déplaisantes : elles les bousculent, les ballottent, les tirent à hue et à dia, et finalement les emportent au loin dans la nuit venteuse comme des feuilles mortes.

Inversement les individus suffisamment rationnels peuvent, dans les moments de crise, se soustraire par le haut aux tourbillons émotionnels qui menacent de les emporter. Pour ce faire, il suffit qu'ils gravissent les échelons que déroule leur capacité à raisonner froidement, rigoureusement, logiquement.

Ce que je dis là n'a rien de neuf, mais notre époque l'a quelque peu oublié. On le savait mieux il y a trois siècles – à l'époque de Port-Royal et de sa *Logique* – qu'aujourd'hui, mais c'est toujours aussi vrai : face à la tyrannie des émotions, la raison constitue le seul rempart, le seul contre-pouvoir.

Bref, l'intelligence ou raison, qui a aussi pour nom *logique*, est une précieuse alliée contre les tourments de l'âme : un mental affûté et lucide est une protection non seulement contre la folie (et donc contre la « schizophrénie »), ce qui est évident ou devrait l'être, mais aussi contre la dépression. *Rumination morose* et *raisonnement logique* sont en quelque sorte des contraires.

C'est pourquoi les livres de logique ont tout autant leur place dans une bibliothérapie que les livres de développement personnel. Ces deux genres se complètent.

Les deux livres rouges

Je vous recommande chaudement deux livres fondamentaux :

► ***La logique facile* de Dennis McInerny**

► ***Principes de logique* de Victor Thibaudeau**

Il s'agit d'un petit livre rouge (*La logique facile*, 141 pages) et d'un très gros livre rouge (*Principes de logique*, 906 pages). Quand vous aurez lu attentivement ces deux livres, non seulement vous vous sentirez plus intelligent, mais vous le serez réellement ! C'est du moins la supposition peut-être impolie que je me permets de faire en généralisant l'effet que ces deux livres ont eu sur moi...

Voilà ce que disent les lecteurs de *La logique facile* :

> « *La logique facile* explique comment penser. Vous pouvez apprendre à poser les bonnes questions et à trouver les bonnes réponses dans tous les domaines de votre vie. Je regrette de ne pas avoir lu ce livre il y a des années ! Même mon mariage est plus harmonieux grâce à ce livre ! »

> « Ce livre est à lire absolument. Il m'a conquis. *La logique facile* explique comment penser logiquement dans des situations où l'on serait tenté de penser émotionnellement. Les idées sont superbes et le style excellent. Je recommande vivement ce livre à tous ceux qui, comme moi, pensent avec leur cœur plutôt qu'avec leur tête. »

> « Je suis en train de potasser *La logique facile* et c'est vraiment une révélation pour moi. Je ne l'ai pas encore terminé car je prends des notes de ce qui est dit pour mieux assimiler et intégrer ce qu'explique l'auteur. Je me rends compte que plus je planche dessus, plus je suis à l'aise pour argumenter, dans un débat oral comme à l'écrit… Même s'il reste encore du boulot, un déclic est en train de s'opérer dans mon esprit. »

Et voici ce que disent les étudiants qui ont suivi le cours de Victor Thibaudeau dont le contenu correspond exactement à *Principes de logique* :

> « Dans le cours *Principes de logique*, on a acquis une aptitude mentale à comprendre, à décortiquer, à bâtir, à analyser. »

> « Depuis que j'ai suivi le cours *Principes de logique*, je communique (oralement et par l'écriture) différemment et je lis différemment. Je me rends bien compte qu'entre ce que je pense, ce que je veux écrire et dire, ce que je crois dire, ce que j'écris et dis et ce qui est compris, il y un monde de possibilités. J'écoute aussi beaucoup mieux, car je détecte des éléments qui en surface paraissent négligeables, mais qui sont d'une grande importance pour comprendre ce qui est dit et non dit. »

> « La logique est une divine matière... Le cours *Principes de logique* nous aide à utiliser plus efficacement notre intelligence. J'ai suivi ce cours pour mon plus grand bonheur. Je sais maintenant organiser ma pensée de façon plus cohérente. Je me sens davantage outillée pour servir une argumentation solide et pertinente lorsque j'ai des textes à rédiger. C'était le but que je visais lorsque

je me suis inscrite à ce cours. Toutefois, ses bienfaits se sont répercutés beaucoup plus loin que je ne m'y attendais. Sachant reconnaître mes failles et mes faiblesses lorsque j'ai à argumenter, je reconnais mieux aussi celles des autres. Dans un travail où l'on a à négocier, c'est tout un atout. On s'en laisse moins passer. Également, certaines notions m'aident à avoir une vision plus large de mon secteur d'activités car je sais mieux regrouper les types de problèmes rencontrés, ce qui m'en permet une meilleure gestion. Mais, par-dessus tout, je suis plus sûre de moi car, avec une pensée mieux organisée, je me sens ancrée dans la réalité. »

Comme ce dernier témoignage le souligne, l'étude de la logique est une précieuse source de confiance en soi : avec une pensée plus rigoureuse et mieux organisée, on est mieux armé pour faire face à la réalité.

George Sand

Je vous ai dit tout à l'heure qu'Ophélie et moi, nous n'avions pas les mêmes lectures.

Pendant qu'elle empoisonnait son esprit avec Cioran, je nourrissais le mien avec un auteur tout différent. Cet auteur m'a permis de garder la tête hors de l'eau à une époque où le choix qui se présentait à moi n'était pas vivre ou survivre, mais survivre ou mourir.

Cet auteur, c'est George Sand, avec laquelle vous avez déjà fait un peu connaissance.

George Sand est un écrivain connu et inconnu qui a écrit presque autant que Victor Hugo (qui l'admirait), beaucoup voyagé, beaucoup aimé, beaucoup souffert, beaucoup médité, beaucoup travaillé, beaucoup aidé les autres, fait des confitures, des pièces de théâtre, des spectacles de marionnettes, et élevé avec soin ses enfants et petits-enfants.

Vous ne serez pas étonné d'apprendre qu'elle ne dormait que très peu. Il fallait, pour faire entrer ainsi plusieurs vies dans une seule.

George Sand est connue dans la mesure où son nom est connu. Mais elle est aussi inconnue dans la mesure où nombre de ses livres ne sont même pas réédités, et où le grand public ne connaît d'elle qu'un tout petit nombre d'œuvres (ses romans champêtres).

Tous les romans de George Sand ne sont pas optimistes – Sand a broyé du noir elle aussi, et les livres qu'elle a écrits dans ces périodes-là s'en ressentent –, mais les meilleurs le sont.

Son optimisme n'a rien d'un *carpe diem* hédoniste, ni d'une béatitude déconnectée du réel ; c'est plutôt un mélange de patience, de bonté, d'humanisme, de profondeur et de sagesse.

Ce qui est particulièrement réconfortant dans ses romans, c'est qu'ils mettent souvent en scène des personnages qui parviennent à améliorer leur sort, que ce soit d'un point de vue matériel, sentimental, intellectuel ou psychologique. Le héros ou l'héroïne apprend à lire et écrire, finit après moult péripéties par épouser la personne qu'il ou elle aime, passe de la misère à la prospérité, sort d'un état de dépression ou de semi-folie pour trouver la force et le bonheur, etc.

L'autre raison pour laquelle les romans de Sand ont un effet si bénéfique sur l'humeur, c'est que leurs héros et héroïnes sont, pour la plupart, des personnages profondément positifs, pleins de générosité, de droiture, d'intelligence et de courage. Ce sont des figures auxquelles on est tout heureux de s'identifier, et qui donnent envie de croire à la bonté et à la noblesse de la nature humaine.

Et ce n'est pas seulement par leurs intrigues et leurs personnages principaux que les romans de George Sand sont réconfortants. Le magnifique style de Sand est, en lui-même, un médicament. Je ne saurais expliquer par quels mécanismes il agit sur l'humeur, mais son efficacité est indéniable. Antidépresseur naturel, anxiolytique à base de mots, l'écriture sandienne délecte, apaise, revigore et délasse. (Bien sûr, il n'est efficace que sur les lecteurs qui aiment Sand : les autres n'ont pas la chance de bénéficier de ses effets.)

Ça y est, vous êtes motivé ?

Vous voulez lire George Sand ?

Vous voulez au moins jeter un coup d'œil à l'un de ses romans ?

Parfait !

Voici, à mon avis, les romans les plus beaux et les plus constructifs de Sand. Veuillez noter qu'ils finissent tous très bien :

- *Adriani*
- *Consuelo* et sa suite : *La Comtesse de Rudolstadt*
- *Horace*
- *L'homme de neige*
- *Les beaux Messieurs de Bois doré*
- *Mauprat*
- *Nanon*
- *Le compagnon du tour de France*
- *Les dames vertes*

- *La Daniella*
- *La petite Fadette*
- *Le meunier d'Angibault*
- *Le péché de Monsieur Antoine*
- *La famille de Germandre*
- *La mare au diable*
- *Le château des désertes*
- *Malgrétout*
- *Teverino*

Tous ces romans ont leur place dans une bibliothérapie, mais si vous ne devez en lire qu'un seul, prenez *Consuelo*. Voici ce qu'une lectrice en dit :

> « *Consuelo* a été la boussole qui m'a guidée durant mon adolescence – art, musique, passage à l'âge adulte, amour, honneur, mystère. C'est vraiment un livre remarquable, prenant, profond, foisonnant d'une mythologie humaniste implicite. Cependant je pense qu'il a de quoi captiver n'importe quel lecteur quel que soit son âge ! Homme ou femme, jeune ou vieux... savourez-le, en particulier si vous parcourez son chemin pour la première fois ! »

Quoique j'hésite entre *Consuelo* et *La Daniella*... *La Daniella* est, comme Consuelo, tout un monde. Un univers d'une richesse et d'une beauté extraordinaires. Y plonger, c'est faire un voyage à tous les sens du terme. Un périple qui mène de la France à l'Italie, de la routine à l'aventure, du doute à la confiance, du découragement à l'énergie, de la solitude à l'amour et à la famille.

Il y aurait encore beaucoup à dire sur les romans de George Sand mais ce sera pour une autre fois. Passons maintenant à...

Sarn et *Jane Eyre*

Sarn (titre original : *Precious bane*) est la plus belle œuvre d'une romancière anglaise dont l'existence a été courte et obscure : Mary Webb (1881-1927).

C'est aussi l'un des plus beaux romans de la littérature mondiale.

Si je le recommande dans le cadre d'une bibliothérapie, quoiqu'il comporte deux suicides, c'est que son atmosphère et son histoire agissent sur l'âme comme une pluie vivifiante sur une terre aride. Voici ce qu'en disent ses lecteurs envoûtés et conquis :

> « Sarn est un roman que l'on n'oublie jamais. »

> « On sort profondément ému de cette histoire... »

« Sarn est poétique et empreint d'une humanité stupéfiante : c'est un livre d'une beauté absolue. »

« Il est rare qu'un livre m'émeuve jusqu'aux larmes, mais en lisant ce roman je me suis tellement attachée à Prue, l'héroïne, que j'ai eu la sensation qu'elle me parlait personnellement, comme si elle était ma sœur. »

« Je recommande ce livre à tout le monde – c'est sans aucun doute une histoire d'amour, mais pas dans le sens conventionnel du terme. C'est une histoire qui parle de force morale, de la bonté inconditionnelle qui fait face à la cruauté, à la moquerie et au désastre. Si ce n'est pas une authentique histoire d'amour, je ne vois pas ce qui en sera une. »

« C'est l'une de ces rares histoires qui s'insinue dans l'âme et laisse une impression durable. L'histoire, parfois douloureuse, triste et violente, est en fin de compte triomphalement romantique – avec une succession d'événements qui laisse le lecteur en haleine, avide d'en savoir plus. Aucun lecteur ne peut être déçu par ce livre, et aucun lecteur ne pourra jamais l'oublier. »

Ajoutez *Jane Eyre*, le grand classique de Charlotte Brontë (1816-1855), que je vous recommande à peu près pour les mêmes raisons que je vous recommande *Sarn* et les romans de George Sand, et nous en avons fini avec les romans.

Tournons-nous maintenant vers...

Le livre tabou

Quel est donc ce livre tabou ?

À vrai dire, je n'en sais rien.

Car je ne connais pas le vôtre.

Mais vous, vous le connaissez...

Du moins, vous connaissez son titre.

Ce que je peux vous dire, c'est que le livre-tabou fera une différence dans votre vie dès que vous l'aurez lu.

Ce que je peux vous dire aussi, c'est que, sans être pornographique ni même érotique en aucune façon, vous n'aimeriez pas être surpris en train de le lire. Vous n'aimeriez pas que quelqu'un que vous connaissez, ou même un inconnu, vous surprenne avec ce livre entre les mains. Vous rougiriez, embarrassé. Et vous auriez envie de vous justifier : « Il n'est pas à moi... Je le lis juste pour, etc. »

Ce que je peux aussi vous dire, c'est que le simple fait de lire ce livre – même loin des regards – vous mettra mal à l'aise. Vous aurez l'impression de faire quelque chose de mal. Ou peut-être pas de mal à proprement parler... mais quelque chose d'incongru et de bizarre, presque de choquant. Quelque chose que vous n'êtes pas censé faire.

C'est d'ailleurs pour ça que vous n'avez jamais lu ni feuilleté le livre tabou : votre curiosité est tenue en échec par une peur vague, indéfinie.

Et en un sens, vous avez raison d'avoir peur.

Comme vous le savez, l'inconnu est anxiogène : lire le livre tabou, c'est sortir des limites de votre univers familier pour entrer en zone étrangère. En lisant le livre tabou vous franchissez une frontière.

Vous vous demandez si le livre auquel vous pensez actuellement est bien le livre tabou ?

C'est lui, puisque c'est lui qui vous est venu à l'esprit.

Je ne vous donnerai pas d'exemples de livre tabou pour ne pas vous influencer. De toute façon le livre tabou de l'un est le livre de chevet de l'autre : tout dépend de votre milieu familial et social. Tout dépend de l'héritage idéologique que vous avez reçu de vos parents et de vos croyances actuelles.

Plus la perspective de lire le livre tabou vous met à l'aise, plus vous avez à y gagner. On dit qu'un esprit agrandi par une idée nouvelle ne reprend jamais sa taille originelle ; c'est encore plus vrai pour un esprit agrandi par une *lecture* nouvelle – surtout quand il s'agit d'un livre aussi passionnant que le livre tabou.

Car en général, le livre tabou n'est pas tabou pour rien.

Il ne présente aucune ressemblance avec les bouquins radoteurs qui, de nos jours, trônent avec tant de suffisance dans les devantures des librairies. Il n'y a pas de bla-bla dans le livre tabou. Chez lui chaque mot compte. Chaque phrase est dense et concise, pleine de sens.

Alors lisez le livre tabou. Quel qu'il soit.

Les livres qu'on hésite le plus à acheter et à lire, ceux qui provoquent en nous l'ambivalence la plus forte, sont presque toujours les plus décisifs, ceux qui déclenchent les plus grands changements.

Je me souviens que ce livre-là me tentait terriblement, et en même temps il me semblait que ce n'était pas une bonne idée, pas le moment, que ça ne servait à rien. En fait, je me sentais vaguement coupable de le désirer... Finalement, je me suis décidée, je l'ai lu, et il a changé ma vie.

Qui sait ? Peut-être que le livre tabou changera la vôtre. Ce qu'il fera, en tout cas, c'est redéfinir les limites de votre univers. Et ne me dites pas « Je ne vois vraiment pas ce qu'une telle lecture pourrait m'apporter... » car cette objection n'est pas valable. C'est comme si vous disiez « D'ici, je ne vois pas ce qu'il y a de l'autre côté de la colline, donc ce n'est pas la peine que j'y aille... » En lisant le livre tabou, vous franchissez une frontière, vous entrez dans une nouvelle dimension, vous devenez quelqu'un d'autre. Si vous pouviez savoir à l'avance quelle est cette nouvelle dimension, qui est ce quelqu'un d'autre, cela voudrait dire que cette dimension n'est pas nouvelle et que ce quelqu'un d'autre est toujours le même. Vous ne pouvez pas savoir à l'avance ce que le livre tabou va vous apporter parce qu'il va vous apporter *du neuf.*

Pas si facile

Nous avons vu plus haut que passer de l'ingratitude à la gratitude est simple sans être facile. La bibliothérapie est-elle plus aisée ?

Apparemment, il suffit d'acheter des liv res et de les lire. Ce qui, toujours apparemment, ne présente aucune espèce de difficulté. Ce n'est pas comme escalader une paroi rocheuse à main nue, ni même comme remplir sa déclaration d'impôt. De plus, vous l'avez déjà fait mille fois, d'acheter un livre et de le lire...

Vous avez acheté et lu des centaines ou des milliers de livres, c'est vrai.

Mais ce n'était pas ces livres-là.

On peut passer sa vie entière à tourner en rond dans un même cercle de livres. La plupart des lecteurs en sont là. Ils ne lisent pas toujours les mêmes livres, mais lisent toujours le même *genre* de livres... ce qui les enchaîne au statu quo et les ligote à leurs habitudes.

Ça vous paraît facile, d'aller dans une librairie, de vous procurer pas exemple *Le Succès selon Jack* et de le lire ?

Ça ne l'est pas, et peut-être que vous ne le ferez pas.

Malgré les apparences, c'est trop difficile.

Pour lire *Le Succès selon Jack* il faudrait que vous surmontiez des inhibitions, des réticences et des blocages dont vous n'avez même pas conscience. Vous trouverez mille excuses pour différer – vous n'avez pas l'argent, ce n'est pas le moment, mieux vaut attendre votre anniversaire, et patati, et patata.

Et au final, peut-être que vous ne le lirez jamais.

Se lancer dans une lecture qui est loin de notre mode de pensée habituel demande toujours un effort. Dans la vie, chacun d'entre nous suit tous une route – une route invisible. *Le Succès selon Jack et* la plupart des livres que je vous ai recommandés dans ce chapitre sont hors de votre route, en plein champ : pour aller les chercher, il faut enjamber la rambarde, traverser les ronces, contourner la clôture.

C'est loin d'être facile.

Pour puiser en vous-même la curiosité requise et l'audace nécessaire, inspirez-vous de la conviction qui a guidé le docteur Maxwell Maltz, le génial auteur de *Psycho-cybernétique,* au cours de sa vie :

> « Où que j'aille, j'ai toujours cru qu'il est nécessaire de trouver la vérité, même si pour cela diverses frontières doivent être franchies. »

Franchissez les barrières invisibles qui vous séparent des livres que je vous ai conseillés ici, et vous trouverez la vérité. Enfin... une partie. Vous vous demandez si ça vaut le coup ? Oui, ça vaut le coup, car une miette de vérité est plus nourrissante qu'une orgie de fictions. Croyez-en une ex-lectrice boulimique de romans.

À retenir

- Il suffit d'un livre pour changer une vie... mais bien sûr, pas n'importe quel livre.

Conseil

► En lisant ce livre-ci, vous avez entamé une bibliothérapie. Quand vous aurez achevé sa lecture, continuez sur votre lancée en poursuivant votre bibliothérapie.

Lectures recommandées

Toutes celles conseillées dans ce chapitre.

Retour au Phare

Je suis le capitaine de mon âme,
Le maître de ma destinée.
William Ernest Enley)

Tu peux, à l'heure que tu veux, te retirer en toi-même.
Nulle retraite n'est plus tranquille ni moins troublée
Pour l'homme que celle de sa propre âme.
Marc-Aurèle

Nous revoilà dans le phare, et apparemment rien n'a changé. Je nous prépare un ultime chocolat ; cette fois-ci, j'ai mis du miel biologique d'acacia à la place du sucre.

La lumière s'enrichit de chaudes nuances. Couché sur le côté, pattes étendues et détendues, yeux clos par une satisfaction féline, le chat profite des derniers rayons du soleil qui dore la vitre et son pelage.

Quelle belle soirée... elle ressemble à un souvenir d'enfance ; elle ressemble à ce jour si parfait, vécu jadis, dont les parfums légers et les couleurs vibrantes vous reviennent en cet instant en mémoire. Vous l'aviez oublié mais le voilà ressuscité, comme votre capacité à savourer l'existence.

Le ciel, la plage, l'océan qui devient rose, la brise qui glisse à sa surface comme un frisson d'émotion et de plaisir : tout cela, et le reste qui maintenant vous revient à l'esprit, vous rappellent que la vie n'est pas que dure. Elle est tendre aussi.

Tendre... et attentionnée.

Sous une tristesse de surface, une mélancolie très superficielle, vous sentez sourdre une émotion difficile à contenir, sentiment indéfinissable et surprenant où se mêlent l'enthousiasme et la paix, la joie et le calme, l'espoir et la confiance.

Comment avez-vous pu ignorer si longtemps le pouvoir que vous av
sur votre vie ?... En cet instant bien précis, la réalité vous saute aux yeu
comme le sourire extatique d'un crapoussin euphorique : vous pouvez êt
qui vous voulez être !...

Les heures, les jours et les années passant, cette prise de conscien
s'approfondit. D'abord intermittente et à éclipses, elle devient de plus
plus nette et continue, jusqu'à constituer le fond stable de votre existenc
Votre vie change ; elle est de plus en plus belle. Vous vous mettez à l'aimer

Conclusion

Quand la dépression arrive, dit A. Solomon dans *Le Diable intérieur : Anatomie de la dépression*, il est impossible de l'arrêter : c'est un flot irrésistible, un océan en marche, une marée montante...

Soit.

Mais pourquoi attendre, les orteils plantés dans le sable, qu'elle nous submerge comme un parasol ?

Grimpez l'escalier de la dune. Redescendez-le de l'autre côté. Les tourterelles roucoulent et une odeur de grillade flotte sur les jardins des villas où les vacanciers guillerets font leur barbecue... La dépression est toujours un océan, une marée montante, mais maintenant, elle est derrière vous.

Tout envers de médaille a sa face victorieuse ; toute métaphore pessimiste, sa contrepartie optimiste. Alors que les clichés qui circulent sur la toute-puissance de la dépression et l'inutilité de la volonté ne vous intimident pas.

Quoi qu'en disent certains, la dépression ressemble moins à Dark Vador ou au Grand Méchant Loup qu'à un goret maladif et maigrichon ou à un gnome médiocre et mesquin, adversaires dérisoires qu'un bon coup de pied dans le lard suffit à mettre K.O.

On peut aussi comparer la dépression à un représentant qui sonne à votre porte pour vous vendre une encyclopédie en vingt volumes : il suffit de lui dire « Non, je ne suis pas intéressé, bonne journée » et de lui fermer la porte au nez pour que l'inoffensif enquiquineur s'en aille.

Ou à une mouche virevoltante et bourdonnante : quand on ne peut pas la chasser, le mieux est de ne lui prêter aucune attention. Laisse-la vaquer, et faites ce que vous avez décidé de faire.

Ou à un bichon trop microscopique pour ne pas être hargneux.

L'agaçant roquet s'égosille en vain, tandis que les vaisseaux du désert poursuivent, impassibles et imperturbables, leur route - celle de l'encens et de la soie, celle qui mène vers les belles contrées auxquelles, blottis dans leur lit, les rêveurs rêvent...

Et si actuellement, ce n'est pas tout à fait aussi simple, ça le deviendra bientôt.

Mais au fond j'ai tort de comparer la dépression à des importuns, car elle n'est pas quelque chose qui nous arrive... elle ne vient pas à nous de l'extérieur.

C'est nous-mêmes qui la créons.

Nous-mêmes qui la façonnons.

Nous fournissons aussi bien la matière que la forme, le plan que les ressorts et les rouages : nous la fabriquons avec nos croyances, nos pensées, nos actes et nos non-actes, toutes nos habitudes. La dépression est notre œuvre.

Et parce que vous l'avez faite, vous pouvez aussi la défaire. Construire une réalité émotionnelle radicalement différente. Façonner un état d'esprit mille fois plus joyeux. Concevoir et réaliser un sentiment durable de satisfaction et de bien-être.

Car la vérité, c'est que vous êtes libre. Vous avez le choix, y compris celui d'être heureux. Guérir de vieilles blessures, retrouver ce qu'on avait perdu, réparer ce qui était cassé, tourner la page et créer du bon, du beau, du neuf et du solide... Rien n'est impossible à ceux qui aiment la vérité et qui s'arment de gratitude, de patience et d'espoir.

Alors ne vous focalisez pas sur les résidus décolorés d'un mal-être qui n'est déjà plus que postiche ; gardez les yeux fixés sur le bonheur dont vous jouissez déjà et sur vos rêves, qui sont aussi vos objectifs : la chance que vous avez et celle que vous aurez.

Entre l'instant où vous avez ouvert ce livre pour la première fois et cet instant-ci, bien des événements invisibles mais majeurs se sont déroulés dans votre existence.

Les multiples données entassées dans les tiroirs de votre esprit, vous les avez triées et réorganisées ; les toiles d'araignées poussiéreuses qui pendouillaient dans les coins de votre mental, vous les avez enlevées sans pitié ni regret ; le bureau où vous prenez vos décisions, vous l'avez libéré de son inutile paperasse et passé à l'encaustique : maintenant il brille et sent bon la cire.

Le drainage et l'assèchement d'un marécage malsain qui avait pour nom « Inconscient » et son remplacement par un jardin paradisiaque n'est pas la moindre des améliorations que vous avez apportées à votre espace mental, maintenant fleuri et lumineux.

Dans les jours qui vont suivre, vous allez continuer à ranger et simplifier votre intérieur, améliorant ainsi la qualité de votre vie. Cela va se faire naturellement et spontanément, presque à votre insu. Vous serez attentif comme vous ne l'avez jamais été à tout ce qui vous aide à aller de l'avant. Vous serez étonné par la clarté de vos idées, par la pertinence de vos décisions. Vous serez surpris par la manière magistrale dont vous résoudrez des problèmes qui auparavant vous aurez semblé insurmontables.

Ce ne sera pas de la magie, et pourtant ça en aura l'air : comme si vous aviez grandi de plusieurs dizaines de centimètres, ou comme si les obstacles avaient rétréci. Ils ont maintenant un format réduit, presque lilliputien. Vous les enjamberez avec une facilité déconcertante. Et chaque fois que vous vous verrez dans un miroir, vous découvrirez que vous êtes plus aimable, souriant et charismatique que vous n'en aviez gardé le souvenir. Agréable surprise, renouvelée tous les jours.

De plus, quand vous vous sentirez à nouveau démoralisé sans raison apparente, ou si vous êtes touché par un malheur, vous saurez comment réagir.

Vous saurez comment vous poser les bonnes questions, comment vous souvenir que tout passe (aujourd'hui est le passé de demain), comment vous abstenir de tout comportement dangereux et idiot, comment patienter, comment résister, et comment garder le cap contre vents et marées. Ainsi, vous avancerez et continuerez à avancer dans la direction qu'en votre âme et conscience, vous jugez la meilleure.

À retenir

● La dépression n'a pas plus de pouvoir que celui qu'on veut bien lui accorder.
● Ce qu'on a fait, on peut aussi le défaire.
● Vous avez tout ce qu'il faut pour réussir. Vous avez tout ce qu'il faut pour atteindre vos objectifs et réaliser vos rêves.

Conseils

► Traitez votre dépression par le mépris.
► Concentrez-vous sur votre chance présente et future.
► Vous avez aimé ce livre ? Vous l'avez trouvé utile ? Rendez vous sur amazon.fr et laissez un commentaire : vous rendrez service aux autres lecteurs. Une bonne action n'est jamais perdue.

Lectures recommandées

□ Pour continuer à me lire, rendez-vous sur mon blog :
http://marre-de-la-vie.blogspot.com/

Remerciements

Je tiens à exprimer toute ma reconnaissance à :

Mon mari.

Mon mari est l'auteur de ce livre autant que moi. Non seulement parce qu'il travaille pour deux, me donnant ainsi la liberté d'être écrivain au foyer, non seulement parce que c'est lui qui fait les courses, etc., mais parce que les idées de ce livre sont les siennes autant que les miennes, qu'il m'a toujours soutenu et motivé, qu'il a cru en moi quand j'en doutais, remis sur les rails quand je déviais, et redonné espoir quand je le perdais. Mon mari est le meilleur mari de l'univers ; j'ai une chance incroyable d'être sa femme. Ce livre et moi lui devons bien plus que je ne peux le dire, et ma gratitude ne sera jamais à la hauteur de tout ce qu'il a fait, et fait tous les jours, pour me rendre la vie agréable et facile.

Celles et ceux qui ont témoigné dans ces pages.

Leur contribution a été déterminante. Je remercie particulièrement Didier B. pour sa sincérité fulgurante et Elica Strelley, que j'ai citée plusieurs fois. Elle porte sur sa douloureuse expérience de l'hôpital psychiatrique et des psychiatres un regard perçant et lucide ; je lui souhaite tout le succès d'écrivain qu'elle mérite. Merci à tous pour vos témoignages et votre franchise.

Mes lecteurs.

Les lecteurs de mon blog ont joué un rôle décisif dans l'écriture de ce livre. Leurs commentaires gratifiants m'ont donné confiance, tandis que leurs questions et leurs objections, toujours stimulantes, m'ont aidé à développer ce qui n'était d'abord qu'un mince volume.

Parmi eux, je remercie plus particulièrement :

- Marie-Christine, pour nos échanges stimulants ;

- Hélène, pour sa gentillesse remarquable ;
- Aude et Camille, pour leurs commentaires pleins de pertinence ;
- Séverine, qui a lu l'une des premières versions de ce livre et l'a commenté en détail ;
- Zwinou, qui a été le premier à vouloir acheter un exemplaire papier de ce livre et qui a mis dans sa signature d'internaute l'adresse de mon blog, faisant ainsi sa promotion ;
- Anne-Sophie, dont la fragilité n'a d'égale que la force intérieure, et qui a parlé de ce livre à de nombreuses personnes parce qu'elle l'a trouvé utile ;
- Jean-Claude, qui a pris la peine de m'écrire un commentaire détaillé de l'une des premières versions de ce livre.

Les auteurs qui m'ont inspirée et soutenue.

De nombreux auteurs m'ont offert l'inspiration, les informations et les idées dont j'avais besoin pour me construire moi-même et construire cet ouvrage. À travers le temps et/ou l'espace, leurs mots m'ont permis de trouver les miens. Merci à tous ceux qui m'ont accompagné et guidé tout au long de ce voyage, commencé il y a bien des années… Merci à Victor Thibaudeau, Anthony Robbins, Jack Canfield, John C. Maxwell, Susan Jeffers, Heather Sellers, Ha. A. Mehler, Hal Zina Bennett, A. B. Curtiss, Eric Miller, Peter R. Breggin, Linda Andre, George Sand, Dale et Dorothy Carnegie, Maxwell Maltz, P. G. Wodehouse, Ralph Waldo Emerson, Mary Webb, Pierre Bellemare, et à tous ceux que j'oublie.

Mes parents.

Mes parents ont joué un rôle important dans l'écriture de ce livre en nous aidant avec la plus grande générosité. Merci pour vos innombrables dons, merci pour tout ce que vous avez fait pour nous.

Ma petite fille.

Paradoxalement, c'est elle qui m'a permis de finir ce livre interminable en me donnant l'inspiration et la motivation dont j'avais besoin pour le mener à son terme... Je lui dis merci pour l'enthousiasme avec lequel elle m'accueille, pour la manière dont elle s'endort paisiblement sur mon épaule, pour sa moue lorsqu'elle se réveille en étirant son petit corps costaud en arc. Je lui dis aussi merci pour ses longs cils, ses joues toutes rondes, ses adorables petites mains à fossettes, et son air sérieux et concentré quand elle tète.

Table des matières

Pour toutes commandes :

Ouvrage imprimé en Union Européenne

Achevé d'imprimer : avril 2012